기술직 공무원

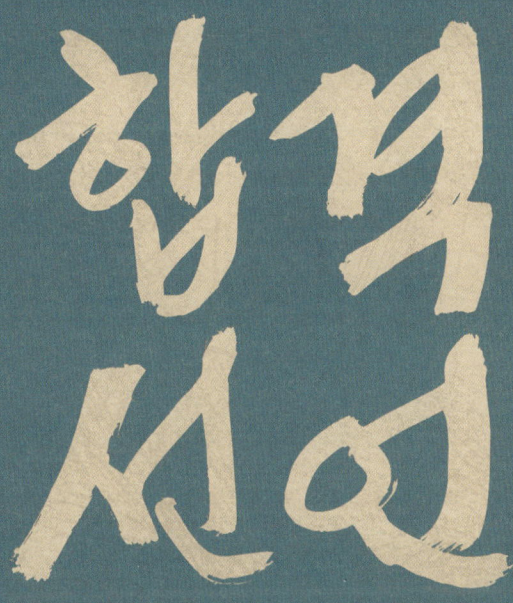

www.goseowon.co.kr

Preface

'정보사회', '제3의 물결'이라는 단어가 낯설지 않은 오늘날, 과학기술의 중요성이 날로 증대되고 있음은 더 이상 말할 것도 없습니다. 이러한 사회적 분위기는 기업뿐만 아니라 정부에서도 나타났습니다.

기술직공무원의 수요가 점점 늘어나고 그들의 활동영역이 확대되면서 기술직에 대한 관심이 높아져 기술직공무원 임용시험은 일반직 못지않게 높은 경쟁률을 보이고 있습니다.

기술직공무원 합격선언 시리즈는 기술직공무원 임용시험에 도전하려는 수험생들에게 도움이 되고자 발행되었습니다.

본서는 방대한 양의 이론 중 필수적으로 알아야 할 핵심 이론을 정리하고, 출제가 예상되는 문제만을 엄선하여 수록하였습니다. 또한 최신 출제경향을 파악할 수 있도록 최근기출문제를 수록하였습니다.

신념을 가지고 도전하는 사람은 반드시 그 꿈을 이룰 수 있습니다. 서원각이 수험생 여러분의 꿈을 응원합니다.

Structure

CHAPTER

01 재난관리 총설

재난관리론

① 재난의 개념

(1) 재난의 개념

① 재난이란 국민의 생명신체재산과 국가에 피해를 주거나 줄 수 ~
재난으로 구분한다.(재난 및 안전관리기본법 제3조 제1호)

㉠ 재난은 자연재난과 사회재난으로 구분할 수 있는데 상~
난이 증가하고 있다.

'연재난은 기상요인에 의한 기상재난과 지기~
기상요인에 의한 기사~'

01 출제예상문제

재난관리 총설

1 재난 및 안전관리기본법상 재난관리의 개념요소가 아닌 것은?

① 재난의 예측   ② 재난의 대비

③ 재난의 대응   ④ 재난의 복구

NOTE 재난관리란 재난의 예방·대비·대응 및 복구를 위한~
제3호)

"~해를 예방하고 그 위험으로부터~"

핵심이론정리

재난관리론 전반에 대해 체계적으로 편장을 구분한 후 해당 단원에서 필수적으로 알아야 할 내용을 정리하여 수록했습니다. 출제가 예상되는 핵심적인 내용만을 학습함으로써 단기간에 학습 효율을 높일 수 있습니다.

출제예상문제

그동안 치러진 국가직 및 지방직 기출문제를 분석하여 출제가 예상되는 문제만을 엄선하여 수록하였습니다. 다양한 난도와 유형의 문제들로 연습하여 확실하게 대비할 수 있습니다.

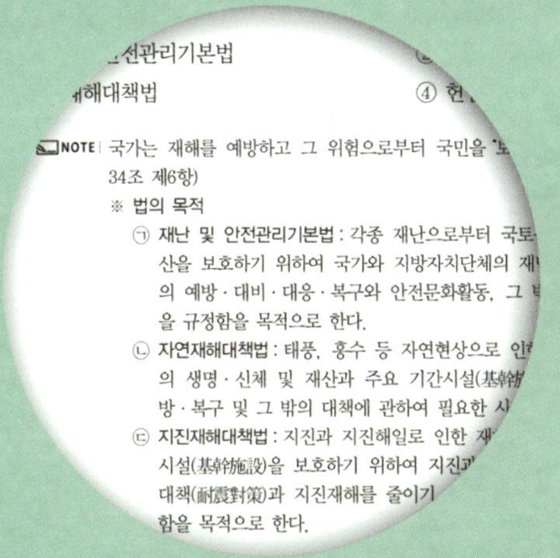
선전관리기본법 ④ 헌
해해대책법

NOTE 국가는 재해를 예방하고 그 위험으로부터 국민을 보
34조 제6항)

※ 법의 목적

㉠ 재난 및 안전관리기본법 : 각종 재난으로부터 국토
산을 보호하기 위하여 국가와 지방자치단체의 재
의 예방 · 대비 · 대응 · 복구와 안전문화활동, 그
을 규정함을 목적으로 한다.

㉡ 자연재해대책법 : 태풍, 홍수 등 자연현상으로 인
의 생명 · 신체 및 재산과 주요 기간시설(基幹
방 · 복구 및 그 밖의 대책에 관하여 필요한 사

㉢ 지진재해대책법 : 지진과 지진해일로 인한 재
시설(基幹施設)을 보호하기 위하여 지진
대책(耐震對策)과 지진재해를 줄이기
함을 목적으로 한다.

상세한 해설

매 문제 상세한 해설을 달아 문제풀이만으로도 개념학습이 가능하도록 하였습니다. 문제풀이와 함께 이론정리를 함으로써 완벽하게 학습할 수 있습니다.

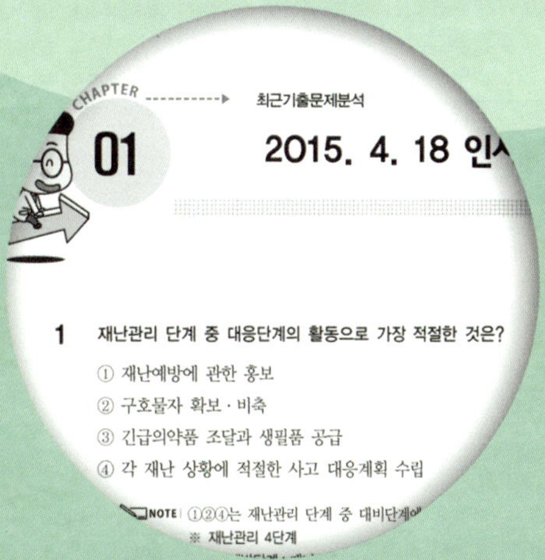
CHAPTER 01 최근기출문제분석

2015. 4. 18 인

1 재난관리 단계 중 대응단계의 활동으로 가장 적절한 것은?

① 재난예방에 관한 홍보

② 구호물자 확보 · 비축

③ 긴급의약품 조달과 생필품 공급

④ 각 재난 상황에 적절한 사고 대응계획 수립

NOTE ①②④는 재난관리 단계 중 대비단계에

※ 재난관리 4단계

최근기출문제

최근 시행된 기출문제를 수록하여 시험 출제경향을 파악할 수 있도록 하였습니다. 기출문제를 풀어봄으로써 실전에 보다 철저하게 대비할 수 있습니다.

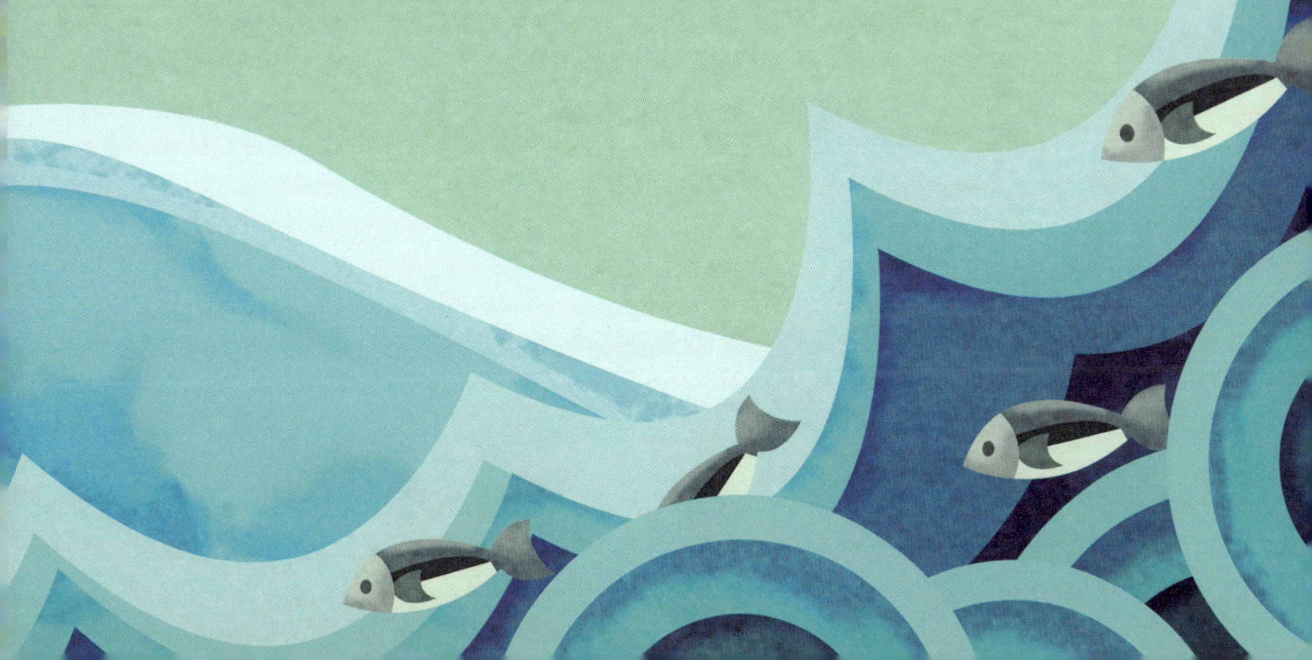

Contents

PART **01**

재난관리론

Chapter 01

재난관리론

재난관리 총설

① 재난의 개념

(1) 재난의 개념

① 재난이란 국민의 생명신체재산과 국가에 피해를 주거나 줄 수 있는 것으로서 자연재난과 사회재난으로 구분한다.(재난 및 안전관리기본법 제3조 제1호)

  ⊙ 재난은 자연재난과 사회재난으로 구분할 수 있는데 상호 복합적인 작용에 의해 나타나는 재난이 증가하고 있다.

  ⓒ 자연재난은 기상요인에 의한 기상재난과 지진이나 화산에 의한 지질적 재난으로 나뉜다.

  ⓒ 우리나라는 기상요인에 의한 기상재난이 많이 발생하고 있으며 지질적 재난은 거의 발생하고 있지 않다.

  ⓔ 사회재난은 감염병 확산 등으로 인해 국가운영체계 및 국민의 생활이 마비되는 사회적 대규모 피해도 포함한다.

② **해외 재난** … 대한민국의 영역 밖에서 대한민국 국민의 생명신체 및 재산에 피해를 주거나 줄 수 있는 재난으로서 정부차원에서 대처할 필요가 있는 재난을 말한다.(재난 및 안전관리기본법 제3조 제2호)

해외재난 상황보고 및 관리	• 재외공관의 장은 관할 구역에서 해외재난이 발생하거나 발생할 우려가 있으면 즉시 그 상황을 외교부장관에게 보고하여야 한다.(법 제21조 제1항) • 보고를 받은 외교부장관은 지체 없이 해외재난 발생 또는 발생 우려 지역에 거주하거나 체류하는 대한민국 국민(이하 이 조에서 "해외재난국민"이라 한다)의 생사확인 등 안전 여부를 확인하고, 국민안전처장관 및 관계 중앙행정기관의 장과 협의하여 해외재난국민의 보호를 위한 방안을 마련하여 시행하여야 한다.(법 제21조 제2항) • 해외재난국민의 가족 등은 외교부장관에게 해외재난국민의 생사확인 등 안전 여부 확인을 요청할 수 있다. 이 경우 외교부장관은 특별한 사유가 없으면 그 요청에 따라야 한다.(법 제21조 제3항)

③ 국가와 지방자치단체는 재난으로부터 국민의 생명·신체 및 재산을 보호할 책무를 지고, 재난을 예방하고 피해를 줄이기 위하여 노력해야 하며, 발생한 재난을 신속히 대응·복구하기 위한 계획을 수립·시행해야 한다.

   ○ **국가 등의 책무**(법 제4조)

    • 국가와 지방자치단체는 재난이나 그 밖의 각종 사고로부터 국민의 생명·신체 및 재산을 보호할 책무를 지고, 재난이나 그 밖의 각종 사고를 예방하고 피해를 줄이기 위하여 노력하여야 하며, 발생한 피해를 신속히 대응·복구하기 위한 계획을 수립·시행하여야 한다.

    • 재난관리책임기관의 장은 소관 업무와 관련된 안전관리에 관한 계획을 수립하고 시행하여야 하며, 그 소재지를 관할하는 특별시·광역시·특별자치시·도·특별자치도(이하 "시·도"라 한다)와 시(「제주특별자치도 설치 및 국제자유도시 조성을 위한 특별법」 제15조 제2항에 따른 행정시를 포함한다. 이하 같다)·군·구(자치구를 말한다. 이하 같다)의 재난 및 안전관리업무에 협조하여야 한다.

   ○ **국민의 책무**(법 제5조) : 국민은 국가와 지방자치단체가 재난 및 안전관리업무를 수행할 때 최대한 협조하여야 하고, 자기가 소유하거나 사용하는 건물·시설 등으로부터 재난이나 그 밖의 각종 사고가 발생하지 아니하도록 노력하여야 한다.

④ **헌법의 규정** ··· 국가는 재해를 예방하고 그 위험으로부터 국민을 보호하기 위하여 노력하여야 한다고 규정하고 있다.(제34조 제6항)

⑤ 재난(disaster)이란 어원적으로 볼 때 별의 배열이 맞지 않아 생기는 재앙이라고 할 수 있다.

⑥ 재난으로 인한 그 지역사회의 충격과 혼란상태를 중시하므로 소규모의 사고일지라도 사회적·정치적 환경에 따라 재난으로 인식되기도 한다.

⑦ 현대사회에 들어와서 대규모의 인적 사고의 결과가 자연재해를 능가함에 따라 재난은 자연재해와 인적 재난을 포괄하는 개념으로 받아들여지게 되었다.

> **★ TIP 현대사회 재난의 특징**
> ○ 재난의 개념은 시대와 사회에 따라 변화할 수 있다.
> ○ 자연재난과 사회재난의 상호복합적인 작용에 의한 재난이 증가하고 있다.

(2) 재난에 관한 학자의 개념정의

① **프리츠**(Fritz) ··· 재난을 사회일반 또는 사회 내 일부 조직에 심대한 피해를 끼쳐 그 사회구성원이나 물리적 시설의 손실로 인하여 사회구조가 교란되고 그 사회의 본질적인 기능수행이 장애를 받게 되는 사건으로 본다.

② **크레프**(Kreps) ··· 재난을 사회나 그 구성조직이 물리적 피해나 손실 또는 일상적 기능의 장애를 받게 되는 시간상·공간상에서 관측 가능한 사건으로 본다.

③ **UN** … 정상적인 생활 영위의 불가능성과 재난의 예측 불가능성에 초점을 맞추어 사회적 기본조직 및 정상기능을 와해시키는 갑작스런 사건이나 큰 재해로서 재해의 영향을 받은 사회가 외부의 도움이 없이는 극복할 수 없고 정상적인 능력으로 처리할 수 없는 재산, 사회간접시설, 생활수단의 피해를 일으키는 단일 또는 일련의 사건이라고 한다.

④ **미국** … 통상 사망과 상해, 재산상 피해를 가져오고 또한 일상적인 절차나 지방정부의 자원으로는 관리할 수 없는 심각하고 규모가 큰 사건으로 정부와 민간부문 조직이 인간의 기본적인 수요를 충족시키고 복구를 신속하게 하고자 할 때 즉각적 · 체계적 · 효과적인 대처를 하여야 하는 사건이라고 한다.

⑤ **일본** … 재난을 자연재난 및 인위재난을 포괄적으로 정의하는 바 재해를 태풍, 호우, 폭설, 홍수, 해일, 지진, 쓰나미와 같은 이상 자연현상 또는 대규모 화재, 폭발, 기타 피해의 정도가 큰 방사능 물질의 대량방출, 항공기 추락 등에 의해 생기는 피해라고 한다.

(3) 재난과 유사개념

① **일상적 사고**

㉠ 재난은 비정상적인 측면의 돌발적인 대규모 사태이나, 일상적 사고는 일상적인 측면의 소규모 사고이다.

㉡ 재난은 해당 지역의 대응자원만으로 통제 불가능하지만, 일상적 사고는 그 지역의 대응능력만으로 충분히 수습 가능하다.

㉢ 재난은 국가 및 국제언론과 관련되나, 일상적 사고는 주로 지역언론과 관련된다.

㉣ 재난은 익숙치 않은 일과 절차로 예측 불가능하지만, 일상적 사고는 익숙한 일과 절차로 사건으로 받아들이지 않는 경향이 있다.

② **재앙** … 주거지의 전부나 대부분이 영향을 받고 거의 모든 위기관리조직의 시설과 작전기지가 직접적으로 타격을 받는다.

③ **위기** … 위험한 때나 고비로 정의되는바, 정치 · 경제 · 사회 · 문화적 분야에서 상당히 광범위하게 사용되는 개념이다. 주로 독일에서 이러한 개념을 주로 사용한다.

④ **위험** … 어떤 사용 조건에서 나타날 수 있는 피해 또는 독증과 특정한 유독물질에 대한 노출 가능성, 위험 요인에는 물리적, 화학적, 생물적인 것이 있다. 이들 요인이 사람의 생명을 위협하거나 해가 있을 때는 위해 요소라 한다.

(4) 재난의 분류

① **자연재난과 인적 재난**(재난의 원인에 따른 분류)

  ㉠ 자연재난
- 가시적으로 환경의 손상을 초래함
- 재난의 영향이 희생자에 국한 됨
- 재난을 어느 정도의 사전예측, 경고가 가능함
- 재난이 광범위한 지역에 걸쳐 발생함
- 내진설계, 재해영향평가제, 수문통제시스템 등에 의해 피해규모를 최소화할 수 있음

  ㉡ 인적 재난
- 가시적으로 피해가 나타나지 않는 특징이 있음
- 재난의 영향이 직접적 피해를 받지 않은 사람에게도 영향을 줌
- 재난에 대한 사전예측의 거의 불가능함
- 재난이 국소지역에서 재산피해와 사상자가 집중적으로 발생함

② **존스의 재해분류**(재난의 발생원인과 재해현상에 따른 분류)

  ㉠ 자연재해
- 지질학적 재해 : 지진, 해일, 화산, 쓰나미 등
- 지형학적 재해 : 산사태, 염수토양 등
- 기상학적 재해 : 냉해, 안개, 눈, 해일, 번개, 폭풍, 토네이도, 태풍, 가뭄, 이상기온 등
- 생물학적 재해 : 세균질병, 유독식물, 유독동물 등

  ㉡ 준자연재해 : 스모그현상, 지구 온난화 현상, 사막화 현상, 염수화 현상, 눈사태, 산성화, 홍수, 토양침식 등

  ㉢ 인위재해 : 공해, 광화학 연무, 폭동, 교통사고, 폭발사고, 태업, 전쟁 등

  ㉣ 설명 : 재난의 분류에 일반행정 관리 분야까지도 재난으로 분류한다.

③ **아네스의 재해분류**

  ㉠ 자연재해
- 기후성 재해 : 태풍
- 지진성 재해 : 지진, 화산폭발, 해일

  ㉡ 인위재해
- 사고성 재해 : 교통사고, 산업사고, 폭발사고, 화재사고, 생물학적 재해, 화학적 재해, 방사능재해 등
- 계획적 재해 : 테러, 폭동, 전쟁

④ **재난의 발생장소에 의한 분류** … 육상재난, 해양재난, 광역재난, 국가재난 등으로 분류한다.

⑤ **기타 재난의 유형** … 재난의 발생원인, 발생장소, 재난의 대상, 재난의 직·간접적 영향, 재난발생과정의 진행속도 등의 기준에 의해 분류한다.

⑥ **재난 및 안전관리기본법상 재난의 분류**

　㉠ 자연재난 : 태풍, 홍수, 호우, 강풍, 풍랑, 해일(海溢), 대설, 낙뢰, 가뭄, 지진, 황사, 조류 대발생, 조수, 화산활동, 그 밖에 이에 준하는 자연현상으로 인하여 발생하는 재해

　㉡ 사회재난 : 화재·붕괴·폭발·교통사고(항공사고 및 해상사고를 포함한다)·화생방사고·환경오염사고 등으로 인하여 발생하는 대통령령으로 정하는 규모 이상의 피해와 에너지·통신·교통·금융·의료·수도 등 국가기반체계의 마비, 「감염병의 예방 및 관리에 관한 법률」에 따른 감염병 또는 「가축전염병예방법」에 따른 가축전염병의 확산 등으로 인한 피해

(5) 재난의 특징

① **취약성**

　㉠ 유엔경제사회국은 취약성을 특정 위험과 불확실성에 극도로 노출된 상태를 뜻한다고 정의하였다.

　㉡ 세계은행은 취약성을 수입빈곤, 건강, 교육, 자신의 주장을 할 수 없음, 권력 없음 등 빈곤의 다양한 측면들과 연계시키고 있다.

　㉢ 재난의 과학적 관리 접근에서는 재난은 주로 개발도상국에서 발생하고, 자연에 대한 근대적인 관계가 형성되지 못한 열대지역에서 발생한다고 본다.

　㉣ 재난의 거버넌스 접근에서는 재해나 취약성에 대한 사회적 우선순위가 규정되는 재난대응 영역을 강조하며, 재난이 국가와 사회관계에 미치는 영향뿐만 아니라 반대로 국가와 사회관계가 재난에 대응하는 방법에 영향을 미치는 것을 중시한다.

② **복원력**

　㉠ 복원력이란 '다시 뛰어 오른다'는 뜻으로 라틴어 resilio에서 비롯된 것이다.

　㉡ 재난과 관련하여 핵심적 개념으로 자리잡기 시작한 것은 2005년 UN 산하 재난 위기 감소를 위한 국제전략 때부터라고 할 수 있다.

　㉢ 홀링은 복원력을 생태학적 관점에서 사용하여, 생태시스템이 변화를 수용하면서도 지속할 수 있는 능력의 정도라고 정의하였다.

　㉣ 장(Zang)은 복원력의 개념을 활용하여 재난으로부터의 극복과정을 재난이전단계, 재난단계, 단기복구단계, 장기복구단계 등 4단계로 나누어 설명하였다.

(6) 재난의 범위와 수준

① **재난의 범위** … 응급상황 · 지역적 재난 < 재난 < 파국적 재난

② **재난의 수준** … 개인적 수준 < 지역사회수준 < 광역수준 < 국가수준

(7) 사고 발생 요인

① **불안전한 상태**

    ㉠ 물건 자체의 결함

    ㉡ 물건을 두는 방법 및 작업장소의 결함

    ㉢ 보호구, 복장 등의 결함

    ㉣ 작업환경의 결함

    ㉤ 자연적, 불안전한 상태

    ㉥ 작업방법의 결함

② **불안전한 행동**

    ㉠ 위험한 장소 접근

    ㉡ 안전장치 기능제거

    ㉢ 복장, 보호구의 잘못 사용, 보호구 미착용, 지정복장 미 착용 및 미 준수

    ㉣ 기계기구의 잘못 사용

    ㉤ 운전 중인 기계장치의 손질

    ㉥ 불안전 속도 조작

    ㉦ 위험물 취급부주의

    ㉧ 불안전상태 방치

    ㉨ 불안전한 자세 동작

    ㉩ 감독 및 연락 불충분 등

(8) 재난의 발생이론

① **하인리히의 도미노이론**

    ㉠ 사고의 원인이 어떻게 연쇄반응을 일으키는가에 대하여 설명하는 이론이다.

    ㉡ 이 연쇄를 구성하는 요인 중 하나만 제거하더라도 연쇄적 진행은 저지될 수 있어서 재해는 일어나지 않는다.

    ㉢ 안전관리활동에 의해 제거할 수 있는 것은 불안전상태와 불안전행동이다.

② 재해를 방지하기 위해서는 불안전 상태와 불안전 행동의 중추적 요인 배제에 중점을 두어야 한다.

⑩ 직접원인인 불안전 상태와 행동만 제거하면 재해는 일어나지 않는다고 보았다.

⑪ 5단계 : 사회적 환경 및 유전적 요소→개인적 결함→불안전상태 및 행동→사고→재해이며, 각 요소는 상호 밀접하게 관련이 있다.

⑫ 하인리히는 사고의 예방대책이 인간의 불안전한 행동이나 설계상의 잘못으로 인한 시설의 불안전한 상태의 제거에 직결되어 있음을 제안하였다.

② **버드의 최신 도미노이론**

㉠ 버드는 사고가 연쇄적으로 발생하는 첫 번째 요소로 사업주, 안전보건 관리자 및 관리감독자의 통제의 부족, 즉 관리적 측면을 들었다.

㉡ 관리적 측면 다음으로는 개인의 지식 및 기능의 부족, 신체적 · 정신적 문제 등을 기본원인으로 파악하였다.

㉢ 재해가 발생하기 이전에 사고가 일어나 원인을 제공했다고 보았다.

㉣ 직접원인을 제거하는 것만으로는 재해가 또다시 일어날 수 있기 때문에 반드시 기본원인까지 제거하라고 주장하였다.

㉤ 사고의 **연쇄성** : 통제의 부족(관리) → 기본원인(기원) → 직접원인(징후) → 사고(접촉) → 재해(손실)

㉥ 사고의 연쇄성에서 가장 중요한 요소는 직접원인인 근로자의 불안전 상태 및 행동을 들었다.

㉦ 오늘날 산업안전관리를 위한 기본을 마련하였다.

㉧ 재해의 직접적 원인인 기본원인 4M : Men, Machine, Media, Management

② 재난관리의 개념

(1) 재난관리의 의의

① 재난관리(Business Continuity Planning)란 예기치 않은 위험이 발생했을 때 비즈니스 운영의 영속성을 유지하기 위한 방법론을 말한다. 방법론은 위험을 평가하고 영향을 분석해 사전 예방과 사후 대응을 위한 계획을 수립하는 일련의 절차가 포함된다.

② 재난관리(Disaster management)는 각종의 재난을 관리한다는 의미로 재난으로 인한 피해를 극소화하기 위하여 취하는 사전 · 사후의 활동을 의미한다. 뿐만 아니라 재난에 대처하기 위하여 계획하고 대응하는 모든 집행과정을 총칭하는 광의의 의미로 해석되고 있다.

③ 재난관리란 재난의 예방·대비·대응 및 복구를 위하여 하는 모든 활동을 말한다(재난 및 안전관리기본법 제3조 제3호). 이는 광의의 재난관리 개념이라고 할 수 있다. 즉, 재난관리란 각종의 재난을 관리하는 것으로서 재난으로 인한 피해를 극소화하기 위하여 재난의 완화(mitigation), 준비계획(planning), 응급대응(response), 복구(recovery)에 관한 정책의 개발과 집행과정을 총칭하는 것이다.

(2) 재난관리의 학술적 접근방법

① **심리학적 관점** … 개인에 대해 초점을 두고, 개인의 위험인지를 주된 관심사로 함
   ㉠ 외상 후 스트레스 관점을 주장함
   ㉡ 개인의 위험인지의 심리적 상태 또는 위험인지 자체를 분석함

② **사회학적 관점** … 여러 가지 재난 중 특히 자연재난에 대응하는 지역사회와 집단들에 대해 초점을 두며, 주로 재난의 영향에 대한 조직화된 집단의 대응에 초점을 맞추어 기술하고 분석
   ㉠ 웽거 : 재난에 대한 지역공동체의 대응 연구
   ㉡ 다인 : 재난대응조직을 조직의 과업과 구조를 기준으로 구분하여 연구
   ㉢ 페리 : 자연재난과 인위재난에서의 대응을 비교연구

③ **행정학적 관점** … 재난관리의 단계를 예방과 대비의 재난 전 단계와 대응과 복구의 재난 후 단계로 구분함
   ㉠ 재난 이전 : 예방과 대비
   ㉡ 재난 이후 : 대응과 복구

(3) 재난관리의 원칙

① **적시성의 원칙** … 재난에 대한 각종 정보가 종합상황실에서 통합되어 정확한 정보를 적시에 전달하여야 한다.

② **현장중심의 원칙** … 재난의 초기 단계가 재난 대응 최적기로 피해의 최소화를 위해 현장조치와 효율적인 대응수단의 운용이 중요하다.

③ **단일지휘통제 원칙** … 효율적인 재난 대응을 위해 대응요소를 통합하고 집중 운용할 수 있는 단일 지휘 통제체제가 필요하다.

④ **사전대비의 원칙** … 재난은 단계적인 대비 및 대응을 통한 체계적인 관리가 필요하며 각종 정책과 예방 및 대비계획을 세워 훈련과 점검보완을 통해 사전예방과 대비를 하여야 한다.

(4) 재난관리의 모형

① 페탁의 재난관리모형

㉠ 의의
- 재난발생시점이나 관리시기를 기준으로 구분함
- 재난관리과정을 재난의 진행과정과 대응활동에 따라서 재해 이전과 재해이후로 구분함
- 재난관리 4단계 과정은 개별적으로 이루어지는 것이 아니라 상호순환적인 성격이 있다고 함
- 재난관리 4단계과정이 통합관리될 때 효과적인 재난관리가 이루어진다고 봄

㉡ 4단계 과정
- 재해의 완화와 예방과정
- 재해의 대비와 계획
- 재해의 대응
- 재해복구

② 맥롤린의 통합관리 모형(미국)

㉠ 재난관리의 대응단계에서 많은 공공·민간조직 간의 협조관계 강조
㉡ 미국의 재난관리 모델

(5) 재난관리의 특징

① **예측 불확실성** … 재난의 불확실성은 재난관리 전 과정에 걸쳐 나타난다. 즉 재난발생 전의 경우 비가시적 요인들이 누적되고 배양되면서 발생 가능성이 커지는데 이 때 이런 요인들 간의 상호작용은 예측할 수 없고 또한 재난 자체가 언제 어디서 발생할지 정확하게 예측할 수도 없게 된다.

② **통제 불가능성** … 자연재해는 장기간에 걸쳐 완만히 진행되고 내진설계, 재해영향평가제, 수문통제시스템 등을 통해 피해규모를 최소화할 수 있을 수는 있으나 근본적으로 예방할 수 없는 불가항력을 지닌다. 반면에 기술재난은 단기간에 걸쳐 급격히 완결되는 특징을 가지고 있는 바 기술이라는 점에서 예방이 가능하다.

③ **누적성** … 재난의 누적성은 재난배양이론으로 설명된다.

> ★TIP 재난배양이론(Disaster Incubation Theory)
> ㉠ 재난은 사고가 아니라 배양의 과정을 통하여 가시적으로 발생하기 이전부터 누적되어 온 위험요인들이 특정시점에서 표출된 결과라는 것이다.
> ㉡ 재난 발전의 초기단계인 배양단계에서부터 사회 속에서는 재난이 잠재되어 누적되어 가고 있다는 것이다.
> ㉢ 재난 자체보다는 재난을 야기하는 사회적 상황에 대하여 사전적인 관심을 기울여야 한다는 것이다.

④ **인지성** … 언어에 내재된 모호성으로 인해 재난의 배양에 있어 정보수집과 의사소통의 어려움이 발생하게 되고 그에 따라 위험발발요인이 축적되게 된다. 인지적인 문제는 정치적인 면의 여부에 따라 두 가지 차원에서 파악할 수 있다.

⑤ **상호작용성** … 실제로 재난이 발생한 경우 재해 자체와 피해주민 및 피해지역의 기반시설이 서로 영향을 미치는 상호작용적인 특성을 지닌다.

⑥ **복잡성** … 재난으로 인해 사회적으로나 물리적 환경의 심각한 변화가 있을 때 기존의 관료적 규범과는 새로운 규범이 생기게 되며, 재난의 복잡성 원인 중 하나는 재난이 상호작용성을 가진다는 점이다.

(6) 재난관리 이론

① **재난배양이론**(Disaster Incubation Theory) … 주로 재난발생의 사회적, 문화적 측면에 주목하면서 재난이 이미 사회 속에 내재되어 있다는 것을 강조한다. 즉, 위험 발생의 초기 단계인 배양 단계에서부터 사회 속에서는 위험이 잠재되어 누적되어 가고 있다는 것이다.

② **정상사건이론**(Normal Accidents Theory) … 복잡하고 꽉 짜여 진 기술적 체계는 필연적으로 사고(accidents)를 발생시킬 수밖에 없다는 것이다.

③ **고도신뢰이론**(High Reliability Theory) … 위험 예방이 가능하다는 전제 아래, 복잡성과 꽉 짜여 진 체계에서 위험 발생 가능성을 낮출 수 있는 조직의 전략을 발전시킬 수 있으며, 따라서 사고는 예방할 수 있고, 조직의 안전에 관한 신뢰성도 높일 수 있다는 것이다.

(7) 재난 및 안전관리기본법

① **목적** … 각종 재난으로부터 국토를 보존하고 국민의 생명 · 신체 및 재산을 보호하기 위하여 국가와 지방자치단체의 재난 및 안전관리체제를 확립하고, 재난의 예방 · 대비 · 대응 · 복구와 안전문화활동, 그 밖에 재난 및 안전관리에 필요한 사항을 규정함을 목적으로 한다. (제1조)

② **이념** … 재난을 예방하고 재난이 발생한 경우 그 피해를 최소화하는 것이 국가와 지방자치단체의 기본적 의무임을 확인하고, 모든 국민과 국가 · 지방자치단체가 국민의 생명 및 신체의 안전과 재산보호에 관련된 행위를 할 때에는 안전을 우선적으로 고려함으로써 국민이 재난으로부터 안전한 사회에서 생활할 수 있도록 함을 기본이념으로 한다.

③ **재난 및 안전관리기본법상 재난 관련 용어의 정의**

    ㉠ **안전관리** : 재난이나 그 밖의 각종 사고로부터 사람의 생명·신체 및 재산의 안전을 확보하기 위하여 하는 모든 활동을 말한다.

    ㉡ **안전기준** : 각종 시설 및 물질 등의 제작, 유지관리 과정에서 안전을 확보할 수 있도록 적용하여야 할 기술적 기준을 체계화한 것을 말하며, 안전기준의 분야, 범위 등에 관하여는 대통령령으로 정한다.

    ㉢ **재난관리책임기관**

      • 중앙행정기관 및 지방자치단체(「제주특별자치도 설치 및 국제자유도시 조성을 위한 특별법」 제15조 제2항에 따른 행정시를 포함한다)

      • 지방행정기관·공공기관·공공단체(공공기관 및 공공단체의 지부 등 지방조직을 포함한다) 및 재난관리의 대상이 되는 중요시설의 관리기관 등으로서 대통령령으로 정하는 기관

    ㉣ **재난관리주관기관** : 재난이나 그 밖의 각종 사고에 대하여 그 유형별로 예방·대비·대응 및 복구 등의 업무를 주관하여 수행하도록 대통령령으로 정하는 관계 중앙행정기관을 말한다.

    ㉤ **긴급구조** : 재난이 발생할 우려가 현저하거나 재난이 발생하였을 때에 국민의 생명·신체 및 재산을 보호하기 위하여 긴급구조기관과 긴급구조지원기관이 하는 인명구조, 응급처치, 그 밖에 필요한 모든 긴급한 조치를 말한다.

    ㉥ **긴급구조기관**

      • 국민안전처

      • 소방본부 및 지방해양경비안전본부

      • 소방서 및 해양경비안전서

    ㉦ **긴급구조지원기관** : 긴급구조에 필요한 인력·시설 및 장비, 운영체계 등 긴급구조능력을 보유한 기관이나 단체로서 대통령령으로 정하는 기관과 단체를 말한다.

    ㉧ **국가재난관리기준** : 모든 유형의 재난에 공통적으로 활용할 수 있도록 재난관리의 전 과정을 통일적으로 단순화·체계화한 것으로서 국민안전처장관이 고시한 것을 말한다.

    ㉨ **안전문화활동** : 안전교육, 안전훈련, 홍보 등을 통하여 안전에 관한 가치와 인식을 높이고 안전을 생활화하도록 하는 등 재난이나 그 밖의 각종 사고로부터 안전한 사회를 만들어가기 위한 활동을 말한다.

    ㉩ **재난관리정보** : 재난관리를 위하여 필요한 재난상황정보, 동원가능 자원정보, 시설물정보, 지리정보를 말한다.

(8) 재난 관련 법

① **자연재해대책법** … 태풍, 홍수 등 자연현상으로 인한 재난으로부터 국토를 보존하고 국민의 생명·신체 및 재산과 주요 기간시설(基幹施設)을 보호하기 위하여 자연재해의 예방·복구 및 그 밖의 대책에 관하여 필요한 사항을 규정함을 목적으로 한다.

② **지진재해대책법** … 지진과 지진해일로 인한 재해로부터 국민의 생명과 재산 및 주요 기간시설(基幹施設)을 보호하기 위하여 지진과 지진해일의 관측·예방·대비 및 대응, 내진대책(耐震對策)과 지진재해를 줄이기 위한 연구 및 기술개발 등에 필요한 사항을 규정함을 목적으로 한다.

③ **안전 및 재난관리기본법** … 각종 재난으로부터 국토를 보존하고 국민의 생명·신체 및 재산을 보호하기 위하여 국가와 지방자치단체의 재난 및 안전관리체제를 확립하고, 재난의 예방·대비·대응·복구와 안전문화활동, 그 밖에 재난 및 안전관리에 필요한 사항을 규정함을 목적으로 한다.

④ **재난관련 법의 변천** … 풍수해대책법 제정(1967) → 재난 및 안전관리기본법 제정(2004) → 자연재해대책법 제정(2005) → 지진재해대책법 제정(2009)

01 출제예상문제

1 재난 및 안전관리기본법상 재난관리의 개념요소가 아닌 것은?

① 재난의 예측   ② 재난의 대비

③ 재난의 대응   ④ 재난의 복구

> ✿**note** 재난관리란 재난의 예방·대비·대응 및 복구를 위하여 하는 모든 활동을 말한다.(법 제3조 제3호)

2 국가가 재해를 예방하고 그 위험으로부터 국민을 보호하기 위하여 노력하여야 한다고 규정하고 있는 법은?

① 재난 및 안전관리기본법   ② 자연재해대책법

③ 지진재해대책법   ④ 헌법

> ✿**note** 국가는 재해를 예방하고 그 위험으로부터 국민을 보호하기 위하여 노력하여야 한다.(헌법 제 34조 제6항)
> ※ 법의 목적
>   ㉠ 재난 및 안전관리기본법 : 각종 재난으로부터 국토를 보존하고 국민의 생명·신체 및 재 산을 보호하기 위하여 국가와 지방자치단체의 재난 및 안전관리체제를 확립하고, 재난 의 예방·대비·대응·복구와 안전문화활동, 그 밖에 재난 및 안전관리에 필요한 사항 을 규정함을 목적으로 한다.
>   ㉡ 자연재해대책법 : 태풍, 홍수 등 자연현상으로 인한 재난으로부터 국토를 보존하고 국민 의 생명·신체 및 재산과 주요 기간시설(基幹施設)을 보호하기 위하여 자연재해의 예 방·복구 및 그 밖의 대책에 관하여 필요한 사항을 규정함을 목적으로 한다.
>   ㉢ 지진재해대책법 : 지진과 지진해일로 인한 재해로부터 국민의 생명과 재산 및 주요 기간 시설(基幹施設)을 보호하기 위하여 지진과 지진해일의 관측·예방·대비 및 대응, 내진 대책(耐震對策)과 지진재해를 줄이기 위한 연구 및 기술개발 등에 필요한 사항을 규정 함을 목적으로 한다.

3 근대사회의 재난관리제도의 특징은?

① 재해구호법 중심
② 건축법 중심
③ 사회복지법 중심
④ 응급의료제도 중심

   ✎**note** 근대사회의 재난관리제도는 건축법 중심의 재난관리제도이다.

4 현대의 재난관리제도와 거리가 먼 것은?

① 재난의 개념이 물리적 개념에서 사회적 개념으로 변질되게 되면서 국민을 재난으로부터 보호하는 의무가 강조되기 시작하였다.
② 재난 시 주로 소방관과 군대 그리고 서민을 동원하여 재해 진압활동이 중심이었다.
③ 재난관리체제에 인명을 구하기 위한 전문구조대와 응급의료체계가 결합되었다.
④ 인적 재난의 유형도 매우 다양해지고 발생빈도도 급속히 증가하였다.

   ✎**note** 재난 시 주로 소방관과 군대 그리고 시민을 동원하여 재해 진압활동을 하던 시대는 근대사회의 재난관리 특징이다.

5 재난관리체제의 특징 중 재난관리체제가 담당하여야 할 업무환경은 불확실성이 지배하고 있다는 것은?

① 일상적 대응능력의 열세성
② 재난관리행정체제의 경계가 매우 유동적임
③ 가외성
④ 복잡·연계성

   ✎**note** 재난관리체제는 상당한 정도의 가외성이 확보되어야 하는데, 이는 업무환경이 불확실하다는 특징을 갖기 때문이다.

6 재난관리에 관한 학술적 관점에서 볼 때 주로 자연재난을 대상으로 하여 지역공동체 조직들의 대응과정에서의 방법이나 영향을 대상으로 삼는 견해는?

① 심리학적 관점

② 사회학적 관점

③ 행정학적 관점

④ 생태학적 관점

> ✿note 사회학적 관점에서의 재난관리는 여러 가지 재난 중 특히 자연재난에 대응하는 지역사회와 집단들에 초점을 두고 있다.

7 재난관리에 대해 개인의 위험인지를 주된 관심사로 하며, 개인의 위험인지의 심리적 상태 또는 위험인지 자체를 분석하는 관점은?

① 심리학적 관점

② 사회학적 관점

③ 행정학적 관점

④ 제도적 관점

> ✿note 재난관리에 대한 심리학적 관점의 연구들은 개인에 초점을 두고 있다.

8 재난관리의 단계를 예방과 대비의 재난 전 단계와 대응과 복구의 재난 후 단계로 구분한 학자는?

① 웽거 ② 다인

③ 페리 ④ 페탁

> ✿note 페탁은 재난관리에 관해 행정학적 관점으로 보아 재난관리 단계를 재난 전 단계(예방, 대비)와 재난 후 단계(대응, 복구)로 구분하였다.

9 재난관리 모형 중 페탁의 재난관리모형에 대한 내용으로 적절하지 않은 것은?

① 페탁은 재난관리과정을 재난발생시점이나 관리시기를 기준으로 구분하였다.

② 페탁은 재난관리과정을 재해의 완화와 예방, 재해의 대비와 계획, 재해의 대응, 재해복구
의 4단계로 설명한다.

③ 페탁은 각 단계별로 상호단절적인 과정이 아니라 상호 순환적인 성격이 있으며, 각 과정이
개별적으로 이루어지는 것이 아니라 시간적 활동순서일 뿐이라고 하였다.

④ 페탁은 미국의 재난관련 대응조직들이 수 많은 공공·민간조직과 혼합되어 대응단계에서의
협조문제가 재난대응의 전통적인 문제로 반복되는 데 관심을 둔다.

☆**note** ④ 맥롤린의 통합관리모형에 대한 설명이다.
  ※ 페탁의 재난관리 단계
    ㉠ 완화, 예방단계 : 완화단계에서는 생명과 재산을 보호하기 위한 평소의 노력과 만일의 사
      태에 대비한 대책을 수립한다. 이 단계에서는 정치적, 정책적 기술이 동원된다. 재난의
      발생과 피해가 커짐에 따라 완화단계의 중요성이 인식되고 있다. 이 단계에서는 재난
      관리를 위한 장기적 계획의 마련, 건축기준법규의 마련, 위험지도의 작성, 수해상습지구
      설정과 수해방지 시설의 공사, 안전기준의 설정, 재해취약지구의 개발제한, 효과적인 투
      자의 조성 등이 이루어지도록 한다. 예방을 위한 투자는 사후비용을 대폭 감소시킬 수
      있다.
    ㉡ 대비, 계획단계 : 완화단계의 노력에도 불구하고 재해가능성이 높은 경우, 재해에 대비한
      운용계획이나 대응능력을 유지시키는 것이 필요하다. 이러한 상황 하에서 이루어지는
      것이 준비계획인데, 여기에는 비상계획, 경보대책, 방지수단 등이 강구된다. 준비단계에
      서는 현재의 관리능력을 측정하고 운영계획을 마련하여 재해관리 능력을 유지시키는 것
      이 궁극적인 목표이다.
    ㉢ 응급, 대응단계 : 완화단계와 준비단계가 철저히 마련되었다 하더라도 재난으로 인한 피
      해를 완전히 제거할 것을 기대하기란 어렵다. 응급대응단계에서는 재해에 동반되는 모
      든 피해를 최소화하고 복구를 최대한 용이하게 한다. 본 단계에서의 행정활동은 대피,
      각종지시, 구호, 복구를 촉진시키는 제반사항을 위주로 이루어지며 재난으로 인한 피해
      의 확대를 응급조치를 통하여 막는데 주력한다.
    ㉣ 복구, 관리단계 : 재난으로 인한 피해자와 재산에 대한 응급 복구, 원상 복구, 개량 복구
      를 행하는 단계라 할 수 있다. 응급 복구에 있어서는 피해자들이 최소한 생활을 영위할
      수 있도록 회복시키고, 장기적으로는 재난 이전의 생활로 원상 복구 하거나 보다 나은
      생활을 영위할 수 있게 개량하는 행위라 할 수 있다. 이러한 피해복구 활동은 피해자들
      이 우선 피해 상황을 극복하려는 의지를 심어주는데서 시작된다. 복구관리에 있어서는
      피해 당사자가 그 주체가 되어야 함이 원칙이나, 그 정도가 지나칠 경우 정부의 개입이
      필요하다.

10 다음 재난관련 법령 중 제정순서대로 잘 연결된 것은?

① 풍수해대책법 → 자연재해대책법 → 지진재해대책법
② 자연재해대책법 → 풍수해대책법 → 지진재해대책법
③ 자연대책법 → 지진대책법 → 풍수해대책법
④ 지진재해대책법 → 풍수해대책법 → 자연재해대책법

note 재난관련 법령 중 풍수해대책법(1967) → 자연재해대책법(1995) → 지진재해대책법(2009) 순이다.

11 다음 중 재난 및 안전관리기본법상의 내용이 아닌 것은?

① 중앙안전관리위원회
② 특별재난지역에 대한 지원
③ 중앙대책본부장의 권한 등
④ 방재조직 및 방재계획

note 방재조직 및 방재계획에 관한 내용은 자연재해대책법에 규정되어 있다.

12 다음 중 재난 및 전쟁, 테러 등 폭 넓은 상황의 관리는?

① 위험관리 ② 재난관리
③ 위기관리 ④ 안전관리

note 위기관리란 재난 및 전쟁, 테러 등 폭 넓은 상황의 관리로 민간부문에서는 순수 손실의 최소화, 공공부문에는 사회에 악영향을 줄 자연적 · 인위적 사건의 위험을 인지하고 통제하는 것을 의미한다.

13 재난의 분류에서 재난의 발생원인과 재해현상에 따른 분류는?

① 존스의 재해분류 ② 아네스의 재해분류
③ 길버트의 재해분류 ④ 포스너의 재해분류

note 존스는 재난의 발생원인과 재해현상에 따라 자연재해, 준자연재해, 인위재해로 구분한다.

Answer 10.① 11.④ 12.③ 13.①

14 존스의 재해분류에서 자연재해 중 기상학적 재해가 아닌 것은?

① 냉해

② 태풍

③ 해일

④ 이상기온

☆note 존스의 재해분류

자연재해				준자연재해	인위재해
지구물리학적 재해			생물학적 재해		
지질학적재해	지형학적재해	기상학적 재해			
• 지진 • 해일 • 화산 • 쓰나미 등	• 산사태 • 염수토양	• 냉해 • 안개 • 눈 • 해일 • 번개 • 폭풍 • 토네이도 • 태풍 • 가뭄 • 이상기온 등	• 세균질병 • 유독식물 • 유독동물	• 스모그현상 • 온난화현상 • 사막화현상 • 염수화현상 • 눈사태 • 산성화 • 홍수 • 토양침식	• 공해 • 광화학 연무 • 폭동 • 교통사고 • 폭발사고 • 태업 • 전쟁 등

15 존스의 재해분류에 대한 내용으로 틀린 것은?

① 존스는 재난의 발생원인과 재해현상에 따라 분류한다.

② 재해를 자연재해, 준자연재해, 인위재해로 구분한다.

③ 장기간에 걸친 완만한 환경의 변화현상까지 재해에 포함시킨다.

④ 위기적 특징이 없는 일반 행정관리의 대상은 제외한다.

☆note 존스는 위기적 특징이 없는 일반 행정관리의 대상까지 재해로 분류하여 재난관리 분야에 그대로 적용하기에는 범위가 너무 광범위하다는 특징을 가진다.

Answer   14.③ 15.④

16 아네스의 재해분류에 대한 내용으로 옳지 않은 것은?

① 자연재해와 인위재해로 구분한다.

② 자연재해는 기후성재해와 지질성 재해로 구분한다.

③ 인위재해는 사고성 재해와 계획적 재해로 구분한다.

④ 재해의 발생원인과 재해현상에 따라 구분한다.

✿ note ④ 존스의 재해분류 기준이다.

※ 아네스의 재해분류

자연재해		인위재해	
기후성 재해	지질성 재해	사고성 재해	계획적 재해
태풍	• 지진 • 화산폭발 • 해일	• 교통사고 • 산업사고 • 폭발사고 • 화재사고 • 생물학적 재해 • 화학적 재해 • 방사능 재해	• 테러 • 폭동 • 전쟁

17 포스너는 위기를 4가지로 유형화하였는데 다음 중 의도한 것은 아니지만 인간이 만들어낸 재앙인 것은?

① 유행병

② 인공지능 관련 사고

③ 지구온난화

④ 사이버 테러

✿ note 포스너의 위기 유형

자연적 재앙	유행병, 소행성 충돌 등
실험사고나 그 밖의 과학관련 사고	입자가속기, 나노기술, 인공지능 등과 관련된 사고로서 과학기술이 원인
의도한 것은 아니지만 인간이 만들어낸 재앙	천연자원 고갈, 지구온난화, 생물다양성 감소 등
고의적인 대재앙	핵, 생물무기류, 사이버테러, 디지털 감시 등

18 자연재난의 특징과 거리가 먼 것은?

① 어느 정도의 사전예측·경고가 가능하다.

② 국소지역에서 재산피해와 사상자가 집중적으로 발생된다.

③ 비교적 단기간 지속된다.

④ 재난상황이 전개되는 시점에서 대응활동과 재난통제가 극히 제한적이다.

✿▍note 자연재해는 광범위한 지역에 걸쳐 발생되며 재산피해와 사상자 발생이 넓은 지역에서 산발적으로 발생하는 특징을 가진다.

19 재난관리 행정체제의 특징과 거리가 먼 것은?

① 예측 불확실성   ② 독립성

③ 상호작용성   ④ 복잡성

✿▍note 재난관리 행정체제의 특성은 예측 불확실성, 통제 불가능성, 누적성, 인지성, 상호작용성, 복잡성 등을 들 수 있다.

20 재난관리의 특징으로 터너(Turner)의 재난배양이론과 관련이 깊은 것은?

① 상호작용성   ② 복잡성

③ 누적성   ④ 통제불가능성

✿▍note 재난배양이론은 주로 재난발생의 사회적, 문화적 측면에 주목하면서 재난이 이미 사회 속에 내재되어 있다는 것을 강조한다. 즉, 위험 발생의 초기 단계인 배양(incubation) 단계에서부터 사회 속에서는 위험이 잠재되어 누적되어 가고 있다는 것이다.

Answer   18.②   19.②   20.③

21 재난관리이론 중 재난은 사고예방이 가능하다는 전제로 전개하는 이론은?

① 재난배양이론　　　　　　　　　② 고도신뢰이론

③ 정상사건이론　　　　　　　　　④ 우발전개이론

🌸note 고도신뢰이론은 위험 예방이 가능하다는 전제 아래, 복잡성과 꽉 짜여 진 체계에서 위험 발생 가능성을 낮출 수 있는 조직의 전략을 발전시킬 수 있으며, 따라서 사고는 예방할 수 있고, 조직의 안전에 관한 신뢰성도 높일 수 있다고 주장한다.

※ 재난관리이론

　　⊙ **재해배양이론**(disaster Incubation Theory) : 재난은 사고가 아니라 배양의 과정을 통하여 가시적으로 발생하기 이전부터 누적되어 온 위험요인들이 특정한 시점에서 표출된 결과라는 것이다. 즉, 재난 발전의 초기단계인 배양단계에서부터 사회 속에서는 재난이 잠재되어 누적되어 가고 있다는 것으로, 이러한 재난의 배양에 대한 강조는 재난 그 자체 보다는 재난을 야기하는 사회적 상황에 대하여 사전적인 관심을 기울어야 한다는 것이다.

　　ⓛ **정상사건이론**(Normal Accidents Theory) : 현대사회의 기술적·조직적 시스템은 복잡하고, 꽉 짜여진 것이다. 이러한 기술체계는 필연적으로 사고를 발생시킬 수밖에 없다는 것이다. 체계가 복잡하다는 것은 그 체계를 구성하는 요소들 간의 복잡한 상호작용으로 말미암아 인간이 요소들 간의 상호작용을 정확하게 이해하기 어렵게 되어 결과적으로 불확실성이 높아지는 것이다. 불확실성은 재난 발생 전의 경우, 비가시적인 요인들이 누적되고 배양되면서 발생 가능성이 커지는데, 이때 이런 요인들 간의 상호작용은 예측하기 어렵게 한다. 또한 재난 발생 후의 경우엔 재난 자체가 기존의 기술적·사회적 장치와 맞물려 어떻게 전개될 지 알 수 없을 뿐만 아니라, 위기관리조직 외에 다른 기관들의 참여로 인해 기관간의 권한과 범위 설정이 새로이 요구되고 그에 따라 대응·복구단계의 진행방향 또한 예측하기 어렵게 한다.

　　ⓒ **고도신뢰이론**(High Reliability Theory) : 재난은 사고예방이 가능하다는 전제 아래, 복잡성과 꽉 짜여진 체계에서 사고 발생 가능성을 낮출 수 있는 조직의 전략을 발전시킬 수 있다는 것이다. 따라서 사고는 예방할 수 있고, 조직의 안전에 관한 신뢰성을 높일 수 있다는 것이다. 고도신뢰이론은 앞서 설명된 정상사건이론의 비관적 측면에 대한 반발과 과거 결정론적인 세계관에 근거한 합리적 의사결정의 전통에 대한 수정을 근간으로 하고 있다.

22 재난관리 이론 중 누적성과 관련이 깊은 이론은?

① 재난배양이론
② 정상사건이론
③ 고도신뢰이론
④ 불확실성 이론

✎note 재난은 사고가 아니라 배양의 과정을 통하여 가시적으로 발생하기 이전부터 누적되어 온 위험 요인들이 특정 시점에서 표출된 결과라는 것으로 재난 자체보다는 재난을 야기하는 사회적 상황에 대해여 사회적 관심을 기울여야 한다는 이론이다.

23 재난의 대표적 특징을 모두 고른다면?

㉠ 취약성	㉡ 역량
㉢ 복원력	㉣ 단순성

① ㉠㉡㉢
② ㉠㉡㉣
③ ㉠㉢㉣
④ ㉡㉢㉣

✎note 재난의 특징은 취약성, 역량과 복원력이 대표적이다.

24 재난의 특징은 복원력의 개념을 활용하여 재난으로부터의 극복과정을 재난 이전 단계 → 재난단계 → 단기복구 단계 → 장기복구 단계 등 4단계로 나누어 설명한 이론은?

① 홀링의 생태학적 관점
② 장(Zang)의 4단계 이론
③ 터니의 4가지 차원 이론
④ 브루네우의 단계이론

✎note 장(Zang)은 복원력의 개념을 활용하여 재난으로부터의 극복과정을 4단계로 나누어 설명하였다.

25 재난에 관한 일반적인 특징의 내용으로 적절하지 아니한 것은?

① 재난은 본인과 가족에게 발생한 직접적인 피해를 제외하고는 무관심하다.

② 재난은 시간과 기술의 발전에 따라 발생빈도나 피해규모가 다르다.

③ 재난은 발생 가능성과 상황변화를 예측하기 매우 어렵다.

④ 재난은 인간의 노력이나 관리체계로 막기 불가능하다.

> **note** 재난은 인간의 노력이나 철저한 관리체계로 상당 부분 막을 수 있다.

26 하인리히는 사고예방을 위해 무엇을 배제하여야 한다고 하는가?

① 개인적 결함

② 불안전 상태 및 행동

③ 사회적 환경

④ 유전적 요소

> **note** 하인리히는 안전사고의 원인에서 발생하기까지 사회적 환경(또는 유전적 요소) → 개인적 결함
> → 불안전 상태 및 행동 → 사고 → 재해의 5단계로 정리하였는바, 사고예방의 핵심문제로 제3의
> 요인인 불안전상태와 불안전 행동의 중추적 요인 배제에 중점을 두어야 한다고 주장하였다.

27 하인리히의 사고예방을 위해 5단계 중 조정하기 가장 용이한 것을 무엇으로 보았는가?

① 사회적 환경

② 유전적 요소

③ 불안정 상태 및 행동

④ 개인적 결함

> **note** 하인리히의 도미노이론에 의하면 안전관리활동으로 제거할 수 있는 것은 제3의 요인인 불안전
> 상태와 불안전 행동이라고 보아, 조정하기 가장 용이하다고 보았다.

Answer 25.④ 26.② 27.③

28 하인리히의 도미노이론에 대한 설명으로 틀린 것은?

① 직접원인 제거만으로는 재해가 또다시 일어날 수 있기 때문에 반드시 기본원인까지 제거하라고 주장하였다.

② 사고의 원인이 어떻게 연쇄반응을 일으키는 지를 설명하려는 이론이다.

③ 5단계의 각 요소는 상호 밀접하게 관련이 있다고 본다.

④ 연쇄를 구성하는 요인 가운데 하나만 제거하더라도 연쇄적 진흥은 저지될 수 있으므로 재해는 일어나지 않는다고 보았다.

✿▌note 하인리히는 직접원인만 제거하면 재해는 일어나지 않는다고 하였다.

29 버드(F. Bird)의 최신 도미노이론에 대한 설명으로 틀린 것은?

① 사고의 연쇄성에서 가장 중요한 요소를 직접원인이라고 보았다.

② 직접원인 제거만으로는 재해가 또다시 일어날 수 있다고 보았다.

③ 사고가 연쇄적으로 발생하는 원인 중 첫 번째 요인을 근로자의 불안전 상태 및 행동이라고 보았다.

④ 기본적 원인으로는 개인의 지식 및 기능의 부족, 신체적·정신적 문제 등을 들었다.

✿▌note 사고가 연쇄적으로 발생하는 원인 중 첫 번째 요인을 기본원인으로 보았으며 이에는 개인의 지식 및 기능의 부족, 신체적·정신적 문제 등을 들 수 있다.

30 버드의 최신 도미노이론에서 사고의 연쇄성에서 가장 중요한 요소인 직접원인을 모두 고른다면?

> ㉠ 근로자의 불안전 상태   ㉡ 근로자의 불안전 행동
> ㉢ 관리자의 통제부족   ㉣ 개인의 지식 및 기능의 부족

① ㉠㉡   ② ㉠㉢
③ ㉠㉣   ④ ㉢㉣

✿ **note** 버드의 사고연쇄과정
    ㉠ 첫 번째 요소 : 통제부족, 기본원인(개인의 지식 및 기능부족, 신체적·정신적 문제)
    ㉡ 두 번째 요소 : 직접원인(근로자의 불안전 상태와 불안전 행동)
    ㉢ 마지막 요소 : 사고(접촉), 재해(손실)

31 다음 <보기> 중 재난배양이론에 관한 옳은 설명을 모두 고른다면?

> <보기>
> ㉠ 재난은 사고가 아니라 배양의 과정을 통하여 가시적으로 발생하기 이전부터 누적되어 온 위험요인들이 특정 시점에서 표출된 결과라고 본다.
> ㉡ 재난 발전의 초기단계인 배양단계에서부터 사회 속에서는 재난이 잠재되어 누적되어가고 있다는 것이다.
> ㉢ 재난 자체보다는 재난을 야기하는 사회적 상황에 대하여 사전적인 관심을 기울여야 한다는 것이다.
> ㉣ 재난은 사고예방이 가능하다는 전제 아래 조직의 안전에 관한 신뢰성을 높일 수 있다는 것이다.

① ㉠㉡㉢   ② ㉠㉡㉣
③ ㉠㉢㉣   ④ ㉡㉢㉣

✿ **note** 재난은 사고예방이 가능하고, 조직의 안전에 관한 신뢰성을 높일 수 있다는 것은 고도신뢰이론에 대한 내용이다.

32 불안정한 상태의 조건에 대한 내용의 연결이 잘못된 것은?

① 물건을 두는 방법 · 작업장소의 결함 – 차폐 불충분
② 물건 자체의 결함 – 설계 불량
③ 보호구 · 복장 등 결함 – 장구 · 개인 안전장비 결함 등
④ 작업방법의 결함 – 작업순서의 오류

note 불안전상 상태의 조건

분류	내용
물건 자체의 결함	설계불량, 물건의 결함, 노후, 피로, 사용한계, 고장 미수리, 정비 불량 등
안전방호조치 결함	무방호, 방호 불충분, 무접지 및 무절연이나 불충분, 차폐 불충분, 구간 · 표시의 결함 등
물건을 두는 방법, 작업장소의 결함	통로 미확보, 작업장 공간부족, 기계 · 장치 · 용구 · 집기 등의 배치 결함, 물건 보관방법 부적절, 물건을 쌓는 방법의 결함, 물건을 세우는 방법의 결함 등
보호구, 복장 등 결함	장구 · 개인의 안전장비 결함 등
작업환경 결함	소음, 조명 및 환기의 결함, 위험표지 및 정보의 결함, 기타 작업환경의 결함
자연적, 불안전한 상태	방호 조치의 결함, 물건을 두는 방법 · 작업장소의 결함, 작업환경의 결함, 교통위험, 자연의 위험
작업방법의 결함	부적당한 기계 · 장치의 사용, 부적당한 공구 · 용구의 사용, 작업순서의 오류, 기술적 · 육체적인 무리, 안전의 미확인 등
기타 및 분류 불능	기타 불안전한 상태, 불안전한 상태가 없는 것, 분류 불능 등

33 불안전한 행동의 유형 연결이 옳지 않은 것은?

① 안전조치 불이행 – 신호 확인 없이 움직임
② 위험한 상태의 조장 – 기계·장치·공구·용구 등의 선택 오류
③ 안전장치의 무효화 – 안전장치의 제거
④ 불안전한 방치 – 기계·장치 등을 운전한 상태에서 자리 이석

✎ | note 불안전한 행동의 유형

분류	내용
안전장치의 무효화	• 안전장치를 제거하여 무효화 함 • 안전장치의 조정 오류 • 기타 방호물을 제거
안전조치 불이행	• 불의의 위험에 대한 조치 불이행 • 기계·장치를 갑자기 움직임 • 신호 확인 없이 차를 움직임 • 신호 없이 물건을 움직이거나 또는 방치함
불안전한 방치	• 기계·장치 등을 운전한 상태에서 자리 이석 • 기계·장치를 불안전한 상태로 방치 • 공구·용구·재료·찌꺼기 등을 불안전한 장소의 둠
위험한 상태의 조장	• 짐 등을 지나치게 쌓음 • 섞으면 위험한 것을 혼합함 • 소정의 것을 불안전한 것으로 바꿈
기계·장치 등의 지정 외의 사용	• 결함이 있는 기계·장치, 공구, 용구 등을 사용함 • 기계·장치, 공구, 용구 등의 선택 오류 • 기계·장치 등을 지정 외의 방법으로 사용 • 기계·장치 등을 불안전한 속도로 움직임
운전 중의 기계·장치 등의 청소, 주유, 수리, 점검 등	운전 중의 기계·장치, 통전 중의 전기장치, 가압되어 있는 용기, 가열되어 있는 것, 위험물이 들어 있는 것

34 다음은 재난에 대한 개념 정의이다. 누구의 정의인가?

> 재난은 통상 사망과 상해, 재산상의 피해를 가져오고, 또한 일상적인 절차나 지방정부의 자원으로 관리할 수 없는 심각하고 규모가 큰 사건으로 보통 돌발적으로 일어나기 때문에 정부와 민간부문 조직이 인간의 기본적인 수요를 충족시키고 복구를 신속하게 하고자 할 때 즉각적·체계적·효과적인 대처를 하여야 하는 사건으로 정의한다.

🌸 **Answer**   33.②

① 미국 연방관리청　　　　　　　　② 유엔
③ 프리츠　　　　　　　　　　　　④ 크레프

> ✿note ② 재난을 사회의 기본조직 및 정상기능을 와해시키는 갑작스런 사건이나 큰 재해로서 재해의
> 영향을 받는 사회가 외부의 도움 없이 극복할 수 없고, 정상적인 능력으로 처리할 수 있는
> 범위를 벗어나는 재산, 사회간접시설, 생활수단의 피해를 일으키는 단일 또는 일련의 사건
> 이라고 규정한다.
> ③ 재난은 사회 일반 또는 사회 내 일부 조직에 심대한 피해를 끼쳐 그 사회구성원이나 물리
> 적 시설의 손실로 인하여 사회구조가 교란되고, 그 사회의 본질적인 기능 수행이 장애를
> 받게 되는 사건으로 보며, 우연적이거나 통제가 불가능하여 시간상 · 공간상에 집중적으로
> 나타나는 실제적 · 위협적 사건이라고 정의한다.
> ④ 재난이란 사회나 그 구성조직이 물리적 피해나 손실 또는 일상적 기능의 장애를 받게 되는
> 시간상 · 공간상에서 관측 가능한 사건으로서, 이러한 사건의 원인과 영향은 사회구조와 사
> 회의 운영과정에 관련된다고 정의한다.

35 재난 및 안전관리기본법의 취지 · 이념 등에 관련된 설명으로 틀린 것은?

① 이 법은 각종 재난으로부터 국토를 보존하고 국민의 생명 · 신체 및 재산을 보호하기 위하여
국가와 지방자치단체의 재난 및 안전관리체계를 확립하고, 재난의 예방 · 대비 · 대응 · 복구
와 안전문화활동, 그 밖에 재난 및 안전관리에 필요한 사항을 규정함을 목적으로 한다.

② 재난을 예방하고 재난이 발생한 경우 그 피해를 최소화하는 것이 국가와 지방자치단체의
기본적 의무임을 확인한다.

③ 모든 국민과 국가 · 지방자치단체가 국민의 생명 및 신체의 안전과 재산보호에 관련된 행위
를 할 때 안전을 우선적으로 고려함으로써 국민이 재난으로부터 안전한 사회에서 생활할
수 있도록 한다.

④ 재난 및 안전관리기본법상의 재난은 자연재해대책법상의 자연재해, 재난관리법상의 재난을
포함하되 사회적 재난은 포함되지 아니한다.

> ✿note 재난 및 안전관리기본법상의 재난은 자연재해대책법상의 자연재해, 재난관리법상의 재난 뿐만
> 아니라 사회적 재난까지 포함하는 포괄적인 개념의 재난이다.

36 재난과 유사한 용어의 설명으로 틀린 것은?

① 위험이란 어떠한 바람직하지 않은 현상의 발생 가능성과 그에 따른 피해를 불러일으킬 가능성에 중심을 두는 개념이다.

② 일상적 사고란 일상적 측면의 소규모 사고로 그 지역의 대응능력만으로 충분히 수습이 가능한 것을 말한다.

③ 재앙이란 주거지의 전부나 대부분이 영향을 받고, 거의 모든 위기관리조직의 시설과 작전기지가 직접적으로 타격을 받는 것으로 재난에 비해 충격과 피해 면에서 더욱 크다.

④ 위기란 위험한 때나 고비로 정의하며, 대체로 그 지역 공무원이 통상적인 업무를 수행할 수 없고, 지역사회의 정상적이고 일상적인 기능의 대부분이 같은 시간에 돌연히 중단되는 경우이다.

> ✨note 위기란 위험한 때나 고비로 정의되지만, 정치·경제·사회·문화적 분야에서 상당히 광범위하게 사용되는 개념이다. 대체로 그 지역 공무원이 통상적인 업무를 수행할 수 없고, 지역사회의 정상적이고 일상적인 기능의 대부분이 같은 시간에 돌연히 중단되는 경우는 재앙에 대한 내용이다.

37 재난 및 전쟁, 테러 등 폭 넓은 상황의 관리는?

① 위기관리　　　　　　　　　　② 비상관리
③ 안전관리　　　　　　　　　　④ 보안관리

> ✨note ② 비상관리란 일반 행정조직이나 인적·물적 조건으로는 해결 가능성이 희박할 때나 비능률적인 상황에서 신속하게 적응하여 문제점을 해결하고 이에 담당 인력을 조직하고 대비하는 과정을 말하며, 일종의 비정상 상황의 관리를 말한다.
> ③ 안전관리란 산업·노동·생활 등 시설이나 물질로부터 인명과 재산의 안전을 관리하는 것을 말한다.
> ④ 보안관리란 안보·보안·경호 등 보호가 주 대상으로서 외교·국방·정보통신에서 주로 활용한다.

38 재난의 특징 중 하나인 재난과 관련한 조직의 수행성과 문제해결능력을 제고할 속성은?

① 사회영역　　　　　　　　　　② 조직영역
③ 기술영역　　　　　　　　　　④ 경제영역

39 인간의 의식레벨 5단계 중 레벨1의 특징과 거리가 먼 것은?

① 술에 취해 있을 때
② 무의식, 실신상태
③ 의식이 둔한 상태
④ 부주의한 상태

✨note 의식의 레벨 5단계

단계	상태
레벨 0	무의식, 실신상태
레벨 1	술에 취해 있을 때, 피로할 때, 의식이 둔한 상태, 부주의한 상태, 에러가 일어나기 쉬운 상태
레벨 2	안정을 취할 때와 같은 게을리 하는 의식상태
레벨 3	명쾌한 의식 상태
레벨 4	긴장이 과대하거나 감정이 고도되었을 때의 의식상태

40 재난의 특징 중 취약성에 대한 패러다임 규정의 거버넌스 접근의 내용으로 옳지 않은 것은?

① 재해나 취약성에 대한 사회적 우선순위가 규정되는 재난대응영역을 강조하는 것이다.
② 사람들은 재난을 예측하며, 생존을 위해 자신과 자신들의 지역사회에 의존한다.
③ 재난이 국가와 사회관계에 미치는 영향뿐만 아니라 반대로 국가와 사회관계가 재난에 대응하는 방법에 영향을 미치는 것을 중시한다.
④ 거버넌스 접근의 영역에서는 재난지식과 관리가 중재되기도 하고, 정치 관료적 거버넌스 운영과 제도를 통해 변경되기도 한다.

✨note ② 지방지식과 실제 대응접근방법의 설명이다.

❤❤Answer   39.② 40.②

41 재난관리의 내용과 거리가 먼 것은?

① 재난의 예방 　　　　　　　　　② 재난의 대비
③ 재난의 회피 　　　　　　　　　④ 재난의 복구

> ✿▌note "재난관리"란 재난의 예방·대비·대응 및 복구를 위하여 하는 모든 활동을 말한다.(법 제3조 제3호)

42 윌리엄 페탁의 재난관리모형에 대한 설명으로 틀린 것은?

① 연방, 주, 지방의 협조 아래 일련의 순환과정을 통해 인명과 재산을 보호하고 행정능력을 유지할 수 있다고 하면서 행정이 주가 된 재난관리의 모형을 제시하였다.
② 재난발생시점이나 관리시기를 기준으로 재난관리과정을 구분한다.
③ 재해관리과정을 재해의 완화와 예방, 재해의 대비와 계획, 재해의 대응, 재해복구의 4단계로 설명하고 있다.
④ 4단계의 과정은 상호 단절적인 과정이라기 보다는 상호 순환적인 성격이 있으며 완화, 준비계획, 응급대응, 복구 등의 각 과정이 개별적으로 이루어지는 것이 아니라 시간적 활동 순서일 뿐이다.

> ✿▌note ① 맥롤린의 통합관리모형의 내용이다.

43 재난의 학자들의 분류가 옳지 않게 연결된 것은?

① 존스 : 자연재해, 준자연재해, 인위재해로 구분한다.
② 아네스 : 자연재해와 인위재해로 분류한다.
③ 길버트 : 유사전쟁 모형, 사회적 취약성 모형, 확실성형
④ 포스너 : 자연적 재앙, 실험사고나 그 밖의 과학관련 사고, 의도한 것은 아니지만 인간이 만들어낸 재앙, 고의적인 대재앙

> ✿▌note 길버트는 유사전쟁 모형, 사회적 취약성 모형, 불확실성형으로 구분한다.

44 재난 및 안전관리기본법상 용어의 정의로 틀린 것은?

① "해외재난"이란 대한민국의 영역 밖에서 대한민국 국민의 생명 · 신체 및 재산에 피해를 주
거나 줄 수 있는 재난으로서 정부차원에서 대처할 필요가 있는 재난을 말한다.
② "재난관리"란 재난이나 그 밖의 각종 사고로부터 사람의 생명 · 신체 및 재산의 안전을 확
보하기 위하여 하는 모든 활동을 말한다.
③ "재난관리주관기관"이란 재난이나 그 밖의 각종 사고에 대하여 그 유형별로 예방 · 대비 ·
대응 및 복구 등의 업무를 주관하여 수행하도록 대통령령으로 정하는 관계 중앙행정기관
을 말한다.
④ "긴급구조"란 재난이 발생할 우려가 현저하거나 재난이 발생하였을 때에 국민의 생명 · 신
체 및 재산을 보호하기 위하여 긴급구조기관과 긴급구조지원기관이 하는 인명구조, 응급처
치, 그 밖에 필요한 모든 긴급한 조치를 말한다.

> ⭐**note** ② 안전관리에 대한 설명이다. "재난관리"란 재난의 예방 · 대비 · 대응 및 복구를 위하여 하는
> 모든 활동을 말한다.(법 제3조 제3호)

45 페탁(Petak)의 재난관리 단계에서 대응단계의 내용이 아닌 것은?

① 비상원조 및 지원 제공
② 2차적 피해 최소화
③ 복구 수행시 장애물 최소화
④ 위기 감축 사업을 집행

> ⭐**note** 재난관리단계(Petak)
> ㉠ 예방단계 : 사회의 보건 · 안전 · 복지 등에 위험이 감지되었을 때 무엇을 할 지를 결정하고,
> 위기 감축을 위한 사업을 집행하는 단계
> ㉡ 대비단계 : 인명을 구조하고 재난피해를 줄이기 위한 대응계획을 수립하고 1차 대응자를 훈
> 련시키는 단계
> ㉢ 대응단계 : 비상원조 및 지원을 제공하고, 2차적 피해를 최소화하며, 복구 수행시 장애물을
> 최소화하는 단계
> ㉣ 복구단계 : 복구 초기에 생계유지를 위한 최소한의 1차적 지원을 제공하거나 지역사회가 정
> 상화되도록 지원을 지속화하는 단계

Chapter

02

재난관리체계

① 재난관리체계 일반

(1) 재난관리의 역사

① **고대사회의 재난관리** ··· 재난관리대상은 화재, 폭동, 감염병 등 극히 제한적임. 국가의 재난에 대비할 관리 임명, 재난 희생자들을 지원, 도시를 복구하려는 노력

② **중세의 재난관리** ··· 흑사병, 공중보건정책

③ **근대사회의 재난관리** ··· 재난관리에 관한 법규는 건축법을 중심으로 시행됨, 재난을 과학적으로 분석시도

④ **현대의 재난관리** ··· 재난의 개념을 물리적 개념에서 사회적 개념으로 변질, 국민을 재난으로부터 보호하는 의무가 강조됨, 인명을 구하기 위한 전문구조대와 응급의료체계가 결합됨

(2) 재난관리체계의 특징

① 복잡·연계성

② 재난관리행정체제의 경계 유동성

③ 가외성

④ 일상적 대응능력의 열세성

(3) 재난관리체제의 구조

① **통합적 구조**

  ㉠ 기능별 책임기관을 지정하고 그들을 조정·통제하는 구조

  ㉡ 재난관리체제가 궁극적으로 지향하는 조직체계의 구조적 특성

  ㉢ 통합성 : 통합화, 효율화, 체계화, 통합된 중재 기능

② **학습적 구조**

　㉠ 시스템으로서의 조직은 지능적이며 자기규제적인 일종의 사이버네틱스라고 할 수 있다.

　㉡ 조직을 둘러싼 환경의 특성이 복잡하고 불안할 경우에는 환경을 능동적으로 설정하는 학습과정이 필요하다.

　㉢ 기존의 일상적인 여러 조직과 관할권 간의 연계를 넘어선 활성화된 정보 검색과 대응과정에서의 네트워크를 기반으로 하여 조직구성원의 행동에 내재된 의미의 재검토가 이루어져야 한다.

　㉣ 관리조직은 적은 수의 경험으로부터 많은 교훈을 도출하고자 해야 한다.

　㉤ 학습성 : 지식축적 기반확충, 상황 중심적 대응력 향상

③ **협력적 구조**

　㉠ 재난이 발생하기 전에 예방단계에서부터 유관기관의 참여구조를 마련해야 한다.

　㉡ 신속하고 정확한 정보 및 자원 전달 네트워크의 마련이 필요하다.

　㉢ 시의 적절한 정보의 교환이 이루어져야 한다.

　㉣ 협력성 : 수평적 협력체제, 외적 협력 네트워크 구축, 복합 협력적 관리지향

④ **유기적 구조**

　㉠ 재난관리체제에서 유기적인 적응력은 즉각적인 정보검색 과정을 전제로 한다.

　㉡ 유기적 조직은 중첩성을 가지게 된다.

　㉢ 상이한 위계구조상의 구성원들 간의 의사소통방식은 수평적 자문과 유사한 방식으로 이루어진다.

　㉣ 분권화될수록 조직구성원들의 업무에 대한 강한 책임감이 유도된다.

　㉤ 유기성 : 중첩화, 분권화, 몰입감 및 책임감 강화, 내부 요소 간 소통 활성화

② 외국의 재난관리체계

(1) 미국의 재난관리체계

① 미국은 주마다 법을 만들어 운영하므로 하나의 시스템을 운영하는 데에 제도적 차이를 보인다.

② 미국의 소방행정은 각 주정부의 대도시에서 발달한 소방행정이 연방정부와 각 기초자치단체의 소방행정에 영향을 미쳐 발전하였다.

③ 미국은 자연재난과 인적 재난을 별도로 구분하지 않으며, 재난관리조직은 일원화된 관리체계를 구축하고 있다.

④ 미국은 예방단계, 준비단계, 대응단계, 복구단계에 걸쳐 연방재난관리청(FEMA) 및 FEMA의 연방소방국(USFA)을 중심으로 주요 정책을 수립하고 집행하는 통합관리방식을 채택하고 있다.

연방재난관리청(FEMA)	• 자원동원을 총괄하고 재난의 대비, 복구활동 등 주정부와 지방정부를 지원한다. • 대통령이 대규모 재난, 비상사태를 선포할 때 연방정부의 지원을 총괄하는 대통령 직속기관이다. • 주지사가 FEMA에 재난대응을 통보하면 대통령이 지원 여부를 결정한다. • 국방성 산하기관에서 대통령직속기관으로 독립한 것은 1979년 카터 대통령에 의해서이다.

⑤ 미국의 재난관련 법률로는 1974년 재난구조법, 1977년 지진재난대책법, 자연재난원조법(캘리포니아 주법) 등이 있다.

⑥ 미국은 재난관리재조직계획에 따라 1979년에 연방재난관리청(FEMA)을 설립하여 여러 부처에 산재했던 재난관리기능을 통합하는 전기를 마련하였다.

⑦ 미국은 2001년 911테러 이후 국토안보부에서 모든 재난을 통합 관리하고 있다.

⑧ 안전관리의 전반적인 대응을 위해 1979년에 연방재난관리청을 설립했다.

⑨ 냉전시기에 핵 공격에 대응하기 위해 민방위(전쟁)가 강화되었다.

⑩ 미국은 사회재난, 자연재난, 전쟁(민방위)에 관한 모든 대응은 국토안보부에서 담당하고 있다.

(2) 일본의 재난관리체계

① 중앙정부의 재난관리는 내각부에서 총괄하며 국토교통성, 소방청 등 지정기관이 지원한다.

② 기능중심의 방재시스템 계획 및 운영은 국토교통성 등에서 수행한다.

③ 지방정부의 경우 1차적으로 시정촌을 중심으로 이루어지며, 각 도도부현에서 중앙정부의 정책을 반영하여 총괄 관리한다.

④ 상설 방재 관련 정부조직으로는 내각부 정책총괄관 방재담당 및 중앙방재회의가 있다.

⑤ 재해예방과 복구 등의 시행은 실무부서에서 예산을 확보하여 수행한다.

(3) 영국의 재난관리체계

① 중앙정부는 총체적인 관리를 시행하는 중앙부서 없이 각 부서별로 고유 업무를 수행한다.

② 지방정부는 주와 구의 비상운영센터, 소방 등을 중심으로 실질적인 재해·재난 집행업무를 수행한다.

③ 소방업무는 경찰업무와 함께 내무부의 중심적인 업무로 운영되고 있다.

④ 화재신고는 범죄나 구급신고와 마찬가지로 999로 하며, 이 때 화재일 경우 교환원이 소방서 통신실로 연결해 주고 소방서는 팩스로 각 파출소로 출동 지령을 한다.

⑤ 소방의 주요목적은 시민의 생명과 재산을 화재로부터 보호하는 것이지만, 구조업무를 비롯한 특수업무에 인력과 장비가 점증적으로 투입되고 있다.

⑥ 구급업무는 별도의 앰블런스를 운영하는 기관에서 한다.

⑦ 소방력의 배치 시 소방업무지침에서 화재위험등급(A등급 ~ D등급)을 정하고 있으며, 각 지역이 어느 등급에 속하느냐에 따라 다르게 배치하고 있다.

③ 우리나라의 관리체계 일반

(1) 재난관리책임기관

① 중앙행정기관 및 지방자치단체

② 지방행정기관 · 공공기관 · 공공단체 및 재난관리의 대상이 되는 중요시설의 관리기관 등으로서 대통령령이 정하는 기관

(2) 재난관리주관기관(사고유형별)

재난관리주관기관이란 재난이나 그 밖의 각종 사고에 대하여 그 유형별로 예방 · 대비 · 대응 및 복구 등의 업무를 주관하여 수행하도록 대통령령으로 정하는 관계 중앙행정기관을 말한다.

① **교육부** ··· 학교 및 학교시설에서 발생한 사고

② **미래창조과학부** ··· 우주전파 재난, 정보통신 사고, 위성항법장치(GPS) 전파 혼선

③ **외교부** ··· 해외에서 발생한 재난

④ **법무부** ··· 교정시설에서 발생한 사고

⑤ **국방부** ··· 국방시설에서 발생한 사고

⑥ **문화체육관광부** ··· 경기장 및 공연장에서 발생한 사고

⑦ **농림축산식품부** ··· 가축질병, 저수지 사고

⑧ **산업통상자원부** ··· 가스 수급 및 누출사고, 원유수급 사고, 원자력안전사고, 전력사고, 전력생산용 댐의 사고

⑨ **보건복지부** ··· 감염병 재난, 보건의료 사고

⑩ **환경부** ··· 수질분야 대규모 환경오염 사고, 식용수(지방상수도 포함) 사고, 유해화학물질 유출사고, 조류 대발생(녹조에 한정함), 황사

⑪ **고용노동부** ··· 사업장에서 발생한 대규모 인적사고

⑫ **국토교통부** ··· 국토교통부가 관장하는 공동구 재난, 고속철도 사고, 국토교통부가 관장하는 댐 사고, 도로터널 사고, 식용수(광역상수도에 한정함) 사고, 육상화물운송 사고, 지하철 사고, 항공기 사고, 항공운송 마비 및 항행안전시설 장애

⑬ **해양수산부** ··· 조류 대발생(적조에 한정함), 조수, 해양 분야 환경오염사고, 해양선박사고,

⑭ **국민안전처** ··· 공동구 재난(국토교통부가 관장하는 공동구는 제외), 정부중요시설 사고, 화재·위험물 사고, 내륙에서 발생한 유도선 등의 수난사고, 다중 밀집시설 대형사고, 풍수해(조수는 제외함)·지진·화산·낙뢰·가뭄으로 인한 재난 및 사고로서 다른 재난관리주관기관에 속하지 아니하는 재난 및 사고, 해양에서 발생한 유도선 등의 수난사고

⑮ **금융위원회** ··· 금융 전산 및 시설 사고

⑯ **원자력 안전위원회** ··· 원자력 안전사고, 인접국가 방사능 누출사고

⑰ **문화재청** ··· 문화재 시설사고

⑱ **산림청** ··· 산불, 산사태

(3) 긴급구조, 긴급구조기관, 긴급구조지원기관

① **긴급구조** ··· 재난이 발생할 우려가 현저하거나 재난이 발생하였을 때에 국민의 생명·신체 및 재산을 보호하기 위하여 긴급구조기관과 긴급구조지원기관이 하는 인명구조, 응급처치, 그 밖에 필요한 모든 긴급한 조치를 말한다.

② **긴급구조기관** ··· 긴급구조기관이란 다음 각 목의 어느 하나에 해당하는 기관을 말한다. (법 제3조 제7호)
    ㉠ 국민안전처
    ㉡ 소방본부 및 지방해양경비안전본부
    ㉢ 소방서 및 해양경비안전서

③ **긴급구조지원기관** … 긴급구조지원기관이란 긴급구조에 필요한 인력 · 시설 및 장비, 운영체계 등 긴급구조능력을 보유한 기관이나 단체로서 대통령령으로 정하는 기관과 단체를 말한다.

긴급구조지원기관 (시행령 제4조)	• 교육부, 미래창조과학부, 국방부, 산업통상자원부, 보건복지부, 환경부, 국토교통부, 해양수산부, 방송통신위원회, 경찰청, 기상청 및 산림청 • 국방부장관이 법 제57조 제3항 제2호에 따른 탐색구조부대로 지정하는 군부대와 그 밖에 긴급구조지원을 위하여 국방부장관이 지정하는 군부대 •「대한적십자사 조직법」에 따른 대한적십자사 •「의료법」제3조 제2항 제3호 마목에 따른 종합병원 • 응급의료기관, 응급의료정보센터 및 구급차등의 운용자 • 전국재해구호협회, 긴급구조기관과 긴급구조활동에 관한 응원협정을 체결한 기관 및 단체 • 그 밖에 긴급구조에 필요한 인력과 장비를 갖춘 기관 및 단체로서 총리령으로 정하는 기관 및 단체

④ 우리나라의 중앙재난관리체계

(1) 중앙안전관리위원회

① **중앙안전관리위원회 구성**(법 제9조)

  ㉠ 소속 : 국무총리

  ㉡ 위원장 및 위원

  • 중앙위원회의 위원장은 국무총리가 되고, 위원은 대통령령으로 정하는 중앙행정기관 또는 관계 기관 · 단체의 장이 된다.

  • 위원

    – 기획재정부장관, 교육부장관, 미래창조과학부장관, 외교부장관, 통일부장관, 법무부장관, 국방부장관, 행정자치부장관, 문화체육관광부장관, 농림축산식품부장관, 산업통상자원부장관, 보건복지부장관, 환경부장관, 고용노동부장관, 여성가족부장관, 국토교통부장관, 해양수산부장관 및 국민안전처장관

    – 국가정보원장, 방송통신위원회위원장, 국무조정실장, 식품의약품안전처장, 금융위원회위원장 및 원자력안전위원회위원장

    – 경찰청장, 문화재청장, 산림청장 및 기상청장

    – 국가안보실의 국가위기관리 업무를 총괄 · 지휘하는 공무원

    – 그 밖에 중앙위원회의 위원장이 지정하는 기관 및 단체의 장

  • 중앙위원회의 위원장은 중앙위원회를 대표하며, 중앙위원회의 업무를 총괄한다.

  • 중앙위원회의 위원장이 사고 또는 부득이한 사유로 직무를 수행할 수 없을 때에는 국민안전처장관, 대통령령으로 정하는 중앙행정기관의 장 순으로 위원장의 직무를 대행한다.

- 국민안전처장관 등이 중앙위원회 위원장의 직무를 대행할 때에는 국민안전처차관이 중앙위원회 간사의 직무를 대행한다.

ⓒ **간사위원** : 중앙위원회에 간사 1명을 두며, 간사는 국민안전처장관이 된다.

ⓔ **국가안전보장 관련** : 중앙위원회는 사무가 국가안전보장과 관련된 경우에는 국가안전보장회의와 협의하여야 한다.

ⓜ **협조요청** : 중앙위원회의 위원장은 그 소관 사무에 관하여 재난관리책임기관의 장이나 관계인에게 자료의 제출, 의견 진술, 그 밖에 필요한 사항에 대하여 협조를 요청할 수 있다.

② **중앙안전관리위원회 운영**(시행령 제8조)

ⓐ **회의소집** : 중앙위원회의 회의는 위원의 요청이 있거나 위원장이 필요하다고 인정하는 경우에 위원장이 소집한다.

ⓑ **회의의결** : 중앙위원회의 회의는 재적위원 과반수의 출석으로 개의(開議)하고, 출석위원 과반수의 찬성으로 의결한다.

ⓒ **민간전문가** : 위원장은 회의 안건과 관련하여 필요하다고 인정하는 경우에는 관계 공무원과 민간전문가 등을 회의에 참석하게 하거나 관계 기관의 장에게 자료 제출을 요청할 수 있다. 이 경우 요청을 받은 관계 공무원과 관계 기관의 장은 특별한 사유가 없으면 요청에 따라야 한다.

ⓓ **기타** : 규정한 사항 외에 중앙위원회의 운영에 필요한 사항은 중앙위원회 의결을 거쳐 위원장이 정한다.

③ **중앙안전관리위원회 심의사항**(제9조 제1항)

ⓐ 재난 및 안전관리에 관한 중요 정책에 관한 사항

ⓑ 국가안전관리기본계획에 관한 사항

ⓒ 재난 및 안전관리 사업 관련 중기사업계획서, 투자우선순위 의견 및 예산요구서에 관한 사항

ⓓ 중앙행정기관의 장이 수립·시행하는 계획, 점검·검사, 교육·훈련, 평가, 안전기준 등 재난 및 안전관리업무의 조정에 관한 사항

ⓜ 재난사태의 선포에 관한 사항

ⓗ 특별재난지역의 선포에 관한 사항

ⓢ 재난이나 그 밖의 각종 사고가 발생하거나 발생할 우려가 있는 경우 이를 수습하기 위한 관계 기관 간 협력에 관한 중요 사항

ⓞ 중앙행정기관의 장이 시행하는 대통령령으로 정하는 재난 및 사고의 예방사업 추진에 관한 사항

ⓩ 그 밖에 위원장이 회의에 부치는 사항

> ★⚘TIP 대통령령으로 정하는 재난 및 사고의 예방사업(시행령 제7조)
> ⓐ 기상법에 따른 기상시설에 관한 확충사업
> ⓑ 농어촌정비법에 따른 농업생산기반 정비사업 중 수리시설(水利施設) 개수·보수 사업, 농경지 배수(排水) 개선사업, 저수지 정비사업, 방조 제 정비사업

ⓒ 댐 건설 및 주변지역지원 등에 관한 법률에 따른 댐의 관리를 위한 사업
ⓔ 도로법에 따른 도로공사 중 재난 및 안전관리를 위하여 시행하는 사업
ⓜ 산림기본법에 따른 산림재해 예방사업
ⓑ 사방사업법에 따른 사방사업(砂防事業)
ⓢ 어촌·어항법에 따른 어항정비사업
ⓞ 연안관리법에 따른 연안정비사업
ⓩ 지진재해대책법에 따른 기존 공공시설물의 내진보강사업
ⓒ 하천법에 따른 하천공사사업
ⓚ 항만법에 따른 항만공사 중 재난 예방을 위한 사업
ⓔ 그 밖에 중앙위원회의 위원장이 정하는 사업

(2) 안전정책조정위원회(법 제10조)

① 조정위원회 구성

ⓐ 구성

• 위원장 : 조정위원회의 위원장은 국민안전처장관이 되고

• 위원 : 위원은 대통령령으로 정하는 중앙행정기관의 차관 또는 차관급 공무원과 재난 및 안전관리에 관한 지식과 경험이 풍부한 사람 중에서 위원장이 임명하거나 위촉하는 사람이 된다.

 − 기획재정부차관, 교육부차관, 미래창조과학부차관, 외교부차관, 통일부차관, 법무부차관, 국방부차관, 행정자치부차관, 문화체육관광부차관, 농림축산식품부차관, 산업통상자원부차관, 보건복지부차관, 환경부차관, 고용노동부차관, 여성가족부차관, 국토교통부차관, 해양수산부차관 및 국민안전처차관. 이 경우 복수차관이 있는 기관은 재난 및 안전관리 업무를 관장하는 차관으로 한다.

 − 국가정보원 제2차장, 방송통신위원회 상임위원, 국무조정실 제2차장 및 금융위원회 부위원장

 − 그 밖에 재난 및 안전관리에 관한 지식과 경험이 풍부한 사람 중에서 조정위원회 위원장이 임명하거나 위촉하는 사람

• 간사 : 조정위원회에 간사위원 1명을 두며, 간사위원은 국민안전처차관이 된다.

ⓑ 위원장업무

• 조정위원회의 위원장은 조정위원회에서 심의·조정된 사항 중 대통령령으로 정하는 중요 사항에 대해서는 조정위원회의 심의·조정 결과를 중앙위원회의 위원장에게 보고하여야 한다.

• 조정위원회의 위원장은 중앙위원회 또는 조정위원회에서 심의·조정된 사항에 대한 이행상황을 점검하고, 그 결과를 중앙위원회에 보고할 수 있다.

ⓒ 운영

• 조정위원회의 회의는 위원이 요청하거나 위원장이 필요하다고 인정하는 경우에 위원장이 소집한다.

• 조정위원회의 회의는 재적위원 과반수의 출석으로 개의하고, 출석위원 과반수의 찬성으로 의결한다.

• 위원장은 회의 안건과 관련하여 필요하다고 인정하는 경우에는 관계 공무원과 민간전문가 등을 회의에 참석하게 하거나 관계 기관의 장에게 자료 제출을 요청할 수 있다. 이 경우 요청을 받은 관계 공무원과 관계 기관의 장은 특별한 사유가 없으면 요청에 따라야 한다.

② **조정위원회 업무** ··· 중앙위원회에 상정될 안건을 사전에 검토하고 다음의 사무를 수행하기 위하여 중앙위원회에 안전정책조정위원회(이하 "조정위원회"라 한다)를 둔다.

　㉠ 재난 및 안전관리 사업 관련 중기사업계획서, 투자우선순위 의견 및 예산요구서에 관한 사항 사전조정

　㉡ 특별재난지역의 선포에 관한 사항 사전조정

　㉢ 재난이나 그 밖의 각종 사고가 발생하거나 발생할 우려가 있는 경우 이를 수습하기 위한 관계 기관 간 협력에 관한 중요 사항 사전조정

　㉣ 집행계획의 심의

　㉤ 국가기반시설의 지정에 관한 사항의 심의

　㉥ 재난 및 안전관리기술 종합계획의 심의

　㉦ 그 밖에 중앙위원회가 위임한 사항

③ **분과위원회**(시행령 제10조)

　㉠ **설치**(법 제10조 제4항) : 조정위원회의 업무를 효율적으로 처리하기 위하여 조정위원회에 분과위원회실무위원회를 둘 수 있다.

　㉡ **구성 및 운영**

　　• 조정위원회에 두는 분과위원회(이하 "분과위원회"라 한다)와 분과위원회별 분과위원장은 다음과 같다. 이 경우 복수차관이 있는 기관은 재난 및 안전관리 업무를 관장하는 차관으로 한다.

　　　– 안전정책조정 실무 총괄위원회 : 국민안전처차관

　　　– 전기 · 유류 · 가스사고대책위원회 : 산업통상자원부차관

　　　– 환경오염사고대책위원회 : 환경부차관

　　　– 교통안전사고대책위원회 : 국토교통부차관

　　　– 시설물재난대책위원회 : 국토교통부차관

　　　– 풍수해대책위원회 : 국민안전처차관

　　　– 화재사고대책위원회 : 국민안전처 중앙소방본부장

　　　– 방사능사고대책위원회 : 원자력안전위원회 상임위원

　　• 분과위원회는 조정위원회 위원 중에서 해당 분과위원회의 위원장이 선임하는 위원으로 구성한다.

　㉢ **심의사항** : 분과위원회는 다음의 어느 하나에 해당하는 사항 중에서 해당 분과위원회에 속하는 사항을 심의한다.

　　• 재난 및 안전관리를 위하여 관계 중앙행정기관의 장이 수립하는 대책에 관하여 협의 · 조정이 필요한 사항

　　• 재난 발생 시 관계 중앙행정기관의 장이 수행하는 재난의 수습에 관하여 협의 · 조정이 필요한 사항

　　• 그 밖에 분과위원장이 회의에 부치는 사항

  ⒪ 실무위원회
- 분과위원회의 효율적 운영을 위하여 분과위원회별로 실무위원회를 둘 수 있다.
- 분과위원회별 실무위원회는 다음의 어느 하나에 해당하는 사람 중에서 해당 분과위원회의 위원장이 임명 또는 위촉하는 사람으로 구성한다.
  - 관계 중앙행정기관의 고위공무원단에 속하는 공무원 또는 3급 상당 이상에 해당하는 공무원
  - 재난 및 안전관리에 대한 학식과 경험이 풍부한 사람

(3) 중앙재난안전대책본부

① 설치 등(법 제14조)

 〇 소속 : 대통령령으로 정하는 대규모 재난(이하 "대규모재난"이라 한다)의 대응·복구(이하 "수습"이라 한다) 등에 관한 사항을 총괄·조정하고 필요한 조치를 하기 위하여 국민안전처에 중앙재난안전대책본부(이하 "중앙대책본부"라 한다)를 둔다.

 〈 중앙대책본부장
- 중앙대책본부에 본부장과 차장을 둔다.
- 원칙 : 중앙대책본부의 본부장(이하 "중앙대책본부장"이라 한다)은 국민안전처장관이 되며, 중앙대책본부장은 중앙대책본부의 업무를 총괄하고 필요하다고 인정하면 중앙재난안전대책본부회의를 소집할 수 있다. 다만, 해외재난의 경우에는 외교부장관이, 방사능재난의 경우에는 중앙방사능방재대책본부의 장이 각각 중앙대책본부장의 권한을 행사한다.
- 예외 : 재난의 효과적인 수습을 위하여 다음의 어느 하나에 해당하는 경우에는 국무총리가 중앙대책본부장의 권한을 행사할 수 있다. 이 경우 국민안전처장관, 외교부장관(해외재난의 경우에 한정한다) 또는 원자력안전위원회 위원장(방사능 재난의 경우에 한정한다)이 차장이 된다.
  - 국무총리가 범정부적 차원의 통합 대응이 필요하다고 인정하는 경우
  - 국민안전처장관이 국무총리에게 건의하거나 수습본부장의 요청을 받아 국민안전처장관이 국무총리에게 건의하는 경우

 〉 실무반과 상황실
- 중앙대책본부장은 대규모재난이 발생하거나 발생할 우려가 있는 경우에는 대통령령으로 정하는 바에 따라 실무반을 편성하고, 중앙재난안전대책본부상황실을 설치하는 등 해당 대규모재난에 대하여 효율적으로 대응하기 위한 체계를 갖추어야 한다.

  🔮TIP 대통령령으로 정하는 대규모 재난(시행령 제13조)
   〇 재난 중 인명 또는 재산의 피해 정도가 매우 크거나 재난의 영향이 사회적·경제적으로 광범위하여 주무부처의 장 또는 지역재난안전대책본부(이하 "지역대책본부"라 한다)의 본부장(이하 "지역대책본부장"이라 한다)의 건의를 받아 중앙재난안전대책본부의 본부장(이하 "중앙대책본부장"이라 한다)이 인정하는 재난
   〈 위 재난에 준하는 것으로서 중앙대책본부장이 재난관리를 위하여 중앙재난안전대책본부(이하 "중앙대책본부"라 한다)의 설치가 필요하다고 판단하는 재난

② **구성 등**(시행령 제15조)

　㉠ 원칙

　　• 중앙대책본부에는 차장·총괄조정관·통제관 및 담당관을 둔다.

　　　- 차장 : 국민안전처차관

　　　- 총괄조정관 : 국민안전처 소속 공무원 중 해당 재난업무를 총괄하는 고위공무원단에 속하는 일
　　　　반직 공무원

　　　- 통제관 : 국민안전처 소속 공무원 중 해당 재난업무를 담당하는 고위공무원단에 속하는 일반직
　　　　공무원

　　　- 담당관 : 국민안전처 소속 공무원 중 해당 재난업무를 담당하는 부서의 과장급 공무원

　　• 해외재난의 경우에는 외교부장관이 소속 공무원 중에서 지명하는 사람이 차장·총괄조정관·통제
　　관 및 담당관이 된다.

　㉡ 예외 : 방사능 재난의 경우 중앙대책본부가 되는 원자력시설 등의 방호 및 방사능방재대책법
　　에 따른 중앙방사능방재대책본부는 차장·총괄조정관·통제관 및 담당관을 두지 않는다.

　㉢ 실무반 : 실무반은 국민안전처 소속 공무원과 관계 재난관리책임기관에서 파견된 사람으로 편
　　성한다.

③ **운영 등**(시행규칙 제3조)

　㉠ 운영기준 : 중앙재난안전대책본부(이하 "중앙대책본부"라 한다)의 본부장은 다음의 사항이 포함
　　된 운영기준을 정하여 시행할 수 있다.

　　• 중앙대책본부 구성원의 임무와 역할에 관한 사항

　　• 재난 및 안전사고에 대한 중앙대책본부의 단계별 운영체계 및 실무반 편성에 관한 사항

　　• 중앙수습지원단의 파견 등에 관한 사항

　　• 중앙재난안전상황실의 운영에 관한 사항

　　• 중앙대책본부의 회의 운영에 관한 사항

　　• 그 밖에 중앙대책본부의 본부장(이하 "중앙대책본부장"이라 한다)이 필요하다고 인정하는 사항

　㉡ 상황판단회의 : 중앙대책본부장은 재난이 발생하거나 재난이 발생할 우려가 있는 경우에 상황
　　에 따른 적절한 판단을 내리기 위하여 필요할 때에는 국민안전처 및 재난과 관련된 중앙행정
　　기관의 고위공무원단에 속하는 공무원 등으로 구성된 상황판단회의를 구성·운영할 수 있다.

　㉢ 중앙대책본부장의 권한 등

　　• 중앙대책본부장은 대규모재난을 효율적으로 수습하기 위하여 관계 재난관리책임기관의 장에게 행
　　정 및 재정상의 조치, 소속 직원의 파견, 그 밖에 필요한 지원을 요청할 수 있다. 이 경우 요청을
　　받은 관계 재난관리책임기관의 장은 특별한 사유가 없으면 요청에 따라야 한다.

　　• 파견된 직원은 대규모재난의 수습에 필요한 소속 기관의 업무를 성실히 수행하여야 하며, 대규모
　　재난의 수습이 끝날 때까지 중앙대책본부에서 상근하여야 한다.

- 중앙대책본부장은 해당 대규모재난의 수습에 필요한 범위에서 수습본부장 및 지역대책본부장을 지휘할 수 있다.

④ **중앙재난안전재책본부회의**

　㉠ **구성(시행령 제16조)** : 중앙재난안전대책본부회의(이하 "중앙대책본부회의"라 한다)는 다음 각 호의 어느 하나에 해당하는 기관의 고위공무원단에 속하는 일반직공무원(국방부의 경우에는 이에 상당하는 장관급 장교를, 국민안전처의 경우에는 고위공무원단에 속하는 일반직 공무원, 소방감 이상의 소방공무원 또는 치안감 이상의 경찰공무원을, 경찰청의 경우에는 치안감 이상의 경찰공무원을 말한다) 중에서 소속 기관의 장의 추천을 받아 중앙대책본부장이 임명하는 사람으로 구성한다.

- 기획재정부, 교육부, 미래창조과학부, 통일부, 외교부, 법무부, 국방부, 행정자치부, 문화체육관광부, 농림축산식품부, 산업통상자원부, 보건복지부, 환경부, 고용노동부, 국토교통부 및 해양수산부
- 조달청, 경찰청, 기상청, 문화재청 및 산림청
- 그 밖에 중앙대책본부장이 필요하다고 인정하는 행정기관

　㉡ **심의·협의사항(시행령 제17조)** : 중앙대책본부회의는 재난복구계획에 관한 사항을 심의·확정하는 외에 다음의 사항을 협의한다.

- 재난예방대책에 관한 사항
- 재난응급대책에 관한 사항
- 국고지원 및 예비비 사용에 관한 사항
- 그 밖에 중앙대책본부장이 회의에 부치는 사항

⑤ **중앙사고수습본부**(법 제15조의2)

　㉠ **설치**

- 재난관리주관기관의 장은 재난이 발생하거나 발생할 우려가 있는 경우에는 재난상황을 효율적으로 관리하고 재난을 수습하기 위한 중앙사고수습본부(이하 "수습본부"라 한다)를 신속하게 설치·운영하여야 한다.
- 재난관리주관기관의 장은 중앙사고수습본부를 효율적으로 운영하기 위하여 중앙사고수습본부의 구성과 운영 등에 필요한 사항을 미리 정하여야 한다. 이 경우 중앙대책본부장과 협의를 거쳐야 한다.
- 중앙대책본부장은 수습본부운영규정에 관한 표준안을 작성하여 재난관리주관기관의 장에게 수습본부운영규정에 반영할 것을 권고할 수 있다.

　㉡ **수습본부장** : 수습본부의 장(이하 "수습본부장"이라 한다)은 해당 재난관리주관기관의 장이 된다.

　㉢ **수습본부상황실** : 수습본부장은 재난정보의 수집·전파, 상황관리, 재난발생 시 초동조치 및 지휘 등을 위한 수습본부상황실을 설치·운영하여야 한다. 이 경우 재난안전상황실과 인력, 장비, 시설 등을 통합·운영할 수 있다.

ⓔ **지원요청** : 수습본부장은 재난을 수습하기 위하여 필요하면 관계 재난관리책임기관의 장에게 행정상 및 재정상의 조치, 소속 직원의 파견, 그 밖에 필요한 지원을 요청할 수 있다. 이 경우 요청을 받은 관계 재난관리책임기관의 장은 특별한 사유가 없으면 요청에 따라야 한다.

ⓜ **본부장 지휘권**

• 수습본부장은 지역사고수습본부를 운영할 수 있으며, 지역사고수습본부의 장은 수습본부장이 지명한다.

• 수습본부장은 해당 재난의 수습에 필요한 범위에서 시·도지사 및 시장·군수·구청장을 지휘할 수 있다.

ⓗ **중앙수습지원단 구성·운영요청** : 수습본부장은 재난을 수습하기 위하여 필요하면 대통령령으로 정하는 바에 따라 수습지원단을 구성·운영할 것을 중앙대책본부장에게 요청할 수 있다.

⑥ **중앙수습지원단**(시행령 제18조)

ⓐ **구성** : 중앙수습지원단(이하 "중앙수습지원단"이라 한다)은 재난 유형별로 관계 재난관리책임기관의 전문가 및 민간 전문가로 구성한다. 다만, 해외재난의 경우에는 따로 중앙수습지원단을 구성하지 아니하고 「119구조·구급에 관한 법률」 제9조에 따른 국제구조대로 갈음할 수 있다.

ⓑ **단장** : 중앙수습지원단의 단장은 중앙수습지원단원 중에서 중앙대책본부장이 지명하는 사람이 되고, 단장은 중앙수습지원단원을 지휘·통솔하며 운영을 총괄한다.

ⓒ **업무**

• 지역대책본부장 등 재난 발생지역의 책임자에 대하여 사태수습에 필요한 기술자문·권고 또는 조언

• 중앙대책본부장에 대하여 재난수습을 위한 재난현장 상황, 재난발생의 원인, 행정적·재정적으로 조치할 사항 및 진행 상황 등에 관한 보고

ⓓ **파견** : 중앙대책본부장은 신속한 재난상황의 파악, 현장 지도·관리 등을 위하여 중앙수습지원단을 현지에 파견하기 전에 중앙대책본부 소속 직원을 재난현장에 파견할 수 있다.

⑤ 우리나라의 지방 재난관리체계

(1) 지역위원회

① **소속·설치**(법 제11조)

ⓐ 특별시장·광역시장·특별자치시장·도지사·특별자치도지사 소속

• 시·도 안전관리위원회를 둔다.

• 위원장 : 시·도지사

ⓛ **시장·군수·구청장 소속**
- 시·군·구 안전관리위원회를 둔다.
- 위원장 : 시장·군수·구청장

② **심의·조정사항**(제11조 제1항)
ⓐ 해당 지역에 대한 재난 및 안전관리정책에 관한 사항
ⓑ 안전관리계획에 관한 사항
ⓒ 해당 지역을 관할하는 재난관리책임기관(중앙행정기관과 상급 지방자치단체는 제외한다)이 수행하는 재난 및 안전관리업무의 추진에 관한 사항
ⓓ 재난이나 그 밖의 각종 사고가 발생하거나 발생할 우려가 있는 경우 이를 수습하기 위한 관계 기관 간 협력에 관한 사항
ⓔ 다른 법령이나 조례에 따라 해당 위원회의 권한에 속하는 사항
ⓕ 그 밖에 해당 위원회의 위원장이 회의에 부치는 사항

③ **안전정책 실무조정위원회** … 시·도위원회와 시·군·구위원회(이하 "지역위원회"라 한다)의 회의에 부칠 의안을 검토하고, 재난 및 안전관리에 관한 관계 기관 간의 협의·조정 등을 위하여 지역위원회에 안전정책실무조정위원회를 둘 수 있다.(법 제11조 제3항)

(2) 지역대책본부(법 제16조 제1항, 2항)

① **설치** … 해당 관할 구역에서 재난의 수습 등에 관한 사항을 총괄·조정하고 필요한 조치를 하기 위하여 시·도지사는 시·도 재난안전대책본부(이하 "시·도 대책본부"라 한다)를 두고, 시장·군수·구청장은 시·군·구 재난안전대책본부(이하 "시·군·구 대책본부"라 한다)를 둔다.

② **본부장** … 시·도 대책본부 또는 시·군·구 대책본부(이하 "지역대책본부"라 한다)의 본부장(이하 "지역대책본부장"이라 한다)은 시·도지사 또는 시장·군수·구청장이 되며, 지역대책본부장은 지역대책본부의 업무를 총괄하고 필요하다고 인정하면 대통령령으로 정하는 바에 따라 지역재난안전대책본부회의를 소집할 수 있다.
ⓐ 행정 및 재정상의 조치나 그 밖의 필요한 업무협조 요청권 : 지역대책본부장은 재난의 수습을 효율적으로 하기 위하여 해당 시·도 또는 시·군·구를 관할 구역으로 하는 재난관리책임기관의 장에게 행정 및 재정상의 조치나 그 밖에 필요한 업무협조를 요청할 수 있다. 이 경우 요청을 받은 재난관리책임기관의 장은 특별한 사유가 없으면 요청에 따라야 한다.
ⓑ 직원의 파견요청권
- 지역대책본부장은 재난의 수습을 위하여 필요하다고 인정하면 해당 시·도 또는 시·군·구의 전부 또는 일부를 관할 구역으로 하는 재난관리책임기관의 장에게 소속 직원의 파견을 요청할 수 있다. 이 경우 요청을 받은 재난관리책임기관의 장은 특별한 사유가 없으면 즉시 요청에 따라야 한다.

- 파견된 직원은 지역대책본부장의 지휘에 따라 재난의 수습에 필요한 소속 기관의 업무를 성실히 수행하여야 하며, 재난의 수습이 끝날 때까지 지역대책본부에서 상근하여야 한다.

③ **통합지원본부**(법 제16조 제3항, 4항)

　ⓐ **설치** : 시·군·구 대책본부의 장은 재난현장의 총괄·조정 및 지원을 위하여 재난현장 통합지원본부(이하 "통합지원본부"라 한다)를 설치·운영할 수 있다. 이 경우 통합지원본부의 장은 긴급구조에 대해서는 시·군·구 긴급구조통제단장의 현장지휘에 협력하여야 한다.

　ⓑ **통합지원본부의 장** : 통합지원본부의 장은 관할 시·군·구의 부단체장이 되며, 실무반을 편성하여 운영할 수 있다.

⑥　우리나라의 기타 재난관리체계

(1) 재난방송협의회(임의적 기관)

① **중앙재난방송협의회**

　ⓐ **설치**(법 제12조) : 재난에 관한 예보·경보·통지나 응급조치 및 재난관리를 위한 재난방송이 원활히 수행될 수 있도록 중앙위원회에 중앙재난방송협의회를 둘 수 있다.

　ⓑ **설치근거** : 중앙재난방송협의회의 구성 및 운영에 필요한 사항은 대통령령으로 정함

　ⓒ **구성**(시행령 제10조의2)
- 중앙위원회에 두는 중앙재난방송협의회는 위원장 1명과 부위원장 1명을 포함한 20명 이내의 위원으로 구성한다.
- 중앙재난방송협의회의 위원장은 위원 중에서 미래창조과학부장관이 지명하는 사람이 되고, 부위원장은 중앙재난방송협의회의 위원 중에서 호선한다.
- 위원
  - 미래창조과학부, 행정자치부, 국민안전처, 국무조정실, 방송통신위원회 및 기상청의 고위공무원단에 속하는 일반직 공무원 또는 이에 상당하는 공무원 중에서 해당 기관의 장이 지명하는 사람 각 1명
  - 다음 각 목의 어느 하나에 해당하는 사람 중에서 방송통신위원회위원장과 협의하여 미래창조과학부장관이 위촉하는 사람
    - 지상파텔레비전방송사업자(지역방송을 하는 방송사업자는 제외한다)에 소속된 사람으로서 재난방송을 총괄하는 직위에 있는 사람
    - 텔레비전방송채널사용사업자 중 종합편성 또는 보도전문편성을 행하는 방송채널사용사업자에 소속된 사람으로서 재난방송을 총괄하는 직위에 있는 사람

- 대학·산업대학·전문대학 및 기술대학에서 재난 또는 방송과 관련된 학문을 교수하는 사람으로서 조교수 이상의 직위에 있는 사람
- 재난 또는 방송 관련 연구기관이나 단체 또는 산업 분야에 종사하는 사람으로서 해당 분야의 경력이 5년 이상인 사람
- 위원장은 중앙재난방송협의회를 대표하며, 중앙재난방송협의회의 사무를 총괄한다.
- 중앙재난방송협의회의 위원장이 부득이한 사유로 직무를 수행할 수 없을 때에는 부위원장이 그 직무를 대행한다.
- 중앙재난방송협의회의 회의는 위원장이 필요하다고 인정하거나 위원의 소집요구가 있는 경우에 위원장이 소집하고, 위원장은 그 의장이 된다.
- 중앙재난방송협의회는 구성원 과반수의 출석과 출석위원 과반수의 찬성으로 의결한다.
- 위원장은 회의 안건과 관련하여 필요하다고 인정하는 경우에는 관계 공무원과 민간전문가 등을 회의에 참석하게 하거나 관계 기관의 장에게 자료 제출을 요청할 수 있다. 이 경우 요청을 받은 관계 공무원과 관계 기관의 장은 특별한 사유가 없으면 요청에 따라야 한다.
- 중앙재난방송협의회의 효율적 운영을 위하여 중앙재난방송협의회에 간사 1명을 두되, 간사는 미래창조과학부의 재난방송 업무를 담당하는 공무원 중에서 미래창조과학부장관이 지명하는 사람이 된다.
- 미래창조과학부장관은 중앙재난방송협의회의 운영에 필요한 행정적·재정적 지원을 할 수 있다.
- 위에서 규정한 사항 외에 중앙재난방송협의회의 운영에 필요한 사항은 중앙재난방송협의회의 의결을 거쳐 위원장이 정한다.

② 심의사항
- 재난에 관한 예보·경보·통지나 응급조치 및 재난관리를 위한 재난방송 내용의 효율적 전파 방안
- 재난방송과 관련하여 중앙행정기관, 특별시·광역시·특별자치시·도·특별자치도(이하 "시·도"라 한다) 및 방송사업자 간의 역할분담 및 협력체제 구축에 관한 사항
- 언론에 공개할 재난 관련 정보의 결정에 관한 사항
- 재난방송 관련 법령과 제도의 개선 사항
- 그 밖에 재난방송이 원활히 수행되도록 하기 위하여 필요한 사항으로서 방송통신위원회위원장과 미래창조과학부장관이 요청하거나 중앙재난방송협의회 위원장이 필요하다고 인정하는 사항

② **지역재난방송협의회**
⊙ 설치(법 제12조 제2항) : 지역 차원에서 재난에 대한 예보·경보·통지나 응급조치 및 재난방송이 원활히 수행될 수 있도록 지역위원회에 시·도 또는 시·군·구 재난방송협의회(이하 이 조에서 "지역재난방송협의회"라 한다)를 둘 수 있다.
ⓒ 구성 및 운영 : 지역재난방송협의회의 구성 및 운영에 필요한 사항은 해당 지방자치단체의 조례로 정한다.

(2) 안전관리민관협력위원회(임의적 기관)

① 중앙민관협력위원회

ㄱ **설치**(법 제12조의2) : 조정위원회의 위원장은 재난 및 안전관리에 관한 민관 협력관계를 원활히 하기 위하여 중앙안전관리민관협력위원회를 구성·운영할 수 있다.

ㄴ **구성 및 운영**
- 중앙안전관리민관협력위원회(이하 "중앙민관협력위원회"라 한다)는 공동위원장 2명을 포함하여 35명 이내의 위원으로 구성한다.
- 중앙민관협력위원회의 공동위원장은 국민안전처차관과 위촉된 민간위원 중에서 중앙민관협력위원회의 의결을 거쳐 국민안전처장관이 지명하는 사람이 된다.
- 중앙민관협력위원회의 공동위원장은 중앙민관협력위원회를 대표하고, 중앙민관협력위원회의 운영 및 사무에 관한 사항을 총괄한다.
- 위원
  - 당연직 위원
    - 국민안전처 안전정책실장
    - 국민안전처 재난관리실장
  - 민간위원 : 다음의 어느 하나에 해당하는 사람 중에서 성별을 고려하여 국민안전처장관이 위촉하는 사람
    - 재난 및 안전관리 활동에 적극적으로 참여하고 전국 규모의 회원을 보유하고 있는 협회 등의 민간단체 대표
    - 재난 및 안전관리 분야 유관기관, 단체·협회 또는 기업 등에 소속된 재난 및 안전관리 전문가
    - 재난 및 안전관리 분야에 학식과 경험이 풍부한 사람
    - 민간위원의 임기는 2년으로 하며, 위원의 사임 등으로 새로 위촉된 위원의 임기는 전임위원 임기의 남은 기간으로 한다.

② 지역민관협력위원회

ㄱ **설치** : 지역위원회의 위원장은 재난 및 안전관리에 관한 지역 차원의 민관 협력관계를 원활히 하기 위하여 시·도 또는 시·군·구 안전관리민관협력위원회(이하 이 조에서 "지역민관협력위원회"라 한다)를 구성·운영할 수 있다.

ㄴ **구성 및 운영** : 지역민관협력위원회의 구성 및 운영에 필요한 사항은 해당 지방자치단체의 조례로 정한다.

(3) 재난안전상황실

① **설치 · 운영**(법 제18조)

　㉠ 국민안전처장관, 시 · 도지사 및 시장 · 군수 · 구청장
　　• 국민안전처장관, 시 · 도지사 및 시장 · 군수 · 구청장은 재난정보의 수집 · 전파, 상황관리, 재난발생 시 초동조치 및 지휘 등의 업무를 수행하기 위하여 다음의 구분에 따른 상시 재난안전상황실을 설치 · 운영하여야 한다.
　　　– 국민안전처장관 : 중앙재난안전상황실
　　　– 시 · 도지사 및 시장 · 군수 · 구청장 : 시 · 도별 및 시 · 군 · 구별 재난안전상황실
　　• 설치요건
　　　– 신속한 재난정보의 수집 · 전파와 재난대비 자원의 관리 · 지원을 위한 재난방송 및 정보통신체계
　　　– 재난상황의 효율적 관리를 위한 각종 장비의 운영 · 관리체계
　　　– 그 밖에 국민안전처장관이 정하는 사항

　㉡ **중앙행정기관의 장** : 중앙행정기관의 장은 소관 업무분야의 재난상황을 관리하기 위하여 재난안전상황실을 설치 · 운영하거나 재난상황을 관리할 수 있는 체계를 갖추어야 한다.

　㉢ **재난관리책임기관의 장** : 재난관리책임기관의 장은 재난에 관한 상황관리를 위하여 재난안전상황실을 설치 · 운영할 수 있다.

　㉣ **상호협조와 정보공유** : 재난안전상황실은 중앙재난안전상황실 및 다른 기관의 재난안전상황실과 유기적인 협조체제를 유지하고, 재난관리정보를 공유하여야 한다.

② **대체상황실 운영** … 국민안전처장관, 특별시장 · 광역시장 · 특별자치시장 · 도지사 · 특별자치도지사(이하 "시 · 도지사"라 한다), 시장 · 군수 · 구청장(자치구의 구청장을 말한다. 이하 같다) 및 소방서장은 재난으로 인하여 재난안전상황실이 그 기능의 전부 또는 일부를 수행할 수 없는 경우를 대비하여 대체상황실을 운영할 수 있다.

③ **재난의 신고 등**(법 제19조)

　㉠ 신고의무자 : 누구든지

　㉡ 내용
　　• 누구든지 재난의 발생이나 재난이 발생할 징후를 발견하였을 때에는 즉시 그 사실을 시장 · 군수 · 구청장 · 긴급구조기관, 그 밖의 관계 행정기관에 신고하여야 한다.
　　• 신고를 받은 시장 · 군수 · 구청장과 그 밖의 관계 행정기관의 장은 관할 긴급구조기관의 장에게, 긴급구조기관의 장은 그 소재지 관할 시장 · 군수 · 구청장 및 재난관리주관기관의 장에게 통보하여 응급대처방안을 마련할 수 있도록 조치하여야 한다.

④ 재난상황의 보고 및 통보

㉠ 시장 · 군수 · 구청장 및 해양경비안전서장의 보고 및 재난관리주관기관의 장 및 시 · 도지사의 통보

• 시장 · 군수 · 구청장 또는 해양경비안전서장은 그 관할구역에서 재난이 발생하거나 발생할 우려가 있으면 대통령령으로 정하는 바에 따라 재난상황에 대해서는 즉시, 응급조치 및 수습현황에 대해서는 지체 없이 각각 국민안전처장관, 재난관리주관기관의 장 및 시 · 도지사에게 보고하여야 한다.

• 이 경우 재난관리주관기관의 장 및 시 · 도지사는 보고받은 사항을 확인 · 종합하여 국민안전처장관에게 통보하여야 한다.

• 보고 및 통보하여야 할 사항

 − 재난 발생의 일시 · 장소와 재난의 원인

 − 재난으로 인한 피해내용

 − 응급조치 사항

 − 대응 및 복구활동 사항

 − 향후 조치계획

 − 그 밖에 해당 재난을 수습할 책임이 있는 중앙행정기관의 장이 정하는 사항

• 시장 · 군수 · 구청장이 보고하여야 하는 재난의 종류와 규모(총리령으로 정함)

 − 「산림보호법」 제36조에 따라 신고 및 보고된 산불

 − 법 제26조에 따라 지정된 국가기반시설에서 발생한 화재 · 붕괴 · 폭발

 − 국가기관, 지방자치단체, 「공공기관의 운영에 관한 법률」 제4조에 따른 공공기관, 「지방공기업법」 제3장 및 제4장에 따른 지방공사 및 지방공단, 「유아교육법」 제2조 제2호에 따른 유치원, 「초 · 중등교육법」 제2조에 따른 학교 또는 「고등교육법」 제2조에 따른 학교에서 발생한 화재, 붕괴, 폭발

 − 「접경지역 지원 특별법」 제2조 제1호에 따른 접경지역에 있는 하천의 급격한 수량 증가나 제방의 붕괴 등을 일으켜 인명 또는 재산에 피해를 줄 수 있는 댐의 방류

 − 「감염병의 예방 및 관리에 관한 법률」 제2조 제2호에 따른 제1군감염병 및 같은 조 제5호에 따른 제4군감염병의 발생

 − 단일 사고로서 사망 3명 이상(화재 또는 교통사고의 경우에는 5명 이상을 말한다) 또는 부상 20명 이상의 재난

 − 「가축전염병예방법」 제11조 제1항 각 호에 해당하는 가축의 발견

 − 「문화재보호법」 제2조 제2항에 따른 지정문화재의 화재 등 관련 사고

 − 「수도법」 제7조에 따른 상수원보호구역의 수질오염 사고

 − 「수질 및 수생태계 보전에 관한 법률」 제16조에 따른 수질오염 사고

 − 「유선 및 도선 사업법」 제29조 제1항 각 호에 따른 유선 · 도선의 충돌, 좌초, 그 밖의 사고

 − 「화학물질관리법」 제43조 제2항에 따른 화학사고

 − 「지진재해대책법」 제2조 제1호에 따른 지진재해의 발생

 − 그 밖에 국민안전처장관이 정하여 고시하는 재난

- 시 · 도지사는 보고받은 사항이 다음의 어느 하나에 해당되는 경우에는 이를 종합하여 국민안전처 장관 및 재난관리주관기관의 장에게 통보하여야 한다.
  - 재난이 2개 이상의 시 · 군 · 구에 걸쳐 발생한 경우
  - 그 밖에 재난의 신속한 수습을 위하여 중앙대책본부장 또는 재난관리주관기관의 장의 지휘 · 통 제나 다른 시 · 도의 협력이 필요하다고 인정되는 재난

ⓒ 재난관리책임기관의 장과 국가기반시설의 장의 보고 및 통보

- 재난관리책임기관의 장과 국가기반시설의 장은 소관 업무 또는 시설에 관계되는 재난이 발생하면 대통령령으로 정하는 바에 따라 재난상황에 대해서는 즉시, 응급조치 및 수습현황에 대해서는 지체 없이 각각 재난관리주관기관의 장, 관할 시 · 도지사와 시장 · 군수 · 구청장에게 보고하거나 통 보하여야 한다.
  - 재난관리책임기관 중 시 · 도의 전부 또는 일부를 관할구역으로 하는 재난관리책임기관의 장은 해당 지역에서 소관 업무에 관계되는 재난이 발생하였을 때에는 즉시 그 사실을 재난이 발생한 지역의 관할 시 · 도지사 및 시장 · 군수 · 구청장에게 통보하여야 한다.
- 이 경우 관계 중앙행정기관의 장은 보고받은 사항이 국가기반시설에 대한 것일 때에는 보고받은 내용을 종합하여 즉시 국민안전처장관에게 통보하여야 한다.

ⓒ 관계 재난관리책임기관의 장에게 통보 : 시장 · 군수 · 구청장 · 소방서장이나 해양경비안전서장은 재난이 발생한 경우 또는 재난 발생을 신고 받거나 통보 받은 경우에는 즉시 관계 재난관리 책임기관의 장에게 통보하여야 한다.

> ★TIP 재난상황보고 방법
> ㉠ **최초 보고** : 인명피해 등 주요 재난 발생 시 지체 없이 서면(전자문서를 포함한다), 팩스, 전화 중 가장 빠른 방법으로 하는 보고
> ㉡ **중간 보고** : 전산시스템 등을 활용하여 재난 수습기간 중에 수시로 하는 보고
> ㉢ **최종 보고** : 재난 수습이 끝나거나 재난이 소멸된 후 영 제24조 제1항에 따른 사항을 종 합하여 하는 보고

⑦ 안전관리계획

(1) 국가안전관리계획

① **수립 · 확정 · 시달**(법 제22조)

ㄱ 수립지침 작성

- 국무총리는 대통령령으로 정하는 바에 따라 국가의 재난 및 안전관리업무에 관한 기본계획(이하 " 국가안전관리기본계획"이라 한다)의 수립지침을 작성하여 관계 중앙행정기관의 장에게 시달하여야 한다.
- 수립지침에는 부처별로 중점적으로 추진할 안전관리기본계획의 수립에 관한 사항과 국가재난관리 체계의 기본방향이 포함되어야 한다.

      ⓛ 소관 기본계획 작성제출
- 관계 중앙행정기관의 장은 수립지침에 따라 그 소관에 속하는 재난 및 안전관리업무에 관한 기본계획을 작성한 후 국무총리에게 제출하여야 한다.
- 관계 중앙행정기관의 장은 국가안전관리기본계획을 이행하기 위하여 필요한 예산을 반영하는 등의 조치를 하여야 한다.

      ⓒ 국가안전관리기본계획 작성 : 국무총리는 관계 중앙행정기관의 장이 제출한 기본계획을 종합하여 국가안전관리기본계획을 작성하여 중앙위원회의 심의를 거쳐 확정한 후 이를 관계 중앙행정기관의 장에게 시달하여야 한다.

      ⓔ 계획 시달 : 중앙행정기관의 장은 확정된 국가안전관리기본계획 중 그 소관 사항을 관계 재난관리책임기관(중앙행정기관과 지방자치단체는 제외한다)의 장에게 시달하여야 한다.

② **국가안전관리기본계획 총칙**
      ㉠ 재난에 관한 대책
      ⓛ 생활안전, 교통안전, 산업안전, 시설안전, 범죄안전, 식품안전, 그 밖에 이에 준하는 안전관리에 관한 대책

(2) 집행계획(법 제23조)

① **집행계획의 확정 및 통보**
      ㉠ 관계 중앙행정기관의 장은 시달 받은 국가안전관리기본계획에 따라 그 소관 업무에 관한 집행계획을 작성하여 조정위원회의 심의를 거쳐 국무총리의 승인을 받아 확정한다.
      ⓛ 통보 : 관계 중앙행정기관의 장은 확정된 집행계획을 국민안전처장관에게 통보하고, 시·도지사 및 재난관리책임기관의 장에게 시달하여야 한다.
      ⓒ 관계 중앙행정기관의 장은 매년 11월 30일까지 집행계획(이하 "집행계획"이라 한다)을 작성하여 국민안전처장관에게 통보하여야 한다.
      ⓔ 국민안전처장관은 집행계획을 효율적으로 수립하기 위하여 필요한 경우에는 집행계획의 작성지침을 마련하여 관계 중앙행정기관의 장에게 통보할 수 있다.

② **세부집행계획**
      ㉠ 재난관리책임기관의 장은 제2항에 따라 시달 받은 집행계획에 따라 세부집행계획을 작성하여 관할 시·도지사와 협의한 후 소속 중앙행정기관의 장의 승인을 받아 이를 확정하여야 한다. 이 경우 그 재난관리책임기관의 장이 공공기관이나 공공단체의 장인 경우에는 그 내용을 지부 등 지방조직에 통보하여야 한다.
      ⓛ 관계 중앙행정기관의 장은 집행계획을 작성하는 경우에 필요하면 세부집행계획을 작성하여야 하는 재난관리책임기관의 장에게 집행계획의 작성에 필요한 자료의 제출을 요청할 수 있다.

ⓒ 관계 중앙행정기관의 장은 세부집행계획을 효율적으로 수립하기 위하여 필요한 경우에는 세부집행계획의 작성지침을 마련하여 관계 재난관리책임기관의 장에게 통보할 수 있다.

(3) 시·도 안전관리계획 및 시·군·구 안전관리계획 수립

① **시·도 안전관리계획의 수립**(법 제24조)

ㄱ 국민안전처장관은 국가안전관리기본계획과 집행계획에 따라 시·도의 재난 및 안전관리업무에 관한 계획(이하 "시·도 안전관리계획"이라 한다)의 수립지침을 작성하여 이를 시·도지사에게 시달하여야 한다.

ㄴ 시·도의 전부 또는 일부를 관할 구역으로 하는 재난관리책임기관의 장은 그 소관 재난 및 안전관리업무에 관한 계획을 작성하여 관할 시·도지사에게 제출하여야 한다.

ⓒ 시·도지사는 제1항에 따라 시달 받은 수립지침과 제2항에 따라 제출 받은 재난 및 안전관리업무에 관한 계획을 종합하여 시·도 안전관리계획을 작성하고 시·도 위원회의 심의를 거쳐 확정한다.

ㄹ 시·도지사는 확정된 시·도 안전관리계획을 국민안전처장관에게 보고하고, 재난관리책임기관의 장에게 통보하여야 한다.

② **시·군·구 안전관리계획의 수립**(법 제25조)

ㄱ 시·도지사는 확정된 시·도 안전관리계획에 따라 시·군·구의 재난 및 안전관리업무에 관한 계획(이하 "시·군·구 안전관리계획"이라 한다)의 수립지침을 작성하여 시장·군수·구청장에게 시달하여야 한다.

ㄴ 시·군·구의 전부 또는 일부를 관할 구역으로 하는 재난관리책임기관의 장은 그 소관 재난 및 안전관리업무에 관한 계획을 작성하여 시장·군수·구청장에게 제출하여야 한다.

ⓒ 시장·군수·구청장은 시달 받은 수립지침과 제2항에 따라 제출 받은 재난 및 안전관리업무에 관한 계획을 종합하여 시·군·구 안전관리계획을 작성하고 시·군·구위원회의 심의를 거쳐 확정한다.

ㄹ 시장·군수·구청장은 확정된 시·군·구 안전관리계획을 시·도지사에게 보고하고, 제2항에 따른 재난관리책임기관의 장에게 통보하여야 한다.

(4) 시·도 안전관리계획 및 시·군·구 안전관리계획 작성

① 시·도 안전관리계획과 시·군·구 안전관리계획은 다음의 대책을 포함하여 작성하여야 한다.

ㄱ 재난에 관한 대책

ㄴ 생활안전, 교통안전, 산업안전, 시설안전, 범죄안전, 식품안전, 그 밖에 이에 준하는 안전관리에 관한 대책

② 시·도지사 및 시장·군수·구청장은 소관 안전관리계획에 대하여 실무위원회의 사전검토 및 심의를 거칠 수 있다.

③ 시·도지사는 매년 1월 31일까지, 시장·군수·구청장은 매년 3월 31일까지 소관 안전관리계획을 확정하여야 한다.

④ 재난관리책임기관의 장이 작성하는 그 소관 안전관리업무에 관한 계획에는 다음의 사항이 포함되어야 한다.

  ㉠ 소관 재난 및 안전관리에 관한 기본방향

  ㉡ 재난별 대응 시 관계 기관 간의 상호 협력 및 조치에 관한 사항

  ㉢ 소관 재난 및 안전관리를 위한 사업계획에 관한 사항

  ㉣ 그 밖에 재난 및 안전관리에 필요한 사항

02 출제예상문제

1 재난관리체제를 설명한 것으로 틀린 것은?

① 유기적 구조 – 통합적 기능 실현은 내적으로 유기적인 시스템의 분권적 기능화로 구체화될 수 있다.

② 협력적 구조 – 환경적 특성상 다양한 수준의 조직적·기관적 연계활동을 통해서 그 목적을 성취할 수 있다

③ 학습적 구조 – 하나의 개방시스템으로부터의 조직은 유기체와 같은 역할을 한다.

④ 통합적 구조 – 모든 자원을 통합관리하여야 하는 조직체계를 말한다.

> ☆note 통합적 구조란 모든 자원을 통합관리한다는 의미가 아니라 기능별 책임기관을 지정하고 그들을 조정·통제한다는 의미로서 재난관리체제가 궁극적으로 지향하는 조직체계의 구조적 특성이다.

2 재난관리체제의 구조적 속성 중 '학습성'에 속하는 전략적 효과를 모두 고른다면?

㉠ 지식축적 기반 확충	㉡ 상황 중심적 대응력 향상
㉢ 외적 협력 네트워크 구축	㉣ 내부 요소 간 소통 활성화

① ㉠㉡

② ㉠㉢

③ ㉠㉣

④ ㉡㉢

> ☆note 재난관리체제의 구조적 속성과 그 전략적 효과
> ㉠ 통합성 : 통합화, 효율화, 체계화, 통합된 중재 기능
> ㉡ 학습성 : 지식축적 기반 확충, 상황 중심적 대응력 향상
> ㉢ 협력성 : 수평적 협력체제, 외적 협력 네트워크 구축, 복합 협력적 관리지향
> ㉣ 유기성 : 중첩화, 분권화, 몰입감 및 책임감 강화, 내부 요소 간 소통 원활화

3 재난의 개념 정의에서 재난을 재산피해와 인명피해 정도에 초점을 맞추어 정의하는 관점은?

① 물리적 관점   ② 사회적 관점

③ 기술적 관점   ④ 인문적 관점

> ✦note 재난을 재산피해와 인명피해 정도에 초점을 맞추어 정의하는 관점은 물리적 관점의 정의이다.

4 재난 및 안전관리기본법의 목적과 거리가 먼 것은?

① 각종 재난으로부터 국토를 보존

② 각종 재난으로부터 국민의 생명·신체 및 재산을 보호

③ 재난의 예방·대비·대응·복구와 안전문화활동

④ 자연재난으로부터 국가기간시설의 보호

> ✦note 각종 재난으로부터 국토를 보존하고 국민의 생명·신체 및 재산을 보호하기 위하여 국가와 지방자치단체의 재난 및 안전관리체제를 확립하고, 재난의 예방·대비·대응·복구와 안전문화활동, 그 밖에 재난 및 안전관리에 필요한 사항을 규정함을 목적으로 한다.(법 제1조)
> ④ 자연재해대책법의 목적이다.

5 재난 및 안전관리기본법상 재난에 대한 설명으로 옳지 않은 것은?

① 재난을 예방하고 재난이 발생한 경우 그 피해를 최소화하는 것이 국가와 지방자치단체의 기본적 의무임을 확인한다.

② 모든 국민과 국가, 지방자치단체가 국민의 생명 및 신체의 안전과 재산보호에 관련된 행위를 할 때 안전을 우선적으로 고려하여 국민이 재난으로부터 안전한 사회에서 생활할 수 있도록 한다.

③ 재난 및 안전관리기본법상의 재난은 자연재해대책법과 비교하여 사회적 재난만을 의미한다.

④ 재난의 예방·대비·대응·복구와 안전문화활동 그 밖에 재난 및 안전관리에 필요한 사항을 규정함을 목적으로 한다.

> ✦note 재난 및 안전관리기본법상의 재난은 자연재해대책법상의 자연재해, 재난관리법상의 재난 뿐만 아니라 사회적 재난까지 포함하는 포괄적인 개념의 재난이다.

✦✦Answer 3.① 4.④ 5.③

6 재난 및 안전관리기본법상 재난의 개념으로 틀린 것은?

① 재난이란 국민의 생명·신체·재산과 국가에 피해를 주거나 줄 수 있는 것을 말한다.

② 자연재난이란 태풍, 홍수, 호우, 강풍, 풍랑, 해일, 대설, 낙뢰, 가뭄, 지진, 황사, 조류 대발생, 조수 그 밖에 이에 준하는 자연현상으로 인하여 발생하는 재해를 말한다.

③ 사회재난이란 화재·붕괴·폭발·교통사고·화생방사고·환경오염사고 등으로 인하여 발생하는 대통령령으로 정하는 규모 이상의 피해를 말한다.

④ 해외재난이란 대한민국의 영역 밖에서 대한민국 국민에 의해 야기되는 정부 차원에서 대처할 필요가 있는 재난을 말한다.

> ✎ **note** 대한민국의 영역 밖에서 대한민국 국민의 생명·신체 및 재산에 피해를 주거나 줄 수 있는 재난으로서 정부차원에서 대처할 필요가 있는 재난을 말한다.(재난 및 안전관리기본법 제3조 제2호)

7 미국의 소방·재난관리체계에 대한 설명으로 틀린 것은?

① 재난관리는 예방단계에서 준비·대응·복구단계에 이르기까지 국토안보부 산하 연방재난관리청(FEMA) 및 FEMA의 연방소방국(USFA)을 중심으로 주요정책을 수립하고 집행하는 통합관리방식을 채택하고 있다.

② 자연재난과 인적 재난을 엄격히 구분하여, 재난관리조직을 이원화되어 있다.

③ 1631년 보스턴 시 대형화재로 최초의 소방조례를 채택하였으며 이것이 미국 소방조직의 시발점이 되었다.

④ 1648년 뉴욕 뉴암스테르담에서 화재예방 책임이 있는 화재감시인 임명이 최초의 화재예방관(소방관)이다.

> ✎ **note** 미국은 자연재난과 인적 재단을 구분하지 않으며, 재난관리조직은 일원화되어 있다.

8 미국의 연방재난관리청(FEMA)에 대한 설명으로 틀린 것은?

① 2003년 3월 신설부서인 국토안보부 산하조직이 되었다.

② 각 주의 비상관리기관과의 공동업무협약, 협력협약으로 실행한다.

③ FEMA는 자연재난과 인적 재난 그리고 환경재난으로 엄격히 구분하여 분리대응한다.

④ 국가적 재난관리전략, 조정정책 제공 및 연구, 교육, 훈련 등을 한다.

✍️**note** 연방재난관리청은 인적 재난, 자연재난, 환경재난 등을 포괄 대응한다.

9 미국연방소방국(USFA)에 대한 설명으로 틀린 것은?

① 국토안보부에 편입되면서 EP& R로 개칭된 FEMA 산하에 있다.

② 연방재난관리청과 협력하여 재난에 대응할 뿐 소방행정은 독립적으로 수행한다.

③ 1978년 포오드 대통령은 국가 화재예방과 통제를 위한 위원회(NCFPC)를 발족하였다.

④ 교육체계로는 국립비상훈련센터(NETC)와 국립소방학교(NFA)가 있다.

✍️**note** 1971년 주요 소방서비스 단체의 화재와 화재사상자 발생에 대한 국가소방정책 평가회의 결과 1972년 닉슨 대통령은 국가 화재예방과 통제를 위한 위원회(NCFPC)를 발족하였다.

10 미국연방소방국(USFA)의 업무와 거리가 먼 것은?

① 국립화재보상센터 관리

② 국립비상훈련센터 관리

③ 국립소방자료센터관리

④ 국립소방학교 관리

✍️**note** 미국연방소방국(USFA)의 업무는 국립비상훈련센터관리, 국립소방자료센터 관리, 국립소방학교 관리, 비상관리연구소 관리, 교육프로그램 관리 등이다.

Answer 8.③ 9.③ 10.①

11 일본의 소방·재난관리체제에 관한 설명으로 틀린 것은?

① 내각부에서 재난관리를 총괄하고 국토교통성, 소방청 등 지정기관이 지원한다.

② 2001년부터 국토교통청에서 재난관리 정책 업무를 수행한다.

③ 재난의 대응·복구는 재난대책본부에서 총괄한다.

④ 재난관리를 위한 별도의 전담조직인 방재국을 만들어 운용한다.

✿❚note 일본의 경우 우리나라와 같이 재난관리를 위한 별도 전담조직을 만들지 않는다.

12 재난 및 안전관리기본법령상 긴급구조지원기관이 아닌 것은?

① 대한적십자사　　　　　　　　　② 종합병원

③ 국민안전처　　　　　　　　　　④ 기상청 및 산림청

✿❚note 긴급구조지원기관이란 긴급구조에 필요한 인력·시설 및 장비, 운영체계 등 긴급구조능력을 보유한 기관이나 단체로서 대통령령으로 정하는 기관과 단체를 말한다.
※ 긴급구조지원기관(시행령 제4조)
　㉠ 교육부, 미래창조과학부, 국방부, 산업통상자원부, 보건복지부, 환경부, 국토교통부, 해양수산부, 방송통신위원회, 경찰청, 기상청 및 산림청
　㉡ 국방부장관이 탐색구조부대로 지정하는 군부대와 그 밖에 긴급구조지원을 위하여 국방부장관이 지정하는 군부대
　㉢ 대한적십자사조직법에 따른 대한적십자사
　㉣ 의료법에 따른 종합병원
　㉤ 응급의료에 관한 법률에 따른 응급의료기관, 응급의료정보센터 및 구급차등의 운용자·재해구호법에 따른 전국재해구호협회
　㉥ 긴급구조기관과 긴급구조활동에 관한 응원협정을 체결한 기관 및 단체
　㉦ 그 밖에 긴급구조에 필요한 인력과 장비를 갖춘 기관 및 단체로서 총리령으로 정하는 기관 및 단체

13 재난 및 안전관리기본법상 다음은 사고유형별 재난관리주관기관이다. 재난관리주관기관과 사고 유형의 연결이 옳지 아니한 것은?

① 외교부 – 해외에서 발생한 재난

② 문화체육관광부 – 경기장 및 공연장에서 발생한 사고

③ 환경부 – 식용수(광역상수도에 한정함) 사고

④ 원자력안전위원회 – 원자력 안전사고, 인접국가 방사능 누출사고

> **note** 사고유형별 재난관리주관기관
> ㉠ 교육부 : 학교 및 학교시설에서 발생한 사고
> ㉡ 미래창조과학부 : 우주전파 재난, 정보통신 사고, 위성항법장치(GPS) 전파 혼선
> ㉢ 외교부 : 해외에서 발생한 재난
> ㉣ 법무부 : 교정시설에서 발생한 사고
> ㉤ 국방부 : 국방시설에서 발생한 사고
> ㉥ 문화체육관광부 : 경기장 및 공연장에서 발생한 사고
> ㉦ 농림축산식품부 : 가축질병, 저수지 사고
> ㉧ 산업통상자원부 : 가스 수급 및 누출사고, 원유수급 사고, 원자력안전사고, 전력사고, 전력생 산용 댐의 사고
> ㉨ 보건복지부 : 감염병 재난, 보건의료 사고
> ㉩ 환경부 : 수질분야 대규모 환경오염 사고, 식용수(지방상수도 포함) 사고, 유해화학물질 유 출사고, 조류 대발생(녹조에 한정함), 황사
> ㉪ 고용노동부 : 사업장에서 발생한 대규모 인적사고
> ㉫ 국토교통부 : 국토교통부가 관장하는 공동구 재난, 고속철도 사고, 국토교통부가 관장하는 댐 사고, 도로터널 사고, 식용수(광역상수도에 한정함) 사고, 육상화물운송 사고, 지하철 사고, 항공기 사고, 항공운송 마비 및 항행안전시설 장애
> ㉬ 해양수산부 : 조류 대발생(적조에 한정함), 조수, 해양 분야 환경오염사고, 해양선박사고,
> ㉭ 국민안전처 : 공동구 재난(국토교통부가 관장하는 공동구는 제외), 정부중요시설 사고, 화 재·위험물 사고, 내륙에서 발생한 유도선 등의 수난사고, 다중 밀집시설 대형사고, 풍수해 (조수는 제외함), 지진·화산·낙뢰·가뭄으로 인한 재난 및 사고로서 다른 재난관리주관기 관에 속하지 아니하는 재난 및 사고, 해양에서 발생한 유도선 등의 수난사고
> ㉮ 금융위원회 : 금융 전산 및 시설 사고
> ㉯ 원자력 안전위원회 : 원자력 안전사고, 인접국가 방사능 누출사고
> ㉰ 문화재청 : 문화재 시설사고
> ㉱ 산림청 : 산불, 산사태

14 재난 및 안전관리기본법상 긴급구조기관이 아닌 것은?

① 국민안전처　　　　　　　　② 소방본부

③ 경찰청　　　　　　　　　　④ 해양경비안전서

> ✿▌note　긴급구조기관 … 긴급구조기관이란 다음의 어느 하나에 해당하는 기관을 말한다.(법 제3조 제7호)
> 　㉠ 국민안전처
> 　㉡ 소방본부 및 지방해양경비안전본부
> 　㉢ 소방서 및 해양경비안전서

15 재난 및 안전관리기본법상 중앙안전관리위원회에 대한 내용으로 옳지 않은 것은?

① 중앙위원회의 위원장은 국무총리가 되며, 위원은 대통령령으로 정하는 중앙행정기관 또는 관계기관·단체의 장이 된다.

② 중앙위원회의 위원장은 중앙위원회를 대표하며, 중앙위원회의 업무를 총괄한다.

③ 중앙위원회에 간사 1명을 두며, 간사는 중앙대책본부장이 된다.

④ 중앙위원회의 위원장이 사고 또는 부득이한 사유로 직무를 수행할 수 없을 때에는 국민안전처장관, 대통령령으로 정하는 중앙행정기관의 장 순으로 위원장의 직무를 대행한다.

> ✿▌note　중앙위원회에 간사 1명을 두며, 간사는 국민안전처장관이 된다.(법 제9조 제4항)

16 재난 및 안전관리기본법상 집행계획에 관한 내용이다. (　　) 안에 차례대로 들어갈 말이 잘 연결된 것은?

> 관계 중앙행정기관의 장은 시달 받은 국가안전관리기본계획에 따라 그 소관 업무에 관한 집행계획을 작성하여 조정위원회의 (　　)을/를 거쳐, 국무총리의 (　　)을/를 받아 확정한다.

① 심의, 승인　　　　　　　　② 심의, 허가

③ 승인, 조정　　　　　　　　④ 심의, 인가

> ✿▌note　관계 중앙행정기관의 장은 시달 받은 국가안전관리기본계획에 따라 그 소관 업무에 관한 집행계획을 작성하여 조정위원회의 심의를 거쳐, 국무총리의 승인을 받아 확정한다.(법 제23조 제1항)

❦❦Answer　14.③　15.③　16.①

17 재난 및 안전관리기본법상에 안전정책조정위원회에 대한 내용으로 틀린 것은?

① 중앙위원회에 상정될 안건을 사전에 검토하고 심의·조정사무를 수행하기 위하여 중앙위원회에 안전정책조정위원회를 둔다.

② 조정위원회의 위원장은 국민안전처장관이 된다.

③ 조정위원회에 간사위원 1명을 두며, 간사위원은 국민안전처차관이 된다.

④ 조정위원회의 위원장은 조정위원회에서 심의·조정된 사항 중 대통령령으로 정하는 중요 사항에 대해서는 조정위원회의 심의·조정 결과를 국민안전처장관에게 보고하여야 한다.

> ✿**note** 조정위원회의 위원장은 조정위원회에서 심의·조정된 사항 중 대통령령으로 정하는 중요 사항에 대해서는 조정위원회의 심의·조정 결과를 중앙위원회의 위원장에게 보고하여야 한다.(법 제10조 제5항)

18 재난 및 안전관리기본법상 재난 및 안전관리 사업예산의 사전협의 등에 관한 내용이다. (   ) 안에 들어갈 말로 적당한 것은?

> 관계 중앙행정기관의 장은 국가재정법에 따라 (   )에게 제출하는 중기사업계획서 중 재난 및 안전관리사업과 관련된 중기사업계획서와 해당 기관의 재난 및 안전관리 사업에 관한 투자우선순위 의견을 매년 1월 31일까지 (   )에게 제출하여야 한다.

① 국민안전처장관, 국민안전처장관

② 국민안전처장관, 기획재정부장관

③ 기획재정부장관, 기획재정부장관

④ 기획재정부장관, 국민안전처장관

> ✿**note** 관계 중앙행정기관의 장은 국가재정법에 따라 기획재정부장관에게 제출하는 중기사업계획서 중 재난 및 안전관리사업과 관련된 중기사업계획서와 해당 기관의 재난 및 안전관리 사업에 관한 투자우선순위 의견을 매년 1월 31일까지 국민안전처장관에게 제출하여야 한다.

✿✿**Answer**   17.④ 18.④

19 재난 및 안전관리기본법상 국가기반시설의 지정 및 관리권자는?

① 국무총리
② 국민안전처장관
③ 관계 중앙행정기관의 장
④ 중앙대책본부장

> ✿**note** 관계 중앙행정기관의 장은 소관 분야의 기반시설 중 국가기반체계를 보호하기 위하여 계속적
> 으로 관리할 필요가 있다고 인정되는 시설(국가기반시설)을 조정위원회의 심의를 거쳐 지정할
> 수 있다.(법 제26조 제1항)

20 재난 및 안전관리기본법상 국가기반시설의 지정 및 관리 등에 관한 내용으로 틀린 것은?

① 관계 중앙행정기관의 장은 국가기반시설에 대한 데이터베이스를 구축·운영할 수 있다.
② 관계 중앙행정기관의 장은 소관 분야의 기반시설 중 국가기반체계를 보호하기 위하여 계속
적으로 관리할 필요가 있다고 인정되는 시설을 조정위원회의 심의를 거쳐 지정할 수 있다.
③ 관계 중앙행정기관의 장은 지정 여부를 결정하기 위하여 필요한 자료의 제출을 소관 재난
관리책임기관의 장에게 요청할 수 있다.
④ 관계 중앙행정기관의 장은 소관 재난관리책임기관이 해당 업무를 폐지·정지 또는 변경하
는 경우에는 조정위원회의 심의를 거쳐 국가기반시설의 지정을 취소할 수 있다.

> ✿**note** 국민안전처장관은 국가기반시설에 대한 데이터베이스를 구축·운영하고, 관계 중앙행정기관의
> 장이 재난관리정책의 수립 등에 이용할 수 있도록 통합지원 할 수 있다.(법 제26조 제4항)

21 재난 및 안전관리기본법상 재난방송협의회에 대한 내용으로 옳지 않은 것은?

① 재난에 관한 예보·경보·통지나 응급조치 및 재난관리를 위한 재난방송이 원활히 수행될
수 있도록 중앙위원회에 중앙재난방송협의회를 둘 수 있다.
② 지역 차원에서 재난에 대한 예보·경보·통지나 응급조치 및 재난방송이 원활히 수행될 수
있도록 지역위원회에 시·도 또는 시·군·구 재난방송협의회를 둘 수 있다.
③ 중앙재난방송협의회의 구성 및 운영에 필요한 사항은 총리령으로 정한다.
④ 지역재난방송협의회의 구성 및 운영에 필요한 사항은 지방자치단체의 조례로 정한다.

> ✿**note** 중앙재난방송협의회의 구성 및 운영에 필요한 사항은 대통령령으로 정하고, 지역재난방송협의
> 회의 구성 및 운영에 필요한 사항은 해당 지방자치단체의 조례로 정한다.(법 제12조 제3항)

22 재난 및 안전관리기본법상 특정관리대상시설 등의 지정권자는?

① 중앙행정기관의 장, 지방자치단체의 장

② 국민안전처장관, 중앙행정기관의 장

③ 국민안전처장관, 지방자치단체의 장

④ 중앙행정기관의 장, 재난관리책임기관의 장

> ✪❚note 중앙행정기관의 장 또는 지방자치단체의 장은 재난이 발생할 위험이 높거나 재난예방을 위하여 계속적으로 관리할 필요가 있다고 인정되는 시설 및 지역을 대통령령으로 정하는 바에 따라 특정 관리대상 시설 및 지역으로 지정하여야 한다.(법 제27조 제1항)

23 재난 및 안전관리기본법상 중앙재난안전대책본부는 어디에 두는가?

① 대통령   ② 국무총리

③ 국민안전처   ④ 중앙관리위원회

> ✪❚note 대통령령으로 정하는 대규모 재난의 대응·복구 등에 관한 사항을 총괄·조정하고 필요한 조치를 하기 위하여 국민안전처에 중앙재난안전대책본부를 둔다.(법 제14조 제1항)

24 재난 및 안전관리기본법상 재난방지시설을 점검·관리를 하여야 하는 자는?

① 재난관리책임기관의 장

② 국민안전처장관

③ 중앙대책본부장

④ 지방자치단체의 장

> ✪❚note 재난관리책임기관의 장은 관계 법령 또는 안전관리계획에서 정하는 바에 따라 대통령령으로 정하는 재난방지시설을 점검·관리하여야 한다.(제29조 제1항)

25 재난 및 안전관리기본법상 중앙재난안전대책본부(중앙대책본부)에 대한 내용으로 틀리는 것은?

① 중앙대책본부에 본부장과 차장을 둔다.

② 중앙대책본부의 본부장은 국민안전처장관이 된다.

③ 해외재난의 경우에는 외교부장관이 중앙대책본부장의 권한을 행사한다.

④ 방사능 재난의 경우에는 환경부장관이 중앙대책본부장의 권한을 행사한다.

> ✿**note** 중앙대책본부장의 본부장은 국민안전처장관이 되며, 중앙대책본부장은 중앙대책본주의 업무를 총괄하고 필요하다고 인정하면 중앙재난안전대책본부회의를 소집할 수 있다. 다만, 해외재난의 경우 외교부장관이, 방사능재난의 경우에는 중앙방사능방재대책본부의 장이 각각 중앙대책본부장의 권한을 행사한다.(법 제14조 제3항)

26 재난 및 안전관리기본법상 재난안전분야 종사자 교육에 대한 내용으로 옳지 않은 것은?

① 재난관리책임기관에서 재난 및 안전관리업무를 담당하는 공무원이나 직원은 국무총리가 실시하는 전문교육을 총리령으로 정하는 바에 따라 정기적으로 또는 수시로 받아야 한다.

② 국민안전처장관은 필요하다고 인정하면 대통령령으로 정하는 전문인력 및 시설기준을 갖춘 교육기관으로 하여금 전문교육을 대행하게 할 수 있다.

③ 국민안전처장관은 정당한 사유 없이 전문교육을 받지 아니한 자에 대하여 소속 재난관리책임기관의 장에게 징계할 것을 요구할 수 있다.

④ 전문교육의 종류 및 대상, 그 밖에 전문교육의 실시에 필요한 사항은 총리령으로 정한다.

> ✿**note** 재난관리책임기관에서 재난 및 안전관리업무를 담당하는 공무원이나 직원은 국민안전처장관이 실시하는 전문교육을 총리령으로 정하는 바에 따라 정기적으로 또는 수시로 받아야 한다.(법 제29조의2 제1항)

27 재난 및 안전관리기본법상 재난안전상황실 운용권자가 아닌 것은?

① 국민안전처장관   ② 시 · 도지사

③ 시장 · 군수 · 구청장   ④ 중앙대책본부장

> ✿**note** 국민안전처장관, 시 · 도지사 및 시장 · 군수 · 구청장은 재난정보의 수집 · 전파, 상황관리, 재난 발생 시 초동 조치 및 지휘 등의 업무를 수행하기 위하여 상시 재난상황안전실을 설치 · 운영하여야 한다.(법 제18조 제1항)

✿Answer   25.④ 26.① 27.④

28 재난 및 안전관리기본법상 재난예방을 위한 긴급안전점검 등에 대한 내용으로 틀린 것은?

① 긴급안전점검을 하는 공무원은 긴급안전점검을 하면 그 결과를 재난관리책임기관의 장에게 통보하여야 한다.

② 긴급안전점검을 하는 공무원은 관계인에게 필요한 질문을 하거나 관계 서류 등을 열람할 수 있다.

③ 긴급안전점검을 하는 공무원은 그 권한을 표시하는 증표를 지니고 이를 관계인에게 보여주어야 한다.

④ 국민안전처장관 또는 재난관리책임기관의 장은 대통령령으로 정하는 시설 및 지역에 재난이 발생할 우려가 있는 등 대통령령으로 정하는 긴급한 사유가 있으면 소속 공무원으로 하여금 긴급안전점검을 하게 할 수 있다.

> **note** 국민안전처장관은 긴급안전점검을 하면 그 결과를 해당 재난관리책임기관의 장에게 통보하여야 한다.(법 제30조 제5항)

29 재난 및 안전관리기본법령상 재난상황의 보고에 관한 내용이다. (　　) 안에 들어갈 말로 적당한 것은?

> 시장·군수·구청장, 소방서장이나 해안경비안전서장은 재난이 발생한 경우 또는 재난 발생을 신고 받거나 통보 받은 경우에는 즉시 관계 (　　　　)에게 통보하여야 한다.

① 중앙대책본부장 　　　　　　② 국민안전처장관
③ 재난관리주관의 장 　　　　　④ 재난관리책임기관의 장

> **note** 시장·군수·구청장, 소방서장이나 해안경비안전서장은 재난이 발생한 경우 또는 재난 발생을 신고 받거나 통보 받은 경우에는 즉시 관계 재난관리책임기관의 장에게 통보하여야 한다.(법 제20조 제4항)

30 재난 및 안전관리기본법상 재난관리정보의 범위에 속하지 아니하는 것은?

① 재난상황 정보
② 동원가능 자원정보
③ 시설물 정보
④ 긴급구조능력 보유

> note 재난관리정보란 재난관리를 위하여 필요한 재난상황정보, 동원가능 자원정보, 시설물 정보, 지리정보를 말한다.

31 재난 및 안전관리기본법상 안전점검 결과 또는 긴급안전점검 결과 재난 발생의 위험이 높다고 인정되는 시설 또는 지역에 대하여 대통령령으로 정하는 바에 따라 그 소유자·관리자 또는 점유자에게 안전조치를 명할 수 있는 자를 모두 고른다면?

㉠ 국민안전처 장관	㉡ 국무총리
㉢ 재난관리책임기관의 장	㉣ 지방자치단체의 장

① ㉠㉡
② ㉠㉢
③ ㉠㉣
④ ㉡㉢

> note 국민안전처장관 또는 재난관리책임기관의 장은 안전점검 결과 또는 긴급안전점검 결과 재난 발생의 위험이 높다고 인정되는 시설 또는 지역에 대하여 대통령령으로 정하는 바에 따라 그 소유자·관리자 또는 점유자에게 안전조치를 명할 수 있다.(법 제31조 제1항)

32 재난 및 안전관리기본법상 국가 및 지방자치단체가 행하는 재난 및 안전관리업무를 총괄·조정 권자는?

① 국무총리
② 국민안전처장관
③ 중앙안전관리위원회 위원장
④ 중앙대책본부장

> note 국민안전처장관은 국가 및 지방자치단체가 행하는 재난 및 안전관리 업무를 총괄·조정한다.(법 제6조)

Answer   30.④ 31.② 32.②

33 재난 및 안전관리기본법상 국가안전관리기본계획의 수립 작성자는?

① 국민안전처장관
② 관계 중앙행정기관의 장
③ 중앙대책본부장
④ 재난관리책임기관의 장

> **note** 관계 중앙행정기관의 장은 수립지침에 따라 그 소관에 속하는 재난 및 안전관리업무에 관한 기본계획을 작성한 후 국무총리에게 제출하여야 한다.(법 제22조 제3항)

34 재난 및 안전관리기본법상 정부합동 안전점검에 대한 내용으로 틀린 것은?

① 국민안전처장관은 재난관리책임기관의 재난 및 안전관리 실태를 점검하기 위하여 대통령령으로 정하는 바에 따라 정부합동안전점검단을 편성하여 안전점검을 실시할 수 있다.
② 국민안전처장관은 정부합동점검단을 편성하기 위하여 필요하면 관계 재난관리책임기관의 장에게 관련 공무원 또는 직원의 파견을 명령할 수 있다.
③ 국민안전처장관은 점검을 실시하면 점검결과를 관계 재난관리책임기관의 장에게 통보하고, 보완이나 개선이 필요한 사항에 대한 조치를 관계 재난관리책임기관의 장에게 요구할 수 있다.
④ 점검결과 및 조치 요구사항을 통보 받은 관계 재난관리책임기관의 장은 조치계획을 수립하여 필요한 조치를 한 후 그 결과를 국민안전처장관에게 통보하여야 한다.

> **note** 국민안전처장관은 정부합동점검단을 편성하기 위하여 필요하면 관계 재난관리책임기관의 장에게 관련 공무원 또는 직원의 파견을 요청할 수 있다.(법 제32조 제2항)

35 재난 및 안전관리기본법상 재난 및 안전관리에 관한 사항을 심의하기 위한 중앙안전위원회의 소속은?

① 대통령 소속
② 국무총리 소속
③ 국민안전처 소속
④ 중앙대책본부 소속

> **note** 재난 및 안전관리에 관한 사항을 심의하기 위하여 국무총리 소속으로 중앙안전관리위원회를 둔다.(법 제9조 제1항)

36 재난 및 안전관리기본법상 국가안전관리기본계획의 수립 등에 관한 내용으로 적당하지 않은 것은?

① 국무총리는 대통령령으로 정하는 바에 따라 국가의 재난 및 안전관리업무에 관한 기본계획의 수립지침을 작성하여 관계 중앙행정기관의 장에게 시달하여야 한다.
② 수립지침에는 부처별로 중점적으로 추진할 안전관리기본계획의 수립에 관한 사항과 국가재난관리체계의 기본방향이 포함되어야 한다.
③ 관계 중앙행정기관의 장은 수립지침에 따라 그 소관에 속하는 재난 및 안전관리업무에 관한 기본계획을 작성한 후 국무총리에게 제출하여야 한다.
④ 국민안전처장관은 관계 중앙행정기관의 장이 제출한 기본계획을 종합하여 국가안전관리기본계획을 작성하여 중앙위원회의 심의를 거쳐 확정한 후 이를 관계 중앙행정기관의 장에게 시달하여야 한다.

> **note** 국무총리는 관계 중앙행정기관의 장이 제출한 기본계획을 종합하여 국가안전관리기본계획을 작성하여 중앙위원회의 심의를 거쳐 확정한 후 이를 관계 중앙행정기관의 장에게 시달하여야 한다.(법 제22조 제4항)

Answer 35.② 36.④

37 재난 및 안전관리기본법상 시장·군수·구청장은 재난관리 실태를 얼마 주기로 주민에게 공시하여야 하는가?

① 매 분기 1회   ② 매 반기 1회

③ 매년 1회   ④ 매월 1회

> **note** 시장·군수·구청장은 재난관리 실태를 매년 1회 이상 관할 지역 주민에게 공시하여야 한다. (법 제33조의 3 제1항)

38 재난관리체제의 바람직한 조직구조의 특성과 거리가 먼 것은?

① 조직구조의 책임성

② 조직구조의 통합성

③ 조직구조의 협력성

④ 조직구조의 유기성

> **note** 재난관리체제의 바람직한 조직구조의 특성으로 통합성, 학습성, 협력성, 유기성 등을 들 수 있다.

39 다음 중 우리나라의 재난관리조직의 구성에 대한 설명으로 틀린 것은?

① 중앙안전관리위원회의 위원장은 국무총리이다.

② 중앙재난안전대책본부장은 국민안전처장관이다.

③ 중앙긴급구조통제 단장은 국민안전처의 소방사무를 담당하는 본부장이 된다.

④ 시·도긴급구조통제단장은 시장·도지사이다.

> **note** ④ 시·도긴급구조통제단과 시·군·구긴급구조통제단에는 각각 단장 1명을 두되, 시·도긴급구조통제단의 단장은 소방본부장이 되고 시·군·구긴급구조통제단의 단장은 소방서장이 된다.(법 제50조 제2항)

40 다음은 국가안전관리기본계획에 관한 내용이다. (㉠), (㉡)에 해당되는 것으로 옳게 짝지어 진 것은?

> (㉠)은/는 대통령령으로 정하는 바에 따라 국가의 재난 및 안전관리업무에 관한 기본계획(이하 "국가안전관리기본계획"이라 한다)의 수립지침을 작성하여 관계 중앙행정기관의 장에게 시달하여야 한다. 또한 국무총리는 국가안전관리기본계획을 (㉡)마다 수립하여야 한다.

	㉠	㉡
①	국무총리	5년
②	국무총리	10년
③	국민안전처장관	5년
④	국민안전처장관	10년

🌟 note 국가안전관리기본계획 수립 등(법 제22조)

수립지침 작성	• 국무총리는 대통령령으로 정하는 바에 따라 국가의 재난 및 안전관리업무에 관한 기본계획(이하 "국가안전관리기본계획"이라 한다)의 수립지침을 작성하여 관계 중앙행정기관의 장에게 시달하여야 한다. • 수립지침에는 부처별로 중점적으로 추진할 안전관리기본계획의 수립에 관한 사항과 국가재난관리체계의 기본방향이 포함되어야 한다. • 국무총리는 국가안전관리기본계획을 5년마다 수립하여야 한다.
기본계획 작성	관계 중앙행정기관의 장은 제1항에 따른 수립지침에 따라 그 소관에 속하는 재난 및 안전관리업무에 관한 기본계획을 작성한 후 국무총리에게 제출하여야 한다.
국가안전관리기본계획 수립확정	국무총리는 관계 중앙행정기관의 장이 제출한 기본계획을 종합하여 국가안전관리기본계획을 작성하여 중앙위원회의 심의를 거쳐 확정한 후 이를 관계 중앙행정기관의 장에게 시달하여야 한다.

🌱🌱 Answer　　40.①

41 다음 중 국가안전관리기본계획 수립 시 포함되어야 할 대책과 가장 거리가 먼 것은?

① 철도재난대책

② 다중이용업소 재난대책

③ 해상재난대책

④ 산업안전대책

> **note** 국가안전관리기본계획은 총칙과 다음 각 호의 대책으로 구성한다. (시행령 제26조 제2항)
> ㉠ 재난에 관한 대책
> ㉡ 생활안전, 교통안전, 산업안전, 시설안전, 범죄안전, 식품안전, 그 밖에 이에 준하는 안전관리에 관한 대책

42 재난 및 안전관리기본법령상 조정위원회에 두는 분과위원회와 위원장의 연결이 옳지 않은 것은?

① 전기사고 대책위원회 : 산업통상자원부차관

② 풍수해대책위원회 : 국민안전처차관

③ 화재사고대책위원회 : 환경부차관

④ 방사능사고대책위원회 : 원자력안전위원회 상임위원

> **note** 조정위원회에 두는 분과위원회와 분과위원회별 분과위원장은 다음 각 호와 같다. 이 경우 복수차관이 있는 기관은 재난 및 안전관리 업무를 관장하는 차관으로 한다. (시행령 제10조 제1항)
> ㉠ 안전정책조정 실무 총괄위원회 : 국민안전처차관
> ㉡ 전기 · 유류 · 가스사고대책위원회 : 산업통상자원부차관
> ㉢ 환경오염사고대책위원회 : 환경부차관
> ㉣ 교통안전사고대책위원회 : 국토교통부차관
> ㉤ 시설물재난대책위원회 : 국토교통부차관
> ㉥ 풍수해대책위원회 : 국민안전처차관
> ㉦ 화재사고대책위원회 : 국민안전처 중앙소방본부장
> ㉧ 방사능사고대책위원회 : 원자력안전위원회 상임위원

43 재난 및 안전관리기본법상 중앙 및 지역사고수습본부에 대한 설명으로 틀린 것은?

① 수습본부의 장은 해당 재난관리주관기관의 장이 된다.

② 수습본부장은 재난정보의 수집 · 전파, 상황관리, 재난발생 시 초동 조치 및 지휘 등을 위한 수습본부상황실을 설치 · 운영하여야 한다.

③ 수습본부장은 재난을 수습하기 위하여 필요하면 국민안전처장관에게 소속직원의 파견 등을 요청할 수 있다.

④ 수습본부장은 지역사고수습본부를 운영할 수 있으며, 지역사고수습본부의 장은 수습본부장이 된다.

> 🌟**note** 수습본부장은 재난을 수습하기 위하여 필요하면 관계 재난관리책임기관의 장에게 행정상 및 재정상의 조치, 소속 직원의 파견, 그 밖에 필요한 지원을 요청할 수 있다. 이 경우 요청을 받은 관계 재난관리책임기관의 장은 특별한 사유가 없으면 요청에 따라야 한다.(법 제15조의2 제4항)

44 중앙안전관리위원회에 대한 설명으로 틀린 것은?

① 위원장은 국무총리가 되며, 위원은 대통령령으로 정하는 중앙행정기관 또는 관계기관 · 단체의 장이 된다.

② 위원장은 중앙안전관리위원회를 대표하며, 중앙안전관리위원회의 업무를 총괄한다.

③ 중앙안전관리위원회의에 간사 1명을 두며, 간사는 국민안전처장관이 된다.

④ 국민안전처장관이 중앙안전관리위원회 위원장의 직무를 대행할 때 국토교통부장관이 중앙안전관리위원회 간사위원의 직무를 대행한다.

> 🌟**note** 중앙위원회의 위원장이 사고 또는 부득이한 사유로 직무를 수행할 수 없을 때에는 국민안전처장관, 대통령령으로 정하는 중앙행정기관의 장 순으로 위원장의 직무를 대행한다.

45 중앙안전관리위원회의 운영에 관한 설명으로 틀린 것은?

① 중앙안전관리위원회의 회의는 위원의 요청이 있거나 위원장이 필요하다고 인정하는 경우에 위원장이 소집한다.

② 중앙안전관리위원회의 회의는 재적위원 과반수의 출석으로 개의하고, 출석위원 과반수의 찬성으로 의결한다.

③ 위원장은 회의 안건과 관련하여 필요하다고 인정하는 경우에는 관계공무원과 민간전문가 등을 회의에 참석하게 하거나 관계기관의 장에게 자료 제출을 요청할 수 있다.

④ 기타 규정한 사항 외에 중앙안전관리위원회의 운영에 필요한 사항은 대통령령으로 정한다.

> **note** 기타 규정한 사항 외에 중앙안전관리위원회의 운영에 필요한 사항은 중앙안전관리위원회의 의결을 거쳐 위원장이 정한다.

46 재난 및 안전관리에 관한 기본법령상 안전정책조정위원회에 대한 설명으로 틀린 것은?

① 조정위원회의 위원장은 국민안전처장관이 된다.

② 위원은 대통령령으로 정하는 중앙행정기관의 차관 또는 차관급 공무원과 재난 및 안전관리에 관한 지식과 경험이 풍부한 사람 중에서 위원장이 임명하거나 위촉하는 사람이 된다.

③ 조정위원회에 간사위원 1명을 두되, 간사위원은 중앙안전관리위원장이 된다.

④ 조정위원회의 업무를 효율적으로 처리하기 위하여 조정위원회에 분과위원회실무위원회를 둘 수 있다.

> **note** 조정위원회에 간사위원을 1명을 두되, 간사위원은 국민안전처차관이 된다.

47 재난 및 안전관리 기본법령상 안전정책조정위원회에 두는 분과위원회와 분과위원회별 분과위원장의 연결이 옳지 않은 것은?

① 안전정책조정 실무 총괄위원회 – 국민안전처 차관
② 전기·유류·가스사고대책위원회 – 산업통상자원부차관
③ 화재사고대책위원회 – 환경부차관
④ 풍수재해대책위원회 – 국민안전처 차관

> ☆note 안전정책조정위원회 분과위원회와 분과위원장(시행령 제10조 제1항)

분과위원회	분과위원장
안전정책조정 실무 총괄위원회	국민안전처차관
전기·유류·가스사고 대책위원회	산업통상자원부차관
환경오염사고대책위원회	환경부차관
• 교통사고대책위원회 • 시설물재난대책위원회	국토교통부자관
풍수해대책위원회	국민안전처 차관
화재사고대책위원회	국민안전처 중앙소방본부장
방사능사고대책위원회	원자력안전위원회 상임위원

48 재난 및 안전관리 기본법령상 안전정책조정위원회에 대한 설명으로 틀린 것은?

① 조정위원회의 회의는 위원이 요청하거나 위원장이 필요하다고 인정하는 경우에 위원장이 소집한다.
② 조정위원회의 회의는 재적위원 과반수의 출석으로 개의하고, 출석위원 과반수의 찬성으로 의결한다.
③ 위원장은 회의 안건과 관련하여 필요하다고 인정하는 경우에는 관계 공무원과 민간전문가 등을 회의에 참석하게 하거나 관계 기관의 장에게 자료 제출을 요청할 수 있다.
④ 조정위원회의 위원장은 조정위원회에서 심의·조정된 사항 중 대통령령으로 정하는 중요사항에 대해서는 조정위원회의 심의·조정 결과를 국민안전처장관에게 보고하여야 한다.

> ☆note 조정위원회 위원장은 조정위원회에서 심의·조정된 사항 중 대통령령으로 정하는 중요 사항에 대해서는 조정위원회의 심의·조정 결과를 중앙위원회의 위원장에게 보고하여야 한다.(법 제10조 제5항)

✿✿Answer 47.③ 48.④

49 조정위원회의 심의·조정 결과를 중앙위원회의 위원장에게 보고하여야 할 사항이 아닌 것은?

① 집행계획의 심의

② 재난 및 안전관리 민관협력활동에 관한 협의

③ 국가기반시설의 지정에 관한 사항의 심의

④ 그 밖에 중앙위원회로부터 위임 받아 심의한 사항 중 조정위원회 위원장이 필요하다고 인정하는 사항

✎❚note ② 중앙민관협력위원회의 기능에 속한다.

50 재난 및 안전관리기본법령상 지역위원회에 대한 설명으로 틀린 것은?

① 시·도 위원회의 위원장은 시·도지사가 된다.

② 시·군·구 위원회의 위원장은 시장·군수·구청장이 된다.

③ 시·도 위원회는 회의에 부칠 의안을 검토하고 재난 및 안전관리에 관한 관계 기간 간의 협의·조정 등을 위하여 지역위원회에 안전정책실무조정위원회를 둘 수 있다.

④ 지역위원회 및 안전정책실무조정위원회의 구성과 운영에 필요한 사항은 대통령령으로 정한다.

✎❚note 지역위원회 및 안전정책실무조정위원회의 구성과 운영에 필요한 사항은 해당 지방자치단체의 조례로 정한다.(법 제11조 제5항)

51 재난 및 안전관리 기본법령상 재난방송협의회에 관한 설명으로 틀린 것은?

① 재난방송협의회는 중앙재난방송협의회에 지역재난방송협의회가 있다.

② 중앙위원회에 두는 중앙재난방송협의회는 위원장 1명과 부위원장 1명을 포함한 20명 이내의 위원으로 한다.

③ 중앙재난방송협의회의 구성원 과반수의 출석과 출석위원 과반수의 찬성으로 의결한다.

④ 국민안전처장관은 중앙재난방송협의회의 운영에 필요한 행정적·재정적 지원을 할 수 있다.

✎❚note 미래창조과학부장관은 중앙재난방송협의회의 운영에 필요한 행정적·재정적 지원을 할 수 있다.(시행령 제10조의2 제12항)

52 재난 및 안전관리 기본법령상 안전관리민관협력위원회에 대한 설명으로 틀린 것은?

① 중앙민관협력위원회는 공동위원장 2명을 포함하여 35명 이내의 위원으로 구성한다.

② 중앙민관협력위원회의 공동위원장은 국민안전처차관과 위촉된 민간위원 중에서 중앙민관협력위원회의 의결을 거쳐 국민안전처장관이 지명하는 사람이 된다.

③ 민간위원의 임기는 2년으로 하며, 위원의 사임 등으로 새로이 위촉된 위원의 임기는 전임 위원 임기의 남은 기간으로 한다.

④ 중앙민관협력위원회의 회의는 재적위원 과반수 이상이 회의 소집을 요청하는 경우 공동위원장이 소집할 수 있다.

note 중앙민관협력위원회 회의 소집 경우
㉠ 대규모 재난의 발생으로 민관협력 대응이 필요한 경우
㉡ 재적위원 4분의 1 이상이 회의 소집을 요청하는 경우
㉢ 그 밖에 공동위원장 중 어느 한 사람이 회의 소집이 필요하다고 인정하는 경우

53 재난 및 안전관리기본법령상 중앙민관협력위원회의 기능이 아닌 것은?

① 재난예방대책 및 재난응급대책에 관한 심의

② 재난 및 안전관리 민관협력활동에 관한 협의

③ 평상시 재난 및 안전관리 위험요소 및 취약시설의 모니터링·제보

④ 재난 및 안전관리 민관협력활동사업의 효율적 운영방안의 협의

note ① 중앙재난안전대책본부의 업무이다.
※ 중앙민관협력위원회의 기능
㉠ 재난 및 안전관리 민관협력활동에 관한 협의
㉡ 재난 및 안전관리 민관협력활동사업의 효율적 운영방안의 협의
㉢ 평상시 재난 및 안전관리 위험요소 및 취약시설의 모니터링·제보
㉣ 재난 발생시 인적·물적 자원 동원, 인명구조·피해복구 활동 참여, 피해주민 지원 서비스 제공 등에 관한 협의

Answer 52.④ 53.①

54 재난 및 안전관리기본법령상 중앙재난안전대책본부에 관한 설명으로 틀린 것은?

① 대규모 재난의 대응·복구 등에 관한 사항을 총괄·조정하고 필요한 조치를 하기 위하여 국민안전처에 중앙재난안전대책본부를 둔다.

② 중앙대책본부에 본부장과 차장을 둔다.

③ 중앙대책본부의 본부장은 국민안전처장관이 된다.

④ 재난의 효과적인 수습을 위하여 국무총리가 범정부적 차원의 통합 대응이 필요하다고 인정하는 경우 대통령이 중앙대책본부장의 권한을 행사할 수 있다.

> ✿**note** 재난의 효과적인 수습을 위해 아래의 경우 국무총리가 중앙대책본부장의 권한을 행사할 수 있다.(법 제14조 제4항)
> ㉠ 국무총리가 범정부적 차원의 통합 대응이 필요하다고 인정하는 경우
> ㉡ 국민안전처장관이 국무총리에게 건의하거나 수습본부장의 요청을 받아 국민안전처장관이 국무총리에게 건의하는 경우

55 재난 및 안전관리기본법령상 원칙적으로 중앙재난안전대책본부의 장은 국민안전처장관이 된다. 다만 해외재난의 경우는 누가 중앙대책본부장이 되는가?

① 국무총리

② 국민안전처장관

③ 외교부장관

④ 미래창조과학부장관

> ✿**note** 해외재난의 경우에는 외교부장관이, 방사능재난의 경우에는 같은 법 제25조에 따른 중앙방사능방재대책본부의 장이 각각 중앙대책본부장의 권한을 행사한다.(법 제14조 제3항)

✿✿**Answer** 54.④ 55.③

56 재난 및 안전관리기본법상 자연 재난 시에 중앙대책본부의 구성과 그 연결이 잘못된 것은?

① 차장 – 국민안전처차관

② 총괄조정관 – 시 · 도지사

③ 통제관 – 국민안전처 소속 공무원 중 해당 재난업무를 담당하는 고위공무원단에 속하는 일반직 공무원

④ 담당관 – 국민안전처 소속 공무원 중 해당 재난업무를 담당하는 부서의 과장급 공무원

> ✿**note** 중앙대책본부에는 차장 · 총괄조정관 · 통제관 및 담당관을 둔다.(시행령 제15조)
> ㉠ **차장** : 국민안전처차관
> ㉡ **총괄조정관** : 국민안전처 소속 공무원 중 해당 재난업무를 총괄하는 고위공무원단에 속하는 일반직 공무원
> ㉢ **통제관** : 국민안전처 소속 공무원 중 해당 재난업무를 담당하는 고위공무원단에 속하는 일반직 공무원
> ㉣ **담당관** : 국민안전처 소속 공무원 중 해당 재난업무를 담당하는 부서의 과장급 공무원

57 다음은 대규모 재난 발생시에 관한 내용이다. (   ) 안에 들어갈 말로 적당한 것은?

> (   )은/는 대규모 재난이 발생하거나 발생할 우려가 있는 경우에는 대통령령으로 정하는 바에 따라 실무반을 편성하고, 중앙재난안전대책본부상황실을 설치하는 등 해당 대규모재난에 대하여 효율적으로 대응하기 위한 체계를 갖추어야 한다.

① 국무총리

② 국민안전처장관

③ 중앙대책본부장

④ 시 · 도지사

> ✿**note** 중앙대책본부장은 대규모 재난이 발생하거나 발생할 우려가 있는 경우에는 대통령령으로 정하는 바에 따라 실무반을 편성하고, 중앙재난안전대책본부상황실을 설치하는 등 해당 대규모재난에 대하여 효율적으로 대응하기 위한 체계를 갖추어야 한다.(법 제14조 제5항)

58 재난 및 안전관리기본법상 지역위원회 등에 대한 지원 및 지도에 대한 내용이다. (　　) 안에 들어갈 말로 순서대로 잘 연결된 것은?

> (　　)은 시·도 위원회의 운영과 지방자치단체의 재난 및 안전관리업무에 대하여 필요한 지원과 지도를 할 수 있으며, (　　)는 관할 구역의 시·군·구 위원회의 운영과 시·군·구의 재난 및 안전관리업무에 대하여 필요한 지원과 지도를 할 수 있다.

① 국무총리, 국민안전처장관
② 국민안전처장관, 시·도지사
③ 시·도지사, 시장·군수·구청장
④ 중앙대책본부장, 시·도지사

> ✿**note** 국민안전처장관은 시·도 위원회의 운영과 지방자치단체의 재난 및 안전관리업무에 대하여 필요한 지원과 지도를 할 수 있으며, 시·도지사는 관할 구역의 시·군·구 위원회의 운영과 시·군·구의 재난 및 안전관리업무에 대하여 필요한 지원과 지도를 할 수 있다.(법 제13조)

59 재난 및 안전관리기본법령상 수습지원단 파견 등에 관한 설명으로 틀린 것은?

① 중앙대책본부장은 국내 또는 해외에서 발생한 대규모 재난의 수습을 지원하기 위하여 관계 중앙행정기관 및 관계 기관·단체의 재난관리에 관한 전문가 등으로 수습지원단을 구성하여 현지에 파견할 수 있다.
② 중앙대책본부장은 구조·구급·수색 등의 활동을 신속하게 지원하기 위하여 국민안전처 소속의 전문인력으로 구성된 특수기동구조대를 편성하여 재난현장에 파견할 수 있다.
③ 중앙수습지원단의 단장은 중앙수습지원단원 중에서 중앙대책본부장이 지명하는 사람이 되고, 단장은 중앙수습지원단원을 지휘·통솔하며 운영을 총괄한다.
④ 해외재난의 경우에는 외교부장관이 중앙수습지원단을 구성하며, 국제구조대로 갈음할 수도 있다.

> ✿**note** 해외재난의 경우에는 따로 중앙수습지원단을 구성하지 아니하고〈119구조·구급에 관한 법률〉 제9조에 따른 국제구조대로 갈음할 수 있다.(시행령 제18조 제1항)

✿✿**Answer**　58.② 59.④

60 재난 및 안전관리기본법령상 중앙사고수습본부 설치·운영권자는?

① 국무총리

② 국민안전처장관

③ 재난관리주관기관의 장

④ 중앙대책본부장

> 📝 **note** 재난관리주관기관의 장은 재난이 발생하거나 발생할 우려가 있는 경우에는 재난상황을 효율적으로 관리하고 재난을 수습하기 위한 중앙사고수습본부를 신속하게 설치·운영하여야 한다.(법 제15조의2 제1항)

재난의 유형

① 자연 재난

(1) 자연재난의 정의

① 재해 중 기본법 제3조 제1호 가목에 따른 자연현상으로 인하여 발생하는 재해를 말한다.

재난 및 안전관리기본법 제3조 제1호 가목	태풍, 홍수, 호우(豪雨), 강풍, 풍랑, 해일(海溢), 대설, 낙뢰, 가뭄, 지진, 황사(黃砂), 조류(藻類) 대발생, 조수(潮水), 화산활동, 그 밖에 이에 준하는 자연현상으로 인하여 발생하는 재해

② 자연 재난은 태풍·홍수·호우·폭풍·해일·폭설·가뭄·지진·황사·적조 그 밖에 이에 준하는 자연 현상으로 인하여 발생한 피해를 말한다.

③ 우리나라에서 발생하는 기상 재난은 장마철 또는 가을철에 태풍과 함께 발생하는 집중 호우, 겨울과 봄철에 많이 발생하는 폭풍과 폭설, 여름철에 대기의 불안정으로 인해 발생하는 천둥과 번개를 동반하는 호우, 우박, 낙뢰 또는 해저에서 발생한 지진에 의한 해일 등을 꼽을 수 있다.

④ 호우와 태풍은 주로 7~8월에 많이 발생하며, 폭풍은 연중 발생하나 겨울철에 더 많이 발생한다.
   ㉠ 집중호우는 일반적으로 하루 강수량이 년 강수량의 10% 이상일 때를 기준으로 삼는다.
   ㉡ 주로 여름철에 열대성 저기압에 의해 발생되는 태풍은 우리나라에도 영향을 미쳐 인명과 재산 피해를 준다.
   ㉢ 태평양에서 많이 발생하는 지진해일의 피해는 일본이 가로막고 있어 우리나라는 피해를 적게 받고 있다.
   ㉣ 우리나라의 장마기간은 대략 30일 정도이며, 평균 강우량이 가장 많은 곳은 보성과 고흥을 중심으로 한 서부 남해안지방이고, 그 다음이 제주도 북부해안지방이며 그 다음이 강릉을 중심으로 한 중부 동해안지방이다.

⑤ 폭설은 겨울, 그 중 1월에 비교적 많이 발생한다.

⑥ 우박은 대부분 5 ~ 6월에 나타나며, 낙뢰는 7 ~ 8월에 많이 나타난다.

⑦ 자연재난과 관련하여 최근(2008 ~ 2012년) 기상특보 중 호우 > 풍랑 > 강풍 > 대설 > 건조 > 한파 > 황사 순으로 발령되었다.

(2) 태풍

① 태풍의 발생

㉠ 태풍

- 태풍은 적도부근인 열대지방에서 발생하는 열대성저기압 중 강한 폭풍우를 동반하는 바람의 소용돌이이다.
- 열대성저기압은 발생장소에 따라 그 명칭이 다르다. 즉 북반구에서는 북태평양의 남서해상에서 발생하는 것을 태풍(typhoon), 인도양에서 발생하는 것을 싸이크론(cyclone), 북대서양의 서해상에서 발생하는 것을 허리케인(hurricane), 남반구의 오스트레일리아 북동부와 북서부 해상에서 발생하는 것을 윌리윌리(willy-willies)라고 한다.
- 태풍은 동경 120°에서 160°, 북위 5°에서 25°사이에 이르는 광범위한 해역에서 발생되는데 매년 7월부터 10월 사이에 가장 많이 발생한다.
- 태풍은 등압선에 대하여 약 25 ~ 40°의 각을 두고 태풍 중심으로 좌선회를 하면서 진행하게 되며 풍속은 중심에 가까울수록 그리고 우측반경에서 빠르면서 호우를 동반한다.
- 태풍은 큰 공기의 소용돌이로서 북반구에서는 태풍의 눈인 중심점을 향하여 시계바늘회전의 반대 방향인 좌선회를 한다. 따라서 태풍이 어느 지점의 어느 쪽을 통과하느냐에 따라 그 지점에서의 풍향이 달라진다.

㉡ 태풍의 특징

- 해수면온도가 27℃ 이상인 열대 해역에서 일반적으로 태풍이 발생한다.
- 공기의 소용돌이가 있어야 하므로 적도 부근에서는 발생하지 않고 남·북위 5° 이상에서 발생한다.
- 태풍의 수명은 발생부터 소멸까지 보통 1주일에서 10일 정도이다.
- 중심 부근에 강한 비바람을 동반한다.
- 태풍 진행방향의 오른쪽 반원이 왼쪽 반원에 비해 풍속이 강하여 피해가 크다.
- 온대저기압은 일반적으로 전선을 동반하지만, 태풍은 전선을 동반하지 않는다.
- 중심 부근에 반경이 수km ~ 수십km인 바람이 약한 구역이 있는데, 이 부분을 '태풍의 눈'이라고 한다. 이 '태풍의 눈' 바깥 주변에서 바람이 가장 강하다.
- 일반적으로 발생 초기에는 서북서진하다가 점차 북상하여 편서풍을 타고 북동진 한다.
- 일반적으로 우리나라에 영향을 미치는 태풍은 7 ~ 10월 사이에 많이 발생하며, 적도를 사이에 둔 남북 5° 이내에서는 거의 발생하지 않는다.

② **태풍의 크기 분류** … 태풍의 크기는 15m/sec 이상의 풍속이 미치는 영역에 따라 소형, 중형, 대형, 초대형으로 분류한다.

구분	15m/sec 이상의 풍속이 미치는 영역
소형	300km 미만
중형	300km 이상 ~ 500km 미만
대형	500km 이상 ~ 800km 미만
초대형	800km 이상

③ **태풍의 강도 분류** … 태풍의 강도는 중심기압보다 중심 최대풍속을 기준으로 약, 중, 강, 매우 강으로 분류한다.

구분	중심 최대풍속
약	17m/sec(34노트) 이상 ~ 25m/sec(48노트) 미만
중	25m/sec(48노트) 이상 ~ 33m/sec(64노트) 미만
강	33m/sec(64노트) 이상 ~ 44m/sec(85노트) 미만
매우 강	44m/sec(85노트) 이상

④ **세계기상기구의 태풍 분류** … 최대풍속에 따라 약한 열대성 저기압, 열대폭풍, 강한 열대폭풍, 태풍으로 구분한다.

구분	중심부근 최대풍속
열대저압부(TD)	17m/sec(34노트) 미만
열대 폭풍(TS)	17m/sec(34노트) 이상 ~ 24m/sec(47노트) 이하
강한 열대폭풍(STS)	25m/sec(35노트) 이상 ~ 32m/sec(63노트) 이하
태풍(TY)	33m/sec(64노트) 이상

⑤ **태풍통보**

　㉠ 태풍주의보 : 태풍 주의보는 태풍으로 강풍, 풍랑, 호우, 폭풍해일 등이 주의보 기준에 도달할 것으로 예상될 때 발령함

　　• 강풍 : 육상에서 풍속 14m/s 이상 또는 순간풍속 20m/s 이상이 예상될 때. 다만, 산지는 풍속 17m/s 이상 또는 순간풍속 25m/s 이상이 예상될 때

　　• 풍랑 : 해상에서 풍속 14m/s 이상이 3시간 이상 지속되거나 유의파고가 3m 이상이 예상될 때

　　• 호우 : 6시간 강우량이 70mm 이상 예상되거나, 12시간 강우량이 110mm 이상 예상될 때

　　• 폭풍 해일 : 천문조, 폭풍, 저기압 등의 복합적인 영향으로 해수면이 상승하여 발효기준값 이상이 예상될 때(다만, 발효기준값은 지역별로 별도지정)

ⓛ 태풍경보 : 다음 중 어느 하나에 해당하게 될 때

• 강풍 또는 풍랑
  – 육상에서 풍속 21m/s 이상 또는 순간풍속 26m/s 이상이 예상될 때. 다만, 산지는 풍속 24m/s
    이상 또는 순간풍속 30m/s 이상이 예상될 때
  – 풍랑의 기준으로 보면 해상에서 풍속 21m/s 이상이 3시간 이상 지속되거나 유의파고가 5m 이
    상이 예상될 때
• 호우 : 총 강우량이 200mm 이상 예상될 때
• 폭풍해일 : 천문조, 폭풍, 저기압 등의 복합적인 영향으로 해수면이 상승하여 발효기준값 이상이
  예상될 때(다만, 발효기준값은 지역별로 별도지정)

> ★TIP 태풍주의보 시의 주의사항
> ㉠ 저지대 및 상습침수지역 등 재해위험지구 주민대피 준비
> ㉡ 노후가옥, 위험축대, 대형공사장 등 시설물 점검 및 정비
> ㉢ 가로등, 신호등 및 고압전선 접근 금지
> ㉣ 옥 · 내외 전기수리 금지
> ㉤ 각종 공사장의 안전 조치
> ㉥ 고속도로 이용 차량의 감속 운행
> ㉦ 낙뢰 시 낮은 지역 또는 건물 안 등 안전지대로 대피
> ㉧ 입간판, 창문틀 등 낙하위험시설물의 제거 또는 결속
> ㉨ 송전철탑 도괴 또는 누전, 방전 발견 시 인근기관이나 한전에 즉시 연락
> ㉩ 출입문, 창문 등은 굳게 닫고 잠글 것
> ㉪ 노약자 외출 자제
> ㉫ 라디오, TV 등에 의한 기상예보 및 태풍상황 청취
> ㉬ 하수도 및 배수로의 정비 점검
> ㉭ 지하나 붕괴 우려가 있는 노후주택에 거주할 경우 안전한 곳으로 대피
> ㉮ 공사장 근처나 전신주, 가로등, 신호등을 손으로 만지거나 가까이 가지 말 것
> ㉯ 고층건물은 유리창이 파손되는 것을 방지하도록 창틀고정과 비산방지 보호필름부착

(3) 지진

① **지진의 정의** … 지진이란 지구 내부에 급격한 변화가 일어나거나, 발파나 핵실험과 같은 인공적
   인 폭발에 의해 발생한 지진파가 사방으로 전달되어 지반이 흔들리는 현상을 말한다.

② **지진의 발생원인** … 탄성반발설(Elastic rebound theory)과 판구조론(Plate tectonics)
   ㉠ 탄성반발설 : 지각 변동에 의해 단층 양쪽 면의 지각암반이 서서히 변형되고 탄성에너지가 축
     적된다. 이렇게 축적된 탄성에너지가 암석의 마찰 저항보다 크게 되어, 마침내 단층내의 가장
     약한 부분에서 파열이 일어나 지진이 발생한다. 즉 단층운동에 의해 발생한다.
   ㉡ 판구조론 : 모든 지진을 단층운동으로 설명할 수 없으며, 단층을 움직이는 힘은 어디에서 오는
     지가 문제가 되는데 이것을 설명하는 학설이 판구조론이다.

판구조론에 의하면, 지구의 최외각층은 서로 다른 변형 특성을 가진 두 개의 층, 즉 암석권 (Lithosphere)과 연약권(Asthenosphere)으로 나누어진다. 위의 층인 암석권은 지각과 맨틀 상부(Upper Mantle)를 포함하는 대략 100km의 두께를 가지는 12개 정도의 암판(岩板)으로 구성되어 있으며, 고정되지 않고 연약권 위에서 1년에 수 십cm의 속도로 움직이고 있다. 이렇게 움직이면서 판과 판은 서로 만나거나 갈라지는데 이러한 판과 판의 경계에서 암석들이 파쇄되면서 대부분의 지진이 발생한다.

③ **진원과 진앙** ··· 지구 내부에서 지진이 최초로 발생한 지점. 보통 지하 깊은 곳에 있다. 진원 바로 위에 있는 지표상의 지점은 진앙이라 하고 진앙에서 진원까지의 거리를 진원의 길이라 한다. 지진이 자주 일어나는 진원의 깊이는 지표에서 50~60km까지의 맨틀 최상부 부근이며 300km 이상의 지진은 심발지진이라 하여 보통의 지진과 구별하기도 한다.

④ **진도(강도)와 규모** ··· 지진의 강도는 반드시 지진계의 기록에 의하지 않고도 인간의 감각이나 피해 상황으로서 어느 정도 구별할 수 있다. 이와 같이 해서 지진의 강도를 수계급으로 구분하여 나타낸 것을 진도계라 한다. 최근 세계에서 공통적으로 사용할 것을 목적으로 12계급으로 된 MSK진도계가 제안되었다. 지진의 규모란 지진 자체의 절대적 에너지 크기를 말하며, 상대적으로 객관적인 개념이다.

◎ 지진의 규모와 진도값 ◎

규모	진도값과 그 내용
1.0~2.9	특별히 좋은 상태에서 극소수의 사람을 제외하고는 전혀 느낄 수 없는 상태
3.0~3.9	• 소수의 사람들 특히 건물의 윗층에 있는 소수의 사람들에 의해서만 느낌 • 실내에서 현저하게 느끼며 정지하고 있는 차가 약간 흔들림 • 대부분 많은 사람들은 지진이라고 인식하지 못하는 상태
4.0~4.9	• 옥외에서는 거의 느낄 수 없음 • 낮에는 실내에 서 있는 사람들이 느낄 수 있고, 밤에는 일부 사람들이 잠을 깨는 정도 • 거의 모든 사람들이 지진동을 느끼며, 약간의 그릇과 창문 등이 깨지고 어떤 곳에서는 회반죽에 금이 가기도 함
5.0~5.9	• 모든 사람들이 느낌 • 무거운 가구가 움직이고 벽의 석회가 떨어지기도 함 • 모든 사람들이 밖으로 뛰어 나옴 • 보통 건축물에서는 약간의 피해가 발생함
6.0~6.9	• 제대로 설계된 구조물에도 상당한 피해를 줌 • 잘 설계된 구조물의 골조가 기울어짐 • 대부분의 석조건물과 그 구조물이 기호와 함께 무너지고 지표면이 심하게 갈라짐
7.0 이상	• 남아 있는 석조 구조물은 거의 없게 됨 • 전면적인 피해가 발생함

⑤ **지진재해 대책** … 1차 재해의 경감, 2차 재해의 억지노력

　　㉠ 1차 재해대책(재해경감) : 지반조사와 유동성의 위험이 있는 곳의 지반 개량이 먼저 이루어져야 하며, 건물 설계나 시공에 있어서도 내진력을 갖도록 완전을 기해야 한다. 또한 옹벽의 붕괴와 해일에 따른 피해로부터 조기에 피난할 수 있는 대책을 마련하는 것이 필요하다.

　　㉡ 2차 재해대책(억지노력) : 화재로 인한 피해가 가장 큰데, 특히 대도시의 경우 수많은 발화원이 산재해 있으므로 대지진이 발생하게 되면 동시 다발적으로 화재가 발생하게 되어 대규모의 피해를 일으킨다. 석유탱크 화재, 화학공장으로부터의 유독가스 유출이나 폭발, 도로상의 자동차 혼란이나 그 연료의 인화, 지하상가나 번화가에서의 공황 등과 같은 지진으로 인한 참사를 방재하기 위해서는 도시계획 때 방재도시의 조성을 고려해야 한다.

⑥ **지진이 발생하거나 발생할 우려가 있는 경우의 행동요령**

　　㉠ 고층 빌딩 안에 있는 경우, 창문으로부터 떨어진 견고한 책상 아래로 대피한다.

　　㉡ 이동 중인 차량은 가능한 빨리 건물, 나무, 고가도로 전선아래, 주변의 정지된 차 등을 피해 멈추고 차량 밖으로 탈출해야 한다.

　　㉢ 엘리베이터에 타고 있을 때 지진을 느끼면 즉시 각 층의 버튼을 전부 눌러서 엘리베이터를 정지시킨 후 신속히 대피한다.

　　㉣ 문틀이 틀어져 문이 안 열리게 되면 방안에 갇힐 수 있으므로 빨리 문을 열어 두어야 한다.

　　㉤ 비상시 서로 헤어질 것을 대비하여 다시 모일 수 있는 장소를 미리 정하고 모일 장소를 익혀둔다.

　　㉥ 실내의 단단한 탁자 아래, 내력벽 사이 작은 공간 등 안전한 위치를 파악해 둔다.

　　㉦ 천장이나 높은 곳의 떨어질 수 있는 물건을 치우고, 머리맡에는 깨지기 쉽거나 무거운 물품을 두지 않는다.

　　㉧ 깨지기 쉬운 유리그릇 등은 잠글 수 있는 캐비닛 등에 보관하여야 한다.

⑦ **지진으로 인해 가스가 누출되었을 경우의 안전수칙**

　　㉠ 창문을 열어 환기를 시키고 바닥에 남아 있는 가스를 비나 방석으로 쓸어 내야 한다.

　　㉡ 불쾌한 냄새가 나면 가스가 새고 있는 것이므로 라이터를 켜거나 쇠붙이를 부딪히지 말아야 한다.

　　㉢ 가스불을 사용할 때에는 창문을 열어 신선한 공기로 충분히 실내를 환기시켜야 한다.

　　㉣ 황풍기, 선풍기 등 전기기구 스위치를 끄거나 켜면 스파크가 발생하여 폭발이 일어날 가능성이 높기 때문에 특히 유의해야 하며 즉시 가스판매소나 도시가스 지역관리소에 연락하여 안전조치를 받아야 한다.

　　★TIP 일본 전국동시경보시스템(J-ALERT) … 지진이나 지진해일 또는 무력공격 등 민방위사태가 발생한 경우 중앙에서 도도부현, 시정촌에 인공위성을 이용한 관련 정보를 직접 동시에 전달하는 시스템으로, 시정촌에 설치된 이 시스템을 강제 기동시켜 동보무선을 이용하여 주민들에게 경보 사이렌과 함께 경보방송이 가능한 시스템으로 우리나라의 민방위경보와 유사하다.

(4) 지진해일과 폭풍해일

① 지진해일

　⊙ 지진해일의 의의 : 지진해일은 영어로는 Tsunami(쓰나미)라 하며, 갑자기 해안을 덮치는 큰 파도를 의미하는 일본어에서 유래되었다.

　ⓛ 발생 원인 : 해저에서 화산 폭발, 지진, 지반의 함몰 등의 지각변동에 의해 발생한다.

　ⓒ 특징 : 해저에서 지진이 일어나면 그 충격이 해수에 전달되고 해수는 장파의 형태로 에너지를 멀리까지 전달해 해안지방에 큰 영향을 미친다.

　ⓔ 지진해일은 심해에서 파장이 길고 파고는 작지만 빠른 속도로 전파되며, 해안에 접근하면 파장은 작아지고 파고는 커진다.

　ⓜ 지진해일은 전파과정에서 해저와 해안선 지형의 영향을 받아 굴절, 반사, 회절 등을 거쳐 해안에 도달한다. 이런 과정에서 해저와 해안선의 지형에 따라 지진해일의 에너지가 집중되기도 하고 파고가 높아지기도 한다.

② 폭풍해일

　⊙ 폭풍해일은 태풍이나 저기압이 통과할 때 해수면이 높아지는 현상이다.

　ⓛ 그 원인은 기상에 의한 것으로 태풍이나 저기압의 중심 부근에서 기압이 낮아 해면이 흡상작용이나 강풍에 의한 퇴적작용에 의해 해면이 상승하기 때문이다. 이 현상은 장파로서 전파하는 것과 동시에 태풍이나 저기압의 이동에 따른 동력학적 효과에 의해 더욱 증대되어 일어나는 것이다.

　ⓒ 따라서 태풍의 중심기압이 낮고 풍속이 클수록 폭풍해일도 높아지지만 만(灣)의 위치 및 지형에 따라 상당한 차이가 있다. 폭풍해일의 피해가 큰 곳은 태풍이나 저기압의 통과 지점 중에서도 바람이 유입되고 있는 방향으로 입구가 벌어진 만(灣)이나 해안이다.

　ⓔ 우리나라를 포함한 극동지역은 태풍과 온대성 저기압이 빈번히 지나는 통로이므로 이 폭풍해일에 의한 피해가 항상 존재한다.

(5) 기후변화

① **의의** … 기후변화란 어떤 장소에서 매년 평균적으로 되풀이되고 있는 대표할 만한 대기 상태인 기후가, 태양 활동의 변화·화산 분출·해수면온도 등 자연적 요인뿐만 아니라 이산화탄소 방출·삼림 파괴·산성비·프레온 가스 등 인위적인 요인에 의하여 점차 변화하는 것을 말한다.

② **변화 원인** … 이상기상이나 기후변화는 기후계를 구성하는 각각의 요소 변화 또는 이들 요소간의 상호작용에 의해서 발생한다. 이 변화를 일으키는 원인은 크게 자연적 원인과 인위적 원인으로 구분된다.

    ㉠ **자연적 원인** : 태양활동의 변화, 화산분출, 해면온도나 빙설분포, 편서풍 파동이나 대기파동, 구름의 양이나 광학적 성질의 변화 등

    ㉡ **인위적 원인** : 인간이 영위하는 농업이나 공업 등 생산활동에 의해서 야기되는 삼림파괴, 이산화탄소 방출, 산성비, 프레온가스 등에 의한 오존층 파괴 등

(6) 기타

① **홍수** … 홍수는 강물이 하천의 제방을 넘어 주변 지대로 흘러 넘치는 것을 말한다. 홍수는 주로 장마 전선, 태풍 등의 영향으로 비가 많이 내리는 여름에 발생한다. 홍수가 발생하면 저지대의 농경지와 가옥, 산업 단지 등이 침수되어 피해가 발생한다.

    ㉠ **홍수피해 예상되는 지역에서의 안전수칙**
- 바위나 자갈 등이 흘러내리기 쉬운 비탈면 지역의 도로 통행을 삼가 한다.
- 연못, 구덩이 등에 관한 안전표지판을 잘 살펴보아야 한다.
- 갑작스러운 홍수가 발생하였을 경우 높은 곳으로 빨리 대피한다.
- 잘 알지 못하는 지역이나 무릎 위로 물이 흐르는 지역에서 걸어 다니면 안 되고 자동차도 운전하지 말아야 한다.

    ㉡ **홍수로 인하여 둑의 물이 넘치고 하수도로 물이 역류하는 경우 안전수칙**
- 상수도의 오염에 대비하여 욕조에 물을 받아 둔다.
- 홍수에 의하여 밀려온 물에 가까이 가지 않도록 주의한다.
- 전기차단기를 내리고 가스밸브를 잠근다.
- 이미 침수된 지역에서는 자동차를 운전하게 되면 더 위험하므로 침수되기 전에 자동차를 다른 곳으로 이동시켜야 한다.

② **호우** … 일반적으로 큰비와 같은 뜻으로 사용되며, 특히 짧은 시간에 많은 양이 내리는 비를 가리킨다. 그러나 기상학적으로 우량·강우강도·지속 시간 등에 따른 명확한 정의는 없다. 각각의 강우기후구에서 평균적인 강우량보다 훨씬 많은 비가 내릴 때 사용한다.

    ㉠ **호우 주의보 및 호우 경보가 발생한 경우의 안전수칙**
- 물에 잠긴 집안은 가스가 차 있을 수 있으므로 환기시켜야 하고, 전기·가스·수도관시설은 손대지 말고 전문 업체에 의뢰하여야 한다.
- 아파트 및 고층건물 옥상이나 지하실 및 하수도 맨홀에 가까이 가지 말아야 한다.
- 모래주머니 등을 이용하여 하천의 물이 넘치지 않도록 하여 농경지의 침수를 예방하여야 한다.
- 해안지역은 육지의 물이 바다로 빠져나가는 곳 근처에는 가까이 가지 않는다.

    ㉡ **호우가 예상될 경우의 국민행동요령**
- 가로등이나 신호등 및 고압전선 근처에는 가까이 가지 말아야 하며 운행 중인 자동차의 속도를 줄여야 한다.

- 물에 떠내려 갈 수 있는 물건은 안전한 장소로 옮겨야 한다.
- 침수나 산사태 위협지역 주민은 대피장소와 비상연락방법을 미리 알아두고 응급약품, 손전등, 식수, 비상식량 등은 미리 준비해 두어야 한다.
- 천둥이나 번개가 칠 경우에는 건물 안이나 낮은 지역으로 대피하여야 한다.
- 송전철탑이 넘어졌을 경우 119나 시 · 군 · 구청 또는 한전에 즉시 연락하여야 한다.
- 안전한 장소로 대피할 경우 수도와 가스밸브를 잠그고, 전기차단기를 내려 두어야 한다.
- 물에 잠긴 도로로 지나가지 말아야 하며 라디오, TV, 인터넷을 통해 기상예보 및 호우상황을 잘 알아 두어야 한다.
- 건물의 출입문이나 창문을 닫아두어야 하며, 노약자나 어린이는 집 밖으로 나가지 말아야 한다.

ⓒ 우리나라 홍수발생원인
- 장마전선의 남북 이동과 이 전선상을 지나가는 저기압
- 여름철, 특히 7 ~ 9월 초 사이에 우리 나라에 영향을 주는 태풍
- 중국의 화북지방과 양쯔강, 동지나해 방면에서 이동해 오는 저기압
- 여름철의 남동계절풍과 과열로 인한 뇌우성 집중호우

③ **풍랑** ⋯ 풍랑의 발달에는 풍속, 취주거리 그리고 취속시간과 관련이 있다. 즉 풍랑은 풍속이 강하며 취속시간이 길고 취주거리가 길수록 발달한다.

④ **대설** ⋯ 대설이란 겨울철에 눈이 많이 내리는 현상으로 우리나라의 겨울철 대설현상은 발달한 저기압의 영향을 받거나, 찬 대륙고기압이 우리나라 쪽으로 확장할 때 북서 또는 북동류의 찬 공기가 서해와 동해상으로 이동하면서 해수온도와 대기온도와의 차에 의해 눈 구름대가 형성되어 발생한다. 또한 고기압의 가장자리에서 상층기압골과 한기의 영향 등으로 발생하기도 한다.

⑤ **한파에 대한 안전수칙**

㉠ 일반적인 안전수칙
- 심한 한기, 피로, 기억상실, 방향감각 상실, 불분명한 발음 등을 느낄 경우에는 저체온증을 의심하고 바로 병원으로 가야 한다.
- 동상에 걸렸을 때는 꼭 죄는 신발이나 옷을 벗고 따뜻하게 해주며 동상부위를 잘 씻고 말려야 한다.
- 손가락, 발가락, 귓바퀴, 코끝 등 신체 말단부위의 감각이 없거나 창백해지는 경우에는 동상을 의심해야 한다.
- 혈압이 높거나 심장이 약한 사람은 노출부위의 보온에 유의하고 특히 머리 부분의 보온에 신경을 써야 한다.

㉡ 자동차 안전대책
- 미끄러운 길에서 수동변속기 차량은 2단기어에 반 클러치를 사용하고, 자동변속기 차량은 가속기를 서서히 밟으면서 출발한다.

- 시트를 높이고 앞 유리 성에를 제거하는 등의 방법으로 시야를 넓혀서 빙판길 등 돌발 사태에 대비한다.
- 앞 바퀴를 직진상태로 하고 출발해야 헛도는 것을 줄일 수 있다.
- 도로의 결빙에 대비하여 스노-체인 등을 준비한다.

ⓒ 자동차 안에 고립된 경우의 안전수칙
- 차례로 수면을 취하면서 깨어 있는 사람은 차량 내 온도와 체온을 유지하고 구조에 대비한다.
- 구조요원이나 항공기에서 쉽게 알아 볼 수 있도록 색깔 옷을 눈 위에 펼쳐 놓아야 한다.
- 동승자가 있을 경우 서로의 체온으로 추위를 막아야 한다.
- 주간에는 실내등을 켜도 멀리까지 빛이 전달되지 않으므로, 야간에 실내등을 켜서 구조요원이 쉽게 찾을 수 있도록 하여야 한다.

ⓔ 농림분야 한파 대비요령
- 난방, 온실커튼, 물 커튼, 축열주머니 설치 등으로 온실의 작물이 동해를 입지 않도록 조치한다.
- 맥류, 채소류, 과일류 등 종류에 따라 적절하게 보온해야 한다.
- 온실 출입문은 2중으로 설치하고 북쪽에는 보온벽(방풍벽)을 설치한다.
- 온실의 둘레는 단열재를 두르고 위쪽은 보온 덮개를 덮어야 한다.

⑥ **우박** … 우박은 강한 상승기류가 있는 두꺼운 적난운에서 생기며 둥근모양 또는 불규칙한 모양을 하고 있다. 크기는 대개 지름이 5mm 이상이다.

⑦ **낙뢰** … 번개의 종류 가운데 구름과 대지 사이에서 발생하는 방전 현상을 말한다. 흔히 벼락(뇌전) 혹은 대지 방전이라고 불린다.

ⓐ 낙뢰는 대기 중 또는 대기와 지면의 양·음전하 집단 간에 방전되는 현상으로써 흔히 벼락이라고도 한다. 일반적인 날씨에도 대기 상층의 양전하 집단과 지면의 음전하 집단은 수직 전위차를 형성하고 있다.

ⓑ 큰 뇌운 구름이 발달할 때에는 구름 내에서 다량의 전하가 유도, 형성되며, 두 전하 집단 간의 전위차가 증가하여 공기가 절연할 수 없는 상태에 도달 했을 때 갑자기 방전하게 된다.

ⓒ 보통 일반적인 벼락은 108V의 전위차에서 20C의 전하가 이동되며, 1분에 3번 정도 치는 벼락에서는 5×107W의 전력이 소모된다고 한다.

ⓓ 벼락은 지면을 향하여 초속 약 200km의 속도로 내려오며, 지면 근처에 도달하면 지면에서 상곡으로 초속 약 50,000km의 속도로 전하가 올라가므로 인해 방전현상은 순간적으로 나타난다. 이 때 20,000A의 전류가 10만분의 1초 동안에 흐르게 되며, 그 통로에 있는 공기를 약 25,000℃로 가열시키므로써 그 팽창 전파음이 천둥이 된다.

ⓔ 이러한 강한 전류와 열은 피사체를 태우고 녹이거나 또는 기능을 마비시키며, 건조한 때의 산지에 떨어진 벼락은 산불의 원인이 되기도 한다.

⑧ **가뭄** … 오랜 기간에 걸쳐 비가 적게 내리고 햇볕이 계속 내리쬐어, 수문학적으로 물의 균형이 깨져 물부족 현상이 나타나는 것을 말한다.

⑨ **황사** … 주로 중국 북부나 몽골의 건조, 황토 지대에서 바람에 날려 올라간 미세한 모래먼지가 대기 중에 퍼져서 하늘을 덮었다가 서서히 강하하는 현상 또는 강하하는 흙먼지를 말한다. 보통 저기압의 활동이 왕성한 3 ~ 5월에 많이 발생하며, 때로는 상공의 강한 서풍을 타고 우리나라를 거쳐 일본, 태평양, 북아메리카까지 날아간다. 황사 현상이 나타나면 태양은 빛이 가려져 심하면 황갈색으로 보이고, 흙먼지가 내려쌓이는 경우가 많이 있다.

⑩ **조류 대발생** … 대양에서는 조류의 크기가 눈에 띄지 않게 작지만 일반적으로 해협부에서 강하며, 조석의 특성에 따라 1일에 4회 또는 2회씩 그 방향이 변한다. 간조로부터 만조사이에 육지로 향하는 흐름을 밀물 또는 창조류라 하고, 해면이 낮아질 때에 바다 쪽으로 나아가는 흐름을 썰물 또는 낙조류라 한다.

⑪ **조수** … 밀물과 썰물. 밀물은 바닷물이 일정한 시각에 몰려 들어오는 것이고, 썰물은 밀물과는 반대로 바닷물이 일정한 시각에 빠져 나가는 것이다. 바닷물의 표면의 높이가 가장 높은 때를 만조라 하고, 가장 낮은 때를 간조라 한다. 밀물과 썰물은 달과 태양의 인력에 의하여 생기는 현상이다. 밀물과 썰물의 주기는 약 12시간 25분이다

⑫ **화산활동** … 지구 내부의 암석 물질이 녹아서 만들어진 마그마는 상승 작용을 하는데, 그 과정에서 지각의 틈을 뚫고 지표로 분출될 때 일어나는 여러 과정이나 현상을 화산활동이라고 한다.

② 자연재해대책법

(1) 총칙

① **목적** … 태풍, 홍수 등 자연현상으로 인한 재난으로부터 국토를 보존하고 국민의 생명·신체 및 재산과 주요 기간시설을 보호하기 위하여 자연재해의 예방·복구 및 그 밖의 대책에 관하여 필요한 사항을 규정함을 목적으로 한다.(법 제1조)

② **정의**(법 제2조)
　㉠ 재해
　　• 재해란 재난 및 안전관리기본법 제3조 제1호에 따른 재난으로 인하여 발생하는 피해를 말한다.
　　• 자연재난과 사회재난
　㉡ 자연재해
　　• 재해 중 기본법 제3조 제1호 가목에 따른 자연현상으로 인하여 발생하는 재해를 말한다.

- 태풍, 홍수, 호우(豪雨), 강풍, 풍랑, 해일(海溢), 대설, 낙뢰, 가뭄, 지진, 황사(黃砂), 조류(藻類) 대발생, 조수(潮水), 화산활동, 그 밖에 이에 준하는 자연현상으로 인하여 발생하는 재해

ⓒ **풍수해** : 태풍, 홍수, 호우, 강풍, 풍랑, 해일, 조수, 대설, 그 밖에 이에 준하는 자연현상으로 인하여 발생하는 재해를 말한다.

ⓔ **사전재해영향성검토** : 자연재해에 영향을 미치는 각종 행정계획 및 개발사업으로 인한 재해 유발 요인을 예측·분석하고 이에 대한 대책을 마련하는 것을 말한다.

ⓜ **풍수해저감종합계획** : 지역별로 풍수해의 예방 및 저감(低減)을 위하여 특별시장·광역시장·특별자치시장·도지사·특별자치도지사(이하 "시·도지사"라 한다) 및 시장·군수가 지역안전도에 대한 진단 등을 거쳐 수립한 종합계획을 말한다.

ⓗ **우수유출저감시설** : 우수(雨水)의 직접적인 유출을 억제하기 위하여 인위적으로 우수를 지하로 스며들게 하거나 지하에 가두어 두는 시설을 말한다.

ⓢ **수방기준** : 풍수해로부터 시설물의 수해 내구성(耐久性)을 강화하고 지하 공간의 침수를 방지하기 위하여 관계 중앙행정기관의 장 또는 국민안전처장관이 정하는 기준을 말한다.

ⓞ **침수흔적도** : 풍수해로 인한 침수 기록을 표시한 도면을 말한다.

ⓩ **재해복구보조금** : 중앙행정기관이 재해복구사업을 위하여 특별시·광역시·특별자치시·도·특별자치도(이하 "시·도"라 한다) 및 시·군·구(자치구를 말한다. 이하 같다)에 지원하는 보조금을 말한다.

ⓒ **지구단위홍수방어기준** : 상습침수지역이나 재해위험도가 높은 지역에 대하여 침수 피해를 방지하기 위하여 국민안전처장관이 정한 기준을 말한다.

ⓚ **재해지도** : 풍수해로 인한 침수 흔적, 침수 예상 및 재해정보 등을 표시한 도면을 말한다.

ⓣ **방재관리대책대행자** : 사전재해영향성검토 등 방재관리대책에 관한 업무를 전문적으로 대행하기 위하여 제38조 제2항에 따라 국민안전처장관에게 등록한 자를 말한다.

ⓟ **지역안전도 진단** : 자연재해 위험에 대하여 지역별로 안전도를 진단하는 것을 말한다.

ⓗ **방재기술** : 자연재해의 예방·대비·대응·복구 및 기후변화에 신속하고 효율적인 대처를 통하여 인명과 재산 피해를 최소화시킬 수 있는 자연재해에 대한 예측·규명·저감·정보화 및 방재 관련 제품생산·제도·정책 등에 관한 모든 기술을 말한다.

㉠ **방재산업** : 방재시설의 설계·시공·제작·관리, 방재제품의 생산·유통, 이와 관련된 서비스의 제공, 그 밖에 자연재해의 예방·대비·대응·복구 및 기후변화 적응과 관련된 산업을 말한다.

③ **책무**(법 제3조)

ⓐ **국가** : 국가는 자연현상으로 인한 재난으로부터 국민의 생명·신체 및 재산과 주요 기간시설을 보호하기 위하여 자연재해의 예방 및 대비에 관한 종합계획을 수립하여 시행할 책무를 지며, 그 시행을 위한 최대한의 재정적·기술적 지원을 하여야 한다.

ⓛ 재난관리책임기관

• 재난관리책임기관의 장은 자연재해 예방을 위하여 다음의 소관 업무에 해당하는 조치를 하여야
  한다.

자연재해 경감 협의 및 자연재해위험개선지구 정비	• 자연재해 원인 조사 및 분석 • 자연재해위험개선지구 지정 · 관리
풍수해 예방 및 대비	• 풍수해저감종합계획 수립 • 수방기준 제정 · 운영 • 우수유출저감시설 설치 기준 제정 · 운영 • 내풍(耐風)설계기준 제정 · 운영 • 그 밖에 풍수해 예방에 필요한 사항
설해 예방대책	• 각종 제설자재 및 물자 비축 • 그 밖에 설해 예방에 필요한 사항
낙뢰대책	• 낙뢰피해 예방대책 • 각 유관기관 지원 · 협조 체제 구축 • 그 밖에 낙뢰피해 예방에 필요한 사항
가뭄대책	• 상습가뭄재해지역 해소를 위한 중 · 장기대책 • 가뭄 극복을 위한 시설 관리 · 유지 • 빗물모으기시설을 활용한 가뭄 극복대책 • 그 밖에 가뭄대책에 필요한 사항
재해정보 및 긴급지원	• 재해 예방 정보체계 구축 • 재해정보 관리 · 전달 체계 구축 • 재해 대비 긴급지원체계 구축 • 비상대처계획 수립
기타	그 밖에 자연재해 예방을 위하여 재난관리책임기관의 장이 필요하다고 인정하는 사항

• 점검 : 재난관리책임기관의 장은 자연재해 예방을 위하여 재해 발생이 우려되는 시설 또는 지역에
  대하여 정기점검 및 수시점검을 하여야 한다.

수시점검 시설 또는 지역	• 자연재해위험개선지구 • 지정 · 관리되는 고립 · 눈사태 · 교통두절 예상지구 등 취약지구 • 지정 · 고시된 상습가뭄재해지역 • 방재시설 • 그 밖에 지진 · 해일 위험지역 등 지역 여건으로 인한 재해 발생이 우려되어 국민안 전처장관이 정하여 고시하는 시설 및 지역
정기점검	• 풍수해에 의한 재해 발생 우려 시설 및 지역 : 매년 3월에서 5월 중 1회 이상 점검 • 설해(雪害)에 의한 재해 발생 우려 시설 및 지역 : 매년 11월에서 다음 해 2월 중 1회 이 상 점검

- 안전진단 : 재난관리책임기관의 장은 점검을 한 결과 재해 예방을 위하여 정밀한 점검이 필요하다고 인정되는 경우에는 안전진단을 하여야 한다.
- 점검 및 진단 기록관리 : 재난관리책임기관의 장은 자연재해 예방을 위하여 점검 대상 시설 및 지역에 대한 점검 또는 안전진단을 하였을 때에는 그 결과에 따른 안전대책을 마련하고, 점검 또는 안전진단의 결과와 조치 사항 등을 국민안전처장관이 정하는 바에 따라 기록·관리하여야 한다.

© 중앙재난안전대책본부장 : 중앙재난안전대책본부(이하 "중앙대책본부"라 한다)의 본부장(이하 "중앙대책본부장"이라 한다)은 제1항에 따른 점검 대상 시설 및 지역에 대하여 관계 중앙행정기관의 장과 합동으로 사전대비 실태를 점검할 수 있다.

© 시장·군수·구청장 : 시장(특별자치시장을 포함한다. 이하 같다)·군수·구청장(자치구의 구청장을 말한다. 이하 같다)은 자연재해의 유형별로 지역 특성을 고려한 구체적인 대처 요령을 정하여 관계 공무원의 업무지침, 주민 교육·홍보자료 등으로 적극 활용하여야 한다.

② 국민 : 국민은 국가, 지방자치단체 및 재난관리책임기관이 수행하는 자연재난의 예방·복구 및 대책에 관한 업무 수행에 최대한 협조하여야 하고, 자기가 소유하거나 사용하는 건물·시설 등에서 재난이 발생하지 아니하도록 노력하여야 한다.

(2) 자연재해경감협의(법 제4조)

① **사전재해영향성검토 협의** … 관계 중앙행정기관의 장, 시·도지사, 시장·군수·구청장 및 특별지방행정기관의 장은 자연재해에 영향을 미치는 행정계획을 수립·확정하거나 개발사업의 허가·인가·승인·면허·결정·지정 등을 하려는 경우에는 그 행정계획 및 개발사업의 확정·허가 등을 하기 전에 중앙재난안전대책본부의 본부장 또는 지역재난안전대책본부의 본부장과 재해영향의 검토에 관한 사전협의를 하여야 한다.

㉠ 관계행정기관의 장이 중앙행정기관의 장인 경우 : 중앙대책본부장

㉡ 관계행정기관의 장이 시·도지사 및 시·도를 관할구역으로 하는 특별지방행정기관의 장인 경우 : 해당 시·도 재난안전대책본부의 본부장

㉢ 관계행정기관의 장이 시장·군수·구청장 및 시·군·구를 관할구역으로 하는 특별지방행정기관의 장인 경우 : 해당 시·군·구 재난안전대책본부의 본부장

> ★TIP 사전재해영향성 검토협의에 포함하여야 할 사항
> ㉠ 사업의 목적, 필요성, 추진 배경, 추진 절차 등 사업계획에 관한 내용(관계 법령에 따라 해당 계획에 포함하여야 하는 내용을 포함한다)
> ㉡ 배수처리계획도, 침수흔적도, 사면경사 현황도 등 재해 영향의 검토에 필요한 도면(행정계획의 수립·확정 등 상세 검토가 필요 없는 경우는 제외한다)
> ㉢ 행정계획 수립 시 재해 예방에 관한 사항
> ㉣ 개발사업 시행으로 인한 재해 영향의 예측 및 저감대책에 관한 사항
> ㉤ 제6조 제2항에 따른 고시 내용에 대한 검토 사항

사전재해영향성 검토협의를 하여야 하는 행정계획 및 개발사업과 그 예외사항

  ㉠ 대상 계획 및 개발사업
  • 국토·지역 계획 및 도시의 개발
  • 산업 및 유통 단지 조성
  • 에너지 개발
  • 교통시설의 건설
  • 하천의 이용 및 개발
  • 수자원 및 해양 개발
  • 산지 개발 및 골재 채취
  • 관광단지 개발 및 체육시설 조성
  • 그 밖에 자연재해에 영향을 미치는 계획 및 사업으로서 대통령령으로 정하는 계획 및 사업
  ㉡ 예외(하지 않아도 되는 경우)
  • 기본법 제37조에 따른 응급조치를 위한 사업
  • 국방부장관이 군사상의 기밀 보호가 필요하거나 군사적으로 긴급히 수립할 필요가 있다고 인정하여 관계 중앙행정기관의 장과 협의한 사업

② **전문기관의 설립** … 국민안전처장관은 사전재해영향성 검토, 재해의 예방·복구 등 재해 경감업무의 전문성 확보와 효율적 추진을 위하여 필요하면 방재 안전관리에 관한 전문기관을 설립할 수 있다.

(3) 재해원인의 조사·분석(법 제9조)

① 중앙대책본부장과 지역대책본부장은 필요시 자연재해 발생지역에 대하여 재해 원인을 조사·분석·평가할 수 있다.

② 지역대책본부장이 재해 원인을 조사·분석·평가하기 위하여 필요한 사항은 해당 지방자치단체의 조례로 정한다.

(4) 재해경감대책협의회의 설립(법 제10조)

① 중앙대책본부장은 재해 원인의 조사·분석·평가 등에 필요한 업무 협조, 재해 경감을 위한 조사·연구, 그 밖의 재해경감대책 수립을 위하여 지방자치단체 및 관련 분야 전문단체들이 참여하는 재해경감대책협의회를 구성·운영할 수 있다.

② 재해경감대책협의회는 다음의 어느 하나에 해당하는 단체 또는 기관으로 구성한다.
  ㉠ 지방자치단체
  ㉡ 국민안전처장관이 정하는 바에 따라 등록한 재해 관련 분야 전문단체 또는 기관

③ 협의회의 회장은 국민안전처장관이 되며, 회장은 협의회의 업무를 총괄한다.

④ 협의회의 사무를 처리하기 위하여 협의회에 간사 몇 명을 두며, 간사는 국민안전처 소속 공무원 중에서 국민안전처장관이 임명한다.

(5) 자연재해위험개선지구

① **자연재해위험개선지구의 지정**(법 제12조) … 시장·군수·구청장은 상습침수지역, 산사태위험지역 등 지형적인 여건 등으로 인하여 재해가 발생할 우려가 있는 지역을 자연재해위험개선지구로 지정·고시하고, 그 결과를 시·도지사를 거쳐 국민안전처장관과 관계 중앙행정기관의 장에게 보고하여야 한다.

> 국민안전처장관 및 시·도지사는 제1항에 따른 자연재해위험개선지구의 지정이 필요함에도 불구하고 시장· 군수·구청장이 자연재해위험개선지구로 지정하지 아니하는 경우에는 해당 지역을 자연재해위험개선지구로 지정·고시하도록 권고할 수 있다. 이 경우 시장·군수·구청장은 특별한 사유가 없는 한 이에 따라야 한다.

② **자연재해위험개선지구 정비계획의 수립**(법 제13조)

　㉠ 정비계획의 수립

　　• 시장·군수·구청장은 지정된 자연재해위험개선지구에 대하여 정비 방향의 지침이 될 자연재해위 험개선지구 정비계획을 5년마다 수립하고 시·도지사에게 제출하여야 한다.

　　• 시·도지사는 정비계획을 받아 국민안전처장관에게 제출하여야 하며, 국민안전처장관은 필요하면 시·도지사에게 정비계획의 보완을 요청할 수 있다.

　　• 자연재해위험개선지구 정비계획을 수립할 때 검토하여야 할 사항

　　　– 정비사업의 타당성 검토

　　　– 다른 사업과의 중복 및 연계성 여부

　　　– 정비사업의 수혜도 등 효과분석

　　　– 지역주민의 의견 수렴 결과

　　• 시장·군수·구청장은 정비계획을 수립할 때에는 그 지역에 관한 개발계획 등과의 관련성 등을 검토·반영하여야 한다.

　㉡ 정비계획에 포함되어야 할 사항

　　• 자연재해위험개선지구의 정비에 관한 기본 방침

　　• 자연재해위험개선지구 지정 현황 및 연도별 지구 정비에 관한 사항

　　• 재해 예방 및 자연재해위험개선지구의 점검·관리에 관한 사항

　　• 그 밖에 자연재해위험개선지구의 정비 등에 관하여 대통령령으로 정하는 사항

대통령령으로 정하는 사항	• 자연재해위험개선지구의 주변 여건 • 자연재해위험개선지구의 재해 발생 빈도 • 정비사업 완료 시의 재해 예방 효과 • 자연재해위험개선지구 정비에 필요한 사업비 및 재원대책 • 그 밖에 정비사업의 우선순위 등 국민안전처장관이 정하는 사항

③ **자연재해위험개선지구 정비사업계획의 수립**(법 제14조)

　㉠ 정비사업계획의 수립
- 시장·군수·구청장은 정비계획에 따라 매년 다음 해의 자연재해위험개선지구 정비사업계획을 수립하여 시·도지사에게 제출하여야 한다.
- 시·도지사는 사업계획을 받으면 국민안전처장관에게 보고하여야 한다.

　㉡ 정비사업계획 수립시의 검토하여야 할 사항
- 정비사업의 우선순위
- 다른 사업과의 중복 또는 연계성 여부
- 재원 확보 방안
- 지역주민의 의견 수렴 결과
- 그 밖에 투자우선순위 등 국민안전처장관이 정하는 사항

④ **자연재해위험개선지구 정비사업 실시계획의 수립·공고 등**

　㉠ 실시계획의 수립 공고 등 : 시장·군수·구청장은 사업계획을 바탕으로 대통령령으로 정하는 바에 따라 자연재해위험개선지구 정비사업 실시계획을 수립하여 공고하고, 설계도서를 일반인이 열람할 수 있도록 하여야 한다.

　㉡ 자연재해위험개선지구 정비사업 실시계획에 포함되어야 할 내용
- 사업의 종류 및 명칭
- 사업시행자의 성명 및 주소
- 사업시행 면적 및 규모
- 사업 착수예정일 및 준공예정일
- 사용하거나 수용할 토지 또는 건물의 소재지·지번·지목 및 면적, 소유권과 소유권 외의 권리에 관한 명세서 및 그 소유자·권리자의 성명·주소

　㉢ 협의
- 시장·군수·구청장이 자연재해위험개선지구 정비사업 실시계획을 수립·변경하고 공고할 때에 그 내용에 제2항 각 호의 어느 하나에 해당하는 사항이 포함되어 있는 경우에는 관계 행정기관의 장과 미리 협의하여야 한다.
- 이 경우 관계 행정기관의 장은 시장·군수·구청장으로부터 협의 요청을 받은 날부터 15일 이내에 협의 내용을 회신하여야 한다.

　㉣ 공고 및 열람 : 시장·군수·구청장은 자연재해위험개선지구 정비사업 실시계획을 수립하거나 변경하였을 때에는 해당 시·군·구에서 발행하는 공보나 인터넷 홈페이지 등에 공고하고, 설계도서 등 관계 서류의 사본을 15일 이상 일반인이 열람할 수 있도록 하여야 한다.

TIP 실시계획공고의 인·허가의제사항

1. 「골재채취법」 제22조에 따른 골재채취의 허가
2. 「공유수면 관리 및 매립에 관한 법률」 제8조에 따른 공유수면의 점용·사용허가, 같은 법 제10조에 따른 협의 또는 승인, 같은 법 제17조에 따른 점용·사용 실시계획의 승인 또는 신고, 같은 법 제28조에 따른 공유수면의 매립면허, 같은 법 제35조에 따른 국가 등이 시행하는 매립의 협의 또는 승인 및 같은 법 제38조에 따른 공유수면매립실시계획의 승인
3. 「국유재산법」 제30조에 따른 행정재산의 사용허가
4. 「국토의 계획 및 이용에 관한 법률」 제30조에 따른 도시·군관리계획(도시계획시설사업만 해당한다)의 결정, 같은 법 제56조 제1항 제2호에 따른 토지의 형질 변경허가, 같은 항 제3호에 따른 토석의 채취허가, 같은 법 제81조에 따른 시가화조정구역에서의 공공시설 설치 및 입목벌채·조림·육림·토석채취의 허가, 같은 법 제88조에 따른 실시계획의 작성·인가, 같은 법 제118조에 따른 토지거래계약의 허가 및 같은 법 제130조 제2항에 따른 타인의 토지에의 출입허가
5. 「군사기지 및 군사시설 보호법」 제9조 제1항 제1호에 따른 통제보호구역 등의 출입허가 및 같은 법 제13조에 따른 행정기관의 허가등에 관한 협의
6. 「관광진흥법」 제52조에 따른 관광지의 지정, 같은 법 제54조에 따른 조성계획의 승인 및 같은 법 제55조에 따른 조성사업의 시행허가
7. 「농어촌도로 정비법」 제8조에 따른 도로사업계획의 승인 및 같은 법 제9조에 따른 도로의 노선 지정
8. 「농어촌정비법」 제23조에 따른 농업생산기반시설의 목적 외 사용의 승인, 같은 법 제24조에 따른 농업생산기반시설의 폐지 승인 및 같은 법 제111조에 따른 토지의 형질변경 등의 허가
9. 「농지법」 제34조에 따른 농지의 전용허가, 같은 법 제35조에 따른 농지의 전용신고 및 같은 법 제36조에 따른 농지의 타용도 일시사용 허가·협의
10. 「도로법」 제19조에 따른 도로 노선의 지정·고시, 같은 법 제25조에 따른 도로구역의 결정, 같은 법 제36조에 따른 도로관리청이 아닌 자에 대한 도로공사의 시행 허가 및 같은 법 제61조에 따른 도로의 점용 허가
11. 「도시공원 및 녹지 등에 관한 법률」 제24조에 따른 도시공원의 점용허가, 같은 법 제27조에 따른 도시자연공원구역에서의 행위허가 및 같은 법 제38조에 따른 녹지의 점용허가
12. 「대기환경보전법」 제23조, 「수질 및 수생태계 보전에 관한 법률」 제33조 및 「소음·진동관리법」 제8조에 따른 배출시설의 설치 허가·신고
13. 「문화재보호법」 제35조 제1항 제1호·제4호에 따른 국가지정문화재의 현상 변경 등 허가, 같은 법 제56조에 따른 등록문화재의 현상 변경 신고 및 같은 법 제66조 단서에 따른 국유문화재 사용허가와 「매장문화재 보호 및 조사에 관한 법률」 제8조에 따른 협의
14. 「사도법」 제4조에 따른 사도 개설허가
15. 「사방사업법」 제14조에 따른 사방지에서의 행위허가
16. 「산림보호법」 제9조 제2항 제1호 및 제2호에 따른 산림보호구역(산림유전자원보호구역은 제외한다)에서의 행위의 허가·신고
17. 「산림자원의 조성 및 관리에 관한 법률」 제36조 제1항·제4항에 따른 입목벌채등의 허가·신고
18. 「산업입지 및 개발에 관한 법률」 제12조에 따른 산업단지에서의 토지 형질변경 등의 허가 및 같은 법 제17조, 제18조, 제18조의2 또는 제19조에 따른 실시계획 승인
19. 「산지관리법」 제14조에 따른 산지전용허가, 같은 법 제15조에 따른 산지전용신고 및 같은 법 제25조에 따른 토석채취허가 등
20. 「소하천정비법」 제8조에 따른 소하천정비시행계획 수립, 같은 법 제10조에 따른 관리청이 아닌 자의 소하천공사 시행허가 및 같은 법 제14조에 따른 소하천의 점용허가

21. 「수도법」 제17조에 따른 일반수도사업의 인가, 같은 법 제49조에 따른 공업용수도사업의 인가, 같은 법 제52조에 따른 전용상수도 설치인가 및 같은 법 제54조에 따른 전용 공업용수도의 설치인가
22. 「어촌·어항법」 제23조에 따른 어항개발사업의 시행허가
23. 「자연공원법」 제23조에 따른 공원구역에서의 행위허가
24. 「장사 등에 관한 법률」 제27조 제1항에 따른 무연분묘(無緣墳墓)의 개장허가
25. 「주택법」 제16조에 따른 사업계획의 승인
26. 「초지법」 제21조의2에 따른 초지조성지역에서의 행위허가 및 같은 법 제23조에 따른 초지 전용 허가·협의
27. 「체육시설의 설치·이용에 관한 법률」 제12조에 따른 사업계획의 승인
28. 「하수도법」 제16조에 따른 공공하수도공사 시행의 허가, 같은 법 제24조에 따른 점용허가 및 같은 법 제27조에 따른 배수설비의 설치신고
29. 「하천법」 제27조에 따른 하천공사시행계획의 수립, 같은 법 제30조에 따른 하천관리청이 아닌 자의 하천공사 시행의 허가, 같은 법 제33조에 따른 하천의 점용허가 및 같은 법 제38조에 따른 하천예정지 등에서의 행위허가
30. 「항만법」 제9조에 따른 항만공사의 시행허가 및 같은 법 제10조에 따른 항만공사실시계획의 승인

⑤ **자연재해위험개선지구 내 건축, 형질 변경 등의 행위 제한**(법 제15조)

　㉠ 제한 : 시장·군수·구청장은 자연재해위험개선지구로 지정·고시된 지역에서 재해 예방을 위하여 필요하면 건축, 형질 변경 등의 행위를 제한할 수 있다. 다만, 건축, 형질 변경 등의 행위와 병행하여 그 행위로 발생할 수 있는 자연재해에 관한 예방대책이 마련되어 추진되는 경우에는 그러하지 아니하다.

　㉡ 우선정비 : 건축, 형질 변경 등의 행위를 제한하는 자연재해위험개선지구는 다른 자연재해위험개선지구보다 우선하여 정비하여야 한다.

(6) 풍수해

① **풍수해저감종합계획의 수립**(법 제16조)

　㉠ 시장·군수 종합계획 : 시장·군수는 풍수해의 예방 및 저감을 위하여 5년마다 시·군 풍수해저감종합계획을 수립하여 시·도지사를 거쳐 대통령령으로 정하는 바에 따라 국민안전처장관의 승인을 받아 확정하여야 한다.

　㉡ 시·도지사 종합계획 : 시·도지사는 시·군 종합계획을 기초로 시·도 풍수해저감종합계획을 수립하여 대통령령으로 정하는 바에 따라 국민안전처장관의 승인을 받아 확정하여야 한다.

　㉢ 풍수해저감종합계획에 포함되어야 할 사항
　　• 지역적 특성 및 계획의 방향·목표에 관한 사항
　　• 유역 현황, 하천 현황, 기상 현황, 방재시설 현황 등 재해 발생 현황 및 재해 위험 요인 실태에 관한 사항
　　• 풍수해 재해복구사업의 평가·분석에 관한 사항

- 지역별, 주요 시설별 풍수해 위험 분석에 관한 사항
- 지구단위 홍수방어기준을 적용한 저감대책에 관한 사항
- 풍수해 저감을 위한 자연재해위험개선지구 지정 및 정비에 관한 사항
- 풍수해 예방 및 저감을 위한 종합대책 등에 관한 사항
- 풍수해저감종합계획 세부 수립기준에서 정하는 사항

ⓔ **사업시행계획** : 시·도지사 및 시장·군수는 각각 시·도 종합계획 및 시·군 종합계획에 대한 사업시행계획을 매년 작성하여 국민안전처장관에게 제출하여야 한다.

② **지역별 방재성능목표 설정·운용·평가**(법 제16조의2)

ㄱ **방재성능목표 설정 기준 마련** : 국민안전처장관은 홍수, 호우 등으로부터 재해를 예방하기 위한 방재정책 등에 적용하기 위하여 처리 가능한 시간당 강우량 및 연속강우량의 목표를 지역별로 설정·운용할 수 있도록 관계 중앙 행정기관의 장과 협의하여 방재성능목표 설정 기준을 마련하고, 이를 특별시장·광역시장·시장 및 군수에게 통보하여야 한다.

ㄴ **지역별 방재성능목표를 설정·공표·운용**

- 방재성능목표 설정 기준을 통보 받은 특별시장·광역시장·시장 및 군수는 해당 특별시·광역시·시 및 군에 대한 10년 단위의 지역별 방재성능목표를 설정·공표하고 운용하여야 한다.
- 특별시장·광역시장·시장 및 군수는 지역별 방재성능목표를 공표하려는 경우에는 해당 지방자치단체의 공보 또는 인터넷 홈페이지에 공고하여야 한다.

ㄹ **방재성능목표를 변경·공표** : 특별시장·광역시장·시장 및 군수는 지역별 방재성능목표를 공표한 날부터 5년마다 그 타당성 여부를 검토하여 필요한 경우에는 설정된 방재성능목표를 변경·공표하여야 한다.

ㅁ **방재시설에 대한 방재성능 평가** : 특별시장·광역시장·시장 및 군수는 해당 특별시·광역시·시 및 군에 있는 방재시설 중 대통령령으로 정하는 방재시설의 성능이 지역별 방재성능목표에 부합하는지를 평가하고, 방재성능목표에 부합하지 아니하는 경우에는 방재성능을 향상시킬 수 있는 통합 개선대책을 수립·시행하여야 한다.

ㅂ **방재기준 가이드라인의 설정 및 활용** : 중앙대책본부장은 기후변화에 따른 재해에 선제적이고 효과적으로 대응하기 위하여 미래 기간별·지역별로 예측되는 기온, 강우량, 풍속 등을 바탕으로 방재기준 가이드라인을 정하고, 재난관리책임기관의 장에게 이를 적용하도록 권고할 수 있다.

③ **수방기준의 제정·운용**(법 제17조)

ㄱ **수방기준의 제정·운용**

- 수방기준 중 시설물의 수해 내구성을 강화하기 위한 수방기준은 관계 중앙행정기관의 장이 정하고, 지하 공간의 침수를 방지하기 위한 수방기준은 국민안전처장관이 관계 중앙행정기관의 장과 협의하여 정한다.

- 지방자치단체의 장은 수방기준제정대상의 준공검사 또는 사용승인을 할 때에는 국민안전처장관이 정하는 바에 따라 수방기준 적용 여부를 확인하고, 수방기준을 충족하였으면 준공검사 또는 사용승인을 하여야 한다.

ⓒ 수해내구성 강화를 위하여 수방기준을 제정하여야 하는 시설물
- 소하천부속물 중 제방
- 하천시설 중 제방
- 방재시설 중 유수지
- 하수도 중 하수관로 및 공공하수처리시설
- 농업생산기반시설 중 저수지
- 사방시설 중 사방사업에 따라 설치된 공작물
- 댐 중 높이 15미터 이상의 공작물 및 여수로, 보조댐
- 교량
- 방파제, 방사제, 파제제 및 호안

ⓒ 지하공간의 침수 방지를 위하여 수방기준을 제정하여야 하는 대상 시설물
- 지하도로, 지하광장 및 공동구
- 1종 시설물·2종 시설물 중 지하도상가
- 도시철도 또는 철도
- 변전소 중 지하에 설치된 변전소(이 영의 시행일 전에 설치된 지하 변전소는 제외한다)
- 건축허가 또는 건축협의 대상 건축물 중 바닥이 지표면 아래에 있는 건축물로서 국민안전처장관이 침수 피해가 우려된다고 인정하여 고시하는 지역의 건축물

④ **지구단위 홍수방어기준의 설정 및 활용**(법 제18조)
ⓐ 설정 : 국민안전처장관은 상습침수지역, 홍수피해예상지역, 그 밖의 수해지역의 재해 경감을 위하여 필요하면 지구단위 홍수방어기준을 정하여야 한다.
ⓑ 적용 : 재난관리책임기관의 장은 개발사업, 자연재해위험개선지구 정비사업, 수해복구사업, 그 밖의 재해경감사업 중 대통령령으로 정하는 개발사업 등에 대한 계획을 수립할 때에는 지구단위 홍수방어기준을 적용하여야 한다.
ⓒ 적용 요청 : 중앙행정기관의 장, 시·도지사 및 시장·군수·구청장은 개발사업 등의 허가 등을 할 때에는 재해 예방을 위하여 사업 대상지역 및 인근지역에 미치는 영향을 분석하여 사업시행자에게 지구단위 홍수방어기준을 적용하도록 요청할 수 있다. 이 경우 요청을 받은 사업시행자는 특별한 사유가 없으면 이에 따라야 한다.

⑤ **우수유출저감대책 수립**(법 제19조)

　㉠ 수립 : 특별시장·광역시장·특별자치시장 및 시장·군수는 관할구역의 지역특성 등을 고려하여 우수의 침투 또는 저류를 통한 재해의 예방을 위하여 우수유출저감대책을 5년마다 수립하여야 한다.

　㉡ 제출 : 수립한 우수유출저감대책을 특별시장·광역시장·특별자치시장은 국민안전처장관에게 제출하여야 하며, 시장·군수는 도지사를 경유하여 국민안전처장관에게 제출하여야 한다.

　㉢ 대책내용
　　• 우수유출저감 목표와 전략
　　• 우수유출저감대책의 기본 방침
　　• 우수유출저감시설의 연도별 설치에 관한 사항
　　• 우수유출저감시설 설치를 위한 재원대책
　　• 재해의 예방을 위한 우수유출저감시설 관리방안
　　• 유휴지, 불모지 등을 이용한 우수유출저감대책
　　• 그 밖에 특별시장·광역시장·특별자치시장 및 시장·군수가 필요하다고 인정하는 사항

　㉣ 우수유출저감시설에 관한 기준
　　• 우수유출저감시설은 풍수해 및 가뭄피해 경감을 위하여 우수의 순간유출량을 저감하는 기능을 갖추어야 한다.
　　• 우수유출저감시설은 설치 지역의 연간강수량 및 지형적·지리적 조건, 집수 및 배수계통, 안전성 등을 고려하여 설치하여야 한다.

⑥ **내풍설계기준의 설정**(법 제20조)

　㉠ 설정 : 관계 중앙행정기관의 장은 태풍, 강풍 등으로 인하여 재해를 입을 우려가 있는 다음 각 호의 시설 중 대통령령으로 정하는 시설에 대하여 관계 법령 등에 내풍설계기준을 정하고 그 이행을 감독하여야 한다.
　　• 「건축법」에 따른 건축물
　　• 「항공법」에 따른 공항시설
　　• 「관광진흥법」에 따른 유원시설
　　• 「도로법」 및 「국토의 계획 및 이용에 관한 법률」에 따른 도로
　　• 「궤도운송법」에 따른 삭도시설
　　• 「산업안전보건법」에 따른 크레인 및 리프트
　　• 「옥외광고물 등 관리법」에 따른 옥외광고물
　　• 「전기사업법」 및 「전원개발 촉진법」에 따른 송전·배전 시설
　　• 「항만법」에 따른 항만시설
　　• 「철도산업발전 기본법」에 따른 철도시설
　　• 그 밖에 대통령령으로 정하는 시설

ⓛ 통보 및 보완요구

- 통보 : 관계 중앙행정기관의 장이 내풍설계기준을 정하였을 때에는 중앙대책본부장에게 통보하여 야 함
- 보완요구 : 중앙대책본부장은 필요하면 보완을 요구할 수 있다.

⑦ **각종 재해지도의 제작 · 활용**(법 제21조)

㉠ 제작 · 활용

- 지방자치단체의 장은 하천 범람 등 자연재해를 경감하고 신속한 주민 대피 등의 조치를 하기 위하여 대통령령으로 정하는 재해지도를 제작 · 활용하여야 한다. 다만, 다른 법령에 재해지도의 제작 · 활용에 관하여 특별한 규정이 있는 경우에는 그 법령에서 정하는 바에 따라 재해지도를 제작 · 활용할 수 있다.
- 지방자치단체의 장은 침수 피해가 발생하였을 때에는 침수, 범람, 그 밖의 피해 흔적(이하 "침수흔적"이라 한다)을 조사하여 침수흔적도를 작성 · 보존하고 현장에 침수흔적을 표시 · 관리하여야 한다.

ⓛ 재해지적도의 종류

침수흔적도	태풍, 호우, 해일 등으로 인한 침수흔적을 조사하여 표시한 지도
침수예상도	현 지형을 기준으로 예상 강우 및 태풍, 호우, 해일 등에 의한 침수범위를 예측하여 표시한 지도로서 다음의 어느 하나에 해당하는 지도 • 홍수범람위험도 : 홍수에 의한 범람 및 내수배제(內水排除) 불량 등에 의한 침수지역을 예측하여 표시한 지도와 「하천법」 제21조 제1항 및 제5항에 따른 홍수위험지도 • 해안침수예상도 : 태풍, 호우, 해일 등에 의한 해안침수지역을 예측하여 표시한 지도
재해정보지도	침수흔적도와 침수예상도 등을 바탕으로 재해 발생 시 대피 요령, 대피소 및 대피 경로 등의 정보를 표시한 지도로서 다음의 어느 하나에 해당하는 지도 • 피난활용형 재해정보지도 : 재해 발생 시 대피 요령, 대피소 및 대피 경로 등 피난에 관한 정보를 지도에 표시한 도면 • 방재정보형 재해정보지도 : 침수예측정보, 침수사실정보 및 병원 위치 등 각종 방재정보가 수록된 생활지도 • 방재교육형 재해정보지도 : 재해유형별 주민 행동 요령 등을 수록하여 교육용으로 제작한 지도

⑧ **재해정보**

㉠ 재해 상황의 기록 및 보존

- 지방자치단체의 장은 총리령으로 정하는 일정 규모 이상의 자연재해가 발생하였을 때에는 재해 발생 현황, 예방 및 대처 사항, 응급조치 등 재해 상황에 대한 상세한 기록을 작성하여 보존하여야 한다.
- 중앙대책본부장이나 지역대책본부장은 피해지역의 피해 원인 분석 · 조사 및 복구사업 등에 활용하기 위하여 필요하다고 판단하면 피해 현장에 대한 공간영상정보 자료를 수집하거나 항공사진측량 등을 할 수 있다.

    ⓛ 기록 내용

     • 피해상황 및 대응

      – 재해명, 재해 일시, 피해지역 및 시설

      – 피해 발생 당시의 기상 상황, 하천 및 댐 수위(水位) 등 주변 상황을 알 수 있는 각종 자료

      – 인명 또는 재산 피해 내용, 이재민 발생 및 대처 상황

      – 동원 인력·장비·자재 등 응급조치 내용

      – 피해 상황을 알 수 있는 사진

      – 자원봉사자 등의 활동 사항

      – 재해 발생 시 대비·대응 상황을 알 수 있는 상황처리일지

      – 재해 원인 분석 결과

     • 복구상황

      – 재해복구공사의 종류별 복구 물량 및 복구 금액의 산출 명세

      – 복구공사의 명칭·위치, 공사 발주 및 복구 추진 현황

     • 그 밖의 상황

      – 피해 상황 대응 및 복구 관련 미담·모범 사례

      – 그 밖에 기록으로 작성하여 보관·관리할 필요가 있는 사항

    ⓒ 재해정보의 활용 : 관계행정기관의 장은 다음의 행위 등을 할 때에는 침수흔적도 등 재해지도, 재해 상황 기록, 공간영상정보 또는 항공사진측량 자료 등을 활용하여야 한다.

    • 사전재해영향성 검토협의

    • 자연재해위험개선지구의 지정

    • 자연재해위험개선지구 정비계획의 수립

    • 자연재해위험개선지구 정비사업계획의 수립

    • 풍수해저감종합계획의 수립

⑨ **해일 피해**

    ㉠ **해일 피해 경감을 위한 조사·연구**(법 제25조의2)

    • 중앙대책본부장, 지역대책본부장 및 관계 중앙행정기관의 장은 해일로 인한 피해를 줄이기 위하여 필요한 조사 및 연구를 하여야 한다.

    • 중앙대책본부장, 지역대책본부장 및 관계 중앙행정기관의 장은 해일 피해 경감을 위한 조사·연구를 위하여 해일 관련 자료를 소장하고 있는 관계 기관의 장이나 기상관측 연구기관의 장에게 협조를 요청할 수 있다. 이 경우 요청을 받은 관계 기관의 장 및 기상관측 연구기관의 장은 특별한 사유가 없으면 요청에 따라야 한다.

    ㉡ **해일위험지구의 지정**(법 제25조의3) : 시장·군수·구청장은 해일로 인하여 침수 등 피해가 예상되는 다음의 지역을 해일위험지구로 지정·고시하고, 그 결과를 시·도지사를 거쳐 국민안전처장관과 관계 중앙행정기관의 장에게 보고하여야 한다.

- 폭풍해일로 인하여 피해를 입었던 지역
- 지진해일로 인하여 피해를 입었던 지역
- 해일 피해가 우려되어 대통령령으로 정하는 지역
  - 해수면 상승에 의한 하수도 역류현상 등으로 침수 피해가 발생하였거나 발생할 우려가 있는 지역
  - 태풍, 강풍 등으로 인한 풍랑으로 침수 또는 시설물 파손 피해가 발생하였거나 발생할 우려가 있는 지역
  - 그 밖에 자연환경 등의 변화로 해일 피해가 우려되는 지역으로서 시장·군수·구청장이 해일 피해 방지를 위하여 특별히 정비·관리가 필요하다고 인정하는 지역
- ㉢ 해일피해경감계획의 수립·추진 등(법 제25조의4)
  - 시장·군수·구청장은 지정·고시된 해일위험지구에 대하여 해일피해경감계획을 수립하여 시·도지사에게 제출하여야 한다.
  - 시·도지사는 해일피해경감계획을 받아 국민안전처장관에게 제출하여야 하며, 국민안전처장관은 필요하면 시·도지사에게 그 보완을 요청할 수 있다.
  - 해일피해경감계획에 포함되어야 할 내용
    - 해일 피해 경감에 관한 기본방침
    - 해일위험지구 지정 현황
    - 해일위험지구 정비를 위한 예방·투자 계획
    - 해일 대비 비상대처계획
    - 그 밖에 해일 피해 경감에 관하여 대통령령으로 정하는 사항

(7) 설해

① 설해의 예방 및 경감 대책(법 제26조)

  ㉠ 예방 및 대책 : 재난관리책임기관의 장은 설해 발생에 대비하여 설해 예방대책에 관한 조사 및 연구를 하여야 하며, 설해로 인한 재해를 줄이기 위한 대책을 마련하여야 한다.

  ㉡ 내용
  - 설해 예방조직의 정비
  - 도로별 제설 및 지역별 교통대책 마련
  - 설해 대비용 물자와 자재의 비축·관리 및 장비의 확보
  - 고립·눈사태·교통두절 예상지구 등 취약지구의 지정·관리
  - 산악지역 등산로의 통제구역 지정·관리
  - 설해대책 교육·훈련 및 대국민 홍보
  - 농수산시설의 설해 경감대책 마련
  - 그 밖에 설해 예방 및 경감을 위하여 필요한 조치

ⓒ 협조요청 : 재난관리책임기관의 장은 제2항의 설해 예방 및 경감 조치를 위하여 필요하면 다른 재난관리책임기관의 장에게 협조를 요청할 수 있다. 이 경우 협조 요청을 받은 재난관리책임기관의 장은 특별한 사유가 없으면 요청에 따라야 한다.

② **상습설해지역의 지정 등**(제26조의2)

    ㉠ 지정 및 보고 : 시장 · 군수 · 구청장은 대설로 인하여 고립, 눈사태, 교통 두절 및 농수산시설물 피해 등의 설해가 상습적으로 발생하였거나 발생할 우려가 있는 지역을 상습설해지역으로 지정 · 고시하고, 그 결과를 시 · 도지사를 거쳐 국민안전처장관과 관계 중앙행정기관의 장에게 보고하여야 한다.

    ㉡ 협의 : 시장 · 군수 · 구청장은 상습설해지역을 지정하려면 그 지역 공공시설물을 관할하는 관계 기관의 장과 협의하여야 한다. 이 경우 협의 요청을 받은 관계 기관의 장은 특별한 사유가 없으면 요청에 따라야 한다.

    ㉢ 지정요청 : 국민안전처장관은 설해가 상습적으로 발생할 우려가 있는 지역을 상습설해지역으로 지정 · 고시하도록 해당 시장 · 군수 · 구청장에게 요청할 수 있다.

    ㉣ 지정해제 : 시장 · 군수 · 구청장은 중장기대책 시행 등으로 설해 위험이 없어졌으면 관계 전문가 등의 의견을 수렴하여 상습설해지역 지정을 해제하고, 그 결과를 고시하여야 한다.

③ **상습설해지역 해소를 위한 중장기대책**(법 제26조의3)

    ㉠ 대책수립

      • 상습설해지역에 대하여 시장 · 군수 · 구청장 또는 그 지역 공공시설물을 관할하는 관계 기관의 장은 설해저감시설의 설치 등 설해의 예방 및 경감을 위한 중장기대책을 수립 · 시행하여야 한다.

      • 중장기대책은 5년마다 수립하여야 한다.

      • 상습설해지역 내 공공시설물의 관리주체가 중장기대책을 수립할 때에는 관할 시장 · 군수 · 구청장과 협의하여야 한다. 이 경우 해당 시장 · 군수 · 구청장은 그 보완을 요구할 수 있고, 요구를 받은 관리주체는 특별한 사유가 없으면 요구에 따라야 한다.

    ㉡ 중장기대책에 포함되어야 할 사항

      • 위험지역 현황

      • 피해 발생 빈도

      • 중장기대책 추진 시의 설해예방 효과

      • 중장기대책에 필요한 예산 및 재원대책

      • 그 밖에 정비사업의 우선순위 등 국민안전처장관이 정하는 사항

    ㉢ 실태점검 : 시장 · 군수 · 구청장은 필요하면 중장기대책의 수립 및 시행 실태를 점검할 수 있다.

④ **내설설계기준 등**(법 제26조의4)

    ㉠ 내설설계기준 설정 · 감독 : 관계 중앙행정기관의 장은 대설로 인하여 재해를 입을 우려가 있는 시설에 대하여 관계 법령 등에 내설설계기준을 정하고 그 이행을 감독하여야 한다.

     ⓛ 대상시설
- 「건축법」에 따른 건축물
- 「항공법」에 따른 공항시설
- 「관광진흥법」에 따른 유원시설
- 「도로법」에 따른 도로
- 「국토의 계획 및 이용에 관한 법률」에 따른 도시 · 군계획시설
- 「궤도운송법」에 따른 삭도시설
- 「옥외광고물 등 관리법」에 따른 옥외광고물
- 「전기사업법」에 따른 전기설비
- 「항만법」에 따른 항만시설
- 「철도산업발전 기본법」에 따른 철도 및 철도시설
- 「도시철도법」에 따른 도시철도 및 도시철도시설
- 「농어업재해대책법」에 따른 농업용 시설, 임업용 시설 및 어업용 시설
- 그 밖에 대통령령으로 정하는 시설

     ⓒ 통보 : 관계 중앙행정기관의 장은 내설설계기준을 정하였으면 중앙대책본부장에게 통보하여야 하며 중앙대책본부장은 필요하면 보완을 요구할 수 있다.

     ⓔ 허가 등 : 지방자치단체의 장은 제1항에 따른 내설설계 대상 시설물에 대하여 허가 등을 할 때에는 내설설계기준 적용에 관한 사항을 확인하고 그 기준을 충족하였으면 허가 등을 하여야 한다.

⑤ **건축물관리자의 제설 책임** ⋯ 건축물의 소유자 · 점유자 또는 관리자로서 그 건축물에 대한 관리 책임이 있는 자는 관리하고 있는 건축물 주변의 보도, 이면도로 및 보행자 전용도로에 대한 제설 · 제빙 작업을 하여야 한다.

(8) 가뭄

① **가뭄 방재를 위한 조사 · 연구**(법 제29조)

     ㉠ 조사 · 연구 : 재난관리책임기관의 장은 가뭄 방재를 위하여 필요한 조사 및 연구를 하여야 한다.

     ㉡ 자료요청 : 재난관리책임기관의 장은 가뭄 방재를 위한 조사 · 연구를 위하여 가뭄 관련 자료를 소장하고 있는 관계행정기관의 장이나 기상관측 연구기관의 장에게 협조를 요청할 수 있다. 이 경우 요청을 받은 관계행정기관의 장 및 기상관측 연구기관의 장은 특별한 사유가 없으면 요청에 따라야 한다.

② **가뭄 극복을 위한 제한 급수 · 발전 등**(법 제30조)

     ㉠ 급수 · 발전 제한 : 관계 중앙행정기관의 장, 지방자치단체의 장 및 한국수자원공사의 사장 등 수자원을 관리하는 자는 가뭄으로 인한 재해를 극복하기 위하여 제한 급수 및 제한 발전 등의 조치를 할 수 있다.

ⓛ 사전 공지 : 수자원관리자는 제한급수 및 제한발전 조치를 하려면 수혜자가 제한 급수 및 제한 발전 등에 관한 사실을 알 수 있도록 미리 공지하여야 한다.

③ **상습가뭄재해지역 해소를 위한 중장기대책**(법 제33조)
   ㉠ 상습가뭄재해지역 지정·고시 : 시장·군수·구청장은 가뭄 재해가 상습적으로 발생하였거나 발생할 우려가 있는 지구를 상습가뭄재해지역으로 지정·고시하고, 그 결과를 시·도지사를 거쳐 국민안전처장관과 관계 중앙행정기관의 장에게 보고하여야 한다.
   ㉡ 중장기대책 수립·시행 : 시장·군수·구청장은 상습가뭄재해지역에 대하여 빗물모으기시설 설치 등 가뭄 피해를 줄이기 위한 중장기대책을 수립·시행하여야 한다.

(9) 재해정보 및 비상지원

① **재해정보체계의 구축**(법 제34조)
   ㉠ 재해정보체계구축·운영
   • 재난관리책임기관의 장은 자연재해의 예방·대비·대응·복구 등에 필요한 재해정보의 관리 및 이용 체계(이하 "재해정보체계"라 한다)를 구축·운영하여야 한다.
   • 구축 기준
     − 재난관리책임기관 간 재해정보체계를 공동으로 활용할 수 있도록 할 것
     − 재해정보체계에서 생산되는 데이터베이스를 국민안전처장관이 구축하는 종합적인 재해정보체계(이하 "종합재해정보체계"라 한다)와 공동으로 활용할 수 있도록 할 것
   ㉡ 종합적인 재해정보체계를 구축·운영
   • 국민안전처장관은 재난관리책임기관의 장이 구축한 재해정보체계의 연계·공유 및 유통 등을 위한 종합적인 재해정보체계를 구축·운영하여야 한다.
   • 구축 기준
     − 재해정보의 생산자·관리자 및 사용자를 통신망으로 서로 연결하는 재해정보유통망 설치가 가능하도록 할 것
     − 재난관리책임기관 간 재난에 대한 공동 대응이 가능하도록 재해정보 데이터베이스 및 전달체계를 구축·관리할 것
   • 종합재해정보체계 구축시 포함되어야 할 사항
     − 풍수해로 인한 피해의 예측·관리 등을 위하여 필요한 시스템
     − 이재민의 보호와 생활 안전 등의 관리를 위하여 필요한 시스템
     − 풍수해보험사업의 적정한 운영을 위한 통계관리에 필요한 시스템
     − 자연재해 발생 시 긴급한 상황에서 인명 보호, 방역, 의료 제공, 재해쓰레기 처리, 공공시설물 관리 등 행정서비스를 연속적으로 제공하기 위하여 필요한 재난대응 시스템
     − 지진재해 발생 시 신속한 초기 대응에 필요한 시스템

- 수습 상황 보고, 지원, 국고보조 등을 신속·정확하고 효율적으로 처리하기 위한 복구계획 수립, 복구 진도 관리 등에 필요한 시스템
    - 그 밖에 자연재해의 효율적인 관리를 위하여 국민안전처장관이 필요하다고 인정하는 시스템
- 종합적인 재해정보체계는 재난관리책임기관이 자연재해의 발생·복구 현황 정보를 실시간으로 입력할 수 있도록 하여야 한다.
- 재난관리책임기관의 장은 자연재해가 발생하거나 자연재해를 복구하면 그 현황을 실시간으로 종합적인 재해정보체계에 입력하여야 한다.

② **중앙긴급지원체계의 구축**(법 제35조)

㉠ 긴급지원계획의 수립

- 중앙행정기관의 장은 자연재해가 발생하거나 발생할 우려가 있는 경우에는 신속한 국가 지원을 위하여 다음의 사항 중 소관 사무에 해당하는 사항에 대하여 긴급지원계획을 수립하여야 한다.
    - 미래창조과학부 : 재해발생지역의 통신 소통 원활화 등에 관한 사항
    - 국방부 : 인력 및 장비의 지원 등에 관한 사항
    - 문화체육관광부 : 재해 수습을 위한 홍보 등에 관한 사항
    - 농림축산식품부 : 농축산물 방역 등의 지원 등에 관한 사항
    - 산업통상자원부 : 긴급에너지 수급 지원 등에 관한 사항
    - 보건복지부 : 재해발생지역의 의료서비스, 위생, 감염병 예방 및 방역 지원 등에 관한 사항
    - 환경부 : 긴급 용수 지원, 유해화학물질의 처리 지원, 재해발생지역의 쓰레기 수거·처리 지원 등에 관한 사항
    - 국토교통부 : 비상교통수단 지원 등에 관한 사항
    - 해양수산부 : 해운물류 지원 등에 관한 사항
    - 국민안전처 : 이재민의 수용·구호, 긴급 재정 지원, 정보의 수집·분석·전파, 해상에서의 각종 지원 및 수난(水難) 구호 등에 관한 사항
    - 조달청 : 복구자재 지원 등에 관한 사항
    - 경찰청 : 재해발생지역의 사회질서 유지 및 교통 관리 등에 관한 사항
    - 그 밖에 대통령령으로 정하는 부처별 긴급지원에 관한 사항
- 중앙행정기관의 장은 해당 지원이 필요한 자연재해 발생에 대비하여 관계 행정기관 및 유관기관과 유기적인 협조 체계를 구축하여야 하며, 재해가 발생하였을 때에는 중앙대책본부장과 협의하여 소관 분야별 긴급지원계획에 따라 대응조치를 하여야 한다.

㉢ 긴급지원계획의 제출

- 중앙행정기관의 장은 긴급지원계획을 수립하였을 때에는 중앙대책본부장에게 제출하여야 한다.
- 중앙대책본부장은 각 중앙행정기관의 장이 수립한 긴급지원계획의 내용 중 보완이 필요하다고 판단되는 사항에 대하여는 그 계획의 보완을 요청할 수 있다.

   ⓒ 중앙합동지원단 구성파견
- 중앙대책본부장은 긴급지원이 필요한 자연재해가 발생하거나 발생할 우려가 있는 경우에는 대통령령으로 정하는 바에 따라 관계 중앙행정기관과 합동으로 지원단을 구성하여 현장에 파견할 수 있다.
- 중앙대책본부장은 관계 중앙행정기관과 합동으로 지원단(이하 "중앙합동지원단"이라 한다)을 구성하는 경우에는 재난의 유형에 따라 중앙합동지원단의 단장을 지명하여야 한다.

③ **지역긴급지원체계의 구축**(법 제36조)
   ㉠ 의의 : 시·도 및 시·군·구 본부장과 시·도 및 시·군·구의 전부 또는 일부를 관할구역으로 하는 재난관리책임기관의 장은 자연재해가 발생하거나 발생할 우려가 있으면 업무별 지원 기능에 따라 신속한 지원 체제를 가동하기 위하여 대통령령으로 정하는 바에 따라 소관 사무에 대하여 긴급지원계획을 수립하여야 한다.
   ㉡ 지원계획의 내용
- 정보의 수집·분석·전파
- 인명구조
- 이재민 수용·구호
- 재해지역 통신소통의 원활화
- 의료서비스, 감염병 예방·방역 및 위생점검
- 시설 응급복구(장비·인력 및 자재의 동원을 포함한다)
- 재해지역 사회질서 유지 및 교통관리
- 유해화학물질 처리, 쓰레기 수거·처리
- 긴급에너지 수급
- 단기 지역안정(복구비·위로금 지급)
- 재해 수습 홍보

④ **각종 시설물 등의 비상대처계획 수립**(법 제37조)
   ㉠ 비상대처계획의 수립 : 태풍, 지진, 해일 등 자연현상으로 인하여 대규모 인명 또는 재산의 피해가 우려되는 댐, 다중이용시설 또는 해안지역 등에 대하여 시설물 또는 지역의 관리주체는 피해 경감을 위한 비상대처계획을 수립하여야 한다.
   ㉡ 수립지침 작성배포 : 국민안전처장관은 비상대처계획 수립을 효율적으로 지원하기 위하여 비상대처계획수립지침을 작성하여 배포할 수 있다.

⑤ **방재관리대책 업무의 대행**(법 제38조)
   ㉠ 업무대행 : 다음의 업무를 수행하는 자는 기초·타당성 조사, 분석, 기본·실시 설계 등 전문성이 요구되는 사항에 대하여 방재관리대책대행자로 하여금 대행하게 할 수 있다.

- 사전재해영향성 검토협의
- 정비계획 및 사업계획의 수립
- 풍수해저감종합계획의 수립
- 우수유출저감대책의 수립
- 비상대처계획의 수립
- 재해복구사업의 평가
- 그 밖에 대통령령으로 정하는 방재관리대책에 관한 업무

ⓛ 대행자 등록
- 대행자는 기술인력 등 대통령령으로 정하는 요건을 갖추고 총리령으로 정하는 바에 따라 국민안전처장관에게 등록하여야 한다.
- 등록결격사유
  - 피성년후견인 또는 피한정후견인
  - 파산선고를 받고 복권되지 아니한 사람
  - 이 법을 위반하여 징역 이상의 실형을 선고받고 그 형의 집행이 끝나거나 집행을 받지 아니하기로 확정된 후 2년이 지나지 아니한 사람
  - 임원 중 제1호부터 제3호까지의 어느 하나에 해당하는 사람이 있는 법인

ⓒ 대행자의 업무준수사항
- 다른 방재관리대책 업무의 대행 내용을 복제하지 아니할 것
- 방재관리대책의 내용을 보존할 것
- 방재관리대책 업무 수행의 기초가 되는 자료를 거짓으로 작성하지 아니할 것

② 금지사항 : 대행자는 등록증이나 명의를 다른 사람에게 빌려 주거나 도급받은 방재관리대책 업무를 한꺼번에 하도급하지 아니하여야 한다.

⑩ 휴업 및 폐업신고 : 대행자는 업무의 전부 또는 일부를 휴업 또는 폐업하거나 휴업한 사업을 재개하려는 경우에는 방재관리대책대행자 업무 휴업 · 폐업 · 재개 신고서를 국민안전처장관에게 제출하여야 한다.

ⓗ 대행자 실태점검
- 국민안전처장관은 대행자 등록 기준 적합 여부, 준수사항 준수 여부 등 대행자의 대행업무 운영 실태를 확인 · 점검할 수 있다.
- 국민안전처장관은 확인 · 점검을 하는 경우에는 다음의 사항을 확인 · 점검 10일 전까지 대행자에게 서면(전자문서를 포함한다)으로 통보하여야 한다.
  - 점검날짜 및 시간
  - 점검취지
  - 점검내용
  - 그 밖에 실태 점검에 필요한 사항

⑥ **재해 유형별 행동 요령의 작성 · 활용**(법 제45조)

  ㉠ 작성 · 활용

    • 재난관리책임기관의 장은 자연재해가 발생하는 경우에 대비하여 기관 및 지역 여건에 적합한 재해 유형별 상황 수습 및 대처를 위한 행동 요령을 작성 · 활용하여야 한다.

    • 중앙대책본부장은 재난관리책임기관의 장이 작성한 재해 유형별 행동 요령을 평가할 수 있다.

  ㉡ 재해 유형별 행동 요령을 작성

    • 단계별 행동 요령 : 재난의 예방 · 대비 · 대응 · 복구단계별 행동 요령

예방단계	• 자연재해위험개선지구 · 재난취약시설 등의 점검 · 정비 및 관리에 관한 사항 • 방재물자 · 동원장비의 확보 · 지정 및 관리에 관한 사항 • 유관기관 및 민간단체와의 협조 · 지원에 관한 사항 • 그 밖에 국민안전처장관이 필요하다고 인정하는 사항
대비단계	• 재해가 예상되거나 발생한 경우 비상근무계획에 관한 사항 • 피해 발생이 우려되는 시설의 점검 · 관리에 관한 사항 • 유관기관 및 방송사에 대한 상황 전파 및 방송 요청에 관한 사항 • 그 밖에 국민안전처장관이 필요하다고 인정하는 사항
대응단계	• 재난정보의 수집 및 전달체계에 관한 사항 • 통신 · 전력 · 가스 · 수도 등 국민생활에 필수적인 시설의 응급복구에 관한 사항 • 부상자치료대책에 관한 사항 • 그 밖에 국민안전처장관이 필요하다고 인정하는 사항
복구단계	• 방역 등 보건위생 및 쓰레기 처리에 관한 사항 • 이재민 수용시설의 운영 등에 관한 사항 • 복구를 위한 민간단체 및 지역 군부대의 인력 · 장비의 동원에 관한 사항 • 그 밖에 국민안전처장관이 필요하다고 인정하는 사항

  ㉢ 업무 유형별 행동 요령 : 재난취약시설 점검, 시설물 응급복구 등의 행동 요령

    • 대규모 건설공사장 및 농림 · 축산 시설의 점검 · 관리에 관한 사항

    • 유관기관 및 민간단체와의 협조체제 구축에 관한 사항

    • 응급진료 · 구호 및 이재민 보호대책에 관한 사항

    • 재난 상황 및 국민 행동 요령 홍보대책에 관한 사항

    • 그 밖에 국민안전처장관이 필요하다고 인정하는 사항

  ㉣ 담당자별 행동 요령 : 비상근무 실무반의 행동 요령 등

    • 비상근무 실무반별 재난의 대비 · 대응 · 복구 등 업무 수행에 관한 사항

    • 제1호에 따른 업무의 조정에 관한 사항

    • 그 밖에 국민안전처장관이 필요하다고 인정하는 사항

  ㉤ 주민 행동 요령 : 도시 · 농어촌 · 산간지역 주민 등의 행동 요령

    • 도시지역 주민의 실내 · 실외 전기수리 금지 및 낙하위험 시설물 제거에 관한 사항

    • 농어촌지역 주민의 농작물 보호조치 및 선박 안전조치에 관한 사항

- 산간지역 주민의 산사태 위험지구 접근 금지 및 산간계곡으로부터의 대피에 관한 사항
- 그 밖에 국민안전처장관이 필요하다고 인정하는 사항

(ㅂ) 그 밖에 실과별 행동 요령 등 국민안전처장관이 필요하다고 인정하는 행동 요령
- 실과별 소관 시설물의 사전 점검 및 정비에 관한 사항
- 실과별 재해복구 활동의 지원에 관한 사항
- 그 밖에 국민안전처장관이 필요하다고 인정하는 사항

(10) 재해복구

① **재해복구계획의 수립 · 시행**(법 제46조)

　　(ㄱ) **수립 · 시행** : 재난관리책임기관의 장은 소관 시설 또는 업무에 관계되는 자연재해가 발생하였을 때에는 이 법 또는 다른 법령에 특별한 규정이 있는 경우를 제외하고는 즉시 자체복구계획을 수립 · 시행하여야 한다.

　　(ㄴ) **통보** : 중앙대책본부장은 수립된 자체복구계획 및 수립된 지구단위종합복구계획을 중앙재난안전대책본부회의의 심의를 거쳐 확정하고 대통령령으로 정하는 바에 따라 재난관리책임기관의 장(지구단위종합복구계획의 경우 지방자치단체의 장)에게 통보하여야 한다.

　　(ㄷ) **예산 계상** : 지방자치단체의 장은 재해복구계획을 통보 받은 즉시 재해복구를 위하여 필요한 경비를 지방자치단체의 예산에 계상하여야 한다.

② **재해대장**(법 제46조의2)

　　(ㄱ) **재해대장 기록보관**
- 지방자치단체의 장과 관계행정기관의 장은 소관 시설 · 재산 등에 관한 피해 상황 등을 재해대장에 기록하여 보관하여야 한다.
- 관계 중앙행정기관의 장과 지방자치단체의 장은 작성된 재해대장을 재해복구가 끝난 해의 다음 해부터 5년간 보관하되, 재해대장은 전자적 방법으로 작성 · 관리할 수 있다.

　　(ㄴ) **재해대장 작성시 포함되어야 할 내용**
- 피해상황
  - 피해 일시 · 지역 및 강우량(강설량)
  - 피해 원인, 피해 물량, 피해액
  - 응급조치 내용
  - 피해 사진 및 도면 · 위치도
  - 피해복구에 따른 기대효과
- 복구사항
  - 공종별 물량 및 복구비 산출명세 등 복구계획
  - 공사명, 위치, 복구 상황, 공사 발주 현황, 담당자 등 복구 추진 현황

③ **지구단위종합복구계획 수립**(법 제46조의3)

　㉠ 수립 : 중앙대책본부장은 해당 지방자치단체의 의견을 들은 후 지방자치단체 소관 시설에 자연재해가 발생한 지역 중 다음에 해당하는 지역에 대하여 지구단위종합복구계획(이하 "지구단위종합복구계획"이라 한다)을 수립할 수 있다.

　　• 도로·하천 등의 시설물에 복합적으로 피해가 발생하여 시설물별 복구보다는 일괄 복구가 필요한 지역

　　• 산사태 또는 토석류로 인하여 하천 유로변경 등이 발생한 지역으로서 근원적 복구가 필요한 지역

　　• 복구사업을 위하여 국가 차원의 신속하고 전문적인 인력·기술력 등의 지원이 필요하다고 인정되는 지역

　　• 피해 재발 방지를 위하여 기능복원보다는 피해지역 전체를 조망한 예방·정비가 필요하다고 인정되는 지역

　　• 위에서 규정한 지역 외에 자연재해의 근원적 복구와 예방이 필요한 지역으로서 대통령령으로 정하는 지역

　㉡ 수립요청 : 지역대책본부장은 중앙합동조사단이 편성되기 전에 미리 자연재해가 발생한 지역의 피해상황 등을 조사하여 중앙대책본부장에게 지구단위종합복구계획을 수립하여 줄 것을 요청할 수 있다.

④ **중앙합동조사단**(법 제47조)

　㉠ 편성

　　• 중앙대책본부장은 필요하다고 인정하면 관계 중앙행정기관과 합동으로 중앙합동조사단을 편성하여 자연재해 상황에 관한 조사를 하고, 재해복구계획을 수립·확정하여야 한다.

　　• 중앙대책본부장은 조사단의 편성을 위하여 관계 중앙행정기관의 장에게 소속 공무원의 파견을 요청할 수 있다.

　　• 관계 중앙행정기관의 장은 소속 공무원의 파견 요청을 받으면 교육을 이수한 사람을 우선적으로 선발하여 파견하여야 한다.

　㉡ 구성·운영

　　• 중앙합동조사단의 단장은 국민안전처의 5급 이상 공무원 또는 고위공무원단에 속하는 일반직공무원으로 한다.

　　• 중앙합동조사단의 단장은 중앙대책본부장의 명을 받아 중앙합동조사단에 관한 사무를 총괄하고 중앙합동조사단에 소속된 직원을 지휘·감독한다.

　　• 중앙합동조사단에 소속되는 중앙합동조사단원의 수는 피해규모에 따라 중앙대책본부장이 정한다.

　　• 시·도 대책본부장에게 위임된 사무와 피해 조사의 원활한 수행을 위하여 시·도 대책본부장 소속으로 지방합동조사단을 편성·운영한다.

⑤ **대규모 재해복구사업 및 지구단위종합복구사업의 시행**(법 제49조의2)

　㉠ 시행

　　• 지방자치단체 소관 재해복구계획 중 대규모이거나 전문성과 기술력이 요구되는 재해복구사업은 국민안전처장관 또는 관계 중앙행정기관의 장이 직접 시행할 수 있다.

　　• 지구단위종합복구계획에 따라 시행하는 재해복구사업 중 근원적인 자연재해 원인의 해소가 필요하거나 국가 차원의 전문성과 기술력 등의 지원이 필요한 지구단위종합복구사업은 관계 중앙행정기관의 장이, 일정 규모 이상의 지구단위종합복구사업은 국민안전처장관이 직접 시행할 수 있다.

　㉡ 대규모 재해복구사업 및 지구단위종합복구사업의 대상 및 규모

　　• 국민안전처장관이 직접 시행할 수 있는 대규모 재해복구사업은 확정·통보된 재해복구계획을 기준으로 총 복구비(용지보상비를 포함한다)가 50억원 이상인 사업을 말한다.

　　• 국민안전처장관이 직접 시행할 수 있는 일정 규모 이상의 지구단위종합복구사업은 확정·통보된 지구단위종합복구계획을 기준으로 총 복구비(용지보상비를 포함한다)가 300억원 이상인 사업으로 한다.

⑥ **복구공사 발주계약방법 등**(법 제50조)

　㉠ 복구공사 발주계약방법 : 관계 중앙행정기관의 장과 지방자치단체의 장은 신속한 자연재해 복구를 위하여 필요하다고 판단하면 대통령령으로 정하는 바에 따라 일괄입찰방식으로 발주·계약을 할 수 있다.

　㉡ 일괄입찰 : 재해복구사업의 시행청이 제시하는 지침에 따라 입찰할 때 공사의 설계서, 시공에 필요한 도면 및 서류를 작성하여 입찰서와 함께 제출하는 설계·시공 입찰을 말한다.

⑦ **복구비**

　㉠ 복구비의 선지급

　　• 시장·군수·구청장은 자연재해의 신속한 구호 및 복구를 위하여 필요하다고 판단되면 재난의 구호 및 복구를 위하여 지원하는 비용 중 대통령령으로 정하는 항목에 대하여는 복구 이전에 미리 복구비를 지급할 수 있다.

　　• 복구비를 선지급받으려는 자는 피해 물량 등에 관하여 시장·군수·구청장에게 대통령령으로 정하는 바에 따라 신고하여야 한다.

　㉡ 복구예산의 정산 등

　　• 지방자치단체의 장은 재해복구사업별로 발생한 재해복구보조금의 집행 잔액을 중앙대책본부장의 승인을 받아 사업비가 부족한 다른 재해복구사업에 충당할 수 있다.

　　• 중앙대책본부장은 승인을 하려면 기획재정부장관과 미리 협의하여야 한다.

ⓒ 복구비 등의 반환 : 시장·군수·구청장은 복구비, 구호비 또는 위로금 등을 받은 자가 다음의 어느 하나에 해당하는 경우에는 총리령으로 정하는 바에 따라 받은 복구비 등을 반환하도록 통지하여야 한다.
- 부정한 방법으로 복구비 등을 받은 경우
- 복구비 등을 받은 후 그 지급 사유가 소급하여 소멸된 경우
- 그 밖에 대통령령으로 정하는 사유가 발생한 경우
  - 재해복구계획에 행정 착오 등으로 복구비·구호비 또는 위로금 등이 잘못 포함된 경우
  - 지역대책본부장이 수립하는 복구계획에 행정 착오 등으로 복구비 등이 잘못 포함된 경우
  - 복구비 등의 지급 과정에서 행정 착오 등으로 잘못 지급된 경우

⑧ **복구사업의 관리**(법 제55조)

ㄱ 지도·점검·관리
- 중앙대책본부장 및 시·도 본부장은 재해복구사업이 효율적으로 추진될 수 있도록 지도·점검·관리하고 필요하면 시정명령 또는 시정요청(현지 시정명령과 시정요청을 포함한다)을 할 수 있다.
- 지역대책본부장은 대통령령으로 정하는 일정 규모 이상의 재해복구사업을 시행할 때에는 실시설계 준공(사업계획이 변경되어 실시설계가 변경되는 경우를 포함한다) 이전에 중앙대책본부장 또는 시·도 본부장의 사전심의를 각각 거쳐야 한다.

ㄴ 사전심의위원회 구성·운영
- 중앙대책본부장과 시·도 본부장은 사전심의를 위한 위원회를 각각 구성·운영할 수 있고, 위원회의 구성·운영에 필요한 사항은 총리령이나 지방자치단체의 조례로 정할 수 있다.
- 사전심의하는 재해복구사업의 범위
  - 중앙대책본부장 : 복구비(용지보상비는 제외한다)가 30억원 이상인 사업
  - 시·도 대책본부장 : 복구비(용지보상비는 제외한다)가 10억원 이상 30억원 미만인 사업
- 재해복구사업계획 변경에 대한 사전심의 대상
  - 재해복구사업의 면적이 100분의 10 이상 증감하는 경우
  - 재해복구사업의 길이가 100분의 10 이상 증감하는 경우
  - 재해복구사업의 사업비가 100분의 10 이상 증가하는 경우
  - 재해복구사업의 면적이 5천제곱미터 이상 증감하는 경우
  - 재해복구사업의 길이가 2킬로미터 이상 증감하는 경우
  - 재해복구사업의 계획을 여러 차례 변경하는 경우로서 각 변경 규모의 합이 제1호부터 제5호까지의 어느 하나에 해당하는 경우
  - 그 밖에 주요 시설의 변경 등 사전심의가 필요하다고 인정되는 경우로서 국민안전처장관이 정하는 경우

⑨ **자연재해복구에 관한 연차보고**(법 제55조의2)

　㉠ 작성제출 : 정부는 보고내용을 토대로 자연재해에 관한 연차보고서(이하 "연차보고서"라 한다)를 매년 작성하여 다음 연도 정기국회 전까지 국회에 제출하여야 한다.

　㉡ 보고서에 포함되어야 할 내용
- 피해 현황 및 복구 개요
- 사유시설 복구추진 현황
- 공공시설 복구추진 현황
- 재해복구사업 추진관리에 필요한 사항
- 부처별 · 사업별 예산집행내역(지방자치단체의 실집행내역을 포함한다)
- 그 밖에 대통령령으로 정하는 사항
  - 재난사태가 선포된 지역의 응급조치 현황
  - 특별재난지역으로 선포된 지역의 지원 현황

⑩ **복구사업의 분석 · 평가**(법 제57조)

　㉠ 분석 · 평가
- 시장 · 군수 · 구청장은 대통령령으로 정하는 일정 규모 이상의 재해복구사업을 시행하였을 때에는 다음 해 말일을 기준으로 사업의 효과성, 경제성 등을 분석 · 평가하여야 한다.
- 국민안전처장관은 필요하다고 판단하면 시장 · 군수 · 구청장이 시행한 재해복구사업과 국민안전처장관 또는 관계 중앙행정기관의 장이 시행한 대규모 재해복구사업 및 지구단위종합복구사업에 대한 효과성, 경제성 등의 분석 · 평가를 직접 시행할 수 있다.
- 시장 · 군수 · 구청장은 재해복구사업 분석 · 평가를 완료한 경우에는 30일 이내에 그 결과를 시 · 도지사를 거쳐 국민안전처장관에게 제출하여야 한다

　㉡ 분석평가대상
- 확정 · 통보된 재해복구계획 기준으로 공공시설의 복구비(용지보상비는 제외한다)가 300억원 이상인 시 · 군 · 구의 사업
- 천 동 이상의 주택이 침수된 시 · 군 · 구에 대한 복구사업으로서 국민안전처장관이 그 효과성, 경제성 등을 분석 · 평가하는 것이 필요하다고 인정하는 시 · 군 · 구의 사업

　㉢ 분석평가의 내용
- 재해복구사업의 해당 시설별 피해 원인 분석의 적정성, 사업계획의 타당성 및 공사의 적정성
- 침수유역과 관련된 재해복구사업의 침수 저감 능력 및 경제성
- 재해복구사업 계획 · 추진 및 사후관리 체제의 적정성
- 재해복구사업에 따른 지역의 발전성 및 지역주민 생활환경의 쾌적성
- 제1호부터 제4호까지의 사항에 관한 개별평가 및 종합평가

⑾ 방재기술의 연구 및 개발

① 방재기술의 연구 · 개발 및 방재산업의 육성(제58조)

  ㉠ 육성 목적 : 정부는 국민의 생명, 재산 및 주요 기간시설을 보호하기 위한 자연재해 예방기법 등의 발전을 촉진하기 위하여 방재기술의 연구 · 개발 및 방재산업을 육성하여야 한다.

  ㉡ 재정적 지원 : 국민안전처장관과 재난관리책임기관의 장은 제1항에 따른 방재기술의 연구 · 개발 및 방재산업을 육성하기 위하여 행정적 · 재정적 지원을 할 수 있다.

② 방재기술 진흥계획의 수립(제58조의2)

  ㉠ 수립 : 국민안전처장관은 방재기술의 연구 · 개발 촉진과 방재산업의 육성을 위하여 국가과학기술심의회의 심의를 거쳐 방재기술 진흥계획(이하 "진흥계획"이라 한다)을 수립하여야 한다.

  ㉡ 진흥계획에 포함되어야 할 사항

    • 방재기술 진흥의 기본 목표 및 추진 방향
    • 방재기술의 개발 촉진 및 그 활용을 위한 시책
    • 방재기술 개발사업의 연도별 투자 및 추진 계획
    • 이미 개발된 기술의 확산에 관한 사항
    • 기술 개발, 기술 지원 등의 기능을 수행하는 기관 · 법인 · 단체 및 산업의 육성
    • 방재기술의 정보관리
    • 방재기술 인력의 수급 · 활용 및 기술인력의 양성
    • 방재기술 진흥 연구기관의 육성
    • 그 밖에 방재기술의 진흥에 관한 중요 사항

  ㉢ 협조요청 : 국민안전처장관은 방재기술의 연구 · 개발, 기반 조성 및 방재산업 육성을 위하여 재난관리책임기관의 장 등에게 진흥계획이 효율적으로 달성될 수 있도록 필요한 협조를 요청할 수 있다.

③ 방재기술 개발사업 추진(법 제58조의3)

  ㉠ 추진 주체 : 국민안전처장관은 국민의 생명 · 재산 보호 및 경제의 지속 가능한 발전을 위하여 대통령령으로 정하는 기관 또는 단체와 협약을 체결하여 방재기술의 발전에 필요한 방재기술 연구 · 개발 사업을 할 수 있다.

  ㉡ 방재기술 개발사업을 위하여 협약을 체결할 수 있는 대상 기관 및 단체

    • 국공립 연구기관
    • 「과학기술분야 정부출연연구기관 등의 설립 · 운영 및 육성에 관한 법률」에 따라 설립된 과학기술분야 정부출연연구기관
    • 「특정연구기관 육성법」에 따른 특정연구기관
    • 「고등교육법」에 따른 대학 · 산업대학 · 전문대학 및 기술대학
    • 「민법」 또는 다른 법률에 따라 설립된 자연재해기술 분야의 법인인 연구기관

- 「기초연구진흥 및 기술개발지원에 관한 법률 시행령」 제16조 제1항에 따른 기업부설연구소
- 총리령으로 정하는 기관·협회 등의 부설연구소 또는 연구·개발 전담부서

④ **방재기술의 실용화**(제59조)

  ㉠ **정부의 역할** : 정부는 다음의 사업자 등을 육성하기 위하여 필요한 시책을 마련하여야 한다.
  - 방재기술을 개발하거나 실용화하는 사업자
  - 방재기술 개발을 위한 출자를 주된 사업으로 하는 자
  - 방재 분야 산업체
  - 그 밖에 대통령령으로 정하는 방재 관련 사업자

  ㉡ **개발된 방재기술의 실용화를 촉진하기 위한 사업**
  - 방재기술의 실용화를 지원하는 전문기관의 육성
  - 방재 관련 특허기술의 실용화사업
  - 방재기술의 실용화에 필요한 인력·시설·정보 등의 지원 및 기술지도
  - 방재 분야 전문가 양성을 위한 교육지원사업
  - 그 밖에 방재기술의 실용화를 촉진하기 위하여 필요한 사업

⑤ **방재기술평가의 지원**(법 제60조)

  ㉠ **정부의 평가** : 정부는 우수한 방재기술의 보급 촉진과 방재기술의 실용화를 위하여 방재기술, 방재제품 및 방재 분야 산업체에 대한 평가 신청을 받아 평가할 수 있다.

  ㉡ **평가대행** : 정부는 평가(이하 "방재기술평가"라 한다)의 실시를 대통령령으로 정하는 전문기관으로 하여금 대행하게 할 수 있다.

⑥ **방재신기술의 지정·활용 등**(법 제61조)

  ㉠ **지정·고시** : 정부는 방재기술평가 결과 우수한 방재기술로 평가된 기술(이하 "방재신기술"이라 한다)에 대하여 방재신기술로 지정·고시하고 방재신기술임을 표시할 수 있는 표시 방법, 보호기간 및 활용 방법 등을 정할 수 있다.

  ㉡ **우선활용** : 정부는 방재시설을 설치하는 공공기관에 대하여 방재신기술을 우선 활용할 수 있도록 적절한 조치를 하여야 한다.

  ㉢ **기술개발자 보호**
  - 국민안전처장관은 기술개발자를 보호하기 위하여 필요하다고 인정하면 보호기간을 정하여 기술개발자가 방재신기술의 기술사용료를 받을 수 있도록 하거나 그 밖의 방법으로 보호할 수 있으며, 보호기간이 만료되어 기술개발자가 보호기간 연장을 신청하는 경우에는 그 방재신기술의 활용 실적 등을 검증하여 그 기간을 연장할 수 있다.
  - 방재신기술의 보호기간은 방재신기술로 지정된 날부터 3년으로 한다.
  - 국민안전처장관은 방재신기술을 지정 받은 자의 신청이 있으면 그 신기술의 활용 실적 등을 검증하여 방재신기술의 보호기간을 제1항에 따른 보호기간을 포함하여 7년의 범위에서 연장할 수 있다.

ㄹ 지정취소사유
  • 거짓이나 그 밖의 부정한 방법으로 지정 받은 경우
  • 해당 방재신기술의 내용에 중대한 결함이 있어 자연재해 현장에 적용하는 것이 불가능한 경우

⑦ **방재제품 및 방재 분야 산업체의 분류**(제61조의3) ··· 국민안전처장관은 방재산업을 육성하고 자연 재해의 응급대책, 신속한 복구, 예방사업에 필요한 물자·자재 등의 안정적 조달 및 품질관리 를 위하여 방재제품 및 방재 분야 산업체를 분류하여 관리할 수 있다.

⑧ **방재산업의 수요 조사 및 공개**(제61조의4) ··· 국민안전처장관은 국가 또는 지방자치단체가 투자하 거나 출연한 법인 또는 그 밖의 재난관리책임기관 등의 방재제품 수요 및 투자관리계획을 조사 하여 그 결과를 공개할 수 있다.

⑨ **국제공동연구의 촉진**(법 제62조) ··· 정부는 국민경제의 지속 가능하고 균형 있는 발전을 위하여 방재기술 및 방재산업에 관한 국제공동연구를 촉진하기 위한 시책을 마련하여야 한다.

촉진 추진사업	• 방재기술 및 방재산업의 국제협력을 위한 조사·연구 • 방재기술 및 방재산업에 관한 인력·정보의 국제 교류 • 방재기술 및 방재산업에 관한 전시회·학술회의의 개최 • 방재기술 및 방재산업의 해외시장 개척 • 자연재해 예방을 위한 기술개발 • 그 밖에 국제공동연구를 촉진하기 위하여 필요하다고 인정하는 사업

⑿ **보칙**

① **방재시설의 유지·관리 평가**(법 제64조) ··· 재난관리책임기관의 장은 재해 예방을 위하여 대통령 령으로 정하는 소관 방재시설을 성실하게 유지·관리하여야 한다.

평가항목	• 방재시설에 대한 정기 및 수시 점검사항의 평가 • 방재시설의 유지·관리에 필요한 예산·인원·장비 등 확보사항의 평가 • 방재시설의 보수·보강계획 수립·시행 사항의 평가 • 재해발생 대비 비상대처계획의 수립사항 평가

② **방재산업 관련 비영리법인의 육성**(법 제64조의2) ··· 국민안전처장관은 방재기술 개발·보급 및 방재 산업 육성의 촉진을 위하여 「민법」, 그 밖의 법률에 따라 설립된 방재산업 관련 비영리 법인이 다음 각 호의 사업을 수행하는 경우 관련 정보의 제공 등 사업추진에 필요한 지원을 할 수 있다.
  ㉠ 방재기술의 연구·개발 사업
  ㉡ 방재산업의 시장동향, 방재기술의 활용실태, 방재제품 수요 등에 관한 정보의 수집·분석 등 조사사업
  ㉢ 방재기술의 실용화 촉진을 위한 사업

     ⓔ 국제공동연구 촉진을 위한 사업

     ⓜ 새로운 방재기술의 실용화 및 방재산업 육성을 위한 공제사업

③ **지역자율방재단**(법 제66조)

     ㉠ 구성 · 운영

- 시장 · 군수 · 구청장은 지역의 자율적인 방재 기능을 강화하기 위하여 지역주민, 봉사단체, 방재 관련 업체, 전문가 등으로 지역자율방재단을 구성 · 운영할 수 있다.
- 지역자율방재단은 시 · 군 · 구 단위로 구성 · 운영한다. 다만, 시장 · 군수 · 구청장이 지역자율방재단의 효율적 운영을 위하여 필요하다고 인정하는 경우에는 읍 · 면 · 동 단위로도 구성 · 운영할 수 있다.
- 시장 · 군수 · 구청장은 지역 안에서 자연재해 예방에 관심이 많으며 조직 구성 및 운영능력이 있다고 인정되는 단체로 하여금 지역자율방재단의 구성 및 운영을 선도하게 할 수 있다.
- 지역자율방재단의 단장(이하 "지역자율방재단장"이라 한다)은 재난 분야에 대한 학식과 경험이 있는 사람 중에서 단원이 호선하여 시장 · 군수 · 구청장이 임명한다.

     ㉡ 예산 지원 : 중앙대책본부장과 지역대책본부장은 지역자율방재단을 활성화하기 위하여 예산 등을 지원할 수 있으며, 시장 · 군수 · 구청장은 지역자율방재단 구성원의 재해 예방, 대응, 복구 활동 등 기여도에 따라 복구사업에 우선 참여하게 하는 등 필요한 사항을 지원할 수 있다.

④ **전국자율방재단연합회**(법 제66조의2)

     ㉠ 설립 : 지역자율방재단 상호 간의 교류와 협력 증진을 위하여 전국자율방재단연합회(이하 "연합회"라 한다)를 설립할 수 있다.

     ㉡ 업무수행

- 지역자율방재단 구성원의 복리증진에 관한 사항
- 지역자율방재단의 현안에 대한 협의 및 처리에 관한 사항

⑤ **한국방재협회**(법 제72조)

     ㉠ 설립

- 재해대책에 관한 연구 및 정보교류의 활성화와 국민방재역량 제고를 위하여 한국방재협회(이하 "협회"라 한다)를 설립할 수 있다.
- 협회는 법인으로 한다.
- 협회는 주된 사무소의 소재지에서 설립등기를 함으로써 성립한다.

     ㉡ 회원

- 재해대책 분야와 관련된 연구단체 및 용역업에 종사하는 사람
- 재해대책에 관한 학식과 경험이 풍부한 사람으로서 회원이 되려는 사람
- 재해대책 분야와 관련된 용역 · 물자의 생산 및 공사 등을 하는 단체 및 업체
- 그 밖에 정관으로 정하는 사람

    ⓒ 업무
- 재해 예방과 방재의식의 고취를 위한 교육 및 홍보
- 재해 예방, 재해 응급대책 및 재해 복구 등에 관한 자료의 조사·수집 및 보급
- 재해 예방, 재해 응급대책 및 재해 복구 등에 관한 각종 간행물의 발간
- 재해대책에 관한 정부 위탁사업의 수행
- 방재 분야 기술발전을 위한 관련 산업의 육성·지원
- 민간주도의 재해 관련 국내외 행사의 유치
- 방재 분야 전문인력의 양성 지원 및 인력 데이터베이스 구축 관리
- 그 밖에 재해대책에 관련되는 사항으로서 대통령령으로 정하는 사항

    ⓔ 위탁업무수행 : 중앙대책본부장과 지역대책본부장은 재난 발생에 대응하여 신속한 처리가 필요한 경우 등에만 업무와 관련된 용역업무를 협회에 위탁할 수 있다.

⑥ **자연재해로 인한 피해사실확인서 발급**(법 제74조) ⋯ 시장·군수·구청장은 자연재해로 발생한 피해에 대하여 피해사실확인서(이하 "사실확인서"라 한다)를 발급할 수 있다.

⑦ **지역안전도 진단**(법 제75조의2)

    ⓐ **진단권자** : 국민안전처장관은 방재정책 전반의 환류(還流) 체계를 구축하고, 자주적인 방재 역량의 제고와 저변 확대를 위하여 시·군·구별로 지역안전도 진단을 할 수 있다.

    ⓑ **진단내용**
- 시·군·구별 피해 발생 빈도와 피해 규모의 분석
- 시·군·구별 피해 저감 능력을 진단하기 위한 진단지표 및 진단기준에 따른 분석

    ⓒ **진단절차**
- 지역안전도 진단(이하 "지역안전도 진단"이라 한다)은 국민안전처장관이 시장·군수·구청장으로부터 신청을 받아 실시한다. 다만, 다음의 경우에는 신청 없이 국민안전처장관이 직접 지역안전도 진단을 할 수 있다.
  - 최근 지역안전도 진단일부터 5년이 지난 경우
  - 최근 지역안전도 진단 결과가 전체 시·군·구의 하위 15퍼센트에 해당하는 경우

    ⓔ **진단방법** : 지역안전도 진단은 서면 및 현지조사의 방법으로 한다.

    ⓜ **진단안전도 등급** : 국민안전처장관은 지역안전도 진단 결과에 대하여 시·군·구별로 1등급부터 10등급까지 구분하여 안전도 등급을 부여할 수 있다.

⒀ **벌칙**

① **벌칙**

    ⓐ 대행자 등록을 하지 아니하고 방재관리대책 업무를 대행한 자는 1년 이하의 징역 또는 1천만원 이하의 벌금에 처한다.

ⓛ 비상대처계획을 수립하지 아니한 자는 500만원 이하의 벌금에 처한다.

② **과태료** ⋯ 300만원 이하의 과태료

　　ⓐ 자연재해위험개선지구의 재해 예방을 위한 점검·정비 명령을 이행하지 아니한 자

　　ⓛ 우수유출저감시설을 설치하지 아니한 자

　　ⓒ 침수흔적 등의 조사를 방해하거나 무단으로 침수흔적 표지를 훼손한 자

　　ⓔ 해일위험지구의 재해 예방을 위한 점검·정비 명령을 이행하지 아니한 자

　　ⓜ 대행자의 준수사항을 위반한 자

　　　　• 대행자의 준수사항

　　　　　　– 다른 방재관리대책 업무의 대행 내용을 복제하지 아니할 것

　　　　　　– 방재관리대책의 내용을 보존할 것

　　　　　　– 방재관리대책 업무 수행의 기초가 되는 자료를 거짓으로 작성하지 아니할 것

　　ⓗ 대행자의 업무의 일부 또는 전부의 휴·폐업 신고를 하지 아니하고 사업을 휴업하거나 폐업한 자

　　ⓢ 실태 점검을 거부·기피·방해하거나 거짓 자료를 제출한 대행자 및 방재관리대책 업무를 대행하게 한 자

③ 사회 재난

(1) 사회재난의 정의

① 화재·붕괴·폭발·교통사고(항공사고 및 해상사고를 포함한다)·화생방사고·환경오염사고 등으로 인하여 발생하는 대통령령으로 정하는 규모 이상의 피해

② 에너지·통신·교통·금융·의료·수도 등 국가기반체계의 마비

③ 「감염병의 예방 및 관리에 관한 법률」에 따른 감염병 또는 「가축전염병예방법」에 따른 가축전염병의 확산 등으로 인한 피해

(2) 사회재난의 분류

① **사고성 재난** ⋯ 핵폭발, 화재사고, 위험물 사고, 폭발, 붕괴사고, 방사능 사고 등과 같이 인적 원인에 의한 것이다.

② **계획적 재난** ⋯ 테러, 전쟁, 폭동 등

(3) 사회재난 유형별 세부내용

① **교통관련 재난** … 항공기사고, 고속도로 교통사고, 열차사고, 선박사고

    ㉠ **교통사고** : 교통 기관으로 인해 일어나는 모든 사고. 자동차·기차·항공기·선박 등의 충돌이나 탈선·추락·침몰 등으로 사람이 다치거나 죽는 일과 물자의 피해·손실을 두루 일컫는 말이다. 일반적으로 교통사고라 하면, 도로 교통에서 일어나는 사고를 가리키며, 그 밖의 사고는 철도 사고·항공기 사고·해난 사고라 달리 부르기도 한다.

    ㉡ **항공기사고**

- 항공기의 추락, 충돌, 화재
- 항공기로 인한 사람의 사망 또는 행방불명
- 항공기로 인한 사람의 사상 또는 물건의 손괴
- 항공기의 위치를 확인할 수 없는 경우
- 기타 다음 시행규칙에서 정하는 항공기에 관한 사고
  - 항공기 구조상의 강도, 성능 또는 비행특성에 지장을 초래하는 부품의 교체를 필요로 하는 손상 또는 구조상의 결함이 발생한 경우
  - 항공기 감항성에 영향을 미치는 손상 또는 구조상의 결함 발생 하는 경우
  - 다만, 엔진의 덮개나 부속품의 고장과 같은 경미한 엔진고장, 프로펠러, 날개끝, 안테나 , 타이어, 브레이크, 훼어링 기타 항공기 표면의 작은 홈이나 작은 구멍과 같은 손상을 제외한다.

    ㉢ **고속도로 교통사고**

- 발생원인 : 운전자의 무능력(부주의), 기상악화, 기계구조상의 결함
- 고속도로에서 버스, 위험물 적재차량, 승용차 등의 연쇄 추돌사고는 대규모의 구조구급작업과 화재진압 그리고 신속한 대피작업을 요구한다.
- 사고의 특성과 발생 범위를 확인하고 사고 장소로의 접근이 지연되는 러시아워에는 헬기에 의한 신속한 정보수집활동이 필요할 수도 있다.
- 고속도로에서의 사고는 주로 2개 이상의 행정관할구역을 사이에 두고 발생하는 경우가 많다. 이런 경우 비록 해당 사고가 관할구역 내 사고일지라도 인근 행정구역의 대응기관이 보다 가까이 위치하고 있다면 타 관할이라도 먼저 출동하는 것이 바람직하다.

    ㉣ **열차사고**

- 일반 열차사고의 주요 관심사항은 사고의 진압과 환자들의 치료에 있다.
- 좁은 터널이나 산악에서 발생이 많아 구조가 지연되고, 특히 유해물질을 수송하는 경우 재해규모가 심각하다.
- 손상의 정도는 주로 다발성 손상과 골절이며, 때로는 적재물품의 종류에 따라 화상이나 화학물질에 의한 손상이 발생하기도 한다.
- 열차사고 발생시 비상대응활동 순서 : 철도청 통제상황실에 즉각적으로 알림→전철 및 선로의 전력을 차단함→사고현장에 현장지휘소를 설치함→희생자를 구출함

　　ⓜ 선박사고

　　　• 선박사고는 암초와 충돌, 파도에 의한 좌초 및 전복 등의 원인에 의해 발생하고 승선자 대부분이 사망으로 이어지는 치명적인 사고이다.

　　　• 선박사고로 인한 사망은 물에서 체온을 잃는 저체온증 현상이 가장 큰 원인이며, 둘째로 익사이다.

　　　• 선박화재진압은 최소한의 물을 사용한 진압활동이 되도록 하여 선박의 침몰을 방지한다.

② **테러 사고**

　　㉠ 테러사고의 테러현장 통제 5단계

　　　• 1단계 : 사고평가(사고요인과 영향에 대한 평가)

　　　• 2단계 : 상황분석(사고형태, 사고원인, 현재상황 등)

　　　• 3단계 : 사고대응의 우선 조치사항 세팅

　　　• 4단계 : 사고의 잠재적 위험성 평가

　　　• 5단계 : 전략적 목표 및 전술적 목적 선정

　　㉡ 테러에 사용되는 폭발물

　　　• 폭발물이란 가열, 마찰, 충격 또는 다른 화학물질과의 접촉 등으로 인하여 산소나 산화제의 공급이 없더라도 폭발 등 격렬한 반응을 일으킬 수 있는 고체나 액체를 말한다.

　　　• 폭발성 물질은 가열, 충격 등에 민감하여 폭발 우려가 있고 물질 내에 함유된 산소 등에 의해 스스로 연소할 수 있다.

　　　• 테러에 사용되는 군용폭탄은 크게 파열폭탄과 화학폭탄으로 나뉘는데 소이탄·연막탄·독가스 살포기 등은 화학폭탄에 해당한다.

③ **시설물 붕괴사고**

　　㉠ 붕괴사고의 발생원인

　　　• 신공법, 신기술의 부족

　　　• 작업 자체의 위험성

　　　• 하도급에서 발생되는 문제

　　　• 사업주 및 근로자의 안전의식 부족 등

　　㉡ 붕괴사고의 특징

　　　• 시설물 붕괴사고는 부실공사, 폭발, 화재 등의 1차적 원인에 의해서 발생되는 재난으로 보통 건축물, 교량, 터널, 댐, 하천 등 붕괴사고로 분류할 수 있다.

　　　• 시설물 붕괴사고 발생 직후 대응활동은 붕괴된 잔해물로 인해 어려움을 겪게 되고 구조활동이 장시간에 걸쳐 진행되는 특징을 가진다.

　　　• 붕괴사고 시 대응활동 중 가장 먼저 해야 하는 것은 2차 붕괴의 위험성에 대해 방지조치를 하는 것이다.

④ **위험물**(화학물질, 방사능) **재난**

  ㉠ 일반적 특징

- 위험물안전관리법에서 위험물이란 인화성 또는 발화성 등의 성질을 가지는 것으로서 대통령령이 정하는 물품을 말한다.
- 위험물 사고의 잠재적 파괴력은 상대적으로 즉각 미치며, 장기간에 걸쳐 발생된다.
- 2차 재해의 위험성이 많으며, 동원된 대응요원들은 물론 그 지역의 인근주민과 환경에도 피해를 입힌다.
- 위험물 재난 대응계획의 취지는 그 사고를 통해 발생되는 위험요인을 통제하고 경감시키는데 있다.

  ㉡ 방사능사고

- 노출오염은 방사능물질이 의복이나 피부에 묻었을 때 발생되며, 흡수오염은 상처를 통해 흡수되거나 흡입 등에 의해서 일어난다.
- 침착은 방사능 물질이 신체에 흡수되어 세포나 조직 내로 침투한 것을 말하며 방사능물질의 화학적인 성상과 원자에 의해 일어난다.
- 방사능 사고시 구조대의 우선적인 목표는 방사능 물질 노출을 포함해서 희생자를 2차적인 부상으로부터 보호하기 위해 방사능에 덜 노출된 곳으로 이동하는 것이다.
- 외부방사선 노출로부터 대원들을 보호하는 방법은 노출시간 최소화, 방사선 배출원으로부터 일정거리 유지, 방사선 배출원으로부터 보호막 설치 등의 3가지 요소를 조합하는 것이다.

  ㉢ 방사선 일반

- 방사선의 공통적인 성질로는 전리작용 · 사진작용 · 형광작용을 들 수 있으며 이 성질을 이용한 전리상자, 가이거 계수기, 섬광 계수관 등의 각종 검출장치로 검출하거나 세기를 측정한다.
- 측정단위는 래드(rd), 렘 (rem), 뢴트겐 (R) 등이 있다.

  ㉣ 방사선 종류

- 알파선 : 헬륨 원자핵으로 2개의 중성자와 2개의 양성자의 결합체이다. 질량과 전하가 비교적 크기 때문에 물질 속에서 에너지 감소가 현저하여 공기 중에서는 수cm, 물속에서는 $10\mu m$ 정도로 투과력이 약하다. 중성자 · 중양성자 등과 함께 인공적으로 가속시켜 핵반응을 일으키기 위한 포격입자로 많이 쓰이고 있다.
- 베타선 : 핵의 베타 붕괴시 방출되는 전자의 흐름으로 알파선보다는 월등히 큰 투과력을 가지며(공기 속에서 수cm ~ 수m 정도) 질량이 작기 때문에 물질원자 내에서 산란되는 정도가 크다.
- 감마선 : 파장이 $10-9 ~ 10-10$cm 정도의 전자기파(광자)로 핵의 알파 · 베타 붕괴 후 일시적으로 들뜬 상태에 있던 핵이 안정된 에너지 상태로 돌아갈 때 방출되며 투과력이 매우 강하여 이 선을 차단하기 위해서는 두꺼운 차폐벽이 필요하다.

⑤ 화재사고

　㉠ 발생 시간대로는 오후 11시에서 오전 5시까지 많이 발생하였다.

　㉡ 하루 중에 한 낮보다는 한 밤중에 발생빈도가 높다.

　㉢ 가정이나 고장에서 발생한 피해보다는 공사 중에 발생한 화재가 피해가 더 컸다.

　㉣ 계절별 화재는 겨울철에 가장 많이 발생했고 그 다음이 봄, 가을, 여름 순이었다.

⑥ 휴대용 부탄가스레인지 사용상의 안전수칙

　㉠ 부득이 실내에서 사용할 경우에는 밖에서 사용 시험을 한 후 이상이 없을 때 사용한다.

　㉡ 실내에서 사용 시는 반드시 환기를 해야 하며, 환기를 하지 않을 때에는 산소부족과 일산화
　　탄소의 발생으로 두통이 생기거나 질식될 수 있다.

　㉢ 밀폐된 텐트 안이나 좁은 방에서는 질식 또는 화재의 위험이 있으므로 사용하지 않는다.

　㉣ 사용 중에 가스가 누출될 경우 신속히 연결레버를 위로 올려 용기를 분리시켜야 한다.

⑦ 가스안전 주의사항

　㉠ 불이 붙지 않은 상태로 점화코크가 열리면 가스가 누출될 수 있으므로 가스불을 켤 때에는
　　불이 붙었는지 꼭 확인한다.

　㉡ 가스기구를 사용할 때에는 창문을 열어 신선한 공기로 충분히 실내를 환기시켜야 한다.

　㉢ 가스레인지 주위에는 가연성 물질인 빨래, 스프레이 통 등을 가까이 두지 말아야 한다.

　㉣ LPG는 바닥으로부터, LNG는 천정으로부터 냄새를 맡아 누출되었는지 확인한다.

④ 사회적 재난 관련 중앙재난안전대책본부 구성

(1) 총칙

① **목적** … 국가기반체계의 마비와 전염병의 확산 등 사회적 재난을 관리하기 위하여 「재난 및 안
전관리 기본법」의 규정에 따른 중앙재난안전대책본부의 구성 및 운영 등에 필요한 사항을 규정
함을 목적으로 한다.

② **용어 정의**

　㉠ 사회적 재난 : 「재난 및 안전관리 기본법」 제3조 제1호 다목의 재난을 말한다.

　㉡ 사회적 재난관리 : 사회적 재난의 예방·대비·대응 및 복구를 위하여 행하는 모든 활동을 말
　　한다.

　㉢ 국가기반체계 : 에너지, 정보·통신, 교통·수송, 금융, 산업, 보건·의료, 원자력, 건설, 환경,
　　식수·용수 등 국가경제, 국민생활 및 정부기능 유지에 중대한 영향을 미칠 수 있는 물적·
　　인적 기능체계를 말한다.

(2) 중앙재난안전대책본부의 구성 및 기능

① **중앙재난안전재책본부의 설치기간**

    ㉠ 주무부처의 장 또는 지역재난안전대책본부의 본부장이 중앙대책본부의 본부장(이하 "중앙본부장"이라 한다)에게 중앙대책본부의 설치를 건의하는 기간

    ㉡ 중앙본부장이 재난상황의 심각성, 전개속도, 지속기간, 파급효과, 확대가능성 및 재난관리의 시급성, 국내외 여론 등을 고려해 중앙대책본부의 설치가 필요하다고 판단하는 기간

② **중앙대책본부 구성원의 임무**

    ㉠ 차장 : 사회적 재난 관리를 총괄하고 중앙본부장을 보좌한다.

    ㉡ 총괄조정관 : 사회적 재난의 상황관리를 총괄하고 중앙본부장 및 차장을 보좌한다.

    ㉢ 통제관 : 실무반의 업무를 총괄하고 총괄조정관을 보좌한다.

    ㉣ 담당관 : 실무반의 운영을 지원하고 통제관을 보좌한다.

    ㉤ 실무반 : 사회적 재난의 예방·대비·대응·복구 등을 위한 업무를 수행한다.

③ **직무대행** … 중앙본부장이 부득이한 사유로 직무를 수행할 수 없는 때에는 차장·총괄조정관·통제관 및 담당관 순으로 그 직무를 대행한다.

(3) 중앙대책본부의 운영 및 근무체계

① **사회적 재난 관리체계** … 중앙본부장은 사회적 재난의 관리단계, 주무부처의 장의 의견, 사회적 재난 상황의 심각성 및 사회적 재난 관리의 시급성 등을 고려하여 중앙대책본부의 구성·운영 및 근무체제를 정하여야 한다.

② **상황판단회의**

    ㉠ 소집 : 국민안전처장관은 사회적 재난 상황과 관련하여 상황판단을 위한 회의를 개최하여 중앙대책본부의 운영여부·시기 및 중앙대책본부회의의 소집 등을 결정할 수 있다.

    ㉡ 구성 : 상황판단회의는 국민안전처 및 사회적 재난 관련 중앙행정기관의 고위공무원단에 속하는 공무원과 그 밖에 국민안전처장관이 필요하다고 인정하는 사람으로 구성한다.

    ㉢ 자문요청 : 국민안전처장관은 대통령실, 국가정보원의 관계자 및 그 밖의 외부전문가를 상황판단회의에 참석시켜 자문을 구할 수 있다.

③ **상황판단실무회의**

    ㉠ 구성 등

      • 상황판단회의를 효율적으로 운영하기 위하여 상황판단 실무회의를 개최할 수 있다.

      • 상황판단 실무회의의 의장은 국민안전처의 고위공무원단에 속하는 공무원이 된다.

- 상황판단 실무회의는 의장, 관계 재난관리책임기관의 과장급 공무원과 그 밖에 의장이 필요하다고 인정하는 사람으로 구성한다.

ⓒ 협의사항
- 재난상황의 분석
- 재난상황의 심각성, 전개속도, 지속기간, 파급효과, 확대가능성 및 재난관리의 시급성, 국내외 여론 등을 고려한 중앙대책본부 설치 필요성의 검토
- 중앙대책본부 구성시 중앙대책본부와 중앙사고수습본부의 역할체계 구체화
- 중앙대책본부에 파견되는 주무부처 등 유관기관의 전문인력에 관한 사항
- 그 밖에 상황판단회의를 지원하기 위해 필요한 사항

ⓒ 실무반의 운영
- 중앙본부장은 사회적 재난의 관리단계, 사회적 재난 상황의 심각성 및 사회적 재난관리의 시급성 등을 고려하여 실무반을 편성·운영하여야 한다.
- 중앙본부장은 실무반에 파견될 근무자의 명단을 관계 재난관리책임기관의 장에게 요청할 수 있고, 요청을 받은 재난관리책임기관의 장은 파견 대상자의 명단을 즉시 제출하여야 한다.
- 중앙본부장은 파견 대상자의 명단을 제출 받아 근무 대상자를 소집하여 근무에 임하도록 하여야 한다. 다만, 상황에 따라 파견근무 대상자 중 일부만 소집하고 나머지 인원은 해당기관에서 비상 대기하도록 할 수 있다.
- 중앙본부장은 사회적 재난 상황을 효율적으로 관리하기 위하여 국민안전처 소속 공무원과 파견대상 공무원을 대상으로 실무반을 소집하여 모의훈련을 실시할 수 있다.

④ **파견대상자**

㉠ **파견대상자의 사전교육 등**
- 중앙본부장은 사회적 재난을 효율적으로 관리하기 위하여 필요한 경우 파견 대상자에게 상황근무에 따른 사전교육을 시킬 수 있다.
- 파견 대상자 소속 기관의 장은 중앙본부장의 파견 요청 시 특별한 사유가 없는 한 사전교육을 받은 사람을 파견하여야 한다.

㉡ **파견대상자의 비상연락망 구축** : 재난관리책임기관의 장은 사회적 재난의 발생이 우려되거나 발생한 경우에는 사전교육을 이수한 파견 대상자가 즉시 중앙대책본부의 실무반 소집에 응할 수 있도록 유·무선 비상연락체계를 구축하여야 한다.

㉢ **파견근무자의 임무**
- 소속 기관과 관련된 사회적 재난의 발생 현황 및 사회적 재난 발생 시 대응방안 파악·관리
- 소속 기관의 분야별 담당부서 및 담당자에 대한 상시 비상연락망 구축 및 정보전달
- 소속 기관에서 통보한 각종 사회적 재난정보에 대한 분석 및 판독
- 소관 분야에 대한 상황보고서 작성 및 보고
- 그 밖에 중앙본부장이 필요하다고 판단하여 부여하는 임무

ⓔ 기타

- 파견 근무자중 복무상태가 불성실한 사람에 대하여는 중앙본부장이 그 소속 기관의 장에게 필요한 조치를 취하도록 요구할 수 있다. 이 경우 소속 기관의 장은 조치결과를 중앙본부장에게 통보하여야 한다.
- 중앙본부장은 파견 근무자에게 예산의 범위에서 파견 수당 지급 등 근무지원을 할 수 있다.

(4) 중앙대책본부회의

① 중앙대책본부회의의 운영 등

ⓐ 운영

- 중앙재난안전대책본부회의는 중앙본부장 또는 중앙본부장이 지정하는 사람이 주관한다.
- 중앙대책본부회의를 구성하는 사람의 직위에 변동이 있는 경우 해당 기관의 장은 지체 없이 그 사실을 중앙본부장에게 통보하여야 한다.
- 중앙대책본부회의의 사무를 처리하기 위하여 간사 1명을 두되, 간사는 국민안전처 재난대책과장이 된다.

ⓑ 소집

- 중앙본부장은 중앙대책본부회의를 소집할 경우에는 회의 개최일 3일전까지 회의일시, 장소 및 심의안건 등을 각 위원에게 통지하여야 한다. 다만, 긴급을 요하거나 부득이한 사유가 있는 경우에는 그러하지 아니하다.
- 중앙본부장은 회의안건과 관계가 있는 위원만 회의에 참석시킬 수 있다.
- 중앙대책본부회의에 참석하는 위원이 해당 사회적 재난 분야에 전문성이 없다고 판단될 경우에는 소속 기관장은 동일 직급 상당의 전문성이 있는 다른 공무원을 대신 참석하도록 할 수 있다.
- 중앙본부장은 필요한 경우 재난관리책임기관의 업무담당자와 대통령실 등 그 밖의 유관기관의 관계자도 중앙대책본부회의에 참석하도록 할 수 있고, 외부전문가를 참석시켜 자문을 구할 수 있다.
- 중앙대책본부회의의 운영에 관하여 그 밖에 필요한 사항은 중앙본부장이 정한다.

ⓒ 기록 : 중앙본부장은 중앙대책본부의 실무반으로 하여금 중앙대책본부회의의 내용을 기록하게 할 수 있고, 이를 중앙대책본부의 운영에 반영할 수 있다.

② 실무회의의 구성 및 운영

ⓐ 중앙대책본부회의 안건의 사전 검토, 통합지원대책 및 실무반 운영 등 실무적 협의를 위하여 중앙대책본부에 실무회의를 둘 수 있다.

ⓑ 실무회의는 통제관, 관계 재난관리책임기관의 과장급 공무원으로 구성된다.

ⓒ 통제관은 실무회의를 소집할 수 있으며, 사회적 재난 분야 전문가, 지역대책본부 관계자 등 그 밖에 회의에 필요한 사람을 참석시킬 수 있다.

(5) 통합지원체계 구축

① **보고 및 홍보**

ㄱ 수습본부, 지역대책본부, 관계 중앙행정기관 등은 사회적 재난의 상황 및 대책을 중앙대책본부에 보고하여야 하며, 중앙대책본부는 관계기관에 이를 전달하여야 한다.

ㄴ 중앙본부장은 국민의 혼선을 방지하고 사회적 재난을 효율적으로 관리하기 위하여 사회적 재난과 관련한 홍보에 관한 사항을 중앙대책본부회의에서 정할 수 있으며, 수습본부, 관계 중앙행정기관 및 지역대책본부 등은 그 결정에 따라야 한다.

ㄷ 보고의 종류ㆍ시기ㆍ내용 등 보고ㆍ전달에 관한 사항과 홍보에 관한 구체적인 사항은 중앙본부장이 정한다.

② **통합지원 요청** … 재난관리책임기관의 장은 제26조에 따른 사회적 재난의 관리단계별로 책임 있게 대처하여야 하고, 통합지원이 필요한 경우에는 중앙대책본부에 통합지원을 요청할 수 있다.

③ **중앙수습지원단 파견 등**

ㄱ 파견직원 업무

  • 중앙대책본부의 실무반, 주무부처 및 지역대책본부 간 직통전화 구축
  • 비상지원본부의 설치 지원
  • 지역대책본부의 애로사항 파악 및 상황관리 지원
  • 현장상황, 사회적 재난 발생원인, 조치상황 및 전망을 중앙본부장에게 보고
  • 그 밖에 중앙수습지원단의 구성에 필요한 사항을 파악하여 중앙본부장에게 보고

ㄴ 보고 : 사회적 재난 현장에 파견된 중앙수습지원단은 사회적 재난의 수습을 위하여 업무의 수행과 더불어 각 중앙행정기관에서 행정적ㆍ재정적으로 지원하여야 할 사항을 신속하게 파악하여 중앙본부장에게 보고하여야 한다.

④ **지역본부장의 현장지휘체계** … 지역본부장은 사회적 재난이 발생하여 현장상황의 관리가 필요하다고 판단되는 경우에는 사회적 재난 현장에 접근이 쉬운 곳에 비상지원본부를 설치할 수 있다.

⑤ **협조체제의 구축 등**

ㄱ 중앙본부장ㆍ수습본부장 및 지역본부장은 사회적 재난 상황관리의 효율적인 추진을 위하여 관계 재난관리책임기관과 유기적인 협조체제를 구축하여야 한다.

ㄴ 중앙본부장은 중앙대책본부와 관계 재난관리책임기관이 설치한 상황실 간에 각종 통신연결망을 구축할 수 있다.

ㄷ 중앙본부장은 협조체제 및 통신연결망의 작동상태를 점검할 수 있다.

⑥ 사회적 재난 대비 합동 훈련

    ㉠ 중앙본부장은 사회적 재난의 효율적인 관리를 위하여 중앙대책본부·수습본부·지역대책본부 및 관계 재난관리책임기관과 합동으로 사회적 재난 대비훈련을 실시할 수 있다.

    ㉡ 중앙본부장은 합동훈련을 도상훈련·전산훈련 및 실제훈련으로 구분하여 상황에 따라 필요한 훈련을 실시할 수 있고, 훈련실시에 관하여 필요한 사항을 정할 수 있다.

    ㉢ 중앙본부장은 합동훈련을 실시한 후에는 훈련에 대한 평가를 하여 그 결과를 재난관리책임기관의 장에게 통보할 수 있고, 통보를 받은 재난관리책임기관의 장은 평가결과에 따라 사회적 재난관리에 필요한 조치를 취하여야 한다.

⑦ 상황단계별 편람작성 등

    ㉠ 편람의 작성

- 각급 재난관리책임기관의 장은 국민안전처장관이 작성한 표준편람을 기준으로 해당기관의 업무내용에 적합하게 유형별·상황단계별 실용편람을 작성하여야 한다.
- 국민안전처장관은 재난관리책임기관의 실용편람이 사회적 재난의 유형별·상황단계별로 실제상황에서 활용될 수 있도록 재난관리책임기관의 실용편람 작성을 협조 및 지원하여야 한다.
- 국민안전처장관은 제1항에 따른 실용편람을 통합관리하고, 이를 위하여 필요한 경우에는 각 재난관리책임기관의 실용편람에 대하여 평가를 실시할 수 있다.
- 국민안전처장관은 제3항에 따른 실용편람의 통합관리 및 평가를 위하여 필요한 경우에는 재난관리책임기관의 소속 직원을 파견 요청할 수 있다. 이 경우 해당 재난관리책임기관은 특별한 사유가 없는 한 이에 응하여야 한다.

    ㉡ 편람의 보완 : 재난관리책임기관의 장은 사회적 재난의 유형·지역여건 및 자체실정에 적합하게 활용될 수 있도록 실용편람을 보완하는 등 필요한 조치를 하고, 그 조치결과를 국민안전처장관에게 통보하여야 한다.

⑧ 자원동원체계의 구축 등

    ㉠ 지역본부장 : 지역본부장은 사회적 재난 발생 시 신한 응급조치에 일시 사용할 장비 및 인력의 지정·관리를 위하여 관할구역 안의 관계 재난관리책임기관 및 업체의 장과 협의하여 다음 각 호의 인력 및 장비를 사전에 파악하여 그에 대한 신속한 동원체계를 구축하여야 한다.

- 사회적 재난과 관련된 재난관리책임기관 및 업체의 최소한의 기능유지를 위한 필수 인력
- 사회적 재난과 관련된 재난관리책임기관 및 업체의 피해시설물의 복구를 위한 기술자 및 장비일체
- 국가기반체계의 주된 기능 유지를 위한 보조시스템 관련 장비
- 그 밖에 사회적 재난 관리에 필요한 인력 및 장비 등

ⓛ 중앙본부장
- 중앙본부장은 동원명령의 효율적 운영을 위하여 지역본부장 및 재난관리책임기관에게 인력·장비의 현황과 비축된 물자·자재의 현황을 제출하도록 요청할 수 있다. 이 경우 지역본부장과 재난관리책임기관의 장은 특별한 사유가 없는 한 이에 응하여야 한다.
- 중앙본부장은 원활한 자원동원체계의 구축을 위하여 인력 및 장비의 동원과 관련한 제도와 기준을 수립하여 지역본부장 및 관계 재난관리책임기관의 장에게 전파할 수 있다.

(6) 상황관리체계 구축

① 사회적 재난관리 총괄관의 지정 및 임무

ㄱ 지정 : 재난관리책임기관의 장은 신속한 사회적 재난 정보의 수집·분석 및 전파를 위하여 소속 직원 중에서 사회적 재난관리 총괄관을 지정할 수 있다.

ㄴ 임무
- 소속 기관의 사회적 재난 유형별 담당부서 및 담당자 비상연락체계 구축 등 상황관리채널 구축
- 소속 기관의 사회적 재난 담당자와 국가기반체계보호상황실 담당요원과의 정보전달 및 연계업무 총괄
- 소속 기관에 설치되는 수습본부 및 지역대책본부의 구성·운영에 관한 업무 총괄

② 사회적 재난의 관리단계 및 재난상황 보고 등

ㄱ 재난관리 단계
- 예방단계 : 사회적 재난을 일으킬 수 있는 각 분야별 취약점 분석을 통하여 위기요인을 사전에 제거하거나 감소시킴으로써 위기발생 자체를 억제하거나 방지하기 위한 일련의 활동 단계
- 대비단계 : 사회적 재난과 관련된 정보 등 징후가 포착되는 경우에 대응계획을 사전에 작성하고, 이에 대한 교육·훈련으로 대응능력을 강화시키는 일련의 활동 단계
- 대응단계 : 대비단계에서 작성된 대응계획의 이행을 통하여 피해를 최소화하고 2차적 피해를 감소시키기 위하여 국가의 가용 자원 및 역량을 활용하여 대처하는 일련의 활동 단계
- 복구단계 : 사회적 재난으로 인하여 발생한 피해를 사회적 재난 이전의 상태로 회복시키고, 사회적 재난의 재발방지를 위한 제도적 장치를 마련하거나 운영체계를 보완하는 일련의 활동 단계

ㄴ 재난상황보고
- 재난관리책임기관의 장은 사회적 재난의 관리단계별로 다음에 따라 국가기반체계보호상황실에 지체 없이 보고 또는 통보하여야 한다.

보고 또는 통보내용	• 예방단계 : 사회적 재난과 관련된 동향 및 여론 • 대비단계 : 사회적 재난의 구체적인 동향, 전망 및 조치사항 관련 정보 • 대응단계 : 사회적 재난의 상황·피해정도, 대체자원의 투입여부 등 비상대책과 통합지원 관련 정보 • 복구단계 : 국가기반체계의 기능 정상화여부, 복구계획, 복구상황 및 재발방지대책 관련 정보
보고 또는 통보방법	• 원칙적으로 문서에 의하되, 각종 통신매체(전자우편 및 FAX를 포함한다)를 이용할 수 있다. • 긴급을 요하는 사항의 경우 전화를 이용할 수 있다. • 그 밖에 사회적 재난 상황을 감안하여 중앙본부장이 보고 방법을 별도로 정하여 운영할 수 있다.

• 통보를 받은 국가기반체계보호상황실의 장은 보고 또는 통보 받은 사항을 관련부처·기관 및 특별시·광역시·도·특별자치도 종합상황실에 전파하여야 한다.

(7) 보칙

① **중앙본부장의 포상**… 중앙본부장은 실무반 모의훈련에 대한 평가결과, 합동훈련에 대한 평가결과 및 재난관리책임기관의 실용편람에 대한 평가결과를 바탕으로 현저한 공로가 있다고 인정되는 개인 또는 기관·단체 등을 선정하여 포상할 수 있다.

② **사회적 재난 상황 홍보**… 중앙본부장 및 재난관리책임기관은 국민들에게 사회적 재난 상황 등을 효과적으로 홍보하기 위하여 필요한 경우 민간전문가를 공보전담관으로 지정하여 활용할 수 있다.

03 출제예상문제

1 인도양과 호주 부근 남태평양 해역에서 발생하는 태풍은?

① 허리케인　　　　　　　　　② 사이클론

③ 윌리윌리　　　　　　　　　④ 태풍

> **note** 허리케인은 북대서양. 카리브해. 멕시코만. 동부태평양에서 발생하며, 윌리윌리는 호주 부근 남태평양 해역에서 발생하며, 태풍은 북태평양 남서해상에서 발생한다.

2 태풍의 강도는 무엇을 기준으로 분류하는가?

① 중심 최대풍속　　　　　　　② 순간 최대풍속

③ 중심 기압　　　　　　　　　④ 순간 기압

> **note** 태풍의 강도는 중심기압보다는 중심 최대풍속을 기준으로 분류한다.

3 태풍에 대한 설명으로 옳지 않은 것은?

① 태풍의 크기는 A, B, C 등으로 구분된다.

② 태풍의 강도는 약, 중, 강, 매우 강으로 분류한다.

③ 태풍의 크기는 15m/s 이상의 풍속이 미치는 영역에 따라 분류한다.

④ 태풍의 강도는 중심기압보다 중심 최대풍속을 기준으로 분류한다.

> **note** 태풍의 크기는 15m/s 이상의 풍속이 미치는 영역에 따라 분류하는데 소형, 중형, 대형, 초대형으로 분류한다.

Answer 1.② 2.① 3.①

4 태풍 통보에서 태풍의 영향으로 최대풍속이 21m/s 이상이고, 폭풍·호후·해일 등으로 막대한 기상재해가 우려될 때 내리는 특보는?

① 태풍 경보　　　　　　　　　　　　② 태풍 주의보

③ 태풍 속보　　　　　　　　　　　　④ 태풍 예보

　　　🌟**note**　태풍 정보 및 특보
　　　　　㉠ 태풍 정보 : 태풍의 중심이 20˚N, 140˚E북서구역에 위치하고 일반국민에게 태풍에 대한 동향이나 주의 등을 환기시킬 필요가 있을 때
　　　　　㉡ 태풍주의보 : 태풍의 영향으로 최대풍속이 14m/s 이상이고, 폭풍·호우·해일 등으로 기상재해가 우려될 때
　　　　　㉢ 태풍경보 : 태풍의 영향으로 최대풍속이 21m/s 이상이고, 폭풍·호우·해일 등으로 막대한 기상재해가 우려될 때

5 우리나라의 경우 최신형 레이더를 설치하여 태풍 등 악기상을 탐지하는 곳이 아닌 것은?

① 서울　　　　　　　　　　　　　　② 제주

③ 부산　　　　　　　　　　　　　　④ 대전

　　　🌟**note**　우리나라는 서울, 제주, 부산, 동해, 군산지역에 모두 5대의 최신형 레이더를 설치하여 태풍 등 악기상을 탐지하고 있다.

6 지진에 있어서 진원으로부터 수직방향으로 지표상의 지점을 무엇이라고 하는가?

① 진앙　　　　　　　　　　　　　　② 진도

③ 단층　　　　　　　　　　　　　　④ 진폭

　　　🌟**note**　변형이 점차 심화하면 변형력이 주위보다 강하게 작용하는 지각의 한 지점에서 암석이 쪼개져 어긋나며 단층이 생기는데, 이 점을 진원이라고 하고 진원으로부터 수직방향으로 지표상의 지점을 진앙이라 한다.

7 태풍의 발생조건에 대한 설명으로 틀린 것은?

① 해수면의 온도가 일반적으로 30℃ 이상이어야 한다.

② 공기의 소용돌이가 있어야 하므로 남위 5°와 북위 5° 사이의 적도 부근에서는 발생하지 않는다.

③ 공기가 따뜻하고, 공기 중에 수증기가 많으며 공기가 불안정해야 한다.

④ 우리나라는 주로 7 ~ 10월에 발생한다.

> **note** 해수면의 온도는 일반적으로 26℃ 이상이어야 한다.

8 지진에 대한 설명으로 틀리는 것은?

① 지구 내부에서 급격한 지각변동으로 생긴 지진파가 지표면까지 전해져 지반을 진동시키는 현상을 말한다.

② 대부분의 지진은 단층과 함께 발생한다.

③ 변형이 점차 심화하면 변형력이 주위보다 강하게 작용하는 지각의 한 지점에서 암석이 쪼개져 어긋나며 단층이 생기는데, 이 점을 진앙이라고 하고 진앙으로부터 수직방향으로 지표상의 지점을 진원이라고 한다.

④ 지각의 양면이 쪼개져서 반대 방향으로 튕겨짐에 따라 주위에 모였던 탄성에너지가 파동에너지로 바뀌어 지진파가 사방으로 전파해가는 이론을 탄성반발설이라 한다.

> **note** 진원과 진앙이 바뀌어 설명하였다.

9 자연재난인 태풍특보 발령시의 대비요량으로 틀린 것은?

① 지하나 붕괴 우려가 있는 노후주택에 거주할 경우 안전한 곳으로 대피해야 한다.

② 공사장 근처나 전신주, 가로등, 신호등을 손으로 만지거나 가까이 가지 말아야 한다.

③ 고층건물은 유리창이 파손되는 것을 방지하도록 창틀고정과 비산방지 보호필름을 부착한다.

④ 태풍으로 인하여 풍속이 17m/s 이상, 또는 강우량이 100mm 이상 예상될 때 침수나 산사태 위험이 있으면 대피장소, 비상연락 방법을 미리 알고 있어야 한다.

note 산 사태태풍으로 인하여 풍속이 17m/s 이상, 또는 강우량이 100mm 이상 예상될 때는 태풍경보에 해당된다. 하지만 침수나 산사태 위험이 있으면 대피장소, 비상연락 방법을 미리 알고 있어야 하는 경우는 태풍특보가 발령되었을 때이다.

10 자연재난인 지진이 발생하거나 발생할 우려가 있는 경우의 안전수칙으로 옳지 않은 것은?

① 비상시 서로 헤어질 것을 대비하여 다시 모일 수 있는 장소를 미리 정하고 모일 장소를 익혀 둔다.

② 깨지기 쉬운 유리그릇 등은 한 장소에 모두 모아 놓는다.

③ 실내의 단단한 탁자 아래, 내력벽 사이 작은 고간 등 안전한 위치를 파악해 둔다.

④ 천장이나 높은 곳의 떨어질 수 있는 물건을 치우고, 머리맡에는 깨지기 쉽거나 무거운 물품을 두지 않는다.

note 깨지기 쉬운 유리그릇 등은 잠글 수 있는 캐비닛 등에 보관하여야 한다.

11 자연재해대책법상 용어의 정의로 옳지 않은 것은?

① 자연재해란 태풍, 홍수, 호우, 강풍, 풍랑, 해일, 조수, 대설 그 밖에 이에 준하는 자연현상으로 인하여 발생하는 재해를 말한다.

② 사전재해영향성 검토란 자연재해에 영향을 미치는 각종 행정계획 및 개발사업으로 인한 재해유발 요인을 예측·분석하고 이에 대한 대책을 마련하는 것을 말한다.

③ 풍수해저감종합계획이란 지역별로 풍수해의 예방 및 저감을 위하여 특별시장·광역시장·특별자치시장, 도지사·특별자치도지사 및 시장·군수가 지연안전도에 대한 진단 등을 거쳐 수립한 종합계획을 말한다.

④ 우수유출저감시설이란 우수의 직접적인 유출을 억제하기 위하여 인위적으로 우수를 지하로 스며들게 하거나 지하에 가두어 두는 시설을 말한다.

note ① 풍수해에 대한 정의이다.

12 자연재해대책법상 재난관리책임기관의 장의 업무로서 가뭄대책이 아닌 것은?

① 상습가뭄재해지역 해소를 위한 단기대책

② 가뭄 극복을 위한 시설관리·유지

③ 빗물 모으기시설을 활용한 가뭄 극복대책

④ 그 밖에 가뭄대책에 필요한 사항

✿**note** 상습 가뭄재해지역 해소를 위한 중·장기대책이다.

13 자연재해대책법상 사전재해영향성 검토협의를 하여야 하는 행정계획 및 개발사업과 거리가 먼 것은?

① 환경오염예상지역의 개발

② 국토·지역계획 및 도시의 개발

③ 산업 및 유통단지의 조성

④ 에너지 개발

✿**note** 사전재해영향성 검토협의 대상(법 제5조 제1항)
1. 국토·지역 계획 및 도시의 개발
2. 산업 및 유통 단지 조성
3. 에너지 개발
4. 교통시설의 건설
5. 하천의 이용 및 개발
6. 수자원 및 해양 개발
7. 산지 개발 및 골재 채취
8. 관광단지 개발 및 체육시설 조성
9. 그 밖에 자연재해에 영향을 미치는 계획 및 사업으로서 대통령령으로 정하는 계획 및 사업

14 자연재해대책법상 재해원인 조사·분석의 원칙적인 실시권자는?

① 재난관리책임기관의 장   ② 국무총리

③ 지방자치단체의 장   ④ 국민안전처장관

✿**note** 재난관리책임기관의 장은 소관시설 등에서 자연재해가 발생한 경우 그 원인에 대한 조사 및 분석을 실시할 수 있다.(법 제9조 제1항)

15 자연재해대책법상 재해 원인 조사·분석 등에 관한 내용으로 옳지 않은 것은?

① 재난관리책임기관의 장은 소관 시설 등에서 자연재해가 발생한 경우 그 원인에 대한 조사 및 분석을 실시할 수 있다.

② 지방자치단체의 장은 재해발생원인을 규명하며 예방대책을 수립하기 위하여 직접 조사·분석·평가할 수 있다.

③ 재해의 발생원인 조사 등을 할 때에는 그 결과를 관계 재난관리책임기관의 장에게 통보하여야 한다.

④ 지역대책본부장이 재해원인을 조사·분석·평가하기 위하여 필요한 사항은 해당 지방자치단체의 조례로 정한다.

> ☆**note** 중앙대책본부장 또는 지역대책본부장은 재해발생 원인을 규명하고 예방대책을 수립하기 위하여 직접 조사·분석·평가할 수 있다.(법 제9조 제2항)

16 자연재해대책법상 재해경감대책협의회의 구성 등에 관한 설명이다. (   ) 안에 들어갈 말로 적당한 것은?

> (   )은/는 재해원인의 조사·분석·평가 등에 필요한 업무협조, 재해경감을 위한 조사·연구, 그 밖의 재해경감대책 수립을 위하여 지방자치단체 및 관련 분야 전문단체들이 참여하는 재해경감대책협의회를 구성·운영할 수 있다.

① 중앙대책본부장

② 국민안전처장관

③ 시·도지사

④ 지방자치단체의 장

> ☆**note** 중앙대책본부장은 재해원인의 조사·분석·평가 등에 필요한 업무협조, 재해경감을 위한 조사·연구, 그 밖의 재해경감대책 수립을 위하여 지방자치단체 및 관련 분야 전문단체들이 참여하는 재해경감대책협의회를 구성·운영할 수 있다.(법 제10조 제1항)

Answer 15.② 16.①

17 자연재해대책법상 토지출입 등에 관한 설명이다. (   ) 안에 들어갈 말이 아닌 것은?

> 타인의 토지에의 출입, 토지의 일시 사용 또는 나무, 흙, 돌, 그 밖의 장애물을 변경하거나 제거하려는 자는 미리 그 토지 또는 장애물의 (   ), (   ) 또는 (   )의 동의를 받아야 한다. 다만, 해당 관계인이 현장에 없거나 주소 또는 거소가 분명하지 아니하여 동의를 받을 수 없을 때에는 관할 시장·군수·구청장의 허가를 받아야 한다.

① 유치인
② 소유자
③ 점유자
④ 관리인

> 🌟**note** 타인의 토지에의 출입, 토지의 일시 사용 또는 나무, 흙, 돌, 그 밖의 장애물을 변경하거나 제거하려는 자는 미리 그 토지 또는 장애물의 소유자, 점유자 또는 관리인의 동의를 받아야 한다. 다만, 해당 관계인이 현장에 없거나 주소 또는 거소가 분명하지 아니하여 동의를 받을 수 없을 때에는 관할 시장·군수·구청장의 허가를 받아야 한다.(법 제11조 제2항)

18 자연재해대책법상 자연재해위험개선지구의 지정 등에 대한 내용이다. (   ) 안에 들어갈 말로 옳은 것은?

> (   )와/과 (   )은/는 자연재해위험개선지구의 지정이 필요함에도 불구하고 시장·군수·구청장이 자연재해위험개선지구로 지정하지 아니하는 경우에는 해당 지역을 자연재해위험개선지구로 지정·고시하도록 권고할 수 있다. 이 경우 시장·군수·구청장은 특별한 사유가 없는 한 이에 따라야 한다.

① 국무총리, 국민안전처장관
② 국민안전처장관, 시·도지사
③ 국무총리, 시·도시사
④ 중앙대책본부장, 시·도지사

> 🌟**note** 국민안전처장관과 시·도지사는 자연재해위험개선지구의 지정이 필요함에도 불구하고 시장·군수·구청장이 자연재해위험개선지구로 지정하지 아니하는 경우에는 해당 지역을 자연재해위험개선지구로 지정·고시하도록 권고할 수 있다. 이 경우 시장·군수·구청장은 특별한 사유가 없는 한 이에 따라야 한다.(법 제12조 제6항)

19 자연재해대책법상 자연재해위험개선지구의 지정권자는?

① 국민안전처장관   ② 중앙대책본부장

③ 시 · 도지사   ④ 시장 · 군수 · 구청장

> **note** 시장 · 군수 · 구청장은 상습침수지역, 산사태 위험지역 등 지형적인 여건 등으로 인하여 재해가 발생할 우려가 있는 지역을 자연재해위험개선지구로 지정 · 고시하고, 그 결과를 시 · 도지사를 거쳐 국민안전처장관과 관계 중앙행정기관의 장에게 보고하여야 한다.(법 제12조 제1항)

20 자연재해대책법상 자연재해위험개선지구 정비계획의 수립에 관한 설명이다. (   ) 안에 들어갈 말로 적당한 것은?

> 시장 · 군수 · 구청장은 지정된 자연재해위험개선지구에 대하여 정비 방향의 지침이 될 자연재해위험개선지구 정비계획을 (   )마다 수립하고 시 · 도지사에게 제출하여야 한다.

① 1년   ② 3년

③ 5년   ④ 10년

> **note** 시장 · 군수 · 구청장은 지정된 자연재해위험개선지구에 대하여 정비 방향의 지침이 될 자연재해위험개선지구 정비계획을 5년마다 수립하고 시 · 도지사에게 제출하여야 한다.(법 제13조 제1항)

21 자연재해대책법상 시장 · 군수 · 구청장은 자연재해위험개선지구 정비사업 실시계획을 공고한 경우에는 어느 법에 의한 사업인정 및 사업인정의 고시를 한 것으로 보는가?

① 국토의 계획 및 이용에 관한 법률

② 공익사업을 위한 토지 등의 취득 및 보상에 관한 법률

③ 국유재산법

④ 도시공원 및 녹지 등에 관한 법률

> **note** 자연재해위험개선지구 정비사업 실시계획을 공고한 경우에는 〈공익사업을 위한 토지 등의 취득 및 보상에 관한 법률〉에 따른 사업인정 및 사업인정의 고시를 한 것으로 보며, 재결의 신청은 자연재해위험개선지구 정비사업의 시행기간 내에 할 수 있다.(법 제14조의3 제2항)

22 자연재해대책법상 풍수해저감종합계획의 수립에 대한 설명으로 (   ) 안에 들어갈 말로 적당한 것은?

> 시장·군수는 풍수해의 예방 및 저감을 위하여 (   )마다 시·군 풍수해저감종합계획을 수립하여 시·도지사를 거쳐 대통령령으로 정하는 바에 따라 국민안전처장관의 승인을 받아 확정하여야 한다.

① 1년   ② 3년
③ 5년   ④ 10년

> 🌟note 시장·군수는 풍수해의 예방 및 저감을 위하여 5년마다 시·군 풍수해저감종합계획을 수립하여 시·도지사를 거쳐 대통령령으로 정하는 바에 따라 국민안전처장관의 승인을 받아 확정하여야 한다.(법 제16조 제1항)

23 자연재해대책법상 시장·군수는 풍수해저감종합계획을 수립하여 누구의 승인을 받도록 하고 있는가?

① 국무총리   ② 중앙대책본부장
③ 국민안전처장관   ④ 시·도지사

> 🌟note 시장·군수는 풍수해의 예방 및 저감을 위하여 5년마다 시·군 풍수해저감종합계획을 수립하여 시·도지사를 거쳐 대통령령으로 정하는 바에 따라 국민안전처장관의 승인을 받아 확정하여야 한다.(법 제16조 제1항)

24 자연재해대책법상 방재성능목표 설정기준을 마련하는 자는?

① 국민안전처장관   ② 관계 중앙행정기관의 장
③ 특별시장   ④ 시·도지사

> 🌟note 국민안전처장관은 홍수, 호우 등으로부터 재해를 예방하기 위한 방재정책 등에 적용하기 위하여 처리 가능한 시간당 강우량 및 연속강우량의 목표(방재성능목표)를 지역별로 설정, 운용할 수 있도록 관계 중앙행정기관의 장과 협의하여 방재성능목표 설정기준을 마련하고, 이를 특별시장·광역시장·시장 및 군수에게 통보하여야 한다.(법 제16조의2 제1항)

25 자연재해대책법상 방재시설에 대한 방재성능 평가를 하는 자가 아닌 것은?

① 국민안전처장관
② 특별시장
③ 광역시장
④ 시장 및 군수

✨note 특별시장·광역시장·시장 및 군수는 해당 특별시·광역시·시 및 군에 있는 방재시설 중 대통령령으로 정하는 방재시설의 성능이 지역별 방재성능목표에 부합하는지를 평가하고, 방재성능목표에 부합하지 아니하는 경우에는 방재성능을 향상시킬 수 있는 통합 개선대책을 수립·시행하여야 한다.(법 제16조의3 제1항)

26 자연재해대책법상 방재기준 가이드라인의 설정 및 활용에 대한 내용이다. ( ) 안에 차례대로 적당한 것은?

( )은 기후변화에 따른 재해에 선제적이고 효과적으로 대응하기 위하여 미래 기간별. 지역별로 예측되는 기온, 강우량, 풍속 등을 바탕으로 방재기준 가이드라인을 정하고, ( )에게 이를 적용하도록 권고할 수 있다.

① 국민안전처장관, 관계 중앙행정기관의 장
② 국민안전처장관, 재난관리책임기관의 장
③ 중앙대책본부장, 재난관리책임기관의 장
④ 중앙대책본부장, 관계 중앙행정기관의 장

✨note 중앙대책본부장은 기후변화에 따른 재해에 선제적이고 효과적으로 대응하기 위하여 미래 기간별. 지역별로 예측되는 기온, 강우량, 풍속 등을 바탕으로 방재기준 가이드라인을 정하고, 재난관리책임기관의 장에게 이를 적용하도록 권고할 수 있다.(법 제16조의4 제1항)

27 자연재해대책법상 지하공간의 침수를 방지하기 위한 수방기준을 정하는 자는?

① 국민안전처장관
② 중앙대책본부장
③ 재난관리책임기관의 장
④ 재난주관기관의 장

✨note 수방기준 중 시설물의 수해 내구성을 강화하기 위한 수방기준을 관계 중앙행정기관의 장이 정하고, 지하공간의 침수를 방지하기 위한 수방기준은 국민안전처장관이 관계중앙행정기관의 장과 협의하여 정한다.(법 제17조 제1항)

🌱Answer   25.① 26.③ 27.①

28 자연재해대책법상 시설물의 수해 내구성을 강화하기 위한 수방기준을 정하는 자는?

① 국민안전처장관　　　　　　　　② 관계 중앙행정기관의 장
③ 중앙대책본부장　　　　　　　　④ 재난관리책임기관의 장

> ✐▌note　수방기준 중 시설물의 수해 내구성을 강화하기 위한 수방기준을 관계 중앙행정기관의 장이 정
> 하고, 지하공간의 침수를 방지하기 위한 수방기준은 국민안전처장관이 관계중앙행정기관의 장
> 과 협의하여 정한다.(법 제17조 제1항)

29 자연재해대책법상 수방기준의 제정 및 운영에 대한 내용이다. (　　) 안에 들어갈 말로 차례대로 옳은 것은?

> 수방기준 중 시설물의 수해 내구성을 강화하기 위한 수방기준을 (　　)이 정하고, 지하공간의 침수를 방지하기 위한 수방기준은 (　　)이 관계중앙행정기관의 장과 협의하여 정한다.

① 국민안전처장관, 국민안전처장관
② 국민안전처장관, 관계 중앙행정기관의 장
③ 관계 중앙행정기관의 장, 재난관리책임기관의 장
④ 관계 중앙행정기관의 장, 국민안전처장관

> ✐▌note　수방기준 중 시설물의 수해 내구성을 강화하기 위한 수방기준을 관계 중앙행정기관의 장이 정
> 하고, 지하공간의 침수를 방지하기 위한 수방기준은 국민안전처장관이 관계중앙행정기관의 장
> 과 협의하여 정한다.(법 제17조 제1항)

30 자연재해대책법령상 수방기준을 정하여야 하는 시설물으로 옳지 않은 것은?

① 소하정비법에 따른 소하천부속물 중 제방
② 하천법에 따른 방재시설 중 유수지
③ 하수도법에 따른 하수도 중 하수관로 및 공공하수처리시설항만법에 따른 방파제, 방사제, 파제제 및 호안
④ 댐건설 및 주변지역지원 등에 관한 법률의 댐 중 높이 15m 이상의 공작물 및 여수로, 보조댐

> ✐▌note　② 국토의 계획 및 이용에 관한 법률에 따른 방재시설 중 유수지이다.(시행령 제15조1호 다목)

31 자연재해대책법상 지구단위 홍수방어기준의 설정권자는?

① 국무총리　　　　　　　　　　② 중앙대책본부장
③ 지역대책본부장　　　　　　　　④ 국민안전처장관

> **note** 국민안전처장관은 상습침수지역, 홍수피해예상지역, 그 밖의 수해지역의 재해 경감을 위하여 필요하면 지구단위 홍수방어기준을 정하여야 한다.(법 제18조 제1항)

32 자연재해대책법상 우수유출저감대책을 수립하여야 하는 자로 옳은 것은?

① 국민안전처장관
② 중앙대책본부장
③ 지역대책본부장
④ 특별시장·광역시장·특별자치시장 및 시장·군수

> **note** 특별시장·광역시장·특별자치시장 및 시장·군수는 관할구역의 지역특성 등을 고려하여 우수의 침투 또는 저류를 통한 재해의 예방을 위하여 우수유출저감대책을 5년마다 수립하여야 한다.(법 제19조 제1항)

33 자연재해대책법상 우수유출저감대책수립에 대한 설명이다. (　　) 안에 들어갈 말로 적당한 것은?

> 특별시장·광역시장·특별자치시장 및 시장·군수는 관할구역의 지역특성 등을 고려하여 우수의 침투 또는 저류를 통한 재해의 예방을 위하여 우수유출저감대책을 (　　)마다 수립하여야 한다.

① 1년　　　　　　　　　　　　　② 3년
③ 5년　　　　　　　　　　　　　④ 10년

> **note** 특별시장·광역시장·특별자치시장 및 시장·군수는 관할구역의 지역특성 등을 고려하여 우수의 침투 또는 저류를 통한 재해의 예방을 위하여 우수유출저감대책을 5년마다 수립하여야 한다. (법 제19조 제1항)

Answer　31.④　32.④　33.③

34 자연재해대책법상 우수유출저감대책에 관한 설명으로 틀린 것은?

① 특별시장·광역시장·특별자치시장 및 시장·군수는 관할구역의 지역특성 등을 고려하여 우수의 침투 또는 저류를 통한 재해의 예방을 위하여 우수유출저감대책을 5년마다 수립하여야 한다.

② 수립한 우수유출저감대책을 특별시장·광역시장·특별자치시장은 국민안전처장관에게 제출하여야 하며, 시장·군수는 시·도지사에게 제출하여야 한다.

③ 특별시장·광역시장·특별자치시장 및 시장·군수는 우수유출저감대책에 따라 매년 다음 연도의 우수유출저감시설 사업계획을 수립하여야 한다.

④ 수립한 우수유출저감시설 사업계획을 특별시장·광역시장·특별자치시장은 국민안전처장관에게 제출하여야 한다.

　note 　수립한 우수유출저감대책을 특별시장·광역시장·특별자치시장은 국민안전처장관에게 제출하여야 하며, 시장·군수는 도지사를 경유하여 국민안전처장관에게 제출하여야 한다.(법 제19조 제2항)

35 자연재해대책법상 우수유출저감시설에 관한 기준으로 틀리는 것은?

① 우수유출저감시설은 풍수해 및 가뭄피해 경감을 위하여 우수의 순간유출량을 저감하는 기능을 자여야 한다.

② 우수유출저감시설은 설치 지역의 연간강수량 및 지형적·지리적 조건, 집수 및 배수계통, 안전성 등을 고려하여 설치하여야 한다.

③ 그 밖에 우수유출저감시설의 종류·설치·구조 및 유지관리 등에 필요한 기준은 총리령으로 정한다.

④ 관계 중앙행정기관의 장은 사업별 특성에 적합한 우수유출저감기법을 개발·보급하여야 한다.

　note 　그 밖에 우수유출저감시설의 종류·설치·구조 및 유지관리 등에 필요한 기준은 대통령령으로 정한다.

36 자연재해대책법상 내풍설계기준을 정하고 그 이행을 감독하여야 하는 자는?

① 국민안전처장관

② 관계 중앙행정기관의 장

③ 특별시장 · 광역시장 · 특별자치시장

④ 시장 · 군수 · 구청장

> 📝**note** 관계 중앙행정기관의 장은 태풍, 강풍 등으로 인하여 재해를 입을 우려가 있는 다음 각 호의
> 시설 중 대통령령으로 정하는 시설에 대하여 관계 법령 등에 내풍설계기준을 정하고 그 이행
> 을 감독하여야 한다.(법 제20조 제1항)
> 1. 건축법에 따른 건축물
> 2. 항공법에 따른 공항시설
> 3. 관광진흥법에 따른 유원시설
> 4. 도로법 및 국토의 계획 및 이용에 관한 법률에 따른 도로
> 5. 궤도운송법에 따른 삭도시설
> 6. 산업안전보건법에 따른 크레인 및 리프트
> 7. 옥외광고물 등 관리법에 따른 옥외광고물
> 8. 전기사업법 및 전원개발촉진법에 따른 송전. 배전시설
> 9. 항만법에 따른 항만시설
> 10. 철도산업발전 기본법에 따른 철도시설
> 11. 그 밖에 대통령령으로 정하는 시설

37 자연재해대책법상 재해지도통합관리연계시스템을 구축 · 운영하여야 하는 자는?

① 국민안전처장관

② 중앙대책본부장

③ 관계 중앙행정기관의 장

④ 지방자치단체의 장

> 📝**note** 중앙대책본부장은 관계 중앙행정기관의 장 및 지방자치단체의 장이 작성한 재해지도를 자연재
> 해의 예방 · 대비 · 대응 · 복구 등 전분야 대책에 기초로 활용하고 업무추진의 효율성을 증진하
> 기 위한 재해지도통합관리연계시스템을 구축 · 운영하여야 한다.(법 제21조 제3항)

Answer 36.② 37.②

38 자연재해대책법상 각종 재해지도의 제작 활용에 대한 설명이다. (　　) 안에 들어갈 말로 옳은 것은?

> (　　) 및 (　　)은 하천 범람 등 자연재해를 경감하고 신속한 주민 대피 등의 조치를 하기 위하여 대통령령으로 정하는 재해지도를 제작·활용하여야 한다. 다만, 다른 법령에 재해지도의 제작·활용에 관한 특별한 규정이 있는 경우에는 그 법령에서 정하는 바에 따라 재해지도를 제작·활용할 수 있다.

① 국민안전처장관, 관계 중앙행정기관의 장
② 국민안전처장관, 지방자치단체의 장
③ 관계 중앙행정기관의 장, 지방자치단체의 장
④ 지방자치단체의 장, 재난관리책임기관의 장

> ✿**note** 관계 중앙행정기관의 장 및 지방자치단체의 장은 하천 범람 등 자연재해를 경감하고 신속한 주민 대피 등의 조치를 하기 위하여 대통령령으로 정하는 재해지도를 제작·활용하여야 한다. 다만, 다른 법령에 재해지도의 제작·활용에 관한 특별한 규정이 있는 경우에는 그 법령에서 정하는 바에 따라 재해지도를 제작·활용할 수 있다.(법 제21조 제1항)

39 자연재해대책법상 재해상황의 기록 보존 등에 관한 설명이다. (　　) 안에 들어갈 말로 차례대로 옳게 된 것은?

> (　　)은 (　　)(으)로 정하는 일정 규모 이상의 자연재해가 발생하였을 때 재해 발생 현황, 예방 및 대처사항, 응급초지 등 재해상황에 대한 상세한 기록을 작성하여 보존하여야 한다.

① 국민안전처장관, 대통령령
② 관계 중앙행정기관의 장, 대통령령
③ 지방자치단체의 장, 총리령
④ 지방자치단체의 장, 지방자치단체의 조례

> ✿**note** 지방자치단체의 장은 총리령으로 정하는 일정 규모 이상의 자연재해가 발생하였을 때 재해 발생 현황, 예방 및 대처사항, 응급초지 등 재해상황에 대한 상세한 기록을 작성하여 보존하여야 한다.(법 제21조의2 제1항)

❤❤**Answer**　　38.③　39.③

40 자연재해대책법상 매년도 말을 기준으로 자연재해 관련기록 등을 종합하여 재해연보를 발행하여야 하는 자는?

① 국민안전처장관

② 관계 중앙행정기관의 장

③ 중앙대책본부장

④ 지방자치단체의 장

> 🌟note 중앙대책본부장은 매년도 말을 기준으로 자연재해 관련 기록 등을 종합하여 재해연보를 발행하여야 한다. (법 제21조의2 제5항)

41 자연재해대책법상 해일로 인한 피해를 줄이기 위한 필요한 조사 및 연구를 하여야 하는 자가 아닌 것은?

① 국민안전처장관

② 중앙대책본부장

③ 지역대책본부장

④ 관계 중앙행정기관의 장

> 🌟note 중앙대책본부장, 지역대책본부장 및 관계 중앙행정기관의 장은 해일로 인한 피해를 줄이기 위하여 필요한 조사 및 연구를 하여야 한다. (법 제25조의2 제1항)

42 자연재해대책법상 해일위험지구의 지정권자는?

① 국민안전처장관

② 관계 중앙행정기관의 장

③ 중앙대책본부장

④ 시장·군수·구청장

> 🌟note 시장·군수·구청장은 해일로 인하여 침수 등 피해가 예상되는 다음 각 호의 지역을 해일 위험지구로 지정·고시하고 그 결과를 시·도지사를 거쳐 국민안전처장관과 관계 중앙행정기관의 장에게 보고하여야 한다. (법 제25조의3 제1항)
> 1. 폭풍해일로 인하여 피해를 입었던 지역
> 2. 지진해일로 인하여 피해를 입었던 지역
> 3. 해일 피해가 우려되어 대통령령으로 정하는 지역

🌱🌱Answer   40.③ 41.① 42.④

43 자연재해대책법상 해일위험지구의 지정에 관한 설명으로 틀린 것은?

① 시장·군수·구청장은 해일로 인하여 침수 등 피해가 예상되는 지역에 대해 해일위험지구로 지정·고시하고, 그 결과를 시·도지사를 거쳐 국민안전처장관과 관계 중앙행정기관의 장에게 보고하여야 한다.

② 중앙대책본부장은 지정된 해일위험지구를 관할하는 관계 기관 또는 그 지구에 속하는 시설물의 소유자·점유자 또는 관리인에게 총리령으로 정하는 바에 따라 재해예방에 필요한 한도에서 점검·정비 등 필요한 조치를 할 것을 요청하거나 명할 수 있다.

③ 재해예방에 필요한 조치를 하도록 요청 받거나 명령 받은 관계 기관 또는 관계인은 필요한 조치를 하고 그 결과를 지역대책본부장에게 통보하여야 한다.

④ 시장·군수·구청장은 정비사업 시행 등으로 해일 피해의 위험이 없어진 경우에는 관계 전문가의 의견을 수렴하여 해일위험지구 지정을 해제하고 그 결과를 고시하여야 한다.

> 📝 note 지역대책본부장은 지정된 해일위험지구를 관할하는 관계 기관 또는 그 지구에 속하는 시설물의 소유자·점유자 또는 관리인에게 총리령으로 정하는 바에 따라 재해예방에 필요한 한도에서 점검·정비 등 필요한 조치를 할 것을 요청하거나 명할 수 있다.(법 제25조의3 제2항)

44 자연재해대책법상 해일피해경감계획의 수립·추진 등에 대한 설명으로 틀린 것은?

① 시장·군수·구청장은 지정·고시된 해일위험지구에 대하여 해일피해경감계획을 수립하여 시·도지사에게 제출하여야 한다.

② 시·도지사는 해일피해경감계획을 받아 관계 중앙행정기관의 장에게 제출하여야 한다.

③ 시장·군수·구청장은 해일피해경감계획을 수립할 때에는 그 지역의 풍수해저감종합계획, 개발계획 등을 종합적으로 고려하여야 한다.

④ 시장·군수·구청장은 해일피해경감계획을 효율적으로 추진하기 위하여 필요하다고 판단하면 정비계획과 사업계획에 해일피해경감계획을 포함하여 추진할 수 있다.

> 📝 note 시·도지사는 해일피해경감계획을 받아 국민안전처장관에게 제출하여야 하며, 국민안전처장관은 필요하면 시·도지사에게 그 보완을 요청할 수 있다.

45 자연재해대책법상 설해의 예방 및 대책을 마련해야 하는 자는?

① 국민안전처장관
② 관계 중앙행정기관의 장
③ 중앙대책본부장
④ 재난관리책임기관의 장

✿note 재난관리책임기관의 장은 설해 발생에 대비하여 설해 예방대책에 관한 조사 및 연구를 하여야
하며, 설해로 인한 재해를 줄이기 위한 대책을 마련하여야 한다.(법 제26조 제1항)

46 자연재해대책법상 상습설해지역의 지정권자는?

① 국민안전처장관
② 관계 중앙행정기관의 장
③ 재난관리책임기관의 장
④ 시장 · 군수 · 구청장

✿note 시장 · 군수 · 구청장은 대설로 인하여 고립, 눈사태, 교통 두절 및 농수산시설물 피해 등의 설
해가 상습적으로 발생하였거나 발생할 우려가 있는 지역을 상습설해지역으로 지정 · 고시하고,
그 결과를 시 · 도지사를 거쳐 국민안전처장관과 관계 중앙행정기관의 장에게 보고하여야 한
다.(법 제26조의2 제1항)

47 자연재해대책법상 가뭄방제를 위한 조사 · 연구를 하여야 하는 자는?

① 국민안전처장관
② 관계 중앙행정기관의 장
③ 재난관리책임기관의 장
④ 건축물의 소유자 · 점유자 또는 관리자

✿note 재난관리책임기관의 장은 가뭄 방제를 위하여 필요한 조사 및 연구를 하여야 한다.(법 제29조
제1항)

Answer 45.④ 46.④ 47.③

48 자연재해대책법상 가뭄방재 관련 설명으로 틀린 것은?

① 재난관리책임기관의 장은 가뭄방재를 위하여 필요한 조사 및 연구를 하여야 한다.

② 재난관리책임기관의 장은 가뭄방재를 위한 전문적인 조사 · 연구를 위하여 관계 행정기관의 장이나 기상관측 연구기관의 장에게 가뭄의 현황, 가뭄의 피해상황, 가뭄의 극복 방안 등 필요한 자료를 요청할 수 있다.

③ 수자원관리자는 가뭄으로 인한 재해를 극복하기 위하여 제한 급수 및 제한 발전 등의 조치를 할 수 있다.

④ 재난관리책임기관의 장은 가뭄 피해가 상습적으로 발생하였거나 발생할 우려가 있는 지구를 상습가뭄재해지역으로 지정 · 고시하고, 그 결과를 시 · 도지사를 거쳐 국민안전처장관과 관계 중앙행정기관의 장에게 보고하여야 한다.

> 📝**note** 시장 · 군수 · 구청장은 가뭄 피해가 상습적으로 발생하였거나 발생할 우려가 있는 지구를 상습가뭄재해지역으로 지정 · 고시하고, 그 결과를 시 · 도지사를 거쳐 국민안전처장관과 관계 중앙행정기관의 장에게 보고하여야 한다.(법 제33조 제1항)

49 자연재해대책법상 재해정보 및 비상지원 등에 대한 내용으로 옳지 않은 것은?

① 재난관리책임기관의 장은 자연재해의 예방 · 대비 · 대응 · 복구 등에 필요한 재해정보의 관리 및 이용체계를 구축 · 운영하여야 한다.

② 재난관리책임기관의 장은 재해정보체계 구축에 필요한 자료를 관계 재난관리책임기관의 장에게 요청할 수 있다.

③ 재난관리책임기관의 장은 구축한 재해정보체계의 연계 · 공유 및 유통 등을 위한 종합적인 재해정보체계를 구축 · 운영하여야 한다.

④ 종합적인 재해정보체계는 재난관리책임기관이 자연재해의 발생 · 복구 현황 정보를 실시간으로 입력할 수 있도록 하여야 한다.

> 📝**note** 국민안전처장관은 재난관리책임기관의 장이 구축한 재해정보체계의 연계 · 공유 및 유통 등을 위한 종합적인 재해정보체계를 구축 · 운영하여야 한다.(법 제34조 제3항)

50 자연재해대책법상 재해정보체계의 구축·운영하여야 하는 자는?

① 국민안전처장관   ② 관계 중앙행정기관의 장

③ 재난관리책임기관의 장   ④ 시장·군수·구청장

> **note** 재난관리책임기관의 장은 자연재해의 예방·대비·대응·복구 등에 필요한 재해정보의 관리 및 이용체계를 구축·운영하여야 한다.(법 제34조 제1항)

51 자연재해대책법상 중앙긴급지원체계의 구축의 부처와 소관사무의 연결이 옳지 않은 것은?

① 국토교통부 – 재해발생지역의 통신 소통 원활화 등에 관한 사항
② 문화체육관광부 – 재해 수습을 위한 홍보 등에 관한 사항
③ 보건복지부 – 재해발생지역의 의료서비스, 위생, 감염병 예방 및 방역 지원 등에 관한 사항
④ 국민안전처 – 이재민의 수용·구호, 긴급 재정 지원, 정보의 수집·분석·전파, 해상에서의 각종 지원 및 수난 구호 등에 관한 사항

> **note** ① 미래창조과학부의 소관 사무이다.

52 자연재해대책법상 중앙긴급지원체계의 구축에 관한 내용으로 옳지 않은 것은?

① 중앙행정기관의 장은 자연재해가 발생하거나 발생할 우려가 있는 경우에는 신속한 국가 지원을 위하여 소관 사무에 해당하는 사항에 대하여 긴급지원계획을 수립하여야 한다.
② 중앙행정기관의 장은 해당 지원이 필요한 자연재해 발생에 대비하여 관계 행정기관 및 유관기관과 유기적인 협조 체제를 구축하여야 한다.
③ 중앙행정기관의 장은 긴급지원계획을 수립하였을 때에는 중앙대책본부장에게 제출하여야 한다.
④ 중앙행정기관의 장은 긴급지원이 필요한 자연재해가 발생하거나 발생할 우려가 있는 경우에는 대통령령으로 정하는 바에 따라 관계 중앙행정기관과 합동으로 지원단을 구성하여 현장에 파견할 수 있다.

> **note** 중앙대책본부장은 긴급지원이 필요한 자연재해가 발생하거나 발생할 우려가 있는 경우에는 대통령령으로 정하는 바에 따라 관계 중앙행정기관과 합동으로 지원단을 구성하여 현장에 파견할 수 있다.(법 제35조 제5항)

Answer   50.③   51.①   52.④

53 자연재해대책법상 방재관리대책 업무의 대행 대상이 아닌 것은?

① 제4조에 따른 사전재해영향성 검토 협의

② 제13조 및 제14조에 따른 정비계획 및 사업계획의 수립

③ 제35조에 따른 중앙긴급지원체계의 구축

④ 제37조에 따른 비상대처계획의 수립

> **note** 다음 각 호의 업무를 수행하는 자는 기초·타당성 조사, 분석, 기본·실시설계 등 전문성이 요구되는 사항에 대하여 방재관리대책대행자로 하여금 대행하게 할 수 있다.(법 제38조 제1항)
> 1. 제4조에 따른 사전재해영향성 검토협의
> 2. 제13조 및 제14조에 따른 정비계획 및 사업계획의 수립
> 3. 제16조에 따른 풍수해저감종합계획의 수립
> 4. 제19조에 따른 우수유출저검대책의 수립
> 5. 제37조에 따른 비상대처계획의 수립
> 6. 제57조에 따른 재해복구사업의 평가
> 7. 그 밖에 대통령령으로 정하는 방재관리대책에 관한 업무

54 자연재해대책법상 방재관리대책 대행자 등록의 결격사유로 잘못된 것은?

① 피한정후견인

② 파산선고를 받고 복권 되지 아니한 사람

③ 이 법을 위반하여 징역 이상의 실형을 선고 받고 그 형의 집행이 끝나거나 집행을 받지 아니하기로 확정된 후 2년이 지나지 아니한 사람

④ 미성년자

> **note** 대행자 등록의 결격사유
> 1. 피성년후견인, 피한정후견인
> 2. 파산선고를 받고 복권되지 아니한 사람
> 3. 이 법을 위반하여 징역 이상의 실형을 선고 받고 그 형의 집행이 끝나거나 집행을 받지 아니하기로 확정된 후 2년이 지나지 아니한 사람
> 4. 임원 중 제1호부터 제3호까지의 어느 하나에 해당하는 사람이 있는 법인

55 자연재해대책법상 방재관리대책 대행자에 관련된 설명으로 틀린 것은?

① 대행자는 등록증이나 명의를 다른 사람에게 빌려 주거나 도급 받은 방재관리대책 업무를 한꺼번에 하도급하지 아니하여야 한다.

② 대행자는 업무의 전부 또는 일부를 휴업 또는 폐업하거나 휴업한 사업을 재개하려는 경우에는 총리령으로 정하는 바에 따라 국민안전처장관의 허가를 받아야 한다.

③ 국민안전처장관은 대행자 등록 기준 적합 여부, 준수사항 준수 여부 등 대행자의 대행업무 운영 실태를 확인·점검할 수 있다.

④ 국민안전처장관은 대행자 및 방재관리대책 업무를 대행하게 하는 자에게 실태 점검에 필요한 자료의 제출을 요청할 수 있다.

🌸 **note**　대행자는 업무의 전부 또는 일부를 휴업 또는 폐업하거나 휴업한 사업을 재개하려는 경우에는 총리령으로 정하는 바에 따라 국민안전처장관에게 신고하여야 한다. (법 제41조)

56 자연재해대책법상 방재관리대책업무 대행자의 절대등록취소 사유가 아닌 것은?

① 대행자가 등록사유 결격사유에 해당하게 된 때

② 거짓이나 그 밖의 부정한 방법으로 등록을 한 경우

③ 다른 사람에게 등록증이나 명의를 빌려 주거나 도급 받은 방재관리대책 업무를 한꺼번에 하도급한 경우

④ 방재관리대책 등을 거짓으로 작성하거나 고의 또는 중대한 과실로 방재관리대책 등을 부실하게 작성한 경우

🌸 **note**　④ 상대적 등록취소사유에 해당한다.

57 자연재해대책법상 재해대장을 기록하여 보관하여야 하는 자는?

① 국민안전처장관, 중앙 행정기관의 장

② 중앙행정기관의 장, 시·도지사

③ 지방자치단체의 장, 관계 행정기관의 장

④ 중앙행정기관의 장, 재난관리책임기관의 장

> **note** 지방자치단체의 장과 관계 행정기관의 장은 소관 시설·재산 등에 관한 피해 상황 등을 재해대장에 기록하여 보관하여야 한다.(법 제46조의2 제1항)

58 자연재해대책법상 지구단위종합복구계획의 수립권자는?

① 국민안전처장관

② 관계 중앙행정기관의 장

③ 중앙대책본부장

④ 지방자치단체의 장

> **note** 중앙대책본부장은 해당 지방자치단체의 의견을 들은 후 지방자치단체 소관 시설에 자연재해가 발생한 지역 중 다음 각 호에 해당하는 지역에 대하여 지구단위종합복구계획을 수립할 수 있다.(법 제46조의3 제1항)
> 1. 도로·하천 등의 시설물에 복합적으로 피해가 발생하여 시설물별 복구보다는 일괄 복구가 필요한 지역
> 2. 산사태 또는 토석류로 인하여 하천 유로변경 등이 발생한 지역으로서 근원적 복구가 필요한 지역
> 3. 복구사업을 위하여 국가 차원의 신속하고 전문적인 인력·기술력 등의 지원이 필요하다고 인정되는 지역
> 4. 피해 재발 방지를 위하여 기능 복원 보다는 피해지역 전체를 조망한 예방·정비가 필요하다고 인정되는 지역
> 5. 제1호부터 제4호까지에서 규정한 지역 외에 자연재해의 근원적 복구와 예방이 필요한 지역으로서 대통령령으로 정하는 지역

Answer 57.③ 58.③

59 자연재해대책법상 중앙대책본부장이 지구단위종합복구계획을 수립할 수 있는 대상지역으로 틀린 것은?

① 도로·하천 등의 시설물에 복합적으로 피해가 발생하여 시설물별 복구보다는 부분적 복구가 필요한 지역

② 산사태 또는 토석류로 인하여 하천 유로변경 등이 발생한 지역으로서 근원적 복구가 필요한 지역

③ 복구사업을 위하여 국가 차원의 신속하고 전문적인 인력·기술력 등의 지원이 필요하다고 인정되는 지역

④ 피해 재발 방지를 위하여 기능 복원 보다는 피해지역 전체를 조망한 예방·정비가 필요하다고 인정되는 지역

> **note** 중앙대책본부장은 해당 지방자치단체의 의견을 들은 후 지방자치단체 소관 시설에 자연재해가 발생한 지역 중 다음 각 호에 해당하는 지역에 대하여 지구단위종합복구계획을 수립할 수 있다.(법 제46조의3 제1항)
> 1. 도로. 하천 등의 시설물에 복합적으로 피해가 발생하여 시설물별 복구보다는 일괄 복구가 필요한 지역
> 2. 산사태 또는 토석류로 인하여 하천 유로변경 등이 발생한 지역으로서 근원적 복구가 필요한 지역
> 3. 복구사업을 위하여 국가 차원의 신속하고 전문적인 인력·기술력 등의 지원이 필요하다고 인정되는 지역
> 4. 피해 재발 방지를 위하여 기능 복원 보다는 피해지역 전체를 조망한 예방·정비가 필요하다고 인정되는 지역
> 5. 제1호부터 제4호까지에서 규정한 지역 외에 자연재해의 근원적 복구와 예방이 필요한 지역으로서 대통령령으로 정하는 지역

60 자연재해대책법상 중앙합동조사단의 편성권자는?

① 국민안전처장관
② 중앙대책본부장
③ 관계중앙행정기관의 장
④ 재난관리책임기관의 장

> **note** 중앙대책본부장은 필요하다고 인정하면 관계 중앙행정기관과 합동으로 중앙합동조사간을 편성하여 자연재해 상황에 관한 조사를 하고, 재해복구계획을 수립·확정하여야 한다.(법 제47조 제1항)

Answer 59.① 60.②

61 자연재해대책법상 복구공사 발주계약방법에 관한 설명이다. (   )안에 들어갈 말로 적당한 것은?

> 관계 중앙행정기관의 장과 지방자치단체의 장은 신속한 자연재해 복구를 위하여 필요하다고 판단하면 대통령령으로 정하는 바에 따라 (   )으로 발주 · 계약할 수 있다.

① 부분 입찰방방식

② 일괄 입찰방식

③ 최저가 입찰방식

④ 적격심사제 방식

note 관계 중앙행정기관의 장과 지방자치단체의 장은 신속한 자연재해 복구를 위하여 필요하다고 판단하면 대통령령으로 정하는 바에 따라 일괄입찰방식으로 발주 · 계약할 수 있다.(법 제50조 제1항)

62 자연재해대책법상 자연재해복구에 관한 연차보고서를 매년 작성하여 다음 연도 정기국회 전까지 국회에 제출하여야 하는데 그 내용에 포함될 사항으로 거리가 먼 것은?

① 피해 현황 및 복구 개요

② 재해복구사업 추진관리에 필요한 사항

③ 부처별 · 사업별 예산집행내역(단, 지방자치단체의 실집행 내역은 제외함)

④ 사유시설 · 공공시설 복구추진현황

note 연차보고서에는 다음 각 호의 내용이 포함되어야 한다.(법 제55조의2 제2항)
1. 피해현황 및 복구 개요
2. 사유시설 복구추진 현황
3. 공공시설 복구추진 현황
4. 재해복구사업 추진관리에 필요한 사항
5. 부처별. 사업별 예산집행 내역(지방자치단체의 실집행 내역을 포함한다.)
6. 그 밖에 대통령령으로 정하는 사항

Answer   61.② 62.③

63 자연재해대책법상 복구사업의 분석. 평가에 관한 내용으로 옳지 않은 것은?

① 시장·군수·구청장은 대통령령으로 정하는 일정 규모 이상의 재해복구사업을 시행하였을 때에는 당해 년도 말일을 기준으로 사업의 효과성, 경제성 등을 분석 평가하여야 한다.

② 국민안전처장관은 필요하다고 판단하면 시장·군수·구청장이 시행한 재해복구사업과 국민안전처장관 또는 관계 중앙행정기관의 장이 시행한 대규모 재해복구사업 및 지구단위종합복구사업에 대한 효과성, 경제성 등의 분석·평가를 직접 시행할 수 있다.

③ 시장·군수·구청장은 분석·평가한 결과를 시·도지사를 거쳐 국민안전처장관에게 제출하여야 한다.

④ 시장·군수는 분석·평가한 결과를 시·군 종합계획의 수립 등에 반영하여야 하고, 특별시장 및 광역시장은 구청장이 분석·평가한 결과를 시·도 종합계획의 수립 등에 반영하여야 한다.

> ✿**note** 시장·군수·구청장은 대통령령으로 정하는 일정 규모 이상의 재해복구사업을 시행하였을 때에는 다음 해 말일을 기준으로 사업의 효과성, 경제성 등을 분석 평가하여야 한다.(법 제57조 제1항)

64 자연재해대책법상 방재기술 관련 내용으로 틀린 것은?

① 정부는 국민의 생명, 재산 및 주요 기간시설을 보호하기 위한 자연재해 예방기법 등의 발전을 촉진하기 위하여 방재기술의 연구·개발 및 방재산업을 육성하여야 한다.

② 국민안전처장관과 중앙대책본부장은 방재기술의 연구·개발 및 방재산업을 육성하기 위하여 행정적·재정적 지원을 할 수 있다.

③ 국민안전처장관은 방재기술의 연구·개발 촉진과 방재산업의 육성을 위하여 국가과학기술심의회의 심의를 거쳐 방재기술 진흥계획을 수립하여야 한다.

④ 국민안전처장관은 국민의 생명·재산보호 및 경제의 지속 가능한 발전을 위하여 대통령령으로 정하는 기관 또는 단체와 협약을 체결하여 방재기술의 발전에 필요한 방재기술 연구·개발 사업을 할 수 있다.

> ✿**note** 국민안전처장관과 재난관리책임기관의 장은 방재기술의 연구·개발 및 방재산업을 육성하기 위하여 행정적·재정적 지원을 할 수 있다.(법 제58조의 제2항)

☘**Answer**   63.①   64.②

65 자연재해대책법상 방재기술 진흥계획의 수립권자는?

① 국민안전처장관
② 관계 중앙행정기관의 장
③ 재난관리책임기관의 장
④ 중앙대책본부장

> ☆note 국민안전처장관은 방재기술의 연구·개발촉진과 방재산업의 육성을 위하여 국가과학기술심의
> 회의 심의를 거쳐 방재기술 진흥계획을 수립하여야 한다.(법 제58조의2 제1항)

66 자연재해대책법상 한국방재협회에 대한 설명으로 틀린 것은?

① 협회의 정관 기재사항, 임원의 수 및 임기, 선임방법, 감독 및 등기 등에 관하여 필요한
  사항은 총리령으로 정한다.
② 협회는 법인으로 한다.
③ 재해대책에 관한 연구 및 정보교류의 활성화와 국민방재역량 제고를 위하여 한국방재협회
  를 설립할 수 있다.
④ 협회는 주된 사무소의 소재지에서 설립등기를 함으로써 성립한다.

> ☆note 협회의 정관 기재사항, 임원의 수 및 임기, 선임방법, 감독 및 등기 등에 관하여 필요한 사항
> 은 대통령령으로 정한다.(법 제73조 제1항)

67 자연재해대책법상 한국방제협회의 회원으로 적당하지 아니한 사람은?

① 재해대책 관련 담당 공무원
② 재해대책 분야와 관련된 연구단체 및 용역업에 종사하는 사람
③ 재해대책에 관한 학식과 경험이 풍부한 사람으로서 회원이 되려는 사람
④ 재해대책 분야와 관련된 용역·물자의 생산 및 공사 등을 하는 단체 및 업체

> ☆note 협회의 회원은 다음 각 호의 사람과 단체 등으로 한다.(법 제72조 제4항)
> 　1. 재해대책 분야와 관련된 연구단체 및 용역업에 종사하는 사람
> 　2. 재해대책에 관한 학식과 경험이 풍부한 사람으로서 회원이 되려는 사람
> 　3. 재해대책 분야와 관련된 용역·물자의 생산 및 공사 등을 하는 단체 및 업체
> 　4. 그 밖에 정관으로 정하는 사람

68 자연재해대책법상 한국방재협회에 관한 설명으로 틀린 것은?

① 협회의 정관 기재사항, 임원의 수 및 임기, 선임방법, 감독 및 등기 등에 필요한 사항은 대통령령으로 정한다.

② 협회의 운영 경비는 회비나 그 밖의 사업수익으로 충당한다.

③ 협회에 관하여 이 법에 규정된 것을 제외하고는 민법 중 재단법인에 관한 규정을 준용한다.

④ 협회는 주된 사무소의 소재지에서 설립등기를 함으로써 성립한다.

> ✦▮note 협회에 관하여 이 법에 규정된 것을 제외하고는 민법 중 사단법인에 관한 규정을 준용한다.(법 제73조의 제3항)

69 자연재해대책법령상 사전재해영향성 검토위원회의 구성 및 운영에 관한 내용으로 틀린 것은?

① 검토위원회 위원장은 검토위원회를 대표하고 위원회의 사무를 총괄한다.

② 검토위원회의 회의는 위원장과 위원장이 회의마다 사안별로 지정하는 5명 이상 10명 이하의 위원으로 구성한다.

③ 검토위원회는 국민안전처의 자연재해 업무를 담당하는 부서의 국장 또는 국장급 공무원을 위원장으로 한다.

④ 검토위원회는 위원장과 위원 중에서 호선하는 부위원장을 포함하여 40명 이상의 위원으로 구성한다.

> ✦▮note 중앙대책본부장이 구성·운영하는 사전재해 영향성 검토위원회는 국민안전처의 자연재해 업무를 담당하는 부서의 국장 또는 국장급 공무원을 위원장으로 하고, 위원장과 위원 중에서 호선하는 부위원장을 포함하여 40명 이상 80명 이하의 위원으로 구성한다.(시행령 제5조 제1항)

70 자연재해대책법령상 자연재해위험개선지구의 구분지정 내용이 아닌 것은?

① 침수위험지구   ② 설해위험지구

③ 붕괴위험지구   ④ 해일위험지구

> ✦▮note 재해 위험 원인에 따라 침수위험지구, 유실위험지구, 고립위험지구, 취약방재시설지구, 붕괴위험지구, 해일위험지구로 구분하여 지정하되 국민안전처장관이 관계 중앙행정기관의 장과 협의하여 정하는 지정 요건을 충족하여야 한다.(시행령 제8조 제1항 제1호)

❦ Answer   68.③   69.④   70.②

71 자연재해대책법령상 재해지도의 종류로 잘못 설명된 것은?

① 침수예상도 – 태풍, 호우, 해일 등으로 인한 침수흔적을 조사하여 표시한 지도

② 홍수범람위험도 – 홍수에 의한 범람 및 내수배제 불량 등에 의한 침수지역을 예측하여 표시한 지도

③ 해안침수예상도 – 태풍, 호우, 해일 등에 의한 해안침수지역을 예측하여 표시한 지도

④ 방재정보형 재해정보지도 – 재해유형별 주민 행동 요령 등을 수록하여 교육용으로 제작한 지도

> ✿note 방재정보형 재해정보지도란 침수예측정보, 침수사실정보 및 병원 위치 등 각종 방재정보가 수록된 생활지도를 말하며, ④는 방재교육형 재배정보지도이다.

72 자연재해대책법령상 상습설해지역의 지정요건으로 적당치 않은 것은?

① 대설로 인하여 고립이 발생하였거나 발생할 우려가 있는 지역

② 대설로 인하여 교통 두절이 발생하였거나 발생할 우려가 있는 지역

③ 대설로 인하여 농업시설물에 피해가 발생하였거나 발생할 우려가 있는 지역

④ 그 밖에 시장·군수·구청장이 상습 설해에 대한 대책이 필요하다고 정하는 지역

> ✿note 상습설해지역의 지정요건은 다음 각 호와 같다.(시행령 제22조의5 제2항)
> 1. 대설로 인하여 고립이 발생하였거나 발생할 우려가 있는 지역
> 2. 대설로 인하여 교통 두절이 발생하였거나 발생할 우려가 있는 지역
> 3. 대설로 인하여 농업시설물에 피해가 발생하였거나 발생할 우려가 있는 지역
> 4. 그 밖에 국민안전처장관이 상습 설해에 대한 대책이 필요하다고 정하는 지역

73 자연재해대책법령상 상습설해지역 해소를 위한 중장기대책에 포함되어야 할 사항으로 거리가 먼 것은?

① 위험지역의 현황

② 피해발생 빈도

③ 중장기대책 추진 시의 설해예방 효과

④ 그 밖에 정비사업의 우선순위 등 중앙대책본부장이 정하는 사항

　　🌸**note**　상습설해지역 해소를 위한 중장기대책은 5년마다 수립하여야 하며, 그 대책에는 다음 각 호의
　　　　　사항이 포함되어야 한다.(시행령 제22조의6)
　　　　　1. 위험지역 현황
　　　　　2. 피해 발생 빈도
　　　　　3. 중장기대책 추진 시의 설해예방 효과
　　　　　4. 중장기대책에 필요한 예산 및 재원대책
　　　　　5. 그 밖에 정비사업의 우선순위 등 국민안전처장관이 정하는 사항

74 자연재해대책법령상 상습가뭄재해지역의 지정요건으로 거리가 먼 것은?

① 상업용수 부족으로 인하여 급수대책이 필요한 지역

② 생활용수 부족으로 인하여 급수대책이 필요한 지역

③ 농업용수 부족으로 인하여 급수대책이 필요한 지역

④ 그 밖에 국민안전처장관이 공업용수 부족 등으로 급수대책이 필요하다고 인정하여 고시하
　는 지역

　　🌸**note**　상습가뭄재해지역의 지정요건은 다음 각 호와 같다.(시행령 제23조 제2항)
　　　　　1. 생활용수 부족으로 인하여 급수대책이 필요한 지역
　　　　　2. 농업용수 부족으로 인하여 급수대책이 필요한 지역
　　　　　3. 그 밖에 국민안전처장관이 공업용수 부족 등으로 급수대책이 필요하다고 인정하여 고시하
　　　　　　는 지역

🌱**Answer**　　73.④　74.①

75 자연재해대책법령상 중앙합동지원단의 업무수행으로 거리가 먼 것은?

① 자연재해 발생지역의 재난수습 지원

② 자연재해 발생원인의 조사·분석 지원

③ 재난 수습을 위하여 관계 중앙행정기관에서 행정적·재정적으로 지원할 사항을 국민안전처 장관에게 보고

④ 그 밖에 재난 수습 상황 등의 파악

> **note** 중앙합동지원단은 자연재해가 발생한 지역에서 다음 각 호의 업무를 수행한다.(시행령 제27조 제1항)
> 1. 자연재해 발생지역의 재난수습 지원
> 2. 자연재해 발생원인의 조사·분석 지원
> 3. 재난 수습을 위하여 관계 중앙행정기관에서 행정적·재정적으로 지원할 사항을 중앙대책본 부장에게 보고
> 4. 그 밖에 재난 수습 상황 등의 파악

76 자연재해대책법령상 댐 및 저수지 중 비상대처계획을 수립하여야 하는 시설물이 아닌 것은?

① 다목적 댐

② 발전용 댐

③ 댐에 해당하지 아니하는 총 저수용량 10만제곱미터 이상인 댐

④ 그 밖에 노후화 등으로 붕괴가 우려되어 중앙대책본부장과 지역대책본부장이 비상대처계획 의 수립이 필요하다고 인정하여 고시하는 댐 및 저수지

> **note** 댐 및 저수지 중 비상대처계획을 수립하여야 하는 시설물은 다음 각 호와 같다.(시행령 제30 조 제3항)
> 1. 다목적 댐
> 2. 발전용 댐
> 3. 댐에 해당하지 아니하는 총 저수용량 30만제곱미터 이상인 댐
> 4. 그 밖에 노후화 등으로 붕괴가 우려되어 중앙대책본부장과 지역대책본부장이 비상대처계획 의 수립이 필요하다고 인정하여 고시하는 댐 및 저수지

Answer 75.③ 76.③

77 자연재해대책법령상 비상대처계획에 포함되어야 할 사항과 거리가 먼 것은?

① 비상시 응급행동 요령
② 해일 피해 예상지도
③ 비상 복구계획
④ 경보체계

> **note** 해일, 하천 범람, 호우, 태풍 등으로 우려되는 시설물 또는 지역을 관리하는 중앙행정기관, 지방자치단체, 관계 재난관리책임기관의 장이 수립하는 비상대처계획에 포함되어야 할 사항은 다음 각 호의 사항 중 재난의 유형과 중앙행정기관, 지방자치단체, 재난관리책임기관의 기능을 고려하여 국민안전처장관이 정한다.(시행령 제31조 제1항)
> 1. 주민, 유관기관 등에 대한 비상연락체계
> 2. 비상시 응급행동 요령
> 3. 비상상황 해석 및 홍수의 전파 양상
> 4. 해일 피해 예상지도
> 5. 경보체계
> 6. 비상대피계획
> 7. 이재민 수용계획
> 8. 유관기관 및 단체의 공동 대응체계
> 9. 그 밖에 위험지역의 교통통제 등 비상대처를 위하여 필요한 사항

78 자연재해대책법령상 방재관리대책대행자의 등록분야가 아닌 것은?

① 사전재해영향성 검토협의 업무
② 상습설해복구대책수립업무
③ 풍수해저감종합계획 수립업무
④ 재해복구사업 평가업무

> **note** 방재관리대책대행자는 기술인력의 확보수준을 고려하여 다음 각 호의 업무 전부 또는 일부를 국민안전처장관에게 등록할 수 있다. 다만 제6호의 비상대처계획 수립업무는 지진부문과 풍수해부문으로 세분하여 등록할 수 있다.
> 1. 사전재해영향성 검토협의 업무
> 2. 자연재해위험개선지구 정비계획 및 정비사업계획 수립 업무
> 3. 풍수해저감종합계획 수립업무
> 4. 우수유출저감대책 수립업무
> 5. 재해복구사업 평가업무
> 6. 비상대처계획 수립업무

79 자연재해대책법령상 재해대장의 작성 시 포함되어야 할 내용과 거리가 먼 것은?

① 피해 일시 · 지역 및 강우량

② 피해처리 담당자명과 그 직위

③ 응급조치 내용

④ 피해복구에 따른 기대효과

> ☆note 재해대장은 피해시설물별로 작성 · 관리하며, 다음 사항을 포함하여야 한다.
> ㉠ 피해상황
> • 피해일시 · 지역 및 강우량
> • 피해원인, 피해 물량, 피해액
> • 응급조치 내용
> • 피해사진 및 도면. 위치도
> • 피해복구에 따른 기대효과
> ㉡ 복구상황
> • 공동별 물량 및 복구비 산출명세 등 복구계획
> • 공사명, 위치, 복구상황, 공사 발주현황, 담당자 등 복구추진현황

80 자연재해대책법령상 재해대장을 작성 · 보관 및 관리 등에 관한 설명이다. (   ) 안에 맞는 것은?

> 관계 중앙행정기관의 장과 지방자치단체의 장은 작성된 재해대장을 재해복구가 끝난 해의 다음 해부터 (   )간 보관하되, 재해대장은 전자적 방법으로 작성 · 관리할 수 있다.

① 1년   ② 3년

③ 5년   ④ 10년

> ☆note 관계 중앙행정기관의 장과 지방자치단체의 장은 작성된 재해대장을 재해복구가 끝난 해의 다음 해부터 5년간 보관하되, 재해대장은 전자적 방법으로 작성 · 관리할 수 있다.(시행령 제33조의3 제2항)

☆ Answer   79..② 80.③

81 자연재해대책법령상 사전심의를 받아야 하는 재해복구사업이란 복구비가 얼마 이상인 지방자치단체 소관 공공시설의 사업 등을 말하는가?

① 5억 원   ② 10억 원

③ 30억 원   ④ 50억 원

> **note** 사전심의를 받아야 하는 재해복구사업이란 확정 · 통보된 재해복구계획을 기준으로 복구비가 10억 원 이상인 지방자치단체 소관 공공시설의 사업 등을 말한다.(시행령 제40조 제1항)

82 자연재해대책법령상 방재신기술의 보호기간은?

① 1년   ② 3년

③ 5년   ④ 10년

> **note** 방재신기술의 보호기간은 방재신기술로 지정된 날부터 3년으로 한다.(시행령 제52조 제1항)

83 자연재해대책법령에 따른 재해 유형별 행동요령에서의 예방단계와 거리가 먼 것은?

① 자연재해위험개선지구 · 재난취약시설 등의 점검 · 정비 및 관리에 관한 사항

② 방재물자 · 동원장비의 확보 · 지정 및 관리에 관한 사항

③ 유관기관 및 민간단체와의 협조 · 지원에 관한 사항

④ 재난정보의 수집 및 전달체계에 관한 사항

> **note** ④ 대응단계의 내용이다.
> ※ 예방단계(시행규칙 제14조 제1항 제1호)
> 1. 자연재해위험개선지구 · 재난취약시설 등의 점검 · 정비 및 관리에 관한 사항
> 2. 방재물자 · 동원장비의 확보 · 지정 및 관리에 관한 사항
> 3. 유관기관 및 민간단체와의 협조 · 지원에 관한 사항
> 4. 그 밖에 국민안전처장관이 필요하다고 인정하는 사항

Answer   81.②   82.②   83.④

84 자연재해대책법령상 재해 유형별 행동 요령에서 대비단계의 내용과 거리가 먼 것은?

① 재해가 예상되거나 발생한 경우 비상근무계획에 관한 사항

② 피해발생이 우려되는 시설의 점검 · 관리에 관한 사항

③ 유관기관 및 방송사에 대한 상황 전파 및 방송 요청에 관한 사항

④ 재난정보의 수립 및 전달체계에 관한 사항

> ✬**note** ④ 대응단계의 내용이다.
> ※ 대비단계(시행규칙 제14조 제1항 제2호)
> 　　1. 재해가 예상되거나 발생한 경우 비상근무계획에 관한 사항
> 　　2. 피해발생이 우려되는 시설의 점검 · 관리에 관한 사항
> 　　3. 유관기관 및 방송사에 대한 상황 전파 및 방송 요청에 관한 사항
> 　　4. 그 밖에 국민안전처장관이 필요하다고 인정하는 사항

85 자연재해대책법령상 재해 유형별 행동요령에 있어서 대응단계의 내용과 거리가 먼 것은?

① 재난정보의 수집 및 전달체계에 관한 사항

② 통신 · 전력 · 가스 · 수도 등 국민생활에 필수적인 시설의 응급복구에 관한 사항

③ 부상자 치료대책에 관한 사항

④ 피해발생이 우려되는 시설의 점검 · 관리에 관한 사항

> ✬**note** ④ 대비단계의 내용이다.
> ※ 대응단계(시행규칙 제14조 제1항 제3호)
> 　　1. 재난정보의 수집 및 전달체계에 관한 사항
> 　　2. 통신 · 전력 · 가스 · 수도 등 국민생활에 필수적인 시설의 응급복구에 관한 사항
> 　　3. 부상자 치료대책에 관한 사항
> 　　4. 그 밖에 국민안전처장관이 필요하다고 인정하는 사항

86 자연재해대책법령상 재해 유형별 행동 요령 중 복구단계의 내용과 거리가 먼 것은?

① 방역 등 보건위생 및 쓰레기 처리에 관한 사항

② 이재민 수용시설의 운영 등에 관한 사항

③ 복구를 위한 민간단체 및 지역 군부대의 인력 · 장비의 동원에 관한 사항

④ 유관기관 및 방송사에 대한 상황전파 및 방송요청에 관한 사항

✿note ④ 대비단계의 내용이다.

※ 복구단계(시행규칙 제14조 제1항 제4호)
  1. 방역 등 보건위생 및 쓰레기 처리에 관한 사항
  2. 이재민 수용시설의 운영 등에 관한 사항
  3. 복구를 위한 민간단체 및 지역 군부대의 인력·장비의 동원에 관한 사항
  4. 그 밖에 국민안전처장관이 필요하다고 인정하는 사항

87 재난관리방식 중 분산관리방식에 관한 내용으로 옳지 않은 것은?

① 정보전달의 다원화

② 적극적인 대응활동 어려움

③ 종합관리체계 구축 어려움

④ 특정 부분의 재난관리활동

✿note 종합관리체계 구축의 어려움은 통합관리방식의 단점이다.

88 위험물과 관련하여 설명으로 옳지 않은 것은?

① 위험물 사고의 즉각적인 소모물품의 투입으로는 드라이아이스, 중탄산나트륨, 석회암, 소다회, 기타 지연 및 중화 반응물질을 고려할 수 있다.

② 위험물 사고의 즉각적인 소모물품의 투입으로는 누출되는 위험물질의 방제를 위해 둑을 쌓아야 하지만 흡착물질은 연쇄반응을 일으키기 때문에 사용을 자제해야 한다.

③ 위험물 재난 대응 중 초기대응에서 고려사항으로는 특별한 전문성이 요구되는 수습 및 대응분야에 있어 전문적 훈련의 부족 정도를 파악한다.

④ 위험물 재난 대응 중 초기대응에서 고려사항으로는 초기상황 하에서 필요한 모든 정보 확보 여부를 파악한다.

✿note ②의 경우 흡착물질을 사용하여 오염원이 확대되는 것을 방지하여야 하며, 흡착제로는 모래, 톱밥 등을 고려할 수 있다.

89 폭발성 물질의 취급 시 유의사항으로 옳지 않은 것은?

① 충격과 마찰을 주지 않도록 하고 화기를 엄금할 것

② 양적으로 집중하여 취급할 것

③ 용제나 희석제를 첨가하여 저장 처리하는 경우에는 증발을 방지할 것

④ 사용하는 물질의 조회 정보를 통해 분해 개시온도 등을 사전에 파악하여 위험성 평가를 실시할 것

✿ note 양적으로 분산 취급하여야 한다.

90 방사선의 종류 중 알파선에 대한 설명으로 틀린 것은?

① 알파선은 함께 묶인 2개의 원자와 2개의 중성자를 포함하는 상대적으로 무거운 원자입자들로 구성되며 헬륨원자의 핵과 동일하다.

② 알파선은 질량이나 무게가 없는 순수한 에너지의 극초단파로서 X선과 유사하다.

③ 알파선은 피부, 옷, 종이를 투과하지 못하기 때문에 외부적인 유해성은 없다.

④ 알파입자의 파장은 극도로 짧으며 침투성이 매우 약하여 종이로 차단이 가능하다.

✿ note ② 감마선의 내용이다.

91 다음 중 해저의 갑작스런 용기 또는 침강에 따른 해수면의 변동으로 발생한 거대한 해파가 사방으로 전파되면서 해변을 강타하여 막대한 피해를 발생시키는 자연재해는?

① 태풍   ② 폭풍해일
③ 지진   ④ 지진해일

✿ note 지진 해일 … 지진에 의해서 생기는 해일로, 쓰나미로도 불린다. 지진해일이 해안에 도착하면 바닷물이 빠르게 빠져나가면서 다음 해일이 밀려오는 일이 되풀이된다. 규모 6.3 이상으로 진원깊이 80km 이하의 얕은 곳에서 수직 단층운동에 의한 지진일 경우 지진해일이 일어날 가능성이 크다.

92 다음은 개발사업에 따른 재해위험성을 최소화하기 위한 재난예방단계의 방재정책이다. (㉠), (㉡)에 들어갈 말로 적당한 것은?

> 개발사업의 실시계획 단계에서 개발에 따른 재해영향요인을 예측·분석하고 적절한 재난관리책임기관의 방재방안을 수립·시행하기 위하여 (㉠)제도가 1996년 실시되었다. 이 후 이 제도에 대한 지속적인 보완에도 불구하고 편법적 개발행위 및 제도자체의 한계성을 극복하기 위하여 개발계획 수립의 초기단계에서부터 계획전반에 대한 방재 안을 검토하는 절차를 거치도록 하는 (㉡)제도가 2005년에 시행되었다.

	㉠	㉡
①	재해영향평가	사전재해영향성검토협의
②	사전재해영향성검토협의	재해영향평가
③	재난관리 심사평가	지역별 안전도 평가
④	지역별 안전도 평가	재난관리 심사평가

> **note** ㉠ 재해영향평가 : 1996년 일정규모 이상의 개발 사업에 대해서 재해영향평가를 실시하여 개발로 인하여 증가된 홍수량을 사업지구 내에서 전량처리하여 자연재해를 예방토록 하였다.
> ㉡ 사전재해영향성 검토협의 : 사전재해영향성 검토협의 중점 검토항목 및 협의방법 등에 관한 사항(2005년 제정)

93 풍수해 저감대책은 구조적 대책과 비구조적대책으로 구분할 수 있다. 다음 중 비구조적 대책에 가장 적합한 것은?

① 위험지역 안내판 설치
② 사면 안정화 시설확보
③ 유수지 및 펌프장 건설
④ 제방 신·개축

> **note** 구조적 대책이란 시설·설치 등에 있어 구조적으로 대비하는 대책을 말한다.

94 재난 및 안전관리기본법에서는 재난을 크게 자연재난과 사회재난으로 분류하고 있다. 다음 중 사회재난의 종류로 옳지 않은 것은?

① 화재 · 붕괴 · 폭발 · 교통사고

② 조류의 대발생, 화산활동

③ 화생방사고, 환경오염사고

④ 에너지 · 통신 · 교통 등의 사고

> ☆note 재난 … 국민의 생명 · 신체 · 재산과 국가에 피해를 주거나 줄 수 있는 것
>
> | 자연재난 | 태풍, 홍수, 호우, 강풍, 풍랑, 해일, 대설, 낙뢰, 가뭄, 지진, 황사, 조류 대발생, 조수, 화산활동, 그 밖에 이에 준하는 자연현상으로 인하여 발생하는 재해 |
> |---|---|
> | 사회재난 | 화재 · 붕괴 · 폭발 · 교통사고(항공사고 및 해상사고를 포함한다) · 화생방사고 · 환경오염사고 등으로 인하여 발생하는 대통령령으로 정하는 규모 이상의 피해와 에너지 · 통신 · 교통 · 금융 · 의료 · 수도 등 국가기반체계의 마비, 「감염병의 예방 및 관리에 관한 법률」에 따른 감염병 또는 「가축전염병예방법」에 따른 가축전염병의 확산 등으로 인한 피해 |

95 재난 및 안전관리기본법상 자연재해에 대한 설명이다. (   ) 안에 들어갈 말로 옳은 것은?

> 태풍, 홍수, 호우, 강풍, 풍랑, (   ), (   ), (   ), 가뭄, 지진, 황사, 조류 대발생, 조수, 화산활동, 그 밖에 이에 준하는 자연현상으로 인하여 발생하는 재해

① 해일, 대설, 낙뢰

② 붕괴, 폭염, 지진

③ 폭우, 환경오염사고, 대설

④ 붕괴, 해일, 지진해일

> ☆note 자연재해란 태풍, 홍수, 호우(豪雨), 강풍, 풍랑, 해일(海溢), 대설, 낙뢰, 가뭄, 지진, 황사(黃砂), 조류(藻類) 대발생, 조수(潮水), 화산활동, 그 밖에 이에 준하는 자연현상으로 인하여 발생하는 재해를 말한다.

재난단계별 대응이론

① 재난관리의 접근방식과 단계

(1) 재난관리 접근방식

① 분산관리방식

ⓐ 의의

- 재난관리의 분산관리방식은 지진, 수해, 유독물, 풍수해, 설해, 화재 등 재난의 종류에 상응하여 대응방식에 차이가 있다는 것을 강조한다.
- 재난종류별 계획이 마련되어 대응 책임기관도 각각 다르게 배정한다.
- 재난의 유형별 특징을 강조한 것이나 재난 시 유사기관 간의 중복대응과 과잉대응의 문제를 야기하였다.
- 모든 재난은 피해범위, 대응자원, 대응방식이 재난유형별 재난계획이 실제 재난상황에서 적응성이 거의 없다.

ⓒ 장점 : 특정 재난에 대해서 하나의 부처가 지속적으로 담당하고 있어 경험축적과 전문성이 제고되고 업무의 과다가 방지됨

ⓒ 단점

- 유관기관 간의 책임전가
- 적극적인 대응활동이 어려움
- 인적 · 물적 낭비
- 임기응변적이며 산만한 관리로 재난에 대한 인지능력은 미약하고 단편적임

② 통합관리방식

ⓐ 의의

- 예방 · 대비 · 대응 · 복구활동을 종합적으로 관리한다는 의미로 모든 재난은 피해범위, 대응자원, 대응방식에서 유사하다는 데 이론적 근거를 삼고 있다.
- 재해에 대한 대응이나 긴급대응에 있어서 특히 다양한 차원에서의 결정과 각 부문이나 부서의 판단이 교차하는 가운데 통일적인 활동을 하지 않으면 안 된다는 것을 의미한다.
- 통합관리란 모든 자원을 통합관리한다는 의미라기 보다는 기능별 책임기관을 지정하고 그들을 조정 · 통제한다는 의미이다.

- 재난관리의 포괄적 책임을 지는 특정 정부조직이 개별적인 관리주체와 적극적인 정보교류를 통해 재난의 누적을 모니터할 수 있게 해야 한다.
  ㉡ 장점
  - 혼선과 잡음이 없이 소통되고 책임의 소재가 명확함
  - 실효성 있는 현장파악과 대응이 가능함
  - 인적·물적 소비를 최대한 효율적으로 관리
  - 재난 발생시 총괄적 자원 동원과 신속한 대응이 쉽고, 자원봉사자 등 가용자원을 효율적으로 활용
  - 모든 단체를 통합적인 중재로 재난에 대한 인지능력은 강력하고 종합적임

(2) 재난관리의 단계

① 예방단계

㉠ 의의 : 재난예방이란 재난발생의 위험성을 사전에 제거하기 위한 모든 활동을 말한다.

㉡ 주요 활동
- 조직 및 자원관리
- 건축법규, 재난재해보험, 소송
- 토지이용 관리 및 감시감독·조사
- 공공예방안전교육, 과학적 연구
- 위험지도 제작
- 안전법규, 기타 관련 법령 및 조례
- 세금경감 및 세금인상 정책
- 수해상습지구의 설정과 수해방지시설의 공사

② 대비단계

㉠ 의의 : 재난대비란 예방단계의 제반활동에도 불구하고 재난발생 확률이 높아진 경우, 재난발생 시 효과적으로 대응할 수 있도록 사전에 준비하는 모든 활동을 말한다.

㉡ 주요 활동
- 비상경보체계 구축
- 재난대응계획 수립
- 대응조직 관리
- 긴급대응계획의 수립 및 연습
- 재난위험성 분석
- 대응시스템의 가동 연습
- 자원동원관리체계 구축
- 지역 간 상호원조협정 체결
- 대응요원들의 교육훈련

- 경보시스템
- 대응활동을 위한 비상통신시스템 구축 및 관리
- 재난방송 및 공공정보자료

③ **대응단계**

    ㉠ 의의 : 재난대응이란 재난이 발생한 경우 신속한 대응활동을 통하여 재난으로 인한 인명 및 재산피해를 최소화하고, 재난의 확산을 방지하며, 순조롭게 복구가 이루어 질 수 있도록 하는 활동을 말한다.

    ㉡ 주요 활동
- 비상방송 및 경보시스템의 가동
- 응급의료지원활동 전개
- 긴급대응계획 가동
- 대책본부 및 긴급구조통제단의 활동 개시
- 피해주민 수용 및 구호
- 공식적으로 승인된 대 주민 비상경고
- 긴급대피 및 은신
- 탐색 및 구조
- 대응자원 동원
- 재해 진압
- 긴급의약품 조달
- 생필품 공급
- 시민들에게 비상대비 및 방어활동을 유발하도록 긴급 지시

④ **복구단계**

    ㉠ 의의 : 재난복구란 재난으로 인한 혼란 상태를 재난 전의 정상상태로 회복하기 위한 여러 가지 활동을 말한다.

    ㉡ 주요 활동
- 피해규모 평가
- 잔해물 제거
- 보험금 지급
- 대부 및 보조금 지원
- 재난으로 인한 실직자 지원
- 유익한 재난관련 공공정보 제공
- 시설복구 및 전염병 억제
- 대응계획 평가, 수정 및 수정내용 배포
- 임시주거지 마련

- 이재민의 지원
- 피해주민 및 대응활동요원 재난심리 상담

② 재난의 예방

(1) 재난관리책임기관의 장의 재난예방조치

① 재난관리책임기관의 장은 소관 관리대상 업무의 분야에서 재난 발생을 사전에 방지하기 위하여 다음의 조치를 하여야 한다.(법 제25조의2 제1항)

ㄱ) 재난에 대응할 조직의 구성 및 정비

ㄴ) 재난의 예측과 정보전달체계의 구축

ㄷ) 재난 발생에 대비한 교육·훈련과 재난관리예방에 관한 홍보

ㄹ) 재난이 발생할 위험이 높은 분야에 대한 안전관리체계의 구축 및 안전관리규정의 제정

ㅁ) 지정된 국가기반시설의 관리

ㅂ) 특정관리대상시설 등에 관한 조치

ㅅ) 재난방지시설의 점검·관리

ㅇ) 재난관리자원의 비축 및 장비·인력의 지정

ㅈ) 그 밖에 재난을 예방하기 위하여 필요하다고 인정되는 사항

> ★TIP 재난사전방지조치(시행령 제29조의2)
> ㄱ) **방지조치** : 국민안전처장관은 재난 발생을 사전에 방지하기 위하여 다음의 사항이 포함된 재난발생 징후 정보(이하 "재난징후정보"라 한다)를 수집·분석하여 관계 재난관리책임기관의 장에게 미리 필요한 조치를 하도록 요청할 수 있다.
> - 재난 발생 징후가 포착된 위치
> - 위험요인 발생 원인 및 상황
> - 위험요인 제거 및 조치 사항
> - 그 밖에 재난 발생의 사전 방지를 위하여 필요한 사항
> ㄴ) **재난징후정보 관리시스템 운영** : 국민안전처장관은 재난징후정보의 효율적 조사·분석 및 관리를 위하여 재난징후정보 관리시스템을 운영할 수 있다.

② 재난관리책임기관의 장은 재난예방조치를 효율적으로 시행하기 위하여 필요한 사업비를 확보하여야 한다.(법 제25조의2 제2항)

③ 재난관리책임기관의 장은 다른 재난관리책임기관의 장에게 재난을 예방하기 위하여 필요한 협조를 요청할 수 있다. 이 경우 요청을 받은 다른 재난관리책임기관의 장은 특별한 사유가 없으면 요청에 따라야 한다.(법 제25조의2 제3항)

④ 재난관리책임기관의 장은 재난관리의 실효성을 확보할 수 있도록 안전관리체계 및 안전관리규정을 정비·보완하여야 한다.(법 제25조의2 제4항)

(2) 국가기반시설의 지정 및 관리 등(법 제26조)

① **지정권자** … 관계 중앙행정기관의 장은 소관 분야의 기반시설 중 국가기반체계를 보호하기 위하여 계속적으로 관리할 필요가 있다고 인정되는 시설(이하 "국가기반시설"이라 한다)을 조정위원회의 심의를 거쳐 지정할 수 있다.

  ㉠ 의견청취 : 관계 중앙행정기관의 장은 소관 재난관리책임기관의 장이나 해당 시설 관리자의 의견을 들어 기준에 적합하게 국가기반시설을 지정하여야 한다.

  ㉡ 사전협의 및 심의 : 관계 중앙행정기관의 장은 국가기반시설을 지정하려는 경우에는 미리 국민안전처장관과 협의를 거쳐 조정위원회에 심의를 요청하여야 한다.

  ㉢ 공고 : 관계 중앙행정기관의 장은 국가기반시설을 지정하거나 취소하는 경우에는 다음의 사항을 관보에 공고하여야 한다. 다만, 관계 중앙행정기관의 장이 국가의 안전보장을 위하여 필요하다고 인정하는 경우에는 공고를 생략할 수 있다.
  • 국가기반시설의 명칭
  • 국가기반시설의 관리 기관 또는 업체 및 그 장의 명칭
  • 국가기반시설의 지정 또는 취소 사유

② **지정기준**

  ㉠ 다른 기반시설이나 체계 등에 미치는 연쇄효과
  ㉡ 둘 이상의 중앙행정기관의 공동대응 필요성
  ㉢ 재난이 발생하는 경우 국가안전보장과 경제·사회에 미치는 피해 규모 및 범위
  ㉣ 재난의 발생 가능성 또는 그 복구의 용이성

③ **자료요청** … 관계 중앙행정기관의 장은 지정 여부를 결정하기 위하여 필요한 자료의 제출을 소관 재난관리책임기관의 장에게 요청할 수 있다.

④ **지정취소** … 관계 중앙행정기관의 장은 소관 재난관리책임기관이 해당 업무를 폐지·정지 또는 변경하는 경우에는 조정위원회의 심의를 거쳐 국가기반시설의 지정을 취소할 수 있다.

⑤ **통합지원** … 국민안전처장관은 국가기반시설에 대한 데이터베이스를 구축·운영하고, 관계 중앙행정기관의 장이 재난관리정책의 수립 등에 이용할 수 있도록 통합지원할 수 있다.

(3) 특정관리대상시설 등의 지정 및 관리 등(법 제27조)

① **지정** … 중앙행정기관의 장 또는 지방자치단체의 장은 재난이 발생할 위험이 높거나 재난예방을 위하여 계속적으로 관리할 필요가 있다고 인정되는 시설 및 지역을 대통령령으로 정하는 바에 따라 특정 관리대상 시설 및 지역(이하 "특정관리대상시설 등"이라 한다)으로 지정하여야 한다.

㉠ 지정 통보 : 재난관리책임기관의 장은 특정관리대상시설 등을 지정하거나 해제할 때에는 총리령으로 정하는 바에 따라 그 사실을 특정관리대상시설 등의 소유자 · 관리자 또는 점유자(이하 "관계인"이라 한다)에게 알려주어야 한다.

㉡ 안전점검 : 특정관리대상시설 등으로 지정된 시설 중에서 대통령령으로 정하는 시설의 소유자 · 관리자 또는 점유자는 대통령령으로 정하는 바에 따라 안전점검을 하고 그 결과를 시장 · 군수 · 구청장에게 제출하여야 한다.

㉢ 지정결과 보고 등

• 중앙행정기관의 장, 지방자치단체의 장 및 재난관리책임기관의 장은 지정 및 조치 결과를 대통령령으로 정하는 바에 따라 국민안전처장관에게 보고하거나 통보하여야 한다.

• 국민안전처장관은 보고받거나 통보 받은 사항을 대통령령으로 정하는 바에 따라 정기적으로 또는 수시로 국무총리에게 보고하여야 한다.

• 국무총리는 보고받은 사항 중 재난을 예방하기 위하여 필요하다고 인정하는 사항에 대해서는 중앙행정기관의 장, 지방자치단체의 장 또는 재난관리책임기관의 장에게 시정조치나 보완을 요구할 수 있다.

② **조사** … 재난관리책임기관의 장은 특정관리대상시설 등을 지정 · 관리 및 정비하기 위하여 소관 시설 및 지역의 현황을 매년 정기적으로 또는 수시로 조사하여야 한다.

재난발생의 위험성을 제거하기 위한 장기 · 단기 계획의 수립 · 시행(시행령 제33조)

재난관리책임기관의 장은 특정관리대상시설 등으로부터 재난발생의 위험성을 제거하기 위한 다음 각 호의 사항이 포함된 장기 · 단기 계획을 수립하여 관계 중앙행정기관의 장에게 제출하여야 한다.
• 특정관리대상시설 등의 정비 · 관리에 관한 기본 방침. 특정관리대상시설 등의 연도별 정비 · 관리계획에 관한 사항
• 개별 특정관리대상시설 등의 세부 정비 · 관리계획에 관한 사항, 그 밖의 재원대책 등 필요한 사항

---

③ **대상시설 및 지역** … 재난관리책임기관의 장은 다음의 어느 하나에 해당하는 시설 및 지역을 특정관리대상시설 등의 지정 · 관리 등에 관한 지침에서 정하는 세부지정기준 등에 따라 특정관리대상시설 등으로 지정 · 관리하거나 그 지정을 해제하여야 한다.

㉠ 자연재난으로 인한 피해의 위험이 높거나 피해가 우려되는 시설 및 지역

㉡ 주요 구조부 또는 보조부재의 노후화 또는 결함으로 보수 · 보강 등의 정비가 필요한 시설 또는 재난예방을 위하여 관리할 필요가 있다고 인정되는 지역으로서 별표 2의2에 해당하는 시설 및 지역

㉢ 그 밖에 재난관리책임기관의 장이 재난의 예방을 위하여 특별히 관리할 필요가 있다고 인정하는 시설 및 지역

④ **지정 후의 조치** … 재난관리책임기관의 장은 제특정관리대상시설 등으로 지정된 시설 및 지역에 대하여 대통령령으로 정하는 바에 따라 다음의 조치를 하여야 한다.

    ⊙ 특정관리대상시설 등으로부터 재난 발생의 위험성을 제거하기 위한 장기·단기 계획의 수립·시행

    ⓒ 특정관리대상시설 등에 대한 안전점검 또는 정밀 안전진단

    ⓒ 그 밖에 특정관리대상시설 등의 관리·정비에 필요한 조치

⑤ **지방자치단체에 대한 지원 등**(제28조) ··· 국민안전처장관은 지방자치단체의 조치 등에 필요한 지원 및 지도를 할 수 있고, 관계 중앙행정기관의 장에게 협조를 요청할 수 있다.

⑥ **재난방지시설의 관리**(제29조) ··· 재난관리책임기관의 장은 관계 법령 또는 안전관리계획에서 정하는 바에 따라 대통령령으로 정하는 재난방지시설을 점검·관리하여야 한다.

대통령령으로 정하는 재난방지시설	・소하천부속물 중 제방·호안·보 및 수문 ・하천시설 중 댐·하구둑·제방·호안·수제·보·갑문·수문·수로터널·운하 및 수문 조사시설 중 홍수발생의 예보를 위한 시설 ・「국토의 계획 및 이용에 관한 법률」 제2조 제6호마목에 따른 방재시설 ・하수도 중 하수관로 및 공공하수처리시설 ・농업생산기반시설 중 저수지, 양수장, 우물 등 지하수이용시설, 배수장, 취입보(取入洑), 용수로, 배수로, 웅덩이, 방조 제, 제방 ・사방시설 ・「댐건설 및 주변지역지원 등에 관한 법률」 제2조 제1호에 따른 댐 ・유람선·낚시어선·모터보트·요트 또는 윈드서핑 등의 수용을 위한 레저용 기반시설 ・도로의 부속물 중 방설·제설시설, 토사유출·낙석 방지 시설, 공동구, 터널·교량·지하도 및 육교 ・법 제38조에 따른 재난 예보·경보시설 ・항만시설 ・그 밖에 국민안전처장관이 정하여 고시하는 재난을 예방하기 위하여 설치한 시설

⑦ **재난안전분야 종사자 교육**(법 제29조의2) ··· 재난관리책임기관에서 재난 및 안전관리업무를 담당하는 공무원이나 직원은 국민안전처장관이 실시하는 전문교육(이하 "전문교육"이라 한다)을 총리령으로 정하는 바에 따라 정기적으로 또는 수시로 받아야 한다.

(4) 재난예방을 위한 긴급안전점검(법 제30조)

① 국민안전처장관 또는 재난관리책임기관(행정기관만을 말한다. 이하 이 조에서 같다)의 장은 대통령령으로 정하는 시설 및 지역에 재난이 발생할 우려가 있는 등 대통령령으로 정하는 긴급한 사유가 있으면 소속 공무원으로 하여금 긴급안전점검을 하게 하고, 국민안전처장관은 다른 재난관리책임기관의 장에게 긴급안전점검을 하도록 요구할 수 있다. 이 경우 요구를 받은 재난관리책임기관의 장은 특별한 사유가 없으면 요구에 따라야 한다.

ㄱ) 대상 : 긴급안전점검의 대상이 되는 시설 및 지역은 특정관리대상시설 등과 그 밖에 국민안전처장관, 시·도지사 또는 시장·군수·구청장이 긴급안전점검이 필요하다고 인정하는 시설 및 지역으로 한다.

ㄴ) 긴급사유
- 사회적으로 피해가 큰 재난이 발생하여 피해시설의 긴급한 안전점검이 필요하거나 이와 유사한 시설의 재난예방을 위하여 점검이 필요한 경우
- 계절적으로 재난 발생이 우려되는 취약시설에 대한 안전대책이 필요한 경우

ㄷ) 통지 : 국민안전처장관과 재난관리책임기관의 장은 긴급안전점검을 실시할 때에는 미리 긴급안전점검 대상 시설 및 지역의 관계인에게 긴급안전점검의 목적·날짜 등을 서면으로 통지하여야 한다. 다만, 서면 통지로는 긴급안전점검의 목적을 달성할 수 없는 경우에는 말로 통지할 수 있다.

ㄹ) 기록·유지 : 긴급안전점검을 실시하였을 때에는 총리령으로 정하는 긴급안전점검 대상 시설 및 지역의 관리에 관한 카드에 긴급안전점검 결과 및 안전조치 사항 등을 기록·유지하여야 한다.

② 긴급안전점검을 하는 공무원은 관계인에게 필요한 질문을 하거나 관계 서류 등을 열람할 수 있다.

③ 긴급안전점검을 하는 공무원은 그 권한을 표시하는 증표를 지니고 이를 관계인에게 보여주어야 한다.

④ 국민안전처장관은 긴급안전점검을 하면 그 결과를 해당 재난관리책임기관의 장에게 통보하여야 한다.

(5) 재난예방을 위한 안전조치(법 제31조)

① **안전조치 명령** … 국민안전처장관 또는 재난관리책임기관(행정기관만을 말한다. 이하 이 조에서 같다)의 장은 긴급안전점검 결과 재난 발생의 위험이 높다고 인정되는 시설 또는 지역에 대하여는 대통령령으로 정하는 바에 따라 그 소유자·관리자 또는 점유자에게 다음의 안전조치를 할 것을 명할 수 있다.

ㄱ) 정밀안전진단(시설만 해당한다). 이 경우 다른 법령에 시설의 정밀안전진단에 관한 기준이 있는 경우에는 그 기준에 따르고, 다른 법령의 적용을 받지 아니하는 시설에 대하여는 총리령으로 정하는 기준에 따른다.

ㄴ) 보수(補修) 또는 보강 등 정비

ㄷ) 재난을 발생시킬 위험요인의 제거

② **안전조치명령서**(시행령 제39조) … 국민안전처장관 또는 재난관리책임기관의 장은 안전조치에 필요한 사항을 명하려는 경우에는 다음의 사항이 적힌 총리령으로 정하는 안전조치명령서를 시설 및 지역의 관계인에게 통지하여야 한다.

㉠ 안전점검의 결과

㉡ 안전조치를 명하는 이유

㉢ 안전조치의 이행기한

㉣ 안전조치를 하여야 하는 사항

㉤ 안전조치 방법

㉥ 안전조치를 한 후 관계 재난관리책임기관의 장에게 통보하여야 하는 사항

③ **이행계획서** … 안전조치명령을 받은 소유자·관리자 또는 점유자는 이행계획서를 작성하여 국민안전처장관 또는 재난관리책임기관의 장에게 제출한 후 안전조치를 하고, 총리령으로 정하는 바에 따라 그 결과를 국민안전처장관 또는 재난관리책임기관의 장에게 통보하여야 한다.

이행계획서에 포함될 내용	• 안전조치를 이행하는 관계인의 인적사항 • 이행할 안전조치의 내용 및 방법 • 안전조치의 이행기한

④ **이행여부의 확인** … 국민안전처장관 또는 재난관리책임기관의 장은 안전조치 결과를 통보 받은 경우에는 안전조치 이행 여부를 확인하여야 한다.

안전조치 결과 통보	안전조치명령을 받은 소유자·관리자 또는 점유자는 안전조치를 하였을 때에는 안전조치 결과 통보서에 안전조치 결과를 증명할 수 있는 서류·사진 등을 첨부하여 국민안전처장관 또는 해당 재난관리책임기관의 장에게 통보하여야 한다.

⑤ **불이행 시 조치** … 국민안전처장관 또는 재난관리책임기관의 장은 안전조치명령을 받은 자가 그 명령을 이행하지 아니하거나 이행할 수 없는 상태에 있고, 안전조치를 이행하지 아니할 경우 공중의 안전에 위해를 끼칠 수 있어 재난의 예방을 위하여 긴급하다고 판단하면 그 시설 또는 지역에 대하여 사용을 제한하거나 금지시킬 수 있다. 이 경우 그 제한하거나 금지하는 내용을 보기 쉬운 곳에 게시하여야 한다.

㉠ 안전조치 대행 : 국민안전처장관 또는 재난관리책임기관의 장은 안전조치명령을 받아 이를 이행하여야 하는 자가 그 명령을 이행하지 아니하거나 이행할 수 없는 상태에 있고, 재난예방을 위하여 긴급하다고 판단하면 그 명령을 받아 이를 이행하여야 할 자를 갈음하여 필요한 안전조치를 할 수 있다. 이 경우 행정대집행법을 준용한다.

ⓛ **관계인에 대한 통보** : 국민안전처장관 또는 재난관리책임기관의 장은 안전조치를 할 때에는 미리 해당 소유자·관리자 또는 점유자에게 서면으로 이를 알려 주어야 한다. 다만, 긴급한 경우에는 구두로 알리되, 미리 구두로 알리는 것이 불가능하거나 상당한 시간이 걸려 공중의 안전에 위해를 끼칠 수 있는 경우에는 안전조치를 한 후 그 결과를 통보할 수 있다.

(6) 정부합동 안전 점검(법 제32조)

① **안전점검의 실시** … 국민안전처장관은 재난관리책임기관의 재난 및 안전관리 실태를 점검하기 위하여 대통령령으로 정하는 바에 따라 정부합동안전점검단(이하 "정부합동점검단"이라 한다)을 편성하여 안전 점검을 실시할 수 있다.

ⓖ **정부합동점검단 구성**

- 정부합동안전점검단(이하 이 조에서 "정부합동점검단"이라 한다)은 국민안전처장관이 소속 공무원과 관계 재난관리책임기관에서 파견된 공무원 또는 직원으로 구성한다.
- 정부합동점검단의 단장은 국민안전처장관이 지명한다.

ⓛ **점검의 종류**

- 정기점검 : 계절적 요인 등을 고려하여 정기적으로 실시하는 점검
- 수시점검 : 사회적 쟁점, 유사한 사고의 방지 등을 위하여 수시로 실시하는 점검

ⓒ **점검계획의 통보** : 정부합동 안전 점검을 실시할 때에는 점검을 받는 재난관리책임기관의 장에게 미리 점검계획을 통보하여야 한다. 다만, 긴급한 수시점검의 경우에는 점검계획의 통보를 생략할 수 있다.

ⓔ **기타**

- 정부합동 안전 점검을 효율적으로 실시하기 위하여 필요한 경우에는 재난관리책임기관의 장에게 미리 점검에 필요한 자료를 제출하도록 요청하거나 점검 대상 시설 등의 관계인 또는 전문가의 의견을 들을 수 있다.
- 전문가의 의견을 들은 경우에는 예산의 범위에서 그 전문가에게 수당 등을 지급할 수 있다.
- 국민안전처장관은 정부합동 안전 점검의 효율성 제고와 업무의 중복 등을 방지하기 위하여 필요한 경우에는 관계 중앙행정기관으로부터 재난 및 안전관리 분야 점검계획을 제출 받아 점검시기, 대상 및 분야 등을 조정할 수 있다.

② **파견요청** … 국민안전처장관은 정부합동점검단을 편성하기 위하여 필요하면 관계 재난관리책임기관의 장에게 관련 공무원 또는 직원의 파견을 요청할 수 있다. 이 경우 요청을 받은 관계 재난관리책임기관의 장은 특별한 사유가 없으면 요청에 따라야 한다.

③ **보완·개선요구** … 국민안전처장관은 점검을 실시하면 점검결과를 관계 재난관리책임기관의 장에게 통보하고, 보완이나 개선이 필요한 사항에 대한 조치를 관계 재난관리책임기관의 장에게 요구할 수 있다.

④ **통보** … 점검결과 및 조치 요구사항을 통보받은 관계 재난관리책임기관의 장은 조치계획을 수립하여 필요한 조치를 한 후 그 결과를 국민안전처장관에게 통보하여야 한다.

(7) 안전관리전문기관에 대한 자료요구 등(법 제33조)

① **자료요구** … 국민안전처장관은 재난 예방을 효율적으로 추진하기 위하여 대통령령으로 정하는 안전관리전문기관에 안전점검결과, 주요시설물의 설계도서 등 대통령령으로 정하는 안전관리에 필요한 자료를 요구할 수 있다.

요구자료	• 안전관리 대상 시설물 현황 및 주요 시설물의 설계도서 • 안전관리점검 실시계획서 • 안전관리점검 결과 및 조치의견 • 정밀안전진단 결과 및 조치의견 • 그 밖에 안전점검 위반자에 대한 처리사항 등 안전관리에 관련된 사항

② **안전관리전문기관**(시행령 제40조)
　㉠ 「소방산업의 진흥에 관한 법률」 제14조에 따른 한국소방산업기술원
　㉡ 「한국농어촌공사 및 농지관리기금법」에 따른 한국농어촌공사
　㉢ 「고압가스 안전관리법」에 따른 한국가스안전공사
　㉣ 「전기사업법」에 따른 한국전기안전공사
　㉤ 「에너지이용 합리화법」에 따른 에너지관리공단
　㉥ 「한국산업안전보건공단법」에 따른 한국산업안전보건공단
　㉦ 「시설물의 안전관리에 관한 특별법」에 따른 한국시설안전공단
　㉧ 「교통안전공단법」에 따른 교통안전공단
　㉨ 「도로교통법」에 따른 도로교통공단
　㉩ 「자연재해대책법」에 따른 한국방재협회
　㉪ 「소방기본법」에 따른 한국소방안전협회
　㉫ 「승강기시설 안전관리법」에 따른 한국승강기안전관리원
　㉬ 그 밖에 국민안전처장관이 안전관리에 관한 자료를 요구할 필요가 있다고 인정하여 고시하는 기관

(8) 재난관리체계 등에 대한 평가 등(법 제33조의2)

① **평가**
　㉠ 원칙 : 국민안전처장관은 대통령령으로 정하는 바에 따라 다음의 사항을 정기적으로 평가할 수 있다.
　　• 대규모재난의 발생에 대비한 단계별 예방·대응 및 복구과정
　　• 재난에 대응할 조직의 구성 및 정비 실태
　　• 안전관리체계 및 안전관리규정

ⓛ 예외 : 공공기관에 대하여는 관할 중앙행정기관의 장이 평가를 하고, 시·군·구에 대하여는 시·도지사가 평가를 한다. 다만, 우수한 기관을 선정하기 위하여 필요한 경우에는 국민안전처장관이 확인평가를 할 수 있다.

② **보고** … 국민안전처장관은 평가 결과를 중앙위원회에 종합 보고한다.

③ **보완 등** … 국민안전처장관은 필요하다고 인정하면 해당 재난관리책임기관의 장에게 시정조치나 보완을 요구할 수 있으며, 우수한 기관에 대하여는 예산지원 및 포상 등 필요한 조치를 할 수 있다. 다만, 공공기관의 장 및 시장·군수·구청장에게 시정조치나 보완 요구를 하려는 경우에는 관할 중앙행정기관의 장 및 시·도지사에게 한다.

④ **공공기관 경영실적 평가 반영요구** … 국민안전처장관은 공공기관에 대한 평가 결과를 공공기관 경영실적 평가에 반영하도록 기획재정부장관에게 요구할 수 있다.

> ★ **TIP** 재난관리체계 평가(시행령 제42조)
> ⊙ 평가내용 : 국민안전처장관은 대규모의 재난 발생에 대비한 단계별 예방·대응 및 복구과정을 평가하는 경우에는 다음 각 호의 사항을 평가할 수 있다.
> • 집행계획, 세부집행계획, 시·도 안전관리계획 및 시·군·구 안전관리계획의 평가
> • 재난예방을 위한 교육·홍보 실태
> • 재난 및 안전관리 분야 종사자의 전문교육 이수 실태
> • 특정관리대상시설 등과 국가기반시설의 관리 실태
> • 응급대책을 위한 자재·물자·장비·이재민수용시설 등의 지정 및 관리 실태
> • 재난상황 관리의 운용 실태
> • 재난복구사업의 추진 사항 등
> ⓛ 평가지침 : 국민안전처장관은 재난관리체계 등의 평가를 위하여 재난관리체계 등의 평가에 관한 지침을 마련하여 재난관리책임기관의 장에게 알려야 한다.
> ⓒ 평가방법 : 재난관리체계 등의 평가는 서면조사 또는 현지조사의 방법으로 한다.
> ② 자료제출 요청 : 국민안전처장관은 재난관리체계 등의 평가를 위하여 필요하다고 인정하는 경우에는 관계 중앙행정기관의 장과 소관 재난관리책임기관의 장에게 각각 재난 및 안전관리체계의 구축, 안전관리규정의 제정 및 그 정비·보완에 관한 자료 제출을 요청할 수 있다.
> ⓜ 업무위탁 : 국민안전처장관은 다음 각 호의 업무를 안전관리전문기관 또는 제79조 각 호의 자에게 위탁할 수 있다.
> • 대규모 재난 발생에 대비한 단계별 예방·대응 및 복구 과정의 정기적인 평가 업무
> • 안전관리체계 및 안전관리규정의 정기적인 평가 업무
> • 연구개발사업 성과의 사업화 지원 업무
> • 기술료의 징수 및 사용에 관한 업무

(9) 재난관리 실태 공시 등(법 제33조의3)

① **공시** … 시장·군수·구청장은 다음의 사항이 포함된 재난관리 실태를 매년 1회 이상 관할 지역 주민에게 공시하여야 한다.(시장·군수·구청장은 매년 3월 31일까지 재난관리 실태를 해당 지방자치단체의 공보에 공고하여야 한다.)

ㄱ 전년도 재난의 발생 및 수습 현황

ㄴ 재난예방조치 실적

ㄷ 재난관리기금의 적립 현황

ㄹ 현장조치 행동매뉴얼의 작성·운용 현황

ㅁ 그 밖에 대통령령으로 정하는 재난관리에 관한 중요 사항

② **평가결과 공개** … 국민안전처장관 또는 시·도지사는 평가 결과를 공개할 수 있다.

공개내용	• 평가시기 및 대상기관 • 평가 결과 우수기관으로 선정된 기관

③ 재난의 대비

(1) 재난의 대비

① 재난의 대비란 재난 발생 시 대응을 용이하게 하고 작전능력을 향상시키기 위해 취해지는 사전 준비활동이다.

② 재난대비 단계는 재난 발생 이전 단계이다.

③ **자원관리원칙** … 계획, 조직화, 지휘, 통제

(2) 재난관리자원의 비축·관리(법 제34조)

① 재난관리책임기관의 장은 재난의 수습활동에 필요한 대통령령으로 정하는 장비, 물자 및 자재 (이하 "재난관리자원"이라 한다)를 비축·관리하여야 한다.

ㄱ 재난관리자원

• 포대류·묶음줄 등 수방자재

• 시멘트·철근·하수관 및 강재(鋼材) 등 건설자재

• 전기·통신·수도용 기자재

• 자재·인력 등을 운반하기 위한 수송장비 및 연료

• 불도저·굴삭기 등 건설장비

• 양수기 등 침수지역 복구장비

• 손전등·축전지·소형발전기 등 재난응급대책을 위하여 필요한 소형장비

• 그 밖에 국민안전처장관이 재난응급대책 및 재난복구에 필요하다고 인정하여 고시하는 장비, 물자 및 자재

ⓛ 비축·관리 계획의 수립·제출 : 재난관리책임기관의 장은 매년 10월 31일까지 다음 해의 재난 관리자원에 대한 비축·관리계획을 수립하고, 이를 국민안전처장관에게 제출하여야 한다.

ⓒ 비축·관리계획 작성지침 : 국민안전처장관은 매년 5월 31일까지 다음 해의 재난관리자원에 대한 비축·관리계획의 수립을 지원하기 위한 지침을 마련하여 재난관리책임기관의 장에게 통보할 수 있다.

② 국민안전처장관, 시·도지사 또는 시장·군수·구청장은 재난 발생에 대비하여 민간기관·단체 또는 소유자와 협의하여 응급조치에 사용할 장비와 인력을 지정·관리할 수 있다.

응급조치에 사용할 장비와 인력 지정 대상 및 관리기준

분야별	장비와 인력 지정 대상 및 기준
에너지	• 전기 : 예비전력 1,000MW 이상 유지할 수 있는 발전소 가동 • 석유 : 30일분의석유 사용량을 30일 이내에 생산할 수 있는 생산능력 유지, 연간 내수량의 일평균 사용량 55일분 석유 비축량 유지 • 가스 : 최소 운영재고 19.6만톤 이상의 안전재고 유지 및 중단없는 공급을 위한 공급능력 유지
정보통신	방송통신기술발전법에 따른 방송통신재난관리기본계획 상의 복구 우선순위 중 제2순위 이상의 대상에 대한 통신 기능 유지
교통수송	• 철도 : 1일 열차 운행률 30퍼센트 이상 유지 • 항공 : 항공사는 1일 항공기 운항률 50퍼센트 이상 유지, 공항운영은 항공기 운항이 다소 지연되는 경우가 있더라도중단되지 않는 공항 운영 유지 • 항만 : 컨테이너 야드(CY) 장치율 85퍼센트 미만으로 운영 유지 • 화물 : 컨테이너 야드(CY) 장치율 85퍼센트 미만으로 운영 유지 • 도로 : 고속도로 및 우회도로 모두 교통 두절로 인터체인지(IC) 간 접근 불가능 지속 상태를 24시간 미만으로 유지 • 기타 : 1일 지하철 운행률 40퍼센트 이상 유지
금융	금융전산시스템 마비 상태를 12시간 미만으로 유지
보건의료	• 의료서비스 : 응급의료기능 100퍼센트 유지 • 혈액 : 1일 공급능력의 100퍼센트 이상 유지
원자력	주제어실 근무주기를 24시간 미만으로 유지
환경	• 소각 : 주 4일 이상(1일 8시간 이상) 쓰레기 반입 및 소각 • 매립 : 주 4일 이상(1일 8시간 이상) 쓰레기 반입 및 매립시설 운영(침출수 처리업무는 매일 8시간 이상 운영)
식용수	• 정수장(광역): 1일 식용수공급량의 70퍼센트 이상 공급능력 유지 • 정수장(지방): 1일 식용수 공급량의 30퍼센트 이상 공급능력 유지
기타분야	그 밖에 재난발생에 대비하여 응급조치에 일시 사용할 장비 및인력의 지정 대상 및 관리 기준 등은 재난발생 유형, 특성, 빈도,기능 및 용도 등을 고려하여 재난관리책임기관별로 기준을 정하여 유지

③ **자원관리시스템의 구축·운영** … 국민안전처장관은 재난관리책임기관의 장이 비축·관리하는 재난 관리자원을 체계적으로 관리 및 활용할 수 있도록 재난관리자원공동활용시스템(이하 "자원관리 시스템"이라 한다)을 구축·운영할 수 있다.

> 재난관리책임기관의 장은 재난관리자원공동활용시스템에 그 기관에서 보유한 재난관리자원의 현황을 입력· 관리하여야 한다.

④ **공동운영** … 국민안전처장관은 자원관리시스템을 공동으로 활용하기 위하여 재난관리자원의 공동 활용 기준을 정하여 재난관리책임기관의 장에게 통보할 수 있다. 이 경우 재난관리책임기관의 장은 통보 받은 재난관리자원의 공동활용 기준에 따라 재난관리자원을 관리하여야 한다.

(3) 재난현장 긴급통신수단의 마련(법 제34조의2)

① **긴급통신수단** … 재난관리책임기관의 장은 재난의 발생으로 인하여 통신이 끊기는 상황에 대비하 여 미리 유선이나 무선 또는 위성통신망을 활용할 수 있도록 긴급통신수단을 마련하여야 한다.
- ㉠ 관리지침 : 국민안전처장관은 긴급통신수단이 효율적으로 활용될 수 있도록 긴급통신수단 관리 지침을 마련하여 재난관리책임기관, 긴급구조기관 및 긴급구조지원기관의 장에게 통보하여야 한다.
- ㉡ 점검 : 재난관리책임기관의 장은 긴급통신수단 관리지침에 따라 보유 중인 긴급통신수단이 효 과적으로 연계되도록 수시로 점검하여야 한다.

② **보유현황 조사** … 국민안전처장관은 재난현장에서 긴급통신수단(이하 "긴급통신수단"이라 한다)이 공동 활용될 수 있도록 하기 위하여 재난관리책임기관, 긴급구조기관 및 긴급구조지원기관에서 보유하고 있는 긴급통신수단의 보유 현황 등을 조사하고, 긴급통신수단을 관리하기 위한 체계 를 구축·운영할 수 있다.

③ **자료제출 요청** … 국민안전처장관은 조사를 위하여 필요한 자료의 제출을 재난관리책임기관, 긴 급구조기관 및 긴급구조지원기관의 장에게 요청할 수 있다. 이 경우 요청을 받은 관계 기관의 장은 특별한 사유가 없으면 요청에 따라야 한다.

(4) 국가재난관리기준의 제정·운용 등(법 제34조의3)

① **국가재난관리기준의 제정·운용 등** … 국민안전처장관은 재난관리를 효율적으로 수행하기 위하여 다음의 사항이 포함된 국가재난관리기준을 제정하여 운용하여야 한다. 다만, 「산업표준화법」 제 12조에 따른 한국산업표준을 적용할 수 있는 사항에 대하여는 한국산업표준을 반영할 수 있다.
- ㉠ 재난분야 용어정의 및 표준체계 정립
- ㉡ 국가재난 대응체계에 대한 원칙

ⓒ 재난경감 · 상황관리 · 자원관리 · 유지관리 등에 관한 일반적 기준

ⓔ 그 밖의 대통령령으로 정하는 사항
- 재난에 관한 예보 · 경보의 발령 기준
- 재난상황의 전파
- 재난 발생 시 효과적인 지휘 · 통제 체제 마련
- 재난관리를 효과적으로 수행하기 위한 관계기관 간 상호협력 방안
- 재난관리체계에 대한 평가 기준이나 방법
- 그 밖에 재난관리를 효율적으로 수행하기 위하여 국민안전처장관이 필요하다고 인정하는 사항

② **의견 청취** … 기준을 제정 또는 개정할 때에는 미리 관계 중앙행정기관의 장의 의견을 들어야 한다.

③ **적용 권고** … 국민안전처장관은 재난관리책임기관의 장이 재난관리업무를 수행함에 있어 국가재난관리기준을 적용하도록 권고할 수 있다.

(5) 기능별 재난대응활동계획의 작성 · 활용(법 제34조의4)

① **작성** … 재난관리책임기관의 장은 재난관리가 효율적으로 이루어질 수 있도록 대통령령으로 정하는 바에 따라 기능별 재난대응 활동계획(이하 "재난대응활동계획"이라 한다)을 작성하여 활용하여야 한다.

ⓐ 재난대응활동계획 내용
- 재난상황관리 기능
- 긴급 생활안정 지원 기능
- 긴급 통신 지원 기능
- 시설피해의 응급복구 기능
- 에너지 공급 피해시설 복구 기능
- 재난관리자원 지원 기능
- 교통대책 기능
- 의료 및 방역서비스 지원 기능
- 재난현장 환경 정비 기능
- 자원봉사 지원 및 관리 기능
- 사회질서 유지 기능
- 재난지역 수색, 구조 · 구급지원 기능
- 재난 수습 홍보 기능

ⓛ **작성 활용** : 재난관리책임기관의 장은 재난대응활동계획 작성지침에 따라 기능별 재난대응활동계획을 작성 · 활용하여야 한다.

② **작성 지침 통보** … 국민안전처장관은 재난대응활동계획의 작성에 필요한 작성지침을 재난관리책임기관의 장에게 통보할 수 있다.

③ **확인 · 점검 및 시정요청** … 국민안전처장관은 재난관리책임기관의 장이 작성한 재난대응활동계획을 확인 · 점검하고, 필요하면 관계 재난관리책임기관의 장에게 시정을 요청할 수 있다. 이 경우 시정 요청을 받은 재난관리책임기관의 장은 특별한 사유가 없으면 요청에 따라야 한다.

(6) 재난분야 위기관리 매뉴얼 작성 · 운용(법 제34조의5)

① **작성. 운용** … 재난관리책임기관의 장은 재난을 효율적으로 관리하기 위하여 재난유형에 따라 다음의 위기관리 매뉴얼을 작성 · 운용하여야 한다. 이 경우 재난대응활동계획과 위기관리 매뉴얼이 서로 연계되도록 하여야 한다.

ⓐ **위기관리 표준매뉴얼** : 국가적 차원에서 관리가 필요한 재난에 대하여 재난관리 체계와 관계 기관의 임무와 역할을 규정한 문서로 위기대응 실무매뉴얼의 작성 기준이 되며, 재난관리주관기관의 장이 작성한다.

ⓛ **위기대응 실무매뉴얼** : 위기관리 표준매뉴얼에서 규정하는 기능과 역할에 따라 실제 재난대응에 필요한 조치사항 및 절차를 규정한 문서로 재난관리주관기관의 장과 관계 기관의 장이 작성한다. 이 경우 재난관리주관기관의 장은 위기대응 실무매뉴얼과 위기관리 표준매뉴얼을 통합하여 작성할 수 있다.

ⓒ **현장조치 행동매뉴얼** : 재난현장에서 임무를 직접 수행하는 기관의 행동조치 절차를 구체적으로 수록한 문서로 위기대응 실무매뉴얼을 작성한 기관의 장이 지정한 기관의 장이 작성한다. 다만, 시장 · 군수 · 구청장은 재난 유형별 현장조치 행동매뉴얼을 통합하여 작성할 수 있다.

② 국민안전처장관은 재난유형별 위기관리 매뉴얼의 작성 및 운용기준을 정하여 관계 중앙행정기관의 장 및 재난관리책임기관의 장에게 통보할 수 있다.

③ 재난관리주관기관의 장이 작성한 위기관리 표준매뉴얼은 국민안전처장관의 승인을 받아 이를 확정하고, 위기대응 실무매뉴얼과 연계하여 운용하여야 한다.

④ 재난관리주관기관의 장은 위기관리 표준매뉴얼 및 위기대응 실무매뉴얼을 정기적으로 점검하여야 한다.

⑤ 국민안전처장관은 재난유형별 위기관리 매뉴얼의 표준화 및 실효성 제고를 위하여 대통령령으로 정하는 위기관리 매뉴얼협의회를 구성·운영할 수 있다.

   ㉠ **협의회 구성**

- 위기관리 매뉴얼협의회(이하 이 조에서 "협의회"라 한다)는 위원장 1명을 포함한 10명 이내의 위원으로 구성한다.
- 협의회 위원 : 협의회의 위원은 다음 각 호의 사람 중에서 국민안전처장관이 임명하거나 위촉한다.
  - 재난관리주관기관에서 재난 및 안전관리 업무를 담당하는 부서의 과장급 이상 공무원
  - 재난관리책임기관에서 위기관리 매뉴얼에 관한 업무를 담당하는 공무원 또는 직원
  - 재난 및 안전관리 또는 위기관리 매뉴얼에 관한 학식과 경험이 풍부한 사람
  - 협의회의 위원장은 위원 중에서 국민안전처장관이 지명한다.
  - 위촉위원의 임기는 2년으로 하며, 위원의 사임 등으로 새로 위촉된 위원의 임기는 전임위원 임기의 남은 기간으로 한다.
  - 협의회의 회의에 출석하는 위원에게는 예산의 범위에서 수당과 여비 등을 지급할 수 있다. 다만, 공무원인 위원이 그 업무와 관련하여 회의에 참석하는 경우에는 그러하지 아니하다.

   ㉡ **협의회 심의사항**

- 위기관리 표준매뉴얼의 검토
- 위기관리 매뉴얼의 작성방법 및 운용기준 등에 관한 사항
- 위기관리 매뉴얼의 개선에 관한 사항
- 그 밖에 국민안전처장관이 위기관리 매뉴얼의 표준화 및 실효성 제고를 위하여 필요하다고 인정하는 사항

⑥ **조정 및 통보** ⋯ 재난관리주관기관의 장은 소관 분야 재난유형의 위기대응 실무매뉴얼 및 현장조치 행동매뉴얼을 조정·승인하고 지도·관리를 하여야 하며, 소관분야 위기관리 매뉴얼을 새로이 작성하거나 변경한 때에는 이를 국민안전처장관에게 통보하여야 한다.

⑦ **승인·보고** ⋯ 시장·군수·구청장이 작성한 현장조치 행동매뉴얼에 대하여는 시·도지사의 승인을 받아야 한다. 시·도지사는 현장조치 행동매뉴얼을 승인하는 때에는 재난관리주관기관의 장이 작성한 위기대응 실무매뉴얼과 연계되도록 하여야 하며, 승인 결과를 재난관리주관기관의 장 및 국민안전처장관에게 보고하여야 한다.

⑧ **매뉴얼 관리시스템 구축** ⋯ 국민안전처장관은 위기관리 매뉴얼의 체계적인 운용을 위하여 관리시스템을 구축·운영할 수 있으며, 위기관리 매뉴얼의 작성·운용 등 필요한 사항은 대통령령으로 정한다.

   ㉠ **관리시스템 구축, 운영 시 고려하여야 할 사항**

- 재난유형에 따른 국민행동요령의 표준화
- 재난유형에 따른 예방·대비·대응·복구 단계별 조치사항에 관한 연구 및 표준화

- 재난현장에서의 대응 및 상호협력 절차에 관한 연구 및 표준화
- 그 밖에 위기관리 매뉴얼의 개선·보완에 필요한 사항

⑨ **표준화된 매뉴얼의 연구·개발·보급** ··· 국민안전처장관은 재난관리업무를 효율적으로 하기 위하여 대통령령으로 정하는 바에 따라 위기관리에 필요한 표준화된 매뉴얼을 연구·개발하여 보급할 수 있다.

(7) 안전기준의 등록 및 심의 등(법 제34조의 7)

① 국민안전처장관은 안전기준을 체계적으로 관리·운용하기 위하여 안전기준을 통합적으로 관리할 수 있는 체계를 갖추어야 한다.

② 중앙행정기관의 장은 관계 법률에서 정하는 바에 따라 안전기준을 신설 또는 변경하는 때에는 국민안전처장관에게 안전기준의 등록을 요청하여야 한다.

③ 국민안전처장관은 안전기준의 등록을 요청받은 때에는 안전기준심의회의 심의를 거쳐 이를 확정한 후 관계 중앙행정기관의 장에게 통보하여야 한다.

④ 중앙행정기관의 장이 신설 또는 변경하는 안전기준은 국가재난관리기준에 어긋나지 아니하여야 한다.

(8) 재난대비훈련(법 제35조)

① **훈련 실시** ··· 국민안전처장관, 시·도지사, 시장·군수·구청장 및 긴급구조기관(이하 이 조에서 "훈련주관기관"이라 한다)의 장은 대통령령으로 정하는 바에 따라 매년 정기적으로 또는 수시로 재난관리책임기관, 긴급구조지원기관 및 군부대 등 관계 기관(이하 이 조에서 "훈련참여기관"이라 한다)과 합동으로 재난대비훈련(제34조의5에 따른 위기관리 매뉴얼의 숙달훈련을 포함한다)을 실시하여야 한다.

　㉠ 실시 횟수
- 국민안전처장관, 시·도지사, 시장·군수·구청장 및 긴급구조기관의 장(이하 "훈련주관기관의 장"이라 한다)은 관계 기관과 합동으로 참여하는 재난대비훈련을 각각 소관 분야별로 주관하여 연 1회 이상 실시할 수 있다.
- 재난대비훈련에 참여하는 기관은 자체 훈련을 수시로 실시할 수 있다.

　㉡ 훈련참여 통보 : 훈련주관기관의 장은 재난대비훈련을 실시하는 경우에는 훈련일 15일 전까지 훈련일시, 훈련장소, 훈련내용, 훈련방법, 훈련참여 인력 및 장비, 그 밖에 훈련에 필요한 사항을 훈련참여기관의 장에게 통보하여야 한다.

ⓒ **재난대비훈련계획의 수립** : 국민안전처장관은 재난대비훈련을 효율적으로 추진하기 위하여 다음의 사항이 포함된 해당 연도 재난대비훈련계획을 수립하여 시·도지사, 시장·군수·구청장, 긴급구조기관의 장 및 훈련참여기관의 장에게 통보할 수 있다.

- 재난대비훈련 목표
- 재난대비훈련 유형 선정기준 및 훈련프로그램
- 재난대비훈련 기획, 설계, 실시, 평가 및 개선계획에 관한 사항
- 그 밖에 국민안전처장관이 정하는 사항

ⓔ **사전교육의 실시** : 훈련주관기관의 장은 재난대비훈련 수행에 필요한 능력을 기르기 위하여 재난대비훈련 참석자에게 재난대비훈련을 실시하기 전에 사전교육을 하여야 한다. 다만, 다른 법령에 따라 해당 분야의 재난대비훈련 교육을 받은 경우에는 이 영에 따른 교육을 받은 것으로 본다.

ⓜ **훈련비용** : 재난대비훈련에 참여하는 데에 필요한 비용은 참여 기관이 부담한다. 다만, 민간 긴급구조지원기관에 대해서는 훈련주관기관의 장이 부담할 수 있다.

② 훈련주관기관의 장은 재난대비훈련을 실시하려면 재난대비훈련계획을 수립하여 훈련참여기관의 장에게 통보하여야 한다.

③ 훈련참여기관의 장은 재난대비훈련을 실시하면 훈련상황을 점검하고, 그 결과를 대통령령으로 정하는 바에 따라 훈련주관기관의 장에게 제출하여야 한다.

> 재난관리책임기관 및 긴급구조지원기관의 장은 훈련상황을 점검하고, 재난대비훈련 실시 후 10일 이내에 그 결과를 훈련주관기관의 장에게 제출하여야 한다.

④ 훈련주관기관의 장은 대통령령으로 정하는 바에 따라 다음의 조치를 하여야 한다.

ⓙ 훈련참여기관의 훈련과정 및 훈련결과에 대한 점검·평가
ⓛ 훈련참여기관의 장에게 훈련과정에서 나타난 미비사항이나 개선·보완이 필요한 사항에 대한 보완조치 요구
ⓒ 훈련과정에서 나타난 위기관리 매뉴얼의 미비점에 대한 개선·보완 및 개선·보완조치 요구

(9) 재난대비훈련 평가 등(시행령 제43조의11)

① **평가** … 훈련주관기관의 장은 다음의 평가항목 중 훈련 특성에 맞는 평가항목을 선정하여 재난대비훈련평가를 실시하여야 한다.

ⓙ 분야별 전문인력 참여도 및 훈련목표 달성 정도
ⓛ 장비의 종류·기능 및 수량 등 동원 실태
ⓒ 유관기관과의 협력체제 구축 실태

  ㉣ 긴급구조대응계획 및 세부대응계획에 의한 임무의 수행 능력

  ㉤ 긴급구조기관 및 긴급구조지원기관 간의 지휘통신체계

  ㉥ 긴급구조요원의 임무 수행의 전문성 수준

  ㉦ 그 밖에 국민안전처장관이 정하는 평가에 필요한 사항

② **평가결과 통보 등** … 훈련주관기관의 장은 실시한 재난대비훈련평가의 결과를 훈련 실시일부터 30일 이내에 재난관리책임기관의 장 및 관계 긴급구조지원기관의 장에게 통보하고, 통보를 받은 재난관리책임기관의 장 및 긴급구조지원기관의 장은 평가 결과가 다음 훈련계획 수립 및 훈련을 실시하는 데 반영되도록 하는 등의 재난관리에 필요한 조치를 하여야 한다.

③ **포상 등** … 국민안전처장관은 평가 결과 우수기관에 대해서는 포상 등 필요한 조치를 할 수 있다.

④   재난의 대응

(1) 재난사태 선포 등(제36조)

① **재난사태의 선포** … 국민안전처장관은 대통령령으로 정하는 재난이 발생하거나 발생할 우려가 있는 경우 사람의 생명·신체 및 재산에 미치는 중대한 영향이나 피해를 줄이기 위하여 긴급한 조치가 필요하다고 인정하면 중앙위원회의 심의를 거쳐 재난사태를 선포할 수 있다. 다만, 국민안전처장관은 재난상황이 긴급하여 중앙위원회의 심의를 거칠 시간적 여유가 없다고 인정하는 경우에는 중앙위원회의 심의를 거치지 아니하고 재난사태를 선포할 수 있는데 이 경우 국민안전처장관은 지체 없이 중앙위원회의 승인을 받아야 하고, 승인을 받지 못하면 선포된 재난사태를 즉시 해제하여야 한다.

② **선포지역의 조치** … 국민안전처장관 및 지방자치단체의 장은 재난사태가 선포된 지역에 대하여 다음의 조치를 할 수 있다.

  ㉠ 재난경보의 발령, 인력·장비 및 물자의 동원, 위험구역 설정, 대피명령, 응급지원 등 이 법에 따른 응급조치

  ㉡ 해당 지역에 소재하는 행정기관 소속 공무원의 비상소집

  ㉢ 해당 지역에 대한 여행 등 이동 자제 권고

  ㉣ 그 밖에 재난예방에 필요한 조치

③ **재난사태 선포 해제** … 국민안전처장관은 재난으로 인한 위험이 해소되었다고 인정하는 경우 또는 재난이 추가적으로 발생할 우려가 없어진 경우에는 선포된 재난사태를 즉시 해제하여야 한다.

(2) 응급조치(제37조)

① 시·도 긴급구조통제단 및 시·군·구 긴급구조통제단의 단장(이하 "지역통제단장"이라 한다)과 시장·군수·구청장은 재난이 발생할 우려가 있거나 재난이 발생하였을 때에는 즉시 관계 법령이나 재난대응활동계획 및 위기관리 매뉴얼에서 정하는 바에 따라 수방(水防)·진화·구조 및 구난, 그 밖에 재난 발생을 예방하거나 피해를 줄이기 위하여 필요한 다음의 응급조치를 하여야 한다. 다만, 지역통제단장의 경우에는 제2호 중 진화에 관한 응급조치와 제4호 및 제6호의 응급조치만 하여야 한다.

㉠ 경보의 발령 또는 전달이나 피난의 권고 또는 지시

㉡ 제31조에 따른 안전조치

㉢ 진화·수방·지진방재, 그 밖의 응급조치와 구호

㉣ 피해시설의 응급복구 및 방역과 방범, 그 밖의 질서 유지

㉤ 긴급수송 및 구조 수단의 확보

㉥ 급수 수단의 확보, 긴급피난처 및 구호품의 확보

㉦ 현장지휘통신체계의 확보

㉧ 그 밖에 재난 발생을 예방하거나 줄이기 위하여 필요한 사항

★TIP 응급조치

시·도지사가 실시하는 응급조치 등	시·도지사가 응급조치를 할 수 있는 경우 • 관할 구역에서 재난이 발생하거나 발생할 우려가 있는 경우로서 대통령령으로 정하는 경우(인명 또는 재산의 피해정도가 매우 크고 그 영향이 광범위하거나 광범위할 것으로 예상되어 시·도지사가 응급조치가 필요하다고 인정하는 경우를 말한다.) • 둘 이상의 시·군·구에 걸쳐 재난이 발생하거나 발생할 우려가 있는 경우
재난관리책임 기관의 장의 응급조치	재난관리책임기관의 장은 재난이 발생하거나 발생할 우려가 있으면 즉시 그 소관 업무에 관하여 필요한 응급조치를 하고, 이 절에 따라 시·도지사, 시장·군수·구청장 또는 지역통제단장이 실시하는 응급조치가 원활히 수행될 수 있도록 필요한 협조를 하여야 한다.
지역통제단장의 응급조치 등	• 지역통제단장은 긴급구조를 위하여 필요하면 중앙대책본부장, 시·도지사(시·도 대책본부가 운영되는 경우에는 해당 본부장을 말한다.) 또는 시장·군수·구청장(시·군·구 대책본부가 운영되는 경우에는 해당 본부장을 말한다.)에게 응급대책을 요청할 수 있고, 중앙대책본부장, 시·도지사 또는 시장·군수·구청장은 특별한 사유가 없으면 요청에 따라야 한다. • 지역통제단장은 응급조치 및 응급대책을 실시하였을 때에는 이를 즉시 해당 시장·군수·구청장에게 통보하여야 한다.

② **응급조치 협력** … 시·군·구의 관할 구역에 소재하는 재난관리책임기관의 장은 시장·군수·구청장이나 지역통제단장이 요청하면 관계 법령이나 시·군·구 안전관리계획에서 정하는 바에 따라 시장·군수·구청장이나 지역통제단장의 지휘 또는 조정하에 그 소관 업무에 관계되는 응급조치를 실시하거나 시장·군수·구청장이나 지역통제단장이 실시하는 응급조치에 협력하여야 한다.

③ **응급조치를 위한 공무원의 파견 요청 등** … 시·도 긴급구조통제단 및 시·군·구 긴급구조통제단의 단장(이하 "지역통제단장"이라 한다)은 응급조치를 위하여 다음의 사항을 분명하게 밝혀 다른 지역통제단장 또는 시장·군수·구청장에게 소속 공무원의 파견을 요청할 수 있다.
　㉠ 파견요청 사유
　㉡ 파견대상 인원 및 직급
　㉢ 파견기간
　㉣ 그 밖에 파견에 필요한 사항 등

④ **응급부담** … 시장·군수·구청장과 지역통제단장(대통령령으로 정하는 권한을 행사하는 경우에만 해당한다)은 그 관할 구역에서 재난이 발생하거나 발생할 우려가 있어 응급조치를 하여야 할 급박한 사정이 있으면 해당 재난현장에 있는 사람이나 인근에 거주하는 사람에게 응급조치에 종사하게 하거나 대통령령으로 정하는 바에 따라 다른 사람의 토지·건축물·인공구조물, 그 밖의 소유물을 일시 사용할 수 있으며, 장애물을 변경하거나 제거할 수 있다.

⑤ **응원** … 시장·군수·구청장은 응급조치를 하기 위하여 필요하면 다른 시·군·구나 관할 구역에 있는 군부대 및 관계 행정기관의 장, 그 밖의 민간기관·단체의 장에게 인력·장비·자재 등 필요한 응원을 요청할 수 있다. 이 경우 응원을 요청 받은 군부대의 장과 관계 행정기관의 장은 특별한 사유가 없으면 요청에 따라야 한다. 응원에 종사하는 사람은 그 응원을 요청한 시장·군수·구청장의 지휘에 따라 응급조치에 종사하여야 한다.

(3) 재난 예보·경보의 발령 등(제38조)

① 중앙대책본부장, 수습본부장, 시·도지사(시·도 대책본부가 운영되는 경우에는 해당 본부장을 말한다. 이하 이 조에서 같다) 또는 시장·군수·구청장(시·군·구 대책본부가 운영되는 경우에는 해당 본부장을 말한다. 이하 이 조에서 같다)은 대통령령으로 정하는 재난으로 인하여 사람의 생명·신체 및 재산에 대한 피해가 예상되면 그 피해를 예방하거나 줄이기 위하여 재난에 관한 예보 또는 경보를 발령할 수 있다.

대통령령으로 정하는 대상 재난	• 자연재난 및 사회재난 • 그 밖에 인명 또는 재산의 피해 정도가 매우 크고 그 영향이 광범위할 것으로 예상되어 중앙대책본부장, 지역대책본부장 또는 중앙사고수습본부의 장(이하 "수습본부장"이라 한다)이 재난 예보·경보의 발령이 필요하다고 인정하는 재난

② 예보 또는 경보는 재난의 위험수준에 따라 관심·주의·경계·심각으로 구분하며, 재난유형별 발령권자는 대통령령으로 정한다. 다만, 다른 법령에서 재난 예보·경보의 발령 기준을 따로 정하고 있는 경우에는 그 기준을 따른다.

재난유형별 예보 또는 경보의 발령권자	• 전국 단위 또는 중앙정부 차원의 예보·경보 발령이 필요한 경우 : 중앙대책본부장 또는 수습본부장 • 지역 단위의 예보·경보 발령이 필요한 경우 : 시·도지사 또는 시장·군수·구청장

③ 재난책임관리기관의 장은 예보 또는 경보가 신속하게 발령될 수 있도록 재난과 관련한 위험정 보를 취득하면 즉시 중앙대책본부장, 수습본부장, 시·도지사 및 시장·군수·구청장에게 통보 하여야 한다.

④ 중앙대책본부장, 시·도지사 또는 시장·군수·구청장은 재난에 관한 예보·경보·통지나 응급 조치를 실시하기 위하여 필요하면 다음의 조치를 요청할 수 있다. 다만, 다른 법령에 특별한 규정이 있을 때에는 그러하지 아니하다.

　㉠ 전기통신시설의 소유자 또는 관리자에 대한 전기통신시설의 우선 사용

　㉡ 전기통신사업자 중 대통령령으로 정하는 주요 전기통신사업자에 대한 필요한 정보의 문자나 음성 송신 또는 인터넷 홈페이지 게시

　㉢ 방송사업자에 대한 필요한 정보의 신속한 방송

　㉣ 신문사업자 및 인터넷신문사업자 중 대통령령으로 정하는 주요 신문사업자 및 인터넷신문사 업자에 대한 필요한 정보의 게재

⑤ 중앙대책본부장이 아닌 자가 재난의 예보·경보를 발령하는 경우에는 그 내용을 중앙재난안전 상황실과 재난안전상황실에 즉시 통보하여야 한다.

(4) 동원명령(법 제39조)과 대피명령(법 제40조)

① 동원명령

　㉠ 조치 : 중앙대책본부장과 시장·군수·구청장(시·군·구 대책본부가 운영되는 경우에는 해당 본부장을 말한다.)은 재난이 발생하거나 발생할 우려가 있다고 인정하면 다음의 조치를 할 수 있다.

　• 민방위대의 동원

　• 응급조치를 위하여 재난관리책임기관의 장에 대한 관계 직원의 출동 또는 재난관리자원 및 지정 된 장비·인력의 동원 등 필요한 조치의 요청

　• 동원 가능한 장비와 인력 등이 부족한 경우에는 국방부장관에 대한 군부대의 지원 요청

ⓛ **동원요청** : 중앙대책본부장과 시장·군수·구청장(시·군·구 대책본부가 운영되는 경우에는 해당 본부장을 말한다.)은 인력·장비·물자 등의 동원을 요청할 경우에는 총리령으로 정하는 바에 따라 동원시기, 동원지역, 동원대상, 동원사유 및 동원 중의 행동요령 등을 분명하게 밝혀 관계기관의 장에게 동원 요청을 하여야 한다.

② **대피명령**

ⓖ **대피명령** : 시장·군수·구청장과 지역통제단장(대통령령으로 정하는 권한을 행사하는 경우에만 해당한다. 이하 이 조에서 같다)은 재난이 발생하거나 발생할 우려가 있는 경우에 사람의 생명 또는 신체에 대한 위해를 방지하기 위하여 필요하면 해당 지역 주민이나 그 지역 안에 있는 사람에게 대피하거나 선박·자동차 등을 대피시킬 것을 명할 수 있다. 이 경우 미리 대피장소를 지정할 수 있다.

ⓛ **기타** : 대피명령을 받은 경우에는 즉시 명령에 따라야 한다.

(5) 강제대피조치(법 제42조)와 통행제한 등(법 제43조)

① **강제대피조치**

ⓖ **강제대피** : 시장·군수·구청장과 지역통제단장(대통령령으로 정하는 권한을 행사하는 경우에만 해당한다.)은 대피명령을 받은 사람 또는 위험구역에서의 퇴거나 대피명령을 받은 사람이 그 명령을 이행하지 아니하여 위급하다고 판단되면 그 지역 또는 위험구역 안의 주민이나 그 안에 있는 사람을 강제로 대피시키거나 퇴거시킬 수 있다.

ⓛ **요청** : 시장·군수·구청장 및 지역통제단장은 주민 등을 강제로 대피 또는 퇴거시키기 위하여 필요하다고 인정하면 관할 경찰관서의 장에게 필요한 인력 및 장비의 지원을 요청할 수 있다.

② **통행제한 등**

ⓖ **통행제한**

• 시장·군수·구청장과 지역통제단장(대통령령으로 정하는 권한을 행사하는 경우에만 해당한다)은 응급조치에 필요한 물자를 긴급히 수송하거나 진화·구조 등을 하기 위하여 필요하면 대통령령으로 정하는 바에 따라 경찰관서의 장에게 도로의 구간을 지정하여 해당 긴급수송 등을 하는 차량 외의 차량의 통행을 금지하거나 제한하도록 요청할 수 있다.

• 요청을 받은 경찰관서의 장은 특별한 사유가 없으면 요청에 따라야 한다.

ⓛ **절차**

• 시장·군수·구청장 및 지역통제단장은 경찰관서의 장에게 차량의 통행을 금지하거나 제한하도록 요청하는 경우에는 그 금지 또는 제한의 대상 구간 및 기간을 분명하게 밝혀야 한다.

• 요청을 받은 경찰관서의 장은 차량 통행의 금지 또는 제한조치 결과를 관할 시장·군수·구청장 및 지역통제단장에게 통보하여야 한다.

(6) 긴급구조(법 제51조)

① **구조 활동** … 지역통제단장은 재난이 발생하면 소속 긴급구조요원을 재난현장에 신속히 출동시켜 필요한 긴급구조활동을 하게 하여야 한다.

② **지원 요청** … 지역통제단장은 긴급구조를 위하여 필요하면 긴급구조지원기관의 장에게 소속 긴급구조지원요원을 현장에 출동시키거나 긴급구조에 필요한 장비·물자를 제공하는 등 긴급구조활동을 지원할 것을 요청할 수 있다. 이 경우 요청을 받은 기관의 장은 특별한 사유가 없으면 즉시 요청에 따라야 한다.

③ 요청에 따라 긴급구조활동에 참여한 민간 긴급구조지원기관에 대하여는 대통령령으로 정하는 바에 따라 그 경비의 전부 또는 일부를 지원할 수 있다.

> ★🌹TIP 민간 긴급구조지원기관에 대한 지원 등(시행령 제58조)
> ㉠ 지원경비산정 : 긴급구조활동에 참여한 민간 긴급구조지원기관에 지원하는 경비는 긴급구조 참여자의 수, 동원장비 및 사용물품 등 긴급구조활동에 필요한 인적·물적 요소를 기준으로 지역통제단장이 정한다.
> ㉡ 지원금 신청 : 경비 지원을 받으려는 민간 긴급구조지원기관은 총리령으로 정하는 바에 따라 지역통제단장에게 지원금의 지급신청을 하여야 한다.
> ㉢ 지원 : 지원금의 지급신청을 받은 지역통제단장은 긴급구조활동에 대한 지원 사실을 확인한 후 예산의 범위에서 지원금의 전부 또는 일부를 지원한다.

④ 긴급구조활동을 하기 위하여 회전익항공기(이하 이 항에서 "헬기"라 한다)를 운항할 필요가 있으면 긴급구조기관의 장이 헬기의 운항과 관련되는 사항을 헬기운항통제기관에 통보하고 헬기를 운항할 수 있다. 이 경우 관계 법령에 따라 해당 헬기의 운항이 승인된 것으로 본다.

(7) 중앙긴급구조 통제단(법 제49조)와 지역긴급구조통제단(법 제50조)

① **중앙긴급구조통제단**

㉠ 설치 등

- 긴급구조에 관한 사항의 총괄·조정, 긴급구조기관 및 긴급구조지원기관이 하는 긴급구조활동의 역할 분담과 지휘·통제를 위하여 국민안전처에 중앙긴급구조통제단(이하 "중앙통제단"이라 한다)을 둔다.
- 중앙통제단의 단장은 국민안전처의 소방사무를 담당하는 본부장이 된다.
- 중앙통제단장은 긴급구조를 위하여 필요하면 긴급구조지원기관 간의 공조체제를 유지하기 위하여 관계 기관·단체의 장에게 소속 직원의 파견을 요청할 수 있다. 이 경우 요청을 받은 기관·단체의 장은 특별한 사유가 없으면 요청에 따라야 한다.

㉡ 기능

- 국가 긴급구조대책의 총괄·조정
- 긴급구조활동의 지휘·통제

- 긴급구조지원기관간의 역할분담 등 긴급구조를 위한 현장활동계획의 수립
- 긴급구조대응계획의 집행
- 그 밖에 중앙통제단의 장(이하 "중앙통제단장"이라 한다)이 필요하다고 인정하는 사항

② **지역긴급구조통제단**

ㄱ 설치 등

- 지역별 긴급구조에 관한 사항의 총괄·조정, 해당 지역에 소재하는 긴급구조기관 및 긴급구조지원 기관 간의 역할분담과 재난현장에서의 지휘·통제를 위하여 시·도의 소방본부에 시·도 긴급구 조통제단을 두고, 시·군·구의 소방서에 시·군·구 긴급구조통제단을 둔다.
- 시·도 긴급구조통제단과 시·군·구 긴급구조통제단(이하 "지역통제단"이라 한다)에는 각각 단장 1명을 두되, 시·도 긴급구조통제단의 단장은 소방본부장이 되고 시·군·구 긴급구조통제단의 단 장은 소방서장이 된다.
- 지역통제단장은 긴급구조를 위하여 필요하면 긴급구조지원기관 간의 공조체제를 유지하기 위하여 관계 기관·단체의 장에게 소속 직원의 파견을 요청할 수 있다. 이 경우 요청을 받은 기관·단체 의 장은 특별한 사유가 없으면 요청에 따라야 한다.

ㄴ 파견요청 : 시·도 긴급구조통제단 및 시·군·구 긴급구조통제단의 단장(이하 "지역통제단장" 이라 한다)은 응급조치를 위하여 다음의 사항을 분명하게 밝혀 다른 지역통제단장 또는 시 장·군수·구청장에게 소속 공무원의 파견을 요청할 수 있다.

- 파견요청 사유
- 파견대상 인원 및 직급
- 파견기간
- 그 밖에 파견에 필요한 사항 등

(8) 긴급구조 현장지휘(법 제52조)

① 재난현장에서는 시·군·구 긴급구조통제단장이 긴급구조활동을 지휘한다. 다만, 치안활동과 관련된 사항은 관할 경찰관서의 장과 협의하여야 한다.

② **현장지휘 내용**

ㄱ 재난현장에서 인명의 탐색·구조

ㄴ 긴급구조기관 및 긴급구조지원기관의 인력·장비의 배치와 운용

ㄷ 추가 재난의 방지를 위한 응급조치

ㄹ 긴급구조지원기관 및 자원봉사자 등에 대한 임무의 부여

ㅁ 사상자의 응급처치 및 의료기관으로의 이송

ㅂ 긴급구조에 필요한 물자의 관리

ㅅ 현장접근 통제, 현장 주변의 교통정리, 그 밖에 긴급구조활동을 효율적으로 하기 위하여 필요 한 사항

③ 시·도 긴급구조통제단장은 필요하다고 인정하면 직접 현장지휘를 할 수 있다.

④ 중앙통제단장은 대통령령으로 정하는 대규모 재난이 발생하거나 그 밖에 필요하다고 인정하면 직접 현장지휘를 할 수 있다.

⑤ 재난현장에서 긴급구조활동을 하는 긴급구조요원과 긴급구조지원기관의 인력·장비·물자에 대한 운용은 현장지휘를 하는 긴급구조통제단장(이하 "각급통제단장"이라 한다)의 지휘·통제에 따라야 한다.

⑥ 지역대책본부장은 각급통제단장이 수행하는 긴급구조활동에 적극 협력하여야 한다.

⑦ 시·군·구 긴급구조통제단장은 설치·운영하는 통합지원본부의 장에게 긴급구조에 필요한 인력이나 물자 등의 지원을 요청할 수 있다. 이 경우 요청 받은 기관의 장은 최대한 협조하여야 한다.

⑧ 재난현장의 구조활동 등 초동 조치상황에 대한 언론 발표 등은 각급통제단장이 지명하는 자가 한다.

⑨ 각급통제단장은 재난현장의 긴급구조 등 현장지휘를 효과적으로 하기 위하여 재난현장에 현장지휘소를 설치·운영할 수 있다. 이 경우 긴급구조활동에 참여하는 긴급구조지원기관의 현장지휘자는 현장지휘소에 대통령령으로 정하는 바에 따라 연락관을 파견하여야 한다.

⑩ 각급통제단장은 긴급구조 활동을 종료하려는 때에는 재난현장에 참여한 지역사고수습본부장, 통합지원본부의 장 등과 협의를 거쳐 결정하여야 한다. 이 경우 각급통제단장은 긴급구조 활동 종료 사실을 지역대책본부장 및 제5항에 따른 긴급구조지원기관의 장에게 통보하여야 한다.

⑪ 해양에서 발생한 재난의 긴급구조활동에 관하여는 위 규정을 준용한다. 이 경우 시·군·구 긴급구조통제단장, 시·도 긴급구조통제단장, 중앙긴급구조통제단장은 「수난구호법」 제7조에 따른 지역구조본부의 장, 광역구조본부의 장, 중앙구조본부의 장으로 각각 본다.

(9) 긴급구조활동에 대한 평가(법 제53조)

① 중앙통제단장과 지역통제단장은 재난상황이 끝난 후 대통령령으로 정하는 바에 따라 긴급구조지원기관의 활동에 대하여 종합평가를 하여야 한다.

ㄱ 평가내용
- 긴급구조 활동에 참여한 인력 및 장비
- 긴급구조대응계획의 이행 실태
- 긴급구조요원의 전문성
- 통합 현장 대응을 위한 통신의 적절성

- 긴급구조교육 수료자 현황
- 긴급구조 대응상의 문제점 및 개선이 필요한 사항

ⓒ **보완조치** : 종합평가 결과를 통보 받은 긴급구조지원기관의 장은 평가 결과에 따라 보완 등 적절한 조치를 하여야 한다.

② 종합평가결과는 시 · 군 · 구 긴급구조통제단장은 시 · 도 긴급구조통제단장 및 시장 · 군수 · 구청장에게, 시 · 도 긴급구조통제단장은 국민안전처장관에게 보고하거나 통보하여야 한다.

⑽ **긴급구조대응계획의 수립(법 제54조)**

① 긴급구조기관의 장은 재난이 발생하는 경우 긴급구조기관과 긴급구조지원기관이 신속하고 효율적으로 긴급구조를 수행할 수 있도록 대통령령으로 정하는 바에 따라 재난의 규모와 유형에 따른 긴급구조대응계획을 수립 · 시행하여야 한다.

② **긴급구조대응계획의 구분**

　　㉠ **긴급구조대응계획은 기본계획**
- 긴급구조대응계획의 목적 및 적용범위
- 긴급구조대응계획의 기본방침과 절차
- 긴급구조대응계획의 운영책임에 관한 사항

　　ⓒ **기능별 긴급구조대응계획**
- 지휘통제 : 긴급구조체제 및 중앙통제단과 지역통제단의 운영체계 등에 관한 사항
- 비상경고 : 긴급대피, 상황 전파, 비상연락 등에 관한 사항
- 대중정보 : 주민보호를 위한 비상방송시스템 가동 등 긴급 공공정보 제공에 관한 사항 및 재난상황 등에 관한 정보 통제에 관한 사항
- 피해상황분석 : 재난현장상황 및 피해정보의 수집 · 분석 · 보고에 관한 사항
- 구조 · 진압 : 인명 수색 및 구조, 화재진압 등에 관한 사항
- 응급의료 : 대량 사상자 발생 시 응급의료서비스 제공에 관한 사항
- 긴급오염통제 : 오염 노출 통제, 긴급 감염병 방제 등 재난현장 공중보건에 관한 사항
- 현장통제 : 재난현장 접근 통제 및 치안 유지 등에 관한 사항
- 긴급복구 : 긴급구조활동을 원활하게 하기 위한 긴급구조차량 접근 도로 복구 등에 관한 사항
- 긴급구호 : 긴급구조요원 및 긴급대피 수용주민에 대한 위기 상담, 임시 의식주 제공 등에 관한 사항
- 재난통신 : 긴급구조기관 및 긴급구조지원기관 간 정보통신체계 운영 등에 관한 사항

　　ⓒ **재난유형별 긴급구조대응계획**
- 재난 발생 단계별 주요 긴급구조 대응활동 사항
- 주요 재난유형별 대응 매뉴얼에 관한 사항
- 비상경고 방송메시지 작성 등에 관한 사항

③ 긴급구조기관의 장은 긴급구조대응계획을 수립하기 위하여 필요한 경우에는 긴급구조지원기관의 장에게 소관별 긴급구조세부대응계획을 수립하여 제출하도록 요청할 수 있다. 이 경우 긴급구조기관의 장은 긴급구조세부대응계획의 작성에 필요한 긴급구조세부대응계획의 수립에 관한 지침을 작성하여 배포하여야 한다.

④ **긴급구조대응계획의 수립절차**(시행령 제64조)
  ㉠ **수립지침의 작성** : 국민안전처장관은 매년 시 · 도긴급구조대응계획의 수립에 관한 지침을 작성하여 시 · 도긴급구조기관의 장에게 전달하여야 한다.
  ㉡ **작성**
    • 시 · 도긴급구조기관의 장은 지침에 따라 시 · 도긴급구조대응계획을 작성하여 국민안전처장관에게 보고하고 시 · 군 · 구긴급구조대응계획의 수립에 관한 지침을 작성하여 시 · 군 · 구긴급구조기관에 시달하여야 한다.
    • 시 · 군 · 구긴급구조기관의 장은 시 · 군 · 구긴급구조대응계획의 수립에 관한 지침에 따라 시 · 군 · 구긴급구조대응계획을 작성하여 시 · 도긴급구조기관의 장에게 보고하여야 한다.

⑾ **해상에서의 긴급구조(법 제56조)와 항공기 등 조난사고 시의 긴급구조 등(법 제57조)**

① **해상에서의 긴급구조** : 해상에서 발생한 선박이나 항공기 등의 조난사고의 긴급구조활동에 관하여는 「수난구호법」 등 관계 법령에 따른다.

② **항공기 등 조난사고 시의 긴급구조 등**
  ㉠ **항공기 수색 · 구조계획의 수립 · 시행**
    • 국민안전처장관은 항공기 조난사고가 발생한 경우 항공기 수색과 인명구조를 위하여 항공기 수색 · 구조계획을 수립 · 시행하여야 한다. 다만, 다른 법령에 항공기의 수색 · 구조에 관한 특별한 규정이 있는 경우에는 그 법령에 따른다.
    • 국민안전처장관은 항공기 수색 · 구조계획을 수립하려는 때에는 미리 관계 행정기관의 의견을 들어야 한다.
  ㉡ **항공기의 수색 · 구조에 필요한 사항**
    • 항공기 수색 · 구조 체계의 구성 및 운영
    • 항공기 수색 · 구조와 관련하여 다른 기관과의 협조체제 구축
    • 항공기 수색 · 구조에 필요한 교육 및 훈련
    • 항공기 수색 · 구조에 필요한 장비 및 시설의 확보 및 유지 · 관리
    • 그 밖에 항공기 수색과 인명구조를 위하여 국민안전처장관이 필요하다고 인정하는 사항
  ㉢ **군의 지원** : 국방부장관은 항공기나 선박의 조난사고가 발생하면 관계 법령에 따라 긴급구조업무에 책임이 있는 기관의 긴급구조활동에 대한 군의 지원을 신속하게 할 수 있도록 다음 각 호의 조치를 취하여야 한다.

- 탐색구조본부의 설치 · 운영
- 탐색구조부대의 지정 및 출동대기태세의 유지
- 조난 항공기에 관한 정보 제공

⑤ 재난의 복구

(1) 피해조사 및 복구계획

① **재난피해 신고 및 조사**(법 제58조)

    ㉠ 재난피해의 신고 : 재난으로 피해를 입은 사람은 피해상황을 총리령으로 정하는 바에 따라 시장 · 군수 · 구청장(시 · 군 · 구 대책본부가 운영되는 경우에는 해당 본부장을 말한다. 이하 이 조에서 같다)에게 신고할 수 있으며, 피해 신고를 받은 시장 · 군수 · 구청장은 피해상황을 조사한 후 중앙대책본부장에게 보고하여야 한다.

    ㉡ 재난피해의 조사 : 재난관리책임기관의 장은 재난으로 인하여 피해가 발생한 경우에는 피해상황을 신속하게 조사한 후 그 결과를 중앙대책본부장에게 통보하여야 한다.

    ㉢ 중앙피해합동조사단 편성

- 중앙대책본부장은 재난피해의 조사를 위하여 필요한 경우에는 대통령령으로 정하는 바에 따라 관계 중앙행정기관 및 관계 재난관리책임기관의 장과 합동으로 중앙재난피해합동조사단을 편성하여 재난피해 상황을 조사할 수 있다.
- 중앙재난피해합동조사단 구성 · 운영
  - 중앙재난피해합동조사단(이하 "재난피해조사단"이라 한다)의 단장은 국민안전처 소속 공무원으로 한다.
  - 재난피해조사단의 단장은 중앙대책본부장의 명을 받아 재난피해조사단에 관한 사무를 총괄하고 재난피해조사단에 소속된 직원을 지휘 · 감독한다.
  - 중앙대책본부장은 재난 피해의 유형 · 규모에 따라 전문조사가 필요한 경우 전문조사단을 구성 · 운영할 수 있다.

    ㉣ 직원 파견 : 중앙재난피해합동조사단(이하 "재난피해조사단"이라 한다)을 편성하기 위하여 관계 재난관리책임기관의 장에게 소속 공무원이나 직원의 파견을 요청할 수 있다. 이 경우 요청을 받은 관계 재난관리책임기관의 장은 특별한 사유가 없으면 요청에 따라야 한다.

② **재난복구계획의 수립 · 시행**(법 제59조)

    ㉠ 수립 · 시행

- 재난관리책임기관의 장은 피해조사를 마치면 지체 없이 자체복구계획을 수립 · 시행하여야 한다. 다만, 중앙재난피해합동조사단이 편성되어 피해상황을 조사하는 경우에는 제2항에 따라 중앙대책본부장으로부터 재난피해복구계획을 통보 받은 후에 수립 · 시행할 수 있다.

- 중앙대책본부장은 중앙재난피해합동조사단을 편성한 경우에는 피해조사를 한 후 중앙재난안전대책본부회의의 심의를 거쳐 재난피해복구계획을 수립하고, 이를 관계 재난관리책임기관의 장에게 통보하여야 한다.
- 재난관리책임기관의 장은 재난피해복구계획을 통보 받으면 이를 기초로 소관 사항에 대한 자체복구계획을 수립·시행하여야 한다. 이 경우 지방자치단체의 장은 자체복구계획을 수립하면 지체 없이 재해복구를 위하여 필요한 경비를 지방자치단체의 예산에 계상하여야 한다.
- ⓒ 복구계획 : 재난피해복구계획 및 자체복구계획에는 피해시설별·관리주체별 복구 내용, 일정 및 복구비용 등이 포함되어야 한다.

(2) 특별재난지역 선포 및 지원

① 특별재난지역의 선포(법 제60조)

㉠ 건의 및 선포

- 중앙대책본부장은 대통령령으로 정하는 규모의 재난이 발생하여 국가의 안녕 및 사회질서의 유지에 중대한 영향을 미치거나 피해를 효과적으로 수습하기 위하여 특별한 조치가 필요하다고 인정하거나 지역대책본부장의 요청이 타당하다고 인정하는 경우에는 중앙위원회의 심의를 거쳐 해당 지역을 특별재난지역으로 선포할 것을 대통령에게 건의할 수 있다.
- 특별재난지역의 선포를 건의 받은 대통령은 해당 지역을 특별재난지역으로 선포할 수 있다. 대통령이 특별재난지역을 선포하는 경우에 중앙대책본부장은 특별재난지역의 구체적인 범위를 정하여 공고하여야 한다.
- 지역대책본부장은 관할지역에서 발생한 재난으로 인하여 사유가 발생한 경우에는 중앙대책본부장에게 특별재난지역의 선포 건의를 요청할 수 있다.

㉡ 범위

- 자연재난으로서 「재난구호 및 재난복구 비용 부담기준 등에 관한 규정」 제5조 제1항에 따른 국고지원 대상 피해 기준금액의 2.5배를 초과하는 피해가 발생한 재난
- 사회재난의 재난 중 재난이 발생한 해당 지방자치단체의 행정능력이나 재정능력으로는 재난의 수습이 곤란하여 국가적 차원의 지원이 필요하다고 인정되는 재난
- 그 밖에 재난 발생으로 인한 생활기반 상실 등 극심한 피해의 효과적인 수습 및 복구를 위하여 국가적 차원의 특별한 조치가 필요하다고 인정되는 재난

② 특별재난지역에 대한 지원(법 제61조)

㉠ 지원

- 국가나 지방자치단체는 특별재난지역으로 선포된 지역에 대하여는 제66조 제3항에 따른 지원을 하는 외에 대통령령으로 정하는 바에 따라 응급대책 및 재난구호와 복구에 필요한 행정상·재정상·금융상·의료상의 특별지원을 할 수 있다.

- 〈법 제66조 제3항〉국가와 지방자치단체는 재난으로 피해를 입은 시설의 복구와 피해주민의 생계 안정을 위하여 다음의 지원을 할 수 있다.
  - 사망자·실종자·부상자 등 피해주민에 대한 구호
  - 주거용 건축물의 복구비 지원
  - 고등학생의 학자금 면제
  - 관계 법령에서 정하는 바에 따라 농업인·임업인·어업인의 자금 융자, 농업·임업·어업 자금의 상환기한 연기 및 그 이자의 감면 또는 중소기업 및 소상공인의 자금 융자
  - 세입자 보조 등 생계안정 지원
  - 관계 법령에서 정하는 바에 따라 국세·지방세, 건강보험료·연금보험료, 통신요금, 전기요금 등의 경감 또는 납부유예 등의 간접지원
  - 주 생계수단인 농업·어업·임업·염생산업에 피해를 입은 경우에 해당 시설의 복구를 위한 지원
  - 공공시설 피해에 대한 복구사업비 지원
  - 그 밖에 제14조 제3항 본문에 따른 중앙재난안전대책본부회의에서 결정한 지원
- ㉡ 국가의 지원: 국가가 재난과 관련하여 특별재난지역으로 선포한 지역에 대한 특별지원의 내용은 다음과 같다.
- 「재난구호 및 재난복구 비용 부담기준 등에 관한 규정」제7조에 따른 국고의 추가지원
- 「재난구호 및 재난복구 비용 부담기준 등에 관한 규정」제4조에 따른 지원
- 의료·방역·방제(防除) 및 쓰레기 수거 활동 등에 대한 지원
- 「재해구호법」에 따른 의연금품의 지원
- 농어업인의 영농·영어·시설·운전 자금 및 중소기업의 시설·운전 자금의 우선 융자, 상환 유예, 상환 기한 연기 및 그 이자 감면과 중소기업에 대한 특례보증 등의 지원
- 그 밖에 재난응급대책의 실시와 재난의 구호 및 복구를 위한 지원
- ㉢ 비용 일부지원: 국가가 해당하는 재난과 그에 준하는 같은 조 제3호에 따른 재난과 관련하여 특별재난지역을 선포하는 경우에는 해당 재난을 수습하는 지방자치단체의 재정능력과 피해의 규모를 고려하여 지방자치단체가 행하는 행정·재정·금융·의료에 관한 다음의 지원에 필요한 비용의 일부를 지원할 수 있다.
- 재난으로 사망하거나 실종된 사람의 유족 및 부상당한 사람에 대한 지원
- 피해주민의 생계안정을 위한 지원
- 피해지역의 복구에 필요한 지원
- 그 밖에 중앙대책본부장이 필요하다고 인정하는 지원

  ★TIP 사망자 유족 및 부상당한 사람에게 지급하는 보상금 한계
    ㉠ 사망자 유족의 경우: 사망 당시의 「최저임금법」에 따른 월 최저임금액에 240을 곱한 금액 또는 「국가배상법」 제3조 제1항의 배상기준을 준용하여 산출한 금액 중 많은 금액
    ㉡ 부상자의 경우: 제1호에 따라 산출된 금액의 2분의 1 이하의 범위에서 부상의 정도에 따라 총리령으로 정하는 금액

(3) 재정 및 보상

① 비용부담

　㉠ 비용부담의 원칙(법 제62조) : 재난관리에 필요한 비용은 이 법 또는 다른 법령에 특별한 규정이 있는 경우 외에는 이 법 또는 제3장의 안전관리계획에서 정하는 바에 따라 그 시행의 책임이 있는 자(제29조 제1항에 따른 재난방지시설의 경우에는 해당 재난방지시설의 유지·관리 책임이 있는 자를 말한다)가 부담한다. 다만, 제46조에 따라 시·도지사나 시장·군수·구청장이 다른 재난관리책임기관이 시행할 재난의 응급조치를 시행한 경우 그 비용은 그 응급조치를 시행할 책임이 있는 재난관리책임기관이 부담한다.

　㉡ 응급지원에 필요한 비용(법 제63조)
  - 응원을 받은 자는 그 응원에 드는 비용을 부담하여야 한다.
  - 응급조치로 인하여 다른 지방자치단체가 이익을 받은 경우에는 그 수익의 범위에서 이익을 받은 해당 지방자치단체가 그 비용의 일부를 분담하여야 한다.

② 보상

　㉠ 손실보상(법 제64조)
  - 손실보상에 관하여는 손실을 입은 자와 그 조치를 한 중앙행정기관의 장, 시·도지사 또는 시장·군수·구청장이 협의하여야 한다.
  - 손실보상에 관한 협의는 조치가 있는 날부터 60일 이내에 하여야 한다.
  - 협의가 성립되지 아니하면 대통령령으로 정하는 바에 따라 관할 토지수용위원회에 재결을 신청할 수 있다.
  - 재결의 신청은 조치가 있는 날부터 180일 이내에 하여야 한다.

　㉡ 치료 및 보상(법 제65조)
  - 재난 발생 시 긴급구조활동과 응급대책·복구 등에 참여한 자원봉사자, 응급조치 종사명령을 받은 사람 및 긴급구조활동에 참여한 민간 긴급구조지원기관의 긴급구조지원요원이 응급조치나 긴급구조활동을 하다가 부상을 입은 경우에는 치료를 실시하고, 사망(부상으로 인하여 사망한 경우를 포함한다)하거나 신체에 장애를 입은 경우에는 그 유족이나 장애를 입은 사람에게 보상금을 지급한다. 다만, 다른 법령에 따라 국가나 지방자치단체의 부담으로 같은 종류의 보상금을 받은 사람에게는 그 보상금에 상당하는 금액을 지급하지 아니한다.
    - 부상자에 대한 치료는 치료에 필요한 실비를 지급하는 방법으로 할 수 있다.
    - 보상 중 유족에 대한 보상금은 그 배우자, 미성년자인 자녀, 부모, 조부모, 성년인 자녀, 형제자매 순으로 지급한다. 이 경우 같은 순위의 유족이 2명 이상일 경우에는 같은 금액으로 나누어 지급하되, 태아는 그 지급순위에 관하여는 이미 출생한 것으로 본다.

- 재난의 응급대책·복구 및 긴급구조 등에 참여한 자원봉사자의 장비 등이 응급대책·복구 또는 긴급구조와 관련하여 고장나거나 파손된 경우에는 그 자원봉사자에게 수리비용을 보상할 수 있다.
- 치료 및 보상금은 해당 재난이 국가의 업무 또는 시설과 관계되는 경우에는 국가가 부담하고, 지방자치단체의 업무 또는 시설과 관계되는 경우에는 지방자치단체가 부담한다.

(4) 재난관리기금 적립 및 운용

① **재난관리기금의 적립**(법 제67조)

㉠ 지방자치단체는 재난관리에 드는 비용에 충당하기 위하여 매년 재난관리기금을 적립하여야 한다.

㉡ 재난관리기금의 매년도 최저적립액은 최근 3년 동안의 「지방세법」에 의한 보통세의 수입결산액의 평균연액의 100분의 1에 해당하는 금액으로 한다.

② **재난기금의 용도**(시행령 제74조)

㉠ 재난 및 안전관리를 위한 공공분야 재난 예방활동

㉡ 방재시설의 설치(같은 조 제9호에 따른 재난 예보·경보시설의 설치로 한정한다) 및 보수·보강

㉢ 재난피해시설(국가 또는 지방자치단체가 소유하거나 관리하는 시설로 한정한다)에 대한 응급복구 또는 긴급한 조치

㉣ 지방자치단체의 긴급구조능력 확충사업

㉤ 감염병 또는 가축전염병의 확산 방지를 위한 긴급대응 및 응급복구

㉥ 대피명령 또는 퇴거명령을 이행하는 주민에 대한 임대주택으로의 이주 지원 및 주택 임차비용 융자

㉦ 재난의 원인분석 및 피해 경감 등을 위한 조사·연구

㉧ 재난피해자에 대한 심리적 안정과 사회 적응을 위한 상담활동

③ **재난관리기금의 운용. 관리**(시행령 제75조)

㉠ 시·도지사 및 시장·군수·구청장은 전용 계좌를 개설하여 매년 적립하는 재난관리기금을 관리하여야 한다.

㉡ 시·도지사 및 시장·군수·구청장은 매년도 최저적립액의 100분의 15 이상의 금액(이하 이 조에서 "의무예치금액"이라 한다)을 금융회사 등에 예치하여 관리하여야 한다. 다만, 의무예치금액의 누적 금액이 해당 연도를 기준으로 매년도 최저적립액의 10배를 초과한 경우에는 해당 연도의 의무예치금액을 매년도 최저적립액의 100분의 5로 낮추어 예치할 수 있다.

(5) 정부합동 재난원인조사(법 제69조)

① 국민안전처장관은 재난이나 그 밖의 각종 사고의 발생 원인과 재난 발생 시 대응과정에 관한 조사·분석·평가를 효율적으로 수행하기 위하여 재난안전분야 전문가 및 전문기관 등이 공동으로 참여하는 정부합동 재난원인조사단(이하 "재난원인조사단"이라 한다)을 편성하고, 현지에 파견하여 원인조사·분석을 실시할 수 있다.

재난원인 조사단 편성·운영	• 정부합동 재난원인조사단(이하 "재난원인조사단"이라 한다)은 조사단장을 포함한 10명 내외의 조사단원으로 편성한다. • 조사단장은 조사단원을 지휘하고, 조사단 운영을 총괄한다. • 재난원인조사는 예비조사와 심층조사로 구분하여 실시할 수 있으며, 심층조사의 경우에는 필요하면 외부전문가의 자문을 요청할 수 있다.

② 재난원인조사단은 대통령령으로 정하는 바에 따라 재난발생원인조사 결과를 조정위원회에 보고하여야 한다.

조사결과보고서 작성	㉠ 재난원인조사단은 최종적인 조사를 마쳤을 때에는 다음의 사항을 포함한 조사결과보고서를 작성하여야 한다. • 조사목적, 피해상황 및 현장정보 • 현장조사 내용 • 사고원인 분석 내용 • 권고사항 및 향후 조치 • 그 밖에 필요한 내용 ㉡ 재난원인조사단은 조사결과보고서 작성을 완료한 날부터 3개월 이내에 그 결과를 중앙위원회 및 조정위원회에 보고하여야 한다. ㉢ 국민안전처장관은 개선권고한 사항에 대하여 이행 여부를 지속적으로 점검·확인하고 이에 대한 조치를 요구할 수 있다. ㉣ 국민안전처장관은 유사한 재난 및 사고의 재발을 방지하기 위하여 국립재난안전연구원으로 하여금 재난원인 조사와 관련한 자료를 관리하고, 과학적인 재난원인 조사분석을 수행하도록 할 수 있다.

③ 재난원인조사단은 재난원인조사를 위하여 필요하면 관계 기관의 장 또는 관계인에게 자료제출 등의 요청을 할 수 있다. 이 경우 요청을 받은 관계 기관의 장 또는 관계인은 특별한 사유가 없으면 요청에 따라야 한다.

④ 국민안전처장관은 재난원인조사 결과를 관계 기관의 장에게 통보하거나 개선권고 등의 필요한 조치를 요청할 수 있다. 이 경우 요청을 받은 관계 기관의 장은 특별한 사유가 없으면 권고에 따른 조치를 하여야 한다.

⑤ 국민안전처장관은 재난원인조사 결과를 신속히 국회 소관 상임위원회에 제출·보고하여야 한다.

(6) 재난상황의 기록관리(법 제70조)

① 재난관리책임기관의 장은 소관 시설·재산 등에 관한 피해상황을 포함한 재난상황 등을 기록하고, 이를 보관하여야 한다. 이 경우 시장·군수·구청장을 제외한 재난관리책임기관의 장은 그 기록사항을 시장·군수·구청장에게 통보하여야 한다.

  ㉠ 기록 : 재난관리책임기관의 장은 피해 시설물별로 다음의 사항이 포함된 재난상황의 기록을 작성·보관 및 관리하여야 한다.

  • 피해상황 및 대응 등
    - 피해 일시 및 피해지역
    - 피해원인, 피해물량 및 피해금액
    - 동원 인력·장비 등 응급조치 내용
    - 피해지역 사진 및 도면·위치 정보
    - 인명피해 상황 및 피해주민 대처 상황
    - 자원봉사자 등의 활동 사항
  • 복구상황
    - 재난복구사업의 종류별 복구물량 및 복구금액의 산출내용
    - 복구공사의 명칭·위치, 공사발주 및 복구추진 현황
    - 그 밖에 미담·모범사례 등 기록으로 작성하여 보관·관리할 필요가 있는 사항

  ㉡ 보관 : 시·도지사 및 시장·군수·구청장은 작성된 재난상황의 기록을 재난복구가 끝난 해의 다음 해부터 5년간 보관하여야 한다.

② 국민안전처장관은 매년 재난상황 등을 기록한 재해연보 또는 재난연감을 작성하여야 한다.

> 작성하는 재해연보 및 재난연감은 책자 형태 또는 전자적 형태의 기록물로 발행할 수 있으며, 발행한 재해연보 및 재난연감은 관계 재난관리책임기관의 장에게 송부하거나 전자적 방법으로 게시하여 열람할 수 있도록 하여야 한다.

③ 국민안전처장관은 재해연보 또는 재난연감을 작성하기 위하여 필요한 경우 재난관리책임기관의 장에게 관련 자료의 제출을 요청할 수 있다. 이 경우 요청을 받은 재난관리책임기관의 장은 요청에 적극 협조하여야 한다.

④ 재난관리주관기관의 장은 특별재난지역으로 선포된 사회재난 또는 재난상황 등을 기록하여 관리할 특별한 필요성이 인정되는 재난에 관하여 재난수습 완료 후 수습상황 등을 기록한 재난백서를 작성하여야 한다. 이 경우 관계 기관의 장이 재난대응에 참고할 수 있도록 재난백서를 통보하여야 한다.

⑤ 재난관리주관기관의 장은 재난백서를 신속히 국회 소관 상임위원회에 제출·보고하여야 한다.

04 출제예상문제

1 재난관리방식 중 통합관리방식의 단점이 아닌 것은?

① 종합관리체계 구축의 어려움

② 부처 간 이기주의와 기존 조직의 맹목적인 반대

③ 업무와 책임이 과도하게 하나의 조직에 집중

④ 재원 마련과 자원 배분의 복잡성

　note　④ 분산관리방식의 단점이다.

2 재난관리방식 중 분산관리방식에 대한 내용으로 적절하지 아니한 것은?

① 재난의 유형에 따라 부처별로 분산하여 관리하는 방식이다.

② 활동범위는 모든 재난관리활동을 대상으로 한다.

③ 임기응변적이며 산만한 관리로 재난에 대한 인지능력은 미약하고 단편적이다.

④ 효율성이 떨어진다.

　note　분산관리방식의 활동범위는 특정 부분의 재난관리활동이다.

3 재난관리방식 중 분산관리방식의 단점이 아닌 것은?

① 다양하고 복잡한 재난에 대처능력이 떨어진다.

② 부처 간 업무 중복과 연계성이 미흡하다.

③ 종합관리체계 구축이 어렵다.

④ 재원마련과 자원배분이 복잡하다.

　note　종합관리체계의 구축이 어려운 방식은 통합관리방식의 단점이다.

Answer　1.④ 2.② 3.③

4 재난관리의 단계가 순서로 옳게 연결된 것은?

① 예방단계 → 대비단계 → 대응단계 → 복구단계
② 예방단계 → 대응단계 → 대비단계 → 복구단계
③ 대응단계 → 대비단계 → 복구단계 → 예방단계
④ 대비단계 → 예방단계 → 대응단계 → 복구단계

✿▌note 재난관리의 단계는 예방단계 → 대비단계 → 대응단계 → 복구단계 순으로 이루어진다.

5 재난관리단계와 그 내용의 연결이 옳지 않은 것은?

① 예방단계 – 재해의 분석과 재난관리능력의 평가를 참조함
② 대비단계 – 재난 수습의 목표 유지
③ 대응단계 – 통합적 재난관리체계 구축
④ 복구단계 – 재난 이전의 상태로 회복

✿▌note 대비단계란 재난 발생 전에 재난관리분야 간 조정과 협조, 효과적으로 대비단계의 정책을 집
행하는 단계이다.

6 재난관리능력 평가요소와 거리가 먼 것은?

① 재난관리조직 구성
② 비상활동계획 수립
③ 의사소통 네트워크 구축
④ 평가자의 전문성

✿▌note 재난관리 조직의 구성, 비상활동계획의 수립, 지시와 통제라인의 구축, 의사소통 네트워크 구
축 등이 재난관리능력 평가에 필요한 요소이다.

7 재난관리단계 중 예방활동의 내용과 가장 거리가 먼 것은?

① 토지이용 관리 및 감시감독 · 조사
② 응급의료지원활동 전개
③ 건축법규, 재난재해보험
④ 수해상습지구의 설정과 수해방지시설의 공사

note 예방활동 단계의 주요활동
㉠ 조직 및 자원관리
㉡ 건축법규, 재난재해보험, 소송
㉢ 토지이용 관리 및 감시감독 · 조사
㉣ 공공예방안전교육, 과학적 연구
㉤ 위험지도 제작
㉥ 안전법규, 기타 관련 법령 및 조례
㉦ 세금경감 및 세금인상정책
㉧ 수해상습지구의 설정과 수해방지시설의 공사

8 대비활동단계의 주요활동만으로 묶여진 것은?

㉠ 재난위험성 분석	㉡ 자원동원관리체계 구축
㉢ 위험지도 제작	㉣ 응급의료지원 활동 전개

① ㉠㉡
② ㉠㉢
③ ㉠㉣
④ ㉡㉢

note 대비단계의 주요활동
㉠ 비상경보체계 구축
㉡ 재난대응계획의 수립
㉢ 대응조직 및 기구 관리
㉣ 긴급대응계획의 수립 및 연습
㉤ 자원동원관리체계 구축
㉥ 대응시스템의 가동연습
㉦ 대응요원들의 교육훈련
㉧ 지역 간 상호원조협정 체결
㉨ 대응요원들의 교육훈련
㉩ 경보시스템
㉪ 대응활동을 위한 비상통신시스템 구축 및 관리
㉫ 재난방송 및 공공정보자료

Answer 7.② 8.①

9 재난관리체계 중 대응단계의 활동만으로 묶여진 것은?

㉠ 비상경보체계의 구축	㉡ 긴급의약품 조달
㉢ 피해주민 수용 및 구호	㉣ 재난으로 인한 실직자 지원

① ㉠㉡　　　　　　　　　　　② ㉠㉢

③ ㉠㉣　　　　　　　　　　　④ ㉡㉢

✿❚note　**대응단계의 활동**
　　　　　㉠ 비상방송 및 경보시스템의 가동
　　　　　㉡ 응급의료지원활동 전개
　　　　　㉢ 긴급대응계획 가동
　　　　　㉣ 대책본부 및 긴급구조 통제단의 활동 개시
　　　　　㉤ 피해주민 수용 및 구호
　　　　　㉥ 공식적으로 승인된 대 주민 비상경고
　　　　　㉦ 긴급대피 및 은신, 탐색 및 구조
　　　　　㉧ 대응자원 동원, 재해진압, 긴급의약품 조달, 생필품 공급
　　　　　㉨ 시민들에게 비상대비 및 방어활동을 유발하도록 하는 긴급지시

10 재난관리체계 중 복구활동의 내용으로만 옳게 묶여진 것은?

㉠ 재난위험성 분석	㉡ 이재민 지원
㉢ 보험금 지급	㉣ 생필품 공급

① ㉠㉡　　　　　　　　　　　② ㉠㉢

③ ㉠㉣　　　　　　　　　　　④ ㉡㉢

✿❚note　**복구활동 내용**
　　　　　㉠ 피해평가, 잔해물제거, 보험금지급, 대부 및 보조금지원
　　　　　㉡ 재난으로 인한 실직자 지원
　　　　　㉢ 유익한 재난관련 공공정보 제공
　　　　　㉣ 시설복구 및 전염병 억제
　　　　　㉤ 대응계획 평가, 수정 및 수정내용 배포
　　　　　㉥ 임시주거지 마련, 이재민 지원
　　　　　㉦ 피해주민 및 대응활동요원 재난심리 상담

❦❧Answer　　9.④　10.④

11 재난 및 안전관리기본법상 재난관리자원의 비축 · 관리에 대한 내용으로 옳지 않은 것은?

① 재난관리책임기관의 장은 재난의 수습활동에 필요한 대통령령으로 정하는 장비, 물자 및 자재를 비축 · 관리하여야 한다.

② 국민안전처장관, 시 · 도지사 또는 시장 · 군수 · 구청장은 재난 발생에 대비하여 민간기관, 단체 또는 소유자와 협의하여 응급조치에 사용할 장비와 인력을 지정, 관리할 수 있다.

③ 국민안전처장관은 재난관리책임기관의 장이 비축 · 관리하는 재난관리자원을 체계적으로 관리 및 활용할 수 있도록 재난관리자원공동활용시스템을 구축 · 운영할 수 있다.

④ 관계 중앙행정기관의 장은 자원관리시스템을 공동으로 활용하기 위하여 재난관리자원의 공동활용 기준을 정하여 재난관리책임기관의 장에게 통보할 수 있다.

> ✿**note** 국민안전처장관은 자원관리시스템을 공동으로 활용하기 위하여 재난관리자원의 공동활용 기준을 정하여 재난관리책임기관의 장에게 통보할 수 있다.(법 제34조 제4항)

12 재난 및 안전관리기본법상 재난관리책임기관의 장의 재난예방 사전방지조치의 내용으로 거리가 먼 것은?

① 재난에 대응할 조직의 구성 및 정비

② 재난의 예측과 정보전달체계의 구축

③ 대응계획의 이행에 필요한 자원의 확보

④ 특정관리대상시설 등의 지정 · 관리 및 정비

> ✿**note** 재난관리책임기관의 장은 소관 관리대상 업무의 분야에서 재난 발생을 사전에 방지하기 위하여 다음 각 호의 조치를 하여야 한다.(법 제25조의2 제1항)
> 1. 재난에 대응할 조직의 구성 및 정비
> 2. 재난의 예측과 정보전달체계의 구축
> 3. 재난 발생에 대비한 교육 · 훈련과 재난관리예방에 관한 홍보
> 4. 재난이 발생할 위험이 높은 분야에 대한 안전관리체계의 구축 및 안전관리규정의 제정
> 5. 제26조에 따라 지정된 국가기반시설의 관리
> 6. 제27조 제1항에 따른 특정관리대상시설 등의 지정 · 관리 및 정비
> 7. 제29조에 따른 재난방지시설의 점검 · 관리
> 8. 제34조에 따른 재난관리자원의 비축 및 장비 · 인력의 지정
> 9. 그 밖에 재난을 예방하기 위하여 필요하다고 인정되는 사항

13 재난관리책임기관의 장의 임무가 아닌 것은?

① 사업비의 확보
② 협조요청
③ 규정의 정비·보완
④ 재난 및 안전관리 민관협력활동에 관한 협의

⭐**note** ④ 민관협력위원회의 임무이다.

14 재난 및 안전관리기본법상 국가기반시설의 지정 및 관리 등에 관한 설명으로 옳지 않은 것은?

① 관계 중앙행정기관의 장이 지정 및 관리하여야 하는 국가기반시설이란 소관 분야의 기반시설 중 사회재난에 따른 국가기반체계를 보호하기 위하여 계속적으로 관리할 필요가 있다고 인정되는 시설을 말한다.
② 관계 중앙행정기관의 장은 지정 여부를 결정하기 위하여 필요한 자료의 제출을 소관 재난관리책임기관의 장에게 요청할 수 있다.
③ 관계 중앙행정기관의 장은 소관 재난관리책임기관이 해당 업무를 폐지·정지 또는 변경하는 경우에는 조정위원회의 심의를 거쳐 국가기반시설의 지정을 취소할 수 있다.
④ 중앙대책본부장은 국가기반시설 데이터베이스를 구축·운영하고, 국무총리 및 관계 중앙행정기관의 장이 재난관리정책의 수립 등에 이용할 수 있도록 통합지원 할 수 있다.

⭐**note** 중앙대책본부장이 아니라 국민안전처장관이다. 안전행정부장관은 국가기반시설에 대한 데이터베이스를 구축·운영하고, 국무총리 및 관계 중앙행정기관의 장이 재난관리정책의 수립 등에 이용할 수 있도록 통합 지원할 수 있다.(법 제26조 제4항)

15 재난예방조치의 하나로 국가기반시설의 지정권자는?

① 국민안전처장관   ② 관계 중앙행정기관의 장

③ 중앙대책본부장   ④ 시장·군수·구청장

> **note** 관계 중앙행정기관의 장은 소관 분야의 기반시설 중 제3조 제1호 나목에 따른 국가기반체계를
> 보호하기 위하여 계속적으로 관리할 필요가 있다고 인정되는 시설(이하 "국가기반시설"이라 한
> 다)을 다음 각 호의 기준에 따라 조정위원회의 심의를 거쳐 지정할 수 있다.(법 제26조 제1항)
> 1. 다른 기반시설이나 체계 등에 미치는 연쇄효과
> 2. 둘 이상의 중앙행정기관의 공동대응 필요성
> 3. 재난이 발생하는 경우 국가안전보장과 경제·사회에 미치는 피해 규모 및 범위
> 4. 재난의 발생 가능성 또는 그 복구의 용이성

16 재난대비계획 중 분산대응계획의 특징과 거리가 먼 것은?

① 대응계획이 재난의 결과에 바탕을 두고 있다.

② 대응시스템의 복잡성은 계획서의 비효과성이라는 결과를 가져 온다.

③ 계획서의 수가 많고 분량이 과다하여 실제 그 적응성이 떨어진다.

④ 재난유형별 특별계획을 수립하는 계획기법이다.

> **note** ① 종합대응계획의 내용에 속한다.

17 재난대비계획 중 분산대응계획의 특징으로 옳게 묶여진 것은?

> ㉠ 이론상 재난 초기에 상당한 효과를 기대할 수 있는 계획 유형이다.
> ㉡ 재난의 원인이 서로 다르다는 점을 강조하면서 시작되었다.
> ㉢ 재난에 따른 계획은 하나의 계획이 아니라 여러 개의 대응계획을 전제로 한다.
> ㉣ 대응계획이 재난의 결과에 바탕을 두고 있다.

① ㉠㉡㉢   ② ㉠㉡㉣

③ ㉠㉢㉣   ④ ㉡㉢㉣

> **note** 분산대응계획은 재난 유형별 특별계획을 수립하는 계획기법으로 이론상 재난 초기에 상당한
> 효과를 기대할 수 있는 계획유형이다.

Answer 15.② 16.① 17.①

18 재난대비계획의 유형 중 종합대응계획의 설명으로 옳은 것을 모두 고른다면?

> ㉠ 종합대응계획은 분산대응계획의 유형별 보조계획으로 활용되고 있다.
> ㉡ 대응계획이 재난의 결과에 바탕을 두고 있다.
> ㉢ 분산계획구조의 복잡성을 줄이기 위해 모든 재난에 공통적으로 적용할 수 있는 하나의 대응시스템을 구축하기 위한 실용적 계획 유형이다.
> ㉣ 재난계획서는 재난대응과 단기 복구활동에 초점을 맞춘 종합적 위기관리계획서로 작성 방향의 초점을 맞추어야 한다.

① ㉠㉡㉢　　　　　　　　　② ㉠㉡㉣
③ ㉠㉢㉣　　　　　　　　　④ ㉡㉢㉣

🌠**note** 분산대응계획은 종합계획의 유형별 보조계획으로 활용되고 있다.

19 재난에 대한 통합대응계획 중 기본계획의 구성요가 아닌 것은?

① 대응조직체계　　　　　　　② 지휘통제
③ 작전개념 및 절차　　　　　④ 계획이 적용되어야 할 상황가정

🌠**note** 통합대응계획 중 기본계획의 구성요소는 대응조직체계, 작전개념 및 절차, 계획이 적용되어야 할 상황가정, 계획 적용을 위한 법적 권한 근거 규정에 관한 사항 등이다.

20 재난에 대한 통합대응계획 중 기능별 계획 구성요소만으로 묶인 것은?

> ㉠ 대응조직체계　　　　　　　㉡ 지휘통제
> ㉢ 비상공공정보　　　　　　　㉣ 공공토목공사

① ㉠㉡㉢　　　　　　　　　② ㉠㉡㉣
③ ㉠㉢㉣　　　　　　　　　④ ㉡㉢㉣

🌠**note** 기능별 계획 구성요소로는 지휘통제, 통신, 경보, 비상공공정보, 대피, 환자보호, 대피소, 보건의료, 법 질서 유지, 공공토목공사, 화재진압, 방사능 보호, 복지, 자원관리 등이다.

21 통합재난관리시스템(IEMS)의 구분에 속하지 아니하는 것은?

① 긴급신고처리 솔루션

② 지령관계 솔루션

③ 민간분야의 안전 및 보건계획과 공적 재난계획과의 연계 솔루션

④ 관제업무지원 솔루션

> ✿**note** 통합재난관리시스템(IEMS)은 긴급신고처리 솔루션, 지령관제 솔루션, 관제업무지원 솔루션 등
> 으로 구분된다.

22 재난현장지휘에서의 자원관리업무에서의 주요 사항과 거리가 먼 것은?

① 자원확인 및 목록화

② 재난 이전이나 재난기간 중 시스템 가동

③ 재난기간 중이나 재난 종료 후의 자원 현장배치

④ 재난 기간 중이나 재난 종료 후 자원의 활동중지 및 회수

> ✿**note** 자원관리업무에서 중요한 4가지
> ㉠ 자원을 확인하고 목록화하여, 요청하고 추적할 시스템 확립
> ㉡ 재난 이전이나 재난기간 중 위와 같은 시스템 가동
> ㉢ 재난 이전이나 재난기간 중 자원 현장배치
> ㉣ 재난기간 중이나 재난 종료 후 자원의 활동중지 및 회수

23 재난대응활동에 투입된 자원에 대한 효과적 관리와 거리가 먼 것은?

① 자원 파악 ② 임무 완수

③ 자원의 안전보장 ④ 비용 대비 효과 보장

> ✿**note** 대응활동에 투입된 자원에 대한 효과적인 관리로는 임무완수, 자원의 안전보장, 비용 대비 효
> 과 보장 등이다.

24 재난 대응활동에서의 자원관리의 원칙과 거리가 먼 것은?

① 원인 　　　　　　　　　　　　② 계획
③ 조직화 　　　　　　　　　　　④ 지휘

> ✧note 재난 대응활동에서의 자원관리 4원칙은 계획, 조직화, 지휘, 통제 등이다.

25 재난 대응활동에서의 자원관리 4원칙 중 계획의 내용과 거리가 먼 것은?

① 상황평가 　　　　　　　　　　② 대응목표 설정
③ 필요한 자원 결정 　　　　　　④ 적절한 동기부여

> ✧note 자원관리 4원칙 중 계획은 작전기간 내내 지속되는 것으로 상황평가, 대응목표 결정, 적절한 전략목표 선택, 필요한 자원의 결정 등이다.

26 재난대응 환경에서 지휘를 함에 있어서 중요한 요소와 거리가 먼 것은?

① 성과기준 설정 　　　　　　　② 적절한 동기부여
③ 리더십 　　　　　　　　　　　④ 권한의 위임

> ✧note 재난대응 환경에서 특정한 통제목표를 달성하기 위하여 자원에 대하여 지도하고 감독하는 과 정을 지휘라고 하는데 이의 중요한 요소로는 적절한 동기부여, 리더십, 권한의 위임 이다.

27 재난관리책임기관의 장은 (　　　　)까지 다음 해의 재난관리자원에 대한 비축·관리계획을 수립하고 이를 국민안전처장관에게 제출하여야 하는가?

① 매년 1월 31일 　　　　　　　② 매년 6월 30일
③ 매년 10월 31일 　　　　　　④ 매년 12월 31일

> ✧note 재난관리책임기관의 장은 매년 10월 31일까지 다음 해의 재난관리자원에 대한 비축·관리계획 을 수립하고, 이를 국민안전처장관에게 제출하여야 한다.(재난 및 안전관리기본법 시행령 제43 조 제2항)

28 안전행정부장관과 국민안전처장관은 (   )까지 다음 해의 재난관리자원에 대한 비축 관리계획의 수립을 지원하기 위한 지침을 마련하여 재난관리책임기관의 장에게 통보할 수 있는가?

① 매년 1월 31일

② 매년 3월 31일

③ 매년 5월 31일

④ 매년 7월 31일

> ✿note 국민안전처장관은 매년 5월 31일까지 다음 해의 재난관리자원에 대한 비축 관리계획의 수립을 지원하기 위한 지침을 마련하여 재난관리책임기관의 장에게 통보할 수 있다.(재난 및 안전관리 기본법 시행령 제43조 제3항)

29 재난 및 안전관리기본법상 재난관리자원의 비축·관리를 하여야 하는 자는?

① 재난관리책임기관의 장

② 중앙대책본부장

③ 지방대책본부장

④ 국민안전처장관

> ✿note 재난관리책임기관의 장은 재난의 수습활동에 필요한 대통령령으로 정하는 장비·물자 및 자재를 비축·관리하여야 한다.(재난 및 안전관리기본법 제34조 제1항)

30 위험성 평가방법 중 도로, 도관, 병원, 수도공급 등 주로 사회 인프라에 초점을 맞춘 일련의 지표변수에 대한 단일의 또는 복수의 재해가 미치는 영향에 근거를 둔 것은?

① 위험 메트릭스

② 복합노출지표

③ 민감도 분석지표

④ GI지수

> ✿note 복합노출지표는 하나의 수치로 나타내는 14개 변수의 노출을 측정하는 것으로 사회 인프라에 초점을 맞춘 일련의 지표변수에 대한 단일의 또는 복수의 재해가 미치는 영향에 근거를 두고 있다.

31 위험성평가방법 중 복합노출지표(CEI)에 대한 설명으로 틀린 것은?

① 주로 사회 인프라에 초점을 맞춘 일련의 지표변수에 대한 단일의 또는 복수의 재해가 미치는 영향에 근거를 두고 있다.

② 하나의 수치로 나타내는 14개의 변수의 노출을 측정하는 것이다.

③ 질적인 접근방법으로서 위험관리계획이나 의사결정을 지원하기 위해 고안된 것이다.

④ 이 수치는 영향 받는 인구와 상관관계를 나타낸다.

✎❚note ③ 위험 매트릭스 접근방법에 대한 내용이다.

32 재난 및 안전관리기본법상 긴급통신수단을 마련하여야 하는 자는?

① 국민안전처장관

② 중앙대책본부장

③ 재난관리책임기관의 장

④ 관계 중앙행정기관의 장

✎❚note 재난관리책임기관의 장은 재난의 발생으로 인하여 통신이 끊기는 상황에 대비하여 미리 유선이나 무선 또는 위성통신망을 활용할 수 있도록 긴급통신수단을 마련하여야 한다.(법 제34조의2 제1항)

33 재난 및 안전관리기본법상 국가재난관리기준을 제정하여 운용하여야 하는 자는?

① 국민안전처장관

② 관계 중앙행정기관의 장

③ 재난관리책임기관의 장

④ 시장·군수·구청장

✎❚note 국민안전처장관은 재난관리를 효율적으로 수행하기 위하여 국가재난관리기준을 제정하여 운용하여야 한다.(법 제34조의3 제1항)

34 재난 및 안전관리기본법상 국민안전처장관이 제정하는 국가재난관리기준에 포함될 사항과 거리가 먼 것은?

① 재난분야 용어정의 및 표준체계 정립

② 국가재난 대응체계에 대한 원칙

③ 재난복구, 재난회피 등에 관한 일반적 기준

④ 재난경감 · 상황관리 · 자원관리 · 유지관리 등에 관한 일반적 기준

> 📝**note** 국민안전처장관은 재난관리를 효율적으로 수행하기 위하여 다음 각 호의 사항이 포함된 국가
> 재난관리기준을 제정하여 운용하여야 한다.(법 제34조의3 제1항)
> 1. 재난분야 용어정의 및 표준체계 정립
> 2. 국가재난 대응체계에 대한 원칙
> 3. 재난경감 · 상황관리 · 자원관리 · 유지관리 등에 관한 일반적 기준
> 4. 그 밖에 대통령령으로 정하는 사항

35 재난 및 안전관리기본법상 기능별 재난대응 활동계획의 작성 · 활용하여야 하는 자는?

① 국민안전처장관

② 관계 중앙행정기관의 장

③ 재난관리책임기관의 장

④ 시 · 도지사 또는 시장 · 군수 · 구청장

> 📝**note** 재난관리책임기관의 장은 재난관리가 효율적으로 이루어질 수 있도록 대통령령으로 정하는 바
> 에 따라 기능별 재난대응 활동계획을 작성하여 활용하여야 한다.(법 제34조의4 제1항)

36 재난 및 안전관리기본법상 재난관리책임기관의 장이 작성하는 재난분야 위기관리 매뉴얼의 종류에 속하지 아니하는 것은?

① 위험관리 통합매뉴얼   ② 위기관리 표준매뉴얼

③ 위기대응 실무매뉴얼   ④ 현장조치 행동매뉴얼

> 📝**note** 재난관리책임기관의 장은 재난을 효율적으로 관리하기 위하여 재난의 유형에 따라 위기관리
> 표준매뉴얼, 위기대응 실무매뉴얼, 현장조치 행동매뉴얼을 작성. 운용하여야 하며 이 경우 재
> 난대응활동계획과 위기관리 매뉴얼이 서로 연계되도록 하여야 한다.(법 제34조의5 제1항)

Answer   34.③ 35.③ 36.①

37 재난 및 안전관리기본법상 위기관리메뉴얼 중 국가적 차원에서 관리가 필요한 재난에 대하여 재난관리체계와 관계 기관의 임무와 역할을 규정한 문서는?

① 위기관리 표준메뉴얼   ② 위기대응 실무메뉴얼
③ 현장조치 행동메뉴얼   ④ 복구관리 계획메뉴얼

> ✎▮note 위기관리 표준메뉴얼이란 국가적 차원에서 관리가 필요한 재난에 대하여 재난관리 체계와 관계 기관의 임무와 역할을 규정한 문서로 위기대응 실무메뉴얼의 작성 기준이 되며, 재난관리 주관기관의 장이 작성한다.(법 제34조의5 제1항 제1호)

38 재난 및 안전관리기본법상 재난분야 위기관리 매뉴얼 작성권자의 연결이 옳지 않은 것은?

① 위기관리 표준메뉴얼 – 재난관리주관기관의 장
② 위기대응 실무메뉴얼 – 재난관리주관기관의 장과 관계 기관의 장
③ 현장조치 행동메뉴얼 – 위기대응 실무메뉴얼을 작상한 기관의 장이 지정한 기관의 장
④ 재난 유형별 현장조치 행동메뉴얼을 통합 작성 – 국민안전처장관

> ✎▮note 시장·군수·구청장은 재난 유형별 현장조치 행동메뉴얼을 통합하여 작성할 수 있다.(법 제34조의5 제1항 제3호 단서)

39 재난 및 안전관리기본법상 재난분야 위기관리 매뉴얼의 작성·운용에 대한 내용으로 틀린 것은?

① 재난관리책임기관의 장은 재난을 효율적으로 관리하기 위하여 위기관리메뉴얼을 작성·운용하여야 한다.
② 국민안전처장관은 재난유형별 위기관리 매뉴얼의 작성 및 운용기준을 정하여 관계 중앙행정기관의 장 및 재난관리책임기관의 장에게 통보할 수 있다.
③ 재난관리주관기관의 장이 작성한 위기관리 표준메뉴얼은 국민안전처장관의 인가를 받아 이를 확정하고 위기대응 실무메뉴얼과 연계하여 운용하여야 한다.
④ 재난관리주관기관의 장은 위기관리 표준메뉴얼 및 위기대응 실무메뉴얼을 정기적으로 점검하여야 한다.

> ✎▮note 재난관리주관기관의 장이 작성한 위기관리 표준메뉴얼은 국민안전처장관의 승인을 받아 이를 확정하고 위기대응 실무메뉴얼과 연계하여 운용하여야 한다.(법 제34조의5 제3항)

❤❤Answer   37.① 38.④ 39.③

40 재난 및 안전관리기본법상 다중이용시설 등의 위기상황에 대비한 매뉴얼을 작성하여야 하는
자는?

① 국민안전처장관

② 재난관리책임기관의 장

③ 관계 중앙행정기관의 장

④ 다중이용시설 등의 소유자 · 관리자 또는 점유자

> **note** 대통령령으로 정하는 다중이용시설 등의 소유자 · 관리자 또는 점유자는 대통령령으로 정하는
> 바에 따라 위기상황에 대비한 매뉴얼을 작성 · 관리하여야 한다.(법 제34조의6 제1항)

41 재난 및 안전관리기본법상 재난대비훈련을 실시하여야 하는 자가 아닌 것은?

① 시 · 도지사

② 시장 · 군수 · 구청장

③ 긴급구조기관의 장

④ 중앙대책본부장

> **note** 국민안전처장관, 시 · 도지사, 시장 · 군수 · 구청장 및 긴급구조기관의 장은 대통령령으로 정하
> 는 바에 따라 매년 정기적으로 또는 수시로 재난관리책임기관, 긴급구조기관 및 군 부대 등
> 관계기관과 합동으로 재난대비훈련을 실시하여야 한다.(법 제35조 제1항)

42 재난 및 안전관리기본법상 재난사태의 선포권자는?

① 대통령

② 국무총리

③ 국민안전처장관

④ 재난관리책임기관의 장

> **note** 국민안전처장관은 대통령령으로 정하는 재난이 발생하거나 발생할 우려가 있는 경우 사람의
> 생명 · 신체 및 재산에 미치는 중대한 영향이나 피해를 줄이기 위하여 긴급하단 조치가 필요하
> 다고 인정하면 중앙위원회의 심의를 거쳐 재난사태를 선포할 수 있다. 다만, 국민안전처장관은
> 재난상황이 긴급하여 중앙위원회의 심의를 거칠 시간적 여유가 없다고 인정하는 경우에는 중
> 앙위원회의 심의를 거치지 아니하고 재난사태를 선포할 수 있다.(법 제36조 제1항)

Answer 40.④ 41.④ 42.③

43 재난 및 안전관리기본법상 국민안전처장관이 중앙위원회의 심의를 거치지 아니하고 재난사태를 선포한 경우 지체 없이 취해야 할 행동으로 옳은 것은?

① 중앙위원회의 인가　　　　　② 중앙위원회의 승인
③ 중앙위원회의 심의　　　　　④ 중앙위원회의 통보

    ✿**note**　국민안전처장관은 중앙위원회의 심의를 거치지 아니하고 재난사태를 선포한 경우에는 지체 없이 중앙위원회의 승인을 받아야 하고, 승인을 받지 못하면 선포된 재난사태를 해제하여야 한다.(법 제36조 제2항)

44 재난 및 안전관리기본법상 재난사태가 선포된 지역에 대한 국민안전처장관 및 지방자치단체의 장이 조치할 수 있는 사항과 거리가 먼 것은?

① 재난경보 발령, 인력·장비 및 물자의 동원, 위험구역 설정, 대피명령, 응급지원 등 이 법에 따른 응급조치
② 해당지역에 소재하는 행정기관 소속 공무원의 비상소집
③ 해당지역에 대한 여행 등 이동 자제 권고
④ 해당 지역 군·경찰의 비상경계 태세 요구

    ✿**note**　국민안전처장관 및 지방자치단체의 장은 재난사태가 선포된 지역에 대하여 다음 각 호의 조치를 할 수 있다.(법 제36조 제3항)
      1. 재난경보 발령, 인력. 장비 및 물자의 동원, 위험구역 설정, 대피명령, 응급지원 등 이 법에 따른 응급조치
      2. 해당지역에 소재하는 행정기관 소속 공무원의 비상소집
      3. 해당지역에 대한 여행 등 이동 자제 권고
      4. 그 밖에 재난예방에 필요한 조치

45 재난 및 안전관리기본법상 재난이 발생할 우려가 있거나 재난이 발생하였을 때 즉시 관계법령
이나 재난대응활동계획 및 위기관리 매뉴얼에서 정하는 바에 따라 응급조치를 할 수 있는 자가
아닌 것은?

① 시 · 도 긴급구조통제단의 단장

② 시 · 군 · 구 긴급구조통제단의 단장

③ 시장 · 군수 · 구청장

④ 재난관리책임기관의 장

> **note** 시 · 도 긴급구조통제단 및 시 · 군 · 구 긴급구조통제단의 단장과 시장 · 군수 · 구청장은 재난이
> 발생할 우려가 있거나 재난이 발생하였을 때에는 즉시 관계 법령이나 재난대응활동계획 및 위
> 기관리 매뉴얼에서 정하는 바에 따라 수방 · 진화 · 구조 및 구난, 그 밖에 재난 발생을 예방하
> 거나 피해를 줄이기 위하여 필요한 응급조치를 하여야 한다. (법 제37조 제1항)

46 재난 및 안전관리기본법상 재난신고의무자는?

① 시장 · 군수 · 구청장

② 재난사고 원인제공자

③ 재난사고 발견 자 누구나

④ 관할 지방자치단체 공무원

> **note** 누구든지 재난의 발생이나 재난이 발생할 징후를 발견하였을 때에는 즉시 그 사실을 시장 · 군
> 수 · 구청장 · 긴급구조기관, 그 밖의 관계 행정기관에 신고하여야 한다. (법 제19조 제1항)

47 재난 예보 · 경보체계 구축 종합계획의 수립권자는?

① 국민안전처장관   ② 중앙대책본부장

③ 국무총리   ④ 시장 · 군수 · 구청장

> **note** 시장 · 군수 · 구청장은 제41조에 따른 위험구역 및 「자연재해대책법」 제12조에 따른 자연재해
> 위험개선지구 등 재난으로 인하여 사람의 생명 · 신체 및 재산에 대한 피해가 예상되는 지역에
> 대하여 그 피해를 예방하기 위하여 시 · 군 · 구 재난 예보 · 경보체계 구축 종합계획(이하 이
> 조에서 "시 · 군 · 구 종합계획"이라 한다)을 5년 단위로 수립하여 시 · 도지사에게 제출하여야
> 한다. (법 제38조의 2 제1항)

Answer   45.④   46.③   47.④

48 재난 및 안전관리기본법상 재난 예보. 경보체계 구축을 위한 종합계획의 수립권자인 시장·군수·구청장은 몇 년 단위로 종합계획을 수립하여야 하는가?

① 매년   ② 2년

③ 3년   ④ 5년

> **note** 시장·군수·구청장은 제41조에 따른 위험구역 및 「자연재해대책법」 제12조에 따른 자연재해위험개선지구 등 재난으로 인하여 사람의 생명·신체 및 재산에 대한 피해가 예상되는 지역에 대하여 그 피해를 예방하기 위하여 시·군·구 재난 예보·경보체계 구축 종합계획(이하 이 조에서 "시·군·구 종합계획"이라 한다)을 5년 단위로 수립하여 시·도지사에게 제출하여야 한다.(법 제38조의 2 제1항)

49 재난 및 안전관리기본법상 재난예보 또는 경보를 발령할 수 있는 자가 아닌 것은?

① 중앙대책본부장   ② 수습본부장

③ 시·도지사   ④ 관계 중앙행정기관의 장

> **note** 중앙대책본부장, 수습본부장, 시·도지사(시·도 대책본부가 운영되는 경우에는 해당 본부장을 말한다.) 또는 시장·군수·구청장(시·군·구 대책본부가 운영되는 경우에는 해당 본부장을 말한다)은 대통령령으로 정하는 재난으로 인하여 사람의 생명. 신체 및 재산에 대한 피해가 예상되면 그 피해를 예방하거나 줄이기 위하여 재난에 관한 예보 또는 경보를 발령할 수 있다. (법 제38조 제1항)

50 재난 및 안전관리기본법상 재난예보·경보체계 구축 종합계획의 수립권자는?

① 국민안전처장관   ② 중앙대책본부장

③ 관계중앙행정기관의 장   ④ 시장·군수·구청장

> **note** 시장·군수·구청장은 위험구역 및 자연재해위험개선지구 등 재난으로 인하여 사람의 생명. 신체 및 재산에 대한 피해가 예상되는 지역에 대하여 그 피해를 예방하기 위하여 시·군·구 재난 예보. 경보체계 구축 종합계획을 5년 단위로 수립하여 시·도지사에게 제출하여야 한다. (법 제38조의2 제1항)

Answer   48.④ 49.④ 50.④

51 재난 및 안전관리기본법상 중앙대책본부장관 시장·군수·구청장은 재난이 발생하거나 발생할 우려가 있다고 인정하는 경우 동원명령 등을 할 수 있는데 이에 해당하지 않는 것은?

① 민방위기본법에 따른 민방위대의 동원

② 향토예비군설비법령상 지역예비군의 동원

③ 응급조치를 위하여 재난관리책임기관의 장에 대한 관계 직원의 출동 또는 재난관리자원 및 장비·인력의 동원 등 필요한 조치의 요청

④ 동원 가능한 장비와 인력 등이 부족한 경우에는 국방부장관에 대한 군 부대의 지원요청

> ☆note 중앙대책본부장과 시장·군수·구청장(시·군·구 대책본부가 운영되는 경우에는 해당 본부장을 말한다. 이하 제40조 부터 제45조까지에서 같다)은 재난이 발생하거나 발생할 우려가 있다고 인정하면 다음 각 호의 조치를 할 수 있다.(법 제39조 제1항)
> 1. 「민방위기본법」 제26조에 따른 민방위대의 동원
> 2. 응급조치를 위하여 재난관리책임기관의 장에 대한 관계 직원의 출동 또는 재난관리자원 및 제34조 제2항에 따라 지정된 장비·인력의 동원 등 필요한 조치의 요청
> 3. 동원 가능한 장비와 인력 등이 부족한 경우에는 국방부장관에 대한 군부대의 지원 요청

52 재난 및 안전관리기본법상 응급부담의 내용으로 틀린 것은?

① 해당 재난현장에 있는 사람에게 응급조치에 종사하게 할 수 있음

② 해당 재난현장의 인근에 거주하는 사람에게 응급조치에 종사하게 할 수 있음

③ 다른 사람의 토지·건축물·인공구조물 그 밖의 소유물을 일시 사용할 수 있음

④ 응급조치 명령권자는 해당 지역 소방본부장 또는 소방서장임

> ☆note 시장·군수·구청장과 지역통제단장(대통령령으로 정하는 권한을 행사하는 경우에만 해당한다)은 그 관할 구역에서 재난이 발생하거나 발생할 우려가 있어 응급조치를 하여야 할 급박한 사정이 있으면 해당 재난현장에 있는 사람이나 인근에 거주하는 사람에게 응급조치에 종사하게 하거나 대통령령으로 정하는 바에 따라 다른 사람의 토지·건축물·인공구조물, 그 밖의 소유물을 일시 사용할 수 있으며, 장애물을 변경하거나 제거할 수 있다.(법 제45조 응급부담)

53 재난 및 안전관리기본법상 중앙대책본부장과 시장·군수·구청장은 재난이 발생하거나 발생할 우려가 있다고 인정하면 동원명령을 내릴 수 있는바 틀린 것은?

① 민방위기본법에 의한 민방위대의 동원

② 경찰공무원법에 의한 경찰 동원

③ 응급조치를 위하여 재난관리책임기관의 장에 대한 관계 직원의 출동 또는 재난관리자원 및 지정된 장비·인력의 동원 등 필요한 조치의 요청

④ 동원 가능한 장비와 인력 등이 부족한 경우에는 국방부장관에 대한 군 부대의 지원 요청

> ✿ note　중앙대책본부장과 시장·군수·구청장은 재난이 발생하거나 발생할 우려가 있다고 인정하면 다음 각 호의 조치를 할 수 있다.(법 제39조 제1항)
> 1. 민방위기본법에 의한 민방위대의 동원
> 2. 응급조치를 위하여 재난관리책임기관의 장에 대한 관계 직원의 출동 또는 재난관리자원 및 지정된 장비·인력의 동원 등 필요한 조치의 요청
> 3. 동원 가능한 장비와 인력 등이 부족한 경우에는 국방부장관에 대한 군 부대의 지원 요청

54 재난 및 안전관리기본법상 대피명령을 명할 수 있는 자는?

① 시장·군수·구청장과 지역통제단장

② 시·도지사와 지역통제단장

③ 관계 중앙행정기관의 장과 중앙통제단장

④ 국민안전처장관과 중앙통제단장

> ✿ note　시장·군수·구청장과 지역통제단장은 재난이 발생하거나 발생할 우려가 있는 경우에 사람의 생명 또는 신체에 대한 위해를 방지하기 위하여 필요하면 해당 지역 주민이나 그 지역 안에 있는 사람에게 대피하거나 선박, 자동차 등을 대피시킬 것을 명할 수 있다. 이 경우 미리 대피 장소를 지정할 수 있다.(법 제40조 제1항)

55 우리나라가 채택하고 있는 중증도 분류체계 중 다음의 특성은 어느 단계에 속하는가?

> 척추손상, 다발성 주요골절, 중증의 화상, 단순 두부손상

① 적색 − 긴급　　　　　　　　　　　② 황색 − 응급
③ 녹색 − 비응급　　　　　　　　　　④ 흑색 − 사망

✎▌note　우리나라가 채택하고 있는 중증도 4단계 분류체계

색깔	부상 정도	특성
적색	긴급	기도, 호흡, 심장이상, 조절 안 되는 출혈, 복부손상, 개방성 흉부, 심각한 두부손상, 쇼크, 기도화상, 내과적 이상
황색	응급	척추손상, 다발성 주요골절, 중증의 화상, 단순 두부손상
녹색	비 응급	경상의 합병증 없는 골절, 외상, 손상, 화상, 정신과적인 문제
흑색	사망	사망, 생존불능

56 우리나라가 채택하고 있는 중증도 4단계 분류체계상 치료순서가 옳은 것은?

① 긴급→응급→비응급→사망　　　　② 응급→비응급→긴급→사망
③ 긴급→비응급→응급→사망　　　　④ 응급→긴급→비응급→사망

✎▌note　우리나라가 채택하고 있는 중증도 4단계 분류체계상 치료순서는 긴급→응급→비응급→사망 순이다.

57 재난 및 안전관리기본법상 위험구역의 설정권자는?

① 국민안전처장관　　　　　　　　　② 중앙대책본부장
③ 시 · 도지사　　　　　　　　　　　④ 시장 · 군수 · 구청장

✎▌note　장 · 군수 · 구청장과 지역통제단장은 재난이 발생하거나 발생할 우려가 있는 경우에 사람의 생명 또는 신체에 대한 위해 방지나 질서의 유지를 위하여 필요하면 위험구역을 설정하고 응급조치에 종사하지 아니하는 사람에게 다음 각 호의 조치를 명할 수 있다.(법 제41조 제1항)
1. 위험구역에 출입하는 행위나 그 밖의 행위의 금지 또는 제한
2. 위험구역에서의 퇴거 또는 대피

58 재난 및 안전관리기본법상 중앙긴급구조통제단은 어디에 두는가?

① 국무총리 소속

② 중앙대책본부 소속

③ 국민안전처장 소속

④ 중앙위원회 소속

> **note** 긴급구조에 관한 사항의 총괄·조정, 긴급구조기관 및 긴급구조지원기관이 하는 긴급구조활동의 역할 분담과 지휘·통제를 위하여 국민안전처에 중앙긴급구조통제단을 둔다.(법 제49조 제1항)

59 재난 및 안전관리기본법상 긴급구조대응계획의 수립·시행권자는?

① 국민안전처장관

② 중앙대책본부장

③ 재난관리책임기관의 장

④ 긴급구조기관의 장

> **note** 긴급구조기관의 장은 재난이 발생하는 경우 긴급구조기관과 긴급구조지원기관이 신속하고 효율적으로 긴급구조를 수행할 수 있도록 대통령령으로 정하는 바에 따라 재난의 규모와 유형에 따른 긴급구조대응계획을 수립·시행하여야 한다.(법 제54조)

60 재난 및 안전관리기본법상 긴급구조지원기관의 능력에 대한 평가권자는?

① 국민안전처장관

② 중앙대책본부장

③ 재난관리책임기관의 장

④ 긴급구조기관의 장

> **note** 긴급구조기관의 장은 긴급구조지원기관의 능력을 평가할 수 있다. 다만, 상시 출동체계 및 자체 평가체도를 갖춘 기관과 민간 긴급구조지원기관에 대하여는 대통령령으로 정하는 바에 따라 평가를 하지 아니할 수 있다.(법 제55조의2 제2항)

Answer 58.③ 59.④ 60.④

61 재난 및 안전관리기본법상 중앙긴급구조통제단의 내용으로 틀린 것은?

① 긴급구조에 관한 사항의 총괄 · 조정, 긴급구조기관 및 긴급구조지원기관이 하는 긴급구조 활동의 역할분담과 지휘 · 통제를 위하여 국민안전처에 중앙긴급구조통제단을 둔다.

② 중앙통제단의 단장은 국민안전처장관이 된다.

③ 중앙통제단장은 긴급구조를 위하여 필요하면 긴급구조지원기관 간의 공조체제를 유지하기 위하여 관계 기관 · 단체의 장에게 소속 직원의 파견을 요청할 수 있다.

④ 중앙통제단의 구성 · 기능 및 운영에 필요한 사항은 대통령령으로 정한다.

note 중앙통제단의 단장은 국민안전처의 소방사무를 담당하는 본부장이 된다.(법 제49조 제2항)

62 재난현장지휘체계의 목표로 적당하지 아니한 것은?

① 다수 기관 간 정보교환의 증진

② 사고관리를 위한 분산된 대응활동 가능

③ 기능적 · 지역적 복잡성 감소

④ 중복된 대응활동 예방

note 재난현장 지휘체계의 목표

㉠ 다수 기관 간 정보교환을 증진
㉡ 사고관리를 위한 집중된 대응활동을 가능하게 함
㉢ 기능적 · 지역적 복잡성을 감소시킴
㉣ 모든 대응기관들의 노력을 최적화함
㉤ 중복된 대응활동을 예방

63 재난현장의 통합지휘의 장점이 아닌 것은?

① 전반적 대응목표 관리가 가능하다.

② 개별적 전략 수립이 가능하다.

③ 각 유관기관의 우선순위와 문제점에 대한 상호이해가 증진된다.

④ 모든 기관의 법적 권한이 존중되고 상호 협의 하에 협조될 수 있도록 보장한다.

note 통합지휘는 재난 대응목표를 달성하기 위한 총체적 전략 수립이 가능하다.

Answer 61.② 62.② 63.②

64 재난현장지휘체계 중 주요관리체계의 설명이 틀린 것은?

① 계획체계 – 전술적 운영을 다루며, 명령 목적을 조정하고, 재난장소에 필요한 모든 자원을 조직하고 제시한다.

② 지휘체계 – 현장에서의 다수 기관과의 통신 및 협력을 개발하고 지시하며 유지하는 것이다.

③ 재정체계 – 재난의 대응 및 복구단계에서 사용된 기금에 대한 회계책임을 진다.

④ 물류체계 – 지휘소에 인력 · 장비 · 지원을 제공하며, 구조장비를 운송하는 것에서부터 적십자사 같은 자원봉사조직에 대한 대응을 조정하는 일까지 대응단계에 포함된 모든 서비스의 조정 역할을 수행한다.

note ① 운영체계에 대한 설명이다. 계획체계란 재난관리목표를 달성하기 위한 행동계획을 개발하기 위하여 지휘소에 필요한 정보를 제공하며 이용 가능한 정보를 수집하고 평가하기도 한다.

65 통합적 현장지휘체계의 특징으로 틀린 것은?

① 통합적 현장지휘체계는 다양성과 복잡성에 기반을 두어야 한다.

② 재난 시 관련 기관들이 하나로 통제 · 관리될 수 있다.

③ 다수의 병참 또는 통신절차 대신에 통합된 절차에 따라 하나의 대응 시스템이 사용된다면 그만큼 효율적인 대응활동이 가능해진다.

④ 협력과 조정 없이 여러 장소에서 하나의 사고에 대응하기 위한 작전계획이 수립, 적용될 경우 전체적인 사고관리는 중복대응과 전체적 자원조정의 실패로 인한 대응공백이 생길 것이다.

note 통합적인 현장지휘체계는 공통성(표준화)에 기반을 두어야 한다.

66 재난 및 안전관리기본법상 재난으로 피해를 입은 사람은 피해상황을 누구에게 신고할 수 있는가?

① 국민안전처장관   ② 중앙대책본부장

③ 시 · 도지사   ④ 시장 · 군수 · 구청장

> **note** 재난으로 피해를 입은 사람은 피해상황을 총리령으로 정하는 바에 따라 시장 · 군수 · 구청장에게 신고할 수 있으며, 피해신고를 받은 시장 · 군수 · 구청장은 피해상황을 조사한 후 중앙대책본부장에게 보고하여야 한다.(법 제58조 제1항)

67 재난 및 안전관리기본법상 재난피해 신고 및 조사에 대한 내용이 틀린 것은?

① 재난으로 피해를 입은 사람은 피해상황을 총리령으로 정하는 바에 따라 시장 · 군수 · 구청장에게 신고할 수 있다.

② 재난관리책임기관의 장은 재난으로 인하여 피해가 발생한 경우에는 피해상황을 신속하게 조사한 후 그 결과를 국민안전처장관에게 통보하여야 한다.

③ 중앙대책본부장은 재난피해의 조사를 위하여 필요한 경우에는 대통령령으로 정하는 바에 따라 관계 중앙행정기관 및 관계 재난관리책임기관의 장과 합동으로 중앙재난피해합동조사단을 편성하여 재난피해 상황을 조사할 수 있다.

④ 중앙대책본부장은 중앙재난피해합동조사단을 편성하기 위하여 관계 재난관리책임기관의 장에게 소속 공무원이나 직원의 파견을 요청할 수 있다.

> **note** 재난관리책임기관의 장은 재난으로 인하여 피해가 발생한 경우에는 피해상황을 신속하게 조사한 후 그 결과를 중앙대책본부장에게 통보하여야 한다.(법 제58조 제2항)

68 재난 및 안전관리기본법상 특별재난지역의 선포 건의권자는?

① 국민안전처장관   ② 중앙대책본부장

③ 관계 중앙행정기관의 장   ④ 재난관리책임기관의 장

> **note** 중앙대책본부장은 대통령령으로 정하는 규모의 재난이 발생하여 국가의 안녕 및 사회질서의 유지에 중대한 영향을 미치거나 피해를 효과적으로 수습하기 위하여 특별한 조치가 필요하다고 인정하거나 지역대책본부장의 요청이 타당하다고 인정하는 경우에는 중앙위원회의 심의를 거쳐 해당 지역을 특별재난지역으로 선포할 것을 선포 건의를 요청할 수 있다.(법 제60조 제1항)

Answer   66.④   67.②   68.②

69 재난 및 안전관리기본법령상 긴급구조대응계획의 구분사항이 아닌 것은?

① 기본계획

② 종합계획

③ 기능별 긴급구조대응계획

④ 재난유형별 긴급구조대응계획

> ✦note 긴급구조기관의 장이 수립하는 긴급구조대응계획은 기본계획, 기능별 긴급구조대응계획, 재난
> 유형별 긴급구조대응계획으로 구분한다.(시행령 제63조 제1항)
> ※ 긴급구조대응계획
> ㉠ 기본계획
> • 긴급구조대응계획의 목적 및 적용범위
> • 긴급구조대응계획의 기본방침과 절차
> • 긴급구조대응계획의 운영책임에 관한 사항
> ㉡ 기능별 긴급구조대응계획
> • 지휘통제 : 긴급구조체제 침 중앙통제단과 지역통제단의 운영체계 등에 관한 사항
> • 비상경고 : 긴급대피, 상황 전파, 비상연락 등에 관한 사항
> • 대중정보 : 주민보호를 위한 비상방송시스템 가동 등 긴급 공공정보 제공에 관한 사항 및
> 재난상황 등에 관한 정보 통제에 관한 사항
> • 피해상황분석 : 재난현장상황 및 피해정보의 수집·분석·보고에 관한 사항
> • 구조. 진압 : 인명수색 및 구조, 화재진압 등에 관한 사항
> • 응급의료 : 대량 사상자 발생 시 응급의료서비스 제공에 관한 사항
> • 긴급오염통제 : 오염 노출 통제, 긴급 감염병 방제 등 재난현장 공중보건에 관한 사항
> • 현장통제 : 재난현장 접근 통제 및 치안 유지 등에 관한 사항
> • 긴급복구 : 긴급구조활동을 원활하게 하기 위한 긴급구조차량 접근 도로 복구 등에 관한
> 사항
> • 긴급구호 : 긴급구조요원 및 긴급대피 수용주민에 대한 위기 상담, 임시 의식주 제공 등
> 에 관한 사항
> • 재난통신 : 긴급구조기관 및 긴급구조지원기관 간 정보통신체계 운영 등에 관한 사항
> ㉢ 재난유형별 긴급구조대응계획
> • 재난발생 단계별 주요 긴급구조 대응활동 사항
> • 주요 재난유형별 대응 매뉴얼에 관한 사항
> • 비상경고 방송 메시지 작성 등에 관한 사항

70 재난 및 안전관리기본법령상 긴급구조대응계획의 수립 시 포함되어야 할 내용으로 거리가 먼 것은?

① 긴급구조대응계획의 목적 및 적용범위

② 긴급구조대응계획의 기본방침과 절차

③ 긴급구조대응계획의 운영책임에 관한 사항

④ 긴급구조대응계획의 평가 및 보고사항

> **note** 시행령 제63조 제1항 제1호(기본계획)
> ㉠ 긴급구조대응계획의 목적 및 적용범위
> ㉡ 긴급구조대응계획의 기본방침과 절차
> ㉢ 긴급구조대응계획의 운영책임에 관한 사항

71 재난 및 안전관리기본법령상 기능별 긴급구조대응계획의 내용과 거리가 먼 것은?

① 긴급복구   ② 재난통신

③ 재난대응 매뉴얼   ④ 비상경고

> **note** 기능별 긴급구조대응계획(법 제54조 제1항 2호)
> ㉠ **지휘통제** : 긴급구조체제 및 중앙통제단과 지역통제단의 운영체계 등에 관한 사항
> ㉡ **비상경고** : 긴급대피, 상황 전파, 비상연락 등에 관한 사항
> ㉢ **대중정보** : 주민보호를 위한 비상방송시스템 가동 등 긴급 공공정보 제공에 관한 사항 및 재난상황 등에 관한 정보 통제에 관한 사항
> ㉣ **피해상황분석** : 재난현장상황 및 피해정보의 수집·분석·보고에 관한 사항
> ㉤ **구조·진압** : 인명 수색 및 구조, 화재진압 등에 관한 사항
> ㉥ **응급의료** : 대량 사상자 발생 시 응급의료서비스 제공에 관한 사항
> ㉦ **긴급오염통제** : 오염 노출 통제, 긴급 감염병 방제 등 재난현장 공중보건에 관한 사항
> ㉧ **현장통제** : 재난현장 접근 통제 및 치안 유지 등에 관한 사항
> ㉨ **긴급복구** : 긴급구조활동을 원활하게 하기 위한 긴급구조차량 접근 도로 복구 등에 관한 사항
> ㉩ **긴급구호** : 긴급구조요원 및 긴급대피 수용주민에 대한 위기 상담, 임시 의식주 제공 등에 관한 사항
> ㉪ **재난통신** : 긴급구조기관 및 긴급구조지원기관 간 정보통신체계 운영 등에 관한 사항

72 재난관리활동에서 복구단계와 가장 관련이 깊은 것은?

① 인명구조   ② 현장지휘
③ 감염병 예방   ④ 관련법 제정

> **note** 복구단계의 주요활동
> ㉠ 피해평가 및 보험금 지급
> ㉡ 잔해물 제거
> ㉢ 대부 및 보조금 지원
> ㉣ 재난으로 인한 실직자 지원
> ㉤ 유익한 재난관련 공공정보 제공
> ㉥ 시설복구 및 감염병 억제
> ㉦ 대응계획 평가, 수정 및 수정내용 배포
> ㉧ 임시거주지(주택) 마련 및 이재민 지원
> ㉨ 피해주민 및 대응활동요원 재난심리 상담

73 재난관리체계의 단계별 활동 중 예방활동에 속하지 않는 것은?

① 재난대응계획의 수립
② 위험지도의 제작
③ 안전법규 제정
④ 토지이용 관리 및 감시 감독·조사

> **note** 예방활동은 미래에 발생할 가능성이 있는 재난을 사전에 예방하고, 재난 발생 가능성을 감소
> 시키며, 발생 가능한 재난의 피해를 최소화하기 위한 활동이다. 장기적인 관점에서 장래의 모
> 든 재난에 대비하려는 것으로 정치적·정책 지향적 기술이 필요하다.
> ㉠ 조직 및 자원관리
> ㉡ 건축법규, 재난재해보험, 소송
> ㉢ 토지이용 관리 및 감시감독·조사
> ㉣ 공공예방안전교육, 과학적 연구
> ㉤ 세금경감 및 세금인상정책
> ㉥ 수해상습지구의 설정과 수해방지시설의 공사

Answer 72.③ 73.①

74 재난예방을 위하여 실시하는 긴급안전점검과 관련된 내용으로 옳지 않은 것은?

① 국민안전처장관의 경우에는 다른 재난관리책임기관의 장에게 긴급안전점검을 실시하도록 요구할 수 있다.

② 관계인에게 미리 긴급안전점검에 관한 사항을 서면으로만 통지하여야 실시할 수 있다.

③ 긴급안전점검을 하는 공무원은 그 권한을 표시하는 증표를 관계인에게 보여주어야 한다.

④ 긴급안전점검을 하는 공무원은 관계인에게 필요한 질문을 하거나 관계서류 등을 열람할 수 있다.

> ✿ **note** 국민안전처장관과 재난관리책임기관의 장은 긴급안전점검을 실시할 때에는 미리 긴급안전점검 대상 시설 및 지역의 관계인에게 긴급안전점검의 목적·날짜 등을 서면으로 통지하여야 한다. 다만, 서면 통지로는 긴급안전점검의 목적을 달성할 수 없는 경우에는 말로 통지할 수 있다. (시행령 제38조 제3항)

75 재난 및 안전관리기본법령상 시장·군수·구청장이 매년 1회 이상 관할 주민에게 공시하여야 하는 재난관리 실태에 포함되지 않는 것은?

① 재난훈련의 실적

② 재난예방조치 실적

③ 재난관리기금의 적립현황

④ 전년도 재난의 발생 및 수습 현황

> ✿ **note** 시장·군수·구청장은 다음 각 호의 사항이 포함된 재난관리 실태를 매년 1회 이상 관할 지역 주민에게 공시하여야 한다(법 제33조의3 제1항)
> 1. 전년도 재난의 발생 및 수습 현황
> 2. 제25조의2 제1항에 따른 재난예방조치 실적
> 3. 제67조에 따른 재난관리기금의 적립 현황
> 4. 그 밖에 대통령령으로 정하는 재난관리에 관한 중요 사항

✿ **Answer** 74.② 75.①

76 재난사태 선포지역에서 국민안전처장관 및 지방자치단체의 장의 조치와 가장 거리가 먼 것은?

① 해당 지역에 대한 여행금지

② 해당 지역의 행정기관 소속 공무원 비상소집

③ 재난경보 발령

④ 인력·장비 및 물자의 동원

> ✿note 국민안전처장관 및 지방자치단체의 장은 제1항이나 제2항에 따라 재난사태가 선포된 지역에 대하여 다음 각 호의 조치를 할 수 있다.(법 제36조 제4항)
> 1. 재난경보의 발령, 인력·장비 및 물자의 동원, 위험구역 설정, 대피명령, 응급지원 등 이 법에 따른 응급조치
> 2. 해당 지역에 소재하는 행정기관 소속공무원의 비상소집
> 3. 해당 지역에 대한 여행 등 이동 자제 권고
> 4. 그 밖에 재난예방에 필요한 조치

77 재난 및 안전관리기본법상 항공기의 수색·구조에 필요한 사항은 무엇으로 정하는가?

① 대통령령 　　　　　　② 총리령

③ 국방부령 　　　　　　④ 국민안전처령

> ✿note 항공기의 수색·구조에 필요한 사항은 대통령령으로 정한다.(법 제57조 제2항)

78 재난 및 안전관리기본법상 항공기 등 조난사고 시의 긴급구조계획을 수립·시행하는 자는?

① 국무총리

② 국민안전처장관

③ 국방부장관

④ 중앙대책본부장

> ✿note 국민안전처장관은 항공기 조난사고가 발생한 경우 항공기 수색과 인명구조를 위하여 항공기 수색·구조계획을 수립·시행하여야 한다. 다만, 다른 법령에 항공기의 수색·구조에 관한 특별한 규정이 있는 경우에는 그 법령에 따른다.(법 제57조 제1항)

79 재난 및 안전관리기본법상 재난피해신고 및 조사에 관한 내용이다. (　　) 안에 들어갈 말로 적당한 것은?

> 재난으로 피해를 입은 사람은 피해상황을 총리령으로 정하는 바에 따라 시장·군수·구청장에게 신고할 수 있으며, 피해 신고를 받은 시장·군수·구청장은 피해상황을 조사한 후 (　　)에게 보고하여야 한다.

① 국무총리　　　　　　　　　　　　② 국민안전처장관
③ 중앙대책본부장　　　　　　　　　④ 시·도지사

> 🌟note 재난으로 피해를 입은 사람은 피해상황을 총리령으로 정하는 바에 따라 시장·군수·구청장에게 신고할 수 있으며, 피해 신고를 받은 시장·군수·구청장은 피해상황을 조사한 후 중앙대책본부장에게 보고하여야 한다.(법 제58조 제1항)

80 재난 및 안전관리기본법상 재난피해 신고 및 조사에 대한 내용으로 옳지 아니한 것은?

① 재난관리책임기관의 장은 재난으로 인하여 피해가 발생한 경우에는 피해상황을 신속하게 조사한 후 그 결과를 중앙대책본부장에게 통보하여야 한다.
② 중앙대책본부장은 재난피해의 조사를 위하여 필요한 경우에는 대통령령으로 정하는 바에 따라 관계 중앙행정기관 및 관계 재난관리책임기관의 장과 합동으로 중앙재난피해합동조사단을 편성하여 재난피해 상황을 조사할 수 있다.
③ 중앙대책본부장은 중앙재난피해합동조사단을 편성하기 위하여 관계 재난관리책임기관의 장에게 소속 공무원이나 직원의 파견을 요청할 수 있다.
④ 재난으로 피해를 입은 사람은 피해상황을 총리령으로 정하는 바에 따라 중앙대책본부장에게 신고하여야 한다.

> 🌟note 재난으로 피해를 입은 사람은 피해상황을 총리령으로 정하는 바에 따라 시장·군수·구청장에게 신고할 수 있으며, 피해 신고를 받은 시장·군수·구청장은 피해상황을 조사한 후 중앙대책본부장에게 보고하여야 한다.(법 제58조 제1항)

Answer　79.③　80.④

81 재난의 복구에 있어서 단기복구의 내용에 속하지 아니하는 것은?

① 지역사회의 사업분야 재건
② 주요 피해사항 조사 및 평가
③ 임시거주지 마련
④ 피해를 입은 개인별 임시 재정 지원

> ✿ **note** 단기복구는 단기복구계획의 수립, 주요 피해사항 조사 및 평가, 잔해물 제거, 임시거주지 마련, 피해를 입은 개인별 임시 재정 지원, 생활편의시설의 임시방편적 마련, 긴급업무 스트레스 관리를 위한 상담조사 프로그램 이행과 같은 내용 등이다.

82 다음 중 재난복구에서의 장기복구에 해당하는 사항을 모두 고른다면?

㉠ 재정지원 획득
㉡ 재난예방규정 입법화
㉢ 주요 피해사항 조사 및 평가
㉣ 긴급 업무 스트레스 관리를 위한 상담 조사 프로그램 이행

---

① ㉠㉡
② ㉠㉢
③ ㉠㉣
④ ㉡㉣

> ✿ **note** 재난의 장기복구로는 장기복구계획의 수립, 재정 지원 획득, 생활편의시설의 재건, 지역사회의 사업분야 재건, 재난예방규정 입법화, 지역사회의 경제 재건 및 활성화 프로그램 개발·시행, 재난대응능력의 보강 등이다.

83 재난 및 안전관리기본법령상 특별재난지역 선포의 요건인 대통령령으로 정하는 규모의 재난으로 옳지 않은 것은?

① 자연재난으로서 재산구호 및 재난복구 비용 부담기준 등에 관한 규정에 따른 국고 지원 대상 피해 기준금액의 2배를 초과하는 피해가 발생한 재난

② 사회재난의 재난 중 재난이 발생한 해당 지방자치단체의 행정능력으로는 재난의 수습이 곤란하여 국가적 차원의 지원이 필요하다고 인정되는 재난

③ 사회재난의 재난 중 재난이 발생한 해당 지방자치단체의 재정능력으로는 재난의 수습이 곤란하여 국가적 차원의 지원이 필요하다고 인정되는 재난

④ 그 밖에 재난 발생으로 인한 생활기반 상실 등 극심한 피해의 효과적은 수습 및 복구를 위하여 국가적 차원의 특별한 조치가 필요하다고 인정되는 재난

> ☆note "대통령령으로 정하는 규모의 재난"이란 다음 각 호의 어느 하나에 해당하는 재난을 말한다. (시행령 제69조 제1항)
> 1. 자연재난으로서 「재난구호 및 재난복구 비용 부담기준 등에 관한 규정」 제5조 제1항에 따른 국고 지원 대상 피해 기준금액의 2.5배를 초과하는 피해가 발생한 재난
> 2. 사회재난의 재난 중 재난이 발생한 해당 지방자치단체의 행정능력이나 재정능력으로는 재난의 수습이 곤란하여 국가적 차원의 지원이 필요하다고 인정되는 재난
> 3. 그 밖에 재난 발생으로 인한 생활기반 상실 등 극심한 피해의 효과적인 수습 및 복구를 위하여 국가적 차원의 특별한 조치가 필요하다고 인정되는 재난

84 재난 및 안전관리기본법령상 특별재난지역에 대한 지원내용과 거리가 먼 것은?

① 재난구호 및 재난복구비용 부담기준 등에 관한 규정에 따른 국고의 추가지원

② 재난구호 및 재난복구비용 부담기준 등에 관한 규정의 재난복구비용 등의 부담기준에 따른 비용

③ 재난구호 및 재난복구비용 부담기준 등에 관한 규정에 따른 비용부담액의 시·도별 분담액 결정

④ 의료·방역·방제 및 쓰레기 수거 활동 등에 대한 지원

☆**note** 국가가 이 영 제69조 제1항 제1호의 재난과 관련하여 특별재난지역으로 선포한 지역에 대한 특별지원의 내용은 다음 각 호와 같다.(시행령 제70조 제1항)
1. 「재난구호 및 재난복구 비용 부담기준 등에 관한 규정」 제7조에 따른 국고의 추가지원
2. 「재난구호 및 재난복구 비용 부담기준 등에 관한 규정」 제4조에 따른 지원
3. 의료 · 방역 · 방제(防除) 및 쓰레기 수거 활동 등에 대한 지원
4. 「재해구호법」에 따른 의연금품의 지원
5. 농어업인의 영농 · 영어 · 시설 · 운전 자금 및 중소기업의 시설 · 운전 자금의 우선 융자, 상환 유예, 상환 기한 연기 및 그 이자 감면과 중소기업에 대한 특례보증 등의 지원
6. 그 밖에 재난응급대책의 실시와 재난의 구호 및 복구를 위한 지원

85 재난 및 안전관리기본법령상 특별재난지역의 지원규모 및 내용에 대한 설명이 틀린 것은?

① 재난으로 사망하거나 실종된 사람의 유족 및 부상당한 사람에 대한 지원
② 피해주민의 생계안정을 위한 지원 및 피해지역의 복구에 필요한 지원
③ 사망자 유족에 지급하는 보상금은 사망 당시의 최저임금법에 따른 월 최저임금액에 100을 곱한 금액 또는 국가배상법의 배상기준을 준용하여 산출한 금액 중 많은 금액
④ 중앙대책본부장은 지원을 위한 피해금액과 복구비용의 산정, 국고비원 내용 등을 관계 중앙행정기관의 장과의 협의 및 중앙대책본부회의의 심의를 거쳐 확정한다.

☆**note** 사망자 유족 및 부상당한 사람에게 지급하는 보상금은 다음 각 호의 구분에 따라 산정한 금액을 초과할 수 없다(시행령 제70조 제4항)
1. **사망자 유족의 경우** : 사망 당시의 「최저임금법」에 따른 월 최저임금액에 240을 곱한 금액 또는 「국가배상법」 제3조 제1항의 배상기준을 준용하여 산출한 금액 중 많은 금액
2. **부상자의 경우** : 제1호에 따라 산출된 금액의 2분의 1 이하의 범위에서 부상의 정도에 따라 안전행정부령으로 정하는 금액

❣️**Answer** 85.③

86 재난 및 안전관리기본법상 재난관리기금의 매년도 최저적립액은 최근 3년 동안의 지방세법에 의한 보통세의 수입결산액의 평균연액의 얼마에 해당하는 금액으로 하는가?

① 100분의 1 　　　　　　　　　② 100분의 3

③ 100분의 5 　　　　　　　　　④ 100분의 10

> ★note　재난관리기금의 매년도 최저적립액은 최근 3년 동안의 「지방세법」에 의한 보통세의 수입결산
> 액의 평균연액의 100분의 1에 해당하는 금액으로 한다.(법 제67조 제2항)

87 재난 및 안전관리기금법상 재난관리기금의 용도로 적합하지 않은 것은?

① 재난 및 안전관리를 위한 공공분야 재난 예방활동

② 지방자치단체의 긴급구조능력 확충사업

③ 재난피해자의 구직활동 및 연금지원 재정

④ 감염병 또는 가축전염병의 확산 방지를 위한 긴급대응 및 응급복구

> ★note　재난관리기금의 용도는 다음 각 호의 범위에서 해당 지방자치단체의 조례로 정하는 것으로 한
> 다.(시행령 제74조)
> 1. 재난 및 안전관리를 위한 공공분야 재난 예방활동
> 2. 「자연재해대책법 시행령」 제55조에 따른 방재시설의 설치(같은 조 제9호에 따른 재난 예
>   보·경보시설의 설치로 한정한다) 및 보수·보강
> 3. 재난피해시설(국가 또는 지방자치단체가 소유하거나 관리하는 시설로 한정한다)에 대한 응
>   급복구 또는 긴급한 조치
> 4. 지방자치단체의 긴급구조능력 확충사업
> 5. 감염병 또는 가축전염병의 확산 방지를 위한 긴급대응 및 응급복구
> 6. 법 제40조 부터 제42조까지의 규정에 따른 대피명령 또는 퇴거명령을 이행하는 주민에 대
>   한 임대주택으로의 이주 지원 및 주택 임차비용 융자
> 7. 재난의 원인분석 및 피해 경감 등을 위한 조사·연구
> 8. 재난피해자에 대한 심리적 안정과 사회 적응을 위한 상담활동

88 재난 및 안전관리기본법령상 재난관리기금의 운용·관리에 대한 설명으로 틀린 것은?

① 시·도지사 및 시장·군수·구청장은 전용 계좌를 개설하여 매년 적립하는 재난관리기금을 관리하여야 한다.

② 원칙적으로 매년도 최저적립액의 100분의 10 이상의 금액을 금융회사 등에 예치하여 관리하여야 한다.

③ 예외적으로 의무예치금액의 누적금액이 해당 연도를 기준으로 매년도 최저적립액의 10배를 초과한 경우에는 해당 연도의 의무예치금액을 매년도 최저적립액의 100분의 5로 낮추어 예치할 수 있다.

④ 재난관리기금의 예치금액을 제외하고 남은 금액과 그 이자를 초과할 수 없다.

> ✿ **note** 시·도지사 및 시장·군수·구청장은 법 제67조 제2항에 따른 매년도 최저적립액의 100분의 15 이상의 금액(이하 이 조에서 "의무예치금액"이라 한다)을 금융회사 등에 예치하여 관리하여야 한다. 다만, 의무예치금액의 누적 금액이 해당 연도를 기준으로 법 제67조 제2항에 따른 매년도 최저적립액의 10배를 초과한 경우에는 해당 연도의 의무예치금액을 매년도 최저적립액의 100분의 5로 낮추어 예치할 수 있다. (시행령 제75조 제2항)

89 재난 및 안전관리기본법령상 재난원인조사단의 편성·운영에 관한 설명으로 틀린 것은?

① 재난원인조사단은 조사단장을 포함한 10명 내외의 조사단원으로 편성한다.

② 조사단장은 조사단원을 지휘하고, 조사단 운영을 총괄한다.

③ 재난원인조사는 예비조사와 심층조사로 구분하여 실시할 수 있는데 예비조사의 경우에는 필요하면 외부전문가의 자문을 요청할 수 있다.

④ 재난원인조사단은 최종적인 조사를 마쳤을 경우 조사결과보고서를 작성하여야 한다.

> ✿ **note** 재난원인조사는 예비조사와 심층조사로 구분하여 실시할 수 있으며, 심층조사의 경우에는 필요하면 외부전문가의 자문을 요청할 수 있다. (시행령 제75조의2 제3항)

❦❦ **Answer** 88.② 89.③

90 재난 및 안전관리기본법령상 재난원인 조사단이 조사결과보고서에 포함되어야 할 내용과 거리가 먼 것은?

① 조사목적 ② 보상예정금액

③ 현장조사 내용 ④ 권고사항 및 향후 조치

> **note** 재난원인조사단은 최종적인 조사를 마쳤을 때에는 다음 각 호의 사항을 포함한 조사결과보고서를 작성하여야 한다.(시행령 제75조의 2 제5항)
> 1. 조사목적, 피해상황 및 현장정보
> 2. 현장조사 내용
> 3. 사고원인 분석 내용
> 4. 권고사항 및 향후 조치
> 5. 그 밖에 필요한 내용

91 재난 및 안전관리기본법령상 재난상황의 기록 관리사항 중 피해상황 및 대응 등의 내용이 아닌 것은?

① 피해원인, 피해물량 및 피해금액

② 복구공사의 명칭·위치 공사발주 및 복구추진 현황

③ 동원인력·장비 등 응급조치사항

④ 자원봉사자 등의 활동사항

> **note** 재난관리책임기관의 장은 피해시설물별로 다음 각 호의 사항이 포함된 재난상황의 기록을 작성·보관 및 관리하여야 한다.(시행령 제76조 제1항)
> ㉠ **피해상황 및 대응 등**
> • 피해일시 및 피해지역
> • 피해원인, 피해물량 및 피해금액
> • 동원 인력·장비 등 응급조치 내용
> • 피해지역 사진 및 도면·위치 정보
> • 인명피해 상황 및 피해주민 대처 상황
> • 자원봉사자 등의 활동 사항
> ㉡ **복구상황**
> • 재난복구사업의 종류별 복구물량 및 복구금액의 산출내용
> • 복구공사의 명칭·위치, 공사발주 및 복구추진 현황
> ㉢ **기타**
> • 그 밖에 미담·모범사례 등 기록으로 작성하여 보관·관리할 필요가 있는 사항

92 재난 및 안전관리기본법령상 재난상황의 기록을 재난 복구가 끝난 해의 다음 해부터 얼마 기간 동안 보관하여야 하는가?

① 1년
② 3년
③ 5년
④ 10년

> ✎▌note 시·도지사 및 시장·군수·구청장은 제1항에 따라 작성된 재난상황의 기록을 재난복구가 끝난 해의 다음 해부터 5년간 보관하여야 한다.(시행령 제76조 제2항)

93 재난 및 안전관리기본법령상 재난 및 안전관리 분야의 과학기술 진흥시책 관련 내용으로 옳지 않은 것은?

① 정부는 재난 및 안전관리에 필요한 연구·실험·조사·기술개발 및 전문인력 양성 등 재난 및 안전관리분야의 과학기술 진흥시책을 마련하여 추진하여야 한다.

② 소방방재청장과 재난관리책임기관의 장은 연구개발사업을 하는 데에 드는 비용의 전부 또는 일부를 예산의 범위에서 출연금으로 지원할 수 있다.

③ 주관연구기관의 장은 연구개발사업에 드는 비용 중 일부를 정부 외의 자의 출연금 또는 기업의 기술개발비로 충당하려면 그 비용을 부담하는 자와 미리 계약을 체결하여야 한다.

④ 협약을 체결한 기관. 단체 또는 사업자(주관연구기관)는 출연금을 지급 받으려면 이를 별도의 계정을 설정하여 관리하여야 한다.

> ✎▌note 국민안전처장관은 연구개발사업을 하는 데에 드는 비용의 전부 또는 일부를 예산의 범위에서 출연금으로 지원할 수 있다.(법 제71조 제2항)

94 재난 및 안전관리기본법상 재난관리정보통신체계의 구축·운영권자가 아닌 것은?

① 국민안전처장관
② 재난관리책임기관의 장
③ 중앙대책본부장
④ 긴급구조기관의 장

> ✎▌note 국민안전처차관과 재난관리책임기관, 긴급구조기관 및 긴급구조지원기관의 장은 재난관리업무를 효율적으로 추진하기 위하여 대통령령으로 정하는 바에 따라 재난관리정보통신체계를 구축·운영할 수 있다.(법 제74조 제1항)

95 다음 중 재난사태의 선포권자는?

① 국무총리   ② 국민안전처장관

③ 중앙재난안전대책본부장   ④ 시 · 도지사

> **note** 재난선포 … 국민안전처장관은 대통령령으로 정하는 재난이 발생하거나 발생할 우려가 있는 경우 사람의 생명 · 신체 및 재산에 미치는 중대한 영향이나 피해를 줄이기 위하여 긴급한 조치가 필요하다고 인정하면 중앙위원회의 심의를 거쳐 재난사태를 선포할 수 있다. 다만, 국민안전처장관은 재난상황이 긴급하여 중앙위원회의 심의를 거칠 시간적 여유가 없다고 인정하는 경우에는 중앙위원회의 심의를 거치지 아니하고 재난사태를 선포할 수 있다.

96 시장 · 군수 · 구청장 및 지역통제단장이 조치하는 응급대책이 아닌 것은?

① 대피명령   ② 응원요청

③ 위험구역의 설정   ④ 응급부담

> **note** 시장 · 군수 · 구청장은 응급조치를 하기 위하여 필요하면 다른 시 · 군 · 구나 관할 구역에 있는 군부대 및 관계 행정기관의 장, 그 밖의 민간기관 · 단체의 장에게 인력 · 장비 · 자재 등 필요한 응원을 요청할 수 있다. 이 경우 응원을 요청받은 군부대의 장과 관계 행정기관의 장은 특별한 사유가 없으면 요청에 따라야 한다. 그러므로 지역통제단장은 해당이 없다.

97 관계 중앙행정기관의 장은 소관분야의 국가기반시설을 다음 기준에 따라 중앙위원회의 심의를 거쳐 지정할 수 있다. 그 기준으로 틀린 것은?

① 다른 기반시설이나 체계 등에 미치는 연쇄효과

② 재난이 발생하는 경우 국가안전보장과 경제 사회에 미치는 피해규모 및 범위

③ 3 이상 지방자치단체의 공동대응 필요성

④ 재난발생 가능성 또는 그 복구의 용이성

> **note** 관계 중앙행정기관의 장은 소관 분야의 기반시설 중 국가기반시설을 다음의 기준에 따라 조정위원회의 심의를 거쳐 지정할 수 있다.(법 제26조 제1항)
> ㉠ 다른 기반시설이나 체계 등에 미치는 연쇄효과
> ㉡ 둘 이상의 중앙행정기관의 공동대응 필요성
> ㉢ 재난이 발생하는 경우 국가안전보장과 경제 · 사회에 미치는 피해 규모 및 범위
> ㉣ 재난의 발생 가능성 또는 그 복구의 용이성

Answer   95.②   96.②   97.③

98 재난관리 4단계 중 재난의 근본적인 대책과 위험요인의 제거를 통해 피해를 원천적으로 제거하거나 최소화시키는 과정으로 재난관리의 경제적 측면에서의 가장 큰 효과를 기대할 수 있는 단계는?

① 예방단계   ② 대비단계

③ 대응단계   ④ 복구단계

> **note** 예방단계 … 예방 또는 경감의 단계로 재난의 발생 가능성과 피해를 줄이려는 노력이며 주로 장기적인 전략이 사용된다. 태풍과 같은 자연재해는 발생 그 자체를 방지할 수 없으므로 그 피해를 완화하기 위한 노력이 필요하므로 경감이라는 용어를 사용하고, 화재와 같은 인위재해는 노력에 의해 재난의 발생을 막을 수 있으므로 예방이라는 용어가 사용되고 있다. 재난 경감대책은 장기적인 위험의 완화와 대비를 포함하는 잠재적인 재난의 발생에 대비한 모든 행동을 일컫는 집합적인 개념으로, 재난에 대한 사회적 대비능력을 향상시켜 손실과 재해의 충격을 완화하기 위한 대책과 사회 인프라의 물리적 강화 및 효율적인 투자를 포함한다.

99 다음 중 재난관리방식 중 통합관리방식에 해당하는 것으로 옳게 나열한 것은?

㉠ 전통적 재난관리제도
㉡ 전체적으로 통합된 하나의 기관을 설립하여 모든 재난을 관리하는 방식
㉢ 정보전달의 단일화
㉣ 유관기관 간의 책임 전가

---

① ㉠㉡   ② ㉠㉢

③ ㉠㉣   ④ ㉡㉢

> **note** 통합관리방식의 특징
> ㉠ 전체적으로 통합된 하나의 기관을 설립하여 모든 재난을 관리하는 방식
> ㉡ 정보전달의 단일화(간단)
> ㉢ 유관기관과의 혼선과 잡음 없이 소통되고 책임소재가 명확함
> ㉣ 실효성 있는 현장 파악과 대응이 가능함
> ㉤ 인적·물적 소비를 최대한 효율적으로 관리

100 재난예방을 위하여 실시하는 긴급안전점검과 관련된 내용으로 옳지 않은 것은?

① 소방본부장은 다른 재난관리책임기관의 장에게 긴급안전점검을 하도록 요구할 수 있다.

② 긴급안전점검을 하는 공무원은 관계인에게 필요한 질문을 하거나 관계 서류 등을 열람할 수 있다.

③ 긴급안전점검을 하는 공무원은 그 권한을 표시하는 증표를 지니고 이를 관계인에게 보여주어야 한다.

④ 국민안전처장관은 긴급안전점검을 하면 그 결과를 해당 재난관리책임기관의 장에게 통보하여야 한다.

> ☆**note** 국민안전처장관 또는 재난관리책임기관(행정기관만을 말한다.)의 장은 대통령령으로 정하는 시설 및 지역에 재난이 발생할 우려가 있는 등 대통령령으로 정하는 긴급한 사유가 있으면 소속 공무원으로 하여금 긴급안전점검을 하게하고, 국민안전처장관은 다른 재난관리책임기관의 장에게 긴급안전점검을 하도록 요구할 수 있다. 이 경우 요구를 받은 재난관리책임기관의 장은 특별한 사유가 없으면 요구에 따라야 한다.(법 제30조 제1항)

101 다음의 예방대책과 가장 관계가 깊은 재난은?

> ㉠ 도시공간 확보 및 기능분산
> ㉡ 위험물저장시설의 방화능력 강화
> ㉢ 자율방재조직의 강화
> ㉣ 정전사태에 대비한 전력공급체계 정비

① 화생방 사고   ② 환경오염사고
③ 테러   ④ 지진

> ☆**note** 지진에 대한 대책
>
> | 기본적인 지진대책 | 인공구조물의 설계와 시공 시에 그 지역의 지반을 감안하여 충분한 내진력을 갖도록 하는 것으로서 인구가 밀집되어 있고 고층건물이 많은 현대의 대도시에서 중요함. 이를 위해 각국 정부는 새로 건물을 지을 때에는 반드시 방진시설을 갖추도록 의무화하는 추세임 |
> |---|---|
> | 도시계획 수립 시 | • 지진발생 시 화재와 가스폭발에 따른 참사와 교통두절 사태가 일어나지 않도록 각종 시설물을 효과적으로 배치하는 준비
• 대피시설 마련, 대피시설에 적당한 방열기구와 비상식량 등을 준비 |

♥♥**Answer**   100.① 101.④

102 재난사태가 선포된 지역에 대한 조치사항으로 틀린 것은?

① 해당 지역에 대한 여행금지
② 헤딩 지역의 행정기관 소속 공무원 비상소집
③ 재난경보 발령, 위험구역의 설정
④ 인력·장비·물자의 동원

> ★note 헤딩 지역의 여행 금지가 아니라 해당 지역에 대한 여행 등 이동 자제 권고이다.
>
> ※ 재난사태 선포지역에 대한 조치사항(법 제36조 제3항) ⋯ 국민안전처장관 및 지방자치단체의 장은 재난사태가 선포된 지역에 대하여 다음 각 호의 조치를 할 수 있다.
>   ㉠ 재난경보의 발령, 인력·장비 및 물자의 동원, 위험구역 설정, 대피명령, 응급지원 등이 법에 따른 응급조치
>   ㉡ 해당 지역에 소재하는 행정기관 소속 공무원의 비상소집
>   ㉢ 해당 지역에 대한 여행 등 이동 자제 권고
>   ㉣ 그 밖에 재난예방에 필요한 조치

103 다음에서 (㉠)와 (㉡)의 내용으로 옳은 것은?

> 재난관리기금의 매년도 (㉠)은/는 최근 3년 동안의 (㉡)에 의한 보통세의 수입결산액의 평균연액의 100분의 1에 해당하는 금액으로 한다.

① 최저적립액, 지방세법
② 최저적립액, 국세법
③ 최고적립액, 지방세법
④ 최고적립액, 국세법

> ★note 재난관리기금의 매년도 최저적립액은 최근 3년 동안의 「지방세법」에 의한 보통세의 수입결산액의 평균연액의 100분의 1에 해당하는 금액으로 한다.(법 제67조 제1항)

104 다음 중 긴급구조에 관한 내용으로 틀린 것은?

① 지역통제단장은 재난이 발생하면 소속 긴급구조요원을 재난현장에 신속히 출동시켜 필요한 긴급구조활동을 하게 하여야 한다.

② 지역통제단장은 긴급구조를 위하여 필요하면 긴급구조지원기관의 장에게 소속 긴급구조지원요원을 현장에 출동시키거나 긴급구조에 필요한 장비·물자를 제공하는 등 긴급구조활동을 지원할 것을 요청할 수 있다.

③ 긴급구조활동을 하기 위하여 헬기를 운항할 필요가 있으면 긴급구조기관의 장이 헬기의 운항과 관련되는 사항을 국민안전처장관에 통보하고 헬기를 운항할 수 있다.

④ 긴급구조활동에 참여한 민간 긴급구조지원기관에 지원하는 경비는 긴급구조 참여자의 수, 동원장비 및 사용물품 등 긴급구조활동에 필요한 인적·물적 요소를 기준으로 지역통제단장이 정한다.

> **note** 긴급구조활동을 하기 위하여 회전익항공기(헬기)를 운항할 필요가 있으면 긴급구조기관의 장이 헬기의 운항과 관련되는 사항을 헬기운항통제기관에 통보하고 헬기를 운항할 수 있다.(법 제51조 제4항)

105 재외공관의 장은 관할구역에서 해외재난이 발생하거나 발생할 우려가 있을 때에는 즉시 그 상황을 누구에게 보고하여야 하는가?

① 국무총리　　　　　　　　　　　② 국민안전처장관

③ 외교부장관　　　　　　　　　　④ 중앙대책본부장

> **note** 재외공관의 장은 관할 구역에서 해외재난이 발생하거나 발생할 우려가 있으면 즉시 그 상황을 외교부장관에게 보고하여야 한다.(법 제21조 제1항)

Answer　104.③　105.③

106 재난관리활동 중 복구단계와 가장 관계가 깊은 것은?

① 안전법규, 기타 관련 법령 및 조례 제정
② 피해평가 및 보험금 지급
③ 대응자원 동원
④ 재해진압

note 재난관리체계의 단계별 활동

예방단계	대비단계
• 조직 및 자원관리 • 건축법규, 재난재해보험, 소송 • 토지이용 관리 및 감시 · 감독 · 조사 • 공공예방안전교육, 과학적 연구 • 위험지도 제작 • 안전법규, 기타 관련 법령 및 조례 제정 • 세금경감 및 세금인상 정책 • 수해상습지구의 설정과 수해방지시설의 공사	• 비상경보체계 구축 • 재난대응계획의 수립 • 대응조직 관리 • 긴급대응계획의 수립 및 연습 • 재난위험성 분석 • 대응시스템의 가동 연습 • 자원동원관리체계 구축 • 지역 간 상호원조협정 체결 • 대응요원들의 교육훈련 • 경보시스템 • 대응활동을 위한 비상통신시스템 구축 및 관리 • 재난방송 및 공공정보자료
대응단계	복구단계
• 비상방송 및 경보시스템의 가동 • 응급의료지원활동 전개 • 긴급대응계획 가동 • 대책본부 및 긴급구조통제단의 활동개시 • 피해주민 수용 및 은신 • 탐색 및 구조 • 대응자원 동원 • 재해 진압 • 긴급의약품 조달 • 생필품 공급 • 시민들에게 비상대비 및 방어활동을 유발하도록 하는 긴급 지시	• 피해평가 • 잔해물 제거 • 보험금 지급 • 대부 및 보조금 지원 • 재난으로 인한 실직자 지원 • 유익한 재난관련 공공정보 제공 • 시설복구 및 전염병 억제 • 대응계획 평가, 수정 및 수정내용 배포 • 임시주거지 마련 • 이재민 지원 • 피해주민 및 대응활동요원 재난심리 상담

107 다음 중 재난대비능력 보강에 관한 내용으로 틀린 것은?

① 국가와 지방자치단체는 재난관리에 필요한 인력·장비·시설의 확충, 통신망의 설치·정비 등 긴급구조능력을 보강하기 위하여 노력하고, 필요한 재정상의 조치를 마련하여야 한다.

② 긴급구조기관의 장은 긴급구조활동을 신속하고 효과적으로 할 수 있도록 긴급구조지휘대 등 긴급구조체제를 구축하고, 상시 소속 긴급구조요원 및 장비의 출동태세를 유지하여야 한다.

③ 긴급구조업무와 재난관리책임기관(행정기관 외의 기관만 해당한다)의 재난관리업무에 종사하는 사람은 대통령령으로 정하는 바에 따라 긴급구조에 관한 교육을 받아야 한다.

④ 중앙 및 지역통제단장은 긴급구조에 관한 교육을 담당할 교육기관을 지정할 수 있다.

> **note** 국민안전처장관과 시·도지사는 긴급구조에 관한 교육을 담당할 교육기관을 지정할 수 있다.
> (법 제55조 제4항)

108 재난 및 안전관리기본법상 시장·군수·구청장과 지역통제단장(대통령령으로 정하는 권한을 행사하는 경우에만 해당한다)은 재난이 발생하거나 발생할 우려가 있는 경우에 사람의 생명 또는 신체에 대한 위해를 방지하기 위하여 필요하면 해당 지역 주민이나 그 지역 안에 있는 사람에게 대피하거나 선박·자동차 등을 대피시킬 것을 명할 수 있다. 이러한 대피명령을 방해한 경우의 조치사항으로 옳은 것은?

① 100만 원 이하의 과태료

② 200만 원 이하의 과태료

③ 100만 원 이하의 벌금

④ 200만 원 이하의 벌금

> **note** 200만 원 이하의 과태료 대상(법 제82조 제1항)
> ㉠ 제40조 제1항(제46조 제1항에 따른 경우를 포함한다)에 따른 대피명령을 위반한 사람
> ㉡ 제41조 제1항 제2호(제46조 제1항에 따른 경우를 포함한다)에 따른 위험구역에서의 퇴거명령 또는 대피명령을 위반한 사람

Answer 107.④ 108.②

Chapter 05 재난과 안전문화

① 재난 및 안전관리 관련 기타사항

(1) 재난 및 안전관리에 필요한 과학기술의 진흥 등(법 제71조)

① 정부는 재난 및 안전관리에 필요한 연구·실험·조사·기술개발(이하 "연구개발사업"이라 한다) 및 전문인력 양성 등 재난 및 안전관리 분야의 과학기술 진흥시책을 마련하여 추진하여야 한다.

　㉠ **국제공동연구의 촉진**(시행령 제78조)

　　• 국민안전처장관은 재난·안전관리 분야 과학기술 진흥시책의 하나로 재난·안전기술 및 재난·안전산업에 관한 국제공동연구를 촉진하는 데에 필요한 시책을 마련하여야 한다.

　　• 국민안전처장관은 국제공동연구를 촉진하기 위하여 다음의 사업을 추진할 수 있다.

　　　– 재난·안전기술 및 재난·안전산업의 국제협력을 위한 조사·연구

　　　– 재난·안전기술 및 재난·안전산업에 관한 인력·정보의 국제교류

　　　– 재난·안전기술 및 재난·안전산업에 관한 전시회·학술회의의 개최

　　　– 재난·안전기술 및 재난·안전산업의 해외시장 개척

　　　– 그 밖에 국제공동연구를 촉진하기 위하여 국민안전처장관이 필요하다고 인정하는 사업

　㉡ **연구개발사업 등의 협의·조정**(시행령 제78조의2) : 국민안전처장관은 연구개발사업(이하 "연구개발사업"이라 한다)과 수립하는 재난 및 안전관리기술개발 종합계획 및 시행계획이 유기적으로 연계되어 일관성 있게 추진될 수 있도록 하기 위하여 관계 중앙행정기관의 장과 필요한 사항을 협의·조정할 수 있다.

② 국민안전처장관은 연구개발사업을 하는 데에 드는 비용의 전부 또는 일부를 예산의 범위에서 출연금으로 지원할 수 있다.

　㉠ **출연금 지급**(시행령 제79조의2 제1항) : 국민안전처장관은 연구개발사업으로 추진하는 연구개발과제의 규모, 연구의 착수시기 및 정부의 재정여건 등을 고려하여 출연금을 한꺼번에 지급하거나 나누어 지급할 수 있다.

　㉡ **별도계좌 설정**(시행령 제79조의2 제2항) : 협약을 체결한 기관·단체 또는 사업자(이하 "주관연구기관"이라 한다)는 출연금을 지급받으면 이를 별도의 계정을 설정하여 관리하여야 한다.

③ 국민안전처장관은 연구개발사업을 효율적으로 추진하기 위하여 다음의 어느 하나에 해당하는 기관·단체 또는 사업자와 협약을 맺어 연구개발사업을 실시하게 할 수 있다.

　㉠ 국공립 연구기관

　㉡ 「특정연구기관 육성법」에 따른 특정연구기관

　㉢ 「과학기술분야 정부출연연구기관 등의 설립·운영 및 육성에 관한 법률」에 따라 설립된 과학기술분야 정부출연연구기관

　㉣ 「고등교육법」에 따른 대학·산업대학·전문대학 및 기술대학

　㉤ 「민법」또는 다른 법률에 따라 설립된 법인으로서 재난 또는 안전 분야의 연구기관

　㉥ 「기초연구진흥 및 기술개발지원에 관한 법률」 제14조 제1항 제2호에 따른 기업부설연구소 또는 기업의 연구개발전담부서

④ 국민안전처장관은 연구개발사업을 효율적으로 추진하기 위하여 국민안전처 소속 연구기관이나 그 밖에 대통령령으로 정하는 기관·단체 또는 사업자 중에서 연구개발사업의 총괄기관을 지정하여 그 총괄기관에게 연구개발사업의 기획·관리·평가, 협약의 체결, 개발된 기술의 보급·진흥 등에 관한 업무를 하도록 할 수 있다.

연구개발사업의 총괄기관	• 국립재난안전연구원 • 국공립 연구기관 • 「고등교육법」에 따른 대학·산업대학·전문대학 및 기술대학 • 「민법」또는 다른 법률에 따라 설립된 법인으로서 재난 또는 안전 분야의 연구기관

(2) 재난 및 안전관리기술개발 종합계획의 수립 등(법 제71조의2)

① 국민안전처장관은 재난 및 안전관리에 관한 과학기술의 진흥을 위하여 5년마다 관계 중앙행정기관의 재난 및 안전관리기술개발에 관한 계획을 종합하여 조정위원회의 심의와 과학기술기본법에 따른 국가과학기술심의회의 심의를 거쳐 재난 및 안전관리기술개발 종합계획(이하 "개발계획"이라 한다)을 수립하여야 한다.

　㉠ 재난 및 안전관리기술개발 종합계획에 포함되어야 할 내용

　• 국가안전관리기본계획에 기초한 재난·안전기술 수준의 현황과 장기 전망

　• 재난·안전기술의 단계별 개발목표와 이를 달성하기 위한 대책

　• 재난·안전기술의 경쟁력 강화 등 재난·안전산업의 활성화 방안

　• 정부가 추진하는 재난·안전기술 개발에 관한 사업의 연도별 투자 및 추진 계획

　• 학교·학술단체·연구기관 등에 대한 재난·안전기술의 연구 지원

　• 재난·안전기술정보의 수집·분류·가공 및 보급

　• 산·학·연·정 협동연구 및 국제 재난·안전기술 협력을 촉진할 수 있는 방안

　• 그 밖에 재난·안전기술의 개발과 재난·안전산업의 육성

   ⓛ **요청** : 국민안전처장관은 개발계획의 수립을 위하여 관계 중앙행정기관의 장에게 소관 분야의 재난·안전기술 현황 및 예측 자료를 요청하거나 재난·안전기술 개발에 관한 계획의 수립 등을 요청할 수 있다.

   ⓒ **심의 확정** : 국민안전처장관은 제2항에 따라 제공받은 자료 또는 계획 등을 종합하여 협의회의 의견을 들어 개발계획을 작성한 후 과학기술기본법에 따른 국가과학기술심의회의 심의를 거쳐 확정한다.

② 관계 중앙행정기관의 장은 개발계획에 따라 소관 업무에 관한 해당 연도 시행계획을 수립하고 추진하여야 한다.

   ㉠ **시행계획에 포함되어야 할 내용**

     • 개발계획에 따른 연구개발사업의 구체적인 추진계획

     • 전년도 연구개발사업의 추진 실적 및 성과

     • 해당 연도 연구개발사업의 추진 과제 및 계획

   ⓛ **시행계획 수립통보** : 관계 중앙행정기관의 장은 매년 12월 31일까지 시행계획을 수립하여 국민안전처장관에게 통보하여야 한다.

   ⓒ **보고** : 국민안전처장관은 통보 받은 관계 중앙행정기관의 시행계획을 종합하여 과학기술기본법에 따른 국가과학기술심의회에 보고하여야 한다.

(3) 연구개발사업 성과의 사업화 지원(법 제72조)

① 국민안전처장관은 연구개발사업의 성과를 사업화(개발된 성과를 이용하여 제품을 개발, 생산 및 판매하거나 그 과정의 관련 기술을 향상시키는 것을 말한다. 이하 같다)하는 중소기업(이하 "중소기업"이라 한다)이나 그 밖의 법인 또는 사업자 등에 대하여 다음의 지원을 할 수 있다. 이 경우 중소기업에 대한 지원을 우선적으로 실시할 수 있다.

   ㉠ 시제품의 개발·제작 및 설비투자에 필요한 비용의 지원

   ⓛ 연구개발사업의 성과로 발생한 특허권 등 지식재산권의 전용실시권 또는 통상실시권의 설정·허락 또는 그 알선

   ⓒ 사업화로 생산된 재난 및 안전 관련 제품 등의 우선 구매

   ⓔ 연구개발사업에 사용되거나 생산된 기기·설비 및 시제품 등의 사용권 부여 또는 그 알선

   ⓜ 그 밖에 사업화를 위하여 필요한 사항으로서 총리령으로 정하는 사항

② 연구개발사업의 성과를 사업화하는 데에 필요한 지원을 받으려는 중소기업이나 그 밖의 법인 또는 사업자 등은 사업계획서 및 지원요청 내용을 그 소관에 따라 국민안전처장관에게 제출하여야 한다.

③ 징수하는 기술료는 국민안전처장관이 출연한 금액에 상당하는 범위에서 협약에서 정한 금액으로 한다.

④ 국민안전처장관은 제1항에 따른 기술료를 협약에서 정하는 바에 따라 일정기간 균등분할 납부
하게 할 수 있으며, 기술료를 한꺼번에 또는 미리 납부하는 자에 대해서는 기술료 중 일정 금
액을 감면할 수 있다.

(4) 재난관리정보통신체계의 구축·운영(법 제74조)

① 국민안전처장관과 재난관리책임기관·긴급구조기관 및 긴급구조지원기관의 장은 재난관리업무
를 효율적으로 추진하기 위하여 대통령령으로 정하는 바에 따라 재난관리정보통신체계를 구
축·운영할 수 있다.

재난관리정보통신체계가 갖추어야 할 사항 (시행령 제82조 제1항)	• 재난 및 안전관리업무를 수행하기 위한 표준화된 정보시스템과 정보통신망 및 운영·관리 체계 • 재난안전상황실의 효율적인 운영을 위하여 필요한 정보시스템과 정보통신망 • 그 밖에 국민안전처장관이 재난관리정보통신체계 구축·운영을 위하여 필요하다고 인정하는 사항

② 재난관리책임기관·긴급구조기관 및 긴급구조지원기관의 장은 재난관리정보통신체계의 구축에
필요한 자료를 관계 재난관리책임기관·긴급구조기관 및 긴급구조지원기관의 장에게 요청할 수
있다. 이 경우 요청을 받은 기관의 장은 특별한 사유가 없으면 요청에 따라야 한다.

③ 국민안전처장관은 재난관리책임기관·긴급구조기관 및 긴급구조지원기관의 장이 구축하는 재난
관리정보통신체계가 연계 운영되거나 표준화가 이루어지도록 종합적인 재난관리정보통신체계를
구축·운영할 수 있으며, 재난관리책임기관·긴급구조기관 및 긴급구조지원기관의 장은 특별한
사유가 없으면 이에 협조하여야 한다.

국민안전처장관은 종합적인 재난관리정보통신체계를 구축·운영하기 위하여 다음의 업무를 수행할 수 있다.(시행령 제82조 제2항)
• 재난관리책임기관, 긴급구조기관 및 긴급구조지원기관이 구축·운영하는 재난관리정보통신체계에 대한 현황 조사 • 재난관리정보통신체계를 상호 연결하기 위하여 필요한 범 정부 공용의 표준화된 프로그램 개발·보급 및 연계 시스템의 구축·운영 • 재난관리책임기관, 긴급구조기관 및 긴급구조지원기관의 정보시스템과 정보통신망 상호연계, 공동이용, 중복성 검토를 위한 예산확보 및 개발 전단계에서의 사전 협의 및 조정 • 재난관리정보통신체계의 중복 개발 및 운영 방지에 대한 대책 수립 및 시행 • 재난관리정보통신체계가 유사하거나 중복되는 경우에 해당 기관에 대한 개선 권고 • 다른 법령에 따른 재난관리정보통신체계 간의 연계

(5) 재난관리정보의 공동이용(법 제74조의2)

① 재난관리책임기관 · 긴급구조기관 및 긴급구조지원기관은 재난관리업무를 효율적으로 처리하기 위하여 수집 · 보유하고 있는 재난관리정보를 다른 재난관리책임기관 · 긴급구조기관 및 긴급구조지원기관과 공동이용하여야 한다.

   ⊙ **공동이용재난관리정보의 범위**(시행령 제83조 제1항) : 공동으로 이용하여야 할 재난관리정보의 범위는 다음과 같다.
- 재난관리책임기관 · 긴급구조기관 및 긴급구조지원기관에서 재난관리를 위하여 수집 · 보유하고 있는 정보
- 그 밖에 효율적인 재난관리를 위하여 국민안전처장관이 공동이용이 필요하다고 인정하는 정보

   ⊙ **신청서 제출**(시행령 제83조 제2항)
- 재난관리정보를 공동으로 이용하려는 기관의 장은 다음의 사항을 적은 신청서를 국민안전처장관에게 제출하여야 한다.
  - 이용하려는 기관의 명칭
  - 이용하려는 재난관리정보의 내용 및 범위
  - 이용의 목적
  - 재난관리정보의 보유기관
  - 공동이용의 방식과 안전성 확보방안
- 국민안전처장관은 공동이용 신청을 받으면 이용목적의 정당성, 이용대상정보의 적정성 등을 고려하여 재난관리정보의 공동이용을 승인할 수 있다. 다만, 다음의 어느 하나에 해당하는 경우에는 공동이용을 승인하여서는 아니 된다.
  - 공동이용을 신청한 재난관리정보가 법률 또는 법률에서 위임한 명령(국회규칙, 대법원규칙, 헌법재판소규칙, 중앙선거관리위원회규칙, 감사원규칙, 대통령령, 총리령 · 부령 및 조례 · 규칙만 해당한다)에서 비밀 또는 비공개 사항으로 규정된 경우
  - 공동이용을 신청한 재난관리정보가 국가안전보장 또는 국방 · 통일 · 외교관계 등에 관한 사항으로서 공동이용할 경우에는 국가의 중대한 이익을 크게 해칠 우려가 있다고 인정되는 경우
- 국민안전처장관은 승인을 하기 전에 재난관리정보 보유기관의 장의 동의를 받아야 하며, 이 경우 보유기관의 장은 특별한 사정이 없으면 재난관리정보의 공동이용에 협조하여야 한다.

② 공동이용되는 재난관리정보를 제공하는 기관은 해당 정보의 정확성을 유지하도록 노력하여야 한다.

③ 재난관리정보의 처리를 하는 재난관리책임기관 · 긴급구조기관 · 긴급구조지원기관 또는 재난관리업무를 위탁 받아 그 업무에 종사하거나 종사하였던 자는 직무상 알게 된 재난관리정보를 누설하거나 권한 없이 다른 사람이 이용하도록 제공하는 등 부당한 목적으로 사용하여서는 아니 된다.

국민안전처장관은 재난관리정보를 이용하는 기관 또는 그 소속 직원이 다음의 어느 하나에 해당하는 경우에는 해당 이용기관에 대하여 공동이용의 승인을 철회하거나 공동이용을 일시적으로 중단시킬 수 있다.(시행령 제83조 제6항)

㉠ 다음의 어느 하나에 해당하는 사유가 발생한 경우
  • 공동이용을 신청한 재난관리정보가 법률 또는 법률에서 위임한 명령(국회규칙, 대법원규칙, 헌법재판소규칙, 중앙선거관리위원회규칙, 감사원규칙, 대통령령, 총리령·부령 및 조례·규칙만 해당한다)에서 비밀 또는 비공개 사항으로 규정된 경우
  • 공동이용을 신청한 재난관리정보가 국가안전보장 또는 국방·통일·외교관계 등에 관한 사항으로서 공동이용 할 경우에는 국가의 중대한 이익을 크게 해칠 우려가 있다고 인정되는 경우
㉡ 다음의 준수의무를 위반한 경우 : 재난관리정보의 처리를 하는 재난관리책임기관·긴급구조기관·긴급구조지원기관 또는 재난관리업무를 위탁받아 그 업무에 종사하거나 종사하였던 자는 직무상 알게 된 재난관리정보를 누설하거나 권한 없이 다른 사람이 이용하도록 제공하는 등 부당한 목적으로 사용하여서는 아니 된다.
㉢ 공동이용 신청 시의 이용 목적과 다른 목적으로 재난관리정보를 이용하는 경우
㉣ 그 밖에 제1호부터 제3호까지의 경우에 준하여 재난관리정보의 공동이용을 금지하여야 할 불가피한 사유가 발생한 경우

② 안전문화활동과 진흥

(1) 안전관리자문단의 구성·운영(법 제75조)

① 지방자치단체의 장은 재난 및 안전관리업무의 기술적 자문을 위하여 민간전문가로 구성된 안전관리자문단을 구성·운영할 수 있다.

② 안전관리자문단의 구성과 운영에 관하여는 해당 지방자치단체의 조례로 정한다.

(2) 재난 관련 보험 등의 개발·보급(법 제76조)

① 국가는 국민과 지방자치단체가 자기의 책임과 노력으로 재난에 대비할 수 있도록 재난 관련 보험·공제를 개발·보급하기 위하여 노력하여야 한다.

② 국가는 예산의 범위에서 대통령령으로 정하는 바에 따라 보험료와 공제회비의 일부, 보험 및 공제의 운영과 관리 등에 필요한 비용의 일부를 지원할 수 있다.
  ㉠ 지급대상 : 관계 중앙행정기관의 장은 보험료 등의 일부를 지원할 때에는 그 지원금을 재난 관련 보험·공제 사업을 할 수 있는 자(이하 "보험사업자"라 한다)에게 지급할 수 있다.
  ㉡ 서류제출 : 보험료 등의 지원금을 받으려는 보험사업자는 보험가입 현황서와 운영사업비 사용계획서 등 관계 중앙행정기관의 장이 요구하는 서류를 제출하여야 한다.

ⓒ 결정·지원 : 서류를 제출 받은 관계 중앙행정기관의 장은 보험가입자 기준 및 보험사업자에 대한 재정지원에 관한 사항 등을 확인하여 보험료 등의 지원금을 결정·지급한다.

ⓔ 사업결산서 제출 : 관계 중앙행정기관의 장으로부터 지원금을 받은 보험사업자는 회계종료일부터 2개월 이내에 재난 관련 보험·공제 사업결산서를 관계 중앙행정기관의 장에게 제출하여야 한다.

(3) 안전책임관(법 제76조의2)

① 국가기관과 지방자치단체의 장은 해당 기관의 재난 및 안전관리업무를 총괄하는 안전책임관 및 담당직원을 소속 공무원 중에서 임명할 수 있다.

ⓐ 임명
- 안전책임관은 해당 기관에서 재난 및 안전관리 업무를 실질적으로 총괄·관리하는 직위에 있는 사람으로 임명하며, 필요한 경우에는 여러 명을 임명할 수 있다.
- 해당 기관의 장이 안전책임관을 임명 또는 변경하였을 때에는 그 사실을 국민안전처장관에게 통보하여야 한다.

ⓑ 업무
- 재난 및 안전관리 연간 활동계획의 수립 및 평가에 관한 사항
- 재난·안전사고 모니터링 및 경보시스템 구축·운영 지원에 관한 사항
- 재난·안전사고 예방을 위한 안전성 진단에 관한 사항
- 재난 및 안전관리 유관기관, 민간 등과의 협력체제 구축에 관한 사항
- 재난 및 안전관리 관련 정보의 공개·활용 등에 관한 사항
- 재난·안전사고 통계의 기록 및 관리에 관한 사항

② 안전책임관은 해당 기관의 재난 및 안전관리업무와 관련하여 다음의 사항을 담당한다.

ⓐ 재난이나 그 밖의 각종 사고가 발생하거나 발생할 우려가 있는 경우 초기대응 및 보고에 관한 사항
ⓑ 위기관리 매뉴얼의 작성·관리에 관한 사항
ⓒ 재난 및 안전관리와 관련된 교육·훈련에 관한 사항
ⓔ 그 밖에 해당 중앙행정기관의 장이 재난 및 안전관리업무를 위하여 필요하다고 인정하는 사항

(4) 안전문화 진흥을 위한 시책의 추진(법 제66조의2)

① 중앙행정기관의 장과 지방자치단체의 장은 소관 재난 및 안전관리업무와 관련하여 국민의 안전의식을 높이고 안전문화를 진흥시키기 위한 다음의 안전문화활동을 적극 추진하여야 한다.

⊙ 안전교육 및 안전훈련(응급상황시의 대처요령을 포함한다)

　　ⓛ 안전의식을 높이기 위한 캠페인 및 홍보

　　ⓒ 안전행동요령 및 기준·절차 등에 관한 지침의 개발·보급

　　ⓔ 안전문화 우수사례의 발굴 및 확산

　　ⓜ 안전 관련 통계 현황의 관리·활용 및 공개

　　ⓗ 안전에 관한 각종 조사 및 분석

　　ⓢ 그 밖에 안전문화를 진흥하기 위한 활동

② 국민안전처장관은 안전문화활동의 추진에 관한 총괄·조정 업무를 관장한다.

③ 국가와 지방자치단체는 국민이 안전문화를 실천하고 체험할 수 있는 안전체험시설을 설치·운영할 수 있다.

④ 국가는 지방자치단체 및 그 밖의 기관·단체에서 추진하는 안전문화활동을 위하여 필요한 예산을 지원할 수 있다.

(5) 국민안전의 날 등(법 제66조의3)

① 국가는 국민의 안전의식 수준을 높이기 위하여 매년 4월 16일을 국민안전의 날로 정하여 필요한 행사 등을 한다.

　　⊙ **안전점검의 날과 방재의 날** : 안전점검의 날은 매월 4일로 하고, 방재의 날은 매년 5월 25일로 한다.

　　ⓛ **행사 실시** : 재난관리책임기관은 안전점검의 날에는 재난취약시설에 대한 일제점검, 안전의식 고취 등 안전 관련 행사를 실시하고, 방재의 날에는 자연재난에 대한 주민의 방재의식을 고취하기 위하여 재난에 대한 교육·홍보 등의 관련 행사를 실시한다.

② 국가는 대통령령으로 정하는 바에 따라 국민의 안전의식 수준을 높이기 위하여 안전점검의 날과 방재의 날을 정하여 필요한 행사 등을 할 수 있다.

(6) 안전관리헌장(법 제66조의4)

① 국무총리는 재난을 예방하고, 재난이 발생할 경우 그 피해를 최소화하기 위하여 재난 및 안전관리업무에 종사하는 자가 지켜야 할 사항 등을 정한 안전관리헌장을 제정·고시하여야 한다.

② 재난관리책임기관의 장은 안전관리헌장을 실천하는 데 노력하여야 하며, 안전관리헌장을 누구나 쉽게 볼 수 있는 곳에 항상 게시하여야 한다.

(7) 대국민 안전교육의 실시(법 제66조의5)

① 중앙행정기관의 장 및 지방자치단체의 장은 안전문화의 정착을 위하여 대국민 안전교육 및 학교 · 사회복지시설 · 다중이용시설 등 안전에 취약한 시설의 종사자 등에 대하여 대통령령으로 정하는 바에 따라 정기적으로 안전교육을 실시할 수 있다.

　㉠ **연계실시** : 안전교육은 안전점검의 날과 방재의 날 관련 행사와 연계하여 실시할 수 있다.

　㉡ **데이터베이스 구축** : 국민안전처장관은 안전교육의 활성화를 위하여 안전교육 표준교재를 개발 · 보급하고, 안전교육프로그램 및 안전교육 전문강사에 대한 데이터베이스를 구축하여 제공하여야 한다.

② 중앙행정기관의 장 및 지방자치단체의 장은 다음의 구분에 따라 안전교육을 실시하여야 한다.

　㉠ **일반 국민** : 재난의 예보 및 경보 시 안전행동요령과 사례 등에 대하여 신문 · 방송 · 인터넷포털 등 대중매체를 통한 안전교육의 실시

　㉡ **학교 · 사회복지시설 · 다중이용시설의 장과 재난 및 안전관리업무에 종사하는 사람** : 안전관리헌장, 해당 시설별 재난대응요령, 사례 등에 대하여 이론 및 현장 위주의 안전교육 실시

(8) 안전교육 전문인력 양성 등(법 제66조의6)

① 국가 및 지방자치단체는 안전교육 전문인력의 양성을 위하여 다음의 사항에 관한 시책을 수립 · 추진할 수 있다.

　㉠ 안전교육 전문인력의 수급 및 활용에 관한 사항

　㉡ 안전교육 전문인력의 육성 및 교육훈련에 관한 사항

　㉢ 안전교육 전문인력의 경력관리와 경력인증에 관한 사항

　㉣ 그 밖에 안전교육 전문인력의 양성에 필요한 사항으로서 대통령령으로 정하는 사항

② 국가 및 지방자치단체는 안전교육 전문인력의 양성을 위한 시책을 추진할 때 필요하면 안전교육 전문인력 양성 등과 관련된 대학, 연구기관 등 대통령령으로 정하는 기관 및 단체를 지원할 수 있다.

(9) 안전정보의 구축 · 활용(법 제66조의7)

① 국민안전처장관은 재난 및 각종 사고로부터 국민의 생명과 신체 및 재산을 보호하기 위하여 재난이나 그 밖의 각종 사고에 관한 통계, 지리정보, 안전정책 등에 관한 정보(이하 "안전정보"라 한다)를 수집하여 체계적으로 관리하여야 한다.

② 국민안전처장관은 안전정보의 체계적인 관리를 위하여 안전정보통합관리시스템을 구축·운영하여야 한다.

③ 국민안전처장관은 안전정보통합관리시스템을 관계 행정기관 및 국민이 안전수준을 진단하고 개선하는 데 활용할 수 있도록 하여야 한다.

④ 국민안전처장관은 안전정보통합관리시스템을 구축하기 위하여 관계 행정기관의 장에게 필요한 자료를 요청할 수 있다. 이 경우 요청을 받은 관계 행정기관의 장은 특별한 사유가 없으면 요청에 따라야 한다. 국민안전처장관이 관계 행정기관의 장에게 요청할 수 있는 자료는 다음 각 호와 같다.

   ㉠ 자연재난, 사회재난이나 그 밖의 각종 사고(이하 "재난 등"이라 한다)의 지역별 통계, 내용 및 지리정보(좌표 또는 주소를 말한다. 이하 같다)

   ㉡ 안전관리와 관련하여 행정기관에서 수립한 안전정책에 관한 자료

   ㉢ 재난 등의 유발, 예방 및 대응활동에 영향을 미치는 시설정보, 지역별 통계, 지리정보

   ㉣ 그 밖에 재난 등에 관한 안전정보로서 국민안전처장관이 필요하다고 인정하는 정보

(10) 안전지수의 공표(법 제66조의8)

① 국민안전처장관은 지역별 안전수준과 안전의식을 객관적으로 나타내는 지수(이하 "안전지수"라 한다)를 개발·조사하여 그 결과를 공표할 수 있다.

   ㉠ 안전지수의 조사 항목

     • 지역별 재난 등의 발생 현황

     • 재난 등에 대한 국민의 안전의식

     • 그 밖에 국민안전처장관이 필요하다고 인정하는 사항

   ㉡ 공표 : 국민안전처장관은 지역별 안전지수를 인터넷 등을 통하여 공표할 수 있다.

② 국민안전처장관은 안전지수의 조사를 위하여 관계 행정기관의 장에게 필요한 자료를 요청할 수 있다. 이 경우 요청을 받은 관계 행정기관의 장은 특별한 사유가 없으면 요청에 따라야 한다.

③ 국민안전처장관은 안전지수의 개발·조사에 관한 업무를 효율적으로 수행하기 위하여 필요한 경우 대통령령으로 정하는 기관 또는 단체로 하여금 그 업무를 대행하게 할 수 있다.

대통령령으로 정하는 기관 또는 단체	• 국공립 연구기관 • 정부출연연구기관 • 대학·산업대학·전문대학 및 기술대학 • 「민법」 또는 다른 법률에 따라 설립된 법인인 연구기관

(11) **지역축제 개최 시 안전관리조치(법 제66조의9)**

① 중앙행정기관의 장 또는 지방자치단체의 장은 대통령령으로 정하는 지역축제를 개최하려면 해당 지역축제가 안전하게 진행될 수 있도록 지역축제 안전관리계획을 수립하고, 그 밖에 안전관리에 필요한 조치를 하여야 한다.

　㉠ 대통령령으로 정하는 지역축제

　　• 축제기간 중 순간 최대 관람객이 3천명 이상이 될 것으로 예상되는 지역축제

　　• 축제장소나 축제에 사용하는 재료 등에 사고 위험이 있는 지역축제로서 다음의 어느 하나에 해당하는 지역축제

　　　− 산 또는 수면에서 개최하는 지역축제

　　　− 불, 폭죽, 석유류 또는 가연성 가스 등의 폭발성 물질을 사용하는 지역축제

　㉡ 지역축제 안전관리계획에 포함되어야 할 내용

　　• 지역축제의 개요

　　• 축제 장소·시설 등을 관리하는 사람 및 관리조직과 임무에 관한 사항

　　• 화재예방 및 인명피해 방지조치에 관한 사항

　　• 안전관리인력의 확보 및 배치계획

　　• 비상시 대응요령, 담당 기관과 담당자 연락처

② 국민안전처장관 또는 시·도지사는 지역축제 안전관리계획의 이행 실태를 지도·점검할 수 있으며, 점검결과 보완이 필요한 사항에 대해서는 관계 기관의 장에게 시정을 요청할 수 있다. 이 경우 시정 요청을 받은 관계 기관의 장은 특별한 사유가 없으면 요청에 따라야 한다.

③ 중앙행정기관의 장 또는 지방자치단체의 장은 지역축제 안전관리계획을 수립하려면 개최지를 관할하는 지방자치단체, 소방서 및 경찰서 등 안전관리 유관기관의 의견을 미리 들어야 한다.

④ 국민안전처장관은 지역축제 안전관리계획이 효율적으로 수립·관리될 수 있도록 하기 위하여 지역축제 안전관리 매뉴얼을 작성하여 중앙행정기관의 장 또는 지방자치단체의 장에게 통보할 수 있다.

(12) **안전사업지구의 지정 및 지원(법 제66조의10)**

① 국민안전처장관은 지역사회의 안전수준을 높이기 위하여 시·군·구를 대상으로 안전사업지구를 지정하여 필요한 지원할 수 있다.

② **지정절차**

　㉠ **지정권자** : 국민안전처장관은 안전사업지구(이하 "안전사업지구"라 한다)의 원활한 지원을 위하여 필요한 경우에는 일정한 기간을 정하여 신청을 받아 안전사업지구를 지정할 수 있다.

ⓛ **서류제출** : 안전사업지구로 지정을 받으려는 시장·군수·구청장은 안전사업지구를 지정하는 목적 달성에 필요한 사업(이하 "안전사업"이라 한다)에 관한 다음의 사항이 포함된 추진계획서 및 관련 자료를 첨부하여 국민안전처장관에게 제출하여야 한다.

- 안전사업 추진개요
- 안전사업 추진기간
- 안전사업에 지원하는 예산·인력 등의 내용
- 지역주민의 안전사업 추진에 대한 참여 방안
- 안전사업의 추진에 따른 기대효과

ⓒ **공개모집** : 국민안전처장관은 안전사업지구를 공개 모집하는 경우에는 공정한 평가 등을 위하여 관계 전문가 및 기관에 자문 또는 조사·연구를 의뢰할 수 있다.

ⓓ **지정공고** : 안전사업지구를 지정하였을 때에는 관보에 공고하여야 한다.

③ **지정기준**

ㄱ 안전사업에 대한 해당 지역주민의 참여 가능성 및 정도

ㄴ 안전사업에 관한 재원조달계획의 적정성 및 실현가능성

ㄷ 안전사업지구 지정으로 지역사회 안전수준의 향상에 기여할 것으로 예상되는 정도

 재난과 안전문화

05 출제예상문제

1 재난대비 교육훈련 모형 중 원인과 결과 모형에 대한 설명으로 틀린 것은?

① 가장 전통적이고 일반적인 방법이다.

② 원인에서 영향 그리고 반응으로 이어지는 선형적 진전에 따라 주체를 제시하는 방법이다.

③ 교과목이 재해나 영향의 정도·빈도·강도 등을 포함하는 기본개념의 검토에서 시작된다.

④ 재난관련 주요 개념과 이와 관련된 기술을 연결 짓는 방법이다.

　note ④ 주제접근방법에 대한 설명이다.

2 재난 및 안전관리기본법령상 안전정보의 구축·활용권자는?

① 국무총리

② 국민안전처장관

③ 시·도지사

④ 중앙대책본부장

　note 안전행정부장관은 재난 및 각종 사고로부터 국민의 생명과 신체 및 재산을 보호하기 위하여 재난이나 그 밖의 각종 사고에 관한 통계, 지리정보, 안전정책 등에 관한 정보(이하 "안전정보"라 한다)를 수집하여 체계적으로 관리하여야 한다.(법 제66조의7 제1항)

Answer　1.④ 2.②

3 재난 및 안전관리기본법상 안전지수의 공표와 관련된 설명으로 틀린 것은?

① 안전행정부장관은 지역별 안전수준과 안전의식을 주관적으로 나타내는 지수(안전지수)를 개발·조사하여 그 결과를 공표할 수 있다.

② 안전행정부장관은 안전지수의 조사를 위하여 관계 행정기관의 장에게 필요한 자료를 요청할 수 있다.

③ 안전행정부장관으로부터 요청 받은 관계 행정기관의 장은 특별한 사유가 없으면 요청에 따라야 한다.

④ 안전행정부장관은 안전지수의 개발·조사에 관한 업무를 효율적으로 수행하기 위하여 필요한 경우 기관 또는 단체로 하여금 그 업무를 대행하게 할 수 있다.

> **note** ① 주관적이 아니라 객관적이다.

4 재난 및 안전관리기본법상 안전문화활동의 추진에 관한 총괄·조정업무를 관장하는 자는?

① 국민안전처장관　　　　　　　　② 중앙대책본부장
③ 관계 중앙행정기관의 장　　　　　④ 재난관리책임기관의 장

> **note** 국민안전처장관은 안전문화활동의 추진에 관한 총괄·조정 업무를 관장한다. (법 제66조의2 제2항)

5 재난 및 안전관리기본법상 안전문화 진흥을 위한 시책의 추진에 대한 내용으로 틀린 것은?

① 국민안전처장관은 재난 및 안전관리업무와 관련하여 국민의 안전의식을 높이고 안전문화를 진흥시키기 위한 안전문화활동을 적극 추진하여야 한다.

② 국민안전처장관은 안전문화활동의 추진에 관한 총괄·조정업무를 관장한다.

③ 국가와 지방자치단체는 국민이 안전문화를 실천하고 체험할 수 있는 안전체험시설을 설치·운영할 수 있다.

④ 국가는 지방자치단체 및 그 밖의 기관·단체에서 추진하는 안전문화활동을 위하여 필요한 예산을 지원할 수 있다.

> **note** 중앙행정기관의 장과 지방자치단체의 장은 소관 재난 및 안전관리업무와 관련하여 국민의 안전의식을 높이고 안전문화를 진흥시키기 위한 안전문화활동을 적극 추진하여야 한다. (법 제66조의 2제1항)

Answer　3.① 4.① 5.①

6 재난 및 안전관리기본법상 국민안전의 날은?

① 매년 2월 16일   ② 매년 4월 16일

③ 매년 6월 16일   ④ 매년 9월 16일

> note 국가는 국민의 안전의식 수준을 높이기 위하여 매년 4월 16일을 국민안전의 날로 정하여 필요한 행사 등을 한다. (법 제66조의3 제1항)

7 재난 및 안전관리기본법령상 안전점검의 날은?

① 매월 4일   ② 매월 8일

③ 매월 16일   ④ 매월 25일

> note 안전점검의 날은 매월 4일로 하고, 방재의 날은 매년 5월 25일로 한다. (시행령 제73조의4 제1항)

8 재난 및 안전관리기본법령상 방재의 날은?

① 매년 2월 25일   ② 매년 3월 25일

③ 매년 5월 25일   ④ 매년 9월 25일

> note 안전점검의 날은 매월 4일로 하고, 방재의 날은 매년 5월 25일로 한다. (시행령 제73조의4 제1항)

9 재난 및 안전관리기본법상 안전관리헌장을 제정·고시하는 자는?

① 국무총리   ② 국민안전처장관

③ 중앙대책본부장   ④ 관계 중앙행정기관의 장

> note 국무총리는 재난을 예방하고, 재난이 발생할 경우 그 피해를 최소화하기 위하여 재난 및 안전관리업무에 종사하는 자가 지켜야 할 사항 등을 정한 안전관리헌장을 제정·고시하여야 한다. (법 제66조의4 제1항)

Answer   6.②   7.①   8.③   9.①

10 재난 및 안전관리기본법상 항공기 조난사고가 발생한 경우 항공기 수색과 인명구조를 위하여 항공기 수색·구조계획을 수립·시행하여야 하는 자는?

① 대통령   ② 국무총리
③ 국민안전처장관   ④ 중앙대책본부장

> ✿note 국민안전처장관은 항공기 조난사고가 발생한 경우 항공기 수색과 인명구조를 위하여 항공기 수색·구조계획을 수립·시행하여야 한다. 다만, 다른 법령에 항공기의 수색·구조에 관한 특별한 규정이 있는 경우에는 그 법령에 따른다.(법 제57조 제1항)

11 재난 및 안전관리기본법상 대국민 안전교육의 실시권자는?

① 국민안전처장관과 중앙행정기관의 장
② 중앙행정기관의 장 및 지방자치단체의 장
③ 국민안전처장관과 재난관리책임기관의 장
④ 중앙행정기관의 장 및 재난관리책임기관의 장

> ✿note 중앙행정기관의 장 및 지방자치단체의 장은 안전문화의 정착을 위하여 대국민 안전교육 및 학교, 사회복지시설·다중이용시설 등 안전에 취약한 시설의 종사자 등에 대하여 대통령령으로 정하는 바에 따라 정기적으로 안전교육을 실시할 수 있다.(법 제66조의5 제1항)

12 재난 및 안전관리기본법상 안전지수의 공표를 하는 자는?

① 국무총리
② 관계 중앙행정기관의 장
③ 국민안전처장관
④ 중앙대책본부장

> ✿note 국민안전처장관은 지역별 안전수준과 안전의식을 객관적으로 나타내는 지수(안전지수)를 개발·조사하여 그 결과를 공표할 수 있다.(법 제66조의8 제1항)

13 재난 및 안전관리기본법상 안전문화활동의 추진에 관한 총괄·조정업무를 관장하는 자는?

① 국민안전처장관

② 중앙대책본부장

③ 관계 중앙행정기관의 장

④ 재난관리책임기관의 장

✿**note** 국민안전처장관은 안전문화활동의 추진에 관한 총괄·조정 업무를 관장한다.(법 제66조의2 제2항)

14 재난 및 안전관리기본법령상 안전관리헌장에 대한 설명이다. (   ) 안에 들어갈 말로 적당한 것은?

> (   )은/는 재난을 예방하고, 재난이 발생할 경우 그 피해를 최소화하기 위하여 재난 및 안전관리업무에 종사하는 자가 지켜야 할 사항 등을 정한 안전관리헌장을 제정·고시하여야 한다.

① 국무총리

② 국민안전처장관

③ 시·도지사

④ 중앙대책본부장

✿**note** 국무총리는 재난을 예방하고, 재난이 발생할 경우 그 피해를 최소화하기 위하여 재난 및 안전관리업무에 종사하는 자가 지켜야 할 사항 등을 정한 안전관리헌장을 제정·고시하여야 한다. (법 제66조의4 제1항)

15 재난단계별 교육으로 재난저감조치들을 선택하고 합성하고, 집행하는 방법을 알기 위한 교육단계는?

① 예방단계 교육   ② 대비단계 교육

③ 대응단계 교육   ④ 복구단계 교육

✿**note** 예비단계에서는 재난저감조치들을 선택하고, 합성하고, 집행하는 방법 등을 알 필요가 있다.

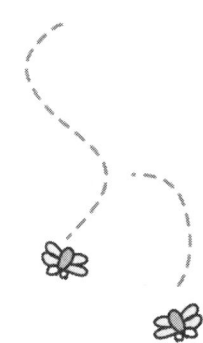

PART 부록 |

방재안전 관련 법령

재난 및 안전관리 기본법

[시행 2016.1.25] [법률 제13440호, 2015.7.24., 타법개정]

제1장 총칙[개정 2010.6.8]

제1조(목적)

이 법은 각종 재난으로부터 국토를 보존하고 국민의 생명·신체 및 재산을 보호하기 위하여 국가와 지방자치단체의 재난 및 안전관리체제를 확립하고, 재난의 예방·대비·대응·복구와 안전문화활동, 그 밖에 재난 및 안전관리에 필요한 사항을 규정함을 목적으로 한다. [개정 2013.8.6]

[전문개정 2010.6.8]

제2조(기본이념)

이 법은 재난을 예방하고 재난이 발생한 경우 그 피해를 최소화하는 것이 국가와 지방자치단체의 기본적 의무임을 확인하고, 모든 국민과 국가·지방자치단체가 국민의 생명 및 신체의 안전과 재산보호에 관련된 행위를 할 때에는 안전을 우선적으로 고려함으로써 국민이 재난으로부터 안전한 사회에서 생활할 수 있도록 함을 기본이념으로 한다.

[전문개정 2010.6.8]

제3조(정의)

이 법에서 사용하는 용어의 뜻은 다음과 같다. [개정 2011.3.29, 2012.2.22, 2013.3.23 제11690호(정부조직법), 2013.8.6, 2014.11.19 제12844호(정부조직법), 2014.12.30, 2015.7.24]

1. "재난"이란 국민의 생명·신체·재산과 국가에 피해를 주거나 줄 수 있는 것으로서 다음 각 목의 것을 말한다.
    가. 자연재난: 태풍, 홍수, 호우(豪雨), 강풍, 풍랑, 해일(海溢), 대설, 낙뢰, 가뭄, 지진, 황사(黃砂), 조류(藻類) 대발생, 조수(潮水), 화산활동, 그 밖에 이에 준하는 자연현상으로 인하여 발생하는 재해
    나. 사회재난: 화재·붕괴·폭발·교통사고(항공사고 및 해상사고를 포함한다)·화생방사고·환경오염사고 등으로 인하여 발생하는 대통령령으로 정하는 규모 이상의 피해와 에너지·통신·교통·금융·의료·수도 등 국가기반체계의 마비, 「감염병의 예방 및 관리에 관한 법률」에 따른 감염병 또는 「가축전염병예방법」에 따른 가축전염병의 확산 등으로 인한 피해
    다. 삭제 [2013.8.6]
2. "해외재난"이란 대한민국의 영역 밖에서 대한민국 국민의 생명·신체 및 재산에 피해를 주거나 줄 수 있는 재난으로서 정부차원에서 대처할 필요가 있는 재난을 말한다.
3. "재난관리"란 재난의 예방·대비·대응 및 복구를 위하여 하는 모든 활동을 말한다.
4. "안전관리"란 재난이나 그 밖의 각종 사고로부터 사람의 생명·신체 및 재산의 안전을 확보하기 위하여 하는 모든 활동을 말한다.

4의2. "안전기준"이란 각종 시설 및 물질 등의 제작, 유지관리 과정에서 안전을 확보할 수 있도록 적용하여야 할 기술적 기준을 체계화한 것을 말하며, 안전기준의 분야, 범위 등에 관하여는 대통령령으로 정한다.

5. "재난관리책임기관"이란 재난관리업무를 하는 다음 각 목의 기관을 말한다.

　　가. 중앙행정기관 및 지방자치단체(「제주특별자치도 설치 및 국제자유도시 조성을 위한 특별법」 제10조 제2항에 따른 행정시를 포함한다)

　　나. 지방행정기관·공공기관·공공단체(공공기관 및 공공단체의 지부 등 지방조직을 포함한다) 및 재난관리의 대상이 되는 중요시설의 관리기관 등으로서 대통령령으로 정하는 기관

5의2. "재난관리주관기관"이란 재난이나 그 밖의 각종 사고에 대하여 그 유형별로 예방·대비·대응 및 복구 등의 업무를 주관하여 수행하도록 대통령령으로 정하는 관계 중앙행정기관을 말한다.

6. "긴급구조"란 재난이 발생할 우려가 현저하거나 재난이 발생하였을 때에 국민의 생명·신체 및 재산을 보호하기 위하여 긴급구조기관과 긴급구조지원기관이 하는 인명구조, 응급처치, 그 밖에 필요한 모든 긴급한 조치를 말한다.

7. "긴급구조기관"이란 다음 각 목의 어느 하나에 해당하는 기관을 말한다.

　　가. 국민안전처

　　나. 소방본부 및 지방해양경비안전본부

　　다. 소방서 및 해양경비안전서

8. "긴급구조지원기관"이란 긴급구조에 필요한 인력·시설 및 장비, 운영체계 등 긴급구조능력을 보유한 기관이나 단체로서 대통령령으로 정하는 기관과 단체를 말한다.

9. "국가재난관리기준"이란 모든 유형의 재난에 공통적으로 활용할 수 있도록 재난관리의 전 과정을 통일적으로 단순화·체계화한 것으로서 국민안전처장관이 고시한 것을 말한다.

9의2. "안전문화활동"이란 안전교육, 안전훈련, 홍보 등을 통하여 안전에 관한 가치와 인식을 높이고 안전을 생활화하도록 하는 등 재난이나 그 밖의 각종 사고로부터 안전한 사회를 만들어가기 위한 활동을 말한다.

10. "재난관리정보"란 재난관리를 위하여 필요한 재난상황정보, 동원가능 자원정보, 시설물정보, 지리정보를 말한다.

[전문개정 2010.6.8]

제4조(국가 등의 책무)

① 국가와 지방자치단체는 재난이나 그 밖의 각종 사고로부터 국민의 생명·신체 및 재산을 보호할 책무를 지고, 재난이나 그 밖의 각종 사고를 예방하고 피해를 줄이기 위하여 노력하여야 하며, 발생한 피해를 신속히 대응·복구하기 위한 계획을 수립·시행하여야 한다. [개정 2013.8.6]

② 제3조 제5호 나목에 따른 재난관리책임기관의 장은 소관 업무와 관련된 안전관리에 관한 계획을 수립하고 시행하여야 하며, 그 소재지를 관할하는 특별시·광역시·특별자치시·도·특별자치도(이하 "시·도"라 한다)와 시(「제주특별자치도 설치 및 국제자유도시 조성을 위한 특별법」 제10조 제2항에 따른 행정시를 포함한다. 이하 같다)·군·구(자치구를 말한다. 이하 같다)의 재난 및 안전관리업무에 협조하여야 한다. [개정 2012.2.22, 2014.12.30, 2015.7.24]

[전문개정 2010.6.8]

제5조(국민의 책무)

국민은 국가와 지방자치단체가 재난 및 안전관리업무를 수행할 때 최대한 협조하여야 하고, 자기가 소유하거나 사용하는 건물·시설 등으로부터 재난이나 그 밖의 각종 사고가 발생하지 아니하도록 노력하여야 한다. [개정 2013.8.6]

[전문개정 2010.6.8]

제6조(재난 및 안전관리 업무의 총괄·조정)

국민안전처장관은 국가 및 지방자치단체가 행하는 재난 및 안전관리 업무를 총괄·조정한다.

[본조신설 2014.12.30]

제7조

삭제 [2013.8.6]

제8조(다른 법률과의 관계 등)

① 재난 및 안전관리에 관하여 다른 법률을 제정하거나 개정하는 경우에는 이 법의 목적과 기본이념에 맞도록 하여야 한다.

② 재난 및 안전관리에 관하여 「자연재해대책법」 등 다른 법률에 특별한 규정이 있는 경우를 제외하고는 이 법에서 정하는 바에 따른다. [개정 2013.8.6]

③ 삭제 [2013.8.6]

④ 삭제 [2013.8.6]

[전문개정 2010.6.8]

제2장 안전관리기구 및 기능

제1절 중앙안전관리위원회 등 [신설 2013.8.6]

제9조 (중앙안전관리위원회)

① 재난 및 안전관리에 관한 다음 각 호의 사항을 심의하기 위하여 국무총리 소속으로 중앙안전관리위원회 (이하 "중앙위원회"라 한다)를 둔다. [개정 2013.8.6, 2014.12.30]

  1. 재난 및 안전관리에 관한 중요 정책에 관한 사항

  2. 제22조에 따른 국가안전관리기본계획에 관한 사항

  2의2. 제10조의2에 따른 재난 및 안전관리 사업 관련 중기사업계획서, 투자우선순위 의견 및 예산요구서에 관한 사항

  3. 중앙행정기관의 장이 수립·시행하는 계획, 점검·검사, 교육·훈련, 평가, 안전기준 등 재난 및 안전관리업무의 조정에 관한 사항

4. 제36조에 따른 재난사태의 선포에 관한 사항

5. 제60조에 따른 특별재난지역의 선포에 관한 사항

6. 재난이나 그 밖의 각종 사고가 발생하거나 발생할 우려가 있는 경우 이를 수습하기 위한 관계 기관 간 협력에 관한 중요 사항

7. 중앙행정기관의 장이 시행하는 대통령령으로 정하는 재난 및 사고의 예방사업 추진에 관한 사항

8. 그 밖에 위원장이 회의에 부치는 사항

② 중앙위원회의 위원장은 국무총리가 되고, 위원은 대통령령으로 정하는 중앙행정기관 또는 관계 기관·단체의 장이 된다.

③ 중앙위원회의 위원장은 중앙위원회를 대표하며, 중앙위원회의 업무를 총괄한다. [신설 2012.2.22]

④ 중앙위원회에 간사 1명을 두며, 간사는 국민안전처장관이 된다. [개정 2013.8.6, 2014.11.19 제12844호(정부조직법), 2014.12.30]

⑤ 중앙위원회의 위원장이 사고 또는 부득이한 사유로 직무를 수행할 수 없을 때에는 국민안전처장관, 대통령령으로 정하는 중앙행정기관의 장 순으로 위원장의 직무를 대행한다. [개정 2013.8.6, 2014.11.19 제12844호(정부조직법)]

⑥ 제5항에 따라 국민안전처장관 등이 중앙위원회 위원장의 직무를 대행할 때에는 국민안전처차관이 중앙위원회 간사의 직무를 대행한다. [개정 2013.8.6, 2014.11.19 제12844호(정부조직법), 2014.12.30]

⑦ 중앙위원회는 제1항 각 호의 사무가 국가안전보장과 관련된 경우에는 국가안전보장회의와 협의하여야 한다. [개정 2013.8.6]

⑧ 중앙위원회의 위원장은 그 소관 사무에 관하여 재난관리책임기관의 장이나 관계인에게 자료의 제출, 의견 진술, 그 밖에 필요한 사항에 대하여 협조를 요청할 수 있다. 이 경우 요청을 받은 사람은 특별한 사유가 없으면 요청에 따라야 한다. [신설 2013.8.6]

⑨ 중앙위원회의 구성과 운영 등에 필요한 사항은 대통령령으로 정한다. [개정 2012.2.22, 2013.8.6]

[전문개정 2010.6.8]

제9조의2

삭제 [2013.8.6]

제10조(안전정책조정위원회)

① 중앙위원회에 상정될 안건을 사전에 검토하고 다음 각 호의 사무를 수행하기 위하여 중앙위원회에 안전정책조정위원회(이하 "조정위원회"라 한다)를 둔다.

1. 제9조 제1항 제3호, 제6호 및 제7호의 사항에 대한 사전 조정

2. 제23조에 따른 집행계획의 심의

3. 제26조에 따른 국가기반시설의 지정에 관한 사항의 심의

4. 제71조의2에 따른 재난 및 안전관리기술 종합계획의 심의

5. 그 밖에 중앙위원회가 위임한 사항

② 조정위원회의 위원장은 국민안전처장관이 되고, 위원은 대통령령으로 정하는 중앙행정기관의 차관 또는 차관급 공무원과 재난 및 안전관리에 관한 지식과 경험이 풍부한 사람 중에서 위원장이 임명하거나 위촉하는 사람이 된다. [개정 2014.11.19 제12844호(정부조직법)]

③ 조정위원회에 간사위원 1명을 두며, 간사위원은 국민안전처차관이 된다. [개정 2014.11.19 제12844호(정부조직법)]

④ 조정위원회의 업무를 효율적으로 처리하기 위하여 조정위원회에 실무위원회를 둘 수 있다. [개정 2014.12.30]

⑤ 조정위원회의 위원장은 제1항에 따라 조정위원회에서 심의·조정된 사항 중 대통령령으로 정하는 중요 사항에 대해서는 조정위원회의 심의·조정 결과를 중앙위원회의 위원장에게 보고하여야 한다.

⑥ 조정위원회의 위원장은 중앙위원회 또는 조정위원회에서 심의·조정된 사항에 대한 이행상황을 점검하고, 그 결과를 중앙위원회에 보고할 수 있다.

⑦ 조정위원회 및 제4항에 따른 실무위원회의 구성 및 운영 등에 필요한 사항은 대통령령으로 정한다. [개정 2014.12.30]

[전문개정 2013.8.6]

제10조의2(재난 및 안전관리 사업예산의 사전협의 등)

① 관계 중앙행정기관의 장은 「국가재정법」 제28조에 따라 기획재정부장관에게 제출하는 중기사업계획서 중 재난 및 안전관리 사업(국민안전처장관이 기획재정부장관과 협의하여 정하는 사업을 말한다. 이하 이 조 및 제10조의3에서 같다)과 관련된 중기사업계획서와 해당 기관의 재난 및 안전관리 사업에 관한 투자우선순위 의견을 매년 1월 31일까지 국민안전처장관에게 제출하여야 한다.

② 관계 중앙행정기관의 장은 기획재정부장관에게 제출하는 「국가재정법」 제31조 제1항에 따른 예산요구서 중 재난 및 안전관리 사업 관련 예산요구서를 매년 5월 31일까지 국민안전처장관에게 제출하여야 한다.

③ 국민안전처장관은 제1항 및 제2항에 따른 중기사업계획서, 투자우선순위 의견 및 예산요구서를 검토하고, 중앙위원회의 심의를 거쳐 다음 각 호의 사항을 매년 6월 30일까지 기획재정부장관에게 통보하여야 한다.
  1. 재난 및 안전관리 사업의 투자 방향
  2. 관계 중앙행정기관별 재난 및 안전관리 사업의 투자우선순위, 투자적정성, 중점 추진방향 등에 관한 사항
  3. 재난 및 안전관리 사업의 유사성·중복성 검토결과
  4. 그 밖에 재난 및 안전관리 사업의 투자효율성을 높이기 위하여 필요한 사항

④ 기획재정부장관은 국가재정상황과 재정운용원칙에 부합하지 아니하는 등 부득이한 사유가 있는 경우를 제외하고 제3항에 따라 통보받은 결과를 토대로 재난 및 안전관리 사업에 관한 예산안을 편성하여야 한다.

[본조신설 2014.12.30]

제10조의3(재난 및 안전관리 사업에 대한 평가)

① 국민안전처장관은 매년 재난 및 안전관리 사업의 효과성 및 효율성을 평가하고, 그 결과를 관계 중앙행정기관의 장에게 통보하여야 한다.

② 국민안전처장관은 제1항에 따른 평가를 위하여 중앙행정기관의 장 또는 지방자치단체의 장 등에게 해당 기관에서 추진한 재난 및 안전관리 사업의 집행실적 등에 관한 자료 제출을 요청할 수 있다. 이 경우 자료 제출을 요청받은 중앙행정기관의 장 또는 지방자치단체의 장 등은 특별한 사유가 없으면 이에 따라야 한다.

③ 관계 중앙행정기관의 장은 제1항에 따른 평가 결과를 다음 연도 재난 및 안전관리 사업에 반영하여야 한다.

④ 제1항에 따른 평가의 범위·방법 등에 관하여 필요한 사항은 대통령령으로 정한다.

[본조신설 2014.12.30]

제11조(지역위원회)

① 지역별 재난 및 안전관리에 관한 다음 각 호의 사항을 심의·조정하기 위하여 특별시장·광역시장·특별자치시장·도지사·특별자치도지사(이하 "시·도지사"라 한다) 소속으로 시·도 안전관리위원회(이하 "시·도위원회"라 한다)를 두고, 시장(「제주특별자치도 설치 및 국제자유도시 조성을 위한 특별법」 제11조 제1항에 따른 행정시장을 포함한다. 이하 같다)·군수·구청장(자치구의 구청장을 말한다. 이하 같다) 소속으로 시·군·구 안전관리위원회(이하 "시·군·구위원회"라 한다)를 둔다. [개정 2012.2.22, 2013.8.6, 2014.12.30, 2015.7.24]

1. 해당 지역에 대한 재난 및 안전관리정책에 관한 사항
2. 제24조 또는 제25조에 따른 안전관리계획에 관한 사항
3. 해당 지역을 관할하는 재난관리책임기관(중앙행정기관과 상급 지방자치단체는 제외한다)이 수행하는 재난 및 안전관리업무의 추진에 관한 사항
4. 재난이나 그 밖의 각종 사고가 발생하거나 발생할 우려가 있는 경우 이를 수습하기 위한 관계 기관 간 협력에 관한 사항
5. 다른 법령이나 조례에 따라 해당 위원회의 권한에 속하는 사항
6. 그 밖에 해당 위원회의 위원장이 회의에 부치는 사항

② 시·도위원회의 위원장은 시·도지사가 되고, 시·군·구위원회의 위원장은 시장·군수·구청장이 된다.

③ 시·도위원회와 시·군·구위원회(이하 "지역위원회"라 한다)의 회의에 부칠 의안을 검토하고, 재난 및 안전관리에 관한 관계 기관 간의 협의·조정 등을 위하여 지역위원회에 안전정책실무조정위원회를 둘 수 있다. [개정 2013.8.6]

④ 삭제 [2013.8.6]

⑤ 지역위원회 및 제3항에 따른 안전정책실무조정위원회의 구성과 운영에 필요한 사항은 해당 지방자치단체의 조례로 정한다. [개정 2013.8.6]

[전문개정 2010.6.8]

제12조(재난방송협의회)

① 재난에 관한 예보·경보·통지나 응급조치 및 재난관리를 위한 재난방송이 원활히 수행될 수 있도록 중앙위원회에 중앙재난방송협의회를 둘 수 있다.

② 지역 차원에서 재난에 대한 예보·경보·통지나 응급조치 및 재난방송이 원활히 수행될 수 있도록 지역위원회에 시·도 또는 시·군·구 재난방송협의회(이하 이 조에서 "지역재난방송협의회"라 한다)를 둘 수 있다.

③ 중앙재난방송협의회의 구성 및 운영에 필요한 사항은 대통령령으로 정하고, 지역재난방송협의회의 구성 및 운영에 필요한 사항은 해당 지방자치단체의 조례로 정한다.

[전문개정 2013.8.6]

제12조의2(안전관리민관협력위원회)

① 조정위원회의 위원장은 재난 및 안전관리에 관한 민관 협력관계를 원활히 하기 위하여 중앙안전관리민관협력위원회(이하 "중앙민관협력위원회"라 한다)를 구성·운영할 수 있다. [개정 2014.12.30]

② 지역위원회의 위원장은 재난 및 안전관리에 관한 지역 차원의 민관 협력관계를 원활히 하기 위하여 시·도 또는 시·군·구 안전관리민관협력위원회(이하 이 조에서 "지역민관협력위원회"라 한다)를 구성·운영할 수 있다.

③ 중앙민관협력위원회의 구성 및 운영에 필요한 사항은 대통령령으로 정하고, 지역민관협력위원회의 구성 및 운영에 필요한 사항은 해당 지방자치단체의 조례로 정한다.

[본조신설 2013.8.6]

제12조의3(중앙민관협력위원회의 기능 등)

① 중앙민관협력위원회의 기능은 다음 각 호와 같다.
　1. 재난 및 안전관리 민관협력활동에 관한 협의
　2. 재난 및 안전관리 민관협력활동사업의 효율적 운영방안의 협의
　3. 평상시 재난 및 안전관리 위험요소 및 취약시설의 모니터링·제보
　4. 재난 발생 시 인적·물적 자원 동원, 인명구조·피해복구 활동 참여, 피해주민 지원서비스 제공 등에 관한 협의

② 중앙민관협력위원회의 회의는 다음 각 호의 어느 하나에 해당하는 경우에 공동위원장이 소집할 수 있다.
　1. 제14조 제1항에 따른 대규모 재난의 발생으로 민관협력 대응이 필요한 경우
　2. 재적위원 4분의 1 이상이 회의 소집을 요청하는 경우
　3. 그 밖에 공동위원장이 회의 소집이 필요하다고 인정하는 경우

③ 재난 발생 시 신속한 재난대응 활동 참여 등 중앙민관협력위원회의 기능을 지원하기 위하여 중앙민관협력위원회에 대통령령으로 정하는 바에 따라 재난긴급대응단을 둘 수 있다.

[본조신설 2014.12.30]

제13조(지역위원회 등에 대한 지원 및 지도)

국민안전처장관은 시·도위원회의 운영과 지방자치단체의 재난 및 안전관리업무에 대하여 필요한 지원과 지도를 할 수 있으며, 시·도지사는 관할 구역의 시·군·구위원회의 운영과 시·군·구의 재난 및 안전관리업무에 대하여 필요한 지원과 지도를 할 수 있다. [개정 2013.3.23 제11690호(정부조직법), 2013.8.6, 2014.11.19 제12844호(정부조직법)]

[전문개정 2010.6.8]

제2절 중앙재난안전대책본부 등 [신설 2013.8.6]

제14조(중앙재난안전대책본부 등)

① 대통령령으로 정하는 대규모 재난(이하 "대규모 재난"이라 한다)의 대응·복구(이하 "수습"이라 한다) 등에 관한 사항을 총괄·조정하고 필요한 조치를 하기 위하여 국민안전처에 중앙재난안전대책본부(이하 "중앙대책본부"라 한다)를 둔다. [개정 2013.3.23 제11690호(정부조직법), 2013.8.6, 2014.11.19 제12844호(정부조직법), 2014.12.30]

② 중앙대책본부에 본부장과 차장을 둔다. [신설 2014.12.30]

③ 중앙대책본부의 본부장(이하 "중앙대책본부장"이라 한다)은 국민안전처장관이 되며, 중앙대책본부장은 중앙대책본부의 업무를 총괄하고 필요하다고 인정하면 중앙재난안전대책본부회의를 소집할 수 있다. 다만, 해외재난의 경우에는 외교부장관이, 「원자력시설 등의 방호 및 방사능 방재 대책법」 제2조 제1항 제8호에 따른 방사능재난의 경우에는 같은 법 제25조에 따른 중앙방사능방재대책본부의 장이 각각 중앙대책본부장의 권한을 행사한다. [개정 2012.2.22, 2013.3.23 제11690호(정부조직법), 2013.8.6, 2014.11.19 제12844호(정부조직법), 2014.12.30]

④ 제3항에도 불구하고 재난의 효과적인 수습을 위하여 다음 각 호의 어느 하나에 해당하는 경우에는 국무총리가 중앙대책본부장의 권한을 행사할 수 있다. 이 경우 국민안전처장관, 외교부장관(해외재난의 경우에 한정한다) 또는 원자력안전위원회 위원장(방사능 재난의 경우에 한정한다)이 차장이 된다. [개정 2014.12.30]

1. 국무총리가 범정부적 차원의 통합 대응이 필요하다고 인정하는 경우

2. 국민안전처장관이 국무총리에게 건의하거나 제15조의2 제2항에 따른 수습본부장의 요청을 받아 국민안전처장관이 국무총리에게 건의하는 경우

⑤ 중앙대책본부장은 대규모 재난이 발생하거나 발생할 우려가 있는 경우에는 대통령령으로 정하는 바에 따라 실무반을 편성하고, 중앙재난안전대책본부상황실을 설치하는 등 해당 대규모 재난에 대하여 효율적으로 대응하기 위한 체계를 갖추어야 한다. 이 경우 제18조 제1항 제1호에 따른 중앙재난안전상황실과 인력, 장비, 시설 등을 통합·운영할 수 있다. [개정 2014.12.30]

⑥ 제1항에 따른 중앙대책본부, 제3항에 따른 중앙재난안전대책본부회의의 구성과 운영에 필요한 사항은 대통령령으로 정한다. [개정 2013.8.6, 2014.12.30]

[전문개정 2010.6.8]

제14조의2(수습지원단 파견 등)

① 중앙대책본부장은 국내 또는 해외에서 발생한 대규모 재난의 수습을 지원하기 위하여 관계 중앙행정기관 및 관계 기관·단체의 재난관리에 관한 전문가 등으로 수습지원단을 구성하여 현지에 파견할 수 있다.

② 중앙대책본부장은 구조·구급·수색 등의 활동을 신속하게 지원하기 위하여 국민안전처 소속의 전문 인력으로 구성된 특수기동구조대를 편성하여 재난현장에 파견할 수 있다.

③ 수습지원단의 구성과 운영 및 특수기동구조대의 편성과 파견 등에 필요한 사항은 대통령령으로 정한다.

[본조신설 2014.12.30] [시행일 : 2015.6.30] 제14조의2 제2항, 제14조의2 제3항(특수기동구조대에 관한 사항에 한정한다.)

제15조(중앙대책본부장의 권한 등)

① 중앙대책본부장은 대규모 재난을 효율적으로 수습하기 위하여 관계 재난관리책임기관의 장에게 행정 및 재정상의 조치, 소속 직원의 파견, 그 밖에 필요한 지원을 요청할 수 있다. 이 경우 요청을 받은 관계 재난관리책임기관의 장은 특별한 사유가 없으면 요청에 따라야 한다. [개정 2013.8.6]

② 제1항에 따라 파견된 직원은 대규모 재난의 수습에 필요한 소속 기관의 업무를 성실히 수행하여야 하며, 대규모 재난의 수습이 끝날 때까지 중앙대책본부에서 상근하여야 한다. [개정 2013.8.6]

③ 중앙대책본부장은 해당 대규모 재난의 수습에 필요한 범위에서 제15조의2 제2항에 따른 수습본부장 및 제16조 제2항에 따른 지역대책본부장을 지휘할 수 있다. [개정 2013.8.6]

④ 삭제 [2013.8.6]

⑤ 삭제 [2013.8.6]

⑥ 삭제 [2013.8.6]

⑦ 삭제 [2013.8.6]

[전문개정 2010.6.8]

[본조제목개정 2013.8.6]

제15조의2(중앙 및 지역사고수습본부)

① 재난관리주관기관의 장은 재난이 발생하거나 발생할 우려가 있는 경우에는 재난상황을 효율적으로 관리하고 재난을 수습하기 위한 중앙사고수습본부(이하 "수습본부"라 한다)를 신속하게 설치·운영하여야 한다.

② 수습본부의 장(이하 "수습본부장"이라 한다)은 해당 재난관리주관기관의 장이 된다.

③ 수습본부장은 재난정보의 수집·전파, 상황관리, 재난발생 시 초동조치 및 지휘 등을 위한 수습본부상황실을 설치·운영하여야 한다. 이 경우 제18조 제3항에 따른 재난안전상황실과 인력, 장비, 시설 등을 통합·운영할 수 있다.

④ 수습본부장은 재난을 수습하기 위하여 필요하면 관계 재난관리책임기관의 장에게 행정상 및 재정상의 조치, 소속 직원의 파견, 그 밖에 필요한 지원을 요청할 수 있다. 이 경우 요청을 받은 관계 재난관리책임기관의 장은 특별한 사유가 없으면 요청에 따라야 한다.

⑤ 수습본부장은 지역사고수습본부를 운영할 수 있으며, 지역사고수습본부의 장(이하 "지역사고수습본부장"이라 한다)은 수습본부장이 지명한다. [신설 2014.12.30]

⑥ 수습본부장은 해당 재난의 수습에 필요한 범위에서 시·도지사 및 시장·군수·구청장(제16조 제1항에 따른 시·도대책본부 및 시·군·구대책본부가 운영되는 경우에는 해당 본부장을 말한다)을 지휘할 수 있다. [개정 2014.12.30]

⑦ 수습본부장은 재난을 수습하기 위하여 필요하면 대통령령으로 정하는 바에 따라 제14조의2 제1항에 따른 수습지원단을 구성·운영할 것을 중앙대책본부장에게 요청할 수 있다. [개정 2014.12.30]

⑧ 수습본부의 구성·운영 등에 필요한 사항은 대통령령으로 정한다. [개정 2014.12.30]

[전문개정 2013.8.6]

[본조제목개정 2014.12.30]

제16조(지역재난안전대책본부)

① 해당 관할 구역에서 재난의 수습 등에 관한 사항을 총괄·조정하고 필요한 조치를 하기 위하여 시·도지사는 시·도재난안전대책본부(이하 "시·도대책본부"라 한다)를 두고, 시장·군수·구청장은 시·군·구재난안전대책본부(이하 "시·군·구대책본부"라 한다)를 둔다. [개정 2013.8.6, 2014.12.30]

② 시·도대책본부 또는 시·군·구대책본부(이하 "지역대책본부"라 한다)의 본부장(이하 "지역대책본부장"이라 한다)은 시·도지사 또는 시장·군수·구청장이 되며, 지역대책본부장은 지역대책본부의 업무를 총괄하고 필요하다고 인정하면 대통령령으로 정하는 바에 따라 지역재난안전대책본부회의를 소집할 수 있다. [개정 2013.8.6, 2014.12.30]

③ 시·군·구대책본부의 장은 재난현장의 총괄·조정 및 지원을 위하여 재난현장 통합지원본부(이하 "통합지원본부"라 한다)를 설치·운영할 수 있다. 이 경우 통합지원본부의 장은 긴급구조에 대해서는 제52조에 따른 시·군·구긴급구조통제단장의 현장지휘에 협력하여야 한다. [신설 2013.8.6, 2014.12.30]

④ 통합지원본부의 장은 관할 시·군·구의 부단체장이 되며, 실무반을 편성하여 운영할 수 있다. [개정 2014.12.30]

⑤ 지역대책본부 및 통합지원본부의 구성과 운영에 필요한 사항은 해당 지방자치단체의 조례로 정한다. [개정 2013.8.6, 2014.12.30]

[전문개정 2010.6.8]

제17조(지역대책본부장의 권한 등)

① 지역대책본부장은 재난의 수습을 효율적으로 하기 위하여 해당 시·도 또는 시·군·구를 관할 구역으로 하는 제3조 제5호 나목에 따른 재난관리책임기관의 장에게 행정 및 재정상의 조치나 그 밖에 필요한 업무협조를 요청할 수 있다. 이 경우 요청을 받은 재난관리책임기관의 장은 특별한 사유가 없으면 요청에 따라야 한다. [개정 2013.8.6]

② 지역대책본부장은 재난의 수습을 위하여 필요하다고 인정하면 해당 시·도 또는 시·군·구의 전부 또는 일부를 관할 구역으로 하는 제3조 제5호 나목에 따른 재난관리책임기관의 장에게 소속 직원의 파견을 요청할 수 있다. 이 경우 요청을 받은 재난관리책임기관의 장은 특별한 사유가 없으면 즉시 요청에 따라야 한다. [개정 2013.8.6]

③ 제2항에 따라 파견된 직원은 지역대책본부장의 지휘에 따라 재난의 수습에 필요한 소속 기관의 업무를 성실히 수행하여야 하며, 재난의 수습이 끝날 때까지 지역대책본부에서 상근하여야 한다. [개정 2013.8.6]

[전문개정 2010.6.8]
[본조제목개정 2013.8.6]

제3절 재난안전상황실 등 [신설 2013.8.6]

제18조(재난안전상황실)

① 국민안전처장관, 시·도지사 및 시장·군수·구청장은 재난정보의 수집·전파, 상황관리, 재난발생 시 초동조치 및 지휘 등의 업무를 수행하기 위하여 다음 각 호의 구분에 따른 상시 재난안전상황실을 설치·운영하여야 한다. [개정 2014.11.19 제12844호(정부조직법)]

  1. 국민안전처장관 : 중앙재난안전상황실

  2. 시·도지사 및 시장·군수·구청장 : 시·도별 및 시·군·구별 재난안전상황실

② 삭제 [2014.12.30]

③ 중앙행정기관의 장은 소관 업무분야의 재난상황을 관리하기 위하여 재난안전상황실을 설치·운영하거나 재난상황을 관리할 수 있는 체계를 갖추어야 한다.

④ 제3조 제5호 나목에 따른 재난관리책임기관의 장은 재난에 관한 상황관리를 위하여 재난안전상황실을 설치·운영할 수 있다.

⑤ 제1항 제2호, 제3항 및 제4항에 따른 재난안전상황실은 제1항 제1호에 따른 중앙재난안전상황실 및 다른 기관의 재난안전상황실과 유기적인 협조체제를 유지하고, 재난관리정보를 공유하여야 한다. [개정 2014.12.30]

[전문개정 2013.8.6 제19조에서 이동, 종전의 제18조는 제19조로 이동]

제19조(재난 신고 등)

① 누구든지 재난의 발생이나 재난이 발생할 징후를 발견하였을 때에는 즉시 그 사실을 시장·군수·구청장·긴급구조기관, 그 밖의 관계 행정기관에 신고하여야 한다.

② 제1항에 따른 신고를 받은 시장·군수·구청장과 그 밖의 관계 행정기관의 장은 관할 긴급구조기관의 장에게, 긴급구조기관의 장은 그 소재지 관할 시장·군수·구청장 및 재난관리주관기관의 장에게 통보하여 응급대처방안을 마련할 수 있도록 조치하여야 한다. [개정 2013.8.6]

[본조개정 2013.8.6 제18조에서 이동, 종전의 제19조는 제18조로 이동]

[본조제목개정 2013.8.6]

제20조(재난상황의 보고)

① 시장·군수·구청장 또는 해양경비안전서장은 그 관할구역에서 재난이 발생하거나 발생할 우려가 있으면 대통령령으로 정하는 바에 따라 재난상황에 대해서는 즉시, 응급조치 및 수습현황에 대해서는 지체 없이 각각 국민안전처장관, 재난관리주관기관의 장 및 시·도지사에게 보고하여야 한다. 이 경우 재난관리주관기관의 장 및 시·도지사는 보고받은 사항을 확인·종합하여 국민안전처장관에게 통보하여야 한다. [개정 2013.8.6, 2014.11.19 제12844호(정부조직법), 2014.12.30]

② 삭제 [2014.11.19 제12844호(정부조직법)]

③ 제3조 제5호 나목에 따른 재난관리책임기관의 장과 제26조 제1항에 따른 국가기반시설의 장은 소관 업무 또는 시설에 관계되는 재난이 발생하면 대통령령으로 정하는 바에 따라 재난상황에 대해서는 즉시, 응급조치 및 수습현황에 대해서는 지체 없이 각각 재난관리주관기관의 장, 관할 시·도지사와 시장·군수·구청장에게 보고하거나 통보하여야 한다. 이 경우 관계 중앙행정기관의 장은 보고받은 사항이 제26조 제1항에 따른 국가기반시설에 대한 것일 때에는 보고받은 내용을 종합하여 즉시 국민안전처장관에게 통보하여야 한다. [개정 2013.3.23 제11690호(정부조직법), 2013.8.6, 2014.11.19 제12844호(정부조직법)]

④ 시장·군수·구청장·소방서장이나 해양경비안전서장은 재난이 발생한 경우 또는 재난 발생을 신고받거나 통보받은 경우에는 즉시 관계 재난관리책임기관의 장에게 통보하여야 한다. [개정 2014.11.19 제12844호(정부조직법)]

⑤ 시장·군수·구청장, 소방서장 또는 해양경비안전서장은 대통령령으로 정하는 재난이 발생한 경우 또는 재난 발생을 신고받거나 통보받은 경우에는 제18조 제1항 제1호에 따른 중앙재난안전상황실에 보고하여야 한다. [신설 2014.12.30]

[전문개정 2010.6.8]

제21조(해외재난상황의 보고 및 관리)

① 재외공관의 장은 관할 구역에서 해외재난이 발생하거나 발생할 우려가 있으면 즉시 그 상황을 외교부장관에게 보고하여야 한다. [개정 2013.3.23 제11690호(정부조직법)]

② 제1항의 보고를 받은 외교부장관은 지체 없이 해외재난 발생 또는 발생 우려 지역에 거주하거나 체류하는 대한민국 국민(이하 이 조에서 "해외재난국민"이라 한다)의 생사확인 등 안전 여부를 확인하고, 국민안전처장관 및 관계 중앙행정기관의 장과 협의하여 해외재난국민의 보호를 위한 방안을 마련하여 시행하여야 한다. [개정 2013.8.6, 2014.11.19 제12844호(정부조직법)]

③ 해외재난국민의 가족 등은 외교부장관에게 해외재난국민의 생사확인 등 안전 여부 확인을 요청할 수 있다. 이 경우 외교부장관은 특별한 사유가 없으면 그 요청에 따라야 한다. [신설 2013.8.6]

④ 제2항 및 제3항에 따른 안전 여부 확인과 가족 등의 범위는 대통령령으로 정한다. [신설 2013.8.6]

[전문개정 2010.6.8]
[본조제목개정 2013.8.6]

제3장 안전관리계획

제22조(국가안전관리기본계획의 수립 등)

① 국무총리는 대통령령으로 정하는 바에 따라 국가의 재난 및 안전관리업무에 관한 기본계획(이하 "국가안전관리기본계획"이라 한다)의 수립지침을 작성하여 관계 중앙행정기관의 장에게 시달하여야 한다. [개정 2013.8.6]

② 제1항에 따른 수립지침에는 부처별로 중점적으로 추진할 안전관리기본계획의 수립에 관한 사항과 국가재난관리체계의 기본방향이 포함되어야 한다.

③ 관계 중앙행정기관의 장은 제1항에 따른 수립지침에 따라 그 소관에 속하는 재난 및 안전관리업무에 관한 기본계획을 작성한 후 국무총리에게 제출하여야 한다. [개정 2013.8.6]

④ 국무총리는 제3항에 따라 관계 중앙행정기관의 장이 제출한 기본계획을 종합하여 국가안전관리기본계획을 작성하여 중앙위원회의 심의를 거쳐 확정한 후 이를 관계 중앙행정기관의 장에게 시달하여야 한다. [개정 2012.2.22, 2013.8.6]

⑤ 중앙행정기관의 장은 제4항에 따라 확정된 국가안전관리기본계획 중 그 소관 사항을 관계 재난관리책임기관(중앙행정기관과 지방자치단체는 제외한다)의 장에게 시달하여야 한다.

⑥ 국가안전관리기본계획을 변경하는 경우에는 제1항부터 제5항까지를 준용한다.

⑦ 국가안전관리기본계획과 제23조의 집행계획, 제24조의 시·도안전관리계획 및 제25조의 시·군·구안전관리계획은 「민방위기본법」에 따른 민방위계획 중 재난관리분야의 계획으로 본다.

⑧ 국가안전관리기본계획의 구체적인 내용은 대통령령으로 정한다.

[전문개정 2010.6.8]

제23조(집행계획)

① 관계 중앙행정기관의 장은 제22조 제4항에 따라 시달받은 국가안전관리기본계획에 따라 그 소관 업무에 관한 집행계획을 작성하여 조정위원회의 심의를 거쳐 국무총리의 승인을 받아 확정한다. [개정 2013.3.23 제11690호(정부조직법), 2013.8.6]

② 관계 중앙행정기관의 장은 확정된 집행계획을 국민안전처장관에게 통보하고, 시·도지사 및 제3조 제5호 나목에 따른 재난관리책임기관의 장에게 시달하여야 한다. [개정 2013.3.23 제11690호(정부조직법), 2014.11.19 제12844호(정부조직법)]

③ 제3조 제5호 나목에 따른 재난관리책임기관의 장은 제2항에 따라 시달받은 집행계획에 따라 세부집행계획을 작성하여 관할 시·도지사와 협의한 후 소속 중앙행정기관의 장의 승인을 받아 이를 확정하여야 한다. 이 경우 그 재난관리책임기관의 장이 공공기관이나 공공단체의 장인 경우에는 그 내용을 지부 등 지방조직에 통보하여야 한다.

[전문개정 2010.6.8]

제23조의2(국가안전관리기본계획 등과의 연계)

관계 중앙행정기관의 장은 소관 개별 법령에 따른 재난 및 안전과 관련된 계획을 수립하는 때에는 국가안전관리기본계획 및 제23조에 따른 집행계획과 연계하여 작성하여야 한다.

[본조신설 2012.2.22]

제24조(시·도안전관리계획의 수립)

① 국민안전처장관은 제22조 제4항에 따른 국가안전관리기본계획과 제23조 제1항에 따른 집행계획에 따라 시·도의 재난 및 안전관리업무에 관한 계획(이하 "시·도안전관리계획"이라 한다)의 수립지침을 작성하여 이를 시·도지사에게 시달하여야 한다. [개정 2013.3.23 제11690호(정부조직법), 2013.8.6, 2014.11.19 제12844호(정부조직법)]

② 시·도의 전부 또는 일부를 관할 구역으로 하는 제3조 제5호 나목에 따른 재난관리책임기관의 장은 그 소관 재난 및 안전관리업무에 관한 계획을 작성하여 관할 시·도지사에게 제출하여야 한다. [개정 2013.8.6]

③ 시·도지사는 제1항에 따라 시달받은 수립지침과 제2항에 따라 제출받은 재난 및 안전관리업무에 관한 계획을 종합하여 시·도안전관리계획을 작성하고 시·도위원회의 심의를 거쳐 확정한다. [개정 2013.8.6]

④ 시·도지사는 제3항에 따라 확정된 시·도안전관리계획을 국민안전처장관에게 보고하고, 제2항에 따른 재난관리책임기관의 장에게 통보하여야 한다. [개정 2013.3.23 제11690호(정부조직법), 2014.11.19 제12844호(정부조직법)]

[전문개정 2010.6.8]

제25조(시·군·구안전관리계획의 수립)

① 시·도지사는 제24조 제3항에 따라 확정된 시·도안전관리계획에 따라 시·군·구의 재난 및 안전관리업무에 관한 계획(이하 "시·군·구안전관리계획"이라 한다)의 수립지침을 작성하여 시장·군수·구청장에게 시달하여야 한다. [개정 2013.8.6]

② 시·군·구의 전부 또는 일부를 관할 구역으로 하는 제3조 제5호 나목에 따른 재난관리책임기관의 장은 그 소관 재난 및 안전관리업무에 관한 계획을 작성하여 시장·군수·구청장에게 제출하여야 한다. [개정 2013.8.6]

③ 시장·군수·구청장은 제1항에 따라 시달받은 수립지침과 제2항에 따라 제출받은 재난 및 안전관리업무에 관한 계획을 종합하여 시·군·구안전관리계획을 작성하고 시·군·구위원회의 심의를 거쳐 확정한다. [개정 2013.8.6]

④ 시장·군수·구청장은 제3항에 따라 확정된 시·군·구안전관리계획을 시·도지사에게 보고하고, 제2항에 따른 재난관리책임기관의 장에게 통보하여야 한다.

[전문개정 2010.6.8]

제4장 재난의 예방 [개정 2013.8.6]

제25조의2(재난관리책임기관의 장의 재난예방조치)

① 재난관리책임기관의 장은 소관 관리대상 업무의 분야에서 재난 발생을 사전에 방지하기 위하여 다음 각 호의 조치를 하여야 한다. [개정 2013.8.6, 2014.12.30]

1. 재난에 대응할 조직의 구성 및 정비
2. 재난의 예측과 정보전달체계의 구축
3. 재난 발생에 대비한 교육·훈련과 재난관리예방에 관한 홍보
4. 재난이 발생할 위험이 높은 분야에 대한 안전관리체계의 구축 및 안전관리규정의 제정
5. 제26조에 따라 지정된 국가기반시설의 관리
6. 제27조 제2항에 따른 특정관리대상시설 등에 관한 조치
7. 제29조에 따른 재난방지시설의 점검·관리

7의2. 제34조에 따른 재난관리자원의 비축 및 장비·인력의 지정

8. 그 밖에 재난을 예방하기 위하여 필요하다고 인정되는 사항

② 재난관리책임기관의 장은 제1항에 따른 재난예방조치를 효율적으로 시행하기 위하여 필요한 사업비를 확보하여야 한다.

③ 재난관리책임기관의 장은 다른 재난관리책임기관의 장에게 재난을 예방하기 위하여 필요한 협조를 요청할 수 있다. 이 경우 요청을 받은 다른 재난관리책임기관의 장은 특별한 사유가 없으면 요청에 따라야 한다.

④ 재난관리책임기관의 장은 재난관리의 실효성을 확보할 수 있도록 제1항 제4호에 따른 안전관리체계 및 안전관리규정을 정비·보완하여야 한다.

⑤ 삭제 [2013.8.6]

⑥ 삭제 [2013.8.6]

[전문개정 2010.6.8]

[본조개정 2013.8.6 제26조에서 이동, 종전의 제25조의2는 제26조로 이동]

제25조의3

삭제 [2013.8.6]

제26조(국가기반시설의 지정 및 관리 등)

① 관계 중앙행정기관의 장은 소관 분야의 기반시설 중 제3조 제1호 나목에 따른 국가기반체계를 보호하기 위하여 계속적으로 관리할 필요가 있다고 인정되는 시설(이하 "국가기반시설"이라 한다)을 다음 각 호의 기준에 따라 조정위원회의 심의를 거쳐 지정할 수 있다. [개정 2013.8.6]

1. 다른 기반시설이나 체계 등에 미치는 연쇄효과
2. 둘 이상의 중앙행정기관의 공동대응 필요성
3. 재난이 발생하는 경우 국가안전보장과 경제·사회에 미치는 피해 규모 및 범위
4. 재난의 발생 가능성 또는 그 복구의 용이성

② 관계 중앙행정기관의 장은 제1항에 따른 지정 여부를 결정하기 위하여 필요한 자료의 제출을 소관 재난관리책임기관의 장에게 요청할 수 있다.

③ 관계 중앙행정기관의 장은 소관 재난관리책임기관이 해당 업무를 폐지·정지 또는 변경하는 경우에는 조정위원회의 심의를 거쳐 국가기반시설의 지정을 취소할 수 있다. [개정 2013.8.6]

④ 국민안전처장관은 국가기반시설에 대한 데이터베이스를 구축·운영하고, 관계 중앙행정기관의 장이 재난관리정책의 수립 등에 이용할 수 있도록 통합지원할 수 있다. [신설 2013.8.6, 2014.11.19 제12844호(정부조직법), 2014.12.30]

⑤ 국가기반시설의 지정 및 지정취소 등에 필요한 사항은 대통령령으로 정한다. [개정 2013.8.6]

[본조제목개정 2013.8.6]

[본조개정 2013.8.6 제25조의2에서 이동, 종전의 제26조는 제25조의2로 이동]

제27조(특정관리대상시설 등의 지정 및 관리 등)

① 중앙행정기관의 장 또는 지방자치단체의 장은 재난이 발생할 위험이 높거나 재난예방을 위하여 계속적으로 관리할 필요가 있다고 인정되는 시설 및 지역을 대통령령으로 정하는 바에 따라 특정 관리대상 시설 및 지역(이하 "특정관리대상시설 등"이라 한다)으로 지정하여야 한다.

② 재난관리책임기관의 장은 제1항에 따라 특정관리대상시설 등으로 지정된 시설 및 지역에 대하여 대통령령으로 정하는 바에 따라 다음 각 호의 조치를 하여야 한다.

   1. 특정관리대상시설 등으로부터 재난 발생의 위험성을 제거하기 위한 장기·단기 계획의 수립·시행
   2. 특정관리대상시설 등에 대한 안전점검 또는 정밀 안전진단
   3. 그 밖에 특정관리대상시설 등의 관리·정비에 필요한 조치

③ 제1항에 따라 특정관리대상시설 등으로 지정된 시설 중에서 대통령령으로 정하는 시설의 소유자·관리자 또는 점유자는 대통령령으로 정하는 바에 따라 안전점검을 하고 그 결과를 시장·군수·구청장에게 제출하여야 한다.

④ 중앙행정기관의 장, 지방자치단체의 장 및 재난관리책임기관의 장은 제1항 및 제2항에 따른 지정 및 조치 결과를 대통령령으로 정하는 바에 따라 국민안전처장관에게 보고하거나 통보하여야 한다.

⑤ 국민안전처장관은 제4항에 따라 보고받거나 통보받은 사항을 대통령령으로 정하는 바에 따라 정기적으로 또는 수시로 국무총리에게 보고하여야 한다.

⑥ 국무총리는 제5항에 따라 보고받은 사항 중 재난을 예방하기 위하여 필요하다고 인정하는 사항에 대해서는 중앙행정기관의 장, 지방자치단체의 장 또는 재난관리책임기관의 장에게 시정조치나 보완을 요구할 수 있다.

⑦ 제1항부터 제6항까지에서 규정한 사항 외에 특정관리대상시설 등의 지정, 관리 및 정비에 필요한 사항은 대통령령으로 정한다.

[전문개정 2014.12.30]

제28조(지방자치단체에 대한 지원 등)

국민안전처장관은 제27조 제2항에 따른 지방자치단체의 조치 등에 필요한 지원 및 지도를 할 수 있고, 관계 중앙행정기관의 장에게 협조를 요청할 수 있다. [개정 2013.8.6, 2014.11.19 제12844호(정부조직법)]

[전문개정 2010.6.8]

제29조(재난방지시설의 관리)

① 재난관리책임기관의 장은 관계 법령 또는 제3장의 안전관리계획에서 정하는 바에 따라 대통령령으로 정하는 재난방지시설을 점검·관리하여야 한다.

② 국민안전처장관은 재난방지시설의 관리 실태를 점검하고 필요한 경우 보수·보강 등의 조치를 재난관리책임기관의 장에게 요청할 수 있다. 이 경우 요청을 받은 재난관리책임기관의 장은 신속하게 조치를 이행하여야 한다. [개정 2014.11.19 제12844호(정부조직법)]

[본조신설 2013.8.6 종전의 제29조는 제33조의2로 이동]

제29조의2(재난안전분야 종사자 교육)

① 재난관리책임기관에서 재난 및 안전관리업무를 담당하는 공무원이나 직원은 국민안전처장관이 실시하는 전문교육(이하 "전문교육"이라 한다)을 총리령으로 정하는 바에 따라 정기적으로 또는 수시로 받아야 한다. [개정 2014.11.19 제12844호(정부조직법), 2014.12.30]

② 국민안전처장관은 필요하다고 인정하면 대통령령으로 정하는 전문인력 및 시설기준을 갖춘 교육기관으로 하여금 전문교육을 대행하게 할 수 있다. [개정 2014.11.19 제12844호(정부조직법)]

③ 국민안전처장관은 정당한 사유 없이 전문교육을 받지 아니한 자에 대하여 소속 재난관리책임기관의 장에게 징계할 것을 요구할 수 있다. [신설 2014.12.30]

④ 전문교육의 종류 및 대상, 그 밖에 전문교육의 실시에 필요한 사항은 총리령으로 정한다. [개정 2014.11.19 제12844호(정부조직법), 2014.12.30]

[본조신설 2013.8.6 종전의 제29조의2는 제33조의3으로 이동]

제30조(재난예방을 위한 긴급안전점검 등)

① 국민안전처장관 또는 재난관리책임기관(행정기관만을 말한다. 이하 이 조에서 같다)의 장은 대통령령으로 정하는 시설 및 지역에 재난이 발생할 우려가 있는 등 대통령령으로 정하는 긴급한 사유가 있으면 소속 공무원으로 하여금 긴급안전점검을 하게 하고, 국민안전처장관은 다른 재난관리책임기관의 장에게 긴급 안전점검을 하도록 요구할 수 있다. 이 경우 요구를 받은 재난관리책임기관의 장은 특별한 사유가 없으면 요구에 따라야 한다. [개정 2013.8.6, 2014.11.19 제12844호(정부조직법)]

② 제1항에 따라 긴급안전점검을 하는 공무원은 관계인에게 필요한 질문을 하거나 관계 서류 등을 열람할 수 있다.

③ 제1항에 따른 긴급안전점검의 절차 및 방법, 긴급안전점검결과의 기록·유지 등에 필요한 사항은 대통령 령으로 정한다.

④ 제1항에 따라 긴급안전점검을 하는 공무원은 그 권한을 표시하는 증표를 지니고 이를 관계인에게 보여주 어야 한다.

⑤ 국민안전처장관은 제1항에 따라 긴급안전점검을 하면 그 결과를 해당 재난관리책임기관의 장에게 통보하 여야 한다. [개정 2013.8.6, 2014.11.19 제12844호(정부조직법)]

[전문개정 2010.6.8]

제31조(재난예방을 위한 안전조치)

① 국민안전처장관 또는 재난관리책임기관(행정기관만을 말한다. 이하 이 조에서 같다)의 장은 제27조 제3 항에 따른 안전점검 결과 또는 제30조에 따른 긴급안전점검 결과 재난 발생의 위험이 높다고 인정되는 시설 또는 지역에 대하여는 대통령령으로 정하는 바에 따라 그 소유자·관리자 또는 점유자에게 다음 각 호의 안전조치를 할 것을 명할 수 있다. [개정 2013.3.23 제11690호(정부조직법), 2013.8.6, 2014.11.19 제12844호(정부조직법), 2014.12.30]

1. 정밀안전진단(시설만 해당한다). 이 경우 다른 법령에 시설의 정밀안전진단에 관한 기준이 있는 경우에는 그 기준에 따르고, 다른 법령의 적용을 받지 아니하는 시설에 대하여는 총리령으로 정하는 기준에 따른다.

2. 보수(補修) 또는 보강 등 정비

3. 재난을 발생시킬 위험요인의 제거

② 제1항에 따른 안전조치명령을 받은 소유자·관리자 또는 점유자는 이행계획서를 작성하여 국민안전처장관 또는 재난관리책임기관의 장에게 제출한 후 안전조치를 하고, 총리령으로 정하는 바에 따라 그 결과를 국민안전처장관 또는 재난관리책임기관의 장에게 통보하여야 한다. [개정 2012.2.22, 2013.3.23 제11690호(정부조직법), 2013.8.6, 2014.11.19 제12844호(정부조직법)]

③ 국민안전처장관 또는 재난관리책임기관의 장은 제1항에 따른 안전조치명령을 받은 자가 그 명령을 이행하지 아니하거나 이행할 수 없는 상태에 있고, 안전조치를 이행하지 아니할 경우 공중의 안전에 위해를 끼칠 수 있어 재난의 예방을 위하여 긴급하다고 판단하면 그 시설 또는 지역에 대하여 사용을 제한하거나 금지시킬 수 있다. 이 경우 그 제한하거나 금지하는 내용을 보기 쉬운 곳에 게시하여야 한다. [개정 2012.2.22, 2013.8.6, 2014.11.19 제12844호(정부조직법)]

④ 국민안전처장관 또는 재난관리책임기관의 장은 제1항 제2호 또는 제3호에 따른 안전조치명령을 받아 이를 이행하여야 하는 자가 그 명령을 이행하지 아니하거나 이행할 수 없는 상태에 있고, 재난예방을 위하여 긴급하다고 판단하면 그 명령을 받아 이를 이행하여야 할 자를 갈음하여 필요한 안전조치를 할 수 있다. 이 경우 「행정대집행법」을 준용한다. [개정 2013.8.6, 2014.11.19 제12844호(정부조직법)]

⑤ 국민안전처장관 또는 재난관리책임기관의 장은 제3항에 따른 안전조치를 할 때에는 미리 해당 소유자·관리자 또는 점유자에게 서면으로 이를 알려 주어야 한다. 다만, 긴급한 경우에는 구두로 알리되, 미리 구두로 알리는 것이 불가능하거나 상당한 시간이 걸려 공중의 안전에 위해를 끼칠 수 있는 경우에는 안전조치를 한 후 그 결과를 통보할 수 있다. [개정 2012.2.22, 2013.8.6, 2014.11.19 제12844호(정부조직법)]

[전문개정 2010.6.8]
[본조제목개정 2014.12.30]

제32조(정부합동 안전 점검)

① 국민안전처장관은 재난관리책임기관의 재난 및 안전관리 실태를 점검하기 위하여 대통령령으로 정하는 바에 따라 정부합동안전점검단(이하 "정부합동점검단"이라 한다)을 편성하여 안전 점검을 실시할 수 있다. [개정 2014.11.19 제12844호(정부조직법)]

② 국민안전처장관은 정부합동점검단을 편성하기 위하여 필요하면 관계 재난관리책임기관의 장에게 관련 공무원 또는 직원의 파견을 요청할 수 있다. 이 경우 요청을 받은 관계 재난관리책임기관의 장은 특별한 사유가 없으면 요청에 따라야 한다. [개정 2014.11.19 제12844호(정부조직법)]

③ 국민안전처장관은 제1항에 따른 점검을 실시하면 점검결과를 관계 재난관리책임기관의 장에게 통보하고, 보완이나 개선이 필요한 사항에 대한 조치를 관계 재난관리책임기관의 장에게 요구할 수 있다. [개정 2014.11.19 제12844호(정부조직법)]

④ 제3항에 따라 점검결과 및 조치 요구사항을 통보받은 관계 재난관리책임기관의 장은 조치계획을 수립하여 필요한 조치를 한 후 그 결과를 국민안전처장관에게 통보하여야 한다. [개정 2014.11.19 제12844호(정부조직법)]

[전문개정 2013.8.6]

제32조의2(사법경찰권)

제30조에 따라 긴급안전점검을 하는 공무원은 이 법에 규정된 범죄에 관하여는 「사법경찰관리의 직무를 수행할 자와 그 직무범위에 관한 법률」에서 정하는 바에 따라 사법경찰관리의 직무를 수행한다.
[본조신설 2014.12.30]

제33조(안전관리전문기관에 대한 자료요구 등)

① 국민안전처장관은 재난 예방을 효율적으로 추진하기 위하여 대통령령으로 정하는 안전관리전문기관에 안전점검결과, 주요시설물의 설계도서 등 대통령령으로 정하는 안전관리에 필요한 자료를 요구할 수 있다.
  [개정 2013.8.6, 2014.11.19 제12844호(정부조직법)]

② 제1항에 따라 자료를 요구받은 안전관리전문기관의 장은 특별한 사유가 없으면 요구에 따라야 한다.
[전문개정 2010.6.8]

제33조의2(재난관리체계 등에 대한 평가 등)

① 국민안전처장관은 대통령령으로 정하는 바에 따라 다음 각 호의 사항을 정기적으로 평가할 수 있다. [개정 2013.3.23 제11690호(정부조직법), 2013.8.6, 2014.11.19 제12844호(정부조직법)]

  1. 대규모 재난의 발생에 대비한 단계별 예방·대응 및 복구과정
  2. 제25조의2 제1항 제1호에 따른 재난에 대응할 조직의 구성 및 정비 실태
  3. 제25조의2 제4항에 따른 안전관리체계 및 안전관리규정

② 제1항에도 불구하고 공공기관에 대하여는 관할 중앙행정기관의 장이 평가를 하고, 시·군·구에 대하여는 시·도지사가 평가를 한다. 다만, 제4항에 따라 우수한 기관을 선정하기 위하여 필요한 경우에는 국민안전처장관이 확인평가를 할 수 있다. [개정 2013.3.23 제11690호(정부조직법), 2014.11.19 제12844호(정부조직법)]

③ 국민안전처장관은 제1항과 제2항 단서에 따른 평가 결과를 중앙위원회에 종합 보고한다. [개정 2013.3.23 제11690호(정부조직법), 2014.11.19 제12844호(정부조직법)]

④ 국민안전처장관은 필요하다고 인정하면 해당 재난관리책임기관의 장에게 시정조치나 보완을 요구할 수 있으며, 우수한 기관에 대하여는 예산지원 및 포상 등 필요한 조치를 할 수 있다. 다만, 공공기관의 장 및 시장·군수·구청장에게 시정조치나 보완 요구를 하려는 경우에는 관할 중앙행정기관의 장 및 시·도지사에게 한다. [개정 2013.3.23 제11690호(정부조직법), 2014.11.19 제12844호(정부조직법)]

⑤ 국민안전처장관은 제2항에 따른 공공기관에 대한 평가 결과를 「공공기관의 운영에 관한 법률」 제48조에 따른 공공기관 경영실적 평가에 반영하도록 기획재정부장관에게 요구할 수 있다. [신설 2014.12.30]

[전문개정 2010.6.8]
[본조개정 2013.8.6 제29조에서 이동]
[본조제목개정 2013.8.6]

제33조의3(재난관리 실태 공시 등)

① 시장·군수·구청장은 다음 각 호의 사항이 포함된 재난관리 실태를 매년 1회 이상 관할 지역 주민에게 공시하여야 한다. [개정 2013.8.6, 2014.12.30]

1. 전년도 재난의 발생 및 수습 현황
2. 제25조의2 제1항에 따른 재난예방조치 실적
3. 제67조에 따른 재난관리기금의 적립 현황
4. 제34조의5에 따른 현장조치 행동매뉴얼의 작성·운용 현황
5. 그 밖에 대통령령으로 정하는 재난관리에 관한 중요 사항

② 국민안전처장관 또는 시·도지사는 제33조의2에 따른 평가 결과를 공개할 수 있다. [개정 2013.3.23 제 11690호(정부조직법), 2013.8.6, 2014.11.19 제12844호(정부조직법)]

③ 제1항 및 제2항에 따른 공시 방법 및 시기 등 필요한 사항은 대통령령으로 정한다.

[본조신설 2012.2.22]

[본조개정 2013.8.6 제29조의2에서 이동]

제5장 재난의 대비 [신설 2013.8.6]

제34조(재난관리자원의 비축·관리)

① 재난관리책임기관의 장은 재난의 수습활동에 필요한 대통령령으로 정하는 장비, 물자 및 자재(이하 "재난 관리자원"이라 한다)를 비축·관리하여야 한다.

② 국민안전처장관, 시·도지사 또는 시장·군수·구청장은 재난 발생에 대비하여 민간기관·단체 또는 소 유자와 협의하여 제37조에 따라 응급조치에 사용할 장비와 인력을 지정·관리할 수 있다. [개정 2014.11.19 제12844호(정부조직법)]

③ 국민안전처장관은 제1항에 따라 재난관리책임기관의 장이 비축·관리하는 재난관리자원을 체계적으로 관 리 및 활용할 수 있도록 재난관리자원공동활용시스템(이하 "자원관리시스템"이라 한다)을 구축·운영할 수 있다. [개정 2014.11.19 제12844호(정부조직법)]

④ 국민안전처장관은 자원관리시스템을 공동으로 활용하기 위하여 재난관리자원의 공동활용 기준을 정하여 재난관리책임기관의 장에게 통보할 수 있다. 이 경우 재난관리책임기관의 장은 통보받은 재난관리자원의 공동활용 기준에 따라 재난관리자원을 관리하여야 한다. [개정 2014.11.19 제12844호(정부조직법)]

⑤ 제2항에 따른 장비와 인력의 지정·관리와 자원관리시스템의 구축·운영 등에 필요한 사항은 총리령으로 정한다. [개정 2014.11.19 제12844호(정부조직법)]

[전문개정 2013.8.6]

제34조의2(재난현장 긴급통신수단의 마련)

① 재난관리책임기관의 장은 재난의 발생으로 인하여 통신이 끊기는 상황에 대비하여 미리 유선이나 무선 또는 위성통신망을 활용할 수 있도록 긴급통신수단을 마련하여야 한다.

② 국민안전처장관은 재난현장에서 제1항에 따른 긴급통신수단(이하 "긴급통신수단"이라 한다)이 공동 활용될 수 있도록 하기 위하여 재난관리책임기관, 긴급구조기관 및 긴급구조지원기관에서 보유하고 있는 긴급통신수단의 보유 현황 등을 조사하고, 긴급통신수단을 관리하기 위한 체계를 구축·운영할 수 있다. [개정 2014.11.19 제12844호(정부조직법)]

③ 국민안전처장관은 제2항에 따른 조사를 위하여 필요한 자료의 제출을 재난관리책임기관, 긴급구조기관 및 긴급구조지원기관의 장에게 요청할 수 있다. 이 경우 요청을 받은 관계 기관의 장은 특별한 사유가 없으면 요청에 따라야 한다. [개정 2014.11.19 제12844호(정부조직법)]

④ 긴급통신수단을 관리하기 위한 체계를 구축·운영하는 데 필요한 사항은 대통령령으로 정한다.

[본조신설 2013.8.6 종전의 제34조의2는 제34조의4로 이동]

제34조의3(국가재난관리기준의 제정·운용 등)

① 국민안전처장관은 재난관리를 효율적으로 수행하기 위하여 다음 각 호의 사항이 포함된 국가재난관리기준을 제정하여 운용하여야 한다. 다만, 「산업표준화법」 제12조에 따른 한국산업표준을 적용할 수 있는 사항에 대하여는 한국산업표준을 반영할 수 있다. [개정 2013.3.23 제11690호(정부조직법), 2014.11.19 제12844호(정부조직법)]

  1. 재난분야 용어정의 및 표준체계 정립
  2. 국가재난 대응체계에 대한 원칙
  3. 재난경감·상황관리·자원관리·유지관리 등에 관한 일반적 기준
  4. 그 밖의 대통령령으로 정하는 사항

② 제1항의 기준을 제정 또는 개정할 때에는 미리 관계 중앙행정기관의 장의 의견을 들어야 한다.

③ 국민안전처장관은 재난관리책임기관의 장이 재난관리업무를 수행함에 있어 제1항의 국가재난관리기준을 적용하도록 권고할 수 있다. [개정 2013.3.23 제11690호(정부조직법), 2014.11.19 제12844호(정부조직법)]

[본조신설 2010.6.8]

제34조의4(기능별 재난대응 활동계획의 작성·활용)

① 재난관리책임기관의 장은 재난관리가 효율적으로 이루어질 수 있도록 대통령령으로 정하는 바에 따라 기능별 재난대응 활동계획(이하 "재난대응활동계획"이라 한다)을 작성하여 활용하여야 한다.

② 국민안전처장관은 재난대응활동계획의 작성에 필요한 작성지침을 재난관리책임기관의 장에게 통보할 수 있다. [개정 2014.11.19 제12844호(정부조직법)]

③ 국민안전처장관은 재난관리책임기관의 장이 작성한 재난대응활동계획을 확인·점검하고, 필요하면 관계 재난관리책임기관의 장에게 시정을 요청할 수 있다. 이 경우 시정 요청을 받은 재난관리책임기관의 장은 특별한 사유가 없으면 요청에 따라야 한다. [개정 2014.11.19 제12844호(정부조직법)]

④ 제1항부터 제3항까지에서 규정한 사항 외에 재난대응활동계획의 작성·운용·관리 등에 필요한 사항은 대통령령으로 정한다.

[전문개정 2013.8.6 제34조의2에서 이동]

제34조의5(재난분야 위기관리 매뉴얼 작성·운용)

① 재난관리책임기관의 장은 재난을 효율적으로 관리하기 위하여 재난유형에 따라 다음 각 호의 위기관리 매뉴얼을 작성·운용하여야 한다. 이 경우 재난대응활동계획과 위기관리 매뉴얼이 서로 연계되도록 하여야 한다. [개정 2014.12.30]

  1. 위기관리 표준매뉴얼 : 국가적 차원에서 관리가 필요한 재난에 대하여 재난관리 체계와 관계 기관의 임무와 역할을 규정한 문서로 위기대응 실무매뉴얼의 작성 기준이 되며, 재난관리주관기관의 장이 작성한다.

  2. 위기대응 실무매뉴얼 : 위기관리 표준매뉴얼에서 규정하는 기능과 역할에 따라 실제 재난대응에 필요한 조치사항 및 절차를 규정한 문서로 재난관리주관기관의 장과 관계 기관의 장이 작성한다. 이 경우 재난관리주관기관의 장은 위기대응 실무매뉴얼과 제1호에 따른 위기관리 표준매뉴얼을 통합하여 작성할 수 있다.

  3. 현장조치 행동매뉴얼 : 재난현장에서 임무를 직접 수행하는 기관의 행동조치 절차를 구체적으로 수록한 문서로 위기대응 실무매뉴얼을 작성한 기관의 장이 지정한 기관의 장이 작성한다. 다만, 시장·군수·구청장은 재난 유형별 현장조치 행동매뉴얼을 통합하여 작성할 수 있다.

② 국민안전처장관은 재난유형별 위기관리 매뉴얼의 작성 및 운용기준을 정하여 관계 중앙행정기관의 장 및 재난관리책임기관의 장에게 통보할 수 있다. [개정 2014.11.19 제12844호(정부조직법)]

③ 재난관리주관기관의 장이 작성한 위기관리 표준매뉴얼은 국민안전처장관의 승인을 받아 이를 확정하고, 위기대응 실무매뉴얼과 연계하여 운용하여야 한다. [개정 2014.11.19 제12844호(정부조직법), 2014.12.30]

④ 재난관리주관기관의 장은 위기관리 표준매뉴얼 및 위기대응 실무매뉴얼을 정기적으로 점검하여야 한다. [신설 2014.12.30]

⑤ 국민안전처장관은 재난유형별 위기관리 매뉴얼의 표준화 및 실효성 제고를 위하여 대통령령으로 정하는 위기관리 매뉴얼협의회를 구성·운영할 수 있다. [개정 2014.11.19 제12844호(정부조직법), 2014.12.30]

⑥ 재난관리주관기관의 장은 소관 분야 재난유형의 위기대응 실무매뉴얼 및 현장조치 행동매뉴얼을 조정·승인하고 지도·관리를 하여야 하며, 소관분야 위기관리 매뉴얼을 새로이 작성하거나 변경한 때에는 이를 국민안전처장관에게 통보하여야 한다. [개정 2014.11.19 제12844호(정부조직법), 2014.12.30]

⑦ 시장·군수·구청장이 작성한 현장조치 행동매뉴얼에 대하여는 시·도지사의 승인을 받아야 한다. 시·도지사는 현장조치 행동매뉴얼을 승인하는 때에는 재난관리주관기관의 장이 작성한 위기대응 실무매뉴얼과 연계되도록 하여야 하며, 승인 결과를 재난관리주관기관의 장 및 국민안전처장관에게 보고하여야 한다. [개정 2014.11.19 제12844호(정부조직법), 2014.12.30]

⑧ 국민안전처장관은 위기관리 매뉴얼의 체계적인 운용을 위하여 관리시스템을 구축·운영할 수 있으며, 제3항부터 제7항까지의 규정에 따른 위기관리 매뉴얼의 작성·운용 등 필요한 사항은 대통령령으로 정한다. [개정 2014.11.19 제12844호(정부조직법), 2014.12.30]

⑨ 국민안전처장관은 재난관리업무를 효율적으로 하기 위하여 대통령령으로 정하는 바에 따라 위기관리에 필요한 표준화된 매뉴얼을 연구·개발하여 보급할 수 있다. [개정 2014.11.19 제12844호(정부조직법), 2014.12.30]

[본조신설 2013.8.6]

제34조의6(다중이용시설 등의 위기상황 매뉴얼 작성·관리 및 훈련)

① 대통령령으로 정하는 다중이용시설 등의 소유자·관리자 또는 점유자는 대통령령으로 정하는 바에 따라 위기상황에 대비한 매뉴얼(이하 "위기상황 매뉴얼"이라 한다)을 작성·관리하여야 한다. 다만, 다른 법령에서 위기상황에 대비한 대응계획 등의 작성·관리에 관하여 규정하고 있는 경우에는 그 법령에서 정하는 바에 따른다.

② 제1항에 따른 소유자·관리자 또는 점유자는 대통령령으로 정하는 바에 따라 위기상황 매뉴얼에 따른 훈련을 주기적으로 실시하여야 한다. 다만, 다른 법령에서 위기상황에 대비한 대응계획 등의 훈련에 관하여 규정하고 있는 경우에는 그 법령에서 정하는 바에 따른다.

③ 국민안전처장관, 관계 중앙행정기관의 장 또는 지방자치단체의 장은 위기상황 매뉴얼(제1항 단서 및 제2항 단서에 따른 위기상황에 대비한 대응계획 등을 포함한다)의 작성·관리 및 훈련실태를 점검하고 필요한 경우에는 개선명령을 할 수 있다.

[본조신설 2014.12.30 종전의 제34조의6은 제34조의7로 이동]

제34조의7(안전기준의 등록 및 심의 등)

① 국민안전처장관은 안전기준을 체계적으로 관리·운용하기 위하여 안전기준을 통합적으로 관리할 수 있는 체계를 갖추어야 한다. [개정 2014.11.19 제12844호(정부조직법)]

② 중앙행정기관의 장은 관계 법률에서 정하는 바에 따라 안전기준을 신설 또는 변경하는 때에는 국민안전처장관에게 안전기준의 등록을 요청하여야 한다. [개정 2014.11.19 제12844호(정부조직법)]

③ 국민안전처장관은 제2항에 따라 안전기준의 등록을 요청받은 때에는 안전기준심의회의 심의를 거쳐 이를 확정한 후 관계 중앙행정기관의 장에게 통보하여야 한다. [개정 2014.11.19 제12844호(정부조직법)]

④ 중앙행정기관의 장이 신설 또는 변경하는 안전기준은 제34조의3에 따른 국가재난관리기준에 어긋나지 아니하여야 한다.

⑤ 안전기준의 등록 방법 및 절차와 안전기준심의회 구성 및 운영에 관하여는 대통령령으로 정한다.

[2014.12.30 제34조의6에서 이동][본조신설 2013.8.6]

제35조(재난대비훈련)

① 국민안전처장관, 시·도지사, 시장·군수·구청장 및 긴급구조기관(이하 이 조에서 "훈련주관기관"이라 한다)의 장은 대통령령으로 정하는 바에 따라 매년 정기적으로 또는 수시로 재난관리책임기관, 긴급구조지원기관 및 군부대 등 관계 기관(이하 이 조에서 "훈련참여기관"이라 한다)과 합동으로 재난대비훈련(제34조의5에 따른 위기관리 매뉴얼의 숙달훈련을 포함한다)을 실시하여야 한다. [개정 2014.11.19 제12844호(정부조직법), 2014.12.30]

② 훈련주관기관의 장은 제1항에 따른 재난대비훈련을 실시하려면 재난대비훈련계획을 수립하여 훈련참여기관의 장에게 통보하여야 한다.

③ 훈련참여기관의 장은 제1항에 따른 재난대비훈련을 실시하면 훈련상황을 점검하고, 그 결과를 대통령령으로 정하는 바에 따라 훈련주관기관의 장에게 제출하여야 한다.

④ 훈련주관기관의 장은 대통령령으로 정하는 바에 따라 다음 각 호의 조치를 하여야 한다. [개정 2014.12.30]

    1. 훈련참여기관의 훈련과정 및 훈련결과에 대한 점검·평가

    2. 훈련참여기관의 장에게 훈련과정에서 나타난 미비사항이나 개선·보완이 필요한 사항에 대한 보완조치 요구

    3. 훈련과정에서 나타난 제34조의5 제1항 각 호의 위기관리 매뉴얼의 미비점에 대한 개선·보완 및 개선·보완조치 요구

[전문개정 2013.8.6]

제6장 재난의 대응 [신설 2013.8.6]

제1절 응급조치 등 [신설 2013.8.6]

제36조(재난사태 선포)

① 국민안전처장관은 대통령령으로 정하는 재난이 발생하거나 발생할 우려가 있는 경우 사람의 생명·신체 및 재산에 미치는 중대한 영향이나 피해를 줄이기 위하여 긴급한 조치가 필요하다고 인정하면 중앙위원회의 심의를 거쳐 재난사태를 선포할 수 있다. 다만, 국민안전처장관은 재난상황이 긴급하여 중앙위원회의 심의를 거칠 시간적 여유가 없다고 인정하는 경우에는 중앙위원회의 심의를 거치지 아니하고 재난사태를 선포할 수 있다. [개정 2013.8.6, 2014.12.30]

    1. 삭제 [2014.12.30]

    2. 삭제 [2014.12.30]

② 국민안전처장관은 제1항 단서에 따라 재난사태를 선포한 경우에는 지체 없이 중앙위원회의 승인을 받아야 하고, 승인을 받지 못하면 선포된 재난사태를 즉시 해제하여야 한다. [개정 2014.12.30]

③ 국민안전처장관 및 지방자치단체의 장은 제1항에 따라 재난사태가 선포된 지역에 대하여 다음 각 호의 조치를 할 수 있다. [개정 2014.12.30]

    1. 재난경보의 발령, 인력·장비 및 물자의 동원, 위험구역 설정, 대피명령, 응급지원 등 이 법에 따른 응급조치

    2. 해당 지역에 소재하는 행정기관 소속 공무원의 비상소집

    3. 해당 지역에 대한 여행 등 이동 자제 권고

    4. 그 밖에 재난예방에 필요한 조치

④ 국민안전처장관은 재난으로 인한 위험이 해소되었다고 인정하는 경우 또는 재난이 추가적으로 발생할 우려가 없어진 경우에는 선포된 재난사태를 즉시 해제하여야 한다. [개정 2014.12.30]

⑤ 삭제 [2014.12.30]

[전문개정 2010.6.8]

제37조(응급조치)

① 제50조 제2항에 따른 시·도긴급구조통제단 및 시·군·구긴급구조통제단의 단장(이하 "지역통제단장"이라 한다)과 시장·군수·구청장은 재난이 발생할 우려가 있거나 재난이 발생하였을 때에는 즉시 관계 법령이나 재난대응활동계획 및 위기관리 매뉴얼에서 정하는 바에 따라 수방(水防)·진화·구조 및 구난(救難), 그 밖에 재난 발생을 예방하거나 피해를 줄이기 위하여 필요한 다음 각 호의 응급조치를 하여야 한다. 다만, 지역통제단장의 경우에는 제2호 중 진화에 관한 응급조치와 제4호 및 제6호의 응급조치만 하여야 한다. [개정 2013.8.6, 2014.12.30]

1. 경보의 발령 또는 전달이나 피난의 권고 또는 지시
1의2. 제31조에 따른 안전조치
2. 진화·수방·지진방재, 그 밖의 응급조치와 구호
3. 피해시설의 응급복구 및 방역과 방범, 그 밖의 질서 유지
4. 긴급수송 및 구조 수단의 확보
5. 급수 수단의 확보, 긴급피난처 및 구호품의 확보
6. 현장지휘통신체계의 확보
7. 그 밖에 재난 발생을 예방하거나 줄이기 위하여 필요한 사항

② 시·군·구의 관할 구역에 소재하는 재난관리책임기관의 장은 시장·군수·구청장이나 지역통제단장이 요청하면 관계 법령이나 시·군·구안전관리계획에서 정하는 바에 따라 시장·군수·구청장이나 지역통제단장의 지휘 또는 조정하에 그 소관 업무에 관계되는 응급조치를 실시하거나 시장·군수·구청장이나 지역통제단장이 실시하는 응급조치에 협력하여야 한다.

[전문개정 2010.6.8]

제38조(재난 예보·경보의 발령 등)

① 중앙대책본부장, 수습본부장, 시·도지사(시·도대책본부가 운영되는 경우에는 해당 본부장을 말한다. 이하 이 조에서 같다) 또는 시장·군수·구청장(시·군·구대책본부가 운영되는 경우에는 해당 본부장을 말한다. 이하 이 조에서 같다)은 대통령령으로 정하는 재난으로 인하여 사람의 생명·신체 및 재산에 대한 피해가 예상되면 그 피해를 예방하거나 줄이기 위하여 재난에 관한 예보 또는 경보를 발령할 수 있다. [개정 2013.8.6]

② 제1항에 따른 예보 또는 경보는 재난의 위험수준에 따라 관심·주의·경계·심각으로 구분하며, 재난유형별 발령권자는 대통령령으로 정한다. 다만, 다른 법령에서 재난 예보·경보의 발령 기준을 따로 정하고 있는 경우에는 그 기준을 따른다. [개정 2014.12.30]

③ 재난책임관리기관의 장은 제1항에 따른 예보 또는 경보가 신속하게 발령될 수 있도록 재난과 관련한 위험정보를 취득하면 즉시 중앙대책본부장, 수습본부장, 시·도지사 및 시장·군수·구청장에게 통보하여야 한다. [신설 2013.8.6]

④ 중앙대책본부장, 시·도지사 또는 시장·군수·구청장은 재난에 관한 예보·경보·통지나 응급조치를 실시하기 위하여 필요하면 다음 각 호의 조치를 요청할 수 있다. 다만, 다른 법령에 특별한 규정이 있을 때에는 그러하지 아니하다. [개정 2012.2.22, 2013.8.6]

1. 전기통신시설의 소유자 또는 관리자에 대한 전기통신시설의 우선 사용
2. 「전기통신사업법」 제2조 제8호에 따른 전기통신사업자 중 대통령령으로 정하는 주요 전기통신사업자에 대한 필요한 정보의 문자나 음성 송신 또는 인터넷 홈페이지 게시
3. 「방송법」 제2조 제3호에 따른 방송사업자에 대한 필요한 정보의 신속한 방송
4. 「신문 등의 진흥에 관한 법률」 제2조 제3호 및 제4호에 따른 신문사업자 및 인터넷신문사업자 중 대통령령으로 정하는 주요 신문사업자 및 인터넷신문사업자에 대한 필요한 정보의 게재

⑤ 제4항에 따른 요청을 받은 전기통신시설의 소유자 또는 관리자, 전기통신사업자, 방송사업자, 신문사업자 및 인터넷신문사업자는 특별한 사유가 없으면 요청에 따라야 한다. [개정 2012.2.22, 2013.8.6]

⑥ 전기통신사업자나 방송사업자, 휴대전화 또는 네비게이션 제조업자는 제1항 및 제4항에 따른 재난의 예보·경보 발령 사항이 사용자의 휴대전화 등의 수신기 화면에 반드시 표시될 수 있도록 소프트웨어나 기계적 장치를 갖추어야 한다.

[신설 2012.2.22, 2013.8.6]

[전문개정 2010.6.8]

제38조의2(재난 예보·경보체계 구축 종합계획의 수립)

① 시장·군수·구청장은 제41조에 따른 위험구역 및 「자연재해대책법」 제12조에 따른 자연재해위험개선지구 등 재난으로 인하여 사람의 생명·신체 및 재산에 대한 피해가 예상되는 지역에 대하여 그 피해를 예방하기 위하여 시·군·구 재난 예보·경보체계 구축 종합계획(이하 이 조에서 "시·군·구종합계획"이라 한다)을 5년 단위로 수립하여 시·도지사에게 제출하여야 한다. [개정 2012.10.22 제11495호(자연재해대책법)]

② 시·도지사는 제1항에 따른 시·군·구종합계획을 기초로 시·도 재난 예보·경보체계 구축 종합계획(이하 이 조에서 "시·도종합계획"이라 한다)을 수립하여 국민안전처장관에게 제출하여야 하며, 국민안전처장관은 필요한 경우 시·도지사에게 시·도종합계획의 보완을 요청할 수 있다. [개정 2014.11.19 제12844호(정부조직법)]

③ 시·도종합계획과 시·군·구종합계획에는 다음 각 호의 사항이 포함되어야 한다.
1. 재난 예보·경보체계의 구축에 관한 기본방침
2. 재난 예보·경보체계 구축 종합계획 수립 대상지역의 선정에 관한 사항
3. 종합적인 재난 예보·경보체계의 구축과 운영에 관한 사항
4. 그 밖에 재난으로부터 인명 피해와 재산 피해를 예방하기 위하여 필요한 사항

④ 시·도지사와 시장·군수·구청장은 각각 시·도종합계획과 시·군·구종합계획에 대한 사업시행계획을 매년 수립하여 국민안전처장관에게 제출하여야 한다. [개정 2014.11.19 제12844호(정부조직법)]

⑤ 시·도지사와 시장·군수·구청장이 각각 시·도종합계획과 시·군·구종합계획을 변경하려는 경우에는 제1항과 제2항을 준용한다.

⑥ 시·도종합계획, 시·군·구종합계획 및 사업시행계획의 수립 등에 필요한 사항은 대통령령으로 정한다.

[전문개정 2010.6.8]

제39조(동원명령 등)

① 중앙대책본부장과 시장·군수·구청장(시·군·구대책본부가 운영되는 경우에는 해당 본부장을 말한다. 이하 제40조부터 제45조까지에서 같다)은 재난이 발생하거나 발생할 우려가 있다고 인정하면 다음 각 호의 조치를 할 수 있다. [개정 2013.8.6]

　1. 「민방위기본법」제26조에 따른 민방위대의 동원

　2. 응급조치를 위하여 재난관리책임기관의 장에 대한 관계 직원의 출동 또는 재난관리자원 및 제34조 제2항에 따라 지정된 장비·인력의 동원 등 필요한 조치의 요청

　3. 동원 가능한 장비와 인력 등이 부족한 경우에는 국방부장관에 대한 군부대의 지원 요청

② 제1항에 따라 필요한 조치의 요청을 받은 기관의 장은 특별한 사유가 없으면 요청에 따라야 한다.

[전문개정 2010.6.8]

제40조(대피명령)

① 시장·군수·구청장과 지역통제단장(대통령령으로 정하는 권한을 행사하는 경우에만 해당한다. 이하 이 조에서 같다)은 재난이 발생하거나 발생할 우려가 있는 경우에 사람의 생명 또는 신체에 대한 위해를 방지하기 위하여 필요하면 해당 지역 주민이나 그 지역 안에 있는 사람에게 대피하거나 선박·자동차 등을 대피시킬 것을 명할 수 있다. 이 경우 미리 대피장소를 지정할 수 있다. [개정 2012.2.22]

② 제1항에 따른 대피명령을 받은 경우에는 즉시 명령에 따라야 한다. [개정 2012.2.22]

[전문개정 2010.6.8]

제41조(위험구역의 설정)

① 시장·군수·구청장과 지역통제단장(대통령령으로 정하는 권한을 행사하는 경우에만 해당한다. 이하 이 조에서 같다)은 재난이 발생하거나 발생할 우려가 있는 경우에 사람의 생명 또는 신체에 대한 위해 방지나 질서의 유지를 위하여 필요하면 위험구역을 설정하고, 응급조치에 종사하지 아니하는 사람에게 다음 각 호의 조치를 명할 수 있다.

　1. 위험구역에 출입하는 행위나 그 밖의 행위의 금지 또는 제한

　2. 위험구역에서의 퇴거 또는 대피

② 시장·군수·구청장과 지역통제단장은 제1항에 따라 위험구역을 설정할 때에는 그 구역의 범위와 제1항 제1호에 따라 금지되거나 제한되는 행위의 내용, 그 밖에 필요한 사항을 보기 쉬운 곳에 게시하여야 한다.

③ 관계 중앙행정기관의 장은 재난이 발생하거나 발생할 우려가 있는 경우로서 사람의 생명 또는 신체에 대한 위해 방지나 질서의 유지를 위하여 필요하다고 인정되는 경우에는 시장·군수·구청장과 지역통제단장에게 위험구역의 설정을 요청할 수 있다. [신설 2013.8.6]

[전문개정 2010.6.8]

제42조(강제대피조치)

① 시장·군수·구청장과 지역통제단장(대통령령으로 정하는 권한을 행사하는 경우에만 해당한다. 이하 이 조에서 같다)은 제40조 제1항에 따른 대피명령을 받은 사람 또는 제41조 제1항 제2호에 따른 위험구역에 서의 퇴거나 대피명령을 받은 사람이 그 명령을 이행하지 아니하여 위급하다고 판단되면 그 지역 또는 위험구역 안의 주민이나 그 안에 있는 사람을 강제로 대피시키거나 퇴거시킬 수 있다. [개정 2012.2.22]

② 시장·군수·구청장 및 지역통제단장은 제1항에 따라 주민 등을 강제로 대피 또는 퇴거시키기 위하여 필요하다고 인정하면 관할 경찰관서의 장에게 필요한 인력 및 장비의 지원을 요청할 수 있다. [신설 2012.2.22]

③ 제2항에 따른 요청을 받은 경찰관서의 장은 특별한 사유가 없는 한 이에 응하여야 한다. [신설 2012.2.22]
[전문개정 2010.6.8]

제43조(통행제한 등)

① 시장·군수·구청장과 지역통제단장(대통령령으로 정하는 권한을 행사하는 경우에만 해당한다)은 응급조 치에 필요한 물자를 긴급히 수송하거나 진화·구조 등을 하기 위하여 필요하면 대통령령으로 정하는 바 에 따라 경찰관서의 장에게 도로의 구간을 지정하여 해당 긴급수송 등을 하는 차량 외의 차량의 통행을 금지하거나 제한하도록 요청할 수 있다.

② 제1항에 따른 요청을 받은 경찰관서의 장은 특별한 사유가 없으면 요청에 따라야 한다.
[전문개정 2010.6.8]

제44조(응원)

① 시장·군수·구청장은 응급조치를 하기 위하여 필요하면 다른 시·군·구나 관할 구역에 있는 군부대 및 관계 행정기관의 장, 그 밖의 민간기관·단체의 장에게 인력·장비·자재 등 필요한 응원(應援)을 요청할 수 있다. 이 경우 응원을 요청받은 군부대의 장과 관계 행정기관의 장은 특별한 사유가 없으면 요청에 따라야 한다. [개정 2013.8.6]

② 제1항에 따라 응원에 종사하는 사람은 그 응원을 요청한 시장·군수·구청장의 지휘에 따라 응급조치에 종사하여야 한다.[전문개정 2010.6.8]

제45조(응급부담)

시장·군수·구청장과 지역통제단장(대통령령으로 정하는 권한을 행사하는 경우에만 해당한다)은 그 관할 구역에서 재난이 발생하거나 발생할 우려가 있어 응급조치를 하여야 할 급박한 사정이 있으면 해당 재난현 장에 있는 사람이나 인근에 거주하는 사람에게 응급조치에 종사하게 하거나 대통령령으로 정하는 바에 따라 다른 사람의 토지·건축물·인공구조물, 그 밖의 소유물을 일시 사용할 수 있으며, 장애물을 변경하거나 제 거할 수 있다.
[전문개정 2010.6.8]

제46조(시 · 도지사가 실시하는 응급조치 등)

① 시 · 도지사는 다음 각 호의 경우에는 제39조부터 제45조까지의 규정에 따른 응급조치를 할 수 있다. [개정 2013.8.6]

　　1. 관할 구역에서 재난이 발생하거나 발생할 우려가 있는 경우로서 대통령령으로 정하는 경우

　　2. 둘 이상의 시 · 군 · 구에 걸쳐 재난이 발생하거나 발생할 우려가 있는 경우

② 시 · 도지사는 제1항에 따른 응급조치를 하기 위하여 필요하면 이 절에 따라 응급조치를 하여야 할 시장 · 군수 · 구청장에게 필요한 지시를 하거나 다른 시장 · 군수 · 구청장에게 응원을 요청할 수 있다. [개정 2013.8.6]

[전문개정 2010.6.8]

제47조(재난관리책임기관의 장의 응급조치)

제3조 제5호 나목에 따른 재난관리책임기관의 장은 재난이 발생하거나 발생할 우려가 있으면 즉시 그 소관 업무에 관하여 필요한 응급조치를 하고, 이 절에 따라 시 · 도지사, 시장 · 군수 · 구청장 또는 지역통제단장이 실시하는 응급조치가 원활히 수행될 수 있도록 필요한 협조를 하여야 한다. [개정 2013.8.6]

[전문개정 2010.6.8]

제48조(지역통제단장의 응급조치 등)

① 지역통제단장은 긴급구조를 위하여 필요하면 중앙대책본부장, 시 · 도지사(시 · 도대책본부가 운영되는 경우에는 해당 본부장을 말한다. 이하 이 조에서 같다) 또는 시장 · 군수 · 구청장(시 · 군 · 구대책본부가 운영되는 경우에는 해당 본부장을 말한다. 이하 이 조에서 같다)에게 제37조, 제38조, 제39조 및 제44조에 따른 응급대책을 요청할 수 있고, 중앙대책본부장, 시 · 도지사 또는 시장 · 군수 · 구청장은 특별한 사유가 없으면 요청에 따라야 한다. [개정 2013.8.6]

② 지역통제단장은 제37조에 따른 응급조치 및 제40조부터 제43조까지와 제45조에 따른 응급대책을 실시하였을 때에는 이를 즉시 해당 시장 · 군수 · 구청장에게 통보하여야 한다.

[전문개정 2010.6.8]

제2절 긴급구조 [신설 2013.8.6]

제49조(중앙긴급구조통제단)

① 긴급구조에 관한 사항의 총괄 · 조정, 긴급구조기관 및 긴급구조지원기관이 하는 긴급구조활동의 역할 분담과 지휘 · 통제를 위하여 국민안전처에 중앙긴급구조통제단(이하 "중앙통제단"이라 한다)을 둔다. [개정 2014.11.19 제12844호(정부조직법)]

② 중앙통제단의 단장은 국민안전처의 소방사무를 담당하는 본부장이 된다. [개정 2014.12.30]

③ 중앙통제단장은 긴급구조를 위하여 필요하면 긴급구조지원기관 간의 공조체제를 유지하기 위하여 관계 기관 · 단체의 장에게 소속 직원의 파견을 요청할 수 있다. 이 경우 요청을 받은 기관 · 단체의 장은 특별한 사유가 없으면 요청에 따라야 한다.

④ 중앙통제단의 구성·기능 및 운영에 필요한 사항은 대통령령으로 정한다.
[전문개정 2010.6.8]

제50조(지역긴급구조통제단)

① 지역별 긴급구조에 관한 사항의 총괄·조정, 해당 지역에 소재하는 긴급구조기관 및 긴급구조지원기관 간의 역할분담과 재난현장에서의 지휘·통제를 위하여 시·도의 소방본부에 시·도긴급구조통제단을 두고, 시·군·구의 소방서에 시·군·구긴급구조통제단을 둔다.

② 시·도긴급구조통제단과 시·군·구긴급구조통제단(이하 "지역통제단"이라 한다)에는 각각 단장 1명을 두되, 시·도긴급구조통제단의 단장은 소방본부장이 되고 시·군·구긴급구조통제단의 단장은 소방서장이 된다.

③ 지역통제단장은 긴급구조를 위하여 필요하면 긴급구조지원기관 간의 공조체제를 유지하기 위하여 관계 기관·단체의 장에게 소속 직원의 파견을 요청할 수 있다. 이 경우 요청을 받은 기관·단체의 장은 특별한 사유가 없으면 요청에 따라야 한다.

④ 지역통제단의 기능과 운영에 관한 사항은 대통령령으로 정한다.
[전문개정 2010.6.8]

제51조(긴급구조)

① 지역통제단장은 재난이 발생하면 소속 긴급구조요원을 재난현장에 신속히 출동시켜 필요한 긴급구조활동을 하게 하여야 한다.

② 지역통제단장은 긴급구조를 위하여 필요하면 긴급구조지원기관의 장에게 소속 긴급구조지원요원을 현장에 출동시키거나 긴급구조에 필요한 장비·물자를 제공하는 등 긴급구조활동을 지원할 것을 요청할 수 있다. 이 경우 요청을 받은 기관의 장은 특별한 사유가 없으면 즉시 요청에 따라야 한다. [개정 2014.12.30]

③ 제2항에 따른 요청에 따라 긴급구조활동에 참여한 민간 긴급구조지원기관에 대하여는 대통령령으로 정하는 바에 따라 그 경비의 전부 또는 일부를 지원할 수 있다.

④ 긴급구조활동을 하기 위하여 회전익항공기(이하 이 항에서 "헬기"라 한다)를 운항할 필요가 있으면 긴급구조기관의 장이 헬기의 운항과 관련되는 사항을 헬기운항통제기관에 통보하고 헬기를 운항할 수 있다. 이 경우 관계 법령에 따라 해당 헬기의 운항이 승인된 것으로 본다.
[전문개정 2010.6.8]

제52조(긴급구조 현장지휘)

① 재난현장에서는 시·군·구긴급구조통제단장이 긴급구조활동을 지휘한다. 다만, 치안활동과 관련된 사항은 관할 경찰관서의 장과 협의하여야 한다.

② 제1항에 따른 현장지휘는 다음 각 호의 사항에 관하여 한다.

　1. 재난현장에서 인명의 탐색·구조

　2. 긴급구조기관 및 긴급구조지원기관의 인력·장비의 배치와 운용

　3. 추가 재난의 방지를 위한 응급조치

    4. 긴급구조지원기관 및 자원봉사자 등에 대한 임무의 부여

    5. 사상자의 응급처치 및 의료기관으로의 이송

    6. 긴급구조에 필요한 물자의 관리

    7. 현장접근 통제, 현장 주변의 교통정리, 그 밖에 긴급구조활동을 효율적으로 하기 위하여 필요한 사항

③ 시·도긴급구조통제단장은 필요하다고 인정하면 제1항에도 불구하고 직접 현장지휘를 할 수 있다.

④ 중앙통제단장은 대통령령으로 정하는 대규모 재난이 발생하거나 그 밖에 필요하다고 인정하면 제1항 및 제3항에도 불구하고 직접 현장지휘를 할 수 있다.

⑤ 재난현장에서 긴급구조활동을 하는 긴급구조요원과 긴급구조지원기관의 인력·장비·물자에 대한 운용은 제1항·제3항 및 제4항에 따라 현장지휘를 하는 긴급구조통제단장(이하 "각급통제단장"이라 한다)의 지휘·통제에 따라야 한다. [개정 2014.12.30]

⑥ 제16조 제2항에 따른 지역대책본부장은 각급통제단장이 수행하는 긴급구조활동에 적극 협력하여야 한다. [신설 2014.12.30]

⑦ 시·군·구긴급구조통제단장은 제16조 제3항에 따라 설치·운영하는 통합지원본부의 장에게 긴급구조에 필요한 인력이나 물자 등의 지원을 요청할 수 있다. 이 경우 요청받은 기관의 장은 최대한 협조하여야 한다. [신설 2014.12.30]

⑧ 재난현장의 구조활동 등 초동 조치상황에 대한 언론 발표 등은 각급통제단장이 지명하는 자가 한다. [신설 2014.12.30]

⑨ 각급통제단장은 재난현장의 긴급구조 등 현장지휘를 효과적으로 하기 위하여 재난현장에 현장지휘소를 설치·운영할 수 있다. 이 경우 긴급구조활동에 참여하는 긴급구조지원기관의 현장지휘자는 현장지휘소에 대통령령으로 정하는 바에 따라 연락관을 파견하여야 한다. [개정 2014.12.30]

⑩ 각급통제단장은 긴급구조 활동을 종료하려는 때에는 재난현장에 참여한 지역사고수습본부장, 통합지원본부의 장 등과 협의를 거쳐 결정하여야 한다. 이 경우 각급통제단장은 긴급구조 활동 종료 사실을 지역대책본부장 및 제5항에 따른 긴급구조지원기관의 장에게 통보하여야 한다. [신설 2014.12.30]

⑪ 해양에서 발생한 재난의 긴급구조활동에 관하여는 제1항부터 제10항까지의 규정을 준용한다. 이 경우 시·군·구긴급구조통제단장, 시·도긴급구조통제단장, 중앙긴급구조통제단장은 「수난구호법」 제7조에 따른 지역구조본부의 장, 광역구조본부의 장, 중앙구조본부의 장으로 각각 본다. [신설 2014.12.30, 2015.7.24]

[전문개정 2010.6.8]

[본조제목개정 2013.8.6]

제53조(긴급구조활동에 대한 평가)

① 중앙통제단장과 지역통제단장은 재난상황이 끝난 후 대통령령으로 정하는 바에 따라 긴급구조지원기관의 활동에 대하여 종합평가를 하여야 한다.

② 제1항에 따른 종합평가결과는 시·군·구긴급구조통제단장은 시·도긴급구조통제단장 및 시장·군수·구청장에게, 시·도긴급구조통제단장은 국민안전처장관에게 보고하거나 통보하여야 한다. [개정 2014.11.19 제12844호(정부조직법)]

[전문개정 2010.6.8]

제54조(긴급구조대응계획의 수립)

긴급구조기관의 장은 재난이 발생하는 경우 긴급구조기관과 긴급구조지원기관이 신속하고 효율적으로 긴급구조를 수행할 수 있도록 대통령령으로 정하는 바에 따라 재난의 규모와 유형에 따른 긴급구조대응계획을 수립·시행하여야 한다.

[전문개정 2010.6.8]

제55조(재난대비능력 보강)

① 국가와 지방자치단체는 재난관리에 필요한 인력·장비·시설의 확충, 통신망의 설치·정비 등 긴급구조능력을 보강하기 위하여 노력하고, 필요한 재정상의 조치를 마련하여야 한다.

② 긴급구조기관의 장은 긴급구조활동을 신속하고 효과적으로 할 수 있도록 긴급구조지휘대 등 긴급구조체제를 구축하고, 상시 소속 긴급구조요원 및 장비의 출동태세를 유지하여야 한다.

③ 긴급구조업무와 재난관리책임기관(행정기관 외의 기관만 해당한다)의 재난관리업무에 종사하는 사람은 대통령령으로 정하는 바에 따라 긴급구조에 관한 교육을 받아야 한다. 다만, 다른 법령에 따라 긴급구조에 관한 교육을 받은 경우에는 이 법에 따른 교육을 받은 것으로 본다.

④ 국민안전처장관과 시·도지사는 제3항에 따른 교육을 담당할 교육기관을 지정할 수 있다. [개정 2013.8.6, 2014.11.19 제12844호(정부조직법)]

[전문개정 2010.6.8]

제55조의2(긴급구조지원기관의 능력에 대한 평가)

① 긴급구조지원기관은 대통령령으로 정하는 바에 따라 긴급구조에 필요한 능력을 유지하여야 한다.

② 긴급구조기관의 장은 긴급구조지원기관의 능력을 평가할 수 있다. 다만, 상시 출동체계 및 자체 평가제도를 갖춘 기관과 민간 긴급구조지원기관에 대하여는 대통령령으로 정하는 바에 따라 평가를 하지 아니할 수 있다.

③ 긴급구조기관의 장은 제2항에 따른 평가 결과를 해당 긴급구조지원기관의 장에게 통보하여야 한다.

④ 제1항부터 제3항까지에서 규정한 사항 외에 긴급구조지원기관의 능력 평가에 필요한 사항은 대통령령으로 정한다.

[본조신설 2010.6.8]

제56조(해상에서의 긴급구조)

해상에서 발생한 선박이나 항공기 등의 조난사고의 긴급구조활동에 관하여는 「수난구호법」 등 관계 법령에 따른다.

[전문개정 2014.12.30]

제57조(항공기 등 조난사고 시의 긴급구조 등)

① 국민안전처장관은 항공기 조난사고가 발생한 경우 항공기 수색과 인명구조를 위하여 항공기 수색·구조 계획을 수립·시행하여야 한다. 다만, 다른 법령에 항공기의 수색·구조에 관한 특별한 규정이 있는 경우에는 그 법령에 따른다. [개정 2014.11.19 제12844호(정부조직법)]

② 항공기의 수색·구조에 필요한 사항은 대통령령으로 정한다.

③ 국방부장관은 항공기나 선박의 조난사고가 발생하면 관계 법령에 따라 긴급구조업무에 책임이 있는 기관의 긴급구조활동에 대한 군의 지원을 신속하게 할 수 있도록 다음 각 호의 조치를 취하여야 한다.

    1. 탐색구조본부의 설치·운영
    2. 탐색구조부대의 지정 및 출동대기태세의 유지
    3. 조난 항공기에 관한 정보 제공

④ 제3항 제1호에 따른 탐색구조본부의 구성과 운영에 필요한 사항은 국방부령으로 정한다.

[전문개정 2010.6.8]

제7장 재난의 복구[개정 2010.6.8]

제1절 피해조사 및 복구계획 [신설 2013.8.6]

제58조(재난피해 신고 및 조사)

① 재난으로 피해를 입은 사람은 피해상황을 총리령으로 정하는 바에 따라 시장·군수·구청장(시·군·구 대책본부가 운영되는 경우에는 해당 본부장을 말한다. 이하 이 조에서 같다)에게 신고할 수 있으며, 피해 신고를 받은 시장·군수·구청장은 피해상황을 조사한 후 중앙대책본부장에게 보고하여야 한다. [신설 2014.12.30]

② 재난관리책임기관의 장은 재난으로 인하여 피해가 발생한 경우에는 피해상황을 신속하게 조사한 후 그 결과를 중앙대책본부장에게 통보하여야 한다. [개정 2014.12.30]

③ 중앙대책본부장은 재난피해의 조사를 위하여 필요한 경우에는 대통령령으로 정하는 바에 따라 관계 중앙 행정기관 및 관계 재난관리책임기관의 장과 합동으로 중앙재난피해합동조사단을 편성하여 재난피해 상황을 조사할 수 있다. [개정 2014.12.30]

④ 중앙대책본부장은 제3항에 따른 중앙재난피해합동조사단(이하 "재난피해조사단"이라 한다)을 편성하기 위하여 관계 재난관리책임기관의 장에게 소속 공무원이나 직원의 파견을 요청할 수 있다. 이 경우 요청을 받은 관계 재난관리책임기관의 장은 특별한 사유가 없으면 요청에 따라야 한다. [개정 2014.12.30]

⑤ 제1항 및 제2항에 따른 피해상황 조사의 방법 및 기준 등 필요한 사항은 중앙대책본부장이 정한다. [개정 2014.12.30]

[본조신설 2013.8.6]
[본조제목개정 2014.12.30]

제59조(재난복구계획의 수립 · 시행)

① 재난관리책임기관의 장은 제58조 제2항에 따른 피해조사를 마치면 지체 없이 자체복구계획을 수립 · 시행하여야 한다. 다만, 제58조 제3항에 따라 중앙재난피해합동조사단이 편성되어 피해상황을 조사하는 경우에는 제2항에 따라 중앙대책본부장으로부터 재난피해복구계획을 통보받은 후에 수립 · 시행할 수 있다. [개정 2014.12.30]

② 중앙대책본부장은 제58조 제3항에 따라 중앙재난피해합동조사단을 편성한 경우에는 피해조사를 한 후 제14조 제3항 본문에 따른 중앙재난안전대책본부회의의 심의를 거쳐 재난피해복구계획을 수립하고, 이를 관계 재난관리책임기관의 장에게 통보하여야 한다. [개정 2014.12.30]

③ 재난관리책임기관의 장은 제2항에 따라 재난피해복구계획을 통보받으면 이를 기초로 소관 사항에 대한 자체복구계획을 수립 · 시행하여야 한다. 이 경우 지방자치단체의 장은 자체복구계획을 수립하면 지체 없이 재해복구를 위하여 필요한 경비를 지방자치단체의 예산에 계상(計上)하여야 한다.

[본조신설 2013.8.6 종전 제59조는 제60조로 이동]

제2절 특별재난지역 선포 및 지원 [신설 2013.8.6]

제60조(특별재난지역의 선포)

① 중앙대책본부장은 대통령령으로 정하는 규모의 재난이 발생하여 국가의 안녕 및 사회질서의 유지에 중대한 영향을 미치거나 피해를 효과적으로 수습하기 위하여 특별한 조치가 필요하다고 인정하거나 제3항에 따른 지역대책본부장의 요청이 타당하다고 인정하는 경우에는 중앙위원회의 심의를 거쳐 해당 지역을 특별재난지역으로 선포할 것을 대통령에게 건의할 수 있다.

② 제1항에 따라 특별재난지역의 선포를 건의받은 대통령은 해당 지역을 특별재난지역으로 선포할 수 있다.

③ 지역대책본부장은 관할지역에서 발생한 재난으로 인하여 제1항에 따른 사유가 발생한 경우에는 중앙대책본부장에게 특별재난지역의 선포 건의를 요청할 수 있다.

[전문개정 2013.8.6 제59조에서 이동, 종전의 제60조는 삭제]

제61조(특별재난지역에 대한 지원)

국가나 지방자치단체는 제60조에 따라 특별재난지역으로 선포된 지역에 대하여는 제66조 제3항에 따른 지원을 하는 외에 대통령령으로 정하는 바에 따라 응급대책 및 재난구호와 복구에 필요한 행정상 · 재정상 · 금융상 · 의료상의 특별지원을 할 수 있다. [개정 2013.8.6]

[전문개정 2010.6.8]

제61조의2

삭제 [2013.8.6]

제3절 재정 및 보상 등 [신설 2013.8.6]

제62조(비용 부담의 원칙)

① 재난관리에 필요한 비용은 이 법 또는 다른 법령에 특별한 규정이 있는 경우 외에는 이 법 또는 제3장의 안전관리계획에서 정하는 바에 따라 그 시행의 책임이 있는 자(제29조 제1항에 따른 재난방지시설의 경우에는 해당 재난방지시설의 유지·관리 책임이 있는 자를 말한다)가 부담한다. 다만, 제46조에 따라 시·도지사나 시장·군수·구청장이 다른 재난관리책임기관이 시행할 재난의 응급조치를 시행한 경우 그 비용은 그 응급조치를 시행할 책임이 있는 재난관리책임기관이 부담한다. [개정 2013.8.6]

② 제1항 단서에 따른 비용은 관계 기관이 협의하여 정산한다.

[전문개정 2010.6.8]

[본조제목개정 2013.8.6]

제63조(응급지원에 필요한 비용)

① 제44조 제1항, 제46조 또는 제48조 제1항에 따라 응원을 받은 자는 그 응원에 드는 비용을 부담하여야 한다. [개정 2013.8.6]

② 제1항의 경우 그 응급조치로 인하여 다른 지방자치단체가 이익을 받은 경우에는 그 수익의 범위에서 이익을 받은 해당 지방자치단체가 그 비용의 일부를 분담하여야 한다.

③ 제1항과 제2항에 따른 비용은 관계 기관이 협의하여 정산한다.

[전문개정 2010.6.8]

제64조(손실보상)

① 국가나 지방자치단체는 제39조 및 제45조(제46조에 따라 시·도지사가 행하는 경우를 포함한다)에 따른 조치로 인하여 손실이 발생하면 보상하여야 한다.

② 제1항에 따른 손실보상에 관하여는 손실을 입은 자와 그 조치를 한 중앙행정기관의 장, 시·도지사 또는 시장·군수·구청장이 협의하여야 한다.

③ 제2항에 따른 협의가 성립되지 아니하면 대통령령으로 정하는 바에 따라 「공익사업을 위한 토지 등의 취득 및 보상에 관한 법률」 제51조에 따른 관할 토지수용위원회에 재결을 신청할 수 있다.

④ 제3항에 따른 재결에 관하여는 「공익사업을 위한 토지 등의 취득 및 보상에 관한 법률」 제83조부터 제86조까지의 규정을 준용한다.

[전문개정 2010.6.8]

제65조(치료 및 보상)

① 재난 발생 시 긴급구조활동과 응급대책·복구 등에 참여한 자원봉사자, 제45조에 따른 응급조치 종사명령을 받은 사람 및 제51조 제2항에 따라 긴급구조활동에 참여한 민간 긴급구조지원기관의 긴급구조지원요원이 응급조치나 긴급구조활동을 하다가 부상을 입은 경우에는 치료를 실시하고, 사망(부상으로 인하여 사망한 경우를 포함한다)하거나 신체에 장애를 입은 경우에는 그 유족이나 장애를 입은 사람에게 보상금을 지급한다. 다만, 다른 법령에 따라 국가나 지방자치단체의 부담으로 같은 종류의 보상금을 받은 사람에게는 그 보상금에 상당하는 금액을 지급하지 아니한다.

② 재난의 응급대책·복구 및 긴급구조 등에 참여한 자원봉사자의 장비 등이 응급대책·복구 또는 긴급구조와 관련하여 고장나거나 파손된 경우에는 그 자원봉사자에게 수리비용을 보상할 수 있다.

③ 제1항에 따른 치료 및 보상금은 국가나 지방자치단체가 부담하며, 그 기준과 절차 등에 관한 사항은 대통령령으로 정한다.

[전문개정 2010.6.8]

제65조의2(포상)

국가와 지방자치단체는 긴급구조 등의 활성화를 위하여 긴급구조활동과 응급대책·복구 등에 참여하여 현저한 공로가 있는 자원봉사자에게 「상훈법」에 따라 훈장 또는 포장을 수여할 수 있다.

[본조신설 2014.12.30]

제66조(재난지역에 대한 국고보조 등의 지원)

① 국가는 재난(제3조 제1호 가목에 따른 자연재난과 제3조 제1호 나목에 따른 사회재난 중 제60조 제2항에 따라 특별재난지역으로 선포된 지역의 재난으로 한정한다)의 원활한 복구를 위하여 필요하면 대통령령으로 정하는 바에 따라 그 비용(제65조 제1항에 따른 보상금을 포함한다)의 전부 또는 일부를 국고에서 부담하거나 지방자치단체, 그 밖의 재난관리책임자에게 보조할 수 있다. 다만, 제39조 제1항(제46조 제1항에 따라 시·도지사가 하는 경우를 포함한다) 또는 제40조 제1항의 대피명령을 방해하거나 위반하여 발생한 피해에 대하여는 그러하지 아니하다. [개정 2013.8.6]

② 제1항에 따른 재난복구사업의 재원은 대통령령으로 정하는 재난의 구호 및 재난의 복구비용 부담기준에 따라 국고의 부담금 또는 보조금과 지방자치단체의 부담금·의연금 등으로 충당하되, 지방자치단체의 부담금 중 시·도 및 시·군·구가 부담하는 기준은 총리령으로 정한다. [개정 2013.3.23 제11690호(정부조직법), 2014.11.19 제12844호(정부조직법)]

③ 국가와 지방자치단체는 재난으로 피해를 입은 시설의 복구와 피해주민의 생계 안정을 위하여 다음 각 호의 지원을 할 수 있다. 다만, 제3조 제1호 나목에 해당하는 재난으로 다른 법령에 따라 국가 또는 지방자치단체가 같은 종류의 보상금을 지급하거나, 피해를 유발한 원인자가 보험금 등을 지급하는 경우에는 그 보상금 또는 보험금 등에 상당하는 금액은 지급하지 아니한다. [개정 2013.8.6, 2014.12.30]

1. 사망자·실종자·부상자 등 피해주민에 대한 구호
2. 주거용 건축물의 복구비 지원
3. 고등학생의 학자금 면제
4. 관계 법령에서 정하는 바에 따라 농업인·임업인·어업인의 자금 융자, 농업·임업·어업 자금의 상환기한 연기 및 그 이자의 감면 또는 중소기업 및 소상공인의 자금 융자

5. 세입자 보조 등 생계안정 지원

6. 관계 법령에서 정하는 바에 따라 국세·지방세, 건강보험료·연금보험료, 통신요금, 전기요금 등의 경감 또는 납부유예 등의 간접지원

7. 주 생계수단인 농업·어업·임업·염생산업(鹽生産業)에 피해를 입은 경우에 해당 시설의 복구를 위한 지원

8. 공공시설 피해에 대한 복구사업비 지원

9. 그 밖에 제14조 제3항 본문에 따른 중앙재난안전대책본부회의에서 결정한 지원

④ 제3항에 따른 지원기준은 제3조 제1호 가목에 따른 자연재난에 대해서는 대통령령으로 정하고, 제3조 제1호 나목에 따른 사회재난으로서 제60조 제2항에 따라 특별재난지역으로 선포된 지역의 재난에 대해서는 관계 중앙행정기관의 장과의 협의 및 제14조 제3항 본문에 따른 중앙재난안전대책본부회의의 심의를 거쳐 중앙대책본부장이 정하며, 제3조 제1호 나목에 따른 사회재난으로서 제60조 제2항에 따라 특별재난지역으로 선포되지 아니한 지역의 재난에 대해서는 제16조 제2항에 따른 지역재난안전대책본부회의의 심의를 거쳐 지역대책본부장이 정한다. [신설 2013.8.6, 2014.12.30]

⑤ 국가와 지방자치단체는 재난으로 피해를 입은 사람에 대하여 심리적 안정과 사회 적응을 위한 상담 활동을 지원할 수 있다. 이 경우 구체적인 지원절차와 그 밖에 필요한 사항은 대통령령으로 정한다. [개정 2013.8.6]

[전문개정 2010.6.8]

[본조제목개정 2013.8.6]

제8장 안전문화 진흥 [신설 2013.8.6]

제66조의2(안전문화 진흥을 위한 시책의 추진)

① 중앙행정기관의 장과 지방자치단체의 장은 소관 재난 및 안전관리업무와 관련하여 국민의 안전의식을 높이고 안전문화를 진흥시키기 위한 다음 각 호의 안전문화활동을 적극 추진하여야 한다. [개정 2014.12.30]

1. 안전교육 및 안전훈련(응급상황시의 대처요령을 포함한다)

2. 안전의식을 높이기 위한 캠페인 및 홍보

3. 안전행동요령 및 기준·절차 등에 관한 지침의 개발·보급

4. 안전문화 우수사례의 발굴 및 확산

5. 안전 관련 통계 현황의 관리·활용 및 공개

6. 안전에 관한 각종 조사 및 분석

7. 그 밖에 안전문화를 진흥하기 위한 활동

② 국민안전처장관은 제1항에 따른 안전문화활동의 추진에 관한 총괄·조정 업무를 관장한다. [개정 2014.11.19 제12844호(정부조직법)]

③ 국가와 지방자치단체는 국민이 안전문화를 실천하고 체험할 수 있는 안전체험시설을 설치·운영할 수 있다.

④ 국가는 지방자치단체 및 그 밖의 기관·단체에서 추진하는 안전문화활동을 위하여 필요한 예산을 지원할 수 있다.

[본조신설 2013.8.6]

제66조의3(국민안전의 날 등)

① 국가는 국민의 안전의식 수준을 높이기 위하여 매년 4월 16일을 국민안전의 날로 정하여 필요한 행사 등을 한다. [개정 2014.12.30]

② 국가는 대통령령으로 정하는 바에 따라 국민의 안전의식 수준을 높이기 위하여 안전점검의 날과 방재의 날을 정하여 필요한 행사 등을 할 수 있다. [개정 2014.12.30]

[본조신설 2013.8.6]
[본조제목개정 2014.12.30]

제66조의4(안전관리헌장)

① 국무총리는 재난을 예방하고, 재난이 발생할 경우 그 피해를 최소화하기 위하여 재난 및 안전관리업무에 종사하는 자가 지켜야 할 사항 등을 정한 안전관리헌장을 제정·고시하여야 한다.

② 재난관리책임기관의 장은 제1항에 따른 안전관리헌장을 실천하는 데 노력하여야 하며, 안전관리헌장을 누구나 쉽게 볼 수 있는 곳에 항상 게시하여야 한다.

[본조신설 2013.8.6]

제66조의5(대국민 안전교육의 실시)

① 중앙행정기관의 장 및 지방자치단체의 장은 안전문화의 정착을 위하여 대국민 안전교육 및 학교·사회복지시설·다중이용시설 등 안전에 취약한 시설의 종사자 등에 대하여 대통령령으로 정하는 바에 따라 정기적으로 안전교육을 실시할 수 있다. [개정 2014.12.30]

② 제1항에 따른 안전교육의 대상, 방법, 시기, 그 밖에 안전교육의 실시에 필요한 사항은 대통령령으로 정한다.

③ 교육부장관은 「유아교육법」 제2조 제2호에 따른 유치원 및 「초·중등교육법」 제2조에 따른 학교에서 수학하는 유치원생 및 학생의 안전문화를 높이기 위하여 안전에 관한 교육과정을 편성하여 안전교육을 실시하도록 하여야 한다. 이 경우 교육의 대상 및 방법 등에 관하여는 교육부장관이 정한다. [신설 2014.12.30]

[본조신설 2013.8.6]

제66조의6(안전교육 전문인력 양성 등)

① 국가 및 지방자치단체는 안전교육 전문인력의 양성을 위하여 다음 각 호의 사항에 관한 시책을 수립·추진할 수 있다.

  1. 안전교육 전문인력의 수급 및 활용에 관한 사항
  2. 안전교육 전문인력의 육성 및 교육훈련에 관한 사항
  3. 안전교육 전문인력의 경력관리와 경력인증에 관한 사항
  4. 그 밖에 안전교육 전문인력의 양성에 필요한 사항으로서 대통령령으로 정하는 사항

② 국가 및 지방자치단체는 제1항에 따른 안전교육 전문인력의 양성을 위한 시책을 추진할 때 필요하면 안전교육 전문인력 양성 등과 관련된 대학, 연구기관 등 대통령령으로 정하는 기관 및 단체를 지원할 수 있다.
[본조신설 2013.8.6]

제66조의7(안전정보의 구축 · 활용)

① 국민안전처장관은 재난 및 각종 사고로부터 국민의 생명과 신체 및 재산을 보호하기 위하여 재난이나 그 밖의 각종 사고에 관한 통계, 지리정보, 안전정책 등에 관한 정보(이하 "안전정보"라 한다)를 수집하여 체계적으로 관리하여야 한다. [개정 2014.11.19 제12844호(정부조직법)]

② 국민안전처장관은 안전정보의 체계적인 관리를 위하여 안전정보통합관리시스템을 구축 · 운영하여야 한다. [개정 2014.11.19 제12844호(정부조직법)]

③ 국민안전처장관은 안전정보통합관리시스템을 관계 행정기관 및 국민이 안전수준을 진단하고 개선하는 데 활용할 수 있도록 하여야 한다. [개정 2014.11.19 제12844호(정부조직법)]

④ 국민안전처장관은 안전정보통합관리시스템을 구축하기 위하여 관계 행정기관의 장에게 필요한 자료를 요청할 수 있다. 이 경우 요청을 받은 관계 행정기관의 장은 특별한 사유가 없으면 요청에 따라야 한다. [개정 2014.11.19 제12844호(정부조직법)]

⑤ 안전정보의 수집 · 관리, 안전정보통합관리시스템의 구축 · 활용 등에 필요한 사항은 대통령령으로 정한다.
[본조신설 2013.8.6]

제66조의8(안전지수의 공표)

① 국민안전처장관은 지역별 안전수준과 안전의식을 객관적으로 나타내는 지수(이하 "안전지수"라 한다)를 개발 · 조사하여 그 결과를 공표할 수 있다. [개정 2014.11.19 제12844호(정부조직법)]

② 국민안전처장관은 안전지수의 조사를 위하여 관계 행정기관의 장에게 필요한 자료를 요청할 수 있다. 이 경우 요청을 받은 관계 행정기관의 장은 특별한 사유가 없으면 요청에 따라야 한다. [개정 2014.11.19 제12844호(정부조직법)]

③ 국민안전처장관은 안전지수의 개발 · 조사에 관한 업무를 효율적으로 수행하기 위하여 필요한 경우 대통령령으로 정하는 기관 또는 단체로 하여금 그 업무를 대행하게 할 수 있다. [개정 2014.11.19 제12844호(정부조직법)]

④ 안전지수의 조사 항목, 방법, 공표절차 등 필요한 사항은 대통령령으로 정한다.
[본조신설 2013.8.6]

제66조의9(지역축제 개최 시 안전관리조치)

① 중앙행정기관의 장 또는 지방자치단체의 장은 대통령령으로 정하는 지역축제를 개최하려면 해당 지역축제가 안전하게 진행될 수 있도록 지역축제 안전관리계획을 수립하고, 그 밖에 안전관리에 필요한 조치를 하여야 한다.

② 국민안전처장관 또는 시·도지사는 제1항에 따른 지역축제 안전관리계획의 이행 실태를 지도·점검할 수 있으며, 점검결과 보완이 필요한 사항에 대해서는 관계 기관의 장에게 시정을 요청할 수 있다. 이 경우 시정 요청을 받은 관계 기관의 장은 특별한 사유가 없으면 요청에 따라야 한다. [개정 2014.11.19 제12844호(정부조직법)]

③ 제1항에 따른 지역축제 안전관리계획의 내용, 수립절차 등 필요한 사항은 대통령령으로 정한다.

[본조신설 2013.8.6]

제66조의10(안전사업지구의 지정 및 지원)

① 국민안전처장관은 지역사회의 안전수준을 높이기 위하여 시·군·구를 대상으로 안전사업지구를 지정하여 필요한 지원할 수 있다. [개정 2014.11.19 제12844호(정부조직법)]

② 제1항에 따른 안전사업지구의 지정기준, 지정절차 등 필요한 사항은 대통령령으로 정한다.

[본조신설 2013.8.6]

제9장 보칙 [신설 2013.8.6]

제66조의11(재난 및 안전관리를 위한 특별교부세 교부)

「지방교부세법」 제9조 제1항 제2호에 따른 특별교부세는 「지방교부세법」에 따라 국민안전처장관이 교부 등을 행한다. 이 경우 특별교부세의 교부는 지방자치단체의 재난 및 안전관리 수요에 한정한다.

[본조신설 2014.12.30]

제67조(재난관리기금의 적립)

① 지방자치단체는 재난관리에 드는 비용에 충당하기 위하여 매년 재난관리기금을 적립하여야 한다.

② 제1항에 따른 재난관리기금의 매년도 최저적립액은 최근 3년 동안의 「지방세법」에 의한 보통세의 수입결산액의 평균연액의 100분의 1에 해당하는 금액으로 한다.

[전문개정 2010.6.8]

제68조(재난관리기금의 운용 등)

① 재난관리기금에서 생기는 수입은 그 전액을 재난관리기금에 편입하여야 한다.

② 재난관리기금의 용도·운용 및 관리에 필요한 사항은 대통령령으로 정한다.

[전문개정 2010.6.8]

제69조(정부합동 재난원인조사)

① 국민안전처장관은 재난이나 그 밖의 각종 사고의 발생 원인과 재난 발생 시 대응과정에 관한 조사·분석·평가(제34조의5 제1항에 따른 위기관리 매뉴얼의 준수 여부에 대한 평가를 포함한다. 이하 "재난원인조사"라 한다)를 효율적으로 수행하기 위하여 재난안전분야 전문가 및 전문기관 등이 공동으로 참여하는 정부합동 재난원인조사단(이하 "재난원인조사단"이라 한다)을 편성하고, 현지에 파견하여 원인조사·분석을 실시할 수 있다. [개정 2014.11.19 제12844호(정부조직법), 2014.12.30]

② 재난원인조사단은 대통령령으로 정하는 바에 따라 재난발생원인조사 결과를 조정위원회에 보고하여야 한다. [개정 2014.12.30]

③ 재난원인조사단은 재난원인조사를 위하여 필요하면 관계 기관의 장 또는 관계인에게 자료제출 등의 요청을 할 수 있다. 이 경우 요청을 받은 관계 기관의 장 또는 관계인은 특별한 사유가 없으면 요청에 따라야 한다.

④ 국민안전처장관은 재난원인조사 결과를 관계 기관의 장에게 통보하거나 개선권고 등의 필요한 조치를 요청할 수 있다. 이 경우 요청을 받은 관계 기관의 장은 특별한 사유가 없으면 권고에 따른 조치를 하여야 한다. [개정 2014.11.19 제12844호(정부조직법)]

⑤ 국민안전처장관은 재난원인조사 결과를 신속히 국회 소관 상임위원회에 제출·보고하여야 한다. [신설 2014.12.30]

⑥ 재난원인조사단의 권한, 편성 및 운영 등에 필요한 사항은 대통령령으로 정한다. [개정 2014.12.30]

[전문개정 2013.8.6 제70조에서 이동, 종전의 제69조는 제70조로 이동]

제70조(재난상황의 기록 관리)

① 재난관리책임기관의 장은 소관 시설·재산 등에 관한 피해상황을 포함한 재난상황 등을 기록하고, 이를 보관하여야 한다. 이 경우 시장·군수·구청장을 제외한 재난관리책임기관의 장은 그 기록사항을 시장·군수·구청장에게 통보하여야 한다. [개정 2013.8.6]

② 국민안전처장관은 매년 재난상황 등을 기록한 재해연보 또는 재난연감을 작성하여야 한다. [신설 2013.8.6, 2014.11.19 제12844호(정부조직법)]

③ 국민안전처장관은 제2항에 따른 재해연보 또는 재난연감을 작성하기 위하여 필요한 경우 재난관리책임기관의 장에게 관련 자료의 제출을 요청할 수 있다. 이 경우 요청을 받은 재난관리책임기관의 장은 요청에 적극 협조하여야 한다. [신설 2013.8.6, 2014.11.19 제12844호(정부조직법), 2014.12.30]

④ 재난관리주관기관의 장은 제60조에 따라 특별재난지역으로 선포된 사회재난 또는 재난상황 등을 기록하여 관리할 특별한 필요성이 인정되는 재난에 관하여 재난수습 완료 후 수습상황 등을 기록한 재난백서를 작성하여야 한다. 이 경우 관계 기관의 장이 재난대응에 참고할 수 있도록 재난백서를 통보하여야 한다. [신설 2014.12.30]

⑤ 재난관리주관기관의 장은 제4항에 따른 재난백서를 신속히 국회 소관 상임위원회에 제출·보고하여야 한다. [신설 2014.12.30]

⑥ 재난상황의 작성·보관 및 관리에 필요한 사항은 대통령령으로 정한다. [개정 2013.8.6, 2014.12.30]

[본조개정 2013.8.6 제69조에서 이동, 종전의 제70조는 제69조로 이동]

제71조(재난 및 안전관리에 필요한 과학기술의 진흥 등)

① 정부는 재난 및 안전관리에 필요한 연구 · 실험 · 조사 · 기술개발(이하 "연구개발사업"이라 한다) 및 전문인력 양성 등 재난 및 안전관리 분야의 과학기술 진흥시책을 마련하여 추진하여야 한다.

② 국민안전처장관은 연구개발사업을 하는 데에 드는 비용의 전부 또는 일부를 예산의 범위에서 출연금으로 지원할 수 있다. [개정 2013.3.23 제11690호(정부조직법), 2013.8.6, 2014.11.19 제12844호(정부조직법)]

③ 국민안전처장관은 연구개발사업을 효율적으로 추진하기 위하여 다음 각 호의 어느 하나에 해당하는 기관 · 단체 또는 사업자와 협약을 맺어 연구개발사업을 실시하게 할 수 있다. [개정 2013.3.23 제11690호(정부조직법), 2014.11.19 제12844호(정부조직법)]

　1. 국공립 연구기관
　2. 「특정연구기관 육성법」에 따른 특정연구기관
　3. 「과학기술분야 정부출연연구기관 등의 설립 · 운영 및 육성에 관한 법률」에 따라 설립된 과학기술분야 정부출연연구기관
　4. 「고등교육법」에 따른 대학 · 산업대학 · 전문대학 및 기술대학
　5. 「민법」 또는 다른 법률에 따라 설립된 법인으로서 재난 또는 안전 분야의 연구기관
　6. 「기초연구진흥 및 기술개발지원에 관한 법률」 제14조 제1항 제2호에 따른 기업부설연구소 또는 기업의 연구개발전담부서

④ 국민안전처장관은 연구개발사업을 효율적으로 추진하기 위하여 국민안전처 소속 연구기관이나 그 밖에 대통령령으로 정하는 기관 · 단체 또는 사업자 중에서 연구개발사업의 총괄기관을 지정하여 그 총괄기관에게 연구개발사업의 기획 · 관리 · 평가, 제3항에 따른 협약의 체결, 개발된 기술의 보급 · 진흥 등에 관한 업무를 하도록 할 수 있다. [개정 2013.3.23 제11690호(정부조직법), 2013.8.6, 2014.11.19 제12844호(정부조직법)]

⑤ 제2항에 따른 출연금의 지급 · 사용 및 관리와 제3항에 따른 협약의 체결방법 등 연구개발사업의 실시에 필요한 사항은 대통령령으로 정한다.

[전문개정 2011.3.29]

제71조의2(재난 및 안전관리기술개발 종합계획의 수립 등)

① 국민안전처장관은 제71조 제1항의 재난 및 안전관리에 관한 과학기술의 진흥을 위하여 5년마다 관계 중앙행정기관의 재난 및 안전관리기술개발에 관한 계획을 종합하여 조정위원회의 심의와 「과학기술기본법」 제9조 제1항에 따른 국가과학기술심의회의 심의를 거쳐 재난 및 안전관리기술개발 종합계획(이하 "개발계획"이라 한다)을 수립하여야 한다. [개정 2013.3.23 제11690호(정부조직법), 2013.3.23 제11713호(과학기술기본법), 2013.8.6, 2014.11.19 제12844호(정부조직법)]

② 관계 중앙행정기관의 장은 개발계획에 따라 소관 업무에 관한 해당 연도 시행계획을 수립하고 추진하여야 한다.

③ 개발계획 및 시행계획에 포함하여야 할 사항 및 계획수립의 절차 등에 관하여는 대통령령으로 정한다.

[본조신설 2012.2.22]

제72조(연구개발사업 성과의 사업화 지원)

① 국민안전처장관은 연구개발사업의 성과를 사업화(개발된 성과를 이용하여 제품을 개발, 생산 및 판매하거나 그 과정의 관련 기술을 향상시키는 것을 말한다. 이하 같다)하는 「중소기업기본법」 제2조에 따른 중소기업(이하 "중소기업"이라 한다)이나 그 밖의 법인 또는 사업자 등에 대하여 다음 각 호의 지원을 할 수 있다. 이 경우 중소기업에 대한 지원을 우선적으로 실시할 수 있다. [개정 2013.3.23 제11690호(정부조직법), 2014.11.19 제12844호(정부조직법)]

    1. 시제품(試製品)의 개발·제작 및 설비투자에 필요한 비용의 지원
    2. 연구개발사업의 성과로 발생한 특허권 등 지식재산권의 전용실시권(專用實施權) 또는 통상실시권(通常實施權)의 설정·허락 또는 그 알선
    3. 사업화로 생산된 재난 및 안전 관련 제품 등의 우선 구매
    4. 연구개발사업에 사용되거나 생산된 기기·설비 및 시제품 등의 사용권 부여 또는 그 알선
    5. 그 밖에 사업화를 위하여 필요한 사항으로서 총리령으로 정하는 사항

② 제1항에 따른 지원의 방법 및 절차 등에 관하여 필요한 사항은 대통령령으로 정한다.

[전문개정 2011.3.29]

제72조의2

[본조개정 2013.8.6 종전의 제72조의2는 제73조로 이동]

제73조(기술료의 징수 및 사용)

① 국민안전처장관은 연구개발사업의 성과를 사업화함으로써 수익이 발생할 경우에는 사업자로부터 그 수익의 일부에 해당하는 금액(이하 "기술료"라 한다)을 징수할 수 있다. [개정 2013.3.23 제11690호(정부조직법), 2014.11.19 제12844호(정부조직법)]

② 국민안전처장관은 기술료를 다음 각 호의 사업에 사용할 수 있다. [개정 2013.3.23 제11690호(정부조직법), 2014.11.19 제12844호(정부조직법)]

    1. 재난 및 안전관리 연구개발사업
    2. 그 밖에 재난 및 안전관리와 관련된 기술의 육성을 위한 사업으로서 대통령령으로 정하는 사업

③ 기술료의 징수대상, 징수방법 및 사용 등에 필요한 사항은 대통령령으로 정한다.

[본조신설 2011.3.29]
[본조개정 2013.8.6 제72조의2에서 이동, 종전의 제73조는 삭제]

제74조(재난관리정보통신체계의 구축·운영)

① 국민안전처장관과 재난관리책임기관·긴급구조기관 및 긴급구조지원기관의 장은 재난관리업무를 효율적으로 추진하기 위하여 대통령령으로 정하는 바에 따라 재난관리정보통신체계를 구축·운영할 수 있다. [개정 2012.2.22, 2013.3.23 제11690호(정부조직법), 2013.8.6, 2014.11.19 제12844호(정부조직법)]

② 재난관리책임기관·긴급구조기관 및 긴급구조지원기관의 장은 제1항에 따른 재난관리정보통신체계의 구축에 필요한 자료를 관계 재난관리책임기관·긴급구조기관 및 긴급구조지원기관의 장에게 요청할 수 있다. 이 경우 요청을 받은 기관의 장은 특별한 사유가 없으면 요청에 따라야 한다. [신설 2012.2.22, 2013.8.6]

③ 국민안전처장관은 재난관리책임기관·긴급구조기관 및 긴급구조지원기관의 장이 제1항에 따라 구축하는 재난관리정보통신체계가 연계 운영되거나 표준화가 이루어지도록 종합적인 재난관리정보통신체계를 구축·운영할 수 있으며, 재난관리책임기관·긴급구조기관 및 긴급구조지원기관의 장은 특별한 사유가 없으면 이에 협조하여야 한다. [신설 2012.2.22, 2013.3.23 제11690호(정부조직법), 2013.8.6, 2014.11.19 제12844호(정부조직법)]

[전문개정 2010.6.8]
[본조제목개정 2013.8.6]

제74조의2(재난관리정보의 공동이용)

① 재난관리책임기관·긴급구조기관 및 긴급구조지원기관은 재난관리업무를 효율적으로 처리하기 위하여 수집·보유하고 있는 재난관리정보를 다른 재난관리책임기관·긴급구조기관 및 긴급구조지원기관과 공동이용하여야 한다.

② 제1항에 따라 공동이용되는 재난관리정보를 제공하는 기관은 해당 정보의 정확성을 유지하도록 노력하여야 한다.

③ 재난관리정보의 처리를 하는 재난관리책임기관·긴급구조기관·긴급구조지원기관 또는 재난관리업무를 위탁받아 그 업무에 종사하거나 종사하였던 자는 직무상 알게 된 재난관리정보를 누설하거나 권한 없이 다른 사람이 이용하도록 제공하는 등 부당한 목적으로 사용하여서는 아니 된다.

④ 제1항에 따른 공유 대상 재난관리정보의 범위, 재난관리정보의 공동이용절차 등에 관하여 필요한 사항은 대통령령으로 정한다.

[본조신설 2012.2.22]

제75조(안전관리자문단의 구성·운영)

① 지방자치단체의 장은 재난 및 안전관리업무의 기술적 자문을 위하여 민간전문가로 구성된 안전관리자문단을 구성·운영할 수 있다.

② 제1항에 따른 안전관리자문단의 구성과 운영에 관하여는 해당 지방자치단체의 조례로 정한다.

[전문개정 2010.6.8]

제76조(재난 관련 보험 등의 개발·보급)

① 국가는 국민과 지방자치단체가 자기의 책임과 노력으로 재난에 대비할 수 있도록 재난 관련 보험·공제를 개발·보급하기 위하여 노력하여야 한다.

② 국가는 예산의 범위에서 대통령령으로 정하는 바에 따라 보험료와 공제회비의 일부, 보험 및 공제의 운영과 관리 등에 필요한 비용의 일부를 지원할 수 있다.

[전문개정 2010.6.8]

제76조의2(안전책임관)

① 국가기관과 지방자치단체의 장은 해당 기관의 재난 및 안전관리업무를 총괄하는 안전책임관 및 담당직원을 소속 공무원 중에서 임명할 수 있다.

② 안전책임관은 해당 기관의 재난 및 안전관리업무와 관련하여 다음 각 호의 사항을 담당한다.

1. 재난이나 그 밖의 각종 사고가 발생하거나 발생할 우려가 있는 경우 초기대응 및 보고에 관한 사항
2. 위기관리 매뉴얼의 작성·관리에 관한 사항
3. 재난 및 안전관리와 관련된 교육·훈련에 관한 사항
4. 그 밖에 해당 중앙행정기관의 장이 재난 및 안전관리업무를 위하여 필요하다고 인정하는 사항

③ 제1항에 따른 안전책임관의 임명 및 운영에 필요한 사항은 대통령령으로 정한다.

[본조신설 2013.8.6]

제77조(재난관리 의무 위반에 대한 징계 요구 등)

① 국무총리 또는 국민안전처장관은 관계 중앙행정기관의 장 또는 지방자치단체의 장이 이 법에 따른 조치를 하지 아니한 경우에는 대통령령으로 정하는 바에 따라 기관경고 등 필요한 조치를 할 수 있다.

② 국민안전처장관, 시·도지사 또는 시장·군수·구청장은 재난응급조치·안전점검·재난상황관리 등의 업무를 수행할 때 지시를 위반하거나 부과된 임무를 게을리한 재난관리책임기관의 공무원 또는 직원의 명단을 해당 공무원 또는 직원의 소속 기관의 장 또는 단체의 장에게 통보하고, 그 소속 기관의 장 또는 단체의 장에게 해당 공무원 또는 직원에 대한 징계 등을 요구할 수 있다. 이 경우 그 사실을 입증할 수 있는 관계 자료를 그 소속 기관 또는 단체의 장에게 함께 통보하여야 한다.

③ 중앙통제단장 또는 지역통제단장은 제52조 제5항에 따른 현장지휘에 따르지 아니하거나 부과된 임무를 게을리한 긴급구조요원의 명단을 해당 긴급구조요원의 소속 기관 또는 단체의 장에게 통보하고, 그 소속 기관의 장 또는 단체의 장에게 해당 긴급구조요원에 대한 징계를 요구할 수 있다. 이 경우 그 사실을 입증할 수 있는 관계 자료를 그 소속 기관 또는 단체의 장에게 함께 통보하여야 한다.

④ 제2항과 제3항에 따라 통보를 받은 소속 기관의 장 또는 단체의 장은 해당 공무원 또는 직원에 대한 징계 등 적절한 조치를 하고, 그 결과를 해당 기관의 장에게 통보하여야 한다.

⑤ 국민안전처장관, 시·도지사, 시장·군수·구청장, 중앙통제단장 및 지역통제단장은 제2항 및 제3항에 따른 사실 입증을 위하여 소속 공무원으로 하여금 필요한 조사를 하게 할 수 있다. 이 경우 조사공무원은 그 권한을 표시하는 증표를 제시하여야 한다.

⑥ 제2항·제3항에 따른 통보 및 제5항에 따른 조사에 필요한 사항은 대통령령으로 정한다.

[전문개정 2014.12.30]

제78조(권한의 위임 및 위탁)

① 이 법에 따른 국민안전처장관의 권한은 그 일부를 대통령령으로 정하는 바에 따라 시·도지사에게 위임할 수 있다. [개정 2013.3.23 제11690호(정부조직법), 2014.11.19 제12844호(정부조직법)]

② 국민안전처장관은 제33조의2에 따른 평가 등의 업무의 일부와 제72조에 따른 연구개발사업 성과의 사업화 지원 및 제73조에 따른 기술료의 징수 및 사용에 관한 업무를 대통령령으로 정하는 바에 따라 전문기관 등에 위탁할 수 있다. [개정 2011.3.29, 2013.3.23 제11690호(정부조직법), 2013.8.6, 2014.11.19 제12844호(정부조직법)]

[전문개정 2010.6.8]

제78조의2(벌칙 적용 시의 공무원 의제)

제71조 제3항에 따라 협약을 체결한 기관·단체 및 제78조 제2항에 따라 국민안전처장관이 위탁한 업무를 수행하는 전문기관 등의 임직원은 「형법」 제127조 및 제129조부터 제132조까지의 벌칙 적용 시 공무원으로 본다. [개정 2013.3.23 제11690호(정부조직법), 2014.11.19 제12844호(정부조직법)]

[본조신설 2012.2.22]

제10장 벌칙[개정 2010.6.8]

제79조(벌칙)

다음 각 호의 어느 하나에 해당하는 자는 1년 이하의 징역 또는 500만원 이하의 벌금에 처한다. [개정 2014.12.30]

1. 정당한 사유 없이 제27조 제3항에 따른 안전점검을 하지 아니한 소유자·관리자 또는 점유자
2. 정당한 사유 없이 제30조 제1항에 따른 긴급안전점검을 거부 또는 기피하거나 방해한 자
3. 제31조 제1항에 따른 안전조치명령을 이행하지 아니한 자
4. 정당한 사유 없이 제41조 제1항 제1호(제46조 제1항에 따른 경우를 포함한다)에 따른 위험구역에 출입하는 행위나 그 밖의 행위의 금지명령 또는 제한명령을 위반한 자

[전문개정 2010.6.8]

제80조(벌칙)

다음 각 호의 어느 하나에 해당하는 자는 200만원 이하의 벌금에 처한다.

1. 정당한 사유 없이 제45조(제46조 제1항에 따른 경우를 포함한다)에 따른 토지·건축물·인공구조물, 그 밖의 소유물의 일시 사용 또는 장애물의 변경이나 제거를 거부 또는 방해한 자
2. 제74조의2 제3항을 위반하여 직무상 알게 된 재난관리정보를 누설하거나 권한 없이 다른 사람이 이용하도록 제공하는 등 부당한 목적으로 사용한 자

[전문개정 2012.2.22]

제81조(양벌규정)

법인의 대표자나 법인 또는 개인의 대리인, 사용인, 그 밖의 종업원이 그 법인 또는 개인의 업무에 관하여 제79조 또는 제80조의 위반행위를 하면 그 행위자를 벌하는 외에 그 법인 또는 개인에게도 해당 조문의 벌금형을 과(科)한다. 다만, 법인 또는 개인이 그 위반행위를 방지하기 위하여 해당 업무에 관하여 상당한 주의와 감독을 게을리하지 아니한 경우에는 그러하지 아니하다.

[전문개정 2010.6.8]

제82조(과태료)

① 다음 각 호의 어느 하나에 해당하는 사람에게는 200만원 이하의 과태료를 부과한다. [개정 2014.12.30]

    1. 제34조의6 제1항 본문에 따른 위기상황 매뉴얼을 작성·관리하지 아니한 소유자·관리자 또는 점유자

    1의2. 제34조의6 제2항 본문에 따른 훈련을 실시하지 아니한 소유자·관리자 또는 점유자

    1의3. 제34조의6 제3항에 따른 개선명령을 이행하지 아니한 소유자·관리자 또는 점유자

    2. 제40조 제1항(제46조 제1항에 따른 경우를 포함한다)에 따른 대피명령을 위반한 사람

    3. 제41조 제1항 제2호(제46조 제1항에 따른 경우를 포함한다)에 따른 위험구역에서의 퇴거명령 또는 대피명령을 위반한 사람

② 제1항에 따른 과태료는 대통령령으로 정하는 바에 따라 시·도지사 또는 시장·군수·구청장이 부과·징수한다.

[전문개정 2010.6.8]

부칙 [2004.3.11]

제1조(시행일)

이 법은 공포한 날부터 3월을 넘지 아니하는 범위에서 대통령령이 정하는 날부터 시행한다.

제2조(다른 법률의 폐지)

재난관리법은 이를 폐지한다.

제3조(처분 등에 관한 경과조치)

이 법 시행 당시 종전의 재난관리법에 의하여 행하여진 처분·조치 그 밖의 행정기관의 행위 또는 행정기관에 대한 행위는 이 법에 의한 행정기관의 행위 또는 행정기관에 대한 행위로 본다.

제4조(지역위원회의 구성 등에 관한 경과조치)

제11조 제4항의 규정에 의한 지역위원회 및 실무위원회의 구성·운영에 관하여 필요한 사항은 이 법 시행일부터 6월 이내의 범위에서 해당 시·도 및 시·군·구의 조례가 제정될 때까지는 종전의 재난관리법 제9조 제4항의 규정에 의한 대통령령이 정한 바에 의한다.

제5조 (안전관리계획에 관한 경과조치)

이 법 시행 당시 종전의 재난관리법에 의한 국가재난관리계획, 시·도재난관리계획 및 시·군·구재난관리계획은 각각 이 법에 의한 국가안전관리계획, 시·도안전관리계획 및 시·군·구안전관리계획으로 본다.

제6조(지역위원회의 권한에 속하는 사항의 처리에 관한 경과조치)

지역위원회가 제12조 제4호의 규정에 의한 조례에 의하여 당해 지역위원회의 권한에 속하는 사항의 처리를 함에 있어서 이 법 시행일부터 6월 이내의 범위에서 종전의 재난관리법 제10조 제1항 제3호의 규정에 의한 해당 시·도 및 시·군·구의 조례가 제정 또는 개정될 때까지는 종전의 조례에 의한다.

제7조(지역대책본부의 구성 등에 관한 경과조치)

제16조 제3항의 규정에 의한 지역대책본부의 구성 및 운영에 관하여 필요한 사항은 이 법 시행일부터 6월 이내의 범위에서 해당 시·도 및 시·군·구의 조례가 제정될 때까지는 종전의 재난관리법 제43조 제3항의 규정에 의한 대통령령이 정한 바에 의한다.

제8조(특별재난지역에 관한 경과조치)

이 법 시행 당시 종전의 재난관리법 제51조의 규정에 의하여 선포된 특별재난지역은 이 법 제60조의 규정에 의하여 선포된 특별재난지역으로 본다.

제9조(재난관리기금에 관한 경과조치)

이 법 시행 당시 종전의 재난관리법 제56조의 규정에 의한 재난관리기금 및 종전의 자연재해대책법 제63조의 규정에 의한 재해대책기금은 이 법 제67조의 규정에 의한 재난관리기금으로 본다.

제10조(다른 법률의 개정)

① 전기사업법 중 다음과 같이 개정한다.

제75조 제2호 중 "재난관리법"을 "재난 및 안전관리 기본법"으로 한다.

② 전기통신기본법 중 다음과 같이 개정한다.

제44조의3 제1항 전단 중 "재난관리법"을 "재난 및 안전관리 기본법"으로 하고, 같은 항 후단 중 "재난관리법 제12조의 규정에 의한 국가재난관리계획"을 "재난 및 안전관리 기본법 제22조의 규정에 의한 국가안전관리계획"으로 한다.

③ 방송법 중 다음과 같이 개정한다.

제75조 제1항 중 "재난관리법 제2조"를 "재난 및 안전관리 기본법 제3조"로 한다.

④ 원자력손해배상법 중 다음과 같이 개정한다.

제2조 제2호 나목 중 "재난관리법"을 "재난 및 안전관리 기본법"으로 한다.

⑤ 자연재해대책법 중 다음과 같이 개정한다.

제63조를 삭제한다.

제11조(다른 법령과의 관계)

이 법 시행 당시 다른 법령에서 종전의 재난관리법 또는 그 규정을 인용하고 있는 경우 이 법 중 그에 해당하는 규정이 있는 때에는 종전의 규정에 갈음하여 이 법 또는 이 법의 해당 규정을 인용한 것으로 본다.

부칙 [2006.2.21 제7849호(제주특별자치도 설치 및 국제자유도시 조성을 위한 특별법)]

제1조(시행일)

이 법은 2006년 7월 1일부터 시행한다. 〈단서생략〉

제2조 내지 제39조 생략

제40조(다른 법률의 개정)

① 내지 〈23〉 생략

〈24〉재난 및 안전관리 기본법 일부를 다음과 같이 개정한다.

제43조 제1항 및 제2항 중 "경찰관서"를 각각 "국가경찰관서"로 한다.

〈25〉 내지 〈47〉 생략

제41조 생략

부칙 [2007.1.26 제8274호]

① (시행일) 이 법은 공포 후 6개월이 경과한 날부터 시행한다.

② (벌칙에 관한 경과조치) 이 법 시행 전의 행위에 대한 벌칙의 적용에 있어서는 종전의 규정에 따른다.

부칙 [2007.5.11 제8420호(민방위기본법)]

제1조(시행일)

이 법은 공포한 날부터 시행한다. 다만, 부칙 제5조 제2항의 개정규정은 2007년 7월 27일부터 시행한다.

제2조 내지 제4조 생략

제5조(다른 법률의 개정)

① 생략

② 재난 및 안전관리 기본법 일부를 다음과 같이 개정한다.

제39조 제1항 제1호 중 "「민방위기본법」 제22조"를 "「민방위기본법」 제26조"로 한다.

③ 생략

제6조 생략

부칙 [2007.8.3 제8623호(수난구호법)]

①(시행일) 이 법은 공포한 날부터 시행한다. 다만, 제7조 제3항부터 제5항까지의 개정규정은 공포한 날부터 6개월이 경과한 날부터 시행하고, 제16조 및 제18조의 개정규정은 2007년 11월 4일부터 시행한다.

② 내지

③ 생략

④(다른 법률의 개정) 재난 및 안전관리 기본법 일부를 다음과 같이 개정한다.

제3조제7호 단서 중 "해양경찰청 및 해양경찰서"를 "해양경찰청 · 지방해양경찰청 및 해양경찰서"로 한다.

제20조 제2항 중 "해양경찰청장에게"을 "지방해양경찰청장에게, 지방해양경찰청장은 해양경찰청장에게"로 한다.

부칙 [2008.2.29 제8856호]

이 법은 공포한 날부터 시행한다.

부칙 [2008.12.26 제9205호]

이 법은 공포한 날부터 시행한다.

부칙 [2008.12.31 제9299호]

이 법은 공포 후 6개월이 경과한 날부터 시행한다.

부 칙[2009.12.29 제9847호(감염병의 예방 및 관리에 관한 법률)]

제1조(시행일)

이 법은 공포 후 1년이 경과한 날부터 시행한다.

제2조부터 제20조까지 생략

제21조(다른 법률의 개정)

①부터 〈17〉까지 생략

〈18〉 재난 및 안전관리 기본법 일부를 다음과 같이 개정한다.

제3조 제1호 다목 중 "전염병"을 "감염병"으로 한다.

〈19〉부터 〈30〉까지 생략

제22조 생략

부칙[2010.1.18 제9932호(정부조직법)]

제1조(시행일)

이 법은 공포 후 2개월이 경과한 날부터 시행한다. 〈단서 생략〉

제2조 및 제3조 생략

제4조(다른 법률의 개정)

①부터 〈103〉까지 생략

〈104〉 재난 및 안전관리 기본법 일부를 다음과 같이 개정한다.

제49조 제3항 중 "보건복지가족부"를 "보건복지부"로 한다.

〈105〉부터 〈137〉까지 생략

제5조 생략

부칙[2010.3.31 제10219호(지방세기본법)]

제1조(시행일)

이 법은 2011년 1월 1일부터 시행한다.

제2조부터 제10조까지 생략

제11조(다른 법률의 개정)

①부터 〈37〉까지 생략

〈38〉 재난 및 안전관리 기본법 일부를 다음과 같이 개정한다.

제67조 제2항 중 "「지방세법」에 의한"을 "「지방세기본법」에 따른"으로 한다.

〈39〉부터 〈61〉까지 생략

제12조 생략

부칙[2010.6.8 제10347호]

① (시행일) 이 법은 공포한 날부터 시행한다. 다만, 제10조의2, 제34조, 제34조의2, 제55조의2, 제57조 및 제66조 제4항의 개정규정은 공포 후 6개월이 경과한 날부터 시행하고, 제34조의3의 개정규정은 공포 후 1년이 경과한 날부터 시행한다.

② (중앙재난조사평가협의회의 구성에 관한 경과조치) 제10조의2의 개정규정 시행 당시 운영 중인 중앙재난조사평가협의회는 제10조의2의 개정규정에 따라 구성·운영 중인 것으로 본다.

부칙[2011.3.8 제10442호(119구조·구급에 관한 법률)]

제1조(시행일)
이 법은 공포 후 6개월이 경과한 날부터 시행한다.

제2조 및 제3조 생략

제4조(다른 법률의 개정)
① 및 ② 생략

③ 재난 및 안전관리 기본법 일부를 다음과 같이 개정한다.

제58조를 삭제한다.

④ 생략

제5조 생략

부칙[2011.3.29 제10467호]

제1조(시행일)
이 법은 공포한 날부터 시행한다. 다만, 제71조, 제72조, 제72조의2 및 제78조 제2항의 개정규정은 공포 후 3개월이 경과한 날부터 시행한다.

제2조(재난 및 안전관리 연구개발사업의 추진에 관한 적용례)
제72조 및 제72조의2의 개정규정은 이 법 시행 후 최초로 연구개발사업에 드는 비용의 전부 또는 일부를 출연금으로 지원하는 경우부터 적용한다.

제3조(안전관리에 필요한 학술조사·연구 및 기술개발에 필요한 지원 등에 관한 경과조치)
이 법 시행 전에 종전의 제71조 제2항 및 제72조 제2항에 따라 학술조사·연구 및 기술개발에 필요한 지원 또는 중소기업의 안전관리 등과 관련된 기술의 개발·사업화에 대한 지원이 이루어진 경우 연구개발비의 사용 및 사용실적 보고, 기술료의 징수 및 감면, 기술료의 사용, 협약의 변경 및 해약 등에 관하여는 이 법 시행 전에 맺은 협약 또는 종전의 제72조 제3항에 따른다.

부칙[2012.2.22 제11346호]

이 법은 공포 후 6개월이 경과한 날부터 시행한다. 다만, 제4조 제2항 및 제11조 제1항의 개정규정은 2012년 7월 1일부터 시행하고, 제38조 제4항의 개정규정은 2013년 1월 1일부터 시행한다.

부칙[2012.10.22 제11495호(자연재해대책법)]

제1조(시행일)

이 법은 공포 후 6개월이 경과한 날부터 시행한다.

제2조부터 제4조까지 생략

제5조(다른 법률의 개정)

① 및 ② 생략

③ 재난 및 안전관리 기본법 일부를 다음과 같이 개정한다.

제38조의2 제1항 중 "자연재해위험지구"를 "자연재해위험개선지구"로 한다.

④ 및 ⑤ 생략

부칙[2013.3.23 제11690호(정부조직법)]

제1조(시행일)

① 이 법은 공포한 날부터 시행한다.

② 생략

제2조부터 제5조까지 생략

제6조(다른 법률의 개정)

①부터 〈187〉까지 생략

〈188〉 재난 및 안전관리 기본법 일부를 다음과 같이 개정한다.

제3조 제9호, 제9조 제4항 전단, 같은 조 제5항, 제9조의2 제1항·제2항, 제13조, 제14조 제2항 본문, 제15조의2 제1항·제2항, 제19조 제1항, 제20조 제1항 전단·후단·단서, 같은 조 제2항, 같은 조 제3항 후단, 제21조 제2항, 제23조 제1항·제2항, 제24조 제1항·제4항, 제29조 제1항 각 호 외의 부분, 같은 조 제2항 단서, 같은 조 제3항, 같은 조 제4항 본문, 제29조의2 제2항, 제34조의3 제1항 각 호 외의 부분 본문, 같은 조 제3항, 제70조 제2항, 제71조 제2항, 같은 조 제3항 각 호 외의 부분, 같은 조 제4항, 제71조의2 제1항, 제72조 제1항 각 호 외의 부분 전단, 제72조의2 제1항, 같은 조 제2항 각 호 외의 부분, 제73조 제1항, 제

74조 제1항·제2항·제4항, 제77조 제1항, 같은 조 제4항 전단, 제78조 제1항·제2항 및 제78조의2 중 "행정안전부장관"을 각각 "안전행정부장관"으로 한다.

제9조 제5항 및 제14조 제1항 중 "행정안전부"를 각각 "안전행정부"로 한다.

제14조 제2항 단서 및 제21조 제1항·제2항 중 "외교통상부장관"을 각각 "외교부장관"으로 한다.

제27조 제1항 제2호 후단, 제31조 제1항 제1호 후단, 같은 조 제2항, 제66조 제2항 및 제72조 제1항 제5호 중 "행정안전부령"을 각각 "안전행정부령"으로 한다.

〈189〉부터 〈710〉까지 생략

제7조 생략

부칙[2013.3.23 제11713호(과학기술기본법)]

제1조(시행일)

이 법은 공포한 날부터 시행한다.

제2조부터 제5조까지 생략

제6조(다른 법률의 개정)

①부터 〈24〉까지 생략

〈25〉 재난 및 안전관리 기본법 일부를 다음과 같이 개정한다.

제71조의2 제1항 중 "국가과학기술위원회"를 "국가과학기술심의회"로 한다.

〈26〉부터 〈28〉까지 생략

부칙[2013.8.6 제11994호]

제1조(시행일)

이 법은 공포 후 6개월이 경과한 날부터 시행한다. 다만, 제34조의6의 개정규정은 공포 후 1년이 경과한 날부터 시행한다.

제2조(다른 법률의 개정)

① 급경사지 재해예방에 관한 법률 일부를 다음과 같이 개정한다.

제12조 제1항·제2항 및 제13조 제4항 중 "중앙본부장"을 각각 "중앙대책본부장"으로 한다.

② 비상대비자원 관리법 일부를 다음과 같이 개정한다.

제14조 제4항 중 「재난 및 안전관리 기본법」 제73조」를 「재난 및 안전관리 기본법」 제35조」로 한다.

③ 원자력시설 등의 방호 및 방사능 방재 대책법 일부를 다음과 같이 개정한다.

제22조 제3항 중 "「재난 및 안전관리 기본법」 제18조"를 "「재난 및 안전관리 기본법」 제19조"로 한다.

④ 자연재해대책법 일부를 다음과 같이 개정한다.

제4조 제1항·제2항 제1호·제4항·제5항, 제6조 제1항·제3항 전단, 제7조 제2항 전단, 제8조 제2항, 제9조 제1항, 제10조 제1항·제3항, 제11조 제1항, 제16조의4 제1항, 제20조 제2항, 제21조의2 제2항·제3항·제5항, 제22조, 제25조의2 제1항·제2항 전단, 제26조의4 제2항, 제35조 제2항·제3항·제4항 전단·제5항·제6항, 제45조 제2항, 제46조 제2항, 제46조의3 제1항 각 호 외의 부분·제2항, 제47조 제1항·제2항 전단, 제48조 제1항·제2항, 제49조 제1항, 제52조 제1항·제2항, 제53조 제2항 전단, 제55조 제1항 전단·제2항·제3항·제5항·제6항·제7항·제9항, 제64조 제2항, 제66조 제2항, 제69조 제1항 각 호 외의 부분·제2항, 제72조 제6항, 제75조의 제목 및 같은 조 제1항·제2항, 제76조 제1항·제2항 중 "중앙본부장"을 각각 "중앙대책본부장"으로 한다.

제4조 제1항·제4항·제5항, 제6조 제1항·제3항 전단, 제7조 제2항 전단, 제8조 제2항, 제9조 제1항·제2항, 제11조 제1항, 제21조의2 제2항·제3항, 제22조, 제25조의2 제1항·제2항 전단, 제25조의3 제2항부터 제4항까지, 제37조 제2항 제4호, 같은 조 제5항 전단·후단·제6항, 제46조의3 제2항, 제49조 제1항, 제53조 제2항 전단, 제55조 제2항, 제66조 제2항, 제72조 제6항, 제75조 제1항 전단·후단·제2항 중 "지역본부장"을 각각 "지역대책본부장"으로 한다.

⑤ 재해경감을 위한 기업의 자율활동 지원에 관한 법률 일부를 다음과 같이 개정한다.

제5조 제1항, 제6조 제1항 전단·제3항, 제6조의2 제1항 전단, 제7조 제1항·제3항, 제8조 제1항 각 호 외의 부분 본문, 제8조의2 제1항·제2항, 제8조의3 각 호 외의 부분 본문, 제9조 제2항, 제10조 제1항부터 제4항까지, 제10조의2, 제19조 제2항·제3항, 제23조 제2항, 제27조 제1항, 제28조 제1항 각 호 외의 부분·제2항·제3항 전단, 제29조, 제31조의2 제1항 각 호 외의 부분, 제32조 제1항, 제33조, 제34조 제1항 각 호 외의 부분, 제35조 제1항 각 호 외의 부분·제4항 중 "중앙본부장"을 각각 "중앙대책본부장"으로 한다.

⑥ 저수지·댐의 안전관리 및 재해예방에 관한 법률 일부를 다음과 같이 개정한다.

제2조 제3호, 제4조 제1항 각 호 외의 부분, 제8조 제1항·제3항, 제23조 제1항·제2항, 제26조 제1항·제2항, 제29조 제1항 각 호 외의 부분·제2항·제3항 중 "중앙본부장"을 각각 "중앙대책본부장"으로 한다.

⑦ 지진재해대책법 일부를 다음과 같이 개정한다.

제8조 제1항, 제9조 제3항, 제10조 제1항, 제11조 제2항, 제12조 제1항·제2항, 제13조 제1항, 제14조 제2항, 제15조 제1항 각 호 외의 부분·제3항·제4항, 제16조 제1항·제4항·제6항, 제18조 제1항부터 제3항까지, 제20조 제1항부터 제3항까지, 제22조 제1항·제2항·제3항 전단·제4항, 제23조 제1항부터 제3항까지, 제24조 제1항, 제27조 제1항·제2항 중 "중앙본부장"을 각각 "중앙대책본부장"으로 한다.

제3조 제3항, 제10조 제1항·제3항, 제11조 제1항부터 제3항까지, 제12조 제5항, 제18조 제1항부터 제3항까지, 제19조, 제20조 제1항·제5항, 제21조 제1항, 제24조 제1항, 제27조 제1항·제2항 중 "지역본부장"을 각각 "지역대책본부장"으로 한다.

제17조 제1항 중 "같은 법 제19조에 따른 종합상황실"을 "같은 법 제18조에 따른 재난안전상황실"로 한다.

부칙[2014.11.19 제12844호(정부조직법)]

제1조(시행일)

이 법은 공포한 날부터 시행한다. 다만, 부칙 제6조에 따라 개정되는 법률 중 이 법 시행 전에 공포되었으나 시행일이 도래하지 아니한 법률을 개정한 부분은 각각 해당 법률의 시행일부터 시행한다.

제2조부터 제5조까지 생략

제6조(다른 법률의 개정)

①부터 〈156〉까지 생략

〈157〉 재난 및 안전관리 기본법 일부를 다음과 같이 개정한다.

제3조 제7호 본문 및 단서를 각각 다음과 같이 한다.

　　7. "긴급구조기관"이란 다음 각 목의 어느 하나에 해당하는 기관을 말한다.
　　　　가. 국민안전처
　　　　나. 소방본부 및 지방해양경비안전본부
　　　　다. 소방서 및 해양경비안전서

제3조 제9호, 제9조 제4항부터 제6항까지, 제10조 제2항, 제14조 제2항 본문, 제18조 제1항 각 호 외의 부분, 같은 항 제1호, 제20조 제3항 후단, 제23조 제2항, 제24조 제4항, 제26조 제4항, 제33조의2 제3항, 제34조의3 제1항 각 호 외의 부분 본문, 같은 조 제3항, 제34조의4 제2항, 같은 조 제3항 전단, 제34조의5 제2항부터 제5항까지, 같은 조 제6항 후단, 같은 조 제7항, 제34조의6 제1항부터 제3항까지, 제66조의2 제2항, 제66조의7 제1항부터 제3항까지, 같은 조 제4항 전단, 제66조의8 제1항, 같은 조 제2항 전단, 같은 조 제3항, 제66조의10 제1항, 제69조 제1항, 같은 조 제4항 전단, 제71조의2 제1항 및 제74조 제3항 중 "안전행정부장관"을 각각 "국민안전처장관"으로 한다. 제9조 제6항 중 "소방방재청장"을 "국민안전처차관"으로 한다.

제10조 제3항 중 "안전행정부에서 안전업무를 담당하는 차관"을 "국민안전처차관"으로 한다.

제14조 제1항 및 제71조 제4항 중 "안전행정부"를 각각 "국민안전처"로 한다.

제13조, 제33조의2 제1항 각 호 외의 부분, 같은 조 제2항 단서 및 제78조 제1항·제2항 중 "안전행정부장관이나 소방방재청장"을 "국민안전처장관"으로 한다.

제18조 제2항, 제27조 제3항·제4항, 제28조, 제38조의2 제2항·제4항, 제53조 제2항, 제55조 제4항, 제57조 제1항 본문, 제70조 제2항 및 같은 조 제3항 전단 중 "소방방재청장"을 각각 "국민안전처장관"으로 한다.

제20조 제1항 전단, 제30조 제1항 전단, 제31조 제1항 각 호 외의 부분, 같은 조 제2항·제3항, 같은 조 제4항 전단, 같은 조 제5항 본문, 제33조의3 제2항, 제34조 제2항, 제35조 제1항, 제66조의9 제2항 전단, 제77조 제1항 및 같은 조 제4항 전단 중 "안전행정부장관, 소방방재청장"을 각각 "국민안전처장관"으로 한다.

제20조 제1항 후단을 다음과 같이 한다. 이 경우 재난관리주관기관의 장 및 시·도지사는 보고받은 사항을 확인·종합하여 국민안전처장관에게 통보하여야 한다.

제20조 제2항을 삭제한다.

제20조 제4항 중 "구청장이나 소방서장"을 "구청장·소방서장이나 해양경비안전서장"으로 한다.

제21조 제2항, 제34조 제3항, 같은 조 제4항 전단, 제34조의2 제2항, 같은 조 제3항 전단, 제71조 제2항, 같은 조 제3항 각 호 외의 부분, 같은 조 제4항, 제72조 제1항 각 호 외의 부분 전단, 제73조 제1항 및 같은 조 제2항 각 호 외의 부분 중 "안전행정부장관과 소방방재청장"을 각각 "국민안전처장관"으로 한다.

제24조 제1항 중 "안전행정부장관은 소방방재청장의 의견을 들어"를 "국민안전처장관은"으로 한다.

제29조 제2항 전단, 제29조의2 제1항, 같은 조 제2항, 제30조 제1항 전단, 같은 조 제5항, 제33조 제1항, 제33조의2 제4항 본문, 제74조 제1항 및 제78조의2 중 "안전행정부장관 또는 소방방재청장"을 각각 "국민안전처장관"으로 한다.

제29조의2 제3항, 제31조 제1항 제1호 후단, 같은 조 제2항, 제34조 제5항, 제66조 제2항 및 제72조 제1항 제5호 중 "안전행정부령"을 각각 "총리령"으로 한다.

제32조 제1항, 같은 조 제2항 전단 및 같은 조 제3항·제4항 중 "국무총리 또는 안전행정부장관"을 각각 "국민안전처장관"으로 한다.

제34조의5 제8항 중 "안전행정부장관 및 소방방재청장"을 "국민안전처장관"으로 한다.

제49조 제1항 중 "소방방재청"을 "국민안전처"로 한다.

제49조 제2항 중 "소방방재청장"을 "국민안전처의 소방사무를 담당하는 본부장"으로 한다.

제56조 제1항 및 같은 조 제2항 전단 중 "해양경찰청장"을 각각 "국민안전처장관"으로 한다.

제56조 제2항 전단 및 후단 중 "중앙행정기관의 장이나 소방방재청장"을 각각 "중앙행정기관의 장"으로 한다.

〈158〉부터 〈258〉까지 생략

제7조 생략

부칙[2014.12.30 제12943호]

제1조(시행일)

이 법은 공포한 날부터 시행한다. 다만, 다음 각 호의 개정규정은 해당 각 호의 구분에 따른 날부터 시행한다.

1. 제10조의3, 제14조의2 제2항 및 제3항(특수기동구조대에 관한 사항에 한정한다), 제20조 제5항 및 제77조 제1항의 개정규정 : 공포 후 6개월을 넘지 아니하는 범위에서 대통령령으로 정하는 날
2. 제27조 제3항, 제31조 제1항(제27조 제3항에 관한 사항에 한정한다), 제34조의6, 제66조의5 제3항, 제79조 제1호 및 제82조 제1항 제1호·제1호의2·제1호의3의 개정규정 : 공포 후 1년이 경과한 날

제2조(2016년도 재난 및 안전관리 사업 예산 등의 사전협의에 관한 특례)

제10조의2 제2항 및 제3항의 개정규정에도 불구하고 2015년에 편성되는 예산안의 경우 관계 행정기관의 장은 그 예산요구서를 2015년 6월 30일까지 국민안전처장관에게 제출하여야 하고, 국민안전처장관은 2015년 7월 20일까지 기획재정부장관에게 제출하여야 한다.

제3조(민간소유 시설 등의 위기상황 매뉴얼 작성에 관한 특례)

제34조의6 제1항의 개정규정에 따른 민간시설 등의 소유자·관리자 또는 점유자는 부칙 제1조 제2호에 따른 개정규정의 시행일 후 3개월 이내에 위기상황 매뉴얼을 작성·관리하여야 한다.

제4조(재난현장 통합지휘소의 명칭 변경에 관한 경과조치)

이 법 시행 당시 운영 중인 재난현장 통합지휘소는 제16조 제3항의 개정규정에 따른 재난현장 통합지원본부로 본다.

제5조(특정관리대상시설 등의 지정에 관한 경과조치)

이 법 시행 전에 종전의 제27조 제1항에 따라 재난관리책임기관의 장이 지정한 특정관리대상시설 등은 제27조 제1항의 개정규정에 따라 중앙행정기관의 장 또는 지방자치단체의 장이 각각 지정한 것으로 본다.

제6조(재난관리에 대한 징계 요구에 관한 경과조치)

① 제77조 제2항의 개정규정에도 불구하고 이 법 시행 전에 지시를 위반하거나 부과된 임무를 게을리한 행위에 대해서는 종전의 규정에 따른다.

② 제77조 제3항의 개정규정에도 불구하고 이 법 시행 전에 현장지휘에 따르지 아니하거나 부과된 임무를 게을리한 행위에 대해서는 종전의 규정에 따른다.

제7조(종전의 규정에 따른 고시·처분 및 계속 중인 행위에 관한 경과조치)

이 법 시행 전에 종전의 규정에 따라 안전행정부장관 또는 소방방재청장이 행한 고시·행정처분, 그 밖의 행위와 안전행정부장관 또는 소방방재청장에 대한 신청·신고, 그 밖의 행위는 각각 국민안전처장관의 행위 또는 국민안전처장관에 대한 행위로 본다.

제8조(다른 법률의 개정)

사법경찰관리의 직무를 수행할 자와 그 직무범위에 관한 법률 일부를 다음과 같이 개정한다.

제5조에 제43호를 다음과 같이 신설한다.

43. 국민안전처와 그 소속 기관, 특별시·광역시·특별자치시·도·특별자치도 및 시·군·구에 근무하며 「재난 및 안전관리 기본법」 제30조에 따른 긴급안전점검 업무에 종사하는 4급부터 9급까지의 국가공무원 및 지방공무원

제6조에 제40호를 다음과 같이 신설한다.

40. 제5조 제43호에 규정된 자의 경우에는 관할 구역에서 발생하는 「재난 및 안전관리 기본법」에 규정된 범죄

부칙[2015.7.24 제13426호(제주특별자치도 설치 및 국제자유도시 조성을 위한 특별법)]

제1조(시행일)

이 법은 공포 후 6개월이 경과한 날부터 시행한다. 〈단서 생략〉

제2조부터 제37조까지 생략

제38조(다른 법률의 개정)

①부터 〈35〉까지 생략

〈36〉 재난 및 안전관리 기본법 일부를 다음과 같이 개정한다.

제3조 제5호 가목 및 제4조 제2항 중 "「제주특별자치도 설치 및 국제자유도시 조성을 위한 특별법」 제15조 제2항"을 각각 "「제주특별자치도 설치 및 국제자유도시 조성을 위한 특별법」 제10조 제2항"으로 한다.

제11조 제1항 각 호 외의 부분 중 "「제주특별자치도 설치 및 국제자유도시 조성을 위한 특별법」 제17조 제1항"을 "「제주특별자치도 설치 및 국제자유도시 조성을 위한 특별법」 제11조 제1항"으로 한다.

〈37〉부터 〈45〉까지 생략

제39조 생략

부칙[2015.7.24 제13440호(수상에서의 수색·구조 등에 관한 법률)]

제1조(시행일)

이 법은 공포 후 6개월이 경과한 날부터 시행한다. 〈단서 생략〉

제2조(다른 법률의 개정)

① 재난 및 안전관리 기본법 일부를 다음과 같이 개정한다.

제52조 제11항 후단 및 제56조 중 "「수난구호법」"을 각각 "「수상에서의 수색·구조 등에 관한 법률」"로 한다.

②부터 ④까지 생략

제3조 생략

Chapter
02

방재안전 관련 법령

자연재해대책법

제1장 총칙

제1조(목적)

이 법은 태풍, 홍수 등 자연현상으로 인한 재난으로부터 국토를 보존하고 국민의 생명·신체 및 재산과 주요 기간시설(基幹施設)을 보호하기 위하여 자연재해의 예방·복구 및 그 밖의 대책에 관하여 필요한 사항을 규정함을 목적으로 한다.
[전문개정 2011.3.7]

제2조(정의)

이 법에서 사용하는 용어의 뜻은 다음과 같다. [개정 2012.2.22, 2013.8.6, 2014.11.19 제12844호(정부조직법)]

1. "재해"란 「재난 및 안전관리 기본법」(이하 "기본법"이라 한다) 제3조 제1호에 따른 재난으로 인하여 발생하는 피해를 말한다.
2. "자연재해"란 제1호에 따른 재해 중 기본법 제3조 제1호 가목에 따른 자연현상으로 인하여 발생하는 재해를 말한다.
3. "풍수해"(風水害)란 태풍, 홍수, 호우, 강풍, 풍랑, 해일, 조수, 대설, 그 밖에 이에 준하는 자연현상으로 인하여 발생하는 재해를 말한다.
4. "사전재해영향성검토"란 자연재해에 영향을 미치는 각종 행정계획 및 개발사업으로 인한 재해 유발 요인을 예측·분석하고 이에 대한 대책을 마련하는 것을 말한다.
5. "풍수해저감종합계획"이란 지역별로 풍수해의 예방 및 저감(低減)을 위하여 특별시장·광역시장·특별자치시장·도지사·특별자치도지사(이하 "시·도지사"라 한다) 및 시장·군수가 지역안전도에 대한 진단 등을 거쳐 수립한 종합계획을 말한다.
6. "우수유출저감시설"이란 우수(雨水)의 직접적인 유출을 억제하기 위하여 인위적으로 우수를 지하로 스며들게 하거나 지하에 가두어 두는 시설을 말한다.
7. "수방기준"(水防基準)이란 풍수해로부터 시설물의 수해 내구성(耐久性)을 강화하고 지하 공간의 침수를 방지하기 위하여 관계 중앙행정기관의 장 또는 국민안전처장관이 정하는 기준을 말한다.
8. "침수흔적도"란 풍수해로 인한 침수 기록을 표시한 도면을 말한다.
9. "재해복구보조금"이란 중앙행정기관이 재해복구사업을 위하여 특별시·광역시·특별자치시·도·특별자치도(이하 "시·도"라 한다) 및 시·군·구(자치구를 말한다. 이하 같다)에 지원하는 보조금을 말한다.
10. 삭제 [2013.8.6]
11. "지구단위 홍수방어기준"이란 상습침수지역이나 재해위험도가 높은 지역에 대하여 침수 피해를 방지하기 위하여 국민안전처장관이 정한 기준을 말한다.
12. "재해지도"란 풍수해로 인한 침수 흔적, 침수 예상 및 재해정보 등을 표시한 도면을 말한다.

13. "방재관리대책대행자"란 사전재해영향성검토 등 방재관리대책에 관한 업무를 전문적으로 대행하기 위하여 제38조 제2항에 따라 국민안전처장관에게 등록한 자를 말한다.

14. "지역안전도 진단"이란 자연재해 위험에 대하여 지역별로 안전도를 진단하는 것을 말한다.

15. "방재기술"이란 자연재해의 예방·대비·대응·복구 및 기후변화에 신속하고 효율적인 대처를 통하여 인명과 재산 피해를 최소화시킬 수 있는 자연재해에 대한 예측·규명·저감·정보화 및 방재 관련 제품생산·제도·정책 등에 관한 모든 기술을 말한다.

16. "방재산업"이란 방재시설의 설계·시공·제작·관리, 방재제품의 생산·유통, 이와 관련된 서비스의 제공, 그 밖에 자연재해의 예방·대비·대응·복구 및 기후변화 적응과 관련된 산업을 말한다.

[전문개정 2011.3.7]

제3조(책무)

① 국가는 기본법 및 이 법의 목적에 따라 자연현상으로 인한 재난으로부터 국민의 생명·신체 및 재산과 주요 기간시설을 보호하기 위하여 자연재해의 예방 및 대비에 관한 종합계획을 수립하여 시행할 책무를 지며, 그 시행을 위한 최대한의 재정적·기술적 지원을 하여야 한다.

② 기본법 제3조 제5호에 따른 재난관리책임기관(이하 "재난관리책임기관"이라 한다)의 장은 자연재해 예방을 위하여 다음 각 호의 소관 업무에 해당하는 조치를 하여야 한다. [개정 2012.10.22]

1. 자연재해 경감 협의 및 자연재해위험개선지구 정비

   가. 자연재해 원인 조사 및 분석

   나. 자연재해위험개선지구 지정·관리

2. 풍수해 예방 및 대비

   가. 풍수해저감종합계획 수립

   나. 수방기준 제정·운영

   다. 우수유출저감시설 설치 기준 제정·운영

   라. 내풍(耐風)설계기준 제정·운영

   마. 그 밖에 풍수해 예방에 필요한 사항

3. 설해(雪害)대책

   가. 설해 예방대책

   나. 각종 제설자재 및 물자 비축

   다. 그 밖에 설해 예방에 필요한 사항

4. 낙뢰대책

   가. 낙뢰피해 예방대책

   나. 각 유관기관 지원·협조 체제 구축

   다. 그 밖에 낙뢰피해 예방에 필요한 사항

5. 가뭄대책

   가. 상습가뭄재해지역 해소를 위한 중·장기대책

   나. 가뭄 극복을 위한 시설 관리·유지

   다. 빗물모으기시설을 활용한 가뭄 극복대책

   라. 그 밖에 가뭄대책에 필요한 사항

6. 재해정보 및 긴급지원

　　가. 재해 예방 정보체계 구축

　　나. 재해정보 관리·전달 체계 구축

　　다. 재해 대비 긴급지원체계 구축

　　라. 비상대처계획 수립

7. 그 밖에 자연재해 예방을 위하여 재난관리책임기관의 장이 필요하다고 인정하는 사항

③ 재난관리책임기관의 장은 자연재해 예방을 위하여 재해 발생이 우려되는 시설 또는 지역에 대하여 정기점검 및 수시점검을 하여야 한다.

④ 제3항에 따른 자연재해 예방을 위한 점검 대상 시설 및 지역, 점검 방법, 점검 결과의 기록·유지 등에 필요한 사항은 대통령령으로 정한다.

⑤ 시장(특별자치시장을 포함한다. 이하 같다)·군수·구청장(자치구의 구청장을 말한다. 이하 같다)은 자연재해의 유형별로 지역 특성을 고려한 구체적인 대처 요령을 정하여 관계 공무원의 업무지침, 주민 교육·홍보자료 등으로 적극 활용하여야 한다. [개정 2012.2.22]

⑥ 국민은 국가, 지방자치단체 및 재난관리책임기관이 수행하는 자연재난의 예방·복구 및 대책에 관한 업무 수행에 최대한 협조하여야 하고, 자기가 소유하거나 사용하는 건물·시설 등에서 재난이 발생하지 아니하도록 노력하여야 한다.

[전문개정 2011.3.7]

제2장 자연재해의 예방 및 대비

제1절 자연재해 경감 협의 및 자연재해위험개선지구 정비 [개정 2012.10.22]

제4조(사전재해영향성 검토협의)

① 관계 중앙행정기관의 장, 시·도지사, 시장·군수·구청장 및 특별지방행정기관의 장(이하 "관계행정기관의 장"이라 한다)은 자연재해에 영향을 미치는 행정계획을 수립·확정(지역·지구·단지 등의 지정을 포함한다. 이하 같다)하거나 개발사업의 허가·인가·승인·면허·결정·지정 등(이하 "허가 등"이라 한다)을 하려는 경우에는 그 행정계획 및 개발사업의 확정·허가 등을 하기 전에 기본법 제14조에 따른 중앙재난안전대책본부(이하 "중앙대책본부"라 한다)의 본부장(이하 "중앙대책본부장"이라 한다) 또는 기본법 제16조에 따른 지역재난안전대책본부(이하 "지역대책본부"라 한다)의 본부장(이하 "지역대책본부장"이라 한다)과 재해 영향의 검토에 관한 사전협의(이하 "사전재해영향성 검토협의"라 한다)를 하여야 한다. [개정 2013.8.6 제11994호(재난 및 안전관리 기본법)]

② 제1항에 따라 관계행정기관의 장이 사전재해영향성 검토협의를 요청하여야 하는 협의기관의 장은 다음 각 호와 같다. [개정 2012.2.22, 2013.8.6 제11994호(재난 및 안전관리 기본법)]

1. 관계행정기관의 장이 중앙행정기관의 장인 경우 : 중앙대책본부장

2. 관계행정기관의 장이 시·도지사 및 시·도를 관할구역으로 하는 특별지방행정기관의 장인 경우 : 해당 시·도 재난안전대책본부(이하 "시·도 대책본부"라 한다)의 본부장(이하 "시·도 본부장"이라 한다)

3. 관계행정기관의 장이 시장·군수·구청장 및 시(특별자치시를 포함한다. 이하 같다)·군·구를 관할구역으로 하는 특별지방행정기관의 장인 경우 : 해당 시·군·구 재난안전대책본부(이하 "시·군·구 대책본부"라 한다)의 본부장(이하 "시·군·구 본부장"이라 한다)

③ 관계행정기관의 장이 사전재해영향성 검토협의를 하려는 경우에는 대통령령으로 정하는 바에 따라 해당 행정계획 및 개발사업으로 인한 재해 영향을 검토하는 데 필요한 서류를 갖추어 협의를 요청하여야 한다.

④ 중앙대책본부장과 지역대책본부장은 관계행정기관의 장으로부터 제1항에 따른 행정계획 및 개발사업에 대하여 협의를 요청받았을 때에는 대통령령으로 정하는 바에 따라 관계행정기관의 장에게 검토 결과를 통보하여야 한다. [개정 2013.8.6 제11994호(재난 및 안전관리 기본법)]

⑤ 중앙대책본부장과 지역대책본부장은 사전재해영향성 검토협의 요청 사항을 전문적으로 검토하기 위하여 사전재해영향성 검토위원회를 구성·운영할 수 있고, 위원회의 구성·운영에 필요한 사항은 각각 대통령령과 지방자치단체의 조례로 정한다. [개정 2013.8.6 제11994호(재난 및 안전관리 기본법)]

⑥ 국민안전처장관은 사전재해영향성 검토, 재해의 예방·복구 등 재해 경감업무의 전문성 확보와 효율적 추진을 위하여 필요하면 방재 안전관리에 관한 전문기관을 설립할 수 있다. [개정 2014.11.19 제12844호(정부조직법)]

[전문개정 2011.3.7]

제5조(사전재해영향성 검토협의 대상)

① 제4조에 따라 사전재해영향성 검토협의를 하여야 하는 행정계획 및 개발사업은 다음 각 호와 같다.

1. 국토·지역 계획 및 도시의 개발
2. 산업 및 유통 단지 조성
3. 에너지 개발
4. 교통시설의 건설
5. 하천의 이용 및 개발
6. 수자원 및 해양 개발
7. 산지 개발 및 골재 채취
8. 관광단지 개발 및 체육시설 조성
9. 그 밖에 자연재해에 영향을 미치는 계획 및 사업으로서 대통령령으로 정하는 계획 및 사업

② 제1항에도 불구하고 다음 각 호의 사업에 대하여는 사전재해영향성 검토협의를 하지 아니한다.

1. 기본법 제37조에 따른 응급조치를 위한 사업
2. 국방부장관이 군사상의 기밀 보호가 필요하거나 군사적으로 긴급히 수립할 필요가 있다고 인정하여 관계 중앙행정기관의 장과 협의한 사업

③ 제1항에 따라 사전재해영향성 검토협의를 하여야 할 행정계획 및 개발사업의 범위, 시기 및 방법 등에 관하여 필요한 사항은 대통령령으로 정한다.

[전문개정 2011.3.7]

제6조(사전재해영향성 검토협의 이행의 관리 · 감독 등)

① 제4조 제4항에 따라 중앙대책본부장 또는 지역대책본부장으로부터 협의 결과를 통보받은 관계행정기관의 장은 특별한 사유가 없으면 이를 해당 행정계획 또는 개발사업에 반영하기 위하여 필요한 조치를 하여야 하며, 조치한 결과 또는 향후 조치계획을 중앙대책본부장이나 지역대책본부장에게 통보하여야 한다. [개정 2013.8.6 제11994호(재난 및 안전관리 기본법)]

② 제1항에 따라 사전재해영향성 검토협의 결과가 해당 행정계획이나 개발사업에 반영된 경우 관계행정기관의 장과 사업자는 이를 성실히 이행하여야 한다.

③ 중앙대책본부장이나 지역대책본부장은 협의 내용의 이행 관리를 위하여 필요하다고 인정하면 사업자나 승인기관의 장에게 협의 내용의 이행을 위하여 공사 중지 등 필요한 조치를 할 것을 요청할 수 있다. 이 경우 사업자나 승인기관의 장은 특별한 사유가 없으면 요청에 따라야 한다. [개정 2013.8.6 제11994호 (재난 및 안전관리 기본법)]

④ 제1항에 따른 조치 결과 또는 조치계획 등에 관하여 필요한 사항은 대통령령으로 정한다.

[전문개정 2011.3.7]

제7조(개발사업의 사전 허가 등의 금지)

① 관계행정기관의 장은 제4조에 따른 협의 절차가 끝나기 전에 개발사업에 대한 허가 등을 하여서는 아니 된다.

② 중앙대책본부장이나 지역대책본부장은 협의 절차가 끝나기 전에 시행한 개발사업에 대하여는 관계행정기관의 장에게 공사중지 등 필요한 조치를 할 것을 요청할 수 있다. 이 경우 관계행정기관의 장은 특별한 사유가 없으면 요청에 따라야 한다. [개정 2013.8.6 제11994호(재난 및 안전관리 기본법)]

[전문개정 2011.3.7]

제8조(방재 분야 전문가의 개발 관련 위원회 참여)

① 중앙행정기관의 장, 특별지방행정기관의 장, 시 · 도지사 및 시장 · 군수 · 구청장은 자연재해에 영향을 미치는 행정계획 및 개발사업(이하 "개발계획 등"이라 한다)을 자문 · 심의 · 의결하기 위하여 구성 · 운영하는 위원회에 자연재해 예방을 위한 재해영향성검토 의견이 반영될 수 있도록 방재 분야 전문가를 위원으로 참여시켜야 한다.

② 중앙대책본부장과 지역대책본부장은 제1항에 따른 위원회에 방재 분야 전문가를 추천할 수 있고 필요하다고 판단되면 방재업무를 담당하는 공무원을 함께 추천할 수 있다. [개정 2013.8.6 제11994호(재난 및 안전관리 기본법)]

[전문개정 2011.3.7]

제9조(재해 원인 조사 · 분석 등)

① 재난관리책임기관의 장은 소관 시설 등에서 자연재해가 발생한 경우 그 원인에 대한 조사 및 분석을 실시할 수 있다. [개정 2014.5.14]

② 중앙대책본부장 또는 지역대책본부장은 제1항에도 불구하고 재해발생 원인을 규명하고 예방대책을 수립하기 위하여 직접 조사 · 분석 · 평가할 수 있다. [신설 2014.5.14]

③ 제2항에 따라 재해의 발생원인 조사 등을 할 때에는 그 결과를 관계 재난관리책임기관의 장에게 통보하여야 한다. [신설 2014.5.14]

④ 지역대책본부장이 재해 원인을 조사 · 분석 · 평가하기 위하여 필요한 사항은 해당 지방자치단체의 조례로 정한다. [개정 2013.8.6 제11994호(재난 및 안전관리 기본법), 2014.5.14]

[전문개정 2011.3.7]

제10조(재해경감대책협의회의 구성 등)

① 중앙대책본부장은 제9조에 따른 재해 원인의 조사 · 분석 · 평가 등에 필요한 업무 협조, 재해 경감을 위한 조사 · 연구, 그 밖의 재해경감대책 수립을 위하여 지방자치단체 및 관련 분야 전문단체들이 참여하는 재해경감대책협의회를 구성 · 운영할 수 있다. [개정 2013.8.6 제11994호(재난 및 안전관리 기본법)]

② 제1항에 따른 재해경감대책협의회의 구성 · 기능 및 운영에 필요한 사항은 총리령으로 정한다. [개정 2013.3.23 제11690호(정부조직법), 2014.11.19 제12844호(정부조직법)]

③ 중앙대책본부장은 제1항에 따른 재해경감대책협의회를 원활하게 운영하기 위하여 필요하다고 판단되면 총리령으로 정하는 바에 따라 행정적 · 재정적 지원을 할 수 있다. [개정 2013.3.23 제11690호(정부조직법), 2013.8.6 제11994호(재난 및 안전관리 기본법), 2014.11.19 제12844호(정부조직법)]

[전문개정 2011.3.7]

제11조(토지 출입 등)

① 중앙대책본부장, 지역대책본부장 또는 중앙대책본부장, 지역대책본부장으로부터 명령이나 위임 · 위탁을 받은 자는 시설물 등의 점검, 재해 원인 분석 · 조사, 재해 흔적 조사 및 피해 조사 등을 위하여 필요하면 타인의 토지에 출입하거나 타인의 토지를 일시 사용할 수 있으며, 특히 필요한 경우에는 나무, 흙, 돌, 그 밖의 장애물을 변경하거나 제거할 수 있다. [개정 2013.8.6 제11994호(재난 및 안전관리 기본법), 2014.11.19 제12844호(정부조직법)]

② 제1항에 따라 타인의 토지에의 출입, 토지의 일시 사용 또는 나무, 흙, 돌, 그 밖의 장애물을 변경하거나 제거하려는 자는 미리 그 토지 또는 장애물의 소유자 · 점유자 또는 관리인(이하 이 조에서 "관계인"이라 한다)의 동의를 받아야 한다. 다만, 해당 관계인이 현장에 없거나 주소 또는 거소(居所)가 분명하지 아니하여 동의를 받을 수 없을 때에는 관할 시장 · 군수 · 구청장의 허가를 받아야 한다.

③ 제1항에 따른 행위를 하려는 사람은 그 권한을 나타내는 증표를 지니고 이를 관계인에게 보여주어야 한다.

[전문개정 2011.3.7]

제12조(자연재해위험개선지구의 지정 등)

① 시장·군수·구청장은 상습침수지역, 산사태위험지역 등 지형적인 여건 등으로 인하여 재해가 발생할 우려가 있는 지역을 자연재해위험개선지구로 지정·고시하고, 그 결과를 시·도지사를 거쳐 국민안전처장관과 관계 중앙행정기관의 장에게 보고하여야 한다. [개정 2012.10.22, 2014.11.19 제12844호(정부조직법)]

② 시장·군수·구청장은 제1항에 따라 지정된 자연재해위험개선지구를 관할하는 관계 기관(군부대를 포함한다) 또는 그 지구에 속해 있는 시설물의 소유자·점유자 또는 관리인(이하 이 조에서 "관계인"이라 한다)에게 총리령으로 정하는 바에 따라 재해 예방에 필요한 한도에서 점검·정비 등 필요한 조치를 할 것을 요청하거나 명할 수 있다. [개정 2012.10.22, 2013.3.23 제11690호(정부조직법), 2013.8.6, 2014.11.19 제12844호(정부조직법)]

③ 제2항에 따라 재해 예방에 필요한 조치를 하도록 요청받거나 명령받은 관계 기관 또는 관계인은 필요한 조치를 하고 그 결과를 시장·군수·구청장에게 통보하여야 한다.

④ 시장·군수·구청장은 대통령령으로 정하는 자연재해위험개선지구에 대하여 직권으로 제2항에 따른 조치를 하거나 소유자에게 그 조치에 드는 비용의 일부를 보조할 수 있다. [개정 2012.10.22]

⑤ 시장·군수·구청장은 자연재해위험개선지구 정비사업 시행 등으로 재해 위험이 없어진 경우에는 관계 전문가의 의견을 수렴하여 자연재해위험개선지구 지정을 해제하고 그 결과를 고시하여야 한다. [개정 2012.10.22]

⑥ 국민안전처장관 및 시·도지사는 제1항에 따른 자연재해위험개선지구의 지정이 필요함에도 불구하고 시장·군수·구청장이 자연재해위험개선지구로 지정하지 아니하는 경우에는 해당 지역을 자연재해위험개선지구로 지정·고시하도록 권고할 수 있다. 이 경우 시장·군수·구청장은 특별한 사유가 없는 한 이에 따라야 한다. [개정 2012.10.22, 2014.11.19 제12844호(정부조직법)]

[전문개정 2011.3.7]

[본조제목개정 2012.10.22]

제13조(자연재해위험개선지구 정비계획의 수립)

① 시장·군수·구청장은 제12조 제1항에 따라 지정된 자연재해위험개선지구에 대하여 정비 방향의 지침이 될 자연재해위험개선지구 정비계획(이하 "정비계획"이라 한다)을 5년마다 수립하고 시·도지사에게 제출하여야 한다. [개정 2012.10.22]

② 시·도지사는 정비계획을 받아 국민안전처장관에게 제출하여야 하며, 국민안전처장관은 필요하면 시·도지사에게 정비계획의 보완을 요청할 수 있다. [개정 2014.11.19 제12844호(정부조직법)]

③ 정비계획에는 다음 각 호의 사항이 포함되어야 한다. [개정 2012.10.22]

 1. 자연재해위험개선지구의 정비에 관한 기본 방침

 2. 자연재해위험개선지구 지정 현황 및 연도별 지구 정비에 관한 사항

 3. 재해 예방 및 자연재해위험개선지구의 점검·관리에 관한 사항

 4. 그 밖에 자연재해위험개선지구의 정비 등에 관하여 대통령령으로 정하는 사항

④ 시장·군수·구청장은 정비계획을 수립할 때에는 그 지역에 관한 개발계획 등과의 관련성 등을 검토·반영하여야 한다.

⑤ 정비계획을 변경하는 경우에는 제1항과 제2항을 준용한다.

⑥ 제1항부터 제5항까지에서 규정한 사항 외에 정비계획의 수립 및 절차 등에 관하여 필요한 사항은 대통령령으로 정한다.

[전문개정 2011.3.7]

[본조제목개정 2012.10.22]

제14조(자연재해위험개선지구 정비사업계획의 수립)

① 시장 · 군수 · 구청장은 정비계획에 따라 매년 다음 해의 자연재해위험개선지구 정비사업계획(이하 "사업계획"이라 한다)을 수립하여 시 · 도지사에게 제출하여야 한다. [개정 2012.10.22]

② 시 · 도지사는 제1항에 따라 사업계획을 받으면 국민안전처장관에게 보고하여야 한다. [개정 2014.11.19 제12844호(정부조직법)]

③ 사업계획을 변경하는 경우에는 제1항과 제2항을 준용한다.

④ 제1항부터 제3항까지에서 규정한 사항 외에 사업계획의 수립 및 절차 등에 관하여 필요한 사항은 대통령령으로 정한다.

[전문개정 2011.3.7]

[본조제목개정 2012.10.22]

제14조의2(자연재해위험개선지구 정비사업 실시계획의 수립 · 공고 등)

① 시장 · 군수 · 구청장은 사업계획을 바탕으로 대통령령으로 정하는 바에 따라 자연재해위험개선지구 정비사업 실시계획을 수립하여 공고하고, 설계도서(設計圖書)를 일반인이 열람할 수 있도록 하여야 한다. 자연재해위험개선지구 정비사업 실시계획을 변경하려는 경우에도 또한 같다.

② 시장 · 군수 · 구청장이 제1항에 따라 자연재해위험개선지구 정비사업 실시계획을 수립하거나 변경하여 공고하면 다음 각 호의 허가 · 인가 · 승인 · 결정 · 지정 · 협의 · 신고수리 등(이하 이 조에서 "인 · 허가 등"이라 한다)에 관하여 제3항에 따라 관계 행정기관의 장과 협의한 사항에 대하여는 해당 인 · 허가 등을 받아 고시 또는 공고를 한 것으로 본다. [개정 2014.1.14 2014.1.14 제12248호(도로법)]

  1. 「골재채취법」 제22조에 따른 골재채취의 허가

  2. 「공유수면 관리 및 매립에 관한 법률」 제8조에 따른 공유수면의 점용 · 사용허가, 같은 법 제10조에 따른 협의 또는 승인, 같은 법 제17조에 따른 점용 · 사용 실시계획의 승인 또는 신고, 같은 법 제28조에 따른 공유수면의 매립면허, 같은 법 제35조에 따른 국가 등이 시행하는 매립의 협의 또는 승인 및 같은 법 제38조에 따른 공유수면매립실시계획의 승인

  3. 「국유재산법」 제30조에 따른 행정재산의 사용허가

  4. 「국토의 계획 및 이용에 관한 법률」 제30조에 따른 도시 · 군관리계획(도시계획시설사업만 해당한다)의 결정, 같은 법 제56조 제1항 제2호에 따른 토지의 형질 변경허가, 같은 항 제3호에 따른 토석의 채취허가, 같은 법 제81조에 따른 시가화조정구역에서의 공공시설 설치 및 입목벌채 · 조림 · 육림 · 토석채취의 허가, 같은 법 제88조에 따른 실시계획의 작성 · 인가, 같은 법 제118조에 따른 토지거래계약의 허가 및 같은 법 제130조 제2항에 따른 타인의 토지에의 출입허가

  5. 「군사기지 및 군사시설 보호법」 제9조 제1항 제1호에 따른 통제보호구역 등의 출입허가 및 같은 법 제13조에 따른 행정기관의 허가 등에 관한 협의

6. 「관광진흥법」 제52조에 따른 관광지의 지정, 같은 법 제54조에 따른 조성계획의 승인 및 같은 법 제55조에 따른 조성사업의 시행허가

7. 「농어촌도로 정비법」 제8조에 따른 도로사업계획의 승인 및 같은 법 제9조에 따른 도로의 노선 지정

8. 「농어촌정비법」 제23조에 따른 농업생산기반시설의 목적 외 사용의 승인, 같은 법 제24조에 따른 농업생산기반시설의 폐지 승인 및 같은 법 제111조에 따른 토지의 형질변경 등의 허가

9. 「농지법」 제34조에 따른 농지의 전용허가, 같은 법 제35조에 따른 농지의 전용신고 및 같은 법 제36조에 따른 농지의 타용도 일시사용 허가 · 협의

10. 「도로법」 제19조에 따른 도로 노선의 지정 · 고시, 같은 법 제25조에 따른 도로구역의 결정, 같은 법 제36조에 따른 도로관리청이 아닌 자에 대한 도로공사의 시행 허가 및 같은 법 제61조에 따른 도로의 점용 허가

11. 「도시공원 및 녹지 등에 관한 법률」 제24조에 따른 도시공원의 점용허가, 같은 법 제27조에 따른 도시자연공원구역에서의 행위허가 및 같은 법 제38조에 따른 녹지의 점용허가

12. 「대기환경보전법」 제23조, 「수질 및 수생태계 보전에 관한 법률」 제33조 및 「소음 · 진동관리법」 제8조에 따른 배출시설의 설치 허가 · 신고

13. 「문화재보호법」 제35조 제1항 제1호 · 제4호에 따른 국가지정문화재의 현상 변경 등 허가, 같은 법 제56조에 따른 등록문화재의 현상 변경 신고 및 같은 법 제66조 단서에 따른 국유문화재 사용허가와 「매장문화재 보호 및 조사에 관한 법률」 제8조에 따른 협의

14. 「사도법」 제4조에 따른 사도 개설허가

15. 「사방사업법」 제14조에 따른 사방지에서의 행위허가

16. 「산림보호법」 제9조 제2항 제1호 및 제2호에 따른 산림보호구역(산림유전자원보호구역은 제외한다)에서의 행위의 허가 · 신고

17. 「산림자원의 조성 및 관리에 관한 법률」 제36조 제1항 · 제4항에 따른 입목벌채 등의 허가 · 신고

18. 「산업입지 및 개발에 관한 법률」 제12조에 따른 산업단지에서의 토지 형질변경 등의 허가 및 같은 법 제17조, 제18조, 제18조의2 또는 제19조에 따른 실시계획 승인

19. 「산지관리법」 제14조에 따른 산지전용허가, 같은 법 제15조에 따른 산지전용신고 및 같은 법 제25조에 따른 토석채취허가 등

20. 「소하천정비법」 제8조에 따른 소하천정비시행계획 수립, 같은 법 제10조에 따른 관리청이 아닌 자의 소하천공사 시행허가 및 같은 법 제14조에 따른 소하천의 점용허가

21. 「수도법」 제17조에 따른 일반수도사업의 인가, 같은 법 제49조에 따른 공업용수도사업의 인가, 같은 법 제52조에 따른 전용상수도 설치인가 및 같은 법 제54조에 따른 전용공업용수도의 설치인가

22. 「어촌 · 어항법」 제23조에 따른 어항개발사업의 시행허가

23. 「자연공원법」 제23조에 따른 공원구역에서의 행위허가

24. 「장사 등에 관한 법률」 제27조 제1항에 따른 무연분묘(無緣墳墓)의 개장허가

25. 「주택법」 제16조에 따른 사업계획의 승인

26. 「초지법」 제21조의2에 따른 초지조성지역에서의 행위허가 및 같은 법 제23조에 따른 초지 전용 허가 · 협의

27. 「체육시설의 설치 · 이용에 관한 법률」 제12조에 따른 사업계획의 승인

28. 「하수도법」 제16조에 따른 공공하수도공사 시행의 허가, 같은 법 제24조에 따른 점용허가 및 같은 법 제27조에 따른 배수설비의 설치신고

29. 「하천법」 제27조에 따른 하천공사시행계획의 수립, 같은 법 제30조에 따른 하천관리청이 아닌 자의 하천공사 시행의 허가, 같은 법 제33조에 따른 하천의 점용허가 및 같은 법 제38조에 따른 하천예정지 등에서의 행위허가

30. 「항만법」 제9조에 따른 항만공사의 시행허가 및 같은 법 제10조에 따른 항만공사실시계획의 승인

③ 시장·군수·구청장이 제1항에 따라 자연재해위험개선지구 정비사업 실시계획을 수립·변경하고 공고할 때에 그 내용에 제2항 각 호의 어느 하나에 해당하는 사항이 포함되어 있는 경우에는 관계 행정기관의 장과 미리 협의하여야 한다. 이 경우 관계 행정기관의 장은 시장·군수·구청장으로부터 협의 요청을 받은 날부터 15일 이내에 협의 내용을 회신하여야 한다.

[본조신설 2012.10.22]

제14조의3(토지 등의 수용 및 사용)

① 시장·군수·구청장은 자연재해위험개선지구 정비사업을 시행하기 위하여 필요하다고 인정하면 사업구역에 있는 토지·건축물 또는 그 토지에 정착된 물건의 소유권이나 그 토지·건축물 또는 물건에 관한 소유권 외의 권리를 수용하거나 사용할 수 있다.

② 제14조의2 제1항에 따라 자연재해위험개선지구 정비사업 실시계획을 공고한 경우에는 「공익사업을 위한 토지 등의 취득 및 보상에 관한 법률」 제20조 제1항 및 제22조에 따른 사업인정 및 사업인정의 고시를 한 것으로 보며, 재결의 신청은 같은 법 제23조 제1항 및 제28조 제1항에도 불구하고 자연재해위험개선지구 정비사업의 시행기간 내에 할 수 있다.

③ 제1항에 따른 수용 또는 사용에 관하여는 이 법에 특별한 규정이 있는 경우를 제외하고는 「공익사업을 위한 토지 등의 취득 및 보상에 관한 법률」을 적용한다.

[본조신설 2012.10.22]

제15조(자연재해위험개선지구 내 건축, 형질 변경 등의 행위 제한)

① 시장·군수·구청장은 자연재해위험개선지구로 지정·고시된 지역에서 재해 예방을 위하여 필요하면 건축, 형질 변경 등의 행위를 제한할 수 있다. 다만, 건축, 형질 변경 등의 행위와 병행하여 그 행위로 발생할 수 있는 자연재해에 관한 예방대책이 마련되어 추진되는 경우에는 그러하지 아니하다. [개정 2012.10.22]

② 제1항 본문에 따라 건축, 형질 변경 등의 행위를 제한하는 자연재해위험개선지구는 다른 자연재해위험개선지구보다 우선하여 정비하여야 한다. [개정 2012.10.22]

③ 제1항에 따른 행위 제한에 관한 구체적인 사항은 해당 지방자치단체의 조례로 정한다.

[전문개정 2011.3.7]

[본조제목개정 2012.10.22]

제2절 풍수해

제16조(풍수해저감종합계획의 수립)

① 시장·군수는 풍수해의 예방 및 저감을 위하여 5년마다 시·군 풍수해저감종합계획(이하 "시·군 종합계획"이라 한다)을 수립하여 시·도지사를 거쳐 대통령령으로 정하는 바에 따라 국민안전처장관의 승인을 받아 확정하여야 한다. [개정 2012.2.22, 2014.11.19 제12844호(정부조직법)]

② 시·도지사는 시·군 종합계획을 기초로 시·도 풍수해저감종합계획(이하 "시·도 종합계획"이라 한다)을 수립하여 대통령령으로 정하는 바에 따라 국민안전처장관의 승인을 받아 확정하여야 한다. [개정 2012.2.22, 2014.11.19 제12844호(정부조직법)]

③ 시·도지사 및 시장·군수는 각각 시·도 종합계획 및 시·군 종합계획에 대한 사업시행계획을 매년 작성하여 국민안전처장관에게 제출하여야 한다. [개정 2012.2.22, 2014.11.19 제12844호(정부조직법)]

④ 국민안전처장관은 제3항에 따라 제출받은 사업시행계획을 심사한 후 풍수해저감사업비의 일부를 국고로 지원할 수 있다. [개정 2014.11.19 제12844호(정부조직법)]

⑤ 시장·군수 및 시·도지사가 각각 시·군 종합계획 및 시·도 종합계획을 변경하려는 경우에는 제1항과 제2항에 따른 절차를 준용한다. [개정 2012.2.22]

⑥ 「국토의 계획 및 이용에 관한 법률」제11조, 제18조 및 제24조에 따른 광역도시계획, 도시·군기본계획 및 도시·군관리계획의 수립·변경권자가 광역도시계획, 도시·군기본계획 및 도시·군관리계획을 수립하거나 변경하는 경우에는 시·군 종합계획과 시·도 종합계획을 반영하여야 한다.[개정 2011.4.14 제10599호(국토의 계획 및 이용에 관한 법률), 2012.2.22]

⑦ 시·군 종합계획과 시·도 종합계획을 수립하기 위하여 필요한 사항은 대통령령으로 정한다. [개정 2012.2.22]
[전문개정 2011.3.7]

제16조의2(지역별 방재성능목표 설정·운용)

① 국민안전처장관은 홍수, 호우 등으로부터 재해를 예방하기 위한 방재정책 등에 적용하기 위하여 처리 가능한 시간당 강우량 및 연속강우량의 목표(이하 "방재성능목표"라 한다)를 지역별로 설정·운용할 수 있도록 관계 중앙 행정기관의 장과 협의하여 방재성능목표 설정 기준을 마련하고, 이를 특별시장·광역시장·시장 및 군수(시장은 특별자치도의 행정시장을 포함하고, 군수는 광역시에 속한 군의 군수를 포함한다. 이하 이 조 및 제16조의3에서 같다)에게 통보하여야 한다. [개정 2014.11.19 제12844호(정부조직법)]

② 제1항에 따라 방재성능목표 설정 기준을 통보받은 특별시장·광역시장·시장 및 군수는 해당 특별시·광역시(광역시에 속하는 군은 제외한다. 이하 제16조의3에서 같다)·시 및 군에 대한 10년 단위의 지역별 방재성능목표를 설정·공표하고 운용하여야 한다.

③ 특별시장·광역시장·시장 및 군수는 지역별 방재성능목표를 공표한 날부터 5년마다 그 타당성 여부를 검토하여 필요한 경우에는 설정된 방재성능목표를 변경·공표하여야 한다.

④ 제2항 및 제3항에 따른 지역별 방재성능목표의 설정·변경 및 운용에 필요한 사항은 대통령령으로 정한다.
[본조신설 2012.2.22]

제16조의3(방재시설에 대한 방재성능 평가 등)

① 특별시장 · 광역시장 · 시장 및 군수는 해당 특별시 · 광역시 · 시 및 군에 있는 제64조에 따른 방재시설 중 대통령령으로 정하는 방재시설의 성능이 지역별 방재성능목표에 부합하는지를 평가하고, 방재성능목표에 부합하지 아니하는 경우에는 방재성능을 향상시킬 수 있는 통합 개선대책을 수립 · 시행하여야 한다.

② 제1항에 따른 방재시설에 대한 방재성능 평가 및 통합 개선대책의 수립 · 시행에 필요한 사항은 대통령령으로 정한다.

[본조신설 2012.2.22]

제16조의4(방재기준 가이드라인의 설정 및 활용)

① 중앙대책본부장은 기후변화에 따른 재해에 선제적이고 효과적으로 대응하기 위하여 미래 기간별 · 지역별로 예측되는 기온, 강우량, 풍속 등을 바탕으로 방재기준 가이드라인을 정하고, 재난관리책임기관의 장에게 이를 적용하도록 권고할 수 있다. [개정 2013.8.6 제11994호(재난 및 안전관리 기본법)]

② 제1항에 따라 권고를 받은 재난관리책임기관의 장은 방재기준 가이드라인을 소관 업무에 관한 장기 개발 계획 수립 · 시행 및 제64조에 따른 방재시설의 유지 · 관리 등에 적용할 수 있다.

[본조신설 2012.10.22]

제17조(수방기준의 제정 · 운영)

① 수방기준 중 시설물의 수해 내구성을 강화하기 위한 수방기준은 관계 중앙행정기관의 장이 정하고, 지하 공간의 침수를 방지하기 위한 수방기준은 국민안전처장관이 관계 중앙행정기관의 장과 협의하여 정한다. [개정 2014.11.19 제12844호(정부조직법)]

② 제1항에 따라 수방기준을 정하여야 하는 시설물 및 지하 공간(이하 "수방기준제정대상"이라 한다)은 다음 각 호의 시설 중에서 대통령령으로 정한다. [개정 2014.1.14 2014.1.14 제12248호(도로법)]

  1. 시설물
     가. 「소하천정비법」 제2조 제3호에 따른 소하천부속물
     나. 「하천법」 제2조 제3호에 따른 하천시설
     다. 「국토의 계획 및 이용에 관한 법률」 제2조 제6호에 따른 기반시설
     라. 「하수도법」 제2조 제3호에 따른 하수도
     마. 「농어촌정비법」 제2조 제6호에 따른 농업생산기반시설
     바. 「사방사업법」 제2조 제3호에 따른 사방시설
     사. 「댐건설 및 주변지역지원 등에 관한 법률」 제2조 제1호에 따른 댐
     아. 「도로법」 제2조 제1호에 따른 도로
     자. 「항만법」 제2조 제5호에 따른 항만시설
  2. 지하 공간
     가. 「국토의 계획 및 이용에 관한 법률」 제2조 제6호 및 제9호에 따른 기반시설 및 공동구(共同溝)
     나. 「시설물의 안전관리에 관한 특별법」 제2조 제1호에 따른 시설물
     다. 「대도시권 광역교통관리에 관한 특별법」 제2조 제2호 나목에 따른 광역철도
     라. 「건축법」 제2조 제1항 제2호에 따른 건축물

③ 수방기준제정대상을 설치하는 자는 그 시설물을 설계하거나 시공할 때에는 제1항에 따른 수방기준을 적용하여야 한다.

④ 지방자치단체의 장은 수방기준제정대상의 준공검사 또는 사용승인을 할 때에는 국민안전처장관이 정하는 바에 따라 수방기준 적용 여부를 확인하고, 수방기준을 충족하였으면 준공검사 또는 사용승인을 하여야 한다. [개정 2014.11.19 제12844호(정부조직법)]

[전문개정 2011.3.7]

제18조(지구단위 홍수방어기준의 설정 및 활용)

① 국민안전처장관은 상습침수지역, 홍수피해예상지역, 그 밖의 수해지역의 재해 경감을 위하여 필요하면 지구단위 홍수방어기준을 정하여야 한다. [개정 2014.11.19 제12844호(정부조직법)]

② 재난관리책임기관의 장은 개발사업, 자연재해위험개선지구 정비사업, 수해복구사업, 그 밖의 재해경감사업(이하 "개발사업 등"이라 한다) 중 대통령령으로 정하는 개발사업 등에 대한 계획을 수립할 때에는 제1항에 따른 지구단위 홍수방어기준을 적용하여야 한다. [개정 2012.10.22]

③ 중앙행정기관의 장, 시·도지사 및 시장·군수·구청장은 개발사업 등의 허가 등을 할 때에는 재해 예방을 위하여 사업 대상지역 및 인근지역에 미치는 영향을 분석하여 사업시행자에게 지구단위 홍수방어기준을 적용하도록 요청할 수 있다. 이 경우 요청을 받은 사업시행자는 특별한 사유가 없으면 이에 따라야 한다. [개정 2012.10.22]

[전문개정 2011.3.7]

제19조(우수유출저감대책 수립)

① 특별시장·광역시장·특별자치시장 및 시장·군수는 관할구역의 지역특성 등을 고려하여 우수의 침투 또는 저류를 통한 재해의 예방을 위하여 우수유출저감대책을 5년마다 수립하여야 한다.

② 제1항에 따라 수립한 우수유출저감대책을 특별시장·광역시장·특별자치시장은 국민안전처장관에게 제출하여야 하며, 시장·군수는 도지사를 경유하여 국민안전처장관에게 제출하여야 한다. [개정 2014.11.19 제12844호(정부조직법)]

③ 제1항에 따른 우수유출저감대책에는 다음 각 호의 사항이 포함되어야 한다.
　　1. 우수유출저감 목표와 전략
　　2. 우수유출저감대책의 기본 방침
　　3. 우수유출저감시설의 연도별 설치에 관한 사항
　　4. 우수유출저감시설 설치를 위한 재원대책
　　5. 재해의 예방을 위한 우수유출저감시설 관리방안
　　6. 유휴지, 불모지 등을 이용한 우수유출저감대책
　　7. 그 밖에 특별시장·광역시장·특별자치시장 및 시장·군수가 필요하다고 인정하는 사항

④ 시·도지사 또는 시장·군수는 제1항에 따른 우수유출저감대책을 제16조에 따라 수립하는 풍수해저감종합계획에 반영하여야 한다.

[전문개정 2013.8.6]

제19조의2(우수유출저감시설 사업계획의 수립)

① 특별시장 · 광역시장 · 특별자치시장 및 시장 · 군수는 제19조의 우수유출저감대책에 따라 매년 다음 연도의 우수유출저감시설 사업계획을 수립하여야 한다.

② 제1항에 따라 수립한 우수유출저감시설 사업계획을 특별시장 · 광역시장 · 특별자치시장은 국민안전처장관에게 제출하여야 하며, 시장 · 군수는 도지사를 경유하여 국민안전처장관에게 제출하여야 한다. 이미 수립한 우수유출저감시설 사업계획을 변경하려는 경우에도 또한 같다. [개정 2014.11.19 제12844호(정부조직법)]

③ 제1항 및 제2항에서 규정한 사항 외에 우수유출저감시설 사업계획의 수립 및 절차 등 필요한 사항은 대통령령으로 정한다.

[본조신설 2013.8.6]

제19조의3(우수유출저감시설 사업 실시계획의 수립 · 공고 등)

우수유출저감시설 사업의 실시계획의 수립 · 공고 등에 관하여는 제14조의2를 준용한다. 이 경우 "자연재해위험개선지구 정비사업"은 "우수유출저감시설 사업"으로 본다.

[본조신설 2013.8.6]

제19조의4(우수유출저감시설 사업 시행에 따른 토지 등의 수용 및 사용)

우수유출저감시설 사업의 시행에 필요한 토지 등의 수용 및 사용에 관하여는 제14조의3을 준용한다. 이 경우 "자연재해위험개선지구 정비사업"은 "우수유출저감시설 사업"으로, "제14조의2 제1항에 따라"는 "제19조의3에 따라"로 본다.

[본조신설 2013.8.6]

제19조의5(우수유출저감시설 설치를 위한 토지의 사용 요청)

① 관계 중앙행정기관의 장 또는 지방자치단체의 장은 침수 피해가 발생하였거나 발생할 위험이 높은 도심지역의 침수 피해를 방지하기 위하여 다음 각 호의 어느 하나에 해당하는 공공기관이 소유 · 관리하는 운동장 · 주차장 · 공원 등 공공시설물의 지하공간에 우수유출저감시설을 설치할 필요가 있는 경우에는 해당 공공기관의 장에게 우수유출저감시설의 설치에 필요한 범위에서 토지의 사용을 요청할 수 있다.

  1. 국가 및 지방자치단체의 기관
  2. 국립 · 공립 학교
  3. 「공공기관의 운영에 관한 법률」 제4조에 따른 공공기관
  4. 「지방공기업법」 제49조에 따라 설립된 지방공사 또는 같은 법 제76조에 따라 설립된 지방공단

② 관계 중앙행정기관의 장 또는 지방자치단체의 장이 제1항에 따라 토지의 사용을 요청할 때에는 시설계획, 안전관리계획 등 관련 계획을 제출하여야 하며, 요청을 받은 공공기관의 장은 공익성, 안전성 등을 검토하여 특별한 사유가 없으면 이에 협조하여야 한다.

[본조신설 2013.8.6]

제19조의6(개발사업 시행자 등의 우수유출저감시설 설치)

① 개발사업 등을 시행하거나 공공시설을 관리하는 자는 대통령령으로 정하는 바에 따라 우수유출저감대책을 수립하고 우수유출저감시설을 설치하여야 한다.

② 지방자치단체의 장은 제1항에 따라 우수유출저감시설을 설치·운영하는 민간사업자에게 조례로 정하는 바에 따라 수도요금 또는 하수도사용료를 일부 감면할 수 있다.

③ 제1항에 따른 우수유출저감시설 설치 대상 개발사업 등은 다음 각 호와 같다.

  1. 국토·지역 계획 및 도시의 개발

  2. 산업 및 유통 단지 조성

  3. 관광지 및 관광단지 개발

  4. 그 밖에 우수유출에 영향을 미치는 사업으로서 대통령령으로 정하는 사업

④ 지방자치단체의 장은 제1항에 따른 개발사업 등 및 공공시설에 대하여 준공검사 또는 사용승인을 할 때에는 제19조의7에 따른 우수유출저감시설기준의 적합 여부를 확인하고, 그 기준에 맞으면 준공검사나 사용승인을 하여야 한다.

[본조신설 2013.8.6]

제19조의7(우수유출저감시설에 관한 기준)

① 우수유출저감시설은 풍수해 및 가뭄피해 경감을 위하여 우수의 순간유출량을 저감하는 기능을 갖추어야 한다.

② 우수유출저감시설은 설치 지역의 연간강수량 및 지형적·지리적 조건, 집수 및 배수계통, 안전성 등을 고려하여 설치하여야 한다.

③ 그 밖에 우수유출저감시설의 종류·설치·구조 및 유지관리 등에 필요한 기준은 대통령령으로 정한다.

④ 관계 중앙행정기관의 장은 제1항부터 제3항까지의 기준에 따라 사업별 특성에 적합한 우수유출저감기법을 개발·보급하여야 한다.

[본조신설 2013.8.6]

제20조(내풍설계기준의 설정)

① 관계 중앙행정기관의 장은 태풍, 강풍 등으로 인하여 재해를 입을 우려가 있는 다음 각 호의 시설 중 대통령령으로 정하는 시설에 대하여 관계 법령 등에 내풍설계기준을 정하고 그 이행을 감독하여야 한다.

  1. 「건축법」에 따른 건축물

  2. 「항공법」에 따른 공항시설

  3. 「관광진흥법」에 따른 유원시설(遊園施設)

  4. 「도로법」 및 「국토의 계획 및 이용에 관한 법률」에 따른 도로

  5. 「궤도운송법」에 따른 삭도시설

  6. 「산업안전보건법」에 따른 크레인 및 리프트

  7. 「옥외광고물 등 관리법」에 따른 옥외광고물

  8. 「전기사업법」 및 「전원개발 촉진법」에 따른 송전·배전 시설

9. 「항만법」에 따른 항만시설

10. 「철도산업발전 기본법」에 따른 철도시설

11. 그 밖에 대통령령으로 정하는 시설

② 관계 중앙행정기관의 장이 제1항에 따른 내풍설계기준을 정하였을 때에는 중앙대책본부장에게 통보하여야 하며 중앙대책본부장은 필요하면 보완을 요구할 수 있다. [개정 2013.8.6 제11994호(재난 및 안전관리 기본법)]

③ 지방자치단체의 장은 제1항에 따른 내풍설계 대상 시설물에 대하여 허가 등을 할 때에는 내풍설계기준 적용에 관한 사항을 확인하고 그 기준을 충족하였으면 허가 등을 하여야 한다.

[전문개정 2011.3.7]

제21조(각종 재해지도의 제작 · 활용)

① 관계 중앙행정기관의 장 및 지방자치단체의 장은 하천 범람 등 자연재해를 경감하고 신속한 주민 대피 등의 조치를 하기 위하여 대통령령으로 정하는 재해지도를 제작 · 활용하여야 한다. 다만, 다른 법령에 재해지도의 제작 · 활용에 관하여 특별한 규정이 있는 경우에는 그 법령에서 정하는 바에 따라 재해지도를 제작 · 활용할 수 있다.[개정 2011.3.7, 2014.5.14]

② 지방자치단체의 장은 침수 피해가 발생하였을 때에는 침수, 범람, 그 밖의 피해 흔적(이하 "침수흔적"이라 한다)을 조사하여 침수흔적도를 작성 · 보존하고 현장에 침수흔적을 표시 · 관리하여야 한다.[개정 2011.3.7]

③ 중앙대책본부장은 관계 중앙행정기관의 장 및 지방자치단체의 장이 작성한 재해지도를 자연재해의 예방 · 대비 · 대응 · 복구 등 전분야 대책에 기초로 활용하고 업무추진의 효율성을 증진하기 위한 재해지도 통합관리연계시스템을 구축 · 운영하여야 한다. [신설 2014.5.14]

④ 중앙대책본부장은 재해지도통합관리연계시스템의 구축을 위하여 필요한 자료를 관계 중앙행정기관의 장 및 지방자치단체의 장에게 요청할 수 있다. 이 경우 요청을 받은 관계 중앙행정기관의 장 및 지방자치단체의 장은 특별한 사유가 없으면 이에 따라야 한다. [신설 2014.5.14]

⑤ 제1항에 따른 재해지도 및 제2항에 따른 침수흔적도의 작성 · 보존 · 활용, 침수흔적의 설치 장소, 표시 방법 및 유지 · 관리 등에 관한 세부 사항과 제3항에 따른 재해지도통합관리연계시스템의 표준화, 각종 재해 관련 지도의 통합 · 관리, 재해지도의 유형별 분류 등에 관한 세부 사항은 대통령령으로 정한다.[개정 2011.3.7, 2014.5.14]

[본조제목개정 2007.1.3]

제21조의2(재해 상황의 기록 및 보존 등)

① 지방자치단체의 장은 총리령으로 정하는 일정 규모 이상의 자연재해가 발생하였을 때에는 재해 발생 현황, 예방 및 대처 사항, 응급조치 등 재해 상황에 대한 상세한 기록을 작성하여 보존하여야 한다. [개정 2013.3.23 제11690호(정부조직법), 2014.11.19 제12844호(정부조직법)]

② 중앙대책본부장이나 지역대책본부장은 피해지역의 피해 원인 분석 · 조사 및 복구사업 등에 활용하기 위하여 필요하다고 판단하면 피해 현장에 대한 공간영상정보 자료를 수집하거나 항공사진측량 등을 할 수 있다. [개정 2013.8.6 제11994호(재난 및 안전관리 기본법)]

③ 중앙대책본부장은 필요하다고 판단하면 제2항에 따라 지역대책본부장이 실시하는 항공사진측량 비용의 전부 또는 일부를 지원할 수 있다. [개정 2013.8.6 제11994호(재난 및 안전관리 기본법)]

④ 제1항에 따른 재해 상황의 기록·보존 및 활용에 필요한 사항이나 제2항에 따른 항공사진측량 대상 지역, 방법 및 시기 등에 관하여 필요한 사항은 총리령으로 정한다. [개정 2013.3.23 제11690호(정부조직법), 2014.11.19 제12844호(정부조직법)]

⑤ 중앙대책본부장은 매년도 말을 기준으로 제1항에 따른 자연재해 관련 기록 등을 종합하여 재해연보를 발행하여야 한다. [신설 2012.2.22, 2013.8.6 제11994호(재난 및 안전관리 기본법)]

[전문개정 2011.3.7]

제21조의3(침수흔적도 등 재해정보의 활용)

중앙대책본부장 또는 관계행정기관의 장은 다음 각 호의 행위 등을 할 때에는 제21조에 따른 침수흔적도 등 재해지도, 제21조의2에 따른 재해 상황 기록, 공간영상정보 또는 항공사진측량 자료 등을 활용하여야 한다. [개정 2012.10.22, 2014.5.14]

1. 제4조에 따른 사전재해영향성 검토협의
2. 제12조에 따른 자연재해위험개선지구의 지정
3. 제13조에 따른 자연재해위험개선지구 정비계획의 수립
4. 제14조에 따른 자연재해위험개선지구 정비사업계획의 수립
5. 제16조에 따른 풍수해저감종합계획의 수립
6. 제19조에 따른 우수유출저감대책의 수립
7. 제46조에 따른 재해복구계획의 수립
8. 제46조의3에 따른 지구단위종합복구계획의 수립
9. 「재해위험 개선사업 및 이주대책에 관한 특별법」 제6조에 따른 재해위험 개선사업지구의 지정
10. 「재해위험 개선사업 및 이주대책에 관한 특별법」 제10조에 따른 재해위험 개선사업 시행계획의 승인
11. 그 밖에 침수흔적도 등 재해정보의 활용이 필요하다고 대통령령으로 정하는 사항

[전문개정 2011.3.7]

제22조(홍수통제소의 협조)

홍수통제소의 장은 홍수의 예보·경보, 각종 수문 관측 및 수문정보 등에 관한 사항에 대하여 중앙대책본부장 및 지역대책본부장과 협조하여야 한다. [개정 2013.8.6 제11994호(재난 및 안전관리 기본법)]

[전문개정 2011.3.7]

제3절 삭제 [2008.3.28 제9001호(지진재해대책법)]

제23조

삭제 [2008.3.28 제9001호(지진재해대책법)]

제24조

삭제 [2008.3.28 제9001호(지진재해대책법)]

제25조

삭제 [2008.3.28 제9001호(지진재해대책법)]

제25조의2(해일 피해 경감을 위한 조사 · 연구)

① 중앙대책본부장, 지역대책본부장 및 관계 중앙행정기관의 장은 해일로 인한 피해를 줄이기 위하여 필요한 조사 및 연구를 하여야 한다. [개정 2013.8.6 제11994호(재난 및 안전관리 기본법)]

② 중앙대책본부장, 지역대책본부장 및 관계 중앙행정기관의 장은 해일 피해 경감을 위한 조사 · 연구를 위하여 해일 관련 자료를 소장하고 있는 관계 기관의 장이나 기상관측 연구기관의 장에게 협조를 요청할 수 있다. 이 경우 요청을 받은 관계 기관의 장 및 기상관측 연구기관의 장은 특별한 사유가 없으면 요청에 따라야 한다. [개정 2013.8.6 제11994호(재난 및 안전관리 기본법)]

[전문개정 2011.3.7]

제25조의3(해일위험지구의 지정)

① 시장 · 군수 · 구청장은 해일로 인하여 침수 등 피해가 예상되는 다음 각 호의 지역을 해일위험지구로 지정 · 고시하고, 그 결과를 시 · 도지사를 거쳐 국민안전처장관과 관계 중앙행정기관의 장에게 보고하여야 한다. [개정 2014.11.19 제12844호(정부조직법)]

1. 폭풍해일로 인하여 피해를 입었던 지역
2. 지진해일로 인하여 피해를 입었던 지역
3. 해일 피해가 우려되어 대통령령으로 정하는 지역

② 지역대책본부장은 제1항에 따라 지정된 해일위험지구를 관할하는 관계 기관 또는 그 지구에 속해 있는 시설물의 소유자 · 점유자 또는 관리인(이하 이 조에서 "관계인"이라 한다)에게 총리령으로 정하는 바에 따라 재해 예방에 필요한 한도에서 점검 · 정비 등 필요한 조치를 할 것을 요청하거나 명할 수 있다. [개정 2013.3.23 제11690호(정부조직법), 2013.8.6 제11994호(재난 및 안전관리 기본법), 2014.11.19 제12844호(정부조직법)]

③ 제2항에 따라 재해 예방에 필요한 조치를 하도록 요청받거나 명령받은 관계 기관 또는 관계인은 필요한 조치를 하고 그 결과를 지역대책본부장에게 통보하여야 한다. [개정 2013.8.6 제11994호(재난 및 안전관리 기본법)]

④ 지역대책본부장은 해일 피해를 입었던 지역 등 대통령령으로 정하는 해일위험지구에 대하여 직권으로 제2항에 따른 조치를 하거나 소유자에게 그 조치에 드는 비용의 일부를 보조할 수 있다. [개정 2013.8.6 제11994호(재난 및 안전관리 기본법)]

⑤ 시장 · 군수 · 구청장은 정비사업 시행 등으로 해일 피해의 위험이 없어진 경우에는 관계 전문가의 의견을 수렴하여 해일위험지구 지정을 해제하고 그 결과를 고시하여야 한다.

[전문개정 2011.3.7]

제25조의4(해일피해경감계획의 수립·추진 등)

① 시장·군수·구청장은 제25조의3 제1항에 따라 지정·고시된 해일위험지구에 대하여 해일피해경감계획을 수립하여 시·도지사에게 제출하여야 한다.

② 시·도지사는 해일피해경감계획을 받아 국민안전처장관에게 제출하여야 하며, 국민안전처장관은 필요하면 시·도지사에게 그 보완을 요청할 수 있다. [개정 2014.11.19 제12844호(정부조직법)]

③ 제1항에 따른 해일피해경감계획에는 다음 각 호의 사항이 포함되어야 한다.

    1. 해일 피해 경감에 관한 기본방침

    2. 해일위험지구 지정 현황

    3. 해일위험지구 정비를 위한 예방·투자 계획

    4. 제37조 제2항에 따른 해일 대비 비상대처계획

    5. 그 밖에 해일 피해 경감에 관하여 대통령령으로 정하는 사항

④ 시장·군수·구청장은 제1항에 따른 해일피해경감계획을 수립할 때에는 그 지역의 풍수해저감종합계획, 개발계획 등을 종합적으로 고려하여야 한다.

⑤ 시장·군수·구청장은 제1항에 따른 해일피해경감계획을 효율적으로 추진하기 위하여 필요하다고 판단하면 정비계획과 사업계획에 해일피해경감계획을 포함하여 추진할 수 있다.

⑥ 제1항에 따른 해일피해경감계획을 변경하는 경우에는 제1항과 제2항을 준용한다.

⑦ 제1항부터 제6항까지에서 규정한 사항 외에 해일피해경감계획의 수립·추진 등에 필요한 사항은 대통령령으로 정한다.

[전문개정 2011.3.7]

제4절 설해[개정 2011.3.7]

제26조(설해의 예방 및 경감 대책)

① 재난관리책임기관의 장은 설해 발생에 대비하여 설해 예방대책에 관한 조사 및 연구를 하여야 하며, 설해로 인한 재해를 줄이기 위한 대책을 마련하여야 한다.

② 재난관리책임기관의 장은 다음 각 호의 설해 예방 및 경감 조치를 하여야 한다. [개정 2014.5.14]

    1. 설해 예방조직의 정비

    2. 도로별 제설 및 지역별 교통대책 마련

    3. 설해 대비용 물자와 자재의 비축·관리 및 장비의 확보

    4. 고립·눈사태·교통두절 예상지구 등 취약지구의 지정·관리

    5. 산악지역 등산로의 통제구역 지정·관리

    6. 설해대책 교육·훈련 및 대국민 홍보

    7. 농수산시설의 설해 경감대책 마련

    8. 친환경적 제설대책 마련

    9. 그 밖에 설해 예방 및 경감을 위하여 필요한 조치

③ 재난관리책임기관의 장은 제2항의 설해 예방 및 경감 조치를 위하여 필요하면 다른 재난관리책임기관의 장에게 협조를 요청할 수 있다. 이 경우 협조 요청을 받은 재난관리책임기관의 장은 특별한 사유가 없으면 요청에 따라야 한다.

④ 국민안전처장관은 환경피해를 최소화하기 위한 친환경적 제설방안의 시행을 재난관리책임기관의 장에게 권고할 수 있다. [신설 2014.5.14, 2014.11.19 제12844호(정부조직법)]

[전문개정 2011.3.7]

제26조의2(상습설해지역의 지정 등)

① 시장·군수·구청장은 대설로 인하여 고립, 눈사태, 교통 두절 및 농수산시설물 피해 등의 설해가 상습적으로 발생하였거나 발생할 우려가 있는 지역을 상습설해지역으로 지정·고시하고, 그 결과를 시·도지사를 거쳐 국민안전처장관과 관계 중앙행정기관의 장에게 보고하여야 한다. [개정 2014.11.19 제12844호(정부조직법)]

② 시장·군수·구청장은 제1항에 따라 상습설해지역을 지정하려면 그 지역 공공시설물을 관할하는 관계 기관의 장과 협의하여야 한다. 이 경우 협의 요청을 받은 관계 기관의 장은 특별한 사유가 없으면 요청에 따라야 한다.

③ 국민안전처장관은 설해가 상습적으로 발생할 우려가 있는 지역을 상습설해지역으로 지정·고시하도록 해당 시장·군수·구청장에게 요청할 수 있다. [개정 2014.11.19 제12844호(정부조직법)]

④ 시장·군수·구청장은 제26조의3 제1항에 따른 중장기대책 시행 등으로 설해 위험이 없어졌으면 관계 전문가 등의 의견을 수렴하여 상습설해지역 지정을 해제하고, 그 결과를 고시하여야 한다.

⑤ 제1항과 제4항에 따른 상습설해지역의 지정 및 해제의 요건, 절차, 관리 방법에 관한 세부 사항은 대통령령으로 정한다.

[전문개정 2011.3.7]

제26조의3(상습설해지역 해소를 위한 중장기대책)

① 제26조의2 제1항에 따른 상습설해지역에 대하여 시장·군수·구청장 또는 그 지역 공공시설물을 관할하는 관계 기관의 장은 설해저감시설의 설치 등 설해의 예방 및 경감을 위한 중장기대책을 수립·시행하여야 한다.

② 제1항에 따른 중장기대책의 수립 절차, 중장기대책에 포함되어야 할 사항 및 그 밖에 중장기대책 수립을 위하여 필요한 사항은 대통령령으로 정한다.

③ 제1항에 따른 상습설해지역 내 공공시설물의 관리주체가 중장기대책을 수립할 때에는 관할 시장·군수·구청장과 협의하여야 한다. 이 경우 해당 시장·군수·구청장은 그 보완을 요구할 수 있고, 요구를 받은 관리주체는 특별한 사유가 없으면 요구에 따라야 한다.

④ 시장·군수·구청장은 필요하면 제1항에 따른 중장기대책의 수립 및 시행 실태를 점검할 수 있다.

[전문개정 2011.3.7]

제26조의4(내설설계기준의 설정)

① 관계 중앙행정기관의 장은 대설로 인하여 재해를 입을 우려가 있는 다음 각 호의 시설 중 대통령령으로 정하는 시설에 대하여 관계 법령 등에 내설(耐雪)설계기준을 정하고 그 이행을 감독하여야 한다.[개정 2011.4.14 제10599호(국토의 계획 및 이용에 관한 법률)]

  1. 「건축법」에 따른 건축물
  2. 「항공법」에 따른 공항시설
  3. 「관광진흥법」에 따른 유원시설
  4. 「도로법」에 따른 도로
  5. 「국토의 계획 및 이용에 관한 법률」에 따른 도시 · 군계획시설
  6. 「궤도운송법」에 따른 삭도시설
  7. 「옥외광고물 등 관리법」에 따른 옥외광고물
  8. 「전기사업법」에 따른 전기설비
  9. 「항만법」에 따른 항만시설
  10. 「철도산업발전 기본법」에 따른 철도 및 철도시설
  11. 「도시철도법」에 따른 도시철도 및 도시철도시설
  12. 「농어업재해대책법」에 따른 농업용 시설, 임업용 시설 및 어업용 시설
  13. 그 밖에 대통령령으로 정하는 시설

② 관계 중앙행정기관의 장은 제1항에 따른 내설설계기준을 정하였으면 중앙대책본부장에게 통보하여야 하며 중앙대책본부장은 필요하면 보완을 요구할 수 있다. [개정 2013.8.6 제11994호(재난 및 안전관리 기본법)]

③ 지방자치단체의 장은 제1항에 따른 내설설계 대상 시설물에 대하여 허가 등을 할 때에는 내설설계기준 적용에 관한 사항을 확인하고 그 기준을 충족하였으면 허가 등을 하여야 한다.

[전문개정 2011.3.7]

제27조(건축물관리자의 제설 책임)

① 건축물의 소유자 · 점유자 또는 관리자로서 그 건축물에 대한 관리 책임이 있는 자(이하 "건축물관리자"라 한다)는 관리하고 있는 건축물 주변의 보도(步道), 이면도로, 보행자 전용도로, 시설물의 지붕(대통령령으로 정하는 시설물의 지붕으로 한정한다)에 대한 제설 · 제빙 작업을 하여야 한다. [개정 2014.12.30]

② 건축물관리자의 구체적 제설 · 제빙 책임 범위 등에 관하여 필요한 사항은 해당 지방자치단체의 조례로 정한다.

[전문개정 2011.3.7]

제28조(설해 예방 및 경감 대책 예산의 확보)

재난관리책임기관의 장은 제26조에 따른 설해 예방 및 경감 대책의 원활한 시행을 위하여 필요한 예산을 확보하여야 한다.

[전문개정 2011.3.7]

제5절 가뭄[개정 2011.3.7]

제29조(가뭄 방재를 위한 조사·연구)

① 재난관리책임기관의 장은 가뭄 방재를 위하여 필요한 조사 및 연구를 하여야 한다.

② 재난관리책임기관의 장은 가뭄 방재를 위한 전문적인 조사·연구를 위하여 관계행정기관의 장이나 기상관측 연구기관의 장에게 가뭄의 현황, 가뭄의 피해상황, 가뭄의 극복 방안 등 필요한 자료를 요청할 수 있다. 이 경우 요청을 받은 관계행정기관의 장 및 기상관측 연구기관의 장은 특별한 사유가 없으면 요청에 따라야 한다. [개정 2014.12.30]

[전문개정 2011.3.7]

제30조(가뭄 극복을 위한 제한 급수·발전 등)

① 관계 중앙행정기관의 장, 지방자치단체의 장 및 「한국수자원공사법」에 따른 한국수자원공사의 사장 등 수자원을 관리하는 자(이하 "수자원관리자"라 한다)는 가뭄으로 인한 재해를 극복하기 위하여 제한 급수 및 제한 발전(發電) 등의 조치를 할 수 있다.

② 수자원관리자는 제1항에 따른 조치를 하려면 수혜자가 제한 급수 및 제한 발전 등에 관한 사실을 알 수 있도록 미리 공지하여야 한다.

[전문개정 2011.3.7]

제31조(수자원관리자의 의무)

수자원관리자는 지방자치단체의 장으로부터 가뭄 피해를 줄이기 위하여 수자원 관리와 관련한 협조 요청을 받았을 때에는 특별한 사유가 없으면 요청에 따라야 한다.

[전문개정 2011.3.7]

제32조(가뭄 극복을 위한 시설의 유지·관리 등)

재난관리책임기관의 장은 댐, 저수지, 지하수자원 등의 수원함양(水源涵養) 및 기능의 유지·향상을 위하여 소관 업무에 대하여 「산림보호법」에 따른 산림보호구역(산림유전자원보호구역은 제외한다)의 지정·관리, 조림(造林), 퇴적토 준설(浚渫), 지하수자원 인공함양 및 순환 등 필요한 조치를 하여야 한다.

[전문개정 2011.3.7]

제33조(상습가뭄재해지역 해소를 위한 중장기대책)

① 시장·군수·구청장은 가뭄 재해가 상습적으로 발생하였거나 발생할 우려가 있는 지구(地區)를 상습가뭄재해지역으로 지정·고시하고, 그 결과를 시·도지사를 거쳐 국민안전처장관과 관계 중앙행정기관의 장에게 보고하여야 한다. [개정 2014.11.19 제12844호(정부조직법)]

② 시장·군수·구청장은 상습가뭄재해지역에 대하여 빗물모으기시설 설치 등 가뭄 피해를 줄이기 위한 중장기대책을 수립·시행하여야 한다.

③ 관계 중앙행정기관의 장은 시장·군수·구청장이 수립한 중장기대책에 필요한 사업비의 일부를 지원할 수 있다.

④ 제1항에 따른 상습가뭄재해지역의 지정 및 해제의 요건, 절차, 관리 요령과 제2항에 따른 중장기대책의 수립에 관한 세부 사항은 대통령령으로 정한다.

[전문개정 2011.3.7]

제3장 재해정보 및 비상지원 등

제34조(재해정보체계의 구축)

① 재난관리책임기관의 장은 자연재해의 예방·대비·대응·복구 등에 필요한 재해정보의 관리 및 이용 체계(이하 "재해정보체계"라 한다)를 구축·운영하여야 한다.

② 재난관리책임기관의 장은 재해정보체계 구축에 필요한 자료를 관계 재난관리책임기관의 장에게 요청할 수 있다. 이 경우 요청을 받은 관계 재난관리책임기관의 장은 특별한 사유가 없으면 요청에 따라야 한다.

③ 국민안전처장관은 재난관리책임기관의 장이 제1항에 따라 구축한 재해정보체계의 연계·공유 및 유통 등을 위한 종합적인 재해정보체계를 구축·운영하여야 한다. [개정 2014.11.19 제12844호(정부조직법)]

④ 제3항에 따른 종합적인 재해정보체계는 재난관리책임기관이 자연재해의 발생·복구 현황 정보를 실시간으로 입력할 수 있도록 하여야 한다. [신설 2013.8.6]

⑤ 재난관리책임기관의 장은 자연재해가 발생하거나 자연재해를 복구하면 그 현황을 실시간으로 종합적인 재해정보체계에 입력하여야 한다. [신설 2013.8.6]

⑥ 재난관리책임기관의 장이나 국민안전처장관은 제1항과 제3항에 따라 재해정보체계를 구축·운영할 때에는 해당 사업을 민간 부분에 맡길 수 없는 경우 또는 행정기관이 직접 개발하거나 운영하는 것이 경제성, 효과성 또는 보안성 측면에서 현저하게 우수하다고 판단되는 경우를 제외하고는 민간 부문에 그 개발 및 운영을 의뢰하여야 한다. [개정 2013.8.6, 2014.11.19 제12844호(정부조직법)]

⑦ 제1항과 제3항에 따른 재해정보체계의 구축 범위, 운영 절차 및 활용계획 등 세부 사항은 대통령령으로 정한다. [개정 2013.8.6]

[전문개정 2011.3.7]

제35조(중앙긴급지원체계의 구축)

① 중앙행정기관의 장은 자연재해가 발생하거나 발생할 우려가 있는 경우에는 신속한 국가 지원을 위하여 다음 각 호의 사항 중 소관 사무에 해당하는 사항에 대하여 긴급지원계획을 수립하여야 한다. [개정 2013.3.23 제11690호(정부조직법), 2014.11.19 제12844호(정부조직법)]

  1. 미래창조과학부 : 재해발생지역의 통신 소통 원활화 등에 관한 사항
  2. 국방부 : 인력 및 장비의 지원 등에 관한 사항
  3. 문화체육관광부 : 재해 수습을 위한 홍보 등에 관한 사항
  4. 농림축산식품부 : 농축산물 방역 등의 지원 등에 관한 사항

5. 산업통상자원부 : 긴급에너지 수급 지원 등에 관한 사항

6. 보건복지부 : 재해발생지역의 의료서비스, 위생, 감염병 예방 및 방역 지원 등에 관한 사항

7. 환경부 : 긴급 용수 지원, 유해화학물질의 처리 지원, 재해발생지역의 쓰레기 수거·처리 지원 등에 관한 사항

8. 국토교통부 : 비상교통수단 지원 등에 관한 사항

9. 해양수산부 : 해운물류 지원 등에 관한 사항

10. 국민안전처 : 이재민의 수용·구호, 긴급 재정 지원, 정보의 수집·분석·전파, 해상에서의 각종 지원 및 수난(水難) 구호 등에 관한 사항

11. 조달청 : 복구자재 지원 등에 관한 사항

12. 경찰청 : 재해발생지역의 사회질서 유지 및 교통 관리 등에 관한 사항

13. 삭제 [2014.11.19 제12844호(정부조직법)]

14. 그 밖에 대통령령으로 정하는 부처별 긴급지원에 관한 사항

② 제1항 각 호의 중앙행정기관의 장은 해당 지원이 필요한 자연재해 발생에 대비하여 관계 행정기관 및 유관기관과 유기적인 협조 체계를 구축하여야 하며, 재해가 발생하였을 때에는 중앙대책본부장과 협의하여 제1항에 따른 소관 분야별 긴급지원계획에 따라 대응조치를 하여야 한다. [개정 2013.8.6 제11994호(재난 및 안전관리 기본법)]

③ 중앙행정기관의 장은 제1항에 따라 긴급지원계획을 수립하였을 때에는 중앙대책본부장에게 제출하여야 한다. [개정 2013.8.6 제11994호(재난 및 안전관리 기본법)]

④ 중앙대책본부장은 각 중앙행정기관의 장이 수립한 긴급지원계획의 내용 중 보완이 필요하다고 판단되는 사항에 대하여는 그 계획의 보완을 요청할 수 있다. 이 경우 보완 요청을 받은 관계 중앙행정기관의 장은 특별한 사유가 없으면 요청에 따라야 한다. [개정 2013.8.6 제11994호(재난 및 안전관리 기본법)]

⑤ 중앙대책본부장은 긴급지원이 필요한 자연재해가 발생하거나 발생할 우려가 있는 경우에는 대통령령으로 정하는 바에 따라 관계 중앙행정기관과 합동으로 지원단을 구성하여 현장에 파견할 수 있다. [개정 2013.8.6 제11994호(재난 및 안전관리 기본법)]

⑥ 중앙대책본부장은 제1항에 따른 중앙긴급지원체계를 효율적으로 구축·운영하기 위하여 긴급지원체계수립지침 작성·배포, 긴급지원계획에 따른 관계 중앙행정기관의 대응조치 점검, 긴급지원계획 평가·포상 등 필요한 조치를 할 수 있다. [개정 2013.8.6 제11994호(재난 및 안전관리 기본법)]

⑦ 제1항부터 제6항까지에서 규정한 사항 외에 중앙행정기관별 재해 대비 긴급지원체계 구축을 위하여 필요한 사항은 대통령령으로 정한다.

[전문개정 2011.3.7]

제36조(지역긴급지원체계의 구축)

시·도 및 시·군·구 본부장과 시·도 및 시·군·구의 전부 또는 일부를 관할구역으로 하는 재난관리책임기관의 장은 자연재해가 발생하거나 발생할 우려가 있으면 업무별 지원 기능에 따라 신속한 지원 체제를 가동하기 위하여 대통령령으로 정하는 바에 따라 소관 사무에 대하여 긴급지원계획을 수립하여야 한다.

[전문개정 2011.3.7]

제37조(각종 시설물 등의 비상대처계획 수립)

① 태풍, 지진, 해일 등 자연현상으로 인하여 대규모 인명 또는 재산의 피해가 우려되는 댐, 다중이용시설 또는 해안지역 등에 대하여 시설물 또는 지역의 관리주체는 피해 경감을 위한 비상대처계획을 수립하여야 한다.

② 제1항에 따라 비상대처계획을 수립하여야 하는 시설물 또는 지역의 종류 및 규모 등은 다음 각 호의 시설물 또는 지역 중에서 대통령령으로 정한다. 다만, 다른 법령에 따라 비상대처계획의 수립에 관하여 특별한 규정이 있는 경우에는 그 법령에 따라 수립할 수 있다. [개정 2012.2.22, 2012.10.22, 2013.8.6 제11994호(재난 및 안전관리 기본법)]

1. 내진설계 대상 시설물
2. 해일, 하천 범람, 호우, 태풍 등으로 피해가 우려되는 시설물
3. 댐 및 저수지
4. 자연재해위험개선지구 중 비상대처계획의 수립이 필요하다고 지역대책본부장이 인정하는 지역 등

③ 국민안전처장관은 제1항에 따른 비상대처계획 수립을 효율적으로 지원하기 위하여 비상대처계획수립지침을 작성하여 배포할 수 있다. [개정 2014.11.19 제12844호(정부조직법)]

④ 비상대처계획 수립 절차 및 비상대처계획에 포함되어야 할 사항과 그 밖에 비상대처계획 수립을 위하여 필요한 사항은 대통령령으로 정한다.

⑤ 제1항에 따른 시설물 또는 지역의 관리주체는 비상대처계획을 수립할 때에는 관할 지역대책본부장과 사전에 협의하여야 한다. 이 경우 해당 지역대책본부장은 비상대처계획의 보완을 요구할 수 있고 요구를 받은 시설물 또는 지역의 관리주체는 특별한 사유가 없으면 요구에 따라야 한다. [개정 2013.8.6 제11994호(재난 및 안전관리 기본법)]

⑥ 지역대책본부장은 필요하면 제1항과 제2항에 따른 비상대처계획의 수립 실태를 점검할 수 있다. [개정 2013.8.6 제11994호(재난 및 안전관리 기본법)]

[전문개정 2011.3.7]

제38조(방재관리대책 업무의 대행)

① 다음 각 호의 업무를 수행하는 자는 기초·타당성 조사, 분석, 기본·실시 설계 등 전문성이 요구되는 사항에 대하여 방재관리대책대행자(이하 "대행자"라 한다)로 하여금 대행하게 할 수 있다. [개정 2013.8.6]

1. 제4조에 따른 사전재해영향성 검토협의
2. 제13조 및 제14조에 따른 정비계획 및 사업계획의 수립
3. 제16조에 따른 풍수해저감종합계획의 수립
4. 제19조에 따른 우수유출저감대책의 수립
5. 제37조에 따른 비상대처계획의 수립
6. 제57조에 따른 재해복구사업의 평가
7. 그 밖에 대통령령으로 정하는 방재관리대책에 관한 업무

② 대행자는 기술인력 등 대통령령으로 정하는 요건을 갖추고 총리령으로 정하는 바에 따라 국민안전처장관에게 등록하여야 한다. 등록 사항 중 대통령령으로 정하는 중요 사항을 변경할 때에도 또한 같다. [개정 2013.3.23 제11690호(정부조직법), 2014.11.19 제12844호(정부조직법)]

③ 삭제 [2013.8.6]

[전문개정 2011.3.7]

[본조제목개정 2013.8.6]

제38조의2(방재관리대책 업무 대행비용의 산정기준)

국민안전처장관은 제38조에 따라 대행자의 업무 대행에 필요한 비용 등의 산정기준을 정하여 고시하여야 한다. [개정 2014.11.19 제12844호(정부조직법)]

[전문개정 2011.3.7]

[본조제목개정 2013.8.6]

제39조(대행자 등록의 결격사유)

다음 각 호의 어느 하나에 해당하는 자는 대행자로 등록할 수 없다.

1. 금치산자 또는 한정치산자
2. 파산선고를 받고 복권되지 아니한 사람
3. 이 법을 위반하여 징역 이상의 실형을 선고받고 그 형의 집행이 끝나거나 집행을 받지 아니하기로 확정된 후 2년이 지나지 아니한 사람
4. 임원 중 제1호부터 제3호까지의 어느 하나에 해당하는 사람이 있는 법인

[전문개정 2011.3.7]

제40조(대행자의 준수사항)

① 대행자는 제38조 제1항 각 호의 업무를 수행할 때에는 다음 각 호의 사항을 준수하여야 한다. [개정 2013.8.6]

1. 다른 방재관리대책 업무의 대행 내용을 복제하지 아니할 것
2. 방재관리대책의 내용을 보존할 것
3. 방재관리대책 업무 수행의 기초가 되는 자료를 거짓으로 작성하지 아니할 것

② 대행자는 등록증이나 명의를 다른 사람에게 빌려 주거나 도급받은 방재관리대책 업무를 한꺼번에 하도급하지 아니하여야 한다. [개정 2013.8.6]

[전문개정 2011.3.7]

제41조(업무의 휴업 또는 폐업)

대행자는 업무의 전부 또는 일부를 휴업 또는 폐업하거나 휴업한 사업을 재개하려는 경우에는 총리령으로 정하는 바에 따라 국민안전처장관에게 신고하여야 한다. [개정 2013.3.23 제11690호(정부조직법), 2014.11.19 제12844호(정부조직법)]

[전문개정 2011.3.7]

제41조의2(대행자 실태 점검)

① 국민안전처장관은 대행자 등록 기준 적합 여부, 준수사항 준수 여부 등 대행자의 대행업무 운영 실태를 확인ㆍ점검할 수 있다. [개정 2014.11.19 제12844호(정부조직법)]

② 국민안전처장관은 대행자 및 방재관리대책 업무를 대행하게 하는 자에게 제1항에 따른 실태 점검에 필요한 자료의 제출을 요청할 수 있다. 이 경우 자료의 제출을 요청받은 자는 특별한 사유가 없으면 요청에 따라야 한다. [개정 2014.11.19 제12844호(정부조직법)]

③ 제1항에 따른 실태 점검의 방법 및 대상 등 필요한 사항은 대통령령으로 정한다.

[본조신설 2013.8.6]

제42조(대행자의 등록취소 등)

① 국민안전처장관은 대행자가 다음 각 호의 어느 하나에 해당하면 그 등록을 취소하거나 6개월 이내의 기간을 정하여 업무의 전부 또는 일부의 정지를 명할 수 있다. 다만, 제1호부터 제3호까지의 어느 하나에 해당하는 경우에는 그 등록을 취소하여야 한다. [개정 2013.8.6, 2014.11.19 제12844호(정부조직법)]

1. 제39조 각 호의 어느 하나에 해당하는 경우. 다만, 법인의 임원 중에 제39조 제1호부터 제3호까지의 결격사유에 해당하는 사람이 있는 경우 6개월 이내에 그 임원을 바꾸어 임명하는 경우는 제외한다.
2. 거짓이나 그 밖의 부정한 방법으로 등록한 경우
3. 최근 1년 이내에 2회의 업무정지처분을 받고 다시 업무정지처분 사유에 해당하는 행위를 한 경우
4. 다른 사람에게 등록증이나 명의를 빌려 주거나 도급받은 방재관리대책 업무를 한꺼번에 하도급한 경우
5. 제38조 제2항에 따른 등록 요건을 갖추지 못하게 된 경우
6. 방재관리대책 등을 거짓으로 작성하거나 고의 또는 중대한 과실로 방재관리대책 등을 부실하게 작성한 경우
7. 등록 후 2년 이내에 방재관리대책 대행업무를 시작하지 아니하거나 계속하여 2년 이상 방재관리대책 업무 대행 실적이 없는 경우
8. 그 밖에 이 법 또는 이 법에 따른 명령을 위반한 경우

② 제1항에 따른 행정처분의 기준과 그 밖에 필요한 사항은 총리령으로 정한다. [개정 2013.3.23 제11690호(정부조직법), 2014.11.19 제12844호(정부조직법)]

[전문개정 2011.3.7]

제43조(청문)

국민안전처장관은 제42조 제1항에 따라 등록을 취소하려면 청문을 하여야 한다. [개정 2014.11.19 제12844호(정부조직법)]

[전문개정 2011.3.7]

제44조(등록취소 또는 업무정지된 대행자의 업무 계속)

① 제42조에 따라 등록취소처분 또는 업무정지처분을 받은 자는 그 처분 이전에 체결한 방재관리대책 대행 계약의 대행업무만을 계속할 수 있다. [개정 2013.8.6]

② 제1항에 따라 방재관리대책 대행업무를 계속하는 자는 그 대행업무를 끝낼 때까지 이 법에 따른 대행자 로 본다. [개정 2013.8.6]

[전문개정 2011.3.7]

제44조의2(방재관리대책 정보체계의 구축)

① 국민안전처장관은 방재관리대책 업무에 관한 자료 및 정보를 관리하고 이를 효율적으로 이용할 수 있도 록 다음 각 호의 정보를 포함한 방재관리대책 정보체계(이하 "정보체계"라 한다)를 구축·운영할 수 있 다. [개정 2014.11.19 제12844호(정부조직법)]

    1. 대행자의 현황에 관한 사항

    2. 대행자의 수주 실적 및 입찰 실적에 관한 사항

    3. 대행자가 보유한 기술인력의 현황에 관한 사항

    4. 그 밖에 대통령령으로 정하는 대행자에 관한 정보

② 국민안전처장관은 중앙행정기관의 장, 지방자치단체의 장 또는 관계 기관·단체의 장에게 정보체계의 구 축·운영을 위하여 필요한 자료 또는 정보(전자적 방식으로 구축된 자료 또는 정보를 포함한다. 이하 같 다)의 제출을 요청할 수 있다. 이 경우 자료 또는 정보의 제출을 요청받은 기관 또는 단체의 장은 특별 한 사유가 없으면 요청에 따라야 한다. [개정 2014.11.19 제12844호(정부조직법)]

③ 국민안전처장관은 정보체계의 구축·운영을 위하여 필요한 경우에는 대통령령으로 정하는 바에 따라 이 용자에게 경비 또는 수수료를 부담하게 할 수 있다. [개정 2014.11.19 제12844호(정부조직법)]

④ 국민안전처장관은 정보체계를 구축·운영하는 경우에는 「국가정보화 기본법」 제6조 및 제7조에 따른 국 가정보화 기본계획 및 국가정보화 시행계획과 연계되도록 하여야 한다. [개정 2014.11.19 제12844호(정 부조직법)]

⑤ 제1항부터 제4항까지에서 규정한 사항 외에 정보체계의 구축·운영에 필요한 사항은 대통령령으로 정한다.

[본조신설 2013.8.6]

제45조(재해 유형별 행동 요령의 작성·활용)

① 재난관리책임기관의 장은 자연재해가 발생하는 경우에 대비하여 기관 및 지역 여건에 적합한 재해 유형 별 상황 수습 및 대처를 위한 행동 요령을 작성·활용하여야 한다.

② 중앙대책본부장은 재난관리책임기관의 장이 작성한 재해 유형별 행동 요령을 평가할 수 있다. [개정 2013.8.6 제11994호(재난 및 안전관리 기본법)]

③ 재해 유형별 행동 요령에 포함할 내용은 대통령령으로 정한다.

[전문개정 2011.3.7]

제4장 재해복구

제46조(재해복구계획의 수립 · 시행)

① 재난관리책임기관의 장은 소관 시설 또는 업무에 관계되는 자연재해가 발생하였을 때에는 이 법 또는 다른 법령에 특별한 규정이 있는 경우를 제외하고는 즉시 자체복구계획을 수립 · 시행하여야 한다. [개정 2012.2.22]

② 중앙대책본부장은 제1항에 따라 수립된 자체복구계획 및 제46조의3 제1항에 따라 수립된 지구단위종합복구계획(이하 "재해복구계획"이라 한다)을 기본법 제14조 제2항에 따른 중앙재난안전대책본부회의의 심의를 거쳐 확정하고 대통령령으로 정하는 바에 따라 재난관리책임기관의 장(지구단위종합복구계획의 경우 지방자치단체의 장)에게 통보하여야 한다. [개정 2012.2.22, 2013.8.6 제11994호(재난 및 안전관리 기본법)]

③ 지방자치단체의 장은 제2항에 따라 재해복구계획을 통보받은 즉시 재해복구를 위하여 필요한 경비를 지방자치단체의 예산에 계상(計上)하여야 한다.

④ 제2항에 따라 확정된 재해복구계획 중 제49조의2에서 규정한 사업 외에는 같은 항에 따라 통보를 받은 재난관리책임기관의 장이 시행한다. [신설 2012.2.22]

[전문개정 2011.3.7]

제46조의2(재해대장)

① 지방자치단체의 장과 관계행정기관의 장은 소관 시설 · 재산 등에 관한 피해 상황 등을 재해대장에 기록하여 보관하여야 한다.

② 재해대장의 작성 · 보관 및 관리에 필요한 사항은 대통령령으로 정한다.

[전문개정 2011.3.7]

제46조의3(지구단위종합복구계획 수립)

① 중앙대책본부장은 해당 지방자치단체의 의견을 들은 후 지방자치단체 소관 시설에 자연재해가 발생한 지역 중 다음 각 호에 해당하는 지역에 대하여 지구단위종합복구계획(이하 "지구단위종합복구계획"이라 한다)을 수립할 수 있다. [개정 2013.8.6 제11994호(재난 및 안전관리 기본법)]

1. 도로 · 하천 등의 시설물에 복합적으로 피해가 발생하여 시설물별 복구보다는 일괄 복구가 필요한 지역
2. 산사태 또는 토석류로 인하여 하천 유로변경 등이 발생한 지역으로서 근원적 복구가 필요한 지역
3. 복구사업을 위하여 국가 차원의 신속하고 전문적인 인력 · 기술력 등의 지원이 필요하다고 인정되는 지역
4. 피해 재발 방지를 위하여 기능복원보다는 피해지역 전체를 조망한 예방 · 정비가 필요하다고 인정되는 지역
5. 제1호부터 제4호까지에서 규정한 지역 외에 자연재해의 근원적 복구와 예방이 필요한 지역으로서 대통령령으로 정하는 지역

② 지역대책본부장은 제47조에 따라 중앙합동조사단이 편성되기 전에 미리 자연재해가 발생한 지역의 피해 상황 등을 조사하여 중앙대책본부장에게 지구단위종합복구계획을 수립하여 줄 것을 요청할 수 있다. [개정 2013.8.6 제11994호(재난 및 안전관리 기본법)]

[본조신설 2012.2.22]

제47조(중앙합동조사단)

① 중앙대책본부장은 필요하다고 인정하면 관계 중앙행정기관과 합동으로 중앙합동조사단(이하 "조사단"이라 한다)을 편성하여 자연재해 상황에 관한 조사를 하고, 재해복구계획을 수립·확정하여야 한다. [개정 2012.2.22, 2013.8.6 제11994호(재난 및 안전관리 기본법)]

② 중앙대책본부장은 조사단의 편성을 위하여 관계 중앙행정기관의 장에게 소속 공무원의 파견을 요청할 수 있다. 이 경우 요청을 받은 관계 중앙행정기관의 장은 특별한 사유가 없으면 요청에 따라야 한다. [개정 2013.8.6 제11994호(재난 및 안전관리 기본법)]

③ 관계 중앙행정기관의 장은 제2항에 따라 소속 공무원의 파견 요청을 받으면 제48조 제2항에 따른 교육을 이수한 사람을 우선적으로 선발하여 파견하여야 한다.

④ 조사단의 구성·운영에 필요한 세부 사항은 대통령령으로 정한다.

[전문개정 2011.3.7]

제48조(재해조사 담당공무원의 육성)

① 중앙대책본부장과 관계행정기관의 장은 재해조사의 전문성을 확보하기 위하여 재해조사 담당공무원을 육성하여야 한다. [개정 2013.8.6 제11994호(재난 및 안전관리 기본법)]

② 중앙대책본부장은 관계 중앙행정기관의 장과 협의하여 제1항에 따른 재해조사 담당공무원의 육성을 위하여 재해조사 담당공무원들로 하여금 제65조에 따른 교육을 받도록 하고 그 밖에 필요한 조치를 하여야 한다. [개정 2013.8.6 제11994호(재난 및 안전관리 기본법)]

③ 제1항 및 제2항에서 규정된 사항 외에 재해조사 담당공무원의 육성에 필요한 사항은 총리령으로 정한다. [개정 2013.3.23 제11690호(정부조직법), 2014.11.19 제12844호(정부조직법)]

[전문개정 2011.3.7]

제49조(재해복구사업 실시계획의 작성·공고 등)

① 제46조의 재해복구계획에 따라 시행하는 사업(이하 "재해복구사업"이라 한다)의 시행청은 제14조의2 제2항 각 호의 관계 법령에 따른 허가·인가 등이 필요한 경우에는 사업별로 실시계획을 작성하여 해당 지역대책본부장(재해복구사업의 시행청이 국민안전처장관 또는 관계 중앙행정기관의 장인 경우에는 중앙대책본부장)에게 인가를 받은 후 공고하고 설계도서를 일반인이 열람할 수 있도록 하여야 한다. [개정 2012.2.22, 2012.10.22, 2013.8.6 제11994호(재난 및 안전관리 기본법), 2014.11.19 제12844호(정부조직법)]

② 재해복구사업의 시행청이 제1항에 따라 재해복구사업 실시계획을 작성·공고할 때에는 제14조의2 제2항 각 호의 사항을 관계 기관과 사전에 협의하여야 한다. [개정 2012.10.22]

③ 제2항에 따라 재해복구사업의 시행청으로부터 협의 요청을 받은 관계 기관의 장은 협의 요청을 받은 날부터 15일 이내에 협의 내용을 회신하여야 한다.

④ 제1항부터 제3항까지의 규정에 따라 재해복구사업 실시계획을 인가받아 공고하였을 때에는 제14조의2 제2항 각 호의 허가·인가·승인·결정·지정·협의·신고수리 등을 받아 고시 또는 공고를 한 것으로 본다. [개정 2012.10.22]

⑤ 제1항부터 제4항까지에서 규정한 사항 외에 재해복구사업 실시계획의 작성·공고에 필요한 세부 사항은 대통령령으로 정한다.

[전문개정 2011.3.7]

제49조의2(대규모 재해복구사업 및 지구단위종합복구사업의 시행)

① 제46조 제1항에 따른 지방자치단체 소관 재해복구계획 중 대규모이거나 전문성과 기술력이 요구되는 재해복구사업은 국민안전처장관 또는 관계 중앙행정기관의 장이 직접 시행할 수 있다. [개정 2014.11.19 제12844호(정부조직법)]

② 지구단위종합복구계획에 따라 시행하는 재해복구사업(이하 "지구단위종합복구사업"이라 한다) 중 근원적인 자연재해 원인의 해소가 필요하거나 국가 차원의 전문성과 기술력 등의 지원이 필요한 지구단위종합복구사업은 관계 중앙행정기관의 장이, 일정 규모 이상의 지구단위종합복구사업은 국민안전처장관이 직접 시행할 수 있다. [개정 2014.11.19 제12844호(정부조직법)]

③ 제1항 또는 제2항에 따라 국민안전처장관 또는 관계 중앙행정기관의 장이 직접 시행하는 대규모 재해복구사업 또는 지구단위종합복구사업의 대상, 규모 및 시행절차 등에 필요한 사항은 대통령령으로 정한다. [개정 2014.11.19 제12844호(정부조직법)]

[전문개정 2012.2.22]

제50조(복구공사 발주계약방법 등)

① 관계 중앙행정기관의 장과 지방자치단체의 장은 신속한 자연재해 복구를 위하여 필요하다고 판단하면 대통령령으로 정하는 바에 따라 일괄입찰방식으로 발주·계약을 할 수 있다.

② 제1항에서 "일괄입찰"이란 재해복구사업의 시행청이 제시하는 지침에 따라 입찰할 때 공사의 설계서, 시공에 필요한 도면 및 서류를 작성하여 입찰서와 함께 제출하는 설계·시공 입찰을 말한다.

[전문개정 2011.3.7]

제51조(복구비의 선지급)

① 시장·군수·구청장은 자연재해의 신속한 구호 및 복구를 위하여 필요하다고 판단되면 기본법 제66조 제1항 및 제2항에 따라 재난의 구호 및 복구를 위하여 지원하는 비용 중 대통령령으로 정하는 항목에 대하여는 복구 이전에 미리 복구비를 지급할 수 있다.

② 제1항에 따른 복구비를 선지급받으려는 자는 피해 물량 등에 관하여 시장·군수·구청장에게 대통령령으로 정하는 바에 따라 신고하여야 한다.

③ 제1항에 따른 복구비 선지급을 위하여 필요한 선지급의 비율·절차 등에 관하여 필요한 사항은 대통령령으로 정한다.

④ 시장·군수·구청장은 제1항에 따라 미리 복구비를 지급하기 위하여 관할 세무서, 「국민연금법」 제24조에 따른 국민연금공단 및 「국민건강보험법」 제13조에 따른 국민건강보험공단에 피해 주민의 주(主) 생계수단을 판단하기 위한 자료로서 세대주 및 세대원의 소득수준, 보험가입 유형 등에 대한 확인을 요청할 수 있다. 이 경우 관할 세무서, 국민연금공단 및 국민건강보험공단은 특별한 사유가 없으면 요청에 따라야 한다. [개정 2011.12.31 제11141호(국민건강보험법), 2012.2.22]

[전문개정 2011.3.7]

제52조(복구예산의 정산 등)

① 지방자치단체의 장은 재해복구사업별로 발생한 재해복구보조금의 집행 잔액을 「국가재정법」 제45조, 제47조 제1항부터 제3항까지 및 「보조금의 예산 및 관리에 관한 법률」 제22조에도 불구하고 중앙대책본부장의 승인을 받아 사업비가 부족한 다른 재해복구사업에 충당할 수 있다. [개정 2013.8.6 제11994호(재난 및 안전관리 기본법)]

② 중앙대책본부장은 제1항에 따른 승인을 하려면 기획재정부장관과 미리 협의하여야 한다. [개정 2013.8.6 제11994호(재난 및 안전관리 기본법)]

[전문개정 2011.3.7]

제53조(복구용 자재 등의 우선 공급 등)

① 관계 중앙행정기관의 장과 지방자치단체의 장은 재해복구사업에 필요한 각종 자재에 대하여는 다른 사업에 우선하여 조달·공급하여야 한다.

② 중앙대책본부장과 지역대책본부장은 관계행정기관의 장에게 재해복구용 자재 수급(需給)에 필요한 대책을 마련하도록 요청할 수 있다. 이 경우 요청을 받은 관계행정기관의 장은 특별한 사유가 없으면 요청에 따라야 한다. [개정 2013.8.6 제11994호(재난 및 안전관리 기본법)]

[전문개정 2011.3.7]

제54조(복구비 등의 반환)

① 시장·군수·구청장은 복구비, 구호비 또는 위로금 등(이하 이 조에서 "복구비 등"이라 한다)을 받은 자가 다음 각 호의 어느 하나에 해당하는 경우에는 총리령으로 정하는 바에 따라 받은 복구비 등을 반환하도록 통지하여야 한다. [개정 2013.3.23 제11690호(정부조직법), 2014.11.19 제12844호(정부조직법)]

  1. 부정한 방법으로 복구비 등을 받은 경우
  2. 복구비 등을 받은 후 그 지급 사유가 소급하여 소멸된 경우
  3. 그 밖에 대통령령으로 정하는 사유가 발생한 경우

② 제1항에 따라 반환통지를 받은 자는 즉시 복구비 등을 반환하여야 한다.

③ 제2항에 따라 반환하여야 할 반환금을 지정한 기한까지 반환하지 아니하면 국세 체납처분 또는 지방세 체납처분의 예에 따라 징수한다.

④ 제3항에 따른 반환금의 징수는 국세와 지방세를 제외하고는 다른 공과금에 우선한다.

[전문개정 2011.3.7]

제55조(복구사업의 관리)

① 중앙대책본부장 및 시·도 본부장은 재해복구사업이 효율적으로 추진될 수 있도록 지도·점검·관리하고 필요하면 시정명령 또는 시정요청(현지 시정명령과 시정요청을 포함한다)을 할 수 있다. 이 경우 시정명령 또는 시정요청을 받은 관계 기관의 장은 특별한 사유가 없으면 명령에 따라야 한다. [개정 2012.2.22, 2013.8.6 제11994호(재난 및 안전관리 기본법)]

② 지역대책본부장은 대통령령으로 정하는 일정 규모 이상의 재해복구사업을 시행할 때에는 실시설계 준공 (사업계획이 변경되어 실시설계가 변경되는 경우를 포함한다) 이전에 중앙대책본부장 또는 시·도 본부장의 사전심의를 각각 거쳐야 한다. [개정 2012.2.22, 2013.8.6 제11994호(재난 및 안전관리 기본법)]

③ 중앙대책본부장과 시·도 본부장은 제2항에 따른 사전심의를 위한 위원회를 각각 구성·운영할 수 있고, 위원회의 구성·운영에 필요한 사항은 총리령이나 지방자치단체의 조례로 정할 수 있다. [개정 2013.3.23 제11690호(정부조직법), 2013.8.6 제11994호(재난 및 안전관리 기본법), 2014.11.19 제12844 호(정부조직법)]

④ 제2항에 따른 사전심의 대상 사업의 범위, 기준 및 절차, 사후관리, 사업계획 변경 등에 관하여 필요한 사항은 총리령으로 정한다. [개정 2012.2.22, 2013.3.23 제11690호(정부조직법), 2014.11.19 제12844호 (정부조직법)]

⑤ 재해복구사업을 시행하는 재난관리책임기관의 장은 대통령령으로 정하는 바에 따라 중앙대책본부장 또는 시·도 본부장에게 그 추진 상황을 통보하여야 한다. [개정 2012.2.22, 2013.8.6 제11994호(재난 및 안 전관리 기본법)]

⑥ 관계 중앙행정기관의 장은 대통령령으로 정하는 바에 따라 소속 기관의 장이 시행하는 재해복구사업을 점검하고 그 결과를 중앙대책본부장에게 통보하여야 한다. [개정 2013.8.6 제11994호(재난 및 안전관리 기본법)]

⑦ 시·도 본부장은 총리령으로 정하는 바에 따라 시장·군수·구청장이 시행하는 재해복구사업을 점검하고 그 결과를 중앙대책본부장에게 보고하여야 한다. [개정 2013.3.23 제11690호(정부조직법), 2013.8.6 제 11994호(재난 및 안전관리 기본법), 2014.11.19 제12844호(정부조직법)]

⑧ 시장·군수·구청장은 신속한 재해복구사업을 위하여 필요한 조직과 인력 보강 등의 조치를 하여야 한다.

⑨ 중앙대책본부장은 재해복구사업의 추진 전반에 대하여 관계 중앙행정기관 및 국민안전처 소속 공무원으로 구성된 중앙합동점검반 또는 국민안전처 소속 공무원으로 구성된 중앙점검반을 운영할 수 있다. [개정 2012.2.22, 2013.8.6 제11994호(재난 및 안전관리 기본법), 2014.11.19 제12844호(정부조직법)]

⑩ 제9항에 따른 재해복구사업의 중앙합동점검반 및 중앙점검반의 구성·운영, 그 밖의 재해복구사업 추진 사항에 대한 관리·점검에 필요한 사항은 대통령령으로 정한다. [신설 2012.2.22]

[전문개정 2011.3.7]

제55조의2(자연재해복구에 관한 연차보고)

① 정부는 제55조에 따른 보고내용을 토대로 자연재해에 관한 연차보고서(이하 "연차보고서"라 한다)를 매년 작성하여 다음 연도 정기국회 전까지 국회에 제출하여야 한다.

② 연차보고서에는 다음 각 호의 내용이 포함되어야 한다.

    1. 피해 현황 및 복구 개요

    2. 사유시설 복구추진 현황

    3. 공공시설 복구추진 현황

    4. 재해복구사업 추진관리에 필요한 사항

    5. 부처별·사업별 예산집행내역(지방자치단체의 실집행내역을 포함한다)

    6. 그 밖에 대통령령으로 정하는 사항

③ 연차보고서를 작성하기 위하여 관계 중앙행정기관의 장 및 재난관리책임기관의 장은 제2항의 내용을 분기별로 점검하고 그 결과를 중앙대책본부장에게 통보하여야 한다.

[본조신설 2013.8.6]

제56조(토지 등의 수용)

재해복구사업의 시행에 필요한 토지 등의 수용 및 사용에 관하여는 제14조의3을 준용한다. 이 경우 "시장·군수·구청장"은 "재해복구사업의 시행청"으로, "자연재해위험개선지구 정비사업"은 "재해복구사업"으로, "제14조의2 제1항에 따라 자연재해위험개선지구 정비사업 실시계획을 공고한 경우"는 "제49조에 따라 재해복구사업 실시계획을 공고한 경우"로 본다.

[전문개정 2012.10.22]

제57조(복구사업의 분석·평가)

① 시장·군수·구청장은 대통령령으로 정하는 일정 규모 이상의 재해복구사업을 시행하였을 때에는 다음 해 말일을 기준으로 사업의 효과성, 경제성 등을 분석·평가하여야 한다.

② 국민안전처장관은 필요하다고 판단하면 시장·군수·구청장이 시행한 재해복구사업과 제49조의2에 따라 국민안전처장관 또는 관계 중앙행정기관의 장이 시행한 대규모 재해복구사업 및 지구단위종합복구사업에 대한 효과성, 경제성 등의 분석·평가를 직접 시행할 수 있다. [개정 2012.2.22, 2014.11.19 제12844호(정부조직법)]

③ 시장·군수·구청장은 제1항에 따라 분석·평가한 결과를 시·도지사를 거쳐 국민안전처장관에게 제출하여야 한다. [개정 2012.2.22, 2014.11.19 제12844호(정부조직법)]

④ 시장·군수는 제1항에 따라 분석·평가한 결과를 시·군 종합계획의 수립 등에 반영하여야 하고, 특별시장 및 광역시장은 구청장이 제1항에 따라 분석·평가한 결과를 시·도 종합계획의 수립 등에 반영하여야 한다. [신설 2012.2.22]

⑤ 제1항부터 제3항까지의 분석, 평가 및 제출 절차 등에 관하여 필요한 세부 기준은 총리령으로 정한다. [개정 2012.2.22, 2013.3.23 제11690호(정부조직법), 2014.11.19 제12844호(정부조직법)]

[전문개정 2011.3.7]

제5장 방재기술의 연구 및 개발 [개정 2012.2.22]

제58조(방재기술의 연구·개발 및 방재산업의 육성)

① 정부는 국민의 생명, 재산 및 주요 기간시설을 보호하기 위한 자연재해 예방기법 등의 발전을 촉진하기 위하여 방재기술의 연구·개발 및 방재산업을 육성하여야 한다. [개정 2012.2.22]

② 국민안전처장관과 재난관리책임기관의 장은 제1항에 따른 방재기술의 연구·개발 및 방재산업을 육성하기 위하여 행정적·재정적 지원을 할 수 있다. [개정 2012.2.22, 2014.11.19 제12844호(정부조직법)]

③ 제2항에 따른 행정적·재정적 지원에 필요한 사항은 대통령령으로 정한다.

[전문개정 2011.3.7]

[본조제목개정 2012.2.22]

제58조의2(방재기술 진흥계획의 수립)

① 국민안전처장관은 제58조 제1항에 따른 방재기술의 연구·개발 촉진과 방재산업의 육성을 위하여 「과학기술 기본법」 제9조에 따른 국가과학기술심의회의 심의를 거쳐 방재기술 진흥계획(이하 "진흥계획"이라 한다)을 수립하여야 한다. [개정 2012.2.22, 2013.3.23 제11713호(과학기술기본법), 2014.11.19 제12844호(정부조직법)]

② 진흥계획에는 다음 각 호의 사항이 포함되어야 한다. [개정 2012.2.22]

  1. 방재기술 진흥의 기본 목표 및 추진 방향
  2. 방재기술의 개발 촉진 및 그 활용을 위한 시책
  3. 방재기술 개발사업의 연도별 투자 및 추진 계획
  4. 이미 개발된 기술의 확산에 관한 사항
  5. 기술 개발, 기술 지원 등의 기능을 수행하는 기관·법인·단체 및 산업의 육성
  6. 방재기술의 정보관리
  7. 방재기술 인력의 수급·활용 및 기술인력의 양성
  8. 방재기술 진흥 연구기관의 육성
  9. 그 밖에 방재기술의 진흥에 관한 중요 사항

③ 국민안전처장관은 방재기술의 연구·개발, 기반 조성 및 방재산업 육성을 위하여 재난관리책임기관의 장 등에게 진흥계획이 효율적으로 달성될 수 있도록 필요한 협조를 요청할 수 있다. [개정 2012.2.22, 2014.11.19 제12844호(정부조직법)]

[전문개정 2011.3.7]

[본조제목개정 2012.2.22]

제58조의3(방재기술 개발사업 추진)

① 국민안전처장관은 국민의 생명·재산 보호 및 경제의 지속 가능한 발전을 위하여 대통령령으로 정하는 기관 또는 단체와 협약을 체결하여 방재기술의 발전에 필요한 방재기술 연구·개발 사업을 할 수 있다. [개정 2012.2.22, 2014.11.19 제12844호(정부조직법)]

② 제1항에 따른 방재기술 연구 · 개발 사업에 필요한 경비는 정부 또는 정부 외의 자의 출연금이나 그 밖에 기업의 기술개발비로 충당한다. [개정 2012.2.22]

③ 국민안전처장관은 제1항에 따른 방재기술 연구 · 개발 사업을 효율적으로 추진하기 위하여 필요하면 방재기술을 개발하기 위한 전문기관을 지정하여 그 전문기관으로 하여금 이에 관한 업무를 수행하게 할 수 있다. [개정 2012.2.22, 2014.11.19 제12844호(정부조직법)][전문개정 2011.3.7][본조제목개정 2012.2.22]

제59조(방재기술의 실용화)

① 정부는 다음 각 호의 사업자 등을 육성하기 위하여 필요한 시책을 마련하여야 한다. [개정 2012.2.22]

    1. 방재기술을 개발하거나 실용화하는 사업자

    2. 방재기술 개발을 위한 출자를 주된 사업으로 하는 자

    3. 방재 분야 산업체

    4. 그 밖에 대통령령으로 정하는 방재 관련 사업자

② 정부는 개발된 방재기술의 실용화를 촉진하기 위하여 다음 각 호의 사업을 할 수 있다. [개정 2012.2.22]

    1. 방재기술의 실용화를 지원하는 전문기관의 육성

    2. 방재 관련 특허기술의 실용화사업

    3. 방재기술의 실용화에 필요한 인력 · 시설 · 정보 등의 지원 및 기술지도

    4. 방재 분야 전문가 양성을 위한 교육지원사업

    5. 그 밖에 방재기술의 실용화를 촉진하기 위하여 필요한 사업

③ 다음 각 호의 어느 하나에 해당하는 재원을 운영하는 자(이하 "재원운영자"라 한다)는 제1항에 해당하는 자에게 그 재원에서 필요한 자금을 지원할 수 있다.

    1. 「중소기업진흥에 관한 법률」에 따른 중소기업창업 및 진흥기금

    2. 「과학기술 기본법」에 따른 과학기술진흥기금(융자사업만 해당한다)

    3. 「한국산업은행법」에 따른 한국산업은행 또는 「중소기업은행법」에 따른 중소기업은행의 기술개발자금

    4. 그 밖에 기술개발 지원을 위하여 정부가 조성한 특별 자금

[전문개정 2011.3.7]

[본조제목개정 2012.2.22]

제60조(방재기술평가의 지원)

① 정부는 우수한 방재기술의 보급 촉진과 방재기술의 실용화를 위하여 방재기술, 방재제품 및 방재 분야 산업체에 대한 평가 신청을 받아 평가할 수 있다. [개정 2012.2.22]

② 정부는 제1항에 따른 평가(이하 "방재기술평가"라 한다)의 실시를 대통령령으로 정하는 전문기관으로 하여금 대행하게 할 수 있다. [개정 2012.2.22]

③ 국민안전처장관은 방재기술평가에 드는 비용을 총리령으로 정하는 바에 따라 방재기술평가를 신청하는 자에게 부담하게 할 수 있다. [개정 2012.2.22, 2013.3.23 제11690호(정부조직법), 2014.11.19 제12844호(정부조직법)]

④ 재원운영자는 방재기술평가를 촉진하고 우수한 방재기술의 보급을 지원하기 위하여 다음 각 호의 어느 하나에 해당하는 자에게 방재기술평가 또는 시범사업 등에 드는 비용의 전부 또는 일부를 제59조 제3항 각 호의 재원에서 우선 지원할 수 있다. [개정 2012.2.22, 2014.11.19 제12844호(정부조직법)]

 1. 대통령령으로 정하는 기준에 해당하는 중소기업으로서 방재기술평가를 받는 자
 2. 방재기술평가의 결과가 우수한 방재기술의 시범사업을 하는 자
 3. 방재기술평가를 받은 방재기술로서 국민안전처장관이 공공의 목적을 위하여 보급할 필요가 있다고 인정하는 방재기술을 실용화하는 자

⑤ 방재기술평가의 신청 절차 및 평가 방법 등에 관하여 필요한 사항은 대통령령으로 정한다. [개정 2012.2.22]
[전문개정 2011.3.7]
[본조제목개정 2012.2.22]

제61조(방재신기술의 지정 · 활용 등)

① 정부는 방재기술평가 결과 우수한 방재기술로 평가된 기술(이하 "방재신기술"이라 한다)에 대하여 방재신기술로 지정 · 고시하고 방재신기술임을 표시할 수 있는 표시 방법, 보호기간 및 활용 방법 등을 정할 수 있다. [개정 2012.2.22]

② 정부는 방재시설을 설치하는 공공기관에 대하여 방재신기술을 우선 활용할 수 있도록 적절한 조치를 하여야 한다. [개정 2012.2.22]

③ 국민안전처장관은 기술개발자를 보호하기 위하여 필요하다고 인정하면 보호기간을 정하여 기술개발자가 방재신기술의 기술사용료를 받을 수 있도록 하거나 그 밖의 방법으로 보호할 수 있으며, 보호기간이 만료되어 기술개발자가 보호기간 연장을 신청하는 경우에는 그 방재신기술의 활용 실적 등을 검증하여 그 기간을 연장할 수 있다. [개정 2012.2.22, 2014.11.19 제12844호(정부조직법)]

④ 방재신기술의 지정 절차, 표시 방법, 보호기간 및 활용 방법 등에 관하여 필요한 사항은 대통령령으로 정한다. [개정 2012.2.22]
[전문개정 2011.3.7]
[본조제목개정 2012.2.22]

제61조의2(방재신기술 지정의 취소)

국민안전처장관은 제61조 제1항에 따라 지정된 방재신기술이 다음 각 호의 어느 하나에 해당하는 경우에는 그 지정을 취소하여야 한다. [개정 2012.2.22, 2014.11.19 제12844호(정부조직법)]

 1. 거짓이나 그 밖의 부정한 방법으로 지정받은 경우
 2. 해당 방재신기술의 내용에 중대한 결함이 있어 자연재해 현장에 적용하는 것이 불가능한 경우
[전문개정 2011.3.7]
[본조제목개정 2012.2.22]

제61조의3(방재제품 및 방재 분야 산업체의 분류)

① 국민안전처장관은 제58조에 따라 방재산업을 육성하고 자연재해의 응급대책, 신속한 복구, 예방사업에 필요한 물자·자재 등의 안정적 조달 및 품질관리를 위하여 방재제품 및 방재 분야 산업체를 분류하여 관리할 수 있다. [개정 2014.11.19 제12844호(정부조직법)]

② 제1항에 따른 분류 절차 등에 필요한 사항은 대통령령으로 정한다.

[본조신설 2012.2.22]

제61조의4(방재산업의 수요 조사 및 공개)

① 국민안전처장관은 국가 또는 지방자치단체가 투자하거나 출연한 법인 또는 그 밖의 재난관리책임기관 등의 방재제품 수요 및 투자관리계획을 조사하여 그 결과를 공개할 수 있다. [개정 2014.11.19 제12844호(정부조직법)]

② 제1항에 따른 공개 절차와 방법 등에 필요한 사항은 대통령령으로 정한다.

[본조신설 2012.2.22]

제62조(국제공동연구의 촉진)

① 정부는 국민경제의 지속 가능하고 균형 있는 발전을 위하여 방재기술 및 방재산업에 관한 국제공동연구를 촉진하기 위한 시책을 마련하여야 한다. [개정 2012.2.22]

② 정부는 제1항에 따른 국제공동연구를 촉진하기 위하여 다음 각 호의 사업을 추진할 수 있다. [개정 2012.2.22]

  1. 방재기술 및 방재산업의 국제협력을 위한 조사·연구
  2. 방재기술 및 방재산업에 관한 인력·정보의 국제 교류
  3. 방재기술 및 방재산업에 관한 전시회·학술회의의 개최
  4. 방재기술 및 방재산업의 해외시장 개척
  5. 자연재해 예방을 위한 기술개발
  6. 그 밖에 국제공동연구를 촉진하기 위하여 필요하다고 인정하는 사업

[전문개정 2011.3.7]

제63조(방재기술정보의 보급 등)

① 정부는 우수한 방재기술의 보급 및 방재기술정보의 수집·보급에 관한 구체적인 시책을 마련하여야 한다. [개정 2012.2.22]

② 정부는 제1항에 따른 방재기술의 보급 및 방재기술정보의 수집·보급을 위하여 방재기술정보를 전산화하여 관리할 수 있다. [개정 2012.2.22]

③ 국민안전처장관은 제2항에 따른 방재기술정보의 전산화를 위하여 필요한 정보를 관계 기관의 장에게 요청할 수 있다. [개정 2012.2.22, 2014.11.19 제12844호(정부조직법)]

④ 정부는 재난관리책임기관, 방재연구기관, 방재 분야 산업체, 그 밖의 재난 관련 단체에 방재기술의 개발, 우수한 방재기술의 도입 및 방재기술정보의 교환을 권고할 수 있다. [개정 2012.2.22]

⑤ 국민안전처장관은 재해 예방을 위하여 필요하다고 인정하면 관계 중앙행정기관 또는 지방자치단체의 장에게 우수한 방재기술을 사용하고 보급하도록 권고할 수 있다. [개정 2012.2.22, 2014.11.19 제12844호(정부조직법)]

[전문개정 2011.3.7]

[본조제목개정 2012.2.22]

제6장 보칙[개정 2011.3.7]

제64조(방재시설의 유지·관리 평가)

① 재난관리책임기관의 장은 재해 예방을 위하여 대통령령으로 정하는 소관 방재시설을 성실하게 유지·관리하여야 한다. [개정 2012.2.22]

② 중앙대책본부장은 재난관리책임기관별로 소관 방재시설의 유지·관리에 대한 평가를 할 수 있다. [개정 2012.2.22, 2013.8.6 제11994호(재난 및 안전관리 기본법)]

③ 제1항과 제2항에 따른 방재시설의 관리 및 평가에 필요한 사항은 대통령령으로 정한다. [개정 2012.2.22]

[전문개정 2011.3.7]

[본조제목개정 2012.2.22]

제64조의2(방재산업 관련 비영리법인의 육성)

국민안전처장관은 방재기술 개발·보급 및 방재산업 육성의 촉진을 위하여 「민법」, 그 밖의 법률에 따라 설립된 방재산업 관련 비영리 법인이 다음 각 호의 사업을 수행하는 경우 관련 정보의 제공 등 사업추진에 필요한 지원을 할 수 있다. [개정 2014.11.19 제12844호(정부조직법)]

  1. 방재기술의 연구·개발 사업
  2. 방재산업의 시장동향, 방재기술의 활용실태, 방재제품 수요 등에 관한 정보의 수집·분석 등 조사사업
  3. 제59조 제2항 각 호의 방재기술의 실용화 촉진을 위한 사업
  4. 제62조 제2항 각 호의 국제공동연구 촉진을 위한 사업
  5. 새로운 방재기술의 실용화 및 방재산업 육성을 위한 공제사업

[본조신설 2012.2.22]

제65조(공무원 및 기술인 등의 교육)

① 재해 관련 업무에 종사하는 공무원은 대통령령으로 정하는 바에 따라 방재교육을 받아야 한다. [개정 2012.2.22]

② 재해 관련 기술인을 고용한 자는 대통령령으로 정하는 바에 따라 그 기술인에 대하여 국민안전처장관이 실시하는 교육을 받게 하여야 한다. [개정 2014.11.19 제12844호(정부조직법)]

③ 국민안전처장관은 제1항과 제2항의 교육을 위하여 필요하다고 판단되면 전문교육과정을 운영할 수 있다. [개정 2014.11.19 제12844호(정부조직법)]

④ 국민안전처장관은 대통령령으로 정하는 바에 따라 제2항에 따른 교육에 드는 경비를 교육 대상자를 고용한 자로부터 징수할 수 있다. [개정 2014.11.19 제12844호(정부조직법)]

[전문개정 2011.3.7]

제65조의2(방재 분야 전문인력의 양성)

① 국가와 지방자치단체는 방재정책의 고도화·전문화에 따른 방재 분야 전문인력의 양성을 위하여 필요한 시책을 마련하여야 한다.

② 국민안전처장관은 제1항에 따른 전문인력을 양성하기 위하여 「고등교육법」 제2조에 따른 학교를 전문인력 양성기관으로 지정하여 필요한 교육 및 훈련을 실시하게 할 수 있다. [개정 2014.11.19 제12844호(정부조직법)]

[본조신설 2012.2.22]

제66조(지역자율방재단의 구성 등)

① 시장·군수·구청장은 지역의 자율적인 방재 기능을 강화하기 위하여 지역주민, 봉사단체, 방재 관련 업체, 전문가 등으로 지역자율방재단을 구성·운영할 수 있다.

② 중앙대책본부장과 지역대책본부장은 지역자율방재단을 활성화하기 위하여 예산 등을 지원할 수 있으며, 시장·군수·구청장은 지역자율방재단 구성원의 재해 예방, 대응, 복구 활동 등 기여도에 따라 복구사업에 우선 참여하게 하는 등 필요한 사항을 지원할 수 있다. [개정 2013.8.6 제11994호(재난 및 안전관리 기본법)]

③ 지역자율방재단의 구성·운영 및 지원 등에 필요한 사항은 대통령령으로 정한다.

[전문개정 2011.3.7]

제66조의2(전국자율방재단연합회)

① 지역자율방재단 상호간의 교류와 협력 증진을 위하여 전국자율방재단연합회(이하 "연합회"라 한다)를 설립할 수 있다.

② 연합회의 구성 및 운영 등에 필요한 사항은 총리령으로 정한다. [개정 2013.3.23 제11690호(정부조직법), 2014.11.19 제12844호(정부조직법)]

[본조신설 2012.2.22]

제67조(주민의사의 정책 반영 등)

① 국민안전처장관과 지방자치단체의 장은 방재정책의 발전을 위하여 전문조사기관 등에 의뢰하여 주민여론 및 자연재해 의식조사 등을 할 수 있다. [개정 2012.2.22, 2014.11.19 제12844호(정부조직법)]

② 국민안전처장관과 지방자치단체의 장은 제1항에 따라 실시한 주민여론 및 자연재해 의식조사 등의 결과를 각종 방재정책의 수립에 반영하여야 한다. [개정 2012.2.22, 2014.11.19 제12844호(정부조직법)]

[전문개정 2011.3.7]

제68조(손실보상)

① 국가나 지방자치단체는 제11조 제1항에 따른 조치로 인하여 손실이 발생하였을 때에는 보상하여야 한다.

② 제1항에 따른 손실보상에 관하여는 손실을 입은 자와 그 조치를 한 중앙행정기관의 장, 시·도지사 또는 시장·군수·구청장이 협의하여야 한다.

③ 제2항에 따른 협의가 성립되지 아니하였을 때에는 대통령령으로 정하는 바에 따라 「공익사업을 위한 토지 등의 취득 및 보상에 관한 법률」 제51조에 따른 관할 토지수용위원회에 재결을 신청할 수 있다.

④ 제3항에 따른 재결에 관하여는 「공익사업을 위한 토지 등의 취득 및 보상에 관한 법률」 제83조부터 제86조까지의 규정을 준용한다.

[전문개정 2011.3.7]

제69조(법률 등을 위반한 자에 대한 처분)

① 중앙대책본부장, 시·도지사, 시장·군수 또는 구청장은 다음 각 호의 어느 하나에 해당하는 자에 대하여 이 법에 따른 허가·인가 등의 취소, 공사의 중지, 인공구조물 등의 개축 또는 이전, 그 밖에 필요한 처분을 하거나 조치를 명할 수 있다. [개정 2013.8.6 제11994호(재난 및 안전관리 기본법)]

　　1. 이 법 또는 이 법에 따른 명령이나 처분을 위반한 자

　　2. 부정한 방법으로 이 법에 따른 허가·인가 등을 받은 자

　　3. 사정의 변경으로 인하여 개발사업 등을 계속 시행하는 것이 현저하게 공익을 해칠 우려가 있다고 인정되는 경우에 그 개발사업 등의 허가를 받은 자 또는 시행자

② 중앙대책본부장, 시·도지사, 시장·군수 또는 구청장은 제1항 제3호에 따라 필요한 처분을 하거나 조치를 명하였을 때에는 이로 인하여 발생한 손실을 보상하여야 한다. [개정 2013.8.6 제11994호(재난 및 안전관리 기본법)]

③ 제2항에 따른 손실보상에 관하여는 제68조 제2항부터 제4항까지의 규정을 준용한다.

[전문개정 2011.3.7]

제70조(국고보조 등)

국가는 자연재해위험개선지구 정비, 우수유출저감시설사업 등의 자연재해 예방대책, 자연재해 응급대책 또는 자연재해 복구사업을 원활하게 추진하기 위하여 필요하면 그 비용(제68조에 따른 손실보상금을 포함한다)의 전부 또는 일부를 국고에서 부담하거나 지방자치단체 또는 재난관리책임기관에 보조할 수 있다. [개정 2012.10.22, 2013.8.6]

[전문개정 2011.3.7]

제71조(압류의 금지)

기본법 제66조에 따라 지급된 복구비용·구호금품 및 이를 지급받을 권리는 압류할 수 없다. [개정 2013.8.6]

[전문개정 2011.3.7]

제72조(한국방재협회의 설립)

① 재해대책에 관한 연구 및 정보교류의 활성화와 국민방재역량 제고를 위하여 한국방재협회(이하 "협회"라 한다)를 설립할 수 있다.

② 협회는 법인으로 한다.

③ 협회는 주된 사무소의 소재지에서 설립등기를 함으로써 성립한다.

④ 협회의 회원은 다음 각 호의 사람과 단체 등으로 한다.

    1. 재해대책 분야와 관련된 연구단체 및 용역업에 종사하는 사람

    2. 재해대책에 관한 학식과 경험이 풍부한 사람으로서 회원이 되려는 사람

    3. 재해대책 분야와 관련된 용역·물자의 생산 및 공사 등을 하는 단체 및 업체

    4. 그 밖에 정관으로 정하는 사람

⑤ 협회는 다음 각 호의 업무를 수행한다. [개정 2012.2.22]

    1. 재해 예방과 방재의식의 고취를 위한 교육 및 홍보

    2. 재해 예방, 재해 응급대책 및 재해 복구 등에 관한 자료의 조사·수집 및 보급

    3. 재해 예방, 재해 응급대책 및 재해 복구 등에 관한 각종 간행물의 발간

    4. 재해대책에 관한 정부 위탁사업의 수행

    5. 방재 분야 기술발전을 위한 관련 산업의 육성·지원

    6. 민간주도의 재해 관련 국내외 행사의 유치

    7. 방재 분야 전문인력의 양성 지원 및 인력 데이터베이스 구축 관리

    8. 그 밖에 재해대책에 관련되는 사항으로서 대통령령으로 정하는 사항

⑥ 중앙대책본부장과 지역대책본부장은 재난 발생에 대응하여 신속한 처리가 필요한 경우 등에만 제5항 제1호부터 제8호까지의 업무와 관련된 용역업무를 협회에 위탁할 수 있다. [개정 2012.2.22, 2013.8.6 제11994호(재난 및 안전관리 기본법)]

[전문개정 2011.3.7]

제73조(협회의 정관 등)

① 협회의 정관 기재사항, 임원의 수 및 임기, 선임 방법, 감독 및 등기 등에 관하여 필요한 사항은 대통령령으로 정한다.

② 협회의 운영 경비는 회비나 그 밖의 사업 수입으로 충당한다.

③ 협회에 관하여 이 법에 규정된 것을 제외하고는 「민법」 중 사단법인에 관한 규정을 준용한다.

[전문개정 2011.3.7]

제74조(자연재해로 인한 피해사실확인서 발급)

① 시장·군수·구청장은 자연재해로 발생한 피해에 대하여 피해사실확인서(이하 "사실확인서"라 한다)를 발급할 수 있다.

② 사실확인서 발급에 필요한 사항은 대통령령으로 정한다.

[전문개정 2011.3.7]

제75조(중앙대책본부장의 평가 및 포상)

① 중앙대책본부장은 제4조, 제8조, 제12조부터 제14조까지, 제16조부터 제21조까지, 제26조, 제29조, 제33조, 제36조, 제37조, 제48조, 제66조 및 그 밖에 이 법에 따른 자연재해의 예방·복구 및 대책에 관한 지역대책본부장의 임무를 정기적으로 평가하고 그 평가 결과를 지역대책본부장에게 통보할 수 있다. 이 경우 평가 결과를 통보받은 지역대책본부장은 평가 결과에 따라 자연재해의 예방·복구 및 대책에 필요한 조치를 하여야 한다. [개정 2013.8.6 제11994호(재난 및 안전관리 기본법)]

② 중앙대책본부장은 제1항에 따른 평가 결과에 따라 우수한 지역대책본부장을 선정하여 포상할 수 있다. [개정 2013.8.6 제11994호(재난 및 안전관리 기본법)]

③ 제1항과 제2항에 따른 평가 및 포상에 필요한 사항은 대통령령으로 정한다.

[전문개정 2011.3.7]

[본조제목개정 2013.8.6 제11994호(재난 및 안전관리 기본법)]

제75조의2(지역안전도 진단)

① 국민안전처장관은 방재정책 전반의 환류(還流) 체계를 구축하고, 자주적인 방재 역량의 제고와 저변 확대를 위하여 시·군·구별로 지역안전도 진단을 할 수 있다. [개정 2014.11.19 제12844호(정부조직법)]

② 제1항에 따른 지역안전도 진단 내용에는 다음 각 호의 사항이 포함되어야 한다.

1. 시·군·구별 피해 발생 빈도와 피해 규모의 분석

2. 시·군·구별 피해 저감 능력을 진단하기 위한 진단지표 및 진단기준에 따른 분석

③ 제1항에 따른 지역안전도 진단에 관한 절차와 그 밖에 필요한 사항은 대통령령으로 정한다.

[전문개정 2011.3.7]

제76조(권한의 위임 등)

① 이 법에 따른 중앙대책본부장의 권한은 대통령령으로 정하는 바에 따라 그 일부를 시·도 본부장에게 위임할 수 있다. [개정 2013.8.6 제11994호(재난 및 안전관리 기본법), 2014.11.19 제12844호(정부조직법)]

② 이 법에 따른 중앙대책본부장의 업무는 대통령령으로 정하는 바에 따라 그 일부를 관련 분야 전문 기관 또는 단체에 위탁할 수 있다. [개정 2013.8.6 제11994호(재난 및 안전관리 기본법), 2014.11.19 제12844호(정부조직법)]

[전문개정 2012.2.22]

제7장 벌칙[개정 2011.3.7]

제77조(벌칙)

① 제38조 제2항에 따른 대행자 등록을 하지 아니하고 방재관리대책 업무를 대행한 자는 1년 이하의 징역 또는 1천만원 이하의 벌금에 처한다. [신설 2012.2.22, 2013.8.6]

② 제37조 제1항에 따른 비상대처계획을 수립하지 아니한 자는 500만원 이하의 벌금에 처한다. [개정 2012.2.22]

[전문개정 2011.3.7]

제78조(양벌규정)

법인의 대표자나 법인 또는 개인의 대리인, 사용인, 그 밖의 종업원이 그 법인 또는 개인의 업무에 관하여 제77조의 위반행위를 하면 그 행위자를 벌하는 외에 그 법인 또는 개인에게도 해당 조문의 벌금형을 과(科)한다. 다만, 법인 또는 개인이 그 위반행위를 방지하기 위하여 해당 업무에 관하여 상당한 주의와 감독을 게을리하지 아니한 경우에는 그러하지 아니하다.

[전문개정 2008.12.26]

제79조(과태료)

① 다음 각 호의 어느 하나에 해당하는 자에게는 300만원 이하의 과태료를 부과한다. [개정 2012.10.22, 2013.8.6]

  1. 제12조 제2항에 따른 자연재해위험개선지구의 재해 예방을 위한 점검·정비 명령을 이행하지 아니한 자
  2. 제19조의6 제1항에 따른 우수유출저감시설을 설치하지 아니한 자
  3. 제21조 제2항에 따른 침수흔적 등의 조사를 방해하거나 무단으로 침수흔적 표지를 훼손한 자
  4. 제25조의3 제2항에 따른 해일위험지구의 재해 예방을 위한 점검·정비 명령을 이행하지 아니한 자
  5. 제40조에 따른 준수사항을 위반한 자
  6. 제41조에 따른 신고를 하지 아니하고 사업을 휴업하거나 폐업한 자
  7. 제41조의2에 따른 실태 점검을 거부·기피·방해하거나 거짓 자료를 제출한 대행자 및 방재관리대책 업무를 대행하게 한 자

② 제1항에 따른 과태료는 대통령령으로 정하는 바에 따라 국민안전처장관, 시·도지사, 시장·군수 또는 구청장이 부과·징수한다. [개정 2014.11.19 제12844호(정부조직법)]

[전문개정 2011.3.7]

부칙 [2005.1.27 제7359호]

①(시행일) 이 법은 공포 후 6월을 넘지 않는 범위 이내에서 대통령령이 정하는 날부터 시행한다.

②(한국방재협회에 관한 경과조치) 이 법 시행 당시의 한국방재협회는 이 법에 의하여 설립된 것으로 한다.

③(벌칙적용에 관한 경과조치) 이 법 시행 전의 행위에 대한 벌칙의 적용에 있어서는 종전의 규정에 의한다.

부칙 [2005.5.31 제7571호(어촌·어항법)]

제1조(시행일)

이 법은 공포 후 6월이 경과한 날부터 시행한다.

제2조 내지 제7조 생략

제7조(다른 법률의 개정)

① 내지 ⑤ 생략

⑥ 자연재해대책법 일부를 다음과 같이 개정한다.

제24조 제1항 제16호 중 "어항법"을 "「어촌·어항법」"으로 하고, 제49조 제4항 제18호 중 "어항법 제12조의 규정에 의한 어항시설사업의 허가"를 "「어촌·어항법」 제23조의 규정에 따른 어항개발사업시행의 허가"로 한다.

⑦ 내지 ⑪ 생략

제8조 생략

부칙 [2005.8.4 제7678호(산림자원의 조성 및 관리에 관한 법률)]

제1조(시행일)

이 법은 공포 후 1년이 경과한 날부터 시행한다.

제2조 내지 제10조 생략

제11조(다른 법률의 개정)

① 내지 〈83〉 생략

〈84〉자연재해대책법 일부를 다음과 같이 개정한다.

제49조 제4항 제14호를 다음과 같이 한다.

14. 「산림자원의 조성 및 관리에 관한 법률」 제36조 제1항·제4항의 규정에 따른 입목벌채 등의 허가·신고

〈85〉 내지 〈87〉 생략

제12조 생략

부칙 [2007.1.3 제8170호]

제1조(시행일)
이 법은 공포 후 6개월을 넘지 않는 범위 이내에서 대통령령이 정하는 날부터 시행한다.

제2조(자연재해위험지구에 관한 경과조치)
법률 제7359호 「자연재해대책법개정법률」이 시행되기 전에 지정·고시된 재해위험지구는 제12조의 규정에 따른 자연재해위험지구로 지정·고시가 된 것으로 본다.

제3조(통신설비 내진설계기준의 설정에 관한 경과조치)
이 법 시행 전에 「전자통신기본법」에 따라 적합하게 설치된 통신설비는 제24조 제1항 각 호 외의 부분의 규정을 적용하지 아니한다.

제4조(자연재해저감기술평가에 관한 경과조치)
이 법 시행 전에 자연재해저감신기술로 평가된 기술은 제61조 제1항의 개정규정에 따라 자연재해저감신기술로 지정된 것으로 본다.

제5조(벌칙 적용에 관한 경과조치)
이 법 시행 전의 행위에 대한 벌칙의 적용에 있어서는 종전의 규정에 따른다.

부칙 [2007.1.26 제8283호(산지관리법)]

제1조(시행일)
이 법은 공포 후 6개월이 경과한 날부터 시행한다.

제2조 내지 제10조 생략

제11조(다른 법률의 개정)
① 내지 ⑩ 생략
⑪ 자연재해대책법 일부를 다음과 같이 개정한다.
제49조 제4항 제15호 중 "채석허가 및 동법 제32조의 규정에 의한 토사채취허가 등"을 "토석채취허가 등"으로 한다.
⑫ 내지 〈16〉 생략

제12조 생략

부칙 [2007.4.11 제8343호(관광진흥법)]

제1조(시행일)
이 법은 공포한 날부터 시행한다. [단서 생략]

제2조 내지 제10조 생략

제11조(다른 법률의 개정)
① 내지 ⑮ 생략
〈16〉 자연재해대책법 일부를 다음과 같이 개정한다.
제49조 제4항 제1호 중 "제50조"를 "제52조"로, "제52조"를 "제54조"로, "제53조"를 "제55조"로 한다.
〈17〉 내지 〈27〉 생략

제12조 생략

부칙 [2007.4.11 제8346호(문화재보호법)]

제1조(시행일)
이 법은 공포한 날부터 시행한다. [단서생략]

제2조 내지 제11조 생략

제12조(다른 법률의 개정)
① 내지 ⑥ 생략
⑦ 자연재해대책법 일부를 다음과 같이 개정한다.
제49조 제4항 제11호 중 "문화재보호법 제20조 제1호·제4호"를 "「문화재보호법」 제34조 제1호·제3호"로, "제54조 단서"를 "제70조 단서 "로 한다.
⑧ 내지 ⑫ 생략

제13조 생략

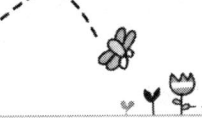

부칙 [2007.4.11 제8351호(농어촌정비법)]

제1조(시행일)
이 법은 공포한 날부터 시행한다. 다만, 부칙 제14조 제25항의 개정규정은 법률 제8170호 자연재해대책법 일부개정법률 부칙 제1조에 따른 시행일부터 시행하고, 부칙 제14조 제34항 및 제35항의 개정규정은 2007년 7월 4일부터 시행하며, 부칙 제14조 제16항 및 제18항의 개정규정은 2007년 7월 27일부터 시행하고, 제21조 제1항과 제92조 제1항 제12호의 개정규정은 2007년 9월 28일부터 시행한다.

제2조 내지 제13조 생략

제14조 (다른 법률의 개정)
① 내지 〈24〉 생략
〈25〉 법률 제8170호 자연재해대책법 일부개정법률 일부를 다음과 같이 개정한다.
제17조 제2항 제1호 마목 중 "「농어촌정비법」 제2조 제4호"를 "「농어촌정비법」 제2조 제6호"로 한다.
〈26〉 내지 〈42〉 생략

제15조 생략

부칙 [2007.4.11 제8352호(농지법)]

제1조(시행일)
이 법은 공포한 날부터 시행한다. [단서생략]

제2조 내지 제14조 생략

제15조(다른 법률의 개정)
① 내지 〈47〉 생략
〈48〉 자연재해대책법 일부를 다음과 같이 개정한다.
제49조 제4항 제8호 중 "농지법 제36조"를 "「농지법」 제34조"로, "동법 제37조"를 "같은 법 제35조"로, "동법 제38조"를 "같은 법 제36조"로 한다.
〈49〉 내지 〈77〉 생략

제16조 생략

부칙 [2007.4.11 제8369호(소음·진동규제법)]

제1조(시행일)
이 법은 공포한 날부터 시행한다. [단서 생략]

제2조 내지 제14조 생략

제15조(다른 법률의 개정)
① 및 ⑭ 생략

⑮ 자연재해대책법 일부를 다음과 같이 개정한다.

제49조 제4항 제9호 중 "소음·진동규제법 제9조"를 "「소음·진동규제법」 제8조"로 한다.

〈16〉 내지 〈20〉 생략

제16조 생략

부칙 [2007.4.11 제8370호(수도법)]

제1조(시행일)
이 법은 공포한 날부터 시행한다. [단서 생략]

제2조 내지 제18조 생략

제19조(다른 법률의 개정)
① 내지 〈37〉 생략

〈38〉 자연재해대책법 일부를 다음과 같이 개정한다.

제49조 제4항 제17호 중 "수도법 제12조"를 "「수도법」 제17조"로, "동법 제33조의2"를 "같은 법 제49조"로, "동법 제36조"를 "같은 법 제52조"로, "동법 제38조"를 "같은 법 제54조"로 한다.

〈39〉 내지 〈66〉 생략

제20조 생략

부칙 [2007.4.27 제8404호(대기환경보전법)]

제1조(시행일)
이 법은 공포한 날부터 시행한다. [단서생략]

제2조 내지 제12조 생략

제13조(다른 법률의 개정)
① 내지 〈17〉 생략
〈18〉 자연재해대책법 일부를 다음과 같이 개정한다.
제49조 제4항 제9호 중 "대기환경보전법 제10조"를 "「대기환경보전법」 제23조"로 한다.
〈19〉 내지 〈30〉 생략

제14조 생략

부칙 [2007.7.23 제8541호(국민연금법)]

제1조(시행일)
이 법은 공포한 날부터 시행한다. [단서 생략]

제2조 내지 제41조 생략

제42조(다른 법률의 개정)
① 내지 ④ 생략
⑤ 자연재해대책법 일부를 다음과 같이 개정한다.
제51조 제4항 전단 중 "「국민연금법」 제22조의 규정에 따른"을 "「국민연금법」 제24조에 따른"으로 한다.
⑥ 내지 ⑪ 생략

제43조 생략

부칙 [2007.12.21 제8733호(군사기지 및 군사시설 보호법)]

제1조(시행일)

이 법은 공포 후 9개월이 경과한 날부터 시행한다. [단서생략]

제2조 내지 제9조 생략

제10조(다른 법률의 개정)

① 내지 ⑮ 생략

〈16〉 자연재해대책법 일부를 다음과 같이 개정한다.

제49조 제4항 제6호를 다음과 같이 한다.

6. 「군사기지 및 군사시설 보호법」 제9조 제1항 제1호에 따른 통제보호구역 등에의 출입허가 및 같은 법 제13조에 따른 행정기관의 허가 등에 관한 협의

〈17〉 내지 〈30〉 생략

제11조 생략

부칙 [2007.12.27 제8819호(공유수면관리법)]

제1조(시행일)

이 법은 공포 후 6개월이 경과한 날부터 시행한다.[단서생략]

제2조 내지 제7조 생략

제8조(다른 법률의 개정)

① 내지 〈21〉 생략

〈22〉 자연재해대책법 일부를 다음과 같이 개정한다.

제49조 제4항 제2호 중 "인가"를 "승인"으로 한다.

〈23〉 내지 〈43〉 생략

제9조 생략

부칙 [2007.12.27 제8820호(공유수면매립법)]

제1조(시행일)

이 법은 공포 후 6개월이 경과한 날부터 시행한다. [단서생략]

제2조 내지 제7조 생략

제8조(다른 법률의 개정)

① 내지 〈23〉 생략

〈24〉 자연재해대책법 일부를 다음과 같이 개정한다.

제49조 제4항 제3호 중 "실시계획의 인가"를 "실시계획의 승인"으로 한다.

〈25〉 내지 〈39〉 생략

제9조 생략

부칙 [2008.2.29 제8852호(정부조직법)]

제1조(시행일)

이 법은 공포한 날부터 시행한다.[단서생략]

제2조부터 제5조까지 생략

제6조(다른 법률의 개정)

①부터 〈724〉까지 생략

〈725〉 자연재해대책법 일부를 다음과 같이 개정한다. 제10조 제2항·제3항, 제12조 제2항 및 제25조의3 제2항 중 "행정자치부령"을 각각 "행정안전부령"으로 한다. 제35조 제1항 제2호 중 "농림부"를 "농림수산식품부"로 하고, 같은 항 제3호를 다음과 같이 하며, 같은 항 제4호를 삭제하고, 같은 항 제7호를 다음과 같이 하며, 같은 항 제8호를 삭제하고, 같은 항 제9호 중 "국정홍보처"를 "문화체육관광부"로 한다.

3. 지식경제부 : 긴급에너지 수급 지원 및 재해발생지역의 통신소통 원활화 등에 관한 사항

7. 국토해양부 : 비상교통수단 지원 및 해운물류지원 등에 관한 사항

제38조 제2항·제3항, 제41조, 제42조 제2항, 제48조 제3항 및 제54조 제1항 각 호 외의 부분, 제55조 제3항·제4항·제7항 및 제57조 제4항 중 "행정자치부령"을 각각 "행정안전부령"으로 한다. 제76조 중 "행정자치부장관"을 "행정안전부장관"으로 한다.

〈726〉부터 〈760〉까지 생략

제7조 생략

부칙 [2008.3.21 제8974호(건축법)]

제1조(시행일)
이 법은 공포한 날부터 시행한다. 〈단서 생략〉

제2조부터 제12조까지 생략

제13조(다른 법률의 개정)
①부터 〈40〉까지 생략

〈41〉 자연재해대책법 일부를 다음과 같이 개정한다.

제17조 제2항 제2호 라목 중 "제2조 제2호"를 "제2조 제1항 제2호"로 한다.

〈42〉부터 〈70〉까지 생략

제14조 생략

부칙 [2008.3.21 제8976호(도로법)]

제1조(시행일)
이 법은 공포한 날부터 시행한다. 〈단서 생략〉

제2조부터 제8조까지 생략

제9조(다른 법률의 개정)
①부터 〈59〉까지 생략

〈60〉 자연재해대책법 일부를 다음과 같이 개정한다.

제49조 제4항 제10호 중 "도로법 제25조"를 "「도로법」 제24조"로, "동법 제40조"를 "같은 법 제38조"로 한다.

〈61〉부터 〈99〉까지 생략

제10조 생략

부칙 [2008.3.28 제8999호]

이 법은 공포 후 6개월이 넘지 아니하는 범위 이내에서 대통령령으로 정하는 날부터 시행한다.

부칙 [2008.3.28 제9001호(지진재해대책법)]

① (시행일) 이 법은 공포 후 1년이 넘지 아니하는 범위에서 대통령령으로 정하는 날부터 시행한다.

② (다른 법률의 개정) 자연재해대책법 일부를 다음과 같이 개정한다. 제3조 제2항 제3호와 제3장 제3절(제23조부터 제25조까지)을 각각 삭제한다.

부칙 [2008.12.26 제9204호]

이 법은 공포한 날부터 시행한다.

부칙 [2008.12.31 제9298호]

이 법은 공포 후 6개월이 경과한 날부터 시행한다.

부칙[2009.1.30 제9401호(국유재산법)]

제1조(시행일)

이 법은 공포 후 6개월이 경과한 날부터 시행한다. 〈단서 생략〉

제2조부터 제9조까지 생략

제10조(다른 법률의 개정)

①부터 〈56〉까지 생략

〈57〉 자연재해대책법 일부를 다음과 같이 개정한다.

제49조 제4항 제7호를 다음과 같이 한다.

7. 「국유재산법」 제30조에 따른 행정재산의 사용허가

〈58〉부터 〈86〉까지 생략

제11조 생략

부칙[2009.4.22 제9636호(궤도운송법)]

제1조(시행일)

이 법은 공포 후 6개월이 경과한 날부터 시행한다.

제2조부터 제6조까지 생략

제7조(다른 법률의 개정)

①부터 ⑦까지 생략

⑧ 자연재해대책법 일부를 다음과 같이 개정한다.

제20조 제1항 제5호를 다음과 같이 한다.

   5. 「궤도운송법」에 따른 삭도시설 제26조의4 제1항 제6호를 다음과 같이 한다.

   6. 「궤도운송법」에 따른 삭도시설

⑨부터 ⑪까지 생략

제8조 생략

부칙[2009.5.21 제9685호(중소기업제품 구매촉진 및 판로지원에 관한 법률)]

제1조(시행일)

이 법은 공포 후 6개월이 경과한 날부터 시행한다.

제2조부터 제6조까지 생략

제7조(다른 법률의 개정)

①부터 〈18〉까지 생략

〈19〉 자연재해대책법 일부를 다음과 같이 개정한다.

제59조 제3항 제1호 중 "중소기업진흥 및 제품 구매촉진에 관한 법률"을 「중소기업진흥에 관한 법률」"로 한다.

〈20〉부터 〈37〉까지 생략

제8조 생략

부칙[2009.6.9 제9763호(산림보호법)]

제1조(시행일)
이 법은 공포 후 9개월이 경과한 날부터 시행한다. 〈단서 생략〉

제2조부터 제6조까지 생략

제7조(다른 법률의 개정)
①부터 〈38〉까지 생략

〈39〉 자연재해대책법 일부를 다음과 같이 개정한다.
제32조 중 "보안림"을 "산림보호구역(산림유전자원보호구역은 제외한다)"으로 한다.
〈40〉부터 〈61〉까지 생략

제8조 생략

부칙[2009.6.9 제9770호(소음·진동관리법)]

제1조(시행일)
이 법은 2010년 7월 1일부터 시행한다. 〈단서 생략〉

제2조부터 제5조까지 생략

제6조(다른 법률의 개정)
①부터 ⑥까지 생략

⑦ 자연재해대책법 일부를 다음과 같이 개정한다.
제49조 제4항 제9호 중 "「소음·진동규제법」 제8조의 규정에 의한"을 "「소음·진동관리법」 제8조에 따른"으로 한다.
⑧부터 〈38〉까지 생략

제7조 생략

부칙[2OO9.6.9 제9773호(항만법)]

제1조(시행일)
이 법은 공포 후 6개월이 경과한 날부터 시행한다. 〈단서 생략〉

제2조부터 제8조까지 생략

제9조(다른 법률의 개정)
①부터 〈17〉까지 생략
〈18〉 자연재해대책법 일부를 다음과 같이 개정한다.
제17조 제2항 제1호 자목을 다음과 같이 한다.
자. 「항만법」 제2조 제5호에 따른 항만시설
〈19〉부터 〈27〉까지 생략

제10조 생략

부칙[2OO9.12.29 제9847호(감염병의 예방 및 관리에 관한 법률)]

제1조(시행일)
이 법은 공포 후 1년이 경과한 날부터 시행한다.

제2조부터 제20조까지 생략

제21조(다른 법률의 개정)
①부터 ⑮까지 생략
〈16〉 자연재해대책법 일부를 다음과 같이 개정한다.
제35조 제1항 제5호 중 "전염병예방"을 "감염병 예방"으로 한다.
〈17〉부터 〈30〉까지 생략

제22조 생략

부칙[2010.2.4 제10000호(문화재보호법)]

제1조(시행일)
이 법은 공포 후 1년이 경과한 날부터 시행한다. 〈단서 생략〉

제2조부터 제5조까지 생략

제6조(다른 법률의 개정)
①부터 ⑥까지 생략

⑦ 자연재해대책법 일부를 다음과 같이 개정한다.

제49조 제4항 제11호 중 "제34조 제1호·제3호"를 "제35조 제1항 제1호·제2호·제4호"로, "제70조 단서"를 '
'제66조 단서"로 한다.

⑧부터 ⑫까지 생략

제7조 생략

부칙[2010.4.15 제10272호(공유수면 관리 및 매립에 관한 법률)]

제1조(시행일)
이 법은 공포 후 6개월이 경과한 날부터 시행한다.

제2조부터 제12조까지 생략

제13조(다른 법률의 개정)
①부터 〈42〉까지 생략

〈43〉 자연재해대책법 일부를 다음과 같이 개정한다.

제49조 제4항 제2호를 다음과 같이 하고, 같은 항 제3호를 삭제한다.

2. 「공유수면 관리 및 매립에 관한 법률」 제8조에 따른 공유수면의 점용·사용허가, 같은 법 제10조에 따른 협의 또는 승인, 같은 법 제17조에 따른 점용·사용 실시계획의 승인 또는 신고, 같은 법 제28조에 따른 공유수면의 매립면허, 같은 법 제35조에 따른 국가 등이 시행하는 매립의 협의 또는 승인 및 같은 법 제38조에 따른 공유수면매립실시계획의 승인

〈44〉부터 〈75〉까지 생략

제14조 생략

부칙[2010.5.31 제10331호(산지관리법)]

제1조(시행일)

이 법은 공포 후 6개월이 경과한 날부터 시행한다. 〈단서 생략〉

제2조부터 제11조까지 생략

제12조(다른 법률의 개정)

①부터 〈56〉까지 생략

〈57〉 자연재해대책법 일부를 다음과 같이 개정한다.

제49조 제4항 제15호 중 "산지전용신고"를 "산지전용신고, 같은 법 제15조의2에 따른 산지일시사용허가·신고"로 한다.

〈58〉부터 〈89〉까지 생략

제13조 생략

부칙[2010.7.23 제10384호]

이 법은 공포한 날부터 시행한다.

부칙[2011.3.7 제10433호]

이 법은 공포한 날부터 시행한다.

부칙[2011.4.14 제10599호(국토의 계획 및 이용에 관한 법률)]

제1조(시행일)

이 법은 공포 후 1년이 경과한 날부터 시행한다. 〈단서 생략〉

제2조부터 제7조까지 생략

제8조(다른 법률의 개정)

①부터 〈54〉까지 생략

〈55〉 자연재해대책법 일부를 다음과 같이 개정한다.

제16조 제6항 중 "도시기본계획"을 각각 "도시·군기본계획"으로, "도시관리계획"을 각각 "도시·군관리계획"으로 한다.

제26조의4 제1항 제5호 중 "도시계획시설"을 "도시ㆍ군계획시설"로 한다.
〈56부터 〈83〉까지 생략

제9조 생략

부칙[2011.12.31 제11141호(국민건강보험법)]

제1조(시행일)
이 법은 2012년 9월 1일부터 시행한다. 〈단서 생략〉

제2조부터 제20조까지 생략

제21조(다른 법률의 개정)
①부터 〈21〉까지 생략
〈22〉 자연재해대책법 일부를 다음과 같이 개정한다.
제51조 제4항 전단 중 "「국민건강보험법」 제12조"를 "「국민건강보험법」 제13조"로 한다.
〈23〉부터 〈28〉까지 생략

제22조 생략

부칙[2012.2.22 제11345호]

제1조(시행일)
이 법은 공포 후 6개월이 경과한 날부터 시행한다.

제2조(사전심의 대상 변경에 따른 적용례)
제55조 제2항의 개정규정은 이 법 시행 후 최초로 제46조 제2항의 개정규정에 따라 확정ㆍ통보되는 재해복구계획에 따른 재해복구사업부터 적용한다.

제3조(재해복구사업 실시계획의 허가ㆍ인가 등의 의제에 관한 적용례)
제49조 제4항 제4호ㆍ제9호ㆍ제10호 및 제25호부터 제30호까지의 개정규정은 이 법 시행 후 최초로 제46조 제2항의 개정규정에 따라 확정ㆍ통보되는 재해복구계획에 따른 재해복구사업실시계획부터 적용한다.

제4조(자연재해저감기술 진흥계획의 수립에 관한 경과조치)

이 법 시행 당시 종전의 규정에 따라 수립된 자연재해저감기술 진흥계획은 제58조의2의 개정규정에 따라 수립된 방재기술 진흥계획으로 본다.

제5조(자연재해저감기술평가에 관한 경과조치)

이 법 시행 당시 종전의 규정에 따라 자연재해저감기술평가를 받은 자는 제60조의 개정규정에 따라 방재기술평가를 받은 것으로 본다.

제6조(자연재해저감신기술 지정·고시에 관한 경과조치)

이 법 시행 당시 종전의 규정에 따라 지정·고시된 자연재해저감신기술은 제61조의 개정규정에 따라 지정·고시된 방재신기술로 본다.

부칙[2012.10.22 제11495호]

제1조(시행일)

이 법은 공포 후 6개월이 경과한 날부터 시행한다.

제2조(자연재해위험개선지구 지정에 관한 경과조치)

이 법 시행 당시 종전의 규정에 따라 지정·고시된 자연재해위험지구는 제12조 제1항의 개정규정에 따라 지정·고시된 자연재해위험개선지구로 본다.

제3조(자연재해위험개선지구 정비계획의 수립 등에 관한 경과조치)

① 이 법 시행 당시 종전의 규정에 따라 수립된 자연재해위험지구 정비계획은 제13조 제1항의 개정규정에 따라 수립된 자연재해위험개선지구 정비계획으로 본다.

② 이 법 시행 당시 종전의 규정에 따라 수립된 자연재해위험지구 사업계획은 제14조 제1항의 개정규정에 따라 수립된 자연재해위험개선지구 정비사업계획으로 본다.

제4조(지구단위 홍수방어기준의 적용에 관한 경과조치 등)

① 이 법 시행 당시 확정된 개발사업 등의 계획에 대하여는 제18조 제2항의 개정규정에도 불구하고 종전의 규정에 따른다.

② 제18조 제3항의 개정규정은 이 법 시행 후에 개발사업 등의 허가 등을 신청하는 경우부터 적용한다.

제5조(다른 법률의 개정)

① 건축법 일부를 다음과 같이 개정한다.

제11조 제4항 제2호 중 "자연재해위험지구"를 "자연재해위험개선지구"로 한다.

② 급경사지 재해예방에 관한 법률 일부를 다음과 같이 개정한다.

제6조 제5항 중 "자연재해위험지구"를 "자연재해위험개선지구"로 한다.

③ 재난 및 안전관리 기본법 일부를 다음과 같이 개정한다.

제38조의2 제1항 중 "자연재해위험지구"를 "자연재해위험개선지구"로 한다.

④ 재해위험 개선사업 및 이주대책에 관한 특별법 일부를 다음과 같이 개정한다.

제2조 제2호 및 제4조 제1항 각 호 외의 부분 중 "자연재해위험지구"를 각각 "자연재해위험개선지구"로 한다.

⑤ 지진재해대책법 일부를 다음과 같이 개정한다.

제10조 제4항 중 "자연재해위험지구의"를 "자연재해위험개선지구의"로, "자연재해위험지구 정비계획"을 "자연재해위험개선지구 정비계획"으로, "자연재해위험지구 사업계획"을 "자연재해위험개선지구 정비사업계획"으로 한다.

부칙[2013.3.23 제11690호(정부조직법)]

제1조(시행일)

① 이 법은 공포한 날부터 시행한다.

② 생략

제2조부터 제5조까지 생략

제6조(다른 법률의 개정)

①부터 〈239〉까지 생략

〈240〉 자연재해대책법 일부를 다음과 같이 개정한다.

제10조 제2항·제3항, 제12조 제2항, 제21조의2 제1항·제4항, 제25조의3 제2항, 제38조 제2항 전단, 같은 조 제3항, 제41조, 제42조 제2항, 제48조 제3항, 제54조 제1항 각 호 외의 부분, 제55조 제3항·제4항·제7항, 제57조 제5항, 제60조 제3항 및 제66조의2 제2항 중 "행정안전부령"을 각각 "안전행정부령"으로 한다.

제35조 제1항 각 호를 다음과 같이 한다.

1. 미래창조과학부 : 재해발생지역의 통신 소통 원활화 등에 관한 사항
2. 국방부 : 인력 및 장비의 지원 등에 관한 사항
3. 문화체육관광부 : 재해 수습을 위한 홍보 등에 관한 사항
4. 농림축산식품부 : 농축산물 방역 등의 지원 등에 관한 사항
5. 산업통상자원부 : 긴급에너지 수급 지원 등에 관한 사항
6. 보건복지부 : 재해발생지역의 의료서비스, 위생, 감염병 예방 및 방역 지원 등에 관한 사항

7. 환경부 : 긴급 용수 지원, 유해화학물질의 처리 지원, 재해발생지역의 쓰레기 수거 · 처리 지원 등에 관한 사항

8. 국토교통부 : 비상교통수단 지원 등에 관한 사항

9. 해양수산부 : 해운물류 지원 등에 관한 사항

10. 조달청 : 복구자재 지원 등에 관한 사항

11. 경찰청 : 재해발생지역의 사회질서 유지 및 교통 관리 등에 관한 사항

12. 소방방재청 : 이재민의 수용 · 구호, 긴급 재정 지원, 정보의 수집 · 분석 · 전파 등에 관한 사항

13. 해양경찰청 : 해상에서의 각종 지원 및 수난(水難) 구호 등에 관한 사항

14. 그 밖에 대통령령으로 정하는 부처별 긴급지원에 관한 사항

〈241〉부터 〈710〉까지 생략

제7조 생략

부칙[2013.3.23 제11713호(과학기술기본법)]

제1조(시행일)

이 법은 공포한 날부디 시행한다.

제2조부터 제5조까지 생략

제6조(다른 법률의 개정)

①부터 〈23〉까지 생략

〈24〉 자연재해대책법 일부를 다음과 같이 개정한다.

제58조의2 제1항 중 "국가과학기술위원회"를 "국가과학기술심의회"로 한다.

〈25〉부터 〈28〉까지 생략

부칙[2013.8.6 제11993호]

제1조(시행일)

이 법은 공포 후 1년이 경과한 날부터 시행한다.

제2조(방재안전대책수립 대행자에 대한 경과조치)

이 법 시행 전에 제38조 제2항에 따라 소방방재청장에게 등록한 방재안전대책수립 대행자는 이 법에 따라 방재관리대책대행자로 등록한 것으로 본다.

부칙[2013.8.6 제11994호(재난 및 안전관리 기본법)]

제1조(시행일)

이 법은 공포 후 6개월이 경과한 날부터 시행한다. 〈단서 생략〉

제2조(다른 법률의 개정)

①부터 ③까지 생략

④ 자연재해대책법 일부를 다음과 같이 개정한다.

제4조 제1항·제2항 제1호·제4항·제5항, 제6조 제1항·제3항 전단, 제7조 제2항 전단, 제8조 제2항, 제9조 제1항, 제10조 제1항·제3항, 제11조 제1항, 제16조의4 제1항, 제20조 제2항, 제21조의2 제2항·제3항·제5항, 제22조, 제25조의2 제1항·제2항 전단, 제26조의4 제2항, 제35조 제2항·제3항·제4항 전단·제5항·제6항, 제45조 제2항, 제46조 제2항, 제46조의3 제1항 각 호 외의 부분·제2항, 제47조 제1항·제2항 전단, 제48조 제1항·제2항, 제49조 제1항, 제52조 제1항·제2항, 제53조 제2항 전단, 제55조 제1항 전단·제2항·제3항·제5항·제6항·제7항·제9항, 제64조 제2항, 제66조 제2항, 제69조 제1항 각 호 외의 부분·제2항, 제72조 제6항, 제75조의 제목 및 같은 조 제1항·제2항, 제76조 제1항·제2항 중 "중앙본부장"을 각각 "중앙대책본부장"으로 한다.

제4조 제1항·제4항·제5항, 제6조 제1항·제3항 전단, 제7조 제2항 전단, 제8조 제2항, 제9조 제1항·제2항, 제11조 제1항, 제21조의2 제2항·제3항, 제22조, 제25조의2 제1항·제2항 전단, 제25조의3 제2항부터 제4항까지, 제37조 제2항 제4호, 같은 조 제5항 전단·후단·제6항, 제46조의3 제2항, 제49조 제1항, 제53조 제2항 전단, 제55조 제2항, 제66조 제2항, 제72조 제6항, 제75조 제1항 전단·후단·제2항 중 "지역본부장"을 각각 "지역대책본부장"으로 한다.

⑤부터 ⑦까지 생략

부칙[2014.1.14 제12248호(도로법)]

제1조(시행일)

이 법은 공포 후 6개월이 경과한 날부터 시행한다.

제2조부터 제23조까지 생략

제24조(다른 법률의 개정)

①부터 〈86〉까지 생략

〈87〉 자연재해대책법 일부를 다음과 같이 개정한다.

제14조의2 제2항 제10호를 다음과 같이 한다.

    10. 「도로법」 제19조에 따른 도로 노선의 지정·고시, 같은 법 제25조에 따른 도로구역의 결정, 같은 법 제36조에 따른 도로관리청이 아닌 자에 대한 도로공사의 시행 허가 및 같은 법 제61조에 따른 도로의 점용 허가

제17조 제2항 제1호 아목 중 "「도로법」 제2조 제1항 제1호"를 "「도로법」 제2조제1호"로 한다.

〈88〉부터 〈126〉까지 생략

제25조 생략

부칙[2014.5.14 제12577호]

이 법은 공포 후 1년이 경과한 날부터 시행한다.

부칙[2014.11.19 제12844호(정부조직법)]

제1조(시행일)

이 법은 공포한 날부터 시행한다. 다만, 부칙 제6조에 따라 개정되는 법률 중 이 법 시행 전에 공포되었으나 시행일이 도래하지 아니한 법률을 개정한 부분은 각각 해당 법률의 시행일부터 시행한다.

제2조부터 제5조까지 생략

제6조(다른 법률의 개정)

①부터 〈155〉까지 생략

〈156〉 자연재해대책법 일부를 다음과 같이 개정한다.

제2조 제7호·제11호·제13호, 제4조 제6항, 제12조 제1항, 같은 조 제6항 전단, 제13조 제2항, 제14조 제2항, 제16조 제1항부터 제4항까지, 제16조의2 제1항, 제17조 제1항·제4항, 제18조 제1항, 제19조 제2항, 제19조의2 제2항 전단, 제25조의3 제1항 각 호 외의 부분, 제25조의4 제2항, 제26조의2 제3항, 제33조 제1항, 제34조 제3항·제6항, 제37조 제3항, 제38조 제2항 전단, 제38조의2, 제41조, 제41조의2 제1항, 같은 조 제2항 전단, 제42조 제1항 각 호 외의 부분 본문, 제43조, 제44조의2 제1항 각 호 외의 부분, 같은 조 제2항 전단, 같은 조 제3항·제4항, 제49조 제1항, 제49조의2 제1항부터 제3항까지, 제57조 제2항·제3항, 제58조 제2항, 제58조의2 제1항·제3항, 제58조의3 제1항·제3항, 제60조 제3항, 같은 조 제4항 제3호, 제61조 제3항, 제61조의2 각 호 외의 부분, 제61조의3 제1항, 제61조의4 제1항, 제63조 제3항·제5항, 제64조의2 각 호 외의 부분, 제65조 제2항부터 제4항까지, 제65조의2 제2항, 제67조 제1항·제2항, 제75조의2 제1항 및 제79조 제2항 중 "소방방재청장"을 각각 "국민안전처장관"으로 한다. 제10조 제2항·제3항, 제12조 제2항, 제21조의2 제1항·제4항, 제25조의3 제2항, 제38조 제2항 전단, 제41조, 제42조 제2항, 제48조 제3항, 제54조 제1항 각 호 외의 부분, 제55조 제3항·제4항·제7항, 제57조 제5항, 제60조 제3항 및 제66조의2 제2항 중 "안전행정부령"을 각각 "총리령"으로 한다.

제11조 제1항 중 "중앙대책본부장, 소방방재청장"을 "중앙대책본부장"으로 한다.

제26조의2 제1항 중 "소방방재청과"를 "국민안전처장관과"로 한다.

제35조 제1항 제12호 및 제13호를 각각 삭제하고, 같은 항 제10호 및 제11호를 각각 제11호 및 제12호로 하며, 같은 항에 제10호를 다음과 같이 신설한다.

10. 국민안전처 : 이재민의 수용·구호, 긴급 재정 지원, 정보의 수집·분석·전파, 해상에서의 각종 지원 및 수난(水難) 구호 등에 관한 사항

제55조 제9항 중 "소방방재청"을 "국민안전처"로 한다.

제76조 제1항 및 제2항 중 "중앙대책본부장과 소방방재청장"을 각각 "중앙대책본부장"으로 한다.

법률 제12577호 자연재해대책법 일부개정법률 제26조 제4항의 개정규정 중 "소방방재청장"을 "국민안전처장관"으로 한다.

〈157〉부터 〈258〉까지 생략

제7조 생략

부칙[2014.12.30 제12942호]

이 법은 공포 후 1년이 경과한 날부터 시행한다.

부칙[2015.7.20 제13418호]

이 법은 공포한 날부터 시행한다.

Chapter 03

방재안전 관련 법령

긴급구조대응활동 및 현장지휘에 관한 규칙

총리령 제1247호, 2016. 1. 27. 타법개정

제1장 총칙

제1조(목적)

이 규칙은 각종 재난이 발생하는 경우 현장지휘체계를 확립하고 긴급구조대응활동을 신속하고 효율적으로 수행하기 위하여 재난 및 안전관리 기본법 및 동법시행령에서 위임된 사항 및 그 시행에 관하여 필요한 사항을 규정함을 목적으로 한다.

제2조(정의)

이 규칙에서 사용하는 용어의 정의는 다음과 같다.

1. "긴급구조관련기관"이라 함은 다음 각목의 기관을 말한다.
   가. 재난 및 안전관리 기본법(이하 "법"이라 한다) 제3조 제7호의 규정에 의한 긴급구조기관
   나. 법 제3조 제8호 및 재난 및 안전관리 기본법 시행령(이하 "영"이라 한다) 제4조의 규정에 의한 긴급구조지원기관
   다. 현장에 참여하는 자원봉사기관 및 단체
2. "기관별지휘소"라 함은 재난현장에 출동하는 해당 기관 소속 직원을 지휘·조정·통제하는 장소 또는 지휘차량을 말한다.
3. "현장지휘소"라 함은 법 제49조 제2항의 규정에 의한 중앙긴급구조통제단장(이하 "중앙통제단장"이라 한다) 또는 법 제50조 제2항의 규정에 의한 지역긴급구조통제단장(이하 "지역통제단장"이라 한다)이 법 제52조 제6항의 규정에 의하여 재난현장에서 기관별지휘소를 총괄하여 지휘·조정 또는 통제하는 등의 재난현장지휘를 효과적으로 수행하기 위하여 설치·운영하는 장소 또는 지휘차량을 말한다.
4. "현장지휘관"이라 함은 긴급구조의 업무를 지휘하는 다음 각목의 어느 하나에 해당하는 사람을 말한다.
   가. 중앙통제단장
   나. 지역통제단장
   다. 통제단장(중앙통제단장 및 지역통제단장을 말한다. 이하 같다)의 사전명령이나 위임에 의하여 현장지휘를 하는 소방관서의 지휘대장 또는 제9조 제4항 제5호의 규정에 의한 선착대의 장
5. "재난대응구역"이라 함은 법 제14조 제1항 및 영 제13조의 규정에 의한 대규모 재난이 발생하여 특별시·광역시·특별자치시·도·특별자치도(이하 "시·도"라 한다)긴급구조통제단장의 지휘통제가 마비된 경우에 시(제주특별자치도 설치 및 국제자유도시 조성을 위한 특별법 제15조 제2항에 따른 행정시를 포함한다. 이하 같다)·군·구(자치구를 말한다. 이하 같다)긴급구조통제단장이 관할구역 안에서 자체적으로 재난에 대응하기 위하여 설정하는 구역을 말한다.

제2장 긴급구조 대비체제의 구축

제3조(재난의 최초접수자의 임무)

법 제19조의 규정에 의한 종합상황실에 근무하는 상황근무자로서 재난을 최초로 접수한 자는 즉시 긴급구조기관에 긴급구조활동에 필요한 출동을 지령하고, 즉시 재난발생상황을 통제단장에게 보고함과 동시에 긴급구조관련기관에 통보하여야 한다. 다만, 재난의 규모 등을 판단하여 종합상황실을 설치한 기관에서 자체대응이 가능하거나 소규모 재난인 경우에는 긴급구조관련기관에의 통보를 늦추거나 하지 아니할 수 있다.

제4조(현장지휘관 등의 임무)

① 제2조 제4호 다목의 규정에 의한 현장지휘관은 재난이 발생한 경우에 재난의 종류·규모 등을 통제단장에게 보고하여야 한다. 이 경우 보고를 받은 통제단장은 통제단의 설치·운영과 지원출동여부를 결정하여야 한다.

② 제1항의 규정에 의한 현장지휘관은 재난현장 조치상황과 재난현장지원에 필요한 사항 등을 수시로 통제단장에게 보고하여야 한다.

③ 시·군·구긴급구조통제단장 또는 시·도긴급구조통제단장은 제2항의 규정에 의하여 보고를 받은 경우에는 상급기관의 지원이 필요한 때에는 시·군·구긴급구조통제단장은 시·도긴급구조통제단장에게, 시·도긴급구조통제단장은 중앙통제단장에게 각각 보고하여 시·도 또는 중앙의 긴급구조지원활동이 신속히 이루어질 수 있도록 하여야 한다.

제5조(관련지휘관의 통제권한 행사)

통제단장은 재난현장에 도착이 지연되어 초기에 적정한 조치를 취할 수 없는 때에는 먼저 도착한 현장지휘관으로 하여금 통제단장의 권한 중 일부 또는 전부를 행사하도록 할 수 있다.

제6조(긴급구조체제의 구축)

법 제55조 제2항의 규정에 의하여 긴급구조기관의 장이 구축하여야 하는 긴급구조체제에는 다음 각 호의 모든 사항이 포함되어야 한다.

1. 종합상황실과 법 제38조 제4항의 규정에 의하여 재난 관련 방송요청을 받은 방송국 간의 긴급방송체제
2. 법 제14조 제3항의 규정에 의한 중앙대책본부장, 법 제16조 제2항의 규정에 의한 지역대책본부장, 통제단장 및 긴급구조지원기관의 장과의 비상연락통신체제
3. 아마추어무선통신(HAM) 등 긴급구조 보조통신체제
4. 비상경고체제
5. 긴급구조관련기관에 대한 제7조의 규정에 의한 통합지휘조정통제센터
6. 자원관리체제
7. 자원지원수용체제. 다만, 법 제54조의 규정에 의한 긴급구조대응계획(이하 "긴급구조대응계획"이라 한다)에 자원지원수용체제에 관한 사항이 포함되어 있는 경우와 제6호의 자원관리체제가 구축되어 있는 경우에는 자원지원수용체제를 생략할 수 있다.

8. 제9조 제2항의 규정에 의한 표준현장지휘체계
9. 종합상황실과 해양경찰관서 상황실 간의 연계체제

제7조(통합지휘조정통제센터의 구성 및 기능)

① 제6조 제5호의 규정에 의한 통합지휘조정통제센터(이하 이 조에서 "통제센터"라 한다)는 상시 운영체제를 갖추어야 한다.

② 통제센터의 운영요원은 법 제52조 제6항 후단의 규정에 의한 연락관 중 통신업무를 담당하는 연락관으로 구성·운영한다.

③ 통제센터의 기능은 다음과 같다.

1. 재난신고 접수에 따라 긴급구조관련기관 소속 자원의 출동지시
2. 긴급구조관련기관 간의 상호연락 및 협조체제의 유지
3. 긴급구조대응계획에 의한 비상지원임무
4. 긴급구조관련기관의 지휘본부 상호간 통합대응을 위한 통신연락 등에 관한 사항

④ 그 밖에 통제센터의 구성 및 운영에 관한 세부사항은 긴급구조대응계획이 정하는 바에 의한다.

제8조(자원지원수용체제의 수립)

① 긴급구조기관의 장은 긴급구조관련기관과 협의하여 제6조 제7호의 규정에 의한 자원지원수용체제를 재난의 유형별로 수립하되, 다음 각 호의 모든 내용을 포함하여야 한다.

1. 긴급구조관련기관의 명칭·위치와 기관장 또는 대표자의 성명
2. 협조 담당부서 및 담당자의 긴급연락망
3. 전문인력과 장비의 배치계획 및 담당업무
4. 전문인력에 대한 국가기술자격 그 밖에 이에 준하는 자격보유현황의 파악 및 관리
5. 현장지휘자 및 연락관의 지정

② 긴급구조기관의 장은 자원지원수용체제의 원활한 운영을 위하여 재난이 발생하는 경우 필요한 전문지식과 기술에 대한 자문을 얻거나 중장비 운전원 및 용접공 등 특수기능인력을 민간으로부터 지원받기 위한 응원협정을 체결하고 그 협정의 내용을 수시로 점검하여야 한다.

제3장 표준현장지휘체계

제9조(표준현장지휘체계 등)

① 영 제59조 제1항의 규정에 의한 연락관을 파견하는 긴급구조지원기관을 예시하면 다음과 같다. [개정 2007.9.10 제391호, 제413호(재해구호법시행규칙)]

1. 국방부
2. 경찰청
3. 산림청

4. 「재해구호법」 제29조의 규정에 의한 전국재해구호협회

5. 영 제4조 제6호 및 제7호의 규정에 의한 기관 및 단체 중 긴급구조기관의 장이 지정하는 기관 및 단체

② 영 제59조 제1항 각 호 외의 부분에서 "총리령으로 정하는 표준현장지휘체계"란 긴급구조기관 및 긴급구조지원기관이 체계적인 현장대응과 상호협조체제를 유지하기 위하여 공통으로 사용하는 표준지휘조직구조, 표준용어 및 재난현장 표준작전절차를 말한다. [개정 2012.11.21, 2013.3.23 제3호(소방방재청과 그 소속기관 직제 시행규칙), 2014.11.19 제1105호(국민안전처와 그 소속기관 직제 시행규칙)]

③ 제2항의 규정에 의한 표준지휘조직구조는 별표 1과 같다.

④ 제2항의 규정에 의한 표준용어 및 그 의미는 다음과 같다.

1. 자원집결지 : 현장지휘관이 긴급구조활동에 필요한 자원을 특정장소에 집결 및 분류하여 자원대기소와 재난현장에 수송·배치하기 위하여 설치·운영하는 자원의 임시집결지

2. 자원대기소 : 현장지휘관이 자원의 신속한 추가배치와 교대조의 휴식 및 대기 등을 위하여 현장지휘소 인근에 설치·운영하는 특정한 장소 및 시설

3. 수송대기지역 : 자원집결지에서 자원수송을 위하여 구급차 외의 교통수단이 대기하는 장소

4. 구급차대기소 : 제20조의 규정에 의한 현장응급의료소에서 사상자의 이송을 위하여 구급차의 도착순서 및 기능에 따라 임시 대기하는 장소

5. 선착대 : 재난현장에 가장 먼저 도착한 긴급구조관련기관의 출동대

6. 단위지휘관 : 제3항의 규정에 의한 표준지휘조직구조의 팀·분대·소대·중대 및 반의 현장활동을 지휘·조정 및 통제하는 자

7. 지휘참모 : 통제단장의 임무수행을 보좌하거나 통제단장의 특정임무를 위임받아 수행하는 통제단의 각 부장과 제3항의 규정에 의한 표준지휘조직구조의 안전담당 및 연락공보담당

8. 비상헬기장 : 현장지휘소 인근에서 응급환자의 이송, 자원 수송 등의 활동을 위하여 현장지휘관이 지정·운영하는 헬기 이·착륙장소

제10조(재난현장 표준작전절차)

① 제9조 제2항에 따른 재난현장 표준작전절차는 국민안전처장관이 다음 각 호의 구분에 따라 작성한다. [개정 2012.11.21, 2014.11.19 제1105호(국민안전처와 그 소속기관 직제 시행규칙)]

1. 지휘통제절차 : 표준작전절차(SOP) 101부터 199까지의 일련번호를 부여하여 작성한다.

2. 화재유형별 표준작전절차 : 표준작전절차(SOP) 201부터 299까지의 일련번호를 부여하여 작성한다.

3. 사고유형별 표준작전절차 : 표준작전절차(SOP) 301부터 399까지의 일련번호를 부여하여 작성한다.

4. 구급단계별 표준작전절차 : 표준작전절차(SOP) 401부터 499까지의 일련번호를 부여하여 작성한다.

5. 대응단계별 표준작전절차 : 표준작전절차(SOP) 501부터 599까지의 일련번호를 부여하여 작성한다.

6. 현장 안전관리 표준지침 : 표준지침(SSG) 1-1부터 99까지의 일련번호를 부여하여 작성한다.

② 긴급구조기관의 장은 제1항의 규정에 의한 재난현장 표준작전절차를 사용하되 지역특성에 따라 이를 변경하여 적용할 수 있다.

③ 그 밖에 재난현장 표준작전절차에 관한 사항은 국민안전처장관이 정하는 바에 의한다. [개정 2014.11.19 제1105호(국민안전처와 그 소속기관 직제 시행규칙)]

제4장 통제단 등의 설치 · 운영

제11조(긴급구조지원기관 등의 역할)

긴급구조기관과 긴급구조지원기관은 다음 각호의 구분에 따라 책임기관 또는 지원기관으로서의 역할을 수행한다.

    1. 법 제3조 제7호의 규정에 의한 긴급구조기관과 영 제4조 제1호 및 제3호의 긴급구조지원기관 : 별표 2의 규정에 의한 역할

    2. 영 제4조 제2호 · 제4호 내지 제7호의 긴급구조지원기관 : 긴급구조대응계획이 정하는 역할

제12조(중앙통제단의 구성)

① 영 제55조 제4항의 규정에 의하여 중앙통제단은 별표 3의 규정에 따라 구성하여야 한다.

② 법 제49조 제4항의 규정에 의하여 긴급구조지원기관의 장은 중앙통제단의 파견요청이 있는 경우에는 중앙통제단 비상지원팀에 상시연락관을 파견하여야 한다.

③ 그 밖에 중앙통제단의 구성에 관한 세부사항은 긴급구조대응계획이 정하는 바에 의한다.

제13조(지역통제단의 구성)

① 영 제57조의 규정에 의한 시 · 도긴급구조통제단 및 시 · 군 · 구긴급구조통제단(이하 "지역통제단"이라 한다)은 별표 4의 규정에 따라 구성하되, 시 · 군 · 구긴급구조통제단은 지역실정에 따라 구성 · 운영을 달리할 수 있다.

② 법 제50조 제3항의 규정에 의하여 다음 각호의 기관 및 단체는 지역통제단장의 파견요청이 있는 경우에는 지역통제단의 통합지휘팀에 연락관을 파견하여야 한다.

    1. 영 제4조 제2호의 규정에 의한 군부대

    2. 지방경찰청 및 경찰서(해양경찰서를 포함한다)

    3. 보건소, 응급의료에 관한 법률 제26조의 규정에 의한 권역응급의료센터, 동법 제27조의 규정에 의한 응급의료정보센터 및 동법 제30조의 규정에 의한 지역응급의료센터 중 지역통제단장이 지정하는 기관 또는 센터

    4. 그 밖에 지역통제단장이 지정하는 기관 및 단체

③ 그 밖에 지역통제단의 구성 및 운영에 관한 세부사항은 긴급구조대응계획이 정하는 바에 의한다.

제14조(현장지휘소의 시설 및 장비)

① 법 제52조 제5항에 따른 각급통제단장은 법 제52조 제9항에 따라 현장지휘소를 설치하는 경우에는 각호의 시설 및 장비를 모두 갖추어야 한다.

    1. 조명기구 및 발전장비

    2. 확성기 및 방송장비

    3. 재난대응구역지도 및 작전상황판

4. 개인용컴퓨터 · 프린터 · 복사기 · 팩스 · 휴대전화 · 카메라(스냅 및 동영상 촬영용을 말한다) · 녹음기 · 간이책상 및 걸상 등
5. 지휘용 무전기 및 자원봉사자관리용 무전기
6. 종합상황실의 자원관리시스템과 연계되는 무선데이터 통신장비
7. 통제단 보고서양식 및 각종 상황처리대장

② 제1항에서 규정한 사항 외에 현장지휘소의 설치에 필요한 세부사항은 긴급구조대응계획이 정하는 바에 따른다.

제15조(통제단의 운영기준)

영 제55조 제4항 및 영 제57조의 규정에 의하여 통제단은 다음과 같이 구분하여 운영되어야 한다.

1. 대비단계 : 재난이 발생하지 아니한 상황에서 긴급구조대응계획의 운용연습과 재난대비훈련을 실시하는 단계로서 법 제55조 제2항의 규정에 의한 긴급구조지휘대만 상시 운영한다.
2. 대응1단계 : 일상적으로 발생되는 소규모 사고가 발생한 상황에서 긴급구조지휘대가 현장지휘기능을 수행한다. 다만, 시 · 군 · 구긴급구조통제단은 필요에 따라 부분적으로 운영할 수 있다.
3. 대응2단계 : 2 이상의 시 · 군 · 구에 걸쳐 재난이 발생한 상황이나 하나의 시 · 군 · 구에 재난이 발생하였으나 당해 지역의 시 · 군 · 구긴급구조통제단의 대응능력을 초과한 상황에서 해당 시 · 군 · 구긴급구조통제단을 전면적으로 운영하고 시 · 도긴급구조통제단을 필요에 따라 부분 또는 전면적으로 운영한다.
4. 대응3단계 : 2 이상의 시 · 도에 걸쳐 재난이 발생한 상황이나 하나의 시 · 군 · 구 또는 시 · 도에서 재난이 발생하였으나 시 · 도 통제단이 대응할 수 없는 상황에서 해당 시 · 도긴급구조통제단을 전면적으로 운영하고 중앙통제단은 필요에 따라 부분 또는 전면적으로 운영한다.

제16조(긴급구조지휘대의 구성 및 기능)

① 영 제65조 제3항의 규정에 의하여 긴급구조지휘대는 별표 5의 규정에 따라 구성 · 운영하되, 소방본부 및 소방서의 긴급구조지휘대는 상시 구성 · 운영하여야 한다.

② 영 제65조 제3항의 규정에 의하여 긴급구조지휘대는 다음 각 호의 기능을 수행한다.

1. 통제단이 가동되기 전 재난초기시 현장지휘
2. 주요 긴급구조지원기관과의 합동으로 현장지휘의 조정 · 통제
3. 광범위한 지역에 걸친 재난발생시 전진지휘
4. 화재 등 일상적 사고의 발생시 현장지휘

③ 영 제65조 제1항의 규정에 의하여 긴급구조지휘대를 구성하는 다음 각 호에 해당하는 자는 통제단이 설치 · 운영되는 경우에는 다음의 구분에 따라 통제단의 해당부서에 배치된다.

1. 상황분석요원 : 대응계획부
2. 자원지원요원 : 자원지원부
3. 통신지휘요원 : 구조진압반
4. 안전담당요원 : 연락공보담당 또는 안전담당
5. 경찰파견 연락관 : 현장통제반
6. 응급의료파견 연락관 : 응급의료반

제17조(통제선의 설치)

① 통제단장 및 지방경찰청장 또는 경찰서장은 재난현장 주위의 주민보호와 원활한 구조활동에 필요한 최소한의 통제규모를 설정하여 통제선을 설치할 수 있다.

② 제1항의 규정에 의한 통제선은 제1통제선과 제2통제선으로 구분하되, 제1통제선은 통제단장이 구조활동에 직접 참여하는 인력 및 장비만을 출입할 수 있도록 설치하고, 제2통제선은 지방경찰청장 또는 경찰서장(이하 "경찰관서장"이라 한다)이 구조·구급차량 등의 출동주행에 지장이 없도록 긴급구조활동에 직접 참여하거나 긴급구조활동을 지원하는 인력 및 장비만을 출입할 수 있도록 설치·운영한다.

③ 제1항의 규정에 의한 통제선 표지의 형식은 별표 6과 같다.

④ 통제단장은 제2항의 규정에 불구하고 다음 각 호의 어느 하나에 해당하는 사람에게 별지 제1호 서식에 따른 출입증을 부착하도록 하여 제1통제선 안으로 출입하도록 할 수 있다.

  1. 제1통제선 구역 내 소방대상물 관계자 및 근무자
  2. 전기·가스·수도·토목·건축·통신 및 교통분야 등의 구조업무 지원자
  3. 의사·간호사 등 응급의료요원
  4. 취재인력 등 보도업무 종사자
  5. 그 밖에 통제단장이 긴급구조활동에 필요하다고 인정하는 자

⑤ 경찰관서장은 제2항에도 불구하고 제4항에 따라 통제단장이 발급한 출입증을 가진 사람에 대하여는 제2통제선 안으로 출입하도록 하여야 하며, 구조활동에 필요하다고 인정하는 사람에 대하여는 제2통제선 안으로 출입하도록 할 수 있다.

⑥ 통제단장은 제4항에 따라 출입증을 발급하는 경우에는 별지 제1호의2 서식의 출입증 배포관리대장에 이를 기록하고 관리하여야 한다.

제18조(자원집결지의 설치·운영)

① 현장지휘관은 다음 각호의 어느 하나의 장소를 자원집결지로 설치·운영하여야 한다.

  1. 버스터미널 및 기차역
  2. 선박터미널 및 공항
  3. 체육관 및 운동장
  4. 대형 주차장
  5. 그 밖에 교통수단의 접근 및 활용이 편리한 장소

② 현장지휘관은 제1항의 규정에 의하여 자원집결지를 설치하고자 하는 경우에는 지역통제단별로 1개소 이상을 미리 지정하고 유사시 즉시 운용가능하도록 관리 및 운용계획을 수립·시행하여야 한다.

③ 현장지휘관은 자원집결지에 모인 자원을 분류하고 다음 각호에 규정된 순서에 따라 자원대기소에 자원을 수송 및 배치하여야 한다.

  1. 인명구조와 관련되어 긴급히 필요한 자원
  2. 안전, 보건위생 및 응급의료와 관련된 자원
  3. 긴급구조 작전수행에 반드시 필요한 자원
  4. 긴급구조 및 긴급복구에 일반적으로 필요한 자원

④ 그 밖에 자원집결지의 설치·운영에 필요한 세부사항은 긴급구조대응계획이 정하는 바에 의한다.

제19조(자원대기소의 설치 · 운영)

① 현장지휘관은 재난현장에서의 체계적인 자원관리를 위하여 자원대기소를 설치 · 운영할 수 있다.

② 제1항의 규정에 의한 자원대기소는 현장지휘소 인근에 위치하여 재난현장에 자원을 효율적으로 배치 · 대기하기 용이한 장소이어야 한다.

③ 긴급구조지원기관 및 자원봉사단체는 자원집결지를 거치지 아니하고 재난현장에 도착한 경우에는 자원대기소의 장에게 그 사실을 통보 또는 보고하고 자원대기소의 장의 배치지시가 있을 때까지 자원대기소에 대기하여야 한다.

④ 자원대기소는 붕괴사고 · 대형화재 등 좁은 지역에서 발생하는 재난의 경우에는 제18조의 규정에 의한 자원집결지의 기능을 동시에 수행할 수 있다.

⑤ 현장지휘관은 자원대기소에 모인 인적자원을 배치 · 대기 · 교대조로 분류하여 관리하여야 한다.

⑥ 그 밖에 자원대기소의 설치 · 운영에 필요한 세부사항은 긴급구조대응계획이 정하는 바에 의한다.

제5장 현장응급의료소의 설치 · 운영

제20조(현장응급의료소의 설치 등)

① 통제단장은 재난현장에 출동한 응급의료관련자원을 총괄 · 지휘 · 조정 · 통제하고, 사상자를 분류 · 처치 또는 이송하기 위하여 사상자의 수에 따라 재난현장에 적정한 현장응급의료소(이하 "의료소"라 한다)를 설치 · 운영하여야 한다.

② 통제단장은 법 제49조 제3항 및 제50조 제3항에 따라「의료법」제3조 제2항에 따른 종합병원과「응급의료에 관한 법률」제2조 제5호에 따른 응급의료기관에 응급의료기구의 지원과 의료인 등의 파견을 요청할 수 있다. [개정 2012.11.21]

③ 통제단장은 법 제16조 제2항의 규정에 의한 지역대책본부장으로부터 의료소의 설치에 필요한 인력 · 시설 · 물품 및 장비 등을 지원받아 구급차의 접근이 용이하고 유독가스 등으로부터 안전한 장소에 의료소를 설치하여야 한다.

④ 의료소에는 소장 1인과 분류반 · 응급처치반 및 이송반을 둔다.

⑤ 의료소의 소장(이하 "의료소장"이라 한다)은 의료소가 설치된 지역을 관할하는 보건소장이 된다. 다만, 관할 보건소장이 재난현장에 도착하기 전에는 응급의료에 관한 법률 제26조의 규정에 의한 권역응급의료센터의 장, 동법 제27조의 규정에 의한 응급의료정보센터의 장, 동법 제30조의 규정에 의한 지역응급의료센터의 장과 소방관서에 소속된 공중보건의 중에서 긴급구조대응계획이 정하는 자가 의료소장의 업무를 대행할 수 있다.

⑥ 의료소장은 통제단장의 지휘를 받아 의료소의 운영 전반에 관하여 지휘 · 감독한다.

⑦ 분류반 · 응급처치반 및 이송반에는 반장을 두되, 반장은 의료소 요원 중에서 의료소장이 임명한다.

⑧ 의료소장 및 제7항에 따른 각 반의 반원은 별표 6의2에 따른 복장을 착용하여야 한다.

⑨ 의료소에는 응급의학 전문의를 포함한 의사 3인, 간호사 4인 및 지원요원 1인 이상으로 편성한다. 다만, 통제단장은 필요한 의료인 등의 수를 조정하여 편성하도록 요청할 수 있다.

⑩ 제1항부터 제9항까지에서 규정한 사항 외에 의료소의 설치 등에 관한 세부사항은 제10조의 규정에 의한 재난현장 표준작전절차 및 긴급구조대응계획이 정하는 바에 따른다.

제21조(지역통제단장 및 보건소장의 사전대비 업무)

① 지역통제단장은 응급처치·이송·안치 등 재난현장활동의 방법에 관한 지침을 수립하고, 재난발생시 의료소설치에 필요한 물품을 확보·관리하여야 한다.

② 보건소장은 항상 의료소 조직을 편성·관리하여야 하며, 관할 소방서장의 요구가 있는 때에는 이를 통보하여야 한다.

③ 보건소장은 관할지역에 소재한 「의료법」 제3조 제2항에 따른 병원급 이상의 의료기관에 대하여 다음 각 호의 모든 사항을 파악·관리하며 관할 소방서장의 요구가 있는 때에는 이를 통보하여야 한다.

　1. 병원별 전문과목 및 전문의사, 간호사, 응급구조사, 간호조무사 확보현황
　2. 구급차 및 응급의료장비의 확보현황
　3. 일반·응급실 병상, 중환자 병상, 예비병상 및 수술실의 확보현황
　4. 당직의사 및 응급실 근무 의료인(간호조무사를 포함한다)의 현황
　5. 일반외과, 정형외과 등 응급의료관련 전문의사와 일반의사의 비상연락망
　6. 특수의료장비의 보유현황
　7. 영안실 현황
　8. 별지 제1호의3 서식의 병원별 수용능력표

제22조(분류반의 임무)

① 제20조 제4항의 규정에 의한 분류반은 재난현장에서 발생한 사상자를 검진하여 응급처치표를 작성하고 사상자의 상태에 따라 사망·긴급·응급 및 비응급의 4단계로 분류한다.

② 분류반에는 사상자에 대한 검진 및 분류를 위하여 의사를 배치하여야 한다.

③ 분류된 사상자에게는 별표 7의 응급환자분류표를 총 3장 가슴부위에 부착하여 긴급·응급환자는 응급처치반으로 인계하고, 사망자와 비응급환자는 이송반으로 인계한다.

제23조(응급처치반의 임무)

① 제20조 제4항의 규정에 의한 응급처치반은 분류반이 인계한 긴급·응급환자에 대한 응급처치를 담당한다. 이 경우 긴급·응급환자를 이동시키지 아니하고 응급처치반 요원이 이동하면서 응급처치를 할 수 있다.

② 응급처치반장은 우선순위를 정하여 긴급·응급환자에 대한 응급처치를 실시하고 현장에서의 수술 등을 위하여 의료인 등이 추가로 요구되는 경우에는 의료소장에게 지원을 요청한다.

③ 응급처치반은 응급처치에 필요한 기구 및 장비를 갖추어야 한다. 다만, 응급처치에 필요한 기구 및 장비를 탑재한 구급차를 배치한 경우에는 응급처치기구의 일부를 비치하지 아니할 수 있다.

④ 응급처치반은 긴급·응급환자의 응급처치사항을 별표 7의 응급환자분류표에 기록하고 긴급·응급환자를 별표 7의 응급환자분류표와 함께 신속히 이송반에게 인계한다.

제24조(이송반의 임무)

① 제20조 제4항의 규정에 의한 이송반은 사상자를 이송할 수 있도록 구급차 및 영구차를 확보 또는 통제하고, 각 의료기관과 긴밀한 연락체계를 유지하면서 분류반 및 응급처치반이 인계한 사상자를 이송조치한다.

② 제1항의 규정에 의한 사상자의 이송 우선순위는 긴급환자, 응급환자, 비응급환자 및 사망자 순으로 한다.

③ 응급환자를 이송한 구급대원과 그 밖의 구급차 등의 운전자는 별지 제2호 서식의 사상자 이송현황을 지체 없이 이송반에 제출하여야 하며 별표 7의 응급환자분류표 및 구급일지를 기록·보관한다. 이 경우 응급환자를 이송한 구급대원은 응급환자분류표 중 1부는 보관하고, 나머지 2부는 이송반장과 이송의료기관이 보관할 수 있도록 각각 1부씩 인계하여야 한다.

④ 이송반장은 다수 사상자가 발생한 재난이 발생한 경우에는 별지 제1호의3 서식의 병원별 수용능력표에 따라 사상자를 분산하여 이송배치하고, 별지 제1호의3 서식의 병원별 수용능력표를 재난이 발생한 경우 실시간으로 조사하여 작성하여야 한다.

⑤ 이송반장이 재난현장에의 도착이 지연되어 제4항의 규정에 의한 임무를 수행할 수 없는 때에는 긴급구조지휘대에 파견된 응급의료 연락관이 이송반장의 임무를 대행한다.

제25조(의료소에 대한 지원)

① 통제단장은 재난이 발생하는 경우 의료소의 원활한 업무수행이 가능하도록 구급차 대기소 및 통행로를 지정·확보하고 의료소 설치구역의 질서를 유지하여야 한다. 이 경우 경찰공무원으로 하여금 지원하게 할 수 있다.

② 통제단장은 재난이 발생하는 경우 의료소장으로부터 의료소의 운영에 필요한 인력·시설 및 장비 등의 요구가 있는 때는 지체없이 지원하여야 한다.

③ 지역통제단장은 다수의 사상자가 발생하는 재난에 대비하여 연 1회 이상 응급의료관련 기관 또는 단체가 참여하는 의료소의 설치운영 및 지역별 응급의료체계의 가동연습 또는 훈련을 실시하여야 한다.

제6장 구조활동상황의 보도안내 등

제26조(공동취재단의 구성)

① 통제단장은 언론기관에 대하여 효율적인 재난현장 취재를 위하여 공동취재단을 구성·운영하도록 할 수 있다.

② 제1항의 규정에 의한 공동취재단은 신문·방송(유선방송 및 인터넷매체를 포함한다) 및 통신사가 서로 협의하여 구성하되, 재난현장에 출입할 수 있는 공동취재단의 규모 및 취재장소 등은 통제단장이 정한다.

③ 공동취재단원은 별표 8의 공동취재단 표지를 가슴에 부착하여야 한다.

제27조(재난방송을 위한 취재구역 등의 설정)

통제단장은 법 제38조 제2항의 규정에 의하여 방송법 제2조 제3호의 규정에 의한 방송사업자의 재난방송이 원활하게 될 수 있도록 재난상황 및 현장여건 등을 감안하여 취재구역·촬영구역·취재시간 및 취재안내자를 정할 수 있다.

제28조(재난방송사업자에 대한 협조요청)

통제단장은 법 제38조 제2항의 규정에 의하여 재난방송을 하는 방송사업자에 대하여 다음 각호의 조치를 요청할 수 있다.

1. 재난관련 모든 정보의 최우선 제공
2. 그 밖에 재난방송에 필요한 시설물, 전력의 공급 및 교통통제에 관한 정보 등의 제공

제7장 긴급구조대응계획의 작성 및 운용 등

제29조(심의위원회의 구성 및 운영)

① 긴급구조기관의 장은 영 제64조 제5항의 규정에 의하여 긴급구조대응계획을 수립하는 경우에는 긴급구조기관에 긴급구조대응계획심의위원회(이하 "위원회"라 한다)를 구성하여 위원회의 심의를 거쳐 확정하여야 한다.

② 제1항의 규정에 의한 위원회의 위원장은 긴급구조기관의 장이 되고, 위원은 긴급구조지원기관의 장으로 구성하되 위원장을 포함하여 7인 이상 11인 이하로 한다.

③ 그 밖에 위원회의 구성 및 운영에 관한 사항은 각 긴급구조기관의 장이 정한다.

제30조(긴급구조대응계획의 작성책임)

① 긴급구조기관의 장은 긴급구조대응계획 중 영 제63조 제1항 제2호 바목 내지 카목의 규정에 의한 기능별 긴급구조대응계획을 작성하는 경우 별표 2의 규정에 의한 책임기관과 공동으로 작성하여야 한다.

② 제1항의 규정에 의하여 기능별 긴급구조대응계획을 작성한 긴급구조지원기관의 장은 영 제63조 제2항의 규정에 의한 긴급구조세부대응계획을 작성하지 아니할 수 있다.

제31조(긴급구조대응계획의 배포·관리)

① 긴급구조기관의 장은 영 제63조 및 영 제64조의 규정에 의하여 긴급구조대응계획을 작성하거나 변경하는 경우에는 이를 긴급구조지원기관 등 관련기관 및 단체와 통제단의 반장급 이상의 지휘관에게 2부 이상을 배포하고 별지 제3호 서식의 긴급구조대응계획 배포관리대장에 기록·관리하여야 한다.

② 영 제64조 제4항의 규정에 의하여 긴급구조대응계획을 변경하는 경우에는 다음 각 호의 관리대장 및 일지를 기록·관리하여야 한다.

1. 별지 제4호 서식의 긴급구조대응계획 수정일지
2. 별지 제5호 서식의 긴급구조대응계획 수정배포 관리대장

③ 그 밖에 긴급구조대응계획의 배포·관리에 관한 세부사항은 국민안전처장관이 정한다. [개정 2014.11.19 제1105호(국민안전처와 그 소속기관 직제 시행규칙)]

제32조(기본계획의 작성체계)

영 제63조 제1항 제1호의 규정에 의한 기본계획은 다음 각호의 모든 사항을 포함하여 작성하되, 긴급구조기관의 여건을 감안하여 다르게 작성할 수 있다.

1. 긴급구조지원기관의 임무와 긴급구조대응계획에 따라 대응활동에 참여하는 자원봉사자의 기본임무에 관한 사항

2. 영 제63조 제1항 제2호의 규정에 의한 기능별 긴급구조대응계획의 운영책임 및 주요임무에 관한 사항
3. 통제단의 반별 책임자의 지정 및 단계별 운영기준 등 제6조의 규정에 의한 긴급구조체제에 관한 사항
4. 긴급구조의 통신체계와 대체상황실 운영기준 등 종합상황실운영에 관한 사항
5. 재난대응구역 운영의 방법 및 절차에 관한 사항

제33조(기능별 긴급구조대응계획의 작성체계)

영 제63조 제1항 제2호의 기능별 긴급구조대응계획의 작성체계는 별표 9와 같다.

제34조(기능별 긴급구조대응체제의 구축)

① 통제단장이 영 제63조 제1항 제2호 나목 및 마목의 규정에 의한 기능별 긴급구조대응계획을 이행하는데 필요한 기능별 재난대응체제는 별표 10과 같다.

② 통제단장 및 별표 2의 규정에 의한 기능별책임기관의 장은 영 제63조 제1항 제2호 바목 내지 카목의 기능별 긴급구조대응계획을 이행하는데 필요한 사전대비체제를 구축하여야 한다.

③ 그 밖에 세부대응체계 및 절차는 긴급구조대응계획이 정하는 바에 의한다.

제35조(재난유형별 긴급구조대응계획의 작성체계)

영 제63조 제1항 제3호의 규정에 의한 재난유형별 긴급구조대응계획은 다음의 재난유형별로 재난의 진행단계에 따라 조치하여야 하는 주요사항과 주민보호를 위한 대민정보사항을 포함하여 작성하여야 한다.

1. 홍수
2. 태풍
3. 폭설
4. 지진
5. 시설물 등의 붕괴
6. 가스 등의 붕괴
7. 다중이용시설의 대형화재
8. 유해화학물질(방사능을 포함한다)의 누출 및 확산

제36조(긴급구조세부대응계획의 작성체계)

① 영 제63조 제2항의 규정에 의하여 긴급구조세부대응계획을 작성하여야 하는 긴급구조지원기관의 장은 다음 각 호의 모든 사항을 포함하여 작성하되, 긴급구조지원기관의 여건에 맞게 다르게 작성할 수 있다.

1. 계획의 목적
2. 지휘체계와 부서별 책임자의 지정(현장지휘소 파견 연락관의 지정을 포함한다)
3. 단계별 지휘체계의 운영기준
4. 부서별 임무수행의 절차 및 지침
5. 현장지휘소와의 통신체계 및 협조절차
6. 긴급구조 출동자원의 현황
7. 주요 지휘관 및 구성원의 비상연락체계

② 제1항의 규정에 의하여 긴급구조세부대응계획을 작성하는 경우에는 제9조 제4항 각호의 표준용어를 사용하여야 한다.

제37조(긴급구조세부대응계획의 작성절차)

① 영 제63조 제2항의 규정에 의하여 긴급구조기관의 장은 긴급구조세부대응계획의 수립·운용지침을 매년 작성하여 각급 긴급구조지원기관의 장에게 통보하여야 한다.

② 긴급구조지원기관의 장은 제1항의 규정에 의한 지침에 따라 긴급구조세부대응계획을 작성하여 긴급구조기관의 장에게 통보하고 소속 각 부서 책임자에게 배포하여야 한다.

③ 그 밖에 긴급구조세부대응계획의 작성에 관한 세부사항은 국민안전처장관이 정한다. [개정 2014.11.19 제1105호(국민안전처와 그 소속기관 직제 시행규칙)]

제8장 긴급구조활동에 대한 평가

제38조(긴급구조활동 평가항목)

① 영 제62조 제3항의 규정에 의하여 통제단장은 다음 각 호의 모든 사항을 포함하여 긴급구조활동을 평가하여야 한다. [개정 2014.7.29 제83호(의용소방대 설치 및 운영에 관한 법률 시행규칙)]

  1. 긴급구조활동에 참여한 인력 및 장비 운용
    가. 자원 동원현황
    나. 필요한 대응자원의 확보·관리 및 배분
  2. 긴급구조대응계획서의 이행실태
    가. 지휘통제 및 비상경고체계
        (1) 작전 전략과 전술
        (2) 현장지휘소 운영
        (3) 현장통제대책
        (4) 긴급구조관련기관·단체 간 상호협조
        (5) 통제·조정의 이행
        (6) 사전 경보전파 및 대피유도활동
    나. 대중정보 및 상황분석 체계
        (1) 대중매체와 주민들에 대한 재난정보 제공
        (2) 재난정보 제공에 따른 주민들의 대응행동
        (3) 통합작전계획의 수립을 위한 정보의 수집 및 분석
        (4) 긴급구조관련기관·단체의 정보 공유
        (5) 잘못 전달된 정보 및 유언비어의 시정
        (6) 대중매체와 주민의 불평
    다. 대피 및 대피소 운영체계
        (1) 대피를 위한 수송체계
        (2) 주민대피유도

      (3) 대피소 시설의 규모 및 편의성

      (4) 임시거주시설의 규모 및 편의성

      (5) 대피소 수용자들에 대한 음식·담요·전기공급 등 지원사항

   라. 현장통제 및 구조진압체계

      (1) 재난지역에 대한 경찰통제선 선정과 교통통제

      (2) 범죄발생 예방활동

      (3) 진압작전수행

      (4) 소방용수 등 자원공급

      (5) 탐색 및 구조활동

      (6) 「소방기본법」에 따른 자위소방대, 「의용소방대 설치 및 운영에 관한 법률」에 따른 의용소방대 및 「민방위기본법」에 따른 민방위대 등의 임무 수행

      (7) 긴급구조관련기관간 협조체제

   마. 의급의료체계

      (1) 환자분류체계

      (2) 현장응급처치

      (3) 환자 분산이송 및 병원선택

      (4) 의료자원 공급 및 의료기관간 협조체제

      (5) 현장 임시영안소의 설치·운영

      (6) 사상자 명단 관리 및 발표

   바. 긴급복구 및 긴급구조체계

      (1) 잔해물 제거 및 긴급구조활동 지원

      (2) 피해평가작업의 지원활동

      (3) 2차 피해방지 및 보호작업

      (4) 응급복구 및 피해조사의 시기

      (5) 구호기관의 지원활동

      (6) 상황 및 시기에 적합한 구호물자 제공

 3. 긴급구조요원의 전문성

   가. 경보접수 후 긴급조치

   나. 긴급구조관련기관·단체가 제공한 재난상황정보의 정확성

   다. 자원집결지와 자원대기소의 운영 및 자원통제

   라. 상황정보 및 자원정보와 작전계획의 연계

   마. 단위책임자들의 작전계획서 활용

   바. 대피명령의 시기

   사. 위험물질 누출 및 확산 통제

 4. 통합 현장대응을 위한 통신의 적절성

   가. 통신 시설·장비의 성능 및 작동

   나. 비상소집활동 및 책임자 등의 응소

   다. 대체 통신수단 확보

  5. 긴급구조교육수료자의 교육실적
    가. 긴급구조 업무담당자 및 관리자의 교육이수율
    나. 긴급구조 현장활동요원의 긴급구조교육과정 및 교육이수율
    다. 긴급구조관련기관별 자체교육 및 훈련 실적
  6. 그 밖에 긴급구조대응상의 개선을 요하는 사항
    가. 예방 가능하였던 사상자의 존재
    나. 수송수단의 확보
    다. 수송장비의 유지 및 수리작업
    라. 비상 및 임시수송로 확보
    마. 대응요원들의 불필요한 사상
    바. 대응자원의 분실
    사. 전문적 지식·기술·의학·법률 등에 관한 자문체계 운영
    아. 대응 및 긴급복구작업에 소요된 비용 근거자료 기록관리
    자. 통제단 운영에 대한 기록유지
② 그 밖에 평가기준에 관한 사항은 국민안전처장관이 정한다. [개정 2014.11.19 제1105호(국민안전처와 그 소속기관 직제 시행규칙)]

제39조(긴급구조활동평가단의 구성)

① 통제단장은 재난상황이 종료된 후 긴급구조활동의 평가를 위하여 긴급구조기관에 긴급구조활동평가단(이하 "평가단"이라 한다)을 구성하여야 한다.

② 평가단의 단장은 통제단장으로 하고, 단원은 다음 각 호의 어느 하나에 해당하는 자와 민간전문가 2인 이상을 포함하여 5인 이상 7인 이하로 구성한다.

  1. 통제단장
  2. 통제단의 대응계획부장 또는 소속 반장
  3. 자원지원부장 또는 소속 반장
  4. 긴급구조지휘대장
  5. 긴급복구부장 또는 소속 반장
  6. 긴급구조활동에 참가한 기관·단체의 요원 또는 평가에 관한 전문지식과 경험이 풍부한 자 중에서 통제단장이 필요하다고 인정하는 자

제40조(재난활동보고서 등의 제출요청 등)

① 영 제62조 제3항의 규정에 의하여 통제단장은 긴급구조활동의 평가를 위하여 긴급구조활동에 참여한 긴급구조지원기관의 장에게 일정한 기간을 정하여 긴급구조대응계획이 정하는 바에 따라 재난활동보고서와 관련자료의 제출을 요청하여야 한다.

② 평가단의 단장은 평가와 관련된 업무를 수행함에 있어서 긴급구조지원기관의 장과 관계인의 출석·의견 진술 및 자료제출 등을 요구할 수 있다.

제41조(평가실시)

① 평가단의 단장은 제40조 제1항의 규정에 의한 재난활동보고서 및 관련자료와 대응기간동안 통제단에서 작성한 각종 서류, 동영상 및 사진, 긴급구조활동에 참여한 기관·단체 책임자들과의 면담 자료 등을 근거로 긴급구조활동에 대한 평가를 실시한다.

② 긴급구조지원기관에 대한 평가는 제38조 제1항의 규정에 의한 평가항목을 기준으로 국민안전처장관이 정하는 평가표에 의하여 실시한다. 다만, 영 제63조 제2항의 규정에 의하여 긴급구조세부대응계획을 작성한 긴급구조지원기관에 대한 긴급구조활동의 평가는 제36조의 규정에 의한 긴급구조세부대응계획을 기준으로 실시한다. [개정 2014.11.19 제1105호(국민안전처와 그 소속기관 직제 시행규칙)]

③ 평가항목별 평가수준은 0부터 5까지로 한다.

제42조(평가결과의 보고 및 통보)

① 평가단은 긴급구조대응계획에서 정하는 평가결과보고서를 지체 없이 제출하여야 하며, 시·군·구긴급구조통제단장은 시·도긴급구조통제단장 및 시장(「제주특별자치도 설치 및 국제자유도시 조성을 위한 특별법」 제17조 제1항에 따른 행정시장을 포함한다)·군수·구청장(자치구의 구청장을 말한다)에게, 시·도긴급구조통제단장은 국민안전처장관 및 특별시장·광역시장·특별자치시장·도지사·특별자치도지사에게 각각 보고하거나 통보하여야 한다.

② 통제단장은 평가결과 시정을 요하거나 개선·보완할 사항이 있는 경우에는 그 사항을 평가종료 후 1월 이내에 해당 긴급구조지원기관의 장에게 통보하여야 한다.

제43조(평가결과의 조치)

긴급구조지원기관의 장은 통제단장으로부터 제42조 제2항의 규정에 의한 통보를 받은 경우에는 긴급구조세부대응계획의 수정, 긴급구조활동에 대한 제도 및 대응체제의 개선, 예산의 우선지원 등 필요한 대책을 강구하여야 한다.

제44조(평가결과의 통보 등)

통제단장은 평가결과 다음 사항을 당해 긴급구조지원기관의 장에게 통보할 수 있다.

1. 우수 재난대응관리자 또는 종사자의 현황
2. 재난대응을 하지 아니하거나 부적절하게 대응한 관리자 또는 종사자의 현황

부칙 [2004.10.30.]

① (시행일) 이 규칙은 공포한 날부터 시행한다.

② (다른 법령과의 관계) 이 규칙 시행 당시 다른 법령에서 종전의 긴급구조활동의 현장지휘에 관한 규칙을 인용하고 있는 경우 이 규칙에 그에 해당하는 규정이 있는 때에는 종전의 규정에 갈음하여 이 규칙 또는 이 규칙의 해당 규정을 인용한 것으로 본다.

부칙 [2007.9.10 제391호(재해구호법 시행규칙)]

제1조(시행일)
이 규칙은 2007년 9월 30일부터 시행한다.

제2조(다른 법령의 개정)
긴급구조대응활동 및 현장지휘에 관한 규칙 일부를 다음과 같이 개정한다.
제9조 제1항 제4호 중 "재해구호법 제10조"를 "「재해구호법」 제29조"로 한다.

제3조 생략

부칙[2012.11.21 제323호]
이 규칙은 공포한 날부터 시행한다.

부칙[2013.3.23 제3호(소방방재청과 그 소속기관 직제 시행규칙)]

제1조(시행일)
이 규칙은 공포한 날부터 시행한다.

제2조 생략

제3조(다른 법령의 개정)
① 긴급구조대응활동 및 현장지휘에 관한 규칙 일부를 다음과 같이 개정한다.
제9조 제2항 중 "행정안전부령"을 "안전행정부령"으로 한다.
별표 2를 별지 1과 같이 한다.
②부터 ⑫까지 생략

부칙[2014.7.29 제83호(의용소방대 설치 및 운영에 관한 법률 시행규칙)]

제1조(시행일)
이 규칙은 2014년 7월 29일부터 시행한다.

제2조부터 제4조까지 생략

제5조(다른 법령의 개정)

긴급구조대응활동 및 현장지휘에 관한 규칙 제38조 제1항 제2호 라목 (6)을 다음과 같이 한다.

(6) 「소방기본법」에 따른 자위소방대, 「의용소방대 설치 및 운영에 관한 법률」에 따른 의용소방대 및 「민방위기본법」에 따른 민방위대 등의 임무 수행

부칙[2014.11.19 제1105호(국민안전처와 그 소속기관 직제 시행규칙)]

제1조(시행일)

이 규칙은 공포한 날부터 시행한다. 다만, 부칙 제6조에 따라 개정되는 부령 중 이 규칙 시행 전에 공포되었으나 시행일이 도래하지 아니한 총리령 또는 부령을 개정한 부분은 각각 해당 총리령 또는 부령의 시행일부터 시행한다.

제2조부터 제5조까지 생략

제6조(다른 법령의 개정)

①부터 ⑨까지 생략

⑩ 긴급구조대응활동 및 현장지휘에 관한 규칙 일부을 다음과 같이 개정한다.

제9조 제2항 중 "안전행정부령"을 "총리령"으로 한다.

제10조 제1항 각 호 외의 부분, 같은 조 제3항, 제31조 제3항, 제37조 제3항, 제38조 제2항, 제41조 제2항 본문 및 제41조 제2항 중 "소방방재청장"을 각각 "국민안전처장관"으로 한다.

별표 2 중 소방방재청의 긴급구조지원기관 등란을 다음과 같이 하고, 같은 표 비고 제3호를 삭제한다.

국민안전처

별표 3 제2호의 자원지원부 통신지원반의 주요임무란 제1호 및 자원지원반의 주요임무란 중 "소방방재청"을 각각 "국민안전처"로 한다.

⑪부터 〈41〉까지 생략

부칙[2015.4.3 제1153호]

이 규칙은 공포한 날부터 시행한다.

부칙[2016.1.27 제1247호(법령서식 일괄 개정을 위한 119구조·구급에 관한 법률 시행규칙 등 일부개정령)]

제1조(시행일)
이 규칙은 공포한 날부터 시행한다.

제2조(서식에 관한 경과조치)
이 규칙 시행 당시 종전의 규정에 따른 서식은 이 규칙 시행 이후 3개월 간 이 규칙에 따른 서식과 함께 사용할 수 있다.

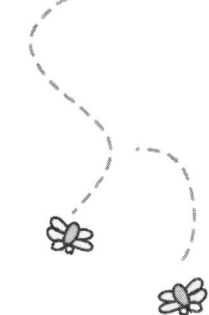

PART **부록** ||

최근기출문제분석

1 재난관리 단계 중 대응단계의 활동으로 가장 적절한 것은?

① 재난예방에 관한 홍보

② 구호물자 확보 · 비축

③ 긴급의약품 조달과 생필품 공급

④ 각 재난 상황에 적절한 사고 대응계획 수립

> **note** ①②④는 재난관리 단계 중 대비단계에 해당하는 활동이다.
> ※ 재난관리 4단계
> ㉠ 예방단계 : 재난대비 재난관리체계 구축, 재난예방대책 수립 · 시행, 각종 안전점검 및 안전문화운동, 징후감시, 재난위험지구관리대책 수립, 피해저감 제도개선 및 연구개발, 재난취약시설 점검 · 정비, 정보시스템 개선, 시설물 비상대처계획 수립 등
> ㉡ 대비단계 : 재난대비 재난정보 · 상황관리체계 확립, 자원 동원계획 및 재난대응 훈련계획 수립 · 시행, 재난관리정보시스템 구축, 유관기관과의 긴급지원체계 구축, 재난대비 대국민 홍보 및 교육 훈련, 행동매뉴얼 정비 및 국민 행동요령 홍보, 응급대응체계 및 비상연락근무체계 정비, 지자체 및 관련행정기관의 대비대책 조정 및 지원, 재난 예·경보 체계구축 등
> ㉢ 대응단계 : 재난상황보고체계 구축, 초기대응체제 확립, 유관기관 협조 · 지원 체제구축, 긴급구조, 이재민대책 및 대책본부 구성 · 운영, 재난 예·경보신속 전파, 민·관 협력체계 구축, 비상단계 근무, 사고수습기구 운영, 2차 재난방지대책 수립, 긴급수송, 구조구급 의료지원, 청소 · 방역활동 실시, 비상급수 및 생필품 보급, 시설물 응급복구, 이재민 수용 및 구호물자 공급, 지자체 및 관계행정기관의 대응대책조정 및 지원 등
> ㉣ 복구단계 : 재난합동조사단 구성 및 운영, 피해배상(보상), 자원봉사단 활용, 항구적 복구 및 재발방지대책 수립, 피해조사, 재난복구비용 지원대책(대상, 기준, 비용산정, 지원절차) 등

Answer 1.③

2 「재난 및 안전관리 기본법」상 다음의 피해가 속하는 재난의 유형은?

> • 에너지 · 통신 등 국가기반체계의 마비
> • 「가축전염병예방법」에 따른 가축전염병 확산

① 인적재난 　　　　　　　　　　② 해외재난
③ 자연재난 　　　　　　　　　　④ 사회재난

> **note**　④ 화재 · 붕괴 · 폭발 · 교통사고(항공사고 및 해상사고를 포함한다) · 화생방사고 · 환경오염사고 등으로 인하여 발생하는 대통령령으로 정하는 규모 이상의 피해와 에너지 · 통신 · 교통 · 금융 · 의료 · 수도 등 국가기반체계의 마비, 「감염병의 예방 및 관리에 관한 법률」에 따른 감염병 또는 「가축전염병예방법」에 따른 가축전염병의 확산 등으로 인한 피해〈법 제3조 제1호 나목〉
> ② 해외재난 : 대한민국의 영역 밖에서 대한민국 국민의 생명 · 신체 및 재산에 피해를 주거나 줄 수 있는 재난으로서 정부차원에서 대처할 필요가 있는 재난〈법 제3조 제2호〉
> ③ 자연재난 : 태풍, 홍수, 호우(豪雨), 강풍, 풍랑, 해일(海溢), 대설, 낙뢰, 가뭄, 지진, 황사(黃砂), 조류(藻類) 대발생, 조수(潮水), 화산활동, 그 밖에 이에 준하는 자연현상으로 인하여 발생하는 재해〈법 제3조 제1호 가목〉

3 1990년대 성수대교 붕괴, 대구지하철 공사장 도시가스 폭발사고 등을 계기로 제정된 법률은?

① 재난관리법
② 지진재해대책법
③ 자연재해대책법
④ 재난 및 안전관리 기본법

> **note**　재난관리법의 제정배경 … 성수대교의 붕괴, 마포 아현동 도시가스 폭발사고, 대구지하철 가스 폭발사고, 삼풍백화점 붕괴사고 등의 대형사고들은 천재지변이나 불가항력에 의한 자연재해라 기보다 인위적 원인에 의하여 발생하였다는 공통점을 가지고 있다. 이러한 인위적인 재난으로 부터 국민생활의 안전을 도모하고 국민의 생명과 재산에 많은 피해를 줄 수 있는 대형사고 등 재난의 예방과 수습에 필요한 국가 및 지방자치단체의 재난관리체제의 구축과 재난 발생 시의 긴급구조구난체계의 확립을 위하여 체계적이고 획기적인 대책이 필요하여 재난관리법을 만들 게 된 것이다.

4 「재난 및 안전관리 기본법」상 국민안전처장관의 업무에 대한 설명으로 옳지 않은 것은?

① 안전문화활동의 추진에 관한 총괄 · 조정 업무를 관장한다.

② 특별재난지역의 선포를 건의받은 해당 지역을 특별재난지역으로 선포할 수 있다.

③ 안전정보의 체계적인 관리를 위하여 안전정보통합관리시스템을 구축 · 운영하여야 한다.

④ 재난대응활동계획의 작성에 필요한 작성지침을 재난관리책임기관의 장에게 통보할 수 있다.

> **note** ② 특별재난지역의 선포를 건의받은 해당 지역을 특별재난지역으로 선포할 수 있는 것은 대통령이다〈법 제60조 제2항〉.

5 자연재난과 관련한 설명으로 옳지 않은 것은?

① 조류경보는 클로로필 – a의 농도와 남조류의 세포 수를 기준으로 발령된다.

② 풍랑은 바람의 작용으로 해면에 생기는 파로서, 풍랑의 발달은 풍속, 취송거리 및 취송시간에 영향을 받는다.

③ 황사는 보통 입자의 크기가 $200\mu m$ 이하인 모래먼지를 말한다.

④ 대설주의보 발표기준은 24시간 신적설이 5cm 이상 예상될 때이다.

> **note** 황사 알갱이 크기는 $10\sim1000\mu m$ ($1\mu m$ 는 10만 분의1)까지 다양하다. $1000\mu m$ 의 입자를 통칭 황사라고 한다.

6 「재난 및 안전관리 기본법」상 재난관리기금의 매년도 최저적립액은?

① 최근 3년 동안의 「지방세법」에 의한 보통세의 수입결산액의 평균연액의 0.5%에 해당하는 금액

② 최근 3년 동안의 「지방세법」에 의한 보통세의 수입결산액의 평균연액의 1.0%에 해당하는 금액

③ 최근 5년 동안의 「지방세법」에 의한 보통세의 수입결산액의 평균연액의 0.5%에 해당하는 금액

④ 최근 5년 동안의 「지방세법」에 의한 보통세의 수입결산액의 평균연액의 1.0%에 해당하는 금액

Answer 4.② 5.③ 6.②

7 「재난 및 안전관리 기본법」상 재난관리 활동에 대한 설명으로 옳지 않은 것은?

① 재난현장의 구조활동 등 초동 조치상황에 대한 언론 발표 등은 각급통제단장이 지명하는 자가 한다.
② 재난현장에서의 긴급구조활동은 시·군·구재난안전대책본부장의 지휘를 따른다.
③ 국무총리가 범정부적 차원의 통합대응이 필요하다고 인정하는 경우, 국무총리가 중앙재난안전대책본부장의 권한을 행사할 수 있다.
④ 국민안전처장관은 매년 재난 및 안전관리사업의 효과성 및 효율성을 평가하고, 그 결과를 관계 중앙행정기관의 장에게 통보하여야 한다.

　✿note 재난현장에서는 시·군·구 긴급구조통제단장이 긴급구조활동을 지휘한다. 다만, 치안활동과 관련된 사항은 관할 경찰관서의 장과 협의하여야 한다〈법 제52조 제1항〉.

8 「자연재해대책법」상 사전재해영향성 검토협의를 해야 하는 행정계획 및 개발사업에 해당하지 않는 것은?

① 산지개발 및 골재채취
② 국토·지역계획 및 도시의 개발
③ 관광단지 개발 및 체육시설 조성
④ 「재난 및 안전관리 기본법」에 따른 응급조치를 위한 사업

　✿note 사전재해영향성 검토협의를 하여야 하는 행정계획 및 개발사업〈법 제5조 제1항〉
　　　⊙ 국토·지역 계획 및 도시의 개발
　　　ⓛ 산업 및 유통 단지 조성
　　　ⓒ 에너지 개발
　　　ⓔ 교통시설의 건설
　　　ⓜ 하천의 이용 및 개발
　　　ⓑ 수자원 및 해양 개발
　　　ⓢ 산지 개발 및 골재 채취
　　　ⓞ 관광단지 개발 및 체육시설 조성
　　　ⓩ 그 밖에 자연재해에 영향을 미치는 계획 및 사업으로서 대통령령으로 정하는 계획 및 사업

✿Answer　7.② 8.④

9 「재난 및 안전관리 기본법」상 안전문화 진흥에 대한 설명으로 옳지 않은 것은?

① 국가와 지방자치단체는 국민이 안전문화를 실천하고 체험할 수 있는 안전체험시설을 설치·운영할 수 있다.

② 중앙행정기관의 장과 지방자치단체의 장은 안전문화활동을 추진하여야 한다.

③ 국가는 국민의 안전의식 수준을 높이기 위하여 매년 4월 16일을 국민안전의 날로 정하여 필요한 행사 등을 한다.

④ 유치원생 및 초·중학생의 안전문화를 높이기 위하여 실시하는 안전교육의 대상 및 방법 등에 관하여는 국민안전처장관이 정한다.

> **note** 교육부장관은 유치원 및 학교에서 수학하는 유치원생 및 학생의 안전문화를 높이기 위하여 안전에 관한 교육과정을 편성하여 안전교육을 실시하도록 하여야 한다. 이 경우 교육의 대상 및 방법 등에 관하여는 교육부장관이 정한다〈법 제66조의5 제3항〉.
> ※ 재난 및 안전에 관한 기념일
> ㉠ 안전점검의 날 : 매월 4일
> ㉡ 국민안전의 날 : 4월 16일
> ㉢ 방재의 날 : 5월 25일

10 우리나라 재난관리체계의 변천과정을 순서대로 바르게 나열한 것은?

> ㉠ 건설부 내 방재시설과 신설
> ㉡ 내무부 내 소방국 설치
> ㉢ 내무부 내 재난관리국 신설
> ㉣ 건설부 내 방재계획관직 신설

① ㉠→㉡→㉢→㉣

② ㉠→㉢→㉡→㉣

③ ㉡→㉠→㉣→㉢

④ ㉡→㉣→㉠→㉢

> **note** ㉡ 내무부 내 소방국 설치(1975년)
> ㉣ 건설부 내 방재계획관직 신설(1991년)
> ㉠ 건설부 내 방재시설과 신설(1994년)
> ㉢ 내무부 내 재난관리국 신설(1995년)

11 안전한 미래를 위한 우리나라 재난관리의 추진방향으로 적절하지 않은 것은?

① 예방과 대비 중심에서 대응과 복구 중심으로 변화한다.

② 도시계획 수립단계부터 재난관리대책을 적극 반영한다.

③ 재난관리활동에 일반시민의 적극적인 참여 및 실천을 유도한다.

④ 명령, 지시, 통제, 감독의 방식에서 협력, 지원, 조정, 연계의 방식으로 변화한다.

> ☆▌note 재난은 단계적인 대비 및 대응을 통한 체계적인 관리가 필요하며 각종 정책과 예방 및 대비계
> 획을 세워 훈련과 점검보완을 통해 사전예방과 대비를 하여야 한다.

12 「재난 및 안전관리 기본법」상 재난관리책임기관의 장이 소관 관리대상 업무의 분야에서 재난
발생을 사전에 방지하기 위하여 해야 하는 조치에 해당하지 않는 것은?

① 재난에 대응할 조직의 구성 및 정비

② 재난의 예측과 정보전달체계의 구축

③ 재난이 발생할 위험이 높은 분야에 대한 안전관리체계의 구축

④ 재난관리기금 적립을 위해 기업이나 개인으로부터 자금 충당

> ☆▌note 재난관리책임기관의 장의 재난예방조치〈법 제25조의2 제1항〉
> ㉠ 재난에 대응할 조직의 구성 및 정비
> ㉡ 재난의 예측과 정보전달체계의 구축
> ㉢ 재난 발생에 대비한 교육 · 훈련과 재난관리예방에 관한 홍보
> ㉣ 재난이 발생할 위험이 높은 분야에 대한 안전관리체계의 구축 및 안전관리규정의 제정
> ㉤ 국가기반시설의 관리
> ㉥ 특정관리대상시설 등에 관한 조치
> ㉦ 재난방지시설의 점검 · 관리
> ㉧ 재난관리자원의 비축 및 장비 · 인력의 지정
> ㉨ 그 밖에 재난을 예방하기 위하여 필요하다고 인정되는 사항

13 「자연재해대책법」상 시장 · 군수 · 구청장의 자연재해위험개선지구 정비사업계획 수립 주기는?

① 1년   ② 3년

③ 5년   ④ 10년

> ☆▌note 시장 · 군수 · 구청장은 정비계획에 따라 매년 다음 해의 자연재해위험개선지구 정비사업계획을
> 수립하여 시 · 도지사에게 제출하여야 한다〈법 제14조 제1항〉.

14 강풍주의보 발표기준으로 옳지 않은 것은?

① 육상에서 풍속 14 m/sec 이상 　　② 산지에서 풍속 17 m/sec 이상
③ 육상에서 순간풍속 17 m/sec 이상 　　④ 산지에서 순간풍속 25 m/sec 이상

> ☆ note 강풍특보 발표기준
> ㉠ 주의보
> • 육상에서 풍속 14m/s 이상 또는 순간풍속 20m/s 이상이 예상될 때
> • 산지에서 풍속 17m/s 이상 또는 순간풍속 25m/s 이상이 예상될 때
> ㉡ 경보
> • 육상에서 풍속 21m/s 이상 또는 순간풍속 26m/s 이상이 예상될 때
> • 산지는 풍속 24m/s 이상 또는 순간풍속 30m/s 이상이 예상될 때

15 재난관리 관계기관 간 유사성과 대응자원 공통성 문제를 보완하여 의사결정의 신속성을 확보하기 위한 재난관리 방식은?

① 아네스(Anesth)방식 　　② 존스(Jones)방식
③ 통합관리방식 　　④ 분산관리방식

> ☆ note 통합관리방식 … 예방·대비·대응·복구활동을 종합적으로 관리한다는 의미로 모든 재난은 피해범위, 대응자원, 대응방식에서 유사하다는 데 이론적 근거를 삼고 있다. 재해에 대한 대응이나 긴급대응에 있어서 특히 다양한 차원에서의 결정과 각 부문이나 부서의 판단이 교차하는 가운데 통일적인 활동을 하지 않으면 안 된다는 것을 의미한다. 통합관리란 모든 자원을 통합관리 한다는 의미라기보다는 기능별 책임기관을 지정하고 그들을 조정·통제한다는 의미이다.

16 「지진재해대책법」상 내진대책에 대한 설명으로 옳지 않은 것은?

① 지방자치단체의 장은 「재난 및 안전관리 기본법」에 따른 재난안전상황실을 내진설계가 되거나 내진보강이 끝난 시설물에 설치하여야 한다.
② 중앙재난안전대책본부장은 국가지진위험지도를 공표한 날부터 10년마다 그 타당성을 검토하여 필요한 경우에는 이를 변경한다.
③ 관계 중앙행정기관의 장은 지진이 발생할 경우 재해를 입을 우려가 있는 시설 중 대통령령으로 정하는 시설에 대하여 관계 법령 등에 내진설계기준을 정하여야 한다.
④ 기존시설물 내진보강기본계획에는 내진보강대책에 필요한 기술의 연구·개발 등이 포함되어야 한다.

♥ ♥ Answer　14.③　15.③　16.②

17 「자연재해대책법」상 상습침수지역이나 재해위험도가 높은 지역에 대하여 침수피해를 방지하기 위해 국민안전처장관이 정한 기준은?

① 수방기준

② 지구단위 홍수방어기준

③ 우수유출저감시설설치기준

④ 자연재해위험개선지구 지정기준

✿note 국민안전처장관은 상습침수지역, 홍수피해예상지역, 그 밖의 수해지역의 재해 경감을 위하여 필요하면 지구단위 홍수방어기준을 정하여야 한다〈법 제18조 제1항〉.
① 풍수해로부터 시설물의 수해 내구성을 강화하고 지하 공간의 침수를 방지하기 위하여 관계 중앙행정기관의 장 또는 국민안전처장관이 정하는 기준
③④ 재난관리책임기관의 소관업무이다.

18 우리나라에서 발생한 재난들을 발생순으로 바르게 나열한 것은?

① 성수대교 붕괴 → 삼풍백화점 붕괴 → 태풍 루사(RUSA) → 태풍 매미(MAEMI) → 대구지하철 화재

② 삼풍백화점 붕괴 → 성수대교 붕괴 → 태풍 매미(MAEMI) → 태풍 루사(RUSA) → 대구지하철 화재

③ 성수대교 붕괴 → 삼풍백화점 붕괴 → 태풍 루사(RUSA) → 대구지하철 화재 → 태풍 매미 (MAEMI)

④ 삼풍백화점 붕괴 → 성수대교 붕괴 → 태풍 루사(RUSA) → 대구지하철 화재 → 태풍 매미 (MAEMI)

✿note 성수대교 붕괴(1994년 10월) → 삼풍백화점 붕괴(1995년 6월) → 태풍 루사(2002년 8월) → 대구 지하철 화재(2003년 2월) → 태풍 매미(2003년 9월)

19 재난 및 안전관리 기본법령상 특정관리대상시설 및 지역에 대한 설명으로 옳지 않은 것은?

① 행정자치부장관은 특정관리대상시설 및 지역을 체계적으로 관리하기 위하여 정보화시스템을 구축·운영할 수 있다.

② 재난관리책임기관의 장은 특정관리대상시설 및 지역을 지정·관리 및 정비하기 위해 소관 시설 및 지역의 현황을 매년 정기적으로 또는 수시로 조사해야 한다.

③ 특정관리대상시설 및 지역의 안전등급은 A, B, C, D, E로 구분된다.

④ 재난관리책임기관의 장은 특정관리대상시설 및 지역으로 지정된 시설 및 지역에 대하여 재난발생의 위험성을 제거하기 위한 장기·단기 계획을 수립·시행하여야 한다.

> **note** 특정관리대상시설 등을 체계적으로 관리하기 위하여 정보화시스템을 구축·운영할 수 있는 사람은 국민안전처장관이다〈시행령 제34조의1 제4항〉.

20 「재해경감을 위한 기업의 자율활동 지원에 관한 법률」상 기업의 재해경감활동계획 수립을 위한 재난관리표준에 포함되어야 하는 사항이 아닌 것은?

① 피난시설 및 기업부지이전에 관한 사항

② 교육·훈련을 통한 자체평가 및 개선에 관한 사항

③ 자원관리 및 기업과 재해경감 관련 단체와의 협정에 관한 사항

④ 위험요소의 식별, 위험평가, 영향분석 등 재난위험요소의 경감에 관한 사항

> **note** 재난관리표준에 포함되어야 하는 사항〈법 제5조 제2항〉
> ㉠ 재해경감활동 조직·체계 등의 구성에 관한 사항
> ㉡ 재해경감활동 관계 법령 준수·절차 및 이행에 관한 사항
> ㉢ 위험요소의 식별, 위험평가, 영향분석 등 재난 위험요소의 경감에 관한 사항
> ㉣ 자원관리 및 기업과 재해경감 관련 단체와의 협정에 관한 사항
> ㉤ 재해경감을 위한 전략계획, 경감계획, 사업연속성확보계획, 대응계획 및 복구계획의 수립에 관한 사항
> ㉥ 재해경감활동과 관련된 지시·통제·협의조정 등 비상시 의사소통 및 상황전파 체계에 관한 사항
> ㉦ 교육·훈련을 통한 자체평가 및 개선에 관한 사항
> ㉧ 그 밖에 재난관리표준에 필요하다고 인정하여 대통령령으로 정하는 사항

최근기출문제분석

2015. 6. 13 서울특별시 시행

1 「서울특별시 안전관리 기본계획」(재난 및 안전사고 종합 대책)에서 중점관리대상에 해당하지 않는 것은?

① 폭염

② 황사

③ 대형화재

④ 도로 공사장 붕괴

> **note** 서울특별시 안전관리 기본계획에서의 중점관리대상
> ㉠ 풍수해
> ㉡ 사면재해
> ㉢ 기상이변(설해, 폭염·한파)
> ㉣ 시설물 안전사고(대형건축물, 공사장, 한강교량, 지진 등)
> ㉤ 화재(폭발, 대형화재, 산불, 터널·지하철·공동구화재)

2 다음 중 「시설물의 안전관리에 관한 특별법 시행령」상 공동주택 외의 건축물로 1종 시설물에 해당하는 것은?

① 5층 이상 또는 연면적 30,000m² 이상의 건축물

② 11층 이상 또는 연면적 50,000m² 이상의 건축물

③ 16층 이상 또는 연면적 30,000m² 이상의 건축물

④ 21층 이상 또는 연면적 50,000m² 이상의 건축물

> **note** 공동주택 외의 건축물 중 1종 시설물〈시행령 제2조 제1항, 별표1〉
> ㉠ 21층 이상 또는 연면적 5만 제곱미터 이상의 건축물
> ㉡ 연면적 3만 제곱미터 이상의 철도역시설 및 관람장
> ㉢ 연면적 1만 제곱미터 이상의 지하도상가(지하보도면적을 포함한다)
> ※ 공동주택 외의 건축물 중 2종 시설물
> > ㉠ 1종 시설물에 해당하지 않는 16층 이상 또는 연면적 3만 제곱미터 이상의 건축물
> > ㉡ 1종 시설물에 해당하지 않는 고속철도, 도시철도 및 광역철도역시설
> > ㉢ 1종 시설물에 해당하지 않는 다중이용건축물 및 연면적 5천 제곱미터 이상의 전시장
> > ㉣ 1종 시설물에 해당하지 않는 연면적 5천 제곱미터 이상의 지하도상가(지하보도면적을 포함한다)

Answer 1.② 2.④

3 다음 중 계획과 관련 근거법이 잘못 연결된 것은?

① 지진방재종합계획 – 「지진재해대책법」
② 국가안전관리기본계획 – 「재난 및 안전관리기본법」
③ 긴급구조대응계획 – 「소방기본법」
④ 풍수해저감종합계획 – 「자연재해대책법」

> note 긴급구조대응계획은 「재난 및 안전관리 기본법」에 규정되어있다.
> ※ 긴급구조대응계획의 수립〈재난 및 안전관리 기본법 제54조〉… 긴급구조기관의 장은 재난이
> 발생하는 경우 긴급구조기관과 긴급구조지원기관이 신속하고 효율적으로 긴급구조를 수행
> 할 수 있도록 대통령령으로 정하는 바에 따라 재난의 규모와 유형에 따른 긴급구조대응계
> 획을 수립·시행하여야 한다.

4 다음 중 「재난 및 안전관리 기본법」상 중앙안전관리위원회의 심의 사항이 아닌 것은?

① 재난 및 안전관리기술 종합계획 심의
② 재난 및 안전관리 사업 관련 중기사업계획서, 투자우선순위 의견 및 예산요구서에 관한 사항
③ 특별재난지역의 선포에 관한 사항
④ 중앙행정기관의 장이 수립·시행하는 계획, 점검·검사, 교육·훈련, 평가, 안전기준 등 재난 및 안전관리업무의 조정에 관한 사항

> note 중앙안전관리위원회〈법 제9조 제1항〉… 재난 및 안전관리에 관한 다음 각 호의 사항을 심의하기
> 위하여 국무총리 소속으로 중앙안전관리위원회를 둔다.
> ㉠ 재난 및 안전관리에 관한 중요 정책에 관한 사항
> ㉡ 국가안전관리기본계획에 관한 사항
> ㉢ 재난 및 안전관리 사업 관련 중기사업계획서, 투자우선순위 의견 및 예산요구서에 관한 사항
> ㉣ 중앙행정기관의 장이 수립·시행하는 계획, 점검·검사, 교육·훈련, 평가, 안전기준 등 재
> 난 및 안전관리업무의 조정에 관한 사항
> ㉤ 재난사태의 선포에 관한 사항
> ㉥ 특별재난지역의 선포에 관한 사항
> ㉦ 재난이나 그 밖의 각종 사고가 발생하거나 발생할 우려가 있는 경우 이를 수습하기 위한
> 관계 기관 간 협력에 관한 중요 사항
> ㉧ 중앙행정기관의 장이 시행하는 대통령령으로 정하는 재난 및 사고의 예방사업 추진에 관한
> 사항
> ㉨ 그 밖에 위원장이 회의에 부치는 사항

Answer 3.③ 4.①

5 「재난 및 안전관리 기본법」에서 정하는 재난안전분야 종사자 교육에 대한 사항으로 옳은 것은?

① 재난관리책임기관에서 재난 및 안전관리업무를 담당하는 공무원이나 직원은 국민안전처장 관이 실시하는 전문교육을 대통령령으로 정하는 바에 따라 연 1회 받아야 한다.

② 재난안전분야 전문교육은 반드시 소속 재난관리책임기관에서 받아야 한다.

③ 국민안전처장관은 정당한 사유 없이 전문교육을 받지 아니한 자에 대하여 소속 재난관리책 임기관의 장에게 징계할 것을 요구할 수 있다.

④ 전문교육의 종류 및 대상, 그 밖에 전문교육의 실시에 필요한 사항은 대통령령으로 정한다.

> ✪note ① 재난관리책임기관에서 재난 및 안전관리업무를 담당하는 공무원이나 직원은 국민안전처장 관이 실시하는 전문교육을 해당 업무를 맡은 후 1년 이내에 신규교육을 받아야 하며, 신규 교육을 받은 후 매 2년마다 정기교육을 받아야 한다〈법 제29조의2 제1항, 영 제6조의2 제2항〉.
> ② 국민안전처장관은 필요하다고 인정하면 대통령령으로 정하는 전문인력 및 시설기준을 갖춘 교육기관으로 하여금 전문교육을 대행하게 할 수 있다〈법 제29조의2 제2항, 영 제37조의2〉.
>   ⊙ 국민안전처, 관계 중앙행정기관 또는 시·도 소속의 공무원 교육기관
>   ⓒ 재난관리책임기관(행정기관 외의 기관만 해당한다) 소속의 교육기관
>   ⓒ 재난 및 안전관리 분야 교육 운영 실적이 있는 민간교육기관으로서 국민안전처장관이 지정하는 교육기관
> ④ 전문교육의 종류 및 대상, 그 밖에 전문교육의 실시에 필요한 사항은 총리령으로 정한다 〈법 제29조의2 제4항〉.

6 다음 내용 중 「자연재해대책법」에서 규정한 사항과 일치하지 않는 내용은?

① 사전재해영향성검토란 자연재해에 영향을 미치는 각종 행정계획 및 개발사업으로 인한 재 해 유발 요인을 예측·분석하고 이에 대한 대책을 마련하는 것을 말한다.

② 침수기록도란 풍수해로 인한 침수 기록을 표시한 도면을 말한다.

③ 우수유출저감시설이란 우수(雨水)의 직접적인 유출을 억제하기 위하여 인위적으로 우수를 지하로 스며들게 하거나 지하에 가두어 두는 시설을 말한다.

④ 수방기준(水防基準)이란 풍수해로부터 시설물의 수해 내구성(耐久性)을 강화하고 지하 공간 의 침수를 방지하기 위하여 관계 중앙행정기관의 장 또는 국민안전처장관이 정하는 기준 을 말한다.

> ✪note ② 풍수해로 인한 침수 기록을 표시한 도면은 "침수흔적도"이다.

7 다음 중 풍수해저감종합계획에 관한 설명으로 옳은 것은?

① 시장·군수는 풍수해의 예방 및 저감을 위하여 5년마다 시·군 풍수해저감종합계획을 수립해야 한다.

② 시·도 풍수해저감종합계획은 시·도지사를 거쳐 국무총리의 승인을 받아 확정한다.

③ 국무총리는 풍수해저감사업비의 일부를 국고로 지원할 수 있다.

④ 시·군 종합계획과 시·도 종합계획을 수립하기 위하여 필요한 사항은 총리령으로 정한다.

> **note** ② 시·도 풍수해저감종합계획은 국민안전처장관의 승인을 받아 확정한다.
> ③ 국민안전처장관은 풍수해저감사업비의 일부를 국고로 지원할 수 있다.
> ④ 시·군 종합계획과 시·도 종합계획을 수립하기 위하여 필요한 사항은 대통령령으로 정한다.

8 다음 중 「재난 및 안전관리 기본법」에서 규정한 재난지역에 대한 국고보조 등의 지원에 해당하는 사항이 아닌 것은?

① 주거용 건축물의 복구비 지원

② 세입자 보조 등 생계안정 지원

③ 관계 법령에서 정하는 바에 따라 국세·지방세, 건강보험료·연금보험료, 통신요금, 전기요금 등의 경감 또는 납부유예 등의 간접지원

④ 고등학생 및 대학생의 학자금 면제

> **note** 재난지역에 대한 국고보조 등의 지원〈법 제66조 제3항〉
> ㉠ 사망자·실종자·부상자 등 피해주민에 대한 구호
> ㉡ 주거용 건축물의 복구비 지원
> ㉢ 고등학생의 학자금 면제
> ㉣ 관계 법령에서 정하는 바에 따라 농업인·임업인·어업인의 자금 융자, 농업·임업·어업 자금의 상환기한 연기 및 그 이자의 감면 또는 중소기업 및 소상공인의 자금 융자
> ㉤ 세입자 보조 등 생계안정 지원
> ㉥ 관계 법령에서 정하는 바에 따라 국세·지방세, 건강보험료·연금보험료, 통신요금, 전기요금 등의 경감 또는 납부유예 등의 간접지원
> ㉦ 주 생계수단인 농업·어업·임업·염생산업(鹽生産業)에 피해를 입은 경우에 해당 시설의 복구를 위한 지원
> ㉧ 공공시설 피해에 대한 복구사업비 지원
> ㉨ 그 밖에 중앙재난안전대책본부회의에서 결정한 지원

Answer 7.① 8.④

9 재난관리의 단계 중 예방 및 완화단계의 전제조건이 아닌 것은?

① 재난은 예방(또는 피해경감)이 가능하다.

② 재난의 피해손실은 사고 당시의 조건에 따라 우연적으로 발생한다.

③ 재난 발생의 원인이 없을 수 있다.

④ 재난의 원인에는 대책이 있으며 준비되어야 한다.

> ✿**note** ③ 재난 발생에는 반드시 원인이 있다는 것은 재난관리의 단계 중 예방 및 완화단계의 전제조건 중 하나이다. 원인이 없이는 과정이나 결과가 존재하지 않기 때문에 주된 원인을 찾아 예방해야한다.

10 다음 중 「자연재해대책법」상 긴급지원계획의 수립을 위한 중앙행정기관과 소관 사무의 연결이 옳지 않은 것은?

① 산업통상자원부 : 긴급에너지 수급 지원 등에 관한 사항

② 국민안전처 : 복구자재 지원 등에 관한 사항

③ 국방부 : 인력 및 장비의 지원 등에 관한 사항

④ 해양수산부 : 해운물류 지원 등에 관한 사항

> ✿**note** ② 복구자재 지원 등에 관한 사항은 조달청의 소관 사무이다.
> ※ 긴급지원계획의 수립을 위한 중앙행정기관과 소관 사무〈법 제35조 제1항〉
> ㉠ **미래창조과학부** : 재해발생지역의 통신 소통 원활화 등에 관한 사항
> ㉡ **국방부** : 인력 및 장비의 지원 등에 관한 사항
> ㉢ **문화체육관광부** : 재해 수습을 위한 홍보 등에 관한 사항
> ㉣ **농림축산식품부** : 농축산물 방역 등의 지원 등에 관한 사항
> ㉤ **산업통상자원부** : 긴급에너지 수급 지원 등에 관한 사항
> ㉥ **보건복지부** : 재해발생지역의 의료서비스, 위생, 감염병 예방 및 방역 지원 등에 관한 사항
> ㉦ **환경부** : 긴급 용수 지원, 유해화학물질의 처리 지원, 재해발생지역의 쓰레기 수거·처리 지원 등에 관한 사항
> ㉧ **국토교통부** : 비상교통수단 지원 등에 관한 사항
> ㉨ **해양수산부** : 해운물류 지원 등에 관한 사항
> ㉩ **국민안전처** : 이재민의 수용·구호, 긴급 재정 지원, 정보의 수집·분석·전파, 해상에서의 각종 지원 및 수난(水難) 구호 등에 관한 사항
> ㉪ **조달청** : 복구자재 지원 등에 관한 사항
> ㉫ **경찰청** : 재해발생지역의 사회질서 유지 및 교통 관리 등에 관한 사항
> ㉬ 그 밖에 대통령령으로 정하는 부처별 긴급지원에 관한 사항

11 재난을 예방하고, 재난이 발생하는 경우 그 피해를 최소화하기 위하여 재난 및 안전관리업무에 종사하는 자가 지켜야 할 사항 등을 정한 것은?

① 안전관리헌장　　　　　　　　　　② 안전행동강령

③ 재난저감수칙　　　　　　　　　　④ 재난문화선언

> 📝**note** 안전관리헌장〈재난 및 안전관리 기본법 제66조의4〉
>
> ㉠ 국무총리는 재난을 예방하고, 재난이 발생할 경우 그 피해를 최소화하기 위하여 재난 및 안전 관리업무에 종사하는 자가 지켜야 할 사항 등을 정한 안전관리헌장을 제정·고시하여야 한다.
>
> ㉡ 재난관리책임기관의 장은 안전관리헌장을 실천하는 데 노력하여야 하며, 안전관리헌장을 누 구나 쉽게 볼 수 있는 곳에 항상 게시하여야 한다.

12 재난관련 용어 중 주거지의 전부 또는 대부분이 영향을 받으며 거의 모든 위기관리조직의 시설 과 작전기지가 직접적으로 타격을 받고, 지역사회의 정상적이고 일상적인 기능의 대부분이 같 은 시간에 돌연히 중단되는 것을 무엇이라 하는가?

① 위험　　　　　　　　　　　　　　② 위기

③ 재해　　　　　　　　　　　　　　④ 재앙

> 📝**note** ① 어떤 사용 조건에서 나타날 수 있는 피해 또는 독증과 특정한 유독물질에 대한 노출 가능성, 위험 요인에는 물리적, 화학적, 생물적인 것이 있다.
>
> ② 위험한 때나 고비로 정의되는바, 정치·경제·사회·문화적 분야에서 상당히 광범위하게 사용되는 개념이다. 주로 독일에서 이러한 개념을 주로 사용한다.
>
> ③ 재앙으로 말미암아 받는 피해로 지진, 태풍, 홍수, 가뭄, 해일, 화재, 전염병 따위에 의하여 받게 되는 피해를 이른다.
>
> ④ 주거지의 전부나 대부분이 영향을 받고 거의 모든 위기관리조직의 시설과 작전기지가 직접 적으로 타격을 받는다.

13 다음 중 「재난 및 안전관리 기본법」상 재난관리책임기관이 아닌 것은?

① 중앙행정기관　　　　　　　　　　② 지방자치단체

③ 공공단체　　　　　　　　　　　　④ 풍수해대책위원회

> 📝**note** 재난관리책임기관〈법 제3조 제5호〉
>
> ㉠ 중앙행정기관 및 지방자치단체(「제주특별자치도 설치 및 국제자유도시 조성을 위한 특별법」 에 따른 행정시를 포함한다)
>
> ㉡ 지방행정기관·공공기관·공공단체(공공기관 및 공공단체의 지부 등 지방조직을 포함한다) 및 재난관리의 대상이 되는 중요시설의 관리기관 등으로서 대통령령으로 정하는 기관

Answer 11.① 12.④ 13.④

14 다음 중 재난의 관리방식에 대한 내용 중 옳지 않은 것은?

① 분산관리방식은 소관부처에서 해당 재해만을 담당함에 따라 경험축적 및 전문성이 향상된다.

② 분산관리방식은 과잉대응 및 지휘체계가 다양하다.

③ 통합관리방식은 분산관리방식에 비해 제도적 장치가 간편하다.

④ 통합관리방식은 정보의 전달이 다양화되어 있다.

✿▌note ④ 통합관리방식은 정보의 전달이 단일화되어 있다.

15 「자연재난 관련 중앙재난안전대책본부의 구성 및 운영 등에 관한 규정」상 중앙대책본부장이 기상상황에 따라 재난의 예방 등을 위하여 필요하다고 인정하는 경우 비상2단계로 조정하여 운영할 수 있는 상황으로 옳은 것은?

① 3개 이상의 시·도에 호우·대설주의보가 발표된 경우, 1개 또는 2개의 시·도에 호우경보 또는 대설경보가 발표된 경우 또는 태풍 예비특보가 발표된 경우

② 3개 이상의 시·도에 호우경보 또는 대설경보가 발표된 경우, 태풍주의보나 태풍경보가 발표된 경우 또는 호우·대설·태풍으로 인하여 국지적으로 극심한 피해가 발생한 경우

③ 3개 이상의 시·도에 호우경보나 대설경보가 발표되고 해당 시·도에 3일 이상 호우 또는 대설 전망이 있는 경우, 태풍경보가 발표되고 대규모 피해가 발생할 우려가 있는 경우 또는 호우·대설·태풍으로 인하여 전국적으로 대규모 피해가 발생한 경우

④ 2개 이하의 특별시·광역시·특별자치시·도 및 특별자치도에 호우·대설주의보가 발표되어 자연재난에 대한 대비체제의 가동이 필요한 경우

✿▌note 비상단계 … 기상청에서 제공하는 기상정보 중 주의보 또는 경보가 발표되어 전국적·지역적으로 자연재난의 발생 위험이 상당한 수준에 이른 단계 또는 중앙대책본부장이 이에 준한다고 인정하는 단계를 말한다. 이 경우 중앙대책본부장은 재난의 예방 등을 위하여 필요하다고 인정하는 경우에는 기상상황에 따라 비상단계를 조정하여 운영할 수 있다.

ⓐ 비상1단계 : 3개 이상의 시·도에 호우·대설주의보가 발표된 경우, 1개 또는 2개의 시·도에 호우경보 또는 대설경보가 발표된 경우 또는 태풍 예비특보가 발표된 경우

ⓑ 비상2단계 : 3개 이상의 시·도에 호우경보 또는 대설경보가 발표된 경우, 태풍주의보나 태풍경보가 발표된 경우 또는 호우·대설·태풍으로 인하여 국지적으로 극심한 피해가 발생한 경우

ⓒ 비상3단계 : 3개 이상의 시·도에 호우경보나 대설경보가 발표되고 해당 시·도에 3일 이상 호우 또는 대설 전망이 있는 경우, 태풍경보가 발표되고 대규모 피해가 발생할 우려가 있는 경우 또는 호우·대설·태풍으로 인하여 전국적으로 대규모 피해가 발생한 경우

16 다음 중 「재난 및 안전관리 기본법」의 목적이 아닌 것은?

① 각종 재난으로부터의 국토 보존

② 국민의 생명·신체 및 재산 보호

③ 국가와 지방자치단체의 재난 및 안전관리체제 확립

④ 이재민의 구호에 필요한 사항의 규정

> **note** 재난 및 안전관리 기본법의 목적〈법 제1조〉
> ㉠ 각종 재난으로부터 국토를 보존
> ㉡ 국민의 생명·신체 및 재산을 보호
> ㉢ 국가와 지방자치단체의 재난 및 안전관리체제를 확립
> ㉣ 재난의 예방·대비·대응·복구와 안전문화활동
> ㉤ 그 밖에 재난 및 안전관리에 필요한 사항을 규정

17 다음 중 태풍과 관련된 설명으로 옳지 않은 것은?

① 최대풍속이 초속 17m 이상의 폭풍우를 동반하는 열대성저기압을 태풍이라 한다.

② 인도양과 호주 부근 남태평양 해역에서 발생하는 것을 사이클론이라 한다.

③ 우리나라에 영향을 주는 태풍은 북위 10 ~ 20, 동경 100 ~ 180 해역에서 연중 발생하나 주로 7월~10월에 많이 발생한다.

④ 태풍의 영향으로 육상에서 풍속이 21m/sec 이상이고, 폭풍, 호우, 해일 등으로 막대한 기상재해가 우려될 때 태풍경보를 발령한다.

> **note** 태풍은 동경 120°에서 160°, 북위 5°에서 25°사이에 이르는 광범위한 해역에서 발생된다. 일반적으로 우리나라에 영향을 미치는 태풍은 7~10월 사이에 많이 발생하며, 적도를 사이에 둔 남북 5°이내에서는 거의 발생하지 않는다.

18 다음 중 「풍수해보험법」에서 정의하는 풍수해의 종류가 아닌 것은?

① 낙뢰   ② 해일

③ 지진   ④ 풍랑

> **note** 풍수해 … 태풍·홍수·호우(豪雨)·강풍·풍랑·해일(海溢)·대설·지진(지진해일을 포함한다)으로 발생하는 재해

19 다음 중 「재난 및 안전관리 기본법 시행령」에서 명시한 안전관리전문기관으로 가장 옳지 않은 것은?

① 한국소방산업기술원   ② 한국가스안전공사
③ 원자력안전기술원   ④ 한국시설안전공단

> ✫note 안전관리전문기관〈시행령 제40조〉
> ㉠ 한국소방산업기술원
> ㉡ 한국농어촌공사
> ㉢ 한국가스안전공사
> ㉣ 한국전기안전공사
> ㉤ 한국에너지공단
> ㉥ 한국산업안전보건공단
> ㉦ 한국시설안전공단
> ㉧ 교통안전공단
> ㉨ 도로교통공단
> ㉩ 한국방재협회
> ㉪ 한국소방안전협회
> ㉫ 한국승강기안전관리원
> ㉬ 그 밖에 국민안전처장관이 안전관리에 관한 자료를 요구할 필요가 있다고 인정하여 고시하는 기관

20 다음 중 「재난 및 안전관리 기본법 시행령」상 국가 재난관리기준에 포함될 사항이 아닌 것은?

① 재난에 관한 예보·경보의 발령 기준
② 재난 발생 시 효과적인 지휘·통제 체제 마련
③ 재난관리를 효과적으로 수행하기 위한 관계기관 간 상호 협력 방안
④ 재난 발생 시 피해액 산정에 대한 기준

> ✫note 국가재난관리기준에 포함될 사항〈시행령 제43조의4〉
> ㉠ 재난에 관한 예보·경보의 발령 기준
> ㉡ 재난상황의 전파
> ㉢ 재난 발생 시 효과적인 지휘·통제 체제 마련
> ㉣ 재난관리를 효과적으로 수행하기 위한 관계기관 간 상호협력 방안
> ㉤ 재난관리체계에 대한 평가 기준이나 방법
> ㉥ 그 밖에 재난관리를 효율적으로 수행하기 위하여 국민안전처장관이 필요하다고 인정하는 사항

✫❀Answer   19.③ 20.④

최근기출문제분석

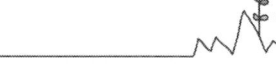
2015. 6. 27 제1회 지방직 시행

1 재난관리에 있어 통합관리 방식의 특징을 설명한 것으로 적합한 것은?

① 관리체계가 복잡하다.
② 관련 부처의 수가 줄어든다.
③ 정보의 전달이 다양화된다.
④ 소관 재난에 대한 관리책임이 분산된다.

> **note** ①③④는 분산관리 방식의 특징에 해당한다.
> ※ 재난관리 방식의 비교

구분	분산관리방식	통합관리방식
성격	유형별 관리	통합적 관리
인지능력	미약·단편적	강력·종합적
효율성	낮음	높음
책임성	책임의 분산	과도한 책임
신속성	낮음	높음
활동범위	산만한 관리	통합 관리
관련기관의 수	다수	소수
정보 전달	다양화	단일화
제도 장치	복잡	보다 간편

Answer 1.②

2 「재난 및 안전관리 기본법」상 재난관리의 대비단계 활동사항에 해당하는 것은?

① 재난 예·경보 발령

② 정기적인 재난대비훈련

③ 재난 정보전달체계의 구축

④ 재난에 대응할 조직의 구성 및 정비

    note ①③④는 재난관리의 대응단계 활동사항에 해당한다.

          ※ 재난관리 대비단계 활동사항〈재난 및 안전관리 기본법 제34~35조〉

              ㉠ 재난관리자원의 비축·관리

              ㉡ 재난현장 긴급통신수단의 마련

              ㉢ 국가재난관리기준의 제정·운용

              ㉣ 기능별 재난대응 활동계획의 작성·활용

              ㉤ 재난분야 위기관리 매뉴얼 작성·운용

              ㉥ 다중이용시설 등의 위기상황 매뉴얼 작성·관리 및 훈련(2015.12.31 시행)

              ㉦ 안전기준의 등록 및 심의

              ㉧ 재난대비훈련

3 아네스(Anesth)의 재난분류에 대한 설명으로 옳지 않은 것은?

① 재난은 자연재난과 인적재난으로 구분된다.

② 자연재난은 지구물리학적 재난과 생물학적 재난으로 구분된다.

③ 인적재난은 사고성 재난과 계획적 재난으로 구분된다.

④ 사고성 재난은 화학적 재난, 방사능 재난 등을 포함한다.

    note ② 지구물리학적 재난과 생물학적 재난으로 구분한 것은 존스의 재난분류이다.

          ※ 아네스의 재난분류

              ㉠ 자연재난

                • 기후성 재난 : 태풍

                • 지진성 재난 : 지진, 화산폭발, 해일

              ㉡ 인적재난

                • 사고성 재난 : 교통사고, 산업사고, 폭발사고, 화재사고, 생물학적 재난, 화학적 재난, 사능재난 등

                • 계획적 재난 : 테러, 폭동, 전쟁

4 풍수해 저감대책을 구조적 대책과 비구조적 대책으로 구분할 경우, 비구조적 대책에 가장 적합한 것은?

① 하천제방 신·개축
② 하수관로 용량 확대
③ 위험지역 안내판 설치
④ 유수지 및 펌프장 신·증설

> ✿**note** 풍수해 저감대책
> ㉠ **구조적 대책** : 저수지 개선, 제방 신·개축, 댐·홍수조절지 건설 등 시설물을 새롭게 건설하거나 개축하는 대책
> ㉡ **비구조적 대책** : 재난 예·경보시스템의 구축, 재해지도 작성, 저수지 운영체제 개선 등의 운영체제 개선을 통한 대책

5 자연재해로 발생한 피해에 대한 피해사실확인서의 발급권자는?

① 관계 중앙행정기관장   ② 국민안전처장관
③ 시·도지사   ④ 시장·군수·구청장

> ✿**note** 시장·군수·구청장은 자연재해로 발생한 피해에 대하여 피해사실확인서를 발급할 수 있다〈자연재해대책법 제74조 제1항〉.

6 어떤 유역 내 설치된 우량계에 의해 측정된 강우의 시간별 측정값이 6mm/hr, 24mm/hr, 30mm/hr, 2mm/hr, 40mm/hr일 때, 강우 지속시간 2시간 최대 강우강도는?

① 47 mm/hr   ② 37 mm/hr
③ 27 mm/hr   ④ 17 mm/hr

> ✿**note** 최대 강우강도란 시간당 강우량 중 가장 큰 값이다. 문제에서 주어진 강우량은 1시간별로 측정한 값이므로 2시간 단위로 강우량을 구하면
> $\frac{6+24}{2}$ mm/hr, $\frac{24+30}{2}$ mm/hr, $\frac{30+2}{2}$ mm/hr, $\frac{2+40}{2}$ mm/hr 이므로 최대 강우강도는 $\frac{24+30}{2}=27$ mm/hr 이다.

❦❦**Answer**　4.③ 5.④ 6.③

7 해일에 대한 설명으로 옳지 않은 것은?

① 폭풍해일은 태풍이나 저기압에 동반되며, 태풍이 강하고 해안의 수심이 낮을수록 커진다.

② 폭풍해일은 태풍의 이동속도가 느려지면 더 큰 피해를 줄 수 있다.

③ 지진해일은 해저에서의 지진이나 화산분출에 동반되며, 수 분에서 1~2시간의 주기범위를 가진다.

④ 지진해일의 전파속도는 바다의 깊이가 깊을수록 느리고 얕은 바다일수록 빠르다.

> ✿note ④ 해일은 심해에서 파장이 길고 파고는 작지만 빠른 속도로 전파되며, 해안에 접근하면 파장은 작아지고 파고는 커진다.

8 다음 경우에 국민안전처장관이 취할 수 있는 조치로써 적절하지 않은 것은?

> 특정관리대상시설물에 대한 안전조치명령을 받은 자가 그 명령을 이행하지 아니하거나 이행할 수 없는 상태에 있고, 안전조치를 이행하지 아니할 경우 공중의 안전에 위해를 끼칠 수 있어, 국민안전처장관이 재난의 예방을 위하여 긴급하다고 판단한 경우

① 시설물에 대한 개선명령

② 시설물에 대한 사용제한명령

③ 시설물에 대한 사용금지명령

④ 「행정대집행법」에 따른 강제집행

> ✿note 재난예방을 위한 안전조치〈재난 및 안전관리 기본법 제31조 제3, 4항〉
> ㉠ 국민안전처장관 또는 재난관리책임기관의 장은 안전조치명령을 받은 자가 그 명령을 이행하지 아니하거나 이행할 수 없는 상태에 있고, 안전조치를 이행하지 아니할 경우 공중의 안전에 위해를 끼칠 수 있어 재난의 예방을 위하여 긴급하다고 판단하면 그 시설 또는 지역에 대하여 사용을 제한하거나 금지시킬 수 있다. 이 경우 그 제한하거나 금지하는 내용을 보기 쉬운 곳에 게시하여야 한다.
> ㉡ 국민안전처장관 또는 재난관리책임기관의 장은 안전조치명령을 받아 이를 이행하여야 하는 자가 그 명령을 이행하지 아니하거나 이행할 수 없는 상태에 있고, 재난예방을 위하여 긴급하다고 판단하면 그 명령을 받아 이를 이행하여야 할 자를 갈음하여 필요한 안전조치를 할 수 있다. 이 경우 「행정대집행법」을 준용한다.

9 홍수발생에 가장 큰 영향을 주는 강우의 특성으로 옳은 것은?

① 침투율과 지속기간   ② 침투율과 불투수성

③ 불투수성과 강우강도   ④ 강우강도와 지속기간

> **note** ④ 홍수발생에 가장 큰 영향을 주는 강우의 특성은 시간 내에 얼마나 많은 양의 비(강우강도)가 지속되는가(지속기간)이다.

10 「자연재해대책법」상 자연재해 예방을 위해 국민안전처장관이 할 수 없는 것은?

① 긴급지원계획수립

② 우수유출저감대책수립

③ 지구단위 홍수방어기준설정

④ 지하 공간의 침수를 방지하기 위한 수방기준제정

> **note** 특별시장·광역시장·특별자치시장 및 시장·군수는 관할구역의 지역특성 등을 고려하여 우수의 침투 또는 저류를 통한 재해의 예방을 위하여 우수유출저감대책을 5년마다 수립하여야 한다〈법 제19조 제1항〉.

11 풍수해저감종합계획의 수립에 대한 내용으로 옳지 않은 것은?

① 시장·군수는 풍수해의 예방 및 저감을 위하여 5년마다 시·군 풍수해저감종합계획을 수립하여야 한다.

② 수립된 시·군 풍수해저감종합계획은 대통령령으로 정하는 바에 따라 시·도지사의 승인을 받아 확정한다.

③ 시·도지사는 시·군 풍수해저감종합계획을 기초로 시·도 풍수해저감종합계획을 수립하여야 한다.

④ 시·도지사 및 시장·군수는 각각 시·도 풍수해저감종합계획 및 시·군 풍수해저감종합계획에 대한 사업시행계획을 매년 작성하여 국민안전처장관에게 제출하여야 한다.

> **note** 시장·군수는 풍수해의 예방 및 저감을 위하여 5년마다 시·군 풍수해저감종합계획을 수립하여 시·도지사를 거쳐 대통령령으로 정하는 바에 따라 국민안전처장관의 승인을 받아 확정하여야 한다〈자연재해대책법 제16조 제1항〉.

12 산사태발생에 대한 설명으로 옳지 않은 것은?

① 흙입자 사이의 간극수압이 감소하면 산사태발생 가능성이 증가한다.

② 흙입자의 점착력과 내부마찰각이 증가하면 흙의 전단응력이 증가한다.

③ 산사태의 이동속도는 연간 수 mm부터 초당 수십 m의 범위다.

④ 토석류는 흙과 암석이 물과 혼합하여 연속유체처럼 흘러내린다.

> ✿▌note ① 간극수압이 증가하면 흙 입자 간의 결속력이 약해지면서 산사태 가능성이 증가한다.

13 재난 및 안전관리 기본법령상 적조류 대발생의 재난관리주관기관은?

① 해양수산부 　　　　　　　　　② 보건복지부

③ 국민안전처 　　　　　　　　　④ 산업통상자원부

> ✿▌note 적조류 대발생의 재난관리주관기관은 해양수산부이다. 이외에도 해양수산부는 조수(潮水), 해
> 양 분야 환경오염사고, 해양 선박 사고를 주관한다.

14 「자연재해대책법」상 방재관리대책 대행자가 대행할 수 없는 것은?

① 재해복구사업의 평가

② 비상대처계획의 수립

③ 긴급구조대응계획의 수립

④ 풍수해저감종합계획의 수립

> ✿▌note 방재관리대책 업무의 대행〈법 제38조 제1항〉 … 다음의 업무를 수행하는 자는 기초 · 타당성 조사,
> 분석, 기본 · 실시 설계 등 전문성이 요구되는 사항에 대하여 방재관리대책대행자로 하여금 대
> 행하게 할 수 있다.
> ㉠ 사전재해영향성 검토협의
> ㉡ 정비계획 및 사업계획의 수립
> ㉢ 풍수해저감종합계획의 수립
> ㉣ 우수유출저감대책의 수립
> ㉤ 비상대처계획의 수립
> ㉥ 재해복구사업의 평가
> ㉦ 방재관리대책에 관한 업무

15 「자연재해대책법」상 손실보상에 대한 설명으로 옳지 않은 것은?

① 손실보상의 주체는 국가 또는 지방자치단체이다.

② 손실보상은 재해 예방을 위해 필요한 경우로써 토지의 일시적 사용으로 인한 손실에 한정된다.

③ 협의가 성립되지 아니하였을 때에는 관할 토지수용위원회에 재결을 신청할 수 있다.

④ 토지수용위원회의 재결에 불복할 때에는 재결서를 받은 날부터 60일 이내에 행정소송을 제기할 수 있다.

> **note** 중앙대책본부장, 지역대책본부장 또는 중앙대책본부장, 지역대책본부장으로부터 명령이나 위임·위탁을 받은 자는 시설물 등의 점검, 재해 원인 분석·조사, 재해 흔적 조사 및 피해 조사 등을 위하여 필요하면 타인의 토지에 출입하거나 타인의 토지를 일시 사용할 수 있으며, 특히 필요한 경우에는 나무, 흙, 돌, 그 밖의 장애물을 변경하거나 제거할 수 있다〈법 제11조 제1항〉. 국가나 지방자치단체는 이에 따른 조치로 인하여 손실이 발생하였을 때에는 보상하여야 한다〈법 제68조 제1항〉.

16 「자연재해대책법」상 자연재해위험개선지구에 대한 설명으로 옳지 않은 것은?

① 시장·군수·구청장은 자연재해위험개선지구로 지정·고시된 지역에서 재해 예방을 위하여 필요하면 건축, 형질 변경 등의 행위를 제한할 수 있다.

② 시장·군수·구청장은 건축, 형질 변경 등의 행위와 병행하여 그 행위로 발생할 수 있는 자연재해에 관한 예방대책이 마련되어 추진되는 경우에는 제한할 수 없다.

③ 건축, 형질 변경 등의 행위제한에 관한 구체적인 사항은 대통령령으로 정한다.

④ 건축, 형질 변경 등의 행위를 제한하는 자연재해위험개선지구는 다른 자연재해위험개선지구보다 우선하여 정비하여야 한다.

> **note** 자연재해위험개선지구 내 건축, 형질 변경 등의 행위제한〈법 제15조〉
> ㉠ 시장·군수·구청장은 자연재해위험개선지구로 지정·고시된 지역에서 재해 예방을 위하여 필요하면 건축, 형질 변경 등의 행위를 제한할 수 있다. 다만, 건축, 형질 변경 등의 행위와 병행하여 그 행위로 발생할 수 있는 자연재해에 관한 예방대책이 마련되어 추진되는 경우에는 그러하지 아니하다.
> ㉡ 위에 따라 건축, 형질 변경 등의 행위를 제한하는 자연재해위험개선지구는 다른 자연재해위험개선지구보다 우선하여 정비하여야 한다.
> ㉢ 행위 제한에 관한 구체적인 사항은 해당 지방자치단체의 조례로 정한다.

17 「재해경감을 위한 기업의 자율활동 지원에 관한 법률」상 재해경감활동계획 수립 대행자에 대하여 국민안전처장관이 반드시 등록취소처분을 해야 하는 경우는?

① 고의 또는 중대한 과실로 재해경감활동계획서 등을 부실하게 작성한 경우

② 1년에 2회 이상의 영업정지 처분을 받고 다시 영업정지 처분사유에 해당하는 행위를 한 경우

③ 대행업무의 양도·양수 및 합병 등에 의하여 자격요건 및 기술인력 요건에 미달하는 경우

④ 다른 사람에게 자기의 명의를 사용하여 대행업무를 하게 하거나 등록증을 다른 사람에게 대여한 경우

> **note** 대행자의 등록취소〈법 제17조 제1항〉
>
> ㉠ 결격사유에 해당하는 경우. 다만, 법인의 임원 중 제14조에 해당하는 자가 있는 경우 6개월 이내에 그 임원을 개임한 때에는 그러하지 아니하다.
> - 금치산자 또는 한정치산자
> - 파산선고를 받고 복권되지 아니한 자
> - 이 법의 규정을 위반하여 징역 이상의 실형을 선고받고 그 형의 집행이 종료되거나 집행을 받지 아니하기로 확정된 후 2년이 경과되지 아니한 자
> - 임원 중 위의 규정 중 어느 하나에 해당하는 자가 있는 법인
> ㉡ 거짓이나 그 밖의 부정한 방법으로 등록을 한 경우
> ㉢ 대행업무의 양도·양수 및 합병 등에 의하여 자격요건 및 기술인력 요건에 미달하게 되는 경우
> ※ **대행자의 영업정지**〈법 제17조 제2항〉 … 국민안전처장관은 대행자가 다음의 어느 하나에 해당하는 경우에는 그 등록을 취소하거나 6개월 이내의 기간을 정하여 그 영업의 전부 또는 일부의 정지를 명할 수 있다.
> > ㉠ 1년에 2회 이상의 영업정지 처분을 받고 다시 영업정지 처분사유에 해당하는 행위를 한 경우
> > ㉡ 등록요건에 미달하게 된 경우
> > ㉢ 다른 사람에게 자기의 명의를 사용하여 대행업무를 하게 하거나 등록증을 다른 사람에게 대여한 경우
> > ㉣ 고의 또는 중대한 과실로 재해경감활동계획서 등을 부실하게 작성한 경우
> > ㉤ 그 밖에 이 법 또는 이 법에 따른 명령을 위반한 경우

18 재난관리의 복구단계에서 수행되는 복구비 지원절차를 순서대로 바르게 나열한 것은?

㉠ 복구계획 수립을 위한 피해 조사	㉡ 복구계획안 작성
㉢ 재해복구비 예산 요구	㉣ 피해상황 보고
㉤ 복구 계획안 심의 확정	㉥ 재해복구비 예산 배정

① ㉠ - ㉣ - ㉡ - ㉢ - ㉤ - ㉥

② ㉠ - ㉣ - ㉡ - ㉤ - ㉢ - ㉥

③ ㉣ - ㉠ - ㉡ - ㉢ - ㉤ - ㉥

④ ㉣ - ㉠ - ㉡ - ㉤ - ㉢ - ㉥

note 복구비 지원절차
㉠ 피해상황 보고
㉡ 복구계획 수립을 위한 피해 조사
㉢ 복구계획안 작성
㉣ 복구 계획안 심의 확정
㉤ 재해복구비 예산 요구
㉥ 재해복구비 예산 배정

19 정상강우백분율(PNP, Percent of Normal Precipitation)과 표준강우지수(SPI, Standardized Precipitation Index)는 어떤 재난의 규모를 파악하기 위한 것인가?

① 가뭄　　② 홍수

③ 태풍　　④ 황사

note ㉠ 정상강우백분율(PNP) : 가뭄을 측정하기에 가장 간단한 방법 중의 하나로 단일지역이나 단일계절에 대해 적용할 때 가장 효과적이다. 실제 강우를 보통 30년간의 평균치인 정상 강우로 나누고 100%를 곱하여 계산하며 다양한 시간규모에 대해 계산할 수가 있다.
㉡ 표준강우지수(SPI) : 시간 간격에 따른 가뭄의 빈도와 지속기간의 관계를 나타내는 것이다.

Answer　18.④　19.①

20 「재난 및 안전관리 기본법」상 재난의 대응단계에서 시장·군수·구청장이 취할 수 있는 조치에 해당하지 않는 것은?

① 차량의 통행금지 또는 통행제한

② 위험구역에 출입하는 행위나 그 밖의 행위의 금지 또는 제한

③ 동원 가능한 장비와 인력 등이 부족한 경우에 국방부장관에 대한 군부대의 지원 요청

④ 재난이 발생하거나 발생할 우려가 있는 지역 주민이나 그 지역 안에 있는 사람에 대한 대피명령

    ✎▌note   ① 차량의 통행금지 또는 통행제한은 시장·군수·구청장이 경찰관서의 장에게 요청할 수 있는 조치이다〈법 제43조 제1항〉.

취업준비하기

서원각과 함께 확실하게 취업 대비하자!

〈 자기소개서 및 면접 〉

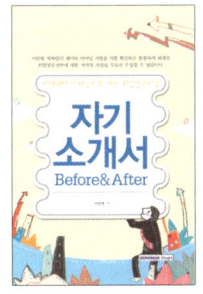    

▲ 자기소개서   ▲ 취업영어면접   ▲ 여성을 위한   ▲ 서울시 공무원   ▲ 자신감
   Before&After   면접핸드북   영어면접   공무원면접

〈 기업체 통합본 〉

▲ 공사공단 채용   ▲ 금융권 채용   ▲ 대기업 채용

공사공단 인적성검사   금융권 인적성검사   대기업 채용 인적성검사

공사공단 고졸채용 인적성검사   금융권 채용 법학/ 경영학   대기업 고졸채용 인적성검사

                                          금융경제 상식   대기업 생산직채용 인적성검사

네이버 카페 검색창에서 '기업과 공사공단'을 검색하셔서 네이버 카페 기업과 공사공단에 가입하시면 각종 시험 정보를 보실 수 있습니다.

서원각
한국사능력검정시험

1단계 한국사능력검정시험(중·고급) 무료동영상강의
시대·주제별로 모은 실전 연습문제로 기초실력 다지기

2단계 한국사능력검정시험 실력평가모의고사(중·고급) 무료동영상강의
출제가 예상되는 주요 문제들만을 모은 실전 모의고사로 실력 점검

3단계 기쎈 한국사능력검정시험 30일 벼락치기
30일만에 중요 핵심이론만 공부하여 최종마무리로 합격

1단계
한국사능력검정시험(중·고급)

2단계
한국사능력검정시험
실력평가모의고사(중·고급)

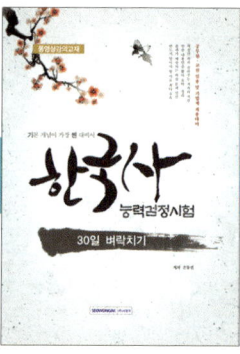

3단계
기쎈 한국사능력검정시험
30일 벼락치기

도도하고, 시원하고, (樂)즐거운 개념서
한국사능력검정시험 중급

이투스동영상 강의 교재 www.historyrang.com
이투스 한국사랑에서 핵심이론을 쏙쏙 골라주는
저자의 강좌 제공

**이투스 한국사 대표강사 은동진과 다음 인기 웹툰 작가 Yami가
만났다!** 은셰프와 코알랄라가 알려 주는 완벽한 시험 포인트는
QR코드를 통해 무료 제공으로 알아볼 수 있다. 또한 기출문제를
분석하여 시험에 나오는 개념 정리와 출제가 예상되는 핵심
문제를 엄선하였고 지도 및 도표, 사진 등 반드시 알아야 할
사료를 최다 수록하였다.